QUELLEN
ZUR
LOTHRINGISCHEN GESCHICHTE

HERAUSGEGEBEN
VON DER
GESELLSCHAFT FÜR LOTHRINGISCHE GESCHICHTE
UND ALTERTUMSKUNDE.

BAND I.

DOCUMENTS
DE
L'HISTOIRE DE LA LORRAINE

PUBLIÉS
PAR LA
SOCIÉTÉ D'HISTOIRE ET D'ARCHÉOLOGIE LORRAINE.

TOME PREMIER.

VATIKANISCHE URKUNDEN UND REGESTEN

ZUR

GESCHICHTE LOTHRINGENS.

GESAMMELT UND BEARBEITET

VON

HEINRICH VOLBERT SAUERLAND.

ERSTE ABTEILUNG:

VOM ANFANGE DES PONTIFIKATS BONIFAZ VIII. BIS ZUM ENDE DES
PONTIFIKATS BENEDIKTS XII.
(24. DEZEMBER 1294 — 25. APRIL 1342.)

METZ
VERLAG VON G. SCRIBA
1901.

Seiner Excellenz

Herrn Staatsminister Freiherrn v. Hammerstein

in Dankbarkeit und Verehrung

zugeeignet

von der

Gesellschaft für lothringische Geschichte

und Altertumskunde.

Vorwort.

Nachdem die Gesellschaft für lothringische Geschichte und Altertumskunde schon im Jahre 1892 den Plan gefasst hatte, Quellen zur lothringischen Geschichte herauszugeben, suchte sie zunächst die Mittel zu dieser umfangreichen Publikation zu beschaffen.

Zuerst stellte Herr Baron von Gargan auf Schloss Preisch eine namhafte Summe zur Verfügung und ihm schloss sich Herr Fabrikant Huber in Saargemünd mit dem gleichen Betrage an. Es sei den beiden Herren an dieser Stelle für die hochherzige Förderung des Unternehmens der verbindlichste Dank ausgesprochen.

Auf Bitte des Vorstandes bewilligte sodann der Landesausschuss, der Bezirkstag von Lothringen und der Gemeinderat von Metz, den Anträgen des Ministeriums, des Bezirkspräsidenten und des Bürgermeisters Folge gebend, reiche Mittel. Auch diesen hohen Körperschaften und Behörden sei der aufrichtigste und ehrerbietigste Dank gesagt.

Es konnte nunmehr durch Berufung einer Kommission, die mit der Vorbereitung und Leitung des Werkes betraut wurde, die Publikation im Dezember 1900 in Angriff genommen werden.

Zu Mitgliedern der Kommission wurden ernannt die Herren:

1. *Universitäts-Professor Dr. H. Bresslau, Strassburg.*
2. *Direktor am Priesterseminar, Abbé Dorvaux, Metz.*
3. *Oberlehrer Dr. Grimme, Metz.*
4. *Bezirkspräsident Freiherr von Hammerstein, Metz.*
5. *Oberst a. D. Dr. Kaufmann, Queuleu.*
6. *Bibliotheksdirektor Abbé Paulus, Metz.*
7. *Professor Dr. Wichmann, Metz.*
8. *Archivdirektor Dr. Wiegand, Strassburg.*
9. *Stadtarchivar Dr. Winkelmann, Strassburg.*
10. *Archivdirektor Dr. Wolfram, Metz.*

In der ersten Sitzung der Kommission wurde die Herausgabe folgender Werke beschlossen:

1. Vatikanische Urkunden und Regesten zur Geschichte Deutsch-Lothringens.
2. Die Chronik der Kaiser und Könige aus dem Luxemburgischen Hause.
3. Die Metzer Bischofschronik (französischer Text).
4. Die Metzer Schöffenchronik mit Einschluss der Chronik des Doyen de S. Thiébault.
5. Die Chronik des Philipp von Vigneulles.
6. Die Chronik des Praillon.
7. Die Cölestinerchronik.
8. Die Metzer Schreinsrollen des 13. Jahrhunderts.
9. Die Regesten der Bischöfe von Metz.
10. Wörterbuch des deutsch-lothringischen Dialektes.

Wenn die Kommission schon heute in der Lage ist, den ersten Band des Gesamtwerkes erscheinen zu lassen, so dankt sie das dem Umstande, dass die Gesellschaft für lothringische Geschichte und Altertumskunde schon seit drei Jahren Herrn Dr. H. V. Sauerland mit der Sammlung lothringischer Urkunden und Regesten im Vatikanischen Archiv beauftragt hatte.

Die Kommission zur Herausgabe lothringischer Geschichtsquellen:

I. A.

Dr. Wolfram.

Avant-propos.

La Société d'histoire et d'archéologie lorraine s'étant proposé, dès l'année 1892, de publier les documents relatifs à l'histoire de la Lorraine, elle s'efforça, avant toutes choses, de réunir les fonds nécessaires pour l'exécution d'une telle entreprise.

M. le baron de Gargan, au château de Preisch, fut le premier à mettre à la disposition de la Société une somme importante ; puis vint M. Auber, fabricant à Saargemünd qui, de son côté, contribua aux frais de publication pour une somme égale. Veuillent ces deux donateurs recevoir ici les remercîments les plus sincères pour la libéralité si généreuse, dont ils ont fait preuve à cette occasion. A la requête du Bureau de la Société, le Landesausschuss, le Conseil général ainsi que le Conseil municipal de la ville de Metz, donnant suite aux propositions du Ministère, du président du département et du maire, allouèrent également à la Société des subventions importantes. La Société exprime à ces hautes corporations et administrations ses remercîments les plus sincères et les plus respectueux.

Dans ces conditions il fut possible, dès le mois de décembre 1900, de procéder à la formation d'un Comité chargé de la préparation et de la direction de l'œuvre et d'entreprendre la publication des documents.

Furent élus membres du Comité MM.:

1. le Dr H. Bresslau, professeur à l'université de Strassburg;
2. l'abbé Dorvaux, directeur au Grand-Séminaire à Metz;
3. le Dr Grimme, professeur à Metz;
4. le baron de Hammerstein, président du département à Metz;
5. le Dr Kaufmann, ancien colonel, à Queuleu;
6. l'abbé Paulus, directeur de la bibliothèque à Metz;
7. le Dr Wichmann, professeur à Metz;
8. le Dr Wiegand, directeur des archives à Strassburg;
9. le Dr Winkelmann, archiviste de la ville à Strassburg;
10. le Dr Wolfram, directeur des archives à Metz.

Lors de sa première réunion, le Comité décida la publication successive des œuvres suivantes:
1. Les documents et registres concernant l'histoire de la Lorraine, tirés des archives du Vatican.
2. La chronique des empereurs et rois de la maison de Luxembourg.
3. La chronique des évêques de Metz (texte français).
4. La chronique des échevins de Metz, y compris la chronique du doyen de St-Thiébault.
5. La chronique de Philippe de Vigneulles.
6. La chronique de Praillon.
7. La chronique des Célestins.
8. Les rôles du ban de tréfonds messin du 13ᵉ siècle.
9. Les registres des évêques de Metz.
10. Un dictionnaire du dialecte allemand-lorrain.

Si le Comité est en état de faire paraître, dès maintenant, le premier tome de l'œuvre entière, c'est que la Société d'histoire et d'archéologie lorraine avait chargé, depuis trois ans, M. le Dʳ H. V. Sauerland, de collectionner aux archives du Vatican les documents et registres relatifs à l'histoire de la Lorraine.

Le Comité chargé de la publication des documents concernant l'histoire de la Lorraine:

p. d.
Dr. Wolfram.

EINLEITUNG.

Der Vorstand der Gesellschaft für Lothringische Geschichte und Altertumskunde vereinbarte mit mir im Sommer des Jahres 1897 den Plan einer Sammlung von Abschriften, beziehungsweise Auszügen der im Vatikanischen Archiv befindlichen, auf Deutsch-Lothringen bezüglichen Urkunden und urkundlichen Notizen zum Zwecke ihrer Veröffentlichung durch den Druck. Als zeitlicher Anfangspunkt wurde zuerst der Beginn des Pontifikats Johanns XXII (7. Aug. 1316), aber schon bald darauf der Beginn des Pontifikats Bonifaz' VIII (24. Dec. 1294) bestimmt. Der Grund für jene erstere Bestimmung war der Umstand, dass der Druck des Inhalts der Vatikanischen Registerbände vom Beginne des Pontifikats Honorius III.(18. Juli 1216) bis zum Tode Benedikts XI (7. Juli 1304) bereits von französischer Seite in Angriff genommen und bei einigen Pontifikaten auch schon fertig gestellt war und dass auch die Veröffentlichung des Inhalts der Register des ersten Avignoner Papstes Clemens V (5. Juni 1305 — 20. April 1314) und der Kameralnotizen aus der Zeit Bonifaz' VIII, Benedikts XI und Clemens V bereits von italienischen Benediktinern besorgt war. Eine eingehende Nachprüfung dieser Druckausgaben veranlasste indes zu einer Abänderung eben jenes ersteren Planes.

Alle jene von französischer Seite besorgten Druckausgaben leiden — mit Ausnahme der von Horoy vollständig veröffentlichten Register Honorius' III — an zwei sehr erheblichen Mängeln. Sie bringen zunächst den Text beziehungsweise den Inhalt der Register-Urkunden nicht in einer chronologisch geordneten Abfolge, sondern genau in der Reihenfolge, worin sie sich in den Registerbänden vorfinden. So tritt dann sehr oft der Fall ein, dass mehrere Urkunden, welche zur selben Zeit, ja oft an ein- und demselben Tage für denselben Gegenstand oder für eng auf einander bezügliche Gegenstände erlassen und mitunter sogar an ein- und dieselbe Person oder an ein- und dasselbe

Institut gerichtet sind, räumlich durch Dutzende, ja Hunderte von Nummern und eine entsprechende Seitenzahl von einer getrennt sind, ein Umstand, der dem diese Ausgaben benutzenden Forscher die Uebersicht und die Durchsicht in sehr empfindlicher Weise erschwert. Freilich ist nun auch mehreren von diesen Ausgaben, sobald dieselben zum Abschlusse der betreffenden Pontifikate gelangt sind, ein chronologisches Verzeichnis der Urkunden angehängt; aber es liegt auf flacher Hand, dass hierdurch der eben beregte Misstand nicht gehoben, sondern nur in etwa gemildert wird. Der zweite Mangel besteht dann darin, dass in denselben Ausgaben zwar die französischen Verhältnisse in ausgiebigem Masse berücksichtigt werden, dass dagegen die Auszüge aus Urkunden, welche andere Länder und unter diesen auch das deutsche Reich und dessen Teile betreffen, mehrfach in zu ungenauer und zu knapper Form geboten werden.

An beiden gerügten Mängeln leidet in gesteigertem Grade die Druckausgabe der nicht nur für die allgemeine und für die italienische und französische, sondern auch für die deutsche Geschichte sehr wichtigen Registerbände des Pontifikats Bonifaz VIII[1]). Von derselben sind bereits vor langen Jahren das erste, zweite, dritte, fünfte und sechste Heft erschienen. Mitten zwischen diesen aber fehlt das vierte, dessen Erscheinen bereits vor einem Jahrzehnt in nahe Aussicht gestellt worden, aber bis heute nicht erfolgt ist. Seit einem Jahrzehnt ist dann auch überhaupt kein weiteres Heft mehr erschienen; und da bei Herausgabe der ebengenannten fünf Hefte bereits zweimal ein Wechsel der Bearbeiter eingetreten ist, so ist die Befürchtung, dass für die ganze Ausgabe eine dauernde Stockung eingetreten sei, nicht unbegründet.

Ebendieselben beiden Mängel erscheinen dann auch in der acht Foliobände umfassenden Ausgabe des »Regestum Clementis V«; ja diese sind mit noch zwei weiteren und äusserst misslichen Mängeln behaftet. Obschon mit dem siebenten Bande die Register dieses Pontifikats ihren Abschluss finden, ist dem Ganzen doch weder ein kurzes chronogisches Verzeichnis der darin enthaltenen Urkunden noch auch ein alphabetisches Orts- und Personenverzeichnis beigegeben. Und da nun die Menge der in den sieben Folianten enthaltenen Urkunden gewaltig gross ist — es sind deren über 10 000! — so befindet sich der Benutzer, wenn er die darin enthaltenen Angaben über irgend eine Person oder irgend einen Ort sucht und sammelt, in einem wahren

---

[1]) Digard, Faucon, Thomas, Les Registres de Boniface VIII.

— VII —

Labyrinthe. Endlich sind auch in dem letzten als Appendix bezeichneten Bande die Kameralbücher der drei Pontifikate Bonifaz' VIII, Benedikts XI und Clemens' V in einer geradezu kläglichen und ganz unwissenschaftlichen Weise abgedruckt worden.

Bei Erkenntnis dieser Sachlage habe ich es für dringend geraten erachtet, die Sammlung nicht mit dem Pontifikatsbeginne Johanns XXII sondern schon mit dem Bonifaz' VIII zu beginnen. Und nachdem mein dem entsprechender Vorschlag die Billigung des Vorstandes der Gesellschaft gefunden, habe ich zu Anfang Oktober 1897 mit der Sammlung der im vorliegenden Bande veröffentlichten Urkundentexte und Urkundenregesten seit dem Pontifikatsbeginne Bonifaz' VIII begonnen und dieselbe im Laufe der beiden Arbeitsjahre 1897/8 und 1898/9 bis zum Schlusse des Pontifikats Benedikts XII fortgeführt[1]).

Als Grundsätze für die Herstellung der Sammlung sind von mir im Einvernehmen mit dem Vorstande der Gesellschaft folgende Regeln aufgestellt und bei der Arbeit eingehalten worden:

Gesammelt sollten werden die Abschriften, beziehungsweise die Regesten aller im Vatikanischen Archiv zu findenden Urkunden und urkundlicher Notizen, welche Personen oder sonstige Rechtssubjecte betreffen, die sich innerhalb desjenigen Gebiets befunden haben, welches durch die Grenzen des heutigen Deutsch-Lothringen umschrieben wird und das sich im Ganzen und Grossen mit dem Gebiete des heutigen Metzer Bistums deckt. Doch sollten auch diejenigen Urkunden und urkundlichen Notizen berücksichtigt werden, welche sich auf Personen oder sonstige Rechtssubjekte beziehen, die in solchen Landesteilen sich befanden, welche nicht dem heutigem Bistume Metz angehören, wohl aber dem ausgedehnteren mittelalterlichen Bistum angehört haben[2]).

---

[1]) Gleichzeitig habe ich dann auch die Fortsetzung der von Prof. Dr. Wiegand im Vatikanischen Archiv gesammelten und im Jahrbuch der Gesellschaft für lothringische Geschichte und Altertumskunde (IV[1], 146 ff; IV[2], 214 ff; V[1], 139 ff.) veröffentlichten »Vatikanischen Regesten zur Geschichte der Metzer Kirche«, welche vom Pontifikatsbeginne Honorius III bis zum Pontifikatsende Urbans IV (1216—1264) reichen, in Angriff genommen und dann als Ergebnis dieser Nebenarbeit »Vatikanische Regesten zur Geschichte Deutsch-Lothringens«, welche vom Pontifikatsende Urbans IV bis zum Pontifikatsbeginne Bonifaz' VIII reichen, im Jahrbuch (X, 195 ff.) veröffentlicht, so dass nunmehr mit dem Erscheinen dieses vorliegenden Bandes für die geschichtliche Forschung die ganze Reihe der Deutsch-Lothringen betreffenden Papsturkunden bis zum Tode Benedikts XII erschlossen ist

[2]) Beispielsweise Hornbach in der Rheinpfalz, Saarbrücken und St. Arnual im Regierungsbezirk Trier, Pierremont in Frankreich.

Auch sollten der Sammlung einverleibt werden die Abschriften, beziehungsweise Regesten von Urkunden, welche lothringische Fürsten, Grafen und Edelherrn oder deren Familienglieder betreffen, insofern diese ja grössere oder kleinere Teile des Metzer Bistumsgebietes in Besitz gehabt haben. In dieser Beziehung kamen dann insbesondere in Betracht die Herzöge von Lothringen, die Grafen von Bar, von Saarbrücken, von Leiningen und von Salm, die Edelherrn von Finstingen, von Sierk, von Apremont und Flörchingen. Eine Ausnahme ist gemacht worden mit den auf die Grafen von Luxemburg bezüglichen urkundlichen Stücken. Da sich nämlich ihre Politik während des im vorliegenden Bande behandelten Zeitraums meist eng an die Politik des dieser Familie angehörigen Erzbischofs und Kurfürsten Baldewin von Trier anschliesst, so sind für die vorliegende Sammlung von den auf die Luxemburger Grafen bezüglichen Stücken nur diejenigen benutzt worden, in denen deren Thätigkeit in Bezug auf Lothringen, speziell auf das Metzer Gebiet erscheint. In gleicher Weise sind auch die Stücke behandelt worden, welche die Metropoliten der Lothringischen Kirchenprovinz, die Trierer Erzbischöfe, betreffen.

Die Wechselbeziehungen der drei lothringischen Bistümer Metz, Toul und Verdun sind im Mittelalter so mannigfach und eng, dass ich es für zweckmässig gehalten habe, auch wichtigere Aktenstücke, welche Personen oder Institute der Diöcesen Toul und Verdun betreffen, in die Sammlung aufzunehmen. Insbesondere ist das geschehen mit solchen Urkunden und urkundlichen Notizen, welche über die Bischöfe von Toul und Verdun Aufschlüsse bieten. Noch grössere Sorgfalt aber ist bei denjenigen Schriftstücken angewendet worden, welche über die Verfassungsverhältnisse und die communalen Bestrebungen in diesen beiden Bischofsstädten sowie über die Zerwürfnisse ihrer Bürgerschaften mit den Bischöfen als Stadtherren und den Domkapiteln als von der städtischen Gerichtsbarkeit und von den direkten und indirekten städtischen Steuern (Taille und Maltôte) eximirten Korporationen handeln. Zwischen den drei lothringischen Bischofsstädten bestanden ja während des späteren Mittelalters so nahe Beziehungen und ihre kommunalen Verhältnisse, Bestrebungen und Schicksale waren ja so gleichartig oder wenigstens einander so ähnlich, dass die Verfassungsgeschichte von Metz ohne die der beiden Schwesterstädte gar nicht richtig verstanden und dargestellt werden kann. So bilden denn auch in der That die in die Sammlung aufgenommenen Stücke, welche die Stadt Toul (Nr. 774, 778 und 783) und die Stadt Verdun (Nr. 781 und 786) betreffen, wichtige Ergänzungen zu denjenigen ziemlich

— IX —

gleichzeitigen Stücken, welche die Stadt Metz (782 und 785) betreffen, und alle drei Gruppen in ihrer Gesamtheit liefern den hochinteressanten Nachweis, dass gegen Anfang des fünften Jahrzehntes des vierzehnten Jahrhunderts in allen drei Bischöfen sich gleichzeitig dieselben kommunalen Bestrebungen gegenüber der bischöflichen Stadtherrschaft und dem Domkapitel sich geltend machen.

Noch in einer anderen Beziehung ist der Plan über die Grenzen des Metzer Bistums, ja über die der Lothringer Kirchenprovinz hinaus erweitert worden. Schon während des XIII. Jahrhunderts und bis zum Tode Bonifaz' VIII erscheinen auf den Bischofsstühlen dieser Provinz mehrfach Männer, welche nicht durch die altkanonische Wahl des Domkapitels, sondern nach päpstlicher Ungiltigkeitserklärung und Nichtbestätigung dieser Wahl oder nach päpstlicher Suspension des Wahlrechtes des Domkapitels durch päpstliche Provision Inhaber dieser Bischofssitze wurden[1]). Aber mit einer einzigen Ausnahme entstammen die Providirten der Kirchenprovinz oder deren Nachbarschaft. Seit dem Beginne des Avignoner Papsttums dagegen ändern sich diese Verhältnisse gar sehr. Die Besetzung der Lothringischen Bischofsstühle durch Bestätigung der von den Domkapiteln Erkorenen wird zur seltenen Ausnahme und die päpstliche Provision wird zur Regel. Providirt aber werden von den Avignoner Päpsten hier mehrfach nachgeborne Söhne des der päpstlichen Residenz benachbarten, mächtigen hohen Adels im südöstlichen Frankreich, denen Lothringens Gewohnheiten und Rechte, ja auch die Sprache der deutsch redenden Bevölkerungsteile fremd sind. Schon in früher Jugend aus dem Füllhorne der päpstlichen Vollgewalt mit reichen Pfründen überschüttet, ohne an deren Orte Residenz zu üben, werden diese mehrfach dann noch im jugendlichen Alter durch päpstliche Uebergunst zu Inhabern von Bischofsstühlen gemacht[2]). Einer von ihnen, Amedeus von Toul, der zur Zeit seiner Ernennung ohne jede höhere und auch niedere Weihe und nur tonsurirt war, hatte auch noch im Laufe der zwei nächstfolgenden Jahre keine Veranlassung gefunden, Dispens zum Empfange der Bischofsweihe einzuholen und diese zu empfangen. Dagegen finden wir ihn während

---

[1]) Vgl. Langlois, Les Registres de Nicolas IV nr. 745; Registrum Clementis V nr. 3303. Registres d'Alexandre IV nr. 253; Jahrbuch X, 208 nr. 229; Vatikanische Urkk. und Regg. zur Gesch. Deutsch Lothr. nr. 13. Registres d'Alexandre IV nr. 671; Jahrbuch X, 213 nr. 242 u. 222 nr. 272; Vatik. Urkk. u. Regg. nr. 25 u. 80. Jahrbuch X, 208 nr. 230 u. 234 nr. 234; Vatik. Urkk. u. Regg. nr. 28 u. 66.

[2]) Vgl. nr. 194, 195, 257, 291, 338, 119.

dieser Zeit mehrfach fern von seinem Bistum in seiner südlichen Heimat an kriegerischen Händeln beteiligt[1]). Noch viel ärgeres erfahren wir aber über Heinrich Dauphin, einen Inhaber des Metzer Bistums. Der gräflichen Familie der Beherrscher des Delphinats von Vienne entsprossen, wird er seit dem neunten Jahre mit einer stets wachsenden Zahl fetter Kirchenpfründen ausgestattet, im zwanzigsten Jahre zum Bischof von Passau providirt und dann noch nicht ganz zwei Jahre später zum Bistum Metz versetzt. Bald darauf zum Vormund seiner beiden verwaisten minderjährigen Neffen und Erben des Delphinats ernannt, weilt er meist in seiner Heimat, verwaltet das Erbe seiner Neffen, führt Kriege mit den feindlichen Nachbarn und erscheint bloss ausnahmsweise in seinem Bistum, obschon dessen traurige Zustände die Anwesenheit des Bischofs und Landesfürsten dringend erheischten. Nachdem er zwei Jahre das Passauer Bistum und dann sechs Jahre das Metzer Bistum besessen, ohne irgend eine höhere oder niedere Weihe empfangen zu haben, verzichtete er endlich auf letzteres und trat in den Laienstand zurück[2]). Bei dieser Lage der Dinge erschien es mir als dem Zwecke der Sammlung entsprechend auch die in den Beständen des Vatikanischen Archivs zu findenden Angaben über das Vorleben solcher lothringischer Bischöfe in ihrer südfranzösischen Heimat, über ihr Erscheinen und ihre Thätigkeit in dieser während ihrer Bistumsverwaltung und über ihre verwandtschaftlichen Beziehungen mit in die Sammlung aufzunehmen.

Aufgenommen sind endlich auch noch **allgemeine päpstliche Verfügungen** über Erhebungen von Zehnten und Annaten, über die der päpstlichen Verleihung vorbehaltenen Benefizien, über die rechtlichen Verhältnisse der Mendikantenorden zu den Pfarreien und dem Pfarrklerus u. dgl., weil erst durch sie eine ganze Reihe von Urkunden und urkundlichen Notizen, welche die Sammlung enthält, verständlich wird.

Von den **Beständen des Vatikanischen Archivs** kamen für die Sammlung in erster Reihe die sogenannten **Register** in Betracht. Durchgeforscht und ausgenützt wurden hierfür von den sogenannten *Registra Avinionensia* oder Papierregistern die Bände 2—7 und von den sogenannten *Registra Vatikana* die Bände 47—129. Die genannten Bände der Registra Avinionensia enthalten die Briefe des ersten Pontifikatsjahres Johanns XXII. Sie wurden durchgeprüft zum

---

[1]) Vgl. nr. 337, 338, 344, 378, 379, 381, 382.
[2]) Vgl. über ihn meinen Aufsatz im Jahrbuch VII, 69—168 und Vidal, Le pape Jean XXII. Son Intervention dans le conflit entre la Savoie et le Dauphiné in der Revue des Questions historiques XXXV, 364—388.

Zwecke der Vergleichung mit dem Inhalte der die Papstbriefe desselben Jahres enthaltenden Bände der Registra Vaticana, und da sich nun ergab, dass die ersteren keine Briefe enthalten, welche sich nicht auch in den letzteren vorfinden, ja dass in jenen die in diesen befindlichen, meist wichtigen littere secretae seu quae per cameram transierunt mangeln[1]) und dass eben jene durch missliche Lagerung vielfach beschädigt und insbesondere auch in den Urkundenanfängen am oberen Rande, wo gewöhnlich die Urkunden beginnen und wo sie somit die Inscriptio (Adresse) enthalten, verstümmelt oder unlesbar geworden sind, so wurde für die folgenden Pontifikatsjahre Johanns XXII und Benedikts XII nur die Reihe der Registra Vaticana benutzt.

Bei Ausnützung der Registerbände wurden folgende Regeln eingehalten:

1. Von ganz unwichtigen Urkunden wurden Regesten angefertigt. Nur wenn dieselben von so grosser Kürze waren, dass der Schriftraum des Textes nicht viel grösser als des anzufertigenden Regestes war, wurde der Text und zwar meistens mit Ausscheidung der rein inhaltlosen Kurialphrasen gebracht.
2. Von schon nicht mehr ganz unwichtigen Urkunden wurden unter Voranstellung der (gekürzten) Intitulation und Inscriptio die Anfangsworte der Arenga, die wesentlichen Teile der Narratio und der Dispositio und die Datirung gebracht.
3. Von wichtigen Urkunden wurde unter Ausscheidung der rein formelhaften Phrasen der Arenga und der sogenannten Clausulae der Wortlaut wiedergegeben und diesem, wenn er grösseren Umfangs und somit nicht rasch übersichtlich war, ein kurzes Regest in Cursivlettern vorangestellt.

Ausser den Registerbänden wurden die Vatikanischen Kameralakten durchforscht und ausgenützt, wobei dann von der Reihe der Obligationes et Solutiones die Bände 1—18, von der Reihe der Introitus et Exitus die Bände 1—202 und von der Reihe der Collectoriae nur die Bände 3 und 135 in Betracht kamen. Indes ergab bei der angegebenen grossen Zahl der Introitus-et-Exitus-Bände schon die erste oberflächliche Einsicht in dieselben mit Sicherheit, dass die grosse Mehrzahl derselben nichts über Metzer, beziehungsweise lothringische Angelegenheiten enthält. Beispielsweise lieferten von den ersten 50 Bänden nur die Nummern 5, 8, 10, 13, 14, 16, 19, 24, 33, 38, 40, 41, 43 und 47 Angaben für unsere Sammlung. Da die über

---

[1]) Ein gleiches ist auch bei den Registerbänden Benedikts XII der Fall.

die lothringischen Bistümer handelnden, sehr umfangreichen Stücke der ebengenannten beiden Collectoriae-Bände bereits vollständig von Kirsch (Die päpstlichen Kollektorien in Deutschland während des XIV. Jahrhunderts S. 33—81 und S. 107—139) veröffentlicht sind, so wurde von mir im Einverständnis mit dem Vorstande der Gesellschaft auf einen erneuten Abdruck derselben in unserer Sammlung verzichtet und auf dieselben nur in kurzen Regesten (nr. 328, 523 und 715) hingewiesen.

Weiterhin wurden auch die im Vatikanischen Archiv aufbewahrten Instrumenta des früheren Archivs der Engelsburg und die dortigen sogenannten Instrumenta miscellanea, soweit sie den Zeitraum 1294—1342 betreffen, durchforscht und von ihnen die auf Metzer beziehungsweise lothringische Angelegenheiten bezüglichen Stücke je nach ihrer grösseren oder geringeren Bedeutung im Wortlaut oder in Regestenform in die Sammlung aufgenommen.

In die im Vorstehenden behandelten, dem Vatikanischen Archive entnommenen Stücke ist dann endlich auch noch eine nicht unerhebliche Zahl von Urkunden und urkundlichen Notizen eingereiht worden, die anderen Fundorten entstammen und als solche durch ein der Urkundennummer vorangestelltes Sternchen gekennzeichnet sind. Von diesen sei hier nur auf die beiden wichtigsten hingewiesen, nämlich auf den in einer Handschrift der Pariser Nationalbibliothek enthaltenen Beschluss des Metzer Domkapitels vom 23. August 1328 (Nr. 560), der uns die traurigen Wirkungen der schrecklichen Kriegsjahre 1324—1326 auch für die wirtschaftlichen Verhältnisse des Metzer Domkapitels erweist und so eine Ergänzung zu den auf diese Kriegswirren bezüglichen Papstbriefen bildet, und auf das in zwei Abschriften des Metzer Archivs überlieferte Testament des Metzer Patriziers Jean de la Court (Nr. 713), welches in sich schliesst die Stiftung des in manchen päpstlichen Urkunden erwähnten Frauenhospitals der Chapellotte, dieser grossartigsten und schönsten Schöpfung bürgerlicher und echt christlicher Humanität in der mittelalterlichen Metzer Geschichte.

Schliesslich sei noch bemerkt, dass das der Sammlung angefügte alphabetische Verzeichnis der Orts- und Personennamen, da dessen Anfertigung am hiesigen Orte mir wegen der hier mangelnden Hilfsmittel unmöglich war, im Auftrage des Vorstandes der Gesellschaft von Herrn Oberlehrer Dr. Grimme angefertigt worden ist.

Rom, am 24. April 1901.

Heinrich Volbert Sauerland.

Abkürzungen.

a. = anno.
ap. S. P. = apud Sanctum Petrum.
areps. = archiepiscopus.
Avin. = Avinione.
August. = Augustini.
B. = Beatus.
Bened. = Benedicti.
bo. me. = bone memorie.
Brom. = Brom, Bullarium Traiectense.
card. = cardinalis.
cler. = clericus.
Colon. = Coloniensis.
d. = dominus.
Digard. = Digard, Faucon et Thomas, Les Registres de Boniface VIII.
dioc. = diocesis.
eccl. = ecclesia.
fe. re. = felicis recordationis.
Jahrbuch = Jahrbuch der Gesellschaft für Lothringische Geschichte und Altertumskunde.
inc. = incarnatio.
ind. = indictio.
Intr. et Exit. = Introitus et Exitus.
Kirsch. = Kirsch, Die päpstlichen Kollektorien in Deutschland während des XIV. Jahrhunderts.

kl. = kalendas.
l. = liber.
litt. = litterae.
l. com. = litterae communes.
l. cur. = litterae curiae.
l. secr. = litterae secretae.
Leod. = Leodiensis.
Met. = Metensis.
Obl. et Sol. = Obligationes et Solutiones.
ord. = ordinis.
p. n. a. = pontificatus nostri anno.
Reg. = Registra Vaticana.
Reg. Av. = Registra Avinionensia.
Reg. Vat. = Registra Vaticana.
Rg. Cl. V. = Regestum Clementis V.
Riezler. = Riezler, Vatikanische Akten zur deutschen Geschichte in der Zeit Kaiser Ludwigs des Baiern.
S. = Sanctus.
SS. = Sancti.
S. P. = Sanct Peter.
s. e. d. = secundum estimationem decime.
s. t. d. = secundum taxationem decime.
Traiect. = Traiectensis.
Trever. = Treverensis.
Tull. = Tullensis.
Virdun. = Virdunensis.

1. — *1295 Mai 5. Lateran.*

Bonifatius VIII dignitates personatus prebendas aliaque beneficia ecclesiastica cum cura vel sine cura, que apud sedem apostolicam infra unum mensem a data presentium computandum in futurum vacaverint, reservat provisioni sedis apostolice.

Pie sollicitudinis studio . . . Dat. Laterani III nonas maii a. primo.

<small>Arch. Vat. Reg. 47 litt. curie f. 211¹ nr. 181; Digard, Faucon et Thomas, Les Registres de Boniface VIII, nr. 881; Potthast, Reg. 24089.</small>

*2. — *1295 Juli 6. Anagni.*

Bonifatius VIII, petentibus abbate et conventu monasterii S. Martini Glanderiensis, concedit monachis eiusdem monasterii facultatem petendi recipiendi et retinendi hereditates.

Bonifacius episcopus servus servorum dei dilectis filiis abbati et conventui Sancti Martini Glanderiensis ordinis Sancti Benedicti Metensis diocesis salutem et apostolicam benedictionem.

Devotionis vestre precibus inclinati, auctoritate presentium vobis indulgemus, ut bona mobilia et immobilia, que liberas personas fratrum ad monasterium vestrum mundi relicta vanitate convolantium et professionem facientium in eodem iure successionis vel alio iusto titulo, si remansissent in seculo, contigissent et ipsi eas transferre in alios libere potuissent, rebus feodalibus dumtaxat exceptis, petere recipere ac retinere libere valeatis sine iuris preiudicio alicui. Nulli ergo omnino hominum liceat hanc paginam nostre concessionis infringere vel ei ausu temerario contraire. Si quis autem hoc attemptare presumpserit, indignationem omnipotentis dei et Beatorum Petri et Pauli apostolorum eius se noverit incursurum. Datum Anagnie II nonas iulii pontificatus nostri a. primo.

<small>Metz, Bezirks - Archiv. H 1028, p. 8. (Cartular. Glandariense sc. XVII—XVIII); Regest. im Jahrbuch der Gesellschaft für lothr. Gesch. u. Altertumskunde, Bd. I, 209, nr. 109.</small>

3. — *1295 Juli 15. Anagni.*

Bonifatius VIII, petente Francisco Juvenalis Manetti, confirmat compositionem inter Franciscum et Bouchardum episcopum Metensem factam de debito ab episcopo solvendo constituitque Francisco tres executores, qui episcopum sub excommunicationis pena compellant ad debitum statutis terminis solvendum.

Bonifatius VIII Francisco Juvenalis Manetti militi civi Romano.

Ea que iuditio... Exhibita siquidem nobis tua petitio continebat, quod dudum orta inter venerabilem fratrem nostrum B. episcopum Metensem et te super quadam quantitate marcharum sterlingorum, in qua eundem episcopum et ecclesiam tibi teneri ex causa mutui asserebas, materia questionis, tandem dictus episcopus recognoscens se et ecclesiam Metensem ex causa predicta tibi in quingentis triginta et una marchis sterlingorum teneri... promisit suo et successorum suorum et ipsius ecclesie nomine tibi... de huiusmodi quingentis triginta et una marchis satisfacere integre in tribus festivitatibus resurrectionis dominice successivis. — *Papa, petente eodem Francisco, confirmat compositionem inter prefatos episcopum et Franciscum in urbe Velletri die 18. maii proxime elapsi factam presentibus pluribus testibus, quorum in numero sunt hoc loco commemorandi magister Benedictus de Guardia canonicus Tullensis et Ubertus de Bellavalle canonicus Metensis.* — Dat. Anagnie idus iulii a. primo.

In e. m. S. Pauli et S. Gregorii de Urbe monasteriorum abbatibus ac priori S. Johannis Lateranensis.

Significavit nobis... Franciscus Juvenalis Manetti miles civis Romanus, quod dudum *etc. ut supra*.... Quocirca discretioni vestre... mandamus, quatinus... promissiones huiusmodi faciatis... firmiter observari. Nos enim, ut dictus episcopus... efficacior habeatur, in ipsum, nisi dicto civi in eisdem singulis terminis de pecunia, ut premittitur, satisfecerit memorata, exnunc prout extunc excommunicationis sententiam ferimus et a Metensi ecclesia perpetuo sententialiter amovemus; volentes, ut eundem episcopum, si eum contigerit huiusmodi sententiam incurrere, excommunicatum et amotum a dicta ecclesia publice nuncietis et ab aliis nunciari faciatis.... Si vero prefatum episcopum ante solutiones huiusmodi cedere vel decedere aut in aliam ecclesiam transferri forte contigerit, nos successores ipsius excommunicationis et privationis sententias incurrere volumus ipso facto, si moniti in audientia publica infra terminum competentem... dicto civi de dicta summa pecunie satisfacere non curant. Datum ut supra.

Reg. 47 f. 115¹ nr. 511; Digard 510.

4. — *1295 September 4. Anagni.*

Bonifatius VIII Bouchardo episcopo Metensi petenti concedit, ut abbatia Gorziensis uniatur mensae episcopali Metensi.

[Bonifatius VIII] Bouchardo episcopo Metensi.

Venerabilem Metensem ecclesiam ... Abolim siquidem ante promotionis nostre primordia et post etiam frequenti et fide digna relatione didicimus, quod memorata ecclesia per nonnullos ipsius episcopos predecessores tuos ... tantis et tam gravibus oppressa dinoscitur oneribus debitorum, quod, nisi sibi per eiusdem sedis clementiam ... oportuni et celeri (!) adhibitione remedii succurratur, verendum occurrit, ne facultates illius quantumlibet fortassis exhuberes nefanda et execrabilis vorago absorbeat usurarum. ... Cum itaque monasterium Gorziense ord. S. Bened. Metens. dioc. eidem Metensi ecclesie immediate subiectum sit ad presens abbatis regimine destitutum et propter malitiam seu desidiam vel incuriam abbatum et monachorum, qui fuerunt hactenus in eodem, in spiritualibus et temporalibus quam plurimum deformatum et multiplici noscatur dilapidatione collapsum, alienatis quam plurimis et distractis non sine multe temeritatis audacia bonis, iuribus et possessionibus monasterii supradicti, que a nonnullis partium illarum nobilibus et potentibus detinentur, nec speretur, quod per monachos in monasterio ipso degentes huiusmodi alienatorum et distractorum recuperatio possit in posterum provenire, nos ... cum per tuam et tuorum potentiam, prout speratur et creditur, plene recuperari valeant alienata huiusmodi et distracta dictumque monasterium ad statum reduci prosperum et felicem, predictum monasterium Gorziense cum omnibus bonis, iuribus ... mense episcopali eiusdem Metensis ecclesie, quamdiu vixeris, .. concedimus, volentes omnino, quod etiam post mortem tuam huiusmodi nostra concessio teneat et plenum robur obtineat firmitatis, donec super hoc per apostolicam sedem aliud contigerit ordinari. Volumus autem, quod in monasterio ipso consuetus monachorum et aliarum personarum numerus iugiter habeatur, regularis observantia vigeat, divini cultus exercitium non tepescat, continua et laudabilis hospitalitas observetur. Et cum in dicto monasterio prior instituendus extiterit, per te ac per successores tuos aliquis ex ipsius monasterii monachis, si inibi reperiatur ydoneus, alioquin undecumque consimilis ad huiusmodi officium exercendum preficiatur eidem monasterio in priorem, cui ceteri monachi iuxta regulam B. Benedicti obediant et intendant. Ordinamus insuper et omnino volumus, ut debita et consueta stipendia tam pro victu et vestitu quam aliis necessariis priori monachis et personis eisdem de proventibus et redditibus ipsius monasterii, prout observatum est hactenus, integre ministrentur; residuum vero dictorum proventuum et reddituum in solucionem dictorum debitorum ac mense predicte substentationem totaliter convertatur; quodque tu et successores tui, qui pro tempore fuerint, predicta concessione durante, ad recuperationem bonorum possessionum et iurium monasterii supradicti, que taliter alienata et distracta fore noscuntur, diligenter et sollicite intendatis. Nulli ergo *etc.* nostre concessionis et ordinationis infringere *etc.* Datum Anagnie II nonas septembris a. primo.

    Reg. 47, f. 77, nr. 345; Digard 354.

 5. — *1295 September 22. Anagni.*

 Bonifatius VIII S. Paulini Treverensis et Yvodiensis ecclesiarum decanos ac Clericum de Pisis canonicum eccl. Remensis deputat executores ad introducendum Philippum Trisman in possessionem canonicatus et prebende eccl. Metensis.

 [Bonifatius VIII] S. Pauli Treverensis et Yvodiensis Treverensis dioc. ecclesiarum decanis ac Clerico de Pisis canonico Remensi capellano nostro.

 Petitio . . Philippi nati quondam Godefridi dicti Trisman de Luchemberch canonici ecclesie Metensis nobis exhibita continebat, quod olim ad audientiam felicis recordationis Nicolai pape IIII predecessoris nostri perlato, quod . . decanus et capitulum dicte ecclesie propriis commodis inhiantes temeritate propria statuerant ac iuramento firmaverant, quod aliquo ipsorum contradicente nemini prebendam de novo ibidem adepto[1]) cotidiane distributiones ministrari valerent quodque nullus prebende sue fructus perciperet, nisi prius essent ei distributiones huiusmodi per deputatos super hoc ab ipsis capitulo ministrate, et quod huiusmodi occasione statuti aliquibus de ipsis capitulo se opponentibus provisionibus quam plurium factis sibi auctoritate apostolica in ipsa ecclesia de canonicatibus et prebendis iidem decanus et capitulum fructus earundem prebendarum per non modicum temporis spatium perceperant et tunc etiam percipiebant denegantes cotidianas distributiones talibus ministrare; propter quod per executores super hoc eis a sede apostolica deputatos in eosdem decanum et capitulum et eorum singulos necnon et predictam Metensem ecclesiam diverse fuerant excommunicationis, suspensionis et interdicti sentencie promulgate; quodque propter hoc predicta ecclesia defectum non modicum substinuerat in divinis cum a longo tempore frequentius ibi hac de causa cessatum[2]) a divinis, fuisset. . . (*Sequitur idem fere textus ac constitutionis a Nicolao IV date d. 3 septembris a. 1291; conf. Langlois, Les Reg. de Nicolas IV, nr. 5964.*) . . . dummodo nulli

  [1]) adepta *ms.*
  [2]) cassatum *ms.*

alii de iure sint debite, conferentur, prout in litteris dicti predecessoris inde confectis plenius dicitur contineri. Sane dudum memoratus predecessor ante cassationem huiusmodi statuti a predictis capitulo ac constitutionem et inhibitionem per ipsum predecessorem, ut premittitur, factas canonicatum et prebendam dicte ecclesie apud sedem apostolicam tunc vacantes per promotionem et consecrationem venerabilis fratris nostri Aleronis episcopi Torcellani, cui de ipsis alias per mortem quondam Octaviani de Anagnia ecclesie predicte canonici apud eandem sedem vacantibus predecessor ipse duxerat providendum, cum plenitudine iuris canonici ac omnibus iuribus et pertinenciis suis predicto Philippo auctoritate apostolica contulit et providit de illis, certis sibi super hoc executoribus per suas certi tenoris litteras deputatis, ac . . decanus et maior et sanior pars capituli eiusdem ecclesie collationem et provisionem huiusmodi approbantes eundem Philippum ad dictam prebendam receperunt in dicta ecclesia in canonicum et in fratrem. Verum Johannes dictus de Aixe primo (!) provisioni et receptioni huiusmodi contradixit in vocem appellationis frivole prorumpendo et post non modicum tempus elapsum Johanne dicto Colon, Petro preposito S. Salvatoris et Ferrico de Charmes canonicis ecclesie prelibate super hoc contradicentibus ac appellationi dicti Johannis de Ayse adherentibus, ut dicebant, et demum in vocem appellationis frivole prorumpentibus, memorati decanus et capitulum dicto Philippo in eadem ecclesia personaliter residere parato, qui etiam per longum temporis spatium, postquam ei[1]) sic fuit de dictis canonicatu et prebenda provisum, in eadem ecclesia fecit residentiam personalem, cotidianas distributiones, que sibi ratione dicte prebende debentur, ac fructus eiusdem prebende indebite denegarunt et denegant exhibere. Quare dictus Philippus nobis humiliter supplicavit, ut providere sibi super hoc de oportuno remedio dignaremur. Quocirca discretioni vestre sub pena excommunicationis, quam eo ipso vos incurrere volumus, si preceptum nostrum super hoc neglexeritis adimplere, . . . mandamus, quatinus . . . prefatam cassationem inhibitionem et constitutionem dicti predecessoris et alia in litteris prefatis contenta facientes circa dictum Philippum firmiter observari, decanum et capitulum ac Johannem dictum de Aixe, Johannem Colon, Petrum et Ferricum predictos ex parte nostra diligent[ius] monere curetis, ut infra octo dierum spacium post monicionem vestram ab huiusmodi contradictione et molestatione predicti Philippi desistentes omnino, predictam prebendam ipsum vel procuratorem suum

---

[1]) eis *ms.*

eius nomine libere et quiete possidere permittant dictique decanus et capitulum eidem Philippo tam cotidianas distributiones sibi debitas quam etiam fructus et proventus ipsius prebende... ministrent vel faciant ministrari et de subtractis a tempore predicte provisionis sibi facte... eidem Philippo vel procuratori suo... plenariam satisfactionem impendant... Si vero decanus et capitulum, Johannes dictus de Aixe, Johannes Colon, Petrus et Ferricus predicti contra nominatum Philippum iustam[1]) oppositionis causam credant forsitan se habere, ipsos ex parte nostra peremptorie citare curetis, ut infra duorum mensium spatium post citationem huiusmodi Johannes de Aixe, Johannes Colon, Petrus et Ferricus predicti personaliter, decanus autem et capitulum prefati per procuratorem ydoneum cum omnibus actis iuribus et munimentis suis causam huiusmodi contingentibus apostolico se conspectui representent, facturi et recepturi super hiis, quod iusticia suadebit. Diem vero *etc. usque* intimetis. Ceterum si decanus et capitulum, Johannes de Aixe, Johannes Colon, Petrus et Ferricus prefati, sano usi consilio ab huiusmodi... contradictione... omnino destiterint... universas interdicti, suspensionis et excommunicationis sententias... relaxetis ac dispensetis cum eis super irregularitate, si quam eisdem ligati sententiis divina officia celebrando vel se ipsis officiis imiscendo, non tamen in contemptum clavium, exinde contraxerint, iniuncta eis propter hoc penitentia salutari. Datum Anagnie X kl. octobris a. primo.

Reg. 47, f. 126, nr. 563; Digard 563.

6. — *1295 October 21. Rom S. P.*

Bonifatius VIII Bouchardo episcopo Metensi indulget, ut, cum ad loca ecclesiastico supposita interdicto eum declinare contigerit, ibidem facere celebrari et audire divina officia cum familiaribus suis domesticis possit, clausis ianuis, non pulsatis campanis, voce submissa, excommunicatis et interdictis exclusis, dummodo is vel iidem familiares causam non dederint interdicto vel id non contingat eidem vel eis specialiter interdici.

Per sincere devotionis merita... Dat. Rome ap. S. P. XII kl. novembris a. primo.

Reg. 47, f. 121, nr. 529; Digard 529.

7. — *1295 October 21. Rom S. P.*

Bonifatius VIII eidem [Bouchardo episcopo Metensi] per triennium indulget, ut nullus delegatus vel subdelegatus ab eo, executor vel etiam

---

[1]) iuxtam *ms.*

conservator sedis apostolice vel legatorum eius in Bouchardi personam excommunicationis suspensionis vel interdicti sententias promulgare aut interdicere eidem ingressum ecclesie valeat absque speciali mandato sedis eiusdem faciente plenam et expressam de hac indulgentia eiusdemque nomine et ipsius Metensis ecclesie mentionem.

Magne devotionis affectus . . . Dat. ut supra (= Rome ap. S. P. XII kl. novembris a. primo).

Reg. 47, f. 121¹, nr. 530; Digard 530.

8. — *1295 October 21. Rom S. P.*

Bonifatius VIII eidem [Bouchardo episcopo Metensi] supplicanti concedit facultatem concedendi tabellionatus officium duabus personis, quas ad illud post diligentem examinationem ydoneas esse repererit, prius ab eis iuramento iuxta formam presentibus annotatam recepto.

Ex parte tua . . . Dat. ut supra (= Rome ap. S. P. XII kl. novembris a. primo).

Reg. 47, f. 121¹, nr. 531; Digard 531.

9. — *1295 October 21. Rom S. P.*

Bonifatius VIII abbatibus monasteriorum et prioribus prioratuum civitatis et diocesis Metensis ecclesie Metensi subiectis indulget, ut ad solutionem debitorum predecessorum suorum non teneantur, nisi ea auctoritate apostolica vel de consensu conventuum seu personarum monasteriorum et prioratuum eorundem ac ordinarii loci aut in utilitatem ipsorum monasteriorum et prioratuum conversa fuisse legitime probaverint creditores.

Indempnitati vestre . . . Dat. Rome ap. S. P. XII kl. novembris a. primo.

Reg. 47, f. 125, nr. 559¹; Digard 559.

10. — *1295 October 24. Rom S. P.*

Bonifatius VIII episcopo Metensi mandat, quatinus corpus Theobaldi Li Maires civis Metensis usurarii in cimiterio Predicatorum Met. sepultum exhumari et procul ab ecclesiastica sepultura iactari faciat atque Ferricum de Spinalo, priorem Predicatorum, et Albertum de Sancti Petri Monte, guardianum Minorum, qui executores testamenti a Theobaldo conditi eundem in dicto cimiterio sepeliverunt, pena canonica castiget.

[Bonifatius VIII] episcopo Metensi.

Olim felicis recordationis Gregorius papa X predecessor noster in generali concilio Lugdunensi duxit inter alia statuendum, quod, quamquam usurarii manifesti de usuris, quas receperant, satisfieri expressa quantitate vel indifficte mandaverint in eorum ultima voluntate, nichilominus tamen eis sepultura ecclesiastica denegetur, donec de usuris ipsis fuerit, prout patiuntur facultates eorum, plenarie satisfactum . . . Verum, sicut accepimus, quondam Theobaldus dictus Limaires civis Metensis, qui usuras publice, dum viveret, exercebat, in extremis positus quoddam condidisse dicitur testamentum, et illis, quibus facienda erat restitutio usurarum, quas ipse extorserat, et qui erant in civitate Metensi presentes, de usuris ipsis satisfactione debita non impensa nec prestita ydonea cautione iuxta huius constitutionis prefati predecessoris tenorem, debitum nature persolvit et nichilominus in eodem testamento expressit, quod in ipso testamento nec legatus sedis apostolice neque cardinalis nec etiam summus pontifex aliquam potestatem haberent. Ferricus quoque de Spinallo prior Predicatorum et Albertus de Sancti Petri Monte guardianus Minorum fratrum ordinum Meten[ses] non solum interesse huiusmodi testamento, verum etiam illud, quod secundum constitutionem ipsam est irritum ipso iure, exequendum suscipere et corpus dicti civis apud locum dictorum Predicatorum sollenniter ecclesiastice sepulture tradere presumpserunt, contra eandem constitutionem temere venientes. Nos igitur . . . fraternitati tue . . . mandamus, quatinus, si est ita, predictum corpus exhumari facias et procul ab ecclesiastica sepultura iactari, dictosque priorem et guardianum pro tante ipsorum temeritatis excessu auctoritate nostra pena canonica castigare procures, contradictores *etc. usque* compescendo . . . Quodsi forte iidem prior et guardianus in hoc pertinaces sive inobedientes extiterint, ipsos ex parte nostra . . . citare procures, ut infra competentem terminum a te prefigendum eisdem personaliter apostolico se conspectui representent, pro meritis recepturi. Diem vero citationis et formam et quicquid exinde duxeris faciendum, nobis per tuas litteras harum seriem continentes studeas fideliter intimare. Datum Rome ap. S. P. VIIII kl. novembris a. primo.

Reg. 47, f. 115, nr. 508; Digard 508.

11. — *1295 October 28. Rom S. P.*

Bonifatius VIII Bouchardo episcopo Metensi.

Cum, sicut in nostra proposuisti presentia constitutus, tam pro tuis necessariis quam pro ecclesie Metensis negotiis apud sedem apostolicam expediendis utiliter te subire oporteat magna onera expensarum, nobis humiliter supplicasti, ut usque ad summam mille et sexcentorum florenorum auri mutuum contrahendi sub modis et formis infrascriptis, sine quibus creditores te putas invenire non posse, tibi largiri licentiam dignaremur. Nos igitur de tua *etc. ut in forma usque in finem.* Dat. Rome apud S. Petrum V kl. novembris a. primo.

Reg. 47, f. 104, nr. 447; Digard 447 bis.

12. — *1295 November 3. Rom S. P.*

Bonifatius VIII magistris Clerico de Pisis Remensis et Nicolino de Camilla Ambranensis capellanis nostris ac Jacobo de Labro Reatine canonicis ecclesiarum.

Exponente pridem nobis . . . Bouchardo episcopo Metensi, quod . . . eum subire oportebat magna onera expensarum, ac supplicante, ut usque ad summam mille sexcentorum florenorum auri mutuum contrahendi *etc. usque* auxilio et exceptionibus eisdem a Basdutio Bindi mutuante pro se ac Andrea de Canisanis, Baldo et Nerio Radulfi, Datutio Andree, Audomaro et Jacobo Johannis, Guerra Tingi et Boccatino Paganelli et ceteris eorum sociis de societate Canisianorum civibus et mercatoribus Florentinis pro necessariis *etc. usque in finem, prout est in forma superius posita concessa . . archiepiscopo Patracensi capitulo 492.* Datum Rome ap. S. P. III nonas novembris a. primo.

Reg. 47, f. 114, nr. 502; Digard 502.

13. — *1296 Februar 3. Rom S. P.*

Bonifatius VIII Johanni episcopo Tullensi.

Debitum offitii . . . Cum . . . Portuensis et Ostiensis episcopi nomine . . . Conradi olim episcopi Tullensis, a quo habebant ad hoc sufficiens et speciale mandatum, libere in nostris manibus renunciaverint regimini Tullensis ecclesie . . . nos attendentes, quod ecclesia Traiectensis, cui preeras, multis gravabatur iniuriis circumstantium tyrannide superborum teque pro ipsius ecclesie Traiectensis defensione iurium graves opportebat subire labores, et volentes tam quieti tue quam predicte ecclesie Tullensis commodo providere, te . . . ad dictam ecclesiam Tullensem transferimus . . . . Dat. Rome ap. S. P. III non. februarii a. secundo.

In eundem modum decano et capitulo Tull. eccl. . . . clero civitatis et dioc. Tull. . . . populo civitatis et dioc. Tull. . . . universis vasallis eccl. Tull. . . . archiepiscopo Treverensi. . . .

Reg. 48, f. 17, nr. 73; Digard 957; Brom 416.

14. — *1296 Februar 3. Rom S. P.*

Bonifatius VIII A[dolfo] regi Romanorum nunciat, quod Johannem episcopum ab ecclesia Traiectensi transtulit ad ecclesiam Tullensem vacantem per renunciationem Conradi olim episcopi Tullensis, qui in pape manibus renunciavit per Portuensem et Ostiensem episcopos habentes ad hoc sufficiens et speciale mandatum ab eodem Conrado.

Debitum officii nostri . . . Dat. Rome ap. S. P. III nonas februarii a. secundo.

Reg. 48, f. 20, nr. 86; Digard 969.

15. — *1296 Februar 4. Rom S. P.*

Bonifatius VIII ecclesie Traiectensi vacanti per translationem Johannis episcopi ad eccl. Tullensem providet de persona Wilhelmi prepositi ecclesie Lovaniensis Leod. dioc. eumque praeficit in eccl. Traiectensis episcopum et pastorem.

Onerosa pastoralis officii . . . Dat. Rome ap. S. P. II nonas februarii a. secundo.

In e. m. archiepiscopo Colon.

Sequitur f. 5¹ hec nota marginalis:

In eundem modum scribitur sibi tanquam episcopo consecrato. Onerosa *etc. usque* in spiritualibus et temporalibus committentes, tibique per venerabilem fratrem nostrum Matheum Portuensem episcopum fecimus munus consecrationis impendi et non solum *etc. usque in finem.* Dat. Rome ap. S. P. IIII kl. marcii a. secundo.

Reg. 48, f. 5, nr. 22; Digard 903.

16. — *1296 Februar 27. Rom S. P.*

Conf. nr. 15.

17. — *1296 März 27. Rom S. P.*

Bonifatius VIII fratri Conrado ordinis Minorum, qui resignavit episcopatum Tullensem, reservat pensionem annuam ducentarum librarum Turonensium parvorum.

[Bonifatius VIII] fratri Conrado quondam episcopo Tullensi.

Intellecto dudum, quod tu longa supportatione pontificalis sarcine fatigatus ac denique affectus tedio et multiplici labore confractus, ut secularium vitares strepitum agendorum ac circa observantiam ordinis fratrum Minorum, quem fuisti professus, iuxta votum tui animi commodius vacare valeres, imminenti tibi oneri cedere cupiebas, illis, quos ad hoc procuratores duxeras statuendos, cedendi concessimus a nobis licentiam tuo nomine postulatam. Et admissa cessione . . . te a vinculo, quo Tullensi tenebaris ecclesie, . . . duximus . . . absolvendum ac demum . . . Johannem tunc episcopum Traiectensem . . . ad eandem Tullensem ecclesiam transferentes . . . ipsum predicte Tullensi ecclesie in episcopum preficimus et pastorem .... tuis supplicationibus inclinati, decrevimus tibi fore pro substentatione tua de bonis ad episcopum Tullensem ... spectantibus in ducentis libris Turonensium parvorum infra quindenam commemorationis omnium Sanctorum tibi vel tuo procuratori tuo nomine annis singulis, quoad vixeris, persolvendis pensionis nomine providendum .... Dat. Rome ap. S. P. VI kl. aprilis a. secundo.

In e. m. ... Johanni episcopo Tullensi ... Metensi et Basiliensi episcopis ...

Reg. 48, f. 84¹, nr. 362; Digard 1251.

18. — *1296 April 5. Rom S. P.*

Bonifatius VIII episcopo Metensi mandat, quatinus A[dolfum] regem Romanorum efficaciter inducat, ne contra Philippum regem Francorum [*in favorem Eduardi regis Anglorum*] ad novitates noxias vel processus hostiles seu bellicos actus procedat.

Profundis meditationibus laboriosisque ... Dat. nonas aprilis [a. secundo].

Reg. 48, litt. curie f. 165, nr. 25; Digard 1580.

19. *1296 April 22. Rom S. P.*

Bonifatius VIII capitulo Tullensi mandat, quatinus Conrado quondam episcopo Tullensi restituant bona ablata vel eorum valorem usque ad summam mille librarum Turonensium parvorum.

[Bonifatius VIII] decano, archidiacono et capitulo Tullensi.

Petitionem .... Conradi quondam Tullensis episcopi accepimus continentem, quod vos audita cessione ipsius episcopi ... equos boves aliaque animalia nec non bladum vinum fenum suppellectilia et res alias, que fuerant ipsius episcopi et tunc temporis possidebat, cepistis seu capi fecistis necnon pensiones debita seu redditus et proventus, que sibi in annis preteritis debebantur, aliaque bona ad eum ad elemosinas pauperum et alios pios usus et presertim ad consumationem monasterii de Alespach ordinis S. Clare Basiliensis diocesis, quod ipse fundaverat, deputata, saisivistis et arrestastis seu saisiri et arrestari fecistis eaque omnia sibi capta saisita et arestata detinetis, pretendentes, quod ipsa velitis futuro episcopo conservare. Quare dictus Conradus nobis humiliter supplicavit .... Nos autem ... universitatem vestram rogamus et hortamur ... mandantes, quatinus bona omnia per vos capta seu ablata saisita vel arestata, ut predicitur, et detenta predicto Conrado vel eius procuratori ... infra unius mensis spatium a receptione presentium restituere et assignare curetis, ita tamen quod huiusmodi restitutio facienda summam mille librarum parvorum Turonensium non excedat. Si qua vero consumpta fuerint de premissis seu quorum restitutio fieri non valeret, vos verum valorem eorum infra predictam summam Conrado episcopo restitu[a]tis eidem. Alioquin . . . Metensi et Basiliensi episcopis ac . . . scolastico ecclesie Basiliensis, de quorum conscientia ea, que infra predictam summam fuerint, ut premittitur, restituta, in elemosinis pauperum et aliis piis usibus et presertim in consumatione et utilitate monasterii supradicti necnon et pro competenti remuneratione illorum, qui dicto Conrado episcopo serviverunt sive sint consanguinei sive alii, iuxta servitii meritum et dispositionem ipsius Conradi episcopi volumus erogari, damus per alias nostras litteras in mandatis, ut ipsi vos . . . ad id compella[n]t . . . Dat. Rome ap. S. P. X kl. maii a. secundo.

In e. m. Metensi et Basiliensi episcopis ac . . . scolastico ecclesie Basiliensis . . .

Reg. 48, f. 85, nr. 363; Digard 1251.

20. — *1296 Mai 11. Rom S. P.*

Bonifatius VIII prioribus de S. Chrysoforo in Alta et de S. Arnulfo de Crispeyo ac decano eccl. S. Mellonis de Pontisera mandat, quatinus decem rectores ecclesiarum civitatis et diocesis Verdunensis, qui contra Jacobum episcopum rebellaverunt seque cum civibus Virdunensibus contra eundem colligaverunt, citent, ut infra duos menses coram papa appareant ad iudicium.

[Bonifatius VIII] de S. Chrysoforo in Alta et de S. Arnulfo de Cryspeyo prioribus ac decano ecclesie S. Mellonis de Pontisera Belvacensis Silvanectensis et Rothomagensis diocesium.

Venerabilis frater noster Jacobus Virdunensis episcopus nostro nuper apostolatui patefecit, quod Ancelinus de Sancto Victore, Jacobus de Genecourt, qui se gerit pro rectore seu vicario S. Salvatoris, Nicholaus de Cuseyo, Nicolaus de Marcheuils, Stephanus de Donichan, Santinus de Laines, Nicolaus de S. Andrea, Warnerus de Resecourt, Hugo de S. Amantio et Petrus dictus Papars de Bertaucourt, civitatis et diocesis Virdunensis ecclesiarum rectores, dantes ab olim in commotionibus pedes suos seque non sine ordinis clericalis obprobrio et gravi suarum dispendio animarum ad actus nepharios pronaque opera dampnabiliter convertentes, in tantam prerumperunt(!) temeritatis audacium . . . quod contra eum rebellionis et inobedientie spiritum assumpserunt . . . et mala malis adicere non verentes, se Virdunensibus civibus ipsius episcopi et ecclesie sue persecutoribus manifestis per pactiones et confederaciones illicitas et colligationes nepharias colligarunt. Et licet memoratus episcopus in rectores eosdem propter huiusmodi eorum excessus excommunicationis sententiam exigente iusticia duxerit promulgandum, ipsi tamen... non solum ab eisdem excessibus resilire non curant, sed eos potius nefandis ausibus augmentare conantur.... Super quibus memoratus episcopus per apostolicam sedem oportunum applicari remedium suppliciter imploravit...... Mandamus, quatinus vos vel duo aut unus vestrum per vos vel per alium seu alios predictos rectores in civitate Virdunensi vel locis aliis, de quibus ad eorum noticiam verisimiliter huiusmodi possit pervenire citacio, ex parte nostra peremptorie citare curetis, ut infra duos menses post citacionem nostram immediate sequentes sub excommunicationis et amissionis omnium beneficiorum suorum ecclesiasticorum penis... compareant personaliter coram nobis, super premissis satisfacturi plenarie et recepturi pro meritis, vel suam in hoc, si poterunt, innocentiam ostensuri. ... Dat. Rome ap. S. P. V idus maii anno secundo.

Reg. 48, f. 48¹, nr. 205; Digard 1091.

21. — *1296 Mai 13. Rom S. P.*

Bonifatius VIII eisdem tribus (cf. nr. 20.) mandat, quatinus Iohannem prepositum Montisfalconis archidiaconum de Argonna, qui favit civibus Virdunensibus contra Iacobum episcopum rebellantibus, citent, ut infra duos menses coram papa appareat ad iudicium.

[Bonifatius VIII] eisdem.

Constitutus in presentia noster... Iacobus episcopus Virdunensis monstravit, quod Iohannes prepositus ecclesie Montisfalconis archidiaconus de Argona in ecclesia Virdunensi ad depressionem bonorum et iurium episcopi et Virdunensis ecclesie predictorum vehementer aspirans ... procuravit consuluit et consensit, quod in civitate Virdunens de novo et illicite ac de facto ad civium eius instantiam nonnulli iusticiarii, quos vulgus iuratos nominat, preter iamdicti consensum episcopi, ad quem dumtaxat iuratorum ipsorum asseritur pertinere creatio, crearentur et iurisdictionem inibi exercerent in non modicum predictorum episcopi et ecclesie preiudicium et gravamen. Sacerdotes etiam infra sui archidiaconatus limites consistentes ad rebellionem et inobedientiam episcopi et ecclesie predictorum induxit eosque in illis favet ac retinet et tuetur inductos... Super quibus idem episcopus suppliciter petiit per apostolice sedis circumspectam prudentiam provideri.... Mandamus, quatinus... predictum archidiaconum in civitate Virdunensi predicta citare curetis, ut infra duos menses post citationem vestram

... compareat personaliter coram nobis ... Dat. ut supra (= Rome ap. S. P. XV kal. iunii a. secundo).
> Reg. 48 c., 207, f. 49; Digard 1093.

22. — *1296 Mai 18. Rom S. P.*

Bonifatius VIII eisdem tribus (cf. nr. 20.) mandat, quatinus Thomam primicerium Virdunensem, occupatorem et raptorem bonorum episcopi Virdunensis, quem papa suspendit a temporalium et spiritualium executione, citent, ut infra duos menses appareat coram papa ad iudicium.

[Bonifatius VIII] eisdem.

Querela gravis ... Iacobi episcopi Virdunensis continebat, quod Thomas primicerius Virdunensis ecclesie finibus propriis non contentus sueque potencie confisus viribus ... episcopatum Virdunensem per incendia et rapinas ac alias etiam multipliciter dampnificare presumpsit ... et contra homagium eidem episcopo prestitum temere veniens, ipsius iurisdictionem episcopi graviter hactenus perturbavit et turbare multimode non desistit; redditus etiam et proventus episcopatus eiusdem olim, dum predicta ecclesia duabus vicibus viduitatis incommoda toleraret, temere occupavit eosque detinet taliter occupatos ac ipsos eidem episcopo restituere, ut tenetur, vel sibi de illis racionem debitam reddere contradicens, eos ad se pertinere minus veraciter asserendo.... Quoddam insuper castrum, quod Hathonis castrum vulgariter nuncupatur, dudum prodicionaliter capiens illudque aliquamdiu captum tenens, bona eiusdem episcopi in ipso inventa magnamque piscium quantitatem, qui in stagno prope castrum consistente predictum ... existebant, quorum valor quingentarum librarum Turonensium parvorum summam excedere noscebatur, non sine multa temeritate rapuit et de illis disposuit pro sue libito voluntatis aliaque plura et gravia contra prefatos episcopum et ecclesiam diversis temporibus committendo .... Quare pro parte ipsius episcopi a nobis cum instantia petebatur, ut providere sibi et eidem ecclesie super hiis ... dignaremur Nolentes itaque ... mandamus, quatinus vos vel duo aut unus vestrum ... primicerium, quem ex nunc a temporalium et spiritualium executione suspendimus, in civitate Virdunensi vel in loco eidem civitati vicino ... citare curetis, ut infra duos menses post citationem nostram immediate sequentes compareat personaliter coram nobis super premissis *etc.*... Dat. Rome ap. S. P. XV kl. iunii a. secundo.
> Reg. 48 c. 206 f. 48¹; Digard 1092.

23. — *1296 Mai 18. Rom S. P.*

Bonifatius VIII iisdem tribus (cf. nr. 20) mandat, quatinus quosdam cives Virdunenses nominatim expressos, qui contra Iacobum episcopum rebellaverunt, citent, ut infra duos menses coram papa appareant ad iudicium.

[Bonifatius VIII] . . de S. Christoforo in Halata et de S. Arnulfo de Crispeyo prioribus ac decano ecclesie S. Mellonis de Pontisera Silvanectensis Belvacensis et Rothomagensis diocesium.

Oblata nobis . . Iacobi Virdunensis episcopi peticio continebat, quod, licet ad eum ex concessione imperatorum regum et aliorum catholicorum principum facta iam dudum ecclesie Virdunensi in civitate Virdunensi pertineat omnino iurisdictio temporalis et iusticiarios, qui vulgariter iurati vocantur, in civitate ipsa creare facere seu constituere spectet tantummodo, nullam omnino in civitate predicta eligendi iudicem vel officialem aliquem seu scabinum sive infligendi corporalem vel temporalem penam alicui absque auctoritate et licentia episcopi supradicti cives habeant potestatem, prefati tamen cives non absque conspirationis nota contra eundem episcopum attemptare ad occupationem bonorum et iurium ipsius episcopi et ecclesie supradicte ausu nephario aspirantes et contra fidelitatis eidem episcopi prestitum venientes temere iuramentum, facere seu creare de novo huiusmodi iusticiarios in civitate predicta, eiusdem episcopi super hoc auctoritate non habita nec obtenta licentia, presumpserunt, magnas pecuniarum summas a iusticiariis ibidem per iam dictum episcopum constitutis et eorum sociis per violentiam extorquendo. Quam ob rem nonnulli ex eis, huiusmodi ducti formidine, de civitate recesserunt eadem, quidam vero ad cathedralem et nonnullas alias predicte civitatis ecclesias confugerunt. Dictique cives, ne inde quomodolibet pateret egressus, circa ipsas ecclesias non modicam armatorum multitudinem posuerunt, nullatenus permittentes, ut eis victualia preberentur, cuiusdam capelle ipsius ecclesie cathedralis, in qua veluti tutele presidio se prefati fugientes incluserant, foribus cum lignis seu fustibus firmiter obseratis. Sicque illi metu mortis et victualium subtractione compulsi prefatis civibus maximam propterea, quia iusticiarii ab eo episcopo positi fuerant, summam pecunie persolverunt. Et cum prelibatus episcopus propter premissa contra cives processisset eosdem et ad ipsos cum suis litteris processus huiusmodi continentibus quosdam clericos destinasset, iidem cives in quendam clericorum suorum manibus violenter iniectis sibi per violentiam predictas litteras auferentes, ausu nephario dilaniarunt easdem ac predictum clericum et etiam notarium quendam curie ipsius ad locum, ad quem fures ceterique malefici duci solent, non sine multa ignominia multoque opprobrio pertraxerunt. Quidam alium clericum tum in prefata cathedrali ecclesia constitutum per vim et metum, que in constantem virum cadere poterant, compellendo ad tradendum eisdem quasdam alias ipsius episcopi litteras sub eius custodia consistentes, quas similiter dictorum civium dilaniare temeritas non expavit, apertius comminando, quod, si quisquam ad civitatem predictam se personaliter conferre presumpserit ad mandatum aliquod ipsius episcopi inibi faciendum, ei vel dire necis periculum vel gravis periculum mutilacionis inferrent. Cumque memoratus episcopus propter huiusmodi notorios et horrendos civium predictorum excessus in nonnullos eorum excommunicationis sentenciam promulgasset ac civitatem eandem supposuisset ecclesiastico interdicto et quamplures sacerdotes sibi subiectos ad quendam locum, qui civitatis predicte vicus sive suburbium reputatur, ad publicandum ibidem interdictum huiusmodi destinasset, cives ipsi flamma furoris accensi, cum armatorum et aliorum multitudine copiosa contra sacerdotes procedentes eosdem ac in ipsos subito irruentes, quamplures ex eis ad civitatem predictam turpiter ducere non fuerunt veriti ac trahere violenter eos invitos, in quadam domo tamdiu retinentes inclusos, donec ab eis exegerunt corporaliter iuramentum, quod nullum omnino ipsius mandatum exequerentur episcopi contra eos. Statuerunt etiam dicti cives non sine scrupulo heretice pravitatis, si hec veritate nitantur, quod ad prefatum episcopum vel eius curiam nullus predicte civitatis incola sive civis accedere quomodolibet attemptaret, nec iisdem permitteretur episcopo aliqua victualia de prefata exhibere civitate, quodque si laicus civitatis eiusdem cum clerico fortassis ad verbera deveniret, clericus ipse impune posset occidi, et silaicus alius illos in vicem rixantes inspiciens laicum contra clericum non iuvaret, penam gravem incurreret super hoc specialiter ordinatam. Prefati quoque cives quamplures clericos de civitate oriundos eadem bannire de ipsa seu expellere presumpserunt, bona predictorum civium, qui, sicut premittitur, de civitate affugerunt et recesserunt eadem, venalia exponentes, clericos et laicos civitatis eiusdem ad emptionem eorum nichilominus compellendo. Et cum prefatus episcopus tunc in sua diocesi constitutus, dictorum civium temerarios impetus seu motus illicitos reformidans, eos per probos viros religiosos et etiam seculares benigne requiri fecisset, si ad ecclesiam suam tute posset ac sine dubitacione redire ibique moram contrahere ad pontificale officium exercendum, cives ipsi nullum sibi responsum ad hoc sufficiens reddiderunt, preconceptam nequitiam inde apertius exprimentes. Quendam insuper in potestatem civitatis eiusdem in ipsorum episcopi et ecclesie grave preiudicium et iacturam creare de facto seu constituere attemptarunt, ac alia gravia et enormia non facile numeranda contra eosdem episcopum et ecclesiam ac libertatem eccleasticam commiserunt hactenus et committere non verentur, que deum offendunt et fidelium animas scandalizant. Super quibus prefatus episcopus oportunum per apostolicam circumspectam prudentiam adhibere remedium humiliter imploravit. Quia igitur tantos et tam graves tamque abhominabiles et enormes civium predictorum excessus nolumus, sicuti nec debemus, urgente conscientia quomodolibet tolerare, dignitati vestre per apostolica scripta sub pena excommunicationis, quam ipso facto vos incurrere volumus, si mandatis in hac parte nostris non curaveritis efficaciter obedire, districte precipiendo mandamus, quatinus vos vel duo aut unus vestrum per vos vel per alium seu alios predictos cives seu universitatem civitatis predicte per syndicum vel procuratorem ydoneum ad hoc specialiter constitutum; Martinum vero Dueserey, Jacobum dictum Poujoyse, Ottinum Lepetit, Petrum Arrions, Ottinum Quernarure, Colinum de Sans, Colinum Tuillart, Jacobum Licapre, Jenninum Blampie, Jacobum Chapon, Nicolaum Solinet, Petrum Lafolle, Oliverium de monte S. Victorii, Johannem Oliverii, Jacobum dictum Sigart, Wauteretum dictum Paquet, Roland Wautereti, Collinum dictum Killart, Jenninum Robetet, Colardum Belier, Jacobum Autopiere, Jenninum Tuillart, Warnerum Paturel, Blesum dictum Cuelier, Thiricum de Estein, Henricum de Jeniche, Ottinum Ledovre et Collesonem dictum Lecot, cives Virdunenses, qui plurimum in premissis culpabiles asseruntur, ut personaliter infra duos menses post citacionem nostram apostolico se conspectui representent, super premissis satisfacturi plenarie ac alias pro meritis recepturi vel suam ostensuri, si poterunt, innocentiam in hac parte, ex parte nostra in civitate ipsa Virdunensi vel in alio loco eidem civitati vicino, de quo ad eorum noticiam verisimiliter possit huiusmodi pervenire citacio, peremptorie citare curaretis. Nos enim exnunc prout extunc in quemlibet predictorum nominatim expressorum civium, qui huiusmodi vestre citacioni contumaciter parere contempserint, excommunicationis et interdicti sentencias promulgamus. Illos vero, qui propter predicta vel eorum aliquod excommunicationis sentenciam latam a canone forsitan incurrerunt, excommunicatos usque ad satisfactionem in genere publice nuncietis et faciatis etiam nunciari. Postquam autem huiusmodi citaciones facte fuerint, inhibeatis civibus et universitati iam dictis, ne causa et lite pendentibus in preiudicium litis dicti episcopi et iuris eiusdem aliquam faveant novitatem. Diem vero citacionis et formam et quicquid inde feceritis, nobis remissis presentibus fideliter intimare curetis. Dat. Rome ap. S. P. XV kl. iunii a. secundo.

Reg. 48, f. 85¹, nr. 364; Digard 1253.

24. — *1296 August 29. Anagni.*

Bonifatius VIII providet monasterio S. Vitoni Virdunensi vacanti per Johannis Lardeinoix mortem, quam subsecuta est discors electio, de persona Philippi prioris de Corbineyo.

[Bonifatius VIII] dilecto filio Philippo abbati monasterii S. Vitoni Virdunensis.

Pastoralis officii debitum . . . Sane dudum monasterio S. Vittoni Virdunensi ordinis S. Benedicti pastoris solatio destituto per mortem quondam Johannis dicti Lardeinoix ipsius monasterii abbatis, dilecti filii prior et conventus eiusdem monasterii . . . in huiusmodi electionis negotio per viam scruptinii procedentes, tres scrutatores, videlicet Johannem dictum Faucons thesaurarium, Johannem de Octanges cantorem et Terricum dictum Bona - anima, dicti monasterii monachos, assumpserunt . . . et tandem compertum extitit, quod undecim ex monachis monasterii supradicti, qui omnes erant viginti unus numero, consenserunt in fratrem Gobertum eiusdem monasterii elemosinarium, octo in fratrem Guillelmum cellerarium monachum sepedicti monasterii dirigentibus vota sua ac ipsis Goberto et Guillelmo in dicto scruptinio nolentibus aliquem nominare. Porro negotio electionum huiusmodi per appellationes varias ante et post hinc inde ab electorum partibus interiectas ad sedem apostolicam devoluto, prefatus Guillelmus electioni de se facte consentiens, et forma constitutionis felicis recordationis Nicolai pape tertii . . . diligenter servata, personaliter ad dictam sedem accessit, apud quam ius electionis prosequens de se facte coram . . . G. episcopo Sabinensi, quem in causa huiusmodi partibus dedimus auditorem, tandem diem clausit extremum. Dictus vero Gobertus predictarum appellationum interiectarum per partem adversam non inscius, spreta forma constitutionis prefate, spretis etiam citationibus factis personaliter de eodem, prout exigebat ipsius cause natura, per prefatum episcopum, contumaciter comparere contemnens, se procuravit de facto auctoritate . . . B[oemundi] archiepiscopi Treverensis loci metropolitani in prefate sedis contemptum in abbatem dicti monasterii confirmari. Dictus vero G. episcopus Sabinensis electionem de dicto Goberto factam et confirmationem de predicta electione secutam et quecumque ex eis vel ob ea quavis auctoritate processerant, cassavit per diffinitivam sententiam iusticia exigente. Nos vero prefatam sententiam confirmantes et sollicita meditatione pensantes, quam sit obnusta (!) dispendiis ecclesiarum prolixa vacatio . . . [in] te tunc priorem de Corbeneye Remensis diocesis . . . direximus nostre considerationis

obtutum. Quapropter . . . te ipsi monasterio preficimus in abbatem . . .
Dat. Anagnie IIII kl. septembris a. secundo.

In e. m. priori et conventui monasterii S. Vittoni Virdunensis.
Dat. ut supra.

Reg. 48, f. 118, nr. 504; Digard 1394.

25. — *1297 März 11. Rom S. P.*
Bonifatius VIII Johanni de Asperomonte electo Virdunensi.

Dum pii patris . . . Olim siquidem ecclesia Virdunensi per obitum bone memorie Jacobi episcopi Virdunensis, qui, dum Anagnie Romana curia resideret, apud . civitatem Ferentinatem diem clausit extremum. pastoris solatio destituta, nos provisionem faciendam ea vice ipsi ecclesie de prelato nobis et apostolice sedi specialiter duximus reservandam, decernentes extunc irritum et inane, si secus super hoc scienter vel ignoranter contingeret attemptari; et demum . . . ad te prepositum ecclesie Montisfalconis Remensis diocesis . . . direximus nostre considerationis obtuitus teque de fratrum nostrorum consilio et apostolice plenitudine potestatis preficimus eidem ecclesie in episcopum et pastorem, ... Dat. Rome ap. S. P. V idus marcii a. secundo.

In e. m. decano et capitulo ecclesie Vird. . . . clero civitatis et dioc. Vird. . . . universis vassallis eccl. Vird. . . . populo civitatis et dioc. Vird. . . . A[dolfo] regi Romanorum illustri . . .

Reg. 48, f. 214¹, nr. 88; Digard 1743.

26. — *1297 März 16. Rom S. P.*
Bonifatius VIII magistro Johanni Giletti obtentu eius meritorum et consideratione Adolfi regis Romanorum pro eodem clerico et familiari suo apostolice sedis gratiam implorantis confert ecclesie Metensis canonicatum et prebendam nulli alii de iure debitam, si qua in ecclesia ipsa vacat ad presens. Si vero nulla talis prebenda nunc vacat in ecclesia supradicta, proximo in eadem vacaturam conferendam eidem, cum vacaverit, et nichilominus personatum seu dignitatem vel officium, si quis aut si qua vel si quod nulli alii et iure debitus vel debita seu debitum in ecclesia ipsa vacat ad presens vel cum primo vacaverit, eidem reservat — non obstante quod in Treverensi canonicatum prebendam et cantoriam obtinet.

Apostolice sedis benignitas . . . Dat. Rome ap. S. P. XVII kl. aprilis a. tertio.

In e. m. archiepiscopo et decano S. Symeonis Treverensis et Nicolao de Yporegia canonico Leodiensis ecclesiarum.

Reg. 48, f. 226¹, nr. 140; Digard 1795.

27. — *1297 März 18. Rom S. P.*

Bonifatius VIII cum Nicolao rectore ecclesie de Marnei[1]) Metensis dioc. et clerico Francisci S. Marie in Cosmedin diaconi cardinalis dispensat, ut fructus predicte ecclesie, quos per plurimos annos perceperat nondum in sacerdotio constitutus, legitime retinere et in futurum percipere valeat, dummodo infra annum in presbiterum promoveatur.

Consuevit apostolica sedes . . . Dat. Rome ap. S. P. XV kl. aprilis a. tercio.

Reg. 49, f. 232, nr. 166; Digard 1821.

28. — *1297 April 24. Rom S. P.*

Bonifatius VIII providet ecclesiae Metensi vacanti per Buchardi episcopi mortem, quam secuta est electio discors, de persona Gerardi archidiaconi Brabantie.

[Bonifatius VIII] dilecto filio Gerardo electo Metensi.

In supreme dignitatis specula . . . Sane dudum Metensi ecclesia per obitum bone memorie Buchardi Metensis episcopi pastoris regimine destituta, dilecti filii decanus et capitulum eiusdem ecclesie . . . die ad eligendum prefixa insimul convenerunt et post diversos tractatus super hoc ab eis habitos, qui non habuerunt effectum, deliberaverunt per viam scrutinii procedere ad provisionem faciendam eidem ecclesie de pastore. Sicque nonnulli ex eis Theobaldum de Barro[2]) ipsius ecclesie canonicum elegerunt, aliqui vero venerabilem fratrem nostrum Ferricum Aurelianensem episcopum in episcopum Metensem postulaverunt. Huius autem electionis et postulationis negotio per appellationem ad sedem apostolicam devoluto ipsoque negotio exposito coram nobis, dictus Theobaldus sponte et libere in nostris manibus resignavit omne ius, si quod sibi ex prefata electione fuerat acquisitum. Nosque huiusmodi resignatione recepta, predictam postulationem non duximus admittendam. . . . Igitur . . . in te archidiaconum Brabantie in ecclesia Cameracensi . . . direximus oculos nostre mentis. Quapropter . . . te predicte Metensi ecclesie preficimus in episcopum et pastorem . . . Dat. Rome ap. S. P. VIII kl. maii a. tercio.

In e. m. . . . decano et capitulo . . . archiepiscopo Treverensi . . . populo civitatis et diocesis Metensis . . . universis vassallis ecclesie Metensis . . . regi Romanorum illustri . . .

Reg. 48, f. 231', nr. 165; Digard 1820; Meurisse, Hist. des Evesques de Metz, p. 485; Gallia Christiana XIII. Instrum., p. 412; Potthast 24508.

---

[1]) *Infra textum legitur una vice:* Mernei.
[2]) *Theobaldus die 13 martii a. 1303 confirmatur episcopus Leodiensis.*

29. — *1297 Juli 8. Orvieto.*

Bonifatius VIII Theobaldo [1]*), germano comitis Barri, in subdiaconatus ordine constituto, qui parrochialem ecclesiam de Pagavahan ab Eduardo rege Anglorum sibi eiusdem regis Clerico collatam ultra annum tenuerat, quin fuerit ad ordines superiores promotus, eandem ecclesiam confert; omnem infamie et inhabilitatis maculam ex ista retentione contractam abolet et indulget, ut cum eadem ecclesia plures alios canonicatus et prebendas licite retinere possit.*

[Bonifatius VIII] eidem (= Theobaldo germano comitis Barri ducis).

Nobilitas generis . . . Sane peticio tua nuper exhibita continebat, quod olim post generale concilium Lugdunense novissime celebratum, archiepiscopali tunc sede Cantuarensi vacante, . . . E[duardus] rex Anglie illustris, qui tempore vacationis eiusdem sedis ratione regalium, que tunc tenet, beneficia ecclesiastica vacantia ad collationem archiepiscopi Cantuariensis spectantia de consuetudine confert, parrochialem ecclesiam de Pagavahan Cantuariensis diocesis tunc vacantem, ad collationem ipsius archiepiscopi pertinentem tibi in subdiaconatus ordine constituto contulit tunc absenti et alium pro te de ipsa ecclesia investivit et fecit in eius corporalem possessionem induci; tuque credens de ratione ipsius ecclesie ad susceptionem superiorum ordinum iuxta constitutionem in prefato concilio super hoc editam non teneri, pro eo quod dicebatur fore dicto regi ab apostolica sede indultum, quod clerici eiusdem regis, cuius clericus existebas, beneficia curam animarum habentia obtinentes predictos ordines suscipere minime tenerentur, te non fecisti ad ipsos ordines promoveri triennio iam elapso, sicque dicta ecclesia post annum a tempore collationis tibi de illa facta per memoratum regem de iure creditur vacavisse. Sed tu nichilominus ecclesiam retinuisti et adhuc retines supradictam, fructus percipiens ex eadem. Quare cupiens conscientie statuique tuo consulere a nobis suppliciter petiisti . . . Nos igitur . . . predictam ecclesiam cum omnibus iuribus et pertinentiis suis apostolica tibi auctoritate de novo conferimus et providemus de illa ac . . . Petrum S. Marie nove diaconum cardinalem tuo nomine de ipsa per nostrum anulum presentialiter investimus . . . . Omnem insuper maculam . . . abolemus, tibi eadem auctoritate nichilominus indulgentes, ut eandem ecclesiam possis cum canonicatibus et prebendis, quos in Parisiensi Remensi Lingonensi Leodiensi Belvacensi Trecensi Virdunensi et Tullensi ecclesiis obtines,

---

[1]) *De Theobaldo cf. nr. 28.*

necnon et canonicatibus et prebendis Metensis et Cenomanensis ecclesiarum, super quibus inter te et quosdam alios causa vertitur, postquam eos adeptus fueris, licite retinere quodque usque ad quinquennium superiores ordines suscipere ac in eadem ecclesia personaliter residere minime tenearis . . . Dat. ap. Urbem veterem VIII idus iulii a. tercio.

Reg. 48, f. 262¹, nr. 288; Digard 1943.

30. — *1297 Juli 10. Orvieto.*

Bonifatius VIII Phy[lippo] abbati monasterii S. Vitoni Virdunensis ord. S. Benedicti.

Ad regimen universalis . . . Vacante siquidem dudum monasterio S. Vitoni Virdunensis ord. S. Benedicti per obitum quondam Johannis . . . licet in eo per conventum dicti monasterii due fuerint electiones per viam scrutinii in discordia celebrate, una videlicet de Goberto elemosinario et altera de Guillermo cellerario . . huiusmodi tamen negotio per appellationes hinc inde interpositas ad sedem apostolicam devoluto ac predicto Guillermo cellerario apud sedem predictam . . . decedente dictique Goberti elemosinarii electione . . . cassata, nos ad provisionem ipsius monasterii . . . intendentes, tandem ad te priorem de Corbeneyo dicti ordinis Laudunensis diocesis . . . nostre direximus considerationis intuitum teque licet absentem . . . eidem monasterio preficimus [1]) in abbatem . . . Dat. ap. Urbem veterem VI idus iulii a. tercio.

Reg. 48, f. 253, nr. 250; Digard 1905.

31. — *1297 Juli 18. Orvieto.*

Bonifatius VIII Theobaldo germano comitis Barri ducis confert ecclesie Eboracensis canonicatum prebendam et thesaurariam et providet de illis eumque per suum anulum presentialiter investit de eisdem vacantibus per privationem Petri de Columpna quondam S. Eustachii diaconi cardinalis.

Veros litterarum scientia preditos . . . Dat. ap. Urbem veterem XV kl. augusti a. tercio.

Reg. 48, f. 262¹, nr. 287; Digard 1942.

32. — *1297 August 18. Orvieto.*

Bonifatius VIII conventui monasterii Gorziensis, cuius unionem cum episcopatu Metensi nuper revocavit, dummodo idem monasterium duo milia marcarum argenti, quibus episcopus et ecclesia Metensis quibusdam

---

[1]) prefecimus *corrigendum, sicut patet ex textu sequenti.*

mercatoribus Romanis tenetur, eisdem creditoribus solverit, concedit facultatem contrahendi mutuum usque ad quantitatem mille centum quinquaginta marcarum argenti.

[Bonifatius VIII] priori et conventui monasterii Gorziensis ord. S. Benedicti Metensis dioc.

Nuper ex parte vestra fuit nobis humiliter supplicatum, ut, cum monasterium vestrum abbatis regimine destitutum bone memorie B[ouchardo] episcopo ac episcopatui Metensi certis ex causis, presertim pro importabili debitorum onere, in quibus idem episcopus et Metensis ecclesia nonnullis creditoribus tenebantur, per nostras . . . litteras concessum extiterit; nosque nuper concessionem huuismodi, ex qua vobis et eidem monasterio dicebatis grave detrimentum et importabile dispendium imminere, mandavimus revocari, dummodo vos duo millia marcharum argenti, in quibus episcopus et ecclesia predicta quibusdam mercatoribus Romanis tenebantur, eisdem mercatoribus solveretis, contrahendi mutuum usque ad quantitatem mille centum quinquaginta marcharum argenti pro dictis duobus milibus marcharum dictis mercatoribus persolvendis sub modis et formis infrascriptis, sine quibus vos putabatis invenire non posse, largiri vobis licentiam dignaremur. Nos igitur *etc. ut in forma usque* contrahendi mutuum propter hoc per vos vel procuratorem vestrum . . . *usque ad* predictam summam . . . concedimus facultatem. Volumus insuper et concedimus, iuxta quod postulastis a nobis, quod vos et successores vestri necnon abbates qui pro tempore fuerint ipsius monasterii, in quem (!) ibi, antequam dictis creditoribus satisfiat, creari contigerit, creditoribus ipsis huiusmodi pecuniam de bonis dicti monasterii solvere nec dampna *etc. usque in finem.* Dat. ap. Urbem veterem XV kl. septembris a. tercio.

Reg. 48, f. 275, nr. 342; Digard 1997.

33. — *1297 August 18. Orvieto.*

Bonifatius VIII deputat tres executores, qui unionem monasterii Gorziensis cum episcopatu Metensi, si monasterium ipsum summam duorum milium marcarum argenti creditoribus episcopi solverit in duobis terminis statutis, auctoritate apostolica revocent concedantque conventui facultatem eligendi abbatem.

[Bonifatius VIII] episcopo Cameracensi et archipresbitero ecclesie S. Eustachii de Urbe ac Onuffrio dicto Pape de Trebis, canonico Trecensi.

Olim ex certis causis . . . monasterium Gorciense . . . . B. Metensi episcopo ac episcopatui Metensi et mense ipsius . . . et successoribus suis . . . duximus concedendum . . . Nuper autem ex parte

. . . prioris et conventus monasterii supradicti nobis fuit humiliter supplicatum, ut cum in Romana curia solvere sint parate duo milia marcharum argenti Symbaldo Judicis, Francisco Juvenalis et Angelo Cathelino et aliis quibusdam civibus et mercatoribus Romanis, quibus Metensis ecclesia est in quantitate huiusmodi obligata, octingentas videlicet et quinquaginta marchas infra X dies a data presentium computandos, residuas vere mille CL marchas videlicet inde ad festum resurrectionis dominice proxime venturum, in eadem curia, ubicumque fuerit, revocare concessionem huiusmodi, ex qua, ut dicebant, eis et dicto monasterio grave detrimentum et importabile dispendium imminebat, de benignitate apostolica dignaremur. Nos igitur . . . discretioni vestre . . . mandamus, quatinus eisdem priore et conventu huiusmodi solutionem, quam offerunt, facientibus in terminis et loco supradictis . . . concessionem predictam per nos factam . . . penitus revocantes, predictos priorem et conventum ac monasterium ipsum reducatis et reponatis in eo statu, in quo tempore concessionis huiusmodi existebant, concedendo eisdem priori et conventui . . plenariam facultatem eligendi abbatem . . . ipsosque ac monasterium prelibatum denuncietis episcopo, qui esset pro tempore, vel ecclesie Metensi occasione dicte concessionis in aliquo non teneri. . . . Si vero ipsi prior et conventus in huiusmodi solutione . . . forsan deficerent, concessionem predictam in suo volumus robore permanere, donec super hoc aliud per sedem predictam contingeret ordinari. Dat. ap. Urbem veterem XV kl. septembris a. tertio.

Reg. 48, f. 275, nr. 343; Histoire générale de Metz, t. III, Preuves, p. 264; Digard 1998.

*34. — *1297 November 27. Rom S. P.*

Bonifatius VIII monasterio S. Clare Metensi confirmat omnes libertates et immunitates a predecessoribus suis concessas nec non libertates et exemptiones secularium exactionum a regibus principibus et aliis eisdem indultas.

Cum a nobis petitur. . . Dat. Rome ap. S. P. V kl. decembris a. tercio.

Metz. Bez.-Arch. (Abt. Cheltenham). Or. mb. c. sig. pend. del. — Ad sinistram sub plica: M. de Adr. — In dorso: O. Bosket.

35. — *1298 Januar 8.*

Die VIII dicti mensis ianuarii.

Episcopus Virdunensis promisit solvere pro communi servitio domini pape et XV cardinalium I_{III}^{m} flor. auri infra natale domini proxime venturum absque duobus consuetis servitiis familiarium eorundem.

In marg. dextro: Solvit.

Obl. et Sol. 1 (313) f. 7.

36. — *1298 Januar 17. Rom S. P.*

Bonifatius VIII Johanni episcopo Virdunensi concedit, ut possit contrahere mutuum usque ad summam trium milium flor. auri.

Cum sicut in nostra ... Dat. Rome ap. S. P. XVI kl. febr. a. tercio.

Reg. 48, f. 352, nr. 567; Digard 2242.

37. — *1298 Januar 21. Rom S. P.*

Bonifatius VIII venerabili fratri Johanni episcopo Virdunensi. Tua nobis fraternitas intimavit, quod nonnulli clerici et laici tuarum civitatis et diocesis pro violenta manuum iniectione in clericos et personas ecclesiasticas excommunicationis sententiam incurrerunt, quorum quidam clericorum et personarum iuris ignari vel facti immemores susceperunt ordines et divina celebrarunt officia sic ligati. ... Tibi concedimus, ut omnes tales ... absolvas et iniungas eis, quod de iure fuerit iniungendum, proviso quod passis iniuriam facias satisfieri competenter, et si aliquorum fuerit gravis et enormis excessus, eos mittas ad sedem apostolicam absolvendos. Cum illis autem ex eisdem clericis, qui iuris ignari et facti immemores absolucionis beneficio non obtento susceperunt ordines et divina officia celebrarunt, iniuncta eis ... penitencia ... liceat tibi ... dispensare. Si tamen prefati clerici excommunicati scienter non tamen in contemptum clavium talia presumpserunt, eis per biennium ab ordinis executione suspensis et imposita illis penitentia salutari, eos postmodum, si fuerint bone conversacionis et vite, ad graciam dispensacionis admittas. Dat. Rome ap. S. P. XII kl. februarii a. tercio.

Reg. 48, f. 355, nr. 584; Digard 2249.

38. —. *1298 Januar 20. Rom S. P.*

Bonifatius VIII Thomae primicerio Virdunensi, quem ab executione spiritualium et temporalium suspenderat et citaverat, ut coram se ad iudicium compareret[1]*), suspensionem relaxat permittitque, ut ad propria revertatur relicto apud sedem apostolicam procuratore, qui ibi in iudicio querentibus de Thoma respondere valeat.*

---

[1]) *Cf. nr. 22.*

[Bonifatius VIII] dilecto filio Thome primicerio et archidiacono Virdunensi.

Sincera devocio quam . . . Habet siquidem exposite nobis tue peticionis assercio, quod dudum nobis Nicolao, qui pro ecclesie de Mancourt Virdunensis dioc. rectore se gerere dicitur, suggerente, quod te ad supplicationem bone memorie Jacobi episcopi Verdunensis, dum adhuc viveret, occasione quorundam excessuum, quos in episcopatu Virdunensi dicebaris antea commisisse, ad nostram presenciam per nostras sub certa forma mandaveramus litteras presencialiter evocari, te nichilominus extunc ex certis causis, que nos merito ad hoc inducere poterant, ab execucione spiritualium et temporalium suspendentes, et quod tu post premissa huiusmodi exequi non desistens, quam pluribus amicis et devotis eiusdem episcopi, etiam post eius obitum dampnis non [mo]dicis irrogatis, prefatum Nicolaum, pro eo quod devotus et obediens episcopo fuerat, non solum prefata ecclesia de Moncourt sed nonnullis aliis bonis suis post suspensionem huiusmodi ac etiam post appellacionem ipsius . . . nequiter spoliaras, sibi nichilominus graviter comminando quod eum perimi vel mutilari faceres, si ad manus tuas illum contingeret pervenire. Nos talia sub dissimulacione transire nolentes te . . . citari mandavimus, ut infra certum tempus . . . te personaliter nostro conspectui presentares . . . Tu vero . . . omissis quibuslibet, quibus tunc eras occupatus, negotiis, pro eo potissime quod Herricus frater et Henricus nepos tui, ut asseris, occasione discordie inter . . . Phylippum Francie et E. Anglie reges . . . suscitate in vinculis detinentur, ad nostram presenciam accessisti nobis humiliter supplicando, ut, cum tibi ob eiusdem discordie ac aliarum eciam racionabilium causarum instanciam valde dampnosum et dispendiosum existere dinoscatur, et specialiter ob detencionem fratris et nepotis ipsorum, cum eorum terras hostium suorum nequicia occupare vel invadere moliatur, providere tibi super hiis . . . dignaremur. Nos itaque . . . huiusmodi citacionem et suspensionem tuam . . . remittimus et etiam relaxamus, tibique, quod relicto apud sedem apostolicam tuo procuratore ydoneo, qui eidem Nicolao vel aliis de te querentibus . . . in iudicio respondere valeat, libere possis ad propria . . . remeare . . indulgemus . . . Dat. Rome ap. S. P. XIII kl. februaris a. tercio.

Reg. 48, f. 356, nr. 590; Digard 2255.

*39. — *1298 Juni 15. Rom S. P.*

Bonifacius episcopus servus servorum dei dilecto filio abbati monasterii Sancti Arnulphi Metensis salutem et apostolicam benedictionem. Dilectorum filiorum abbatis et conventus monasterii de Villario Cisterciensis ordinis Metensis diocesis precibus inclinati, presentium tibi auctoritate mandamus, quatinus ea, que de bonis ipsius monasterii alienata inveneris illicite vel distracta, ad ius et proprietatem eiusdem monasterii studeas legitime revocare, contradictores per censuram ecclesiasticam appellatione postposita compescendo. Testes autem, qui fuerint nominati, si se gratia odio vel timore subtraxerint, censura appellatione cessante compellas veritati testimonium perhibere. Dat. Rome ap. S. P. XVII kl. iulii a. quarto.

Metz. Bez.-Arch. H. 1715 (apograph. sc. XVII ex.); Regest im Jahrbuch der Gesellschaft für lothringische Gesch. u. Altertumskunde I p. 210 nr. 111.

40. — *1298 Juli 5. Rom S. P.*

Bonifatius VIII Theobaldo de Gonencuria canonico Virdunensi confert consideracione Henrici comitis Barensis pro eo clerico et familiari suo supplicantis dignitatem seu personatum cum vel sine cura, si quis vel si qua in predicta ecclesia vacat ad presens vel proximo vacaturum — non obstante quod in S Martini de Barro decanatum in eadem Virdunensi et in Motacastro Tulensis diocesis canonicatus et prebendas obtinet.

Quia venustate morum ... Dat. Rome ap. S. P. III nonas iulii a. quarto.

In e. m. abbati S. Michaelis Vird. dioc. et archidiacono ac cancellario Virdun.

Reg. 49, f. 77¹, nr. 322; Digard 2714.

41. — *1398 Juli 12. Rom S. P.*

Bonifatius VIII nobili viro comiti Barensi.

Devotionis tue precibus benignum impertientes assensum habendi altare portatile ... ac faciendi tibi et familiaribus tuis super illud, ubicumque fueris, ... missarum sollempnia celebrari, auctoritate tibi presentium indulgemus ... Dat. Rome ap. S. P. IIII idus iulii a. quarto.

Reg. 49, f. 88, nr. 364; Digard 2757.

42. — *1298 Juli 19. Rom S. P.*

Bonifatius VIII Reginaldo de Barro ducis germano Henrici comitis Barensis pro eo gratiam apostolicam implorantis confert ecclesie Bisuntine canonicatum et prebendam ad presens vacantem seu proximo vacaturam reservatque dignitatem vel personatum seu officium cum cura vel sine cura ad presens vacantem vel proximo vacaturum — non obstante quod archidiaconatum in Bursella in Cameracensi ac in eadem Cameracensi Remensi Belvacensi Laudunensi ac in maiori et B. Marie Magdalene Virdunensi ecclesiis canonicatus et prebendas obtinet.

Viros litterarum scientia preditos . . . Dat. Rome ap. S. P. XIIII kl. augusti a. quarto.

Reg. 49, f. 78, nr. 323; Digard 2715.

43. — *1298 October 24.*

Die XXIIII mensis octobris eiusdem anni de communi servitio $\frac{m}{II}$ flor. auri facto per . . episcopum Virdunensem collegio XV cardinalium, qui superius in sua promissione continentur, habuit quilibet per manus dictorum mercatorum Clarentinorum CXXXIII flor. et tercium auri, servicium vero familiarium non solvit modo.

Sol. et div. IA (601) f. 15.

44. — *1298 November 1.*

Item de CXXXIII flor. et tercio auri solutis per episcopum Virdunensem familiaribus XV cardinalium, qui in sua promissione continentur, habuit quelibet familia per manus dictorum mercatorum VIII flor. et XLVIII β. et X δ. Corton. [In festo omnium sanctorum.]

Sol. et div. I A (601) f. 15¹.

***45.** — *1298 November 24. Rieti.*

Bonifatius episcopus servus servorum dei dilectis filiis . . abbati et conventui monasterii Sancti Vincentii Metensis ordinis Sancti Benedicti salutem et apostolicam benedictionem. Cum, sicut ex parte vestra fuit propositum coram nobis, vos et predecessores vestri, qui fuerunt pro tempore, quibusdam privilegiis et indulgentiis a predecessoribus nostris Romanis pontificibus monasterio vestro concessis propter simplicitatem et iuris ignorantiam usi non fueritis temporibus retroactis, nos vestris supplicationibus inclinati, monasterii eiusdem indempnitati volentes imposterum precavere, utendi de cetero eisdem privilegiis et indulgentiis, dummodo eis non sit per prescriptionem vel alias legitime derogatum, auctoritate vobis presentium concedimus faculatem. Nulli ergo omnino . . . Dat. Reate VIII kl. decembris p. n. a. quarto.

Metz. Bez.-Arch. H. 1921. Or. mb. c. sig. pend. del. Ad sinistram sub plica: G. Aquileg.; ad dextram in plica: P. Beat. — Regest im Jahrbuch d. Gesellsch. für lothr. Gesch. u. Altertumskunde I, p. 210 nr. 112.

46. — *1298 December 6. Rieti.*

Bonifatius VIII cum nobili viro Henrico de Soliaco Aurelianensis diocesis et Helisabeth nata Ferri ducis Lothoringie et marchionis dispensat, ut non obstante quarto consanguinitatis gradu matrimonium valeant contrahere.

Etsi coniunctio copule . . . Dat. Reate VIIII idus decembris a. quarto.

Reg. 49, f. 112, nr. 446; Digard 2840.

47. — *1299 Januar 19. Lateran.*

Bonifatius VIII Guidoni de Haynonia archidiacono et canonico Leodiensi.

Benigne sunt tibi . . . Sane petitio tua nobis exhibita continebat, quod tu olim custodiam et archidiaconatum Leodiensis ecclesie necnon ipsius ac Metensis et Traiectensis ecclesiarum canonicatus et prebendas recepisti et eos insimul aliquamdiu detinuisti absque dispensatione apostolica et fructus percepisti etiam ex eisdem. Quare a nobis humiliter petivisti, cum predictam custodiam in manibus . . . Johannis tituli SS. Marcellini et Petri presbiteri cardinalis de mandato nostro libere resignaris, in premissis circa statum tuum et quamlibet maculam sive notam, que proinde tibi posset impingi, apostolice provisionis beneficium adhiberi. Nos igitur . . . tibi, quod archidiaconatum et canonicatus et prebendas et fructus ex eis et ex eadem custodia medio tempore perceptos, quos tibi donamus, . . . possis licite retinere . ., indulgemus . . . ac nichilominus omnem maculam sive infamiam . . . abolemus . . ., ita quod occasione receptionis retentionis et perceptionis huiusmodi nullum unquam tibi possit preiudicium fieri . . ., quin ad omnes actus legitimos et honores et quamlibet dignitatem episcopalem vel archiepiscopalem libere possis assumi, si alias ad huiusmodi dignitatem te canonice contigerit evocari. . . . Dat. Laterani XIIII kl. februarii a. quarto.

Reg. 49, f. 120¹, nr. 475; Digard 2896; Brom 433.

48. — *1299 Januar 19. Lateran.*

Bonifatius VIII Herrico nato comitis Haynonie canonico Metensi. Ex parte tua fuit propositum coram nobis, quod tu dudum adhuc minor duodecim annorum Condatensis et Montensis Cameracensis diocesis ecclesiarum prepositures et Metensis et Cameracensis ecclesiarum canonicatus et prebendas recepisti et eos insimul aliquamdiu absque dispensacione apostolica tenuisti et fructus percepisti etiam ex eisdem. Quare a nobis humiliter postulasti, cum predictas prepositures, sicut asseris, libere resignaris, in premissis circa statum tuum et quamlibet maculam sive notam, que proinde tibi posset impingi, apostolice provisionis beneficium adhiberi. Nos igitur ... tibi, quod ad restitutionem dictorum fructuum taliter perceptorum, quos tibi donamus ... minime tenearis illosque possis licite retinere .. indulgemus, omnem maculam sive infamiam ... abolentes ..., ita quod occasione receptionis redemptionis et perceptionis huiusmodi nullum umquam tibi possit preiudicium fieri ... Dat. ut supra (= Laterani XIIII kl. februarii a. quarto).

Reg. 49, f. 120¹, nr. 476; Digard 2870.

49. — *1299 Januar 19. Lateran.*

Bonifatius VIII Henrico nato comitis Haynonie confert custodiam ecclesie Leodiensis vacantem per liberam resignationem Guidonis de Haynonia, necnon et prebendam cum canonicatu non sacerdotalem vacantem ad presens vel proximo vacaturam, non obstante quod in Metensi ecclesia canonicatum et prebendam obtinet et litigat de prebenda et canonicatu Cameracensis ecclesie.

Generis claritate conspicuus... Dat. Laterani XIIII kl. februarii a. quarto.

Reg. 49, f. 122, nr. 479; Digard 2873.

50. — *1299 Februar 3. Lateran.*

Bonifatius VIII episcopo Tullensi mandat, ut fratrem Philippum de Metis canonicum et vestiarium monasterii S. Petri de Monte ad Romanam ecclesiam nullo medio pertinentis ord. S. Augustini Metensis dioc., quem conventus post obitum Jacobi abbatis elegit in eiusdem successorem, cum idem conventus asseruisset, electum propter paupertatem monasterii commode non posse pro confirmatione electionis obtinenda adire apostolicam sedem, aut inquisitione solita facta confirmet aut, si de eo provideri non possit dicto monasterio, impellat priorem et conventum ad novam electionem canonice faciendam; alioquin ipse provideat monasterio de persona idonea vel de monasterio vel aliunde assumenda.

Ex parte dilectorum .... Dat. Laterani III non. febr. a. quinto.

Reg. 49, f. 148, nr. 43; Digard 2931.

***51.** — *1299 April 5. Lateran.*

Bonifatius episcopus servus servorum dei dilecto filio Johanni de Eix canonico Metensi salutem et apostolicam benedictionem.

Sub religionis habitu... Cum itaque dilecte in Christo filie .. abbatissa et conventus monasterii Beate Marie ad moniales Metensis ordinis Sancti Benedicti, sicut ipse nobis insinuare curarunt, a nonnullis ...

multiplices patiantur iniurias et iacturas, nos . . . discretioni tue . . .
mandamus, quatinus dictis abbatisse et conventui efficacis presidio defensionis assistens non permittas eas contra indulta privilegiorum sedis apostolice ab aliquibus indebite molestari, molestatores huiusmodi per censuram ecclesiasticam appellatione postposita compescendo, attentius provisurus, ne de hiis, super quibus lis est forte iam mota, et que cause cognitionem exigunt, et que indulta huiusmodi non contingunt, te aliquatenus intromittas nec re[1]) . . . . . osve superiores prelatos excommunicationis vel suspensionis aut in universitatem aliquam interdicti sententias promulgare presumas. Nos enim, si secus presumpseris, tam presentes litteras quam etiam processum, quem per te illarum auctoritate haberi contigerit, omnino carere viribus et nullius fore decernimus firmitatis. Huiusmodi ergo mandatum nostrum sic prudenter et fideliter exequaris, quod eius fines quomodolibet non excedas, presentibus post triennium minime valituris. Datum Laterani nonas aprilis a. quinto.

Metz. Bez.-Arch. Ste-Marie. Or. mb. c. sig. pend. del. Ad sinistram sub plica: C. S̄ er; ad dexteram in plica: P. Rett.

52. — *1299 April 6. Lateran.*

Bonifatius VIII providet monasterio Gorgiensi ord. S. Benedicti Metensis diocesis de persona Petri abbatis Lucensis eiusdem ord. Bisuntine diocesis.

[Bonifatius VIII] dilecto filio Petro abbati monasterii Gorgiensis ord. S. Benedicti Metensis dioc. .

Pastoralis officii debitum . . . Dudum siquidem ex certis racionabilibus causis. que nos . . . induxerunt, et specialiter propter gravia et intollerabilia debitorum onera, quibus tunc Metensis ecclesia premebatur, monasterium Gorgiense ord. S. Benedicti Met. dioc. cum bonis iuribus et pertinenciis ac prioratibus suis omnibus bona memorie Bucardo episcopo et episcopatui Metensi ac eiusdem mense, quoad viveret, in exonerationem debitorum huiusmodi duximus concedendum. Cumque postmodum ex parte . . . prioris et conventus eiusdem monasterii nobis fuisset humiliter supplicatum, ut, cum ipsi parati existerent pro Metensi ecclesia supradicta quamdam solvere summam pecunie nonnullis Romanis mercatoribus, quibus in dicta summa eadem ecclesia tenebatur, revocare concessionem huiusmodi, ex qua, prout ipsorum fatebatur assertio, eis dictoque monasterio detrimentum non modicum et importabile dispendium imminebat, de

---

[1]) *Lacuna.*

apostolice dignitatis clementia [providere] dignaremur, nos certis executoribus per nostras sub certa forma dedimus litteras in mandatis, ut . . . priore ac conventu predictis huiusmodi solutionem prestantibus certis ad hoc terminis constitutis concessionem eandem auctoritate nostra penitus revocantes, priorem conventum et monasterium supradictos in eum statum, in quo dicte concessionis tempore existebant, reducere ac reponere non differrent, concedendo predictis priori et conventui plenam et liberam facultatem eligendi sibi abbatem in monasterio memorato, sub cuius obediencia permanerent, ac eos et monasterium ipsum Metensi denunciarent episcopo, qui esset pro tempore, vel Mettensi ecclesie memorate occasione prefate concessionis in aliquo non teneri. Porro priore et conventu predictis solutionem in terminis ipsis prestantibus prelibatam eisque per hoc et eodem monasterio in eum statum, in quo predicte concessionis tempore fuerant, plene litterarum ipsarum auctoritate reductis, ex parte ipsorum nobis denuo extitit supplicatum, ut, cum ipsi diligenter considerent et solerter attendant prefatum ipsorum monasterium per te tunc abbatem monasterii Lucensis sedi apostolice immediate subiecti dicti ordinis Bisuntine diocesis posse salubriter et utiliter reformari, providere ipsis et eidem monasterio Gorgiensi de persona tua . . . curaremus. Nos autem . . . te ad Gorgiense monasterium transferimus . . . Datum Laterani VIII idus aprilis a. quinto.

In e. m. priori et conventui monasterii Gorgiensis . . . universis vasallis monasterii Gorgiensis . . .

Reg. 49, f. 156, nr. 85; Digard 2973.

53. — *1299 April 7. Lateran.*

Bonifatius VIII Petro abbati et conventui monasterii Gorgiensis ord. S. Benedicti Metensis dioc. nunciat, quod ipsis petentibus concessit Jacobo de Belignevilla canonico ecclesie de Mota Tullensis dioc. procuratori eorundem in Romana curia licentiam contrahendi tam pro eorum necessariis quam pro ipsius monasterii Gorgiensis negotiis apud sedem apostolicam expediendis mutuum usque ad summam duorum milium florenorum auri.

Ex parte vestra . . . Dat. Laterani VII idus aprilis a. quinto.

Reg. 49, f. 156¹, nr. 86. Digard 2974.

54. — *1300 Februar 19. Lateran.*

Bonifatius VIII ad sedandam discordiam inter prelatos et rectores seu sacerdotes ac clericos parrochialium ecclesiarum per diversas mundi provincias constitutos ex parte una et Predicatorum ac Minorum ordinum fratres ex altera exortum statuit, ut dictorum ordinum fratres in ecclesiis et locis eorum ac in plateis communibus libere valeant clero et populo predicare, hora illa dumtaxat excepta, in qua locorum prelati predicare voluerint vel coram se facere solenniter predicare; in studiis generalibus, ubi sermones ad clerum ex more fieri solent, diebus illis, quibus predicari solenniter consuevit, etiam ad funera mortuorum et in festis specialibus seu particularibus eorundem fratrum possint iidem libere predicare, nisi forte illa hora, qua soleret ad clerum in predictis proponi locis seu studiis verbum dei, episcopus vel prelatus superior clerum ad se generaliter convocaret aut ex aliqua ratione vel causa urgente clerum ipsum duceret congregandum; in ecclesiis vero parrochialibus fratres nullatenus audeant predicare, nisi a parrochialibus sacerdotibus invitati vel ex mandato episcopi seu prelati superioris; in singulis civitatibus et diocesibus superiores fratrum se conferant ad presentiam prelatorum eorundem petituri, ut fratres, qui ad hoc electi et idonei fuerint, in eorum civitatibus et diocesibus confessiones subditorum suorum confitere volentium audire libere valeant. Fratres in ecclesiis et locis suis liberam habeant sepulturam, videlicet ut omnes ad eam recipere valeant, qui sepeliri elegerint in locis et ecclesiis memoratis. Verum ne parrochiales ecclesie ac ipsorum curati etc. debitis et necessariis beneficiis defraudentur, statuit, ut fratres ordinum predictorum de obventionibus omnibus, immo de datis vel qualitercumque donatis in morte seu mortis articulo aut in infirmitate quartam partem parrochialibus sacerdotibus largiri integre teneantur.

Super cathedram preminentie. . . Dat. Laterani XII kl. marcii a. sexto.

Reg. 49, f. 280, nr. 40.

55. — *1300 März 12. Lateran.*

Bonifatius VIII Ludovico nato Ademarii de Pictavia comitis Valentinensis canonico Lugdunensi capellano Francisci S. Marie in Cosmedin diaconi cardinalis pro eo petentis reservat decanatum ecclesie Aniciensis, non obstante quod in Lugdunensi et Vivariensi ecclesiis canonicatus et prebendas obtinet et ab episcopo Vivariensi octuaginta librarum Viennensium percipit annuam pensionem aut quod patitur in ordinibus et etate defectum, licet iam vigesimum etatis annum exegerit.

Apostolice sedis benignitas. . . . Dat. Laterani IIII idus marcii a. sexto.

Reg. 49, f. 287, nr. 58.

56. — *1300 August 25. Sgurgola.*

Bonifatius VIII archidiacono Narbonensis primicerio Metensis et archipresbitero de Colle Vulterane dioc. ecclesiarum mandat, quatinus, quando et quociens expedire viderint, Willermum episcopum Traiectensem, qui mutuo recepit ab Octaviano quondam Octaviani Calabocconis et Johanne Pauli Astalli civibus et mercatoribus Romanis tria milia florenorum auri boni et puri, moneant, ut eisdem mercatoribus vel uni eorum aut ipsorum procuratori in statutis et conventis loco et termino plenariam satisfactionem impendat.

Exponente nobis pridem. . . Dat. Sculcule VIII kl. septembris a. sexto.

Reg. 49, f. 318, nr. 220; Brom 438.

57. — *1300 August 25. Sgurgola.*

Bonifatius VIII eisdem archidiacono Narbonensis primicerio Metensis et archipresbitero de Colle Vulterane dioc. ecclesiarum mandat, quatinus, quando et quociens expedire viderint, Willermum episcopum Traiectensem, qui mutuo recepit a Matheo Ciceronis et Johanne Pauli Astalli et Francesco Caffarelli civibus et mercatoribus Romanis duo milia florenorum boni et puri auri, moneant, ut eisdem mercatoribus vel uni eorum aut ipsorum procuratori in statutis et conventis loco et termino plenariam satisfactionem impendat.

Exponente nobis pridem. . . Dat. ut supra (= Sculcule VIII kl. septembris a. sexto).

Reg. 49, f. 318, nr. 220; Brom 439.

58. — *1301 Januar 17. Lateran.*

Bonifatius VIII . . . S. Arnulfi Metensis et de S. Michaele Virdunensis abbatibus ac archidiacono de Rivello in eccl. Tullensi, petente Theobaldo de Barro filio comitis H[enrici] Barri-Ducis, qui iam obtinet in eccl. Eboracensi thesaurariam ac in eadem et in Parisiensi Remensi Trecensi Bellovacensi Tullensi Virdunensi Leodiensi et Lincolniensi ecclesiis canonicatus et prebendas et expectat ecclesiam parrochialem de Pagueham, de quo nuper a papa ei est provisum, mandat quatinus a Theobaldo predicto et Ludovico de Houmbourc clerico, quos post obitum Nicolai de Canoy seu de Querceto canonici ecclesie Metensis capitulum eccl. Metensis in discordia elegerat in eius successorem, resignationem recipiat eaque recepta assignent Theobaldo canonicatum et prebendam per obitum predicti Nicolai vacantem et provideant

Ludovico de alio canonicatu et prebenda vacante ad presens seu proxime vacatura in eadem eccl. Metensi.

Meruit dilectus filius . . . Dat. Laterani XVI kl. februarii a. sexto.

Reg. 49, f. 367¹, nr. 404.

59. — *1301 Juni 11. Anagni.*

Bonifatius VIII Reginaldo fratri Henrici comitis Barensis confert ecclesie Metensis primiceriatum vacantem per liberam resignationem Jacobi de Sabello, qui per J. Tusculanum episcopum apud sedem apostolicam resignavit in manibus J. tituli SS. Marcellini et Petri presbiteri cardinalis — non obstante quod Reginaldus in Bisuntina archidiaconatum necnon et in ea et in Metensi Remensi Belvacensi et in maiori et S. Marie Magdalene Virdunensis ecclesiis canonicatus et prebendas obtinet. Insuper cum eodem dispensat, ut primiceriatum una cum archidiaconatu canonicatibus et prebendis predictis possit licite retinere, proviso quod hi debitis obsequiis non fraudentur et animarum cura in eis, quibus illa imminet, nullatenus negligatur[1]).

Viros nobilitate preclaros. . . Dat. Anagnie III idus iunii a. septimo.

In e. m. de S. Michaele Virdun. dioc. et S. Mansueti Tullensis monasteriorum abbatibus et Gentili de Collealto canonico Lingonensi.

Reg. 50, f. 33¹, nr. 140.

60. — *1301 September 3. Anagni.*

Bonifatius VIII Lugdunensi Viennensi Bisuntinensi Tarantasiensi Ebredunensi Aquensi et Arelatensi archiepiscopis et eorum suffraganeis ac Metensi Virdunensi Tullensi Leodiensi et Cameracensi episcopis et electis abbatibus prioribus *etc. etc.* nunciat, quod ad edomandos ecclesie rebelles decimam omnium reddituum predictarum provinciarum et diocesium, ea parte Cameracensis diocesis, que est in regno Francie constituta, dumtaxat excepta, triennalem a festo nativitatis B. Johannis Baptiste proxime preterito incipientem imposuit. (*Quae decimae erant concessae Carolo comiti Andegavensi nato Philippi regis Francie, capitano generali Romanae ecclesiae, destinato ad gerendum bellum contra Arragonenses Siciliam insulam occupantes.*)

Immoderata temporis moderni. . . Dat. Anagnie III nonas septembris a. septimo.

In e. m. dilecto filio . . archidiacono Gandensi in ecclesia Tornacensi collectori decime in Metensi Virdunensi Tullensi Leodiensi et Cameracensi civitatibus et diocesibus atque provinciis, ea parte ipsius

---

[1]) *Cf. Concil. Lugdun. II, c. 18.*

Cameracensis diocesis, que est in regno Francie constituta, excepta, pro oneribus *etc.* Cum te nuper in Metensi . . . collectorem decime *etc.* Dat. ut supra (= Anagnie VI idus septembris a. septimo).

Reg. 50, f. 125 et 126¹, nr. 72.

61. — *1301 September 8. Anagni.*

Bonifatius VIII archidiacono Gandensi collectori decime in Metensi Virdunensi Tullensi *etc.* civitatibus et diocesibus.

Cf. nr. 60 et 62.

62. — *1301 September 29. Anagni.*

Bonifatius VIII Johanni de Calona archidiacono Gandensi, collectori decimae, dat instructionem de taxanda et exigenda decima.

Bonifatius episcopus servus servorum dei. Dilecto filio archidiacono Gandensi in ecclesia Tornacensi collectori decime pro oneribus et necessitatibus ecclesie Romane per nos nuper imposite in Metensi Virdunensi Tullensi Leodiensi ac Cameracensi civitatibus et diocesibus atque provinciis, excepta tamen ea parte ipsius Cameracensis diocesis, que est in regno Francie constituta, deputato, salutem etc.

Cum nuper in Metensi Virdunensi Tullensi Leodiensi ac Cameracensi civitatibus et diocesibus atque provinciis, excepta tamen ea ipsius Cameracensis diocesis parte, que est in regno Francie constituta, et in nonnullis aliis locis et partibus decimam omnium ecclesiasticorum reddituum et proventuum trium annorum numerandorum a festo nativitatis B. Johannis Baptiste proxime preterito duxerimus imponendam teque in predictis Metensi Virdunensi Tullensi Leodiensi et Cameracensi civitatibus et diocesibus excepta predicta parte ipsius Cameracensis diocesis deputaverimus ipsius decime collectorem, ecce declarationes quasdam, quas in ipsius negotio decime volumus et precipimus observari, fecimus ad instructionem tuam presentibus annotari, que tales sunt:

De redditibus et proventibus leprosarum domorum dei et hospitalium pauperum, qui in usus leprosorum infirmorum et pauperum convertuntur, decima non solvetur. Moniales etiam alieque regulares persone, quarum redditus et proventus ecclesiastici adeo sunt tenues et exiles, quod de illis sustentari non possunt, sed pro habenda vite sue sustentatione necesse habeant publice mendicare et helemosinas publice petere, dictam decimam non persolvent. Seculares quoque clerici, quorum ecclesiastici redditus et proventus annui summam septem librarum Turonensium parvorum [1]) non excedunt, eandem deci-

---

¹) *suprascriptum:* florenorum auri.

mam non prestabunt. Si vero una persona plura habeat beneficia, quorum nullum per se acceptum dictam summam septem librarum parvorum Turonensium[1]) annuatim attingat, simul tamen collecta in annuis proventibus summam memoratam excedant, quotquot vel quantumcumque modica fuerit, de omnibus et singulis decima persolvetur. Sed non solvetur de pitanciis monachorum. Similiter de ipsis, que a Christi fidelibus relinquuntur ecclesiis, ut ex eis perpetui emantur redditus. Item de enceniis prelatis et aliis personis ecclesiasticis liberaliter factis decima non solvetur.

Solventium decimam electioni seu arbitrio committatur, utrum ipsam velint solvere per totum tempus, quo durabit decima, pro rata proventuum, quos singulis annis dicti temporis ipsas percipere contigerit, an per ipsum totum tempus pro rata communis extimacionis proventuum eorundem; sed una via electa, non licebit alicui variare ad aliam recurrendo. Et fiat et redigatur per collectores in scriptis electio huiusmodi expresse in prima solutione decime supradicte; alioquin iuxta extimacionem communem per totum tempus solvere tenebuntur. Declaramus autem, quod si hii, qui elegerint solvere decimam pro rata, quam perceperint annuatim, vendant proventus beneficiorum suorum, que personalem residentiam non requirunt, solvant decimam pro solo precio, quod recipient de eisdem, dum[modo][2]) circa hoc in fraudem decime nichil omnino agatur. Sed ecclesiastica persona, que in ecclesia sua vel beneficio, quod personalem residenciam requirit, non resident, sed facit in eodem per firmarium vel vicarium deserviri, deputando ipsi vicario vel firmario certam suorum proventuum portionem, non deducet partem vicarii seu firmarii, sed de universis ipsius ecclesie vel beneficii proventibus decimam exhibebit.

Declaramus etiam, quod de silvis seu nemoribus, que non consueverunt vendere, nichil solvetur, nisi forte aliquid de illis venditum fuerit durante decima, et tunc extimabitur, quantum valere debeat annui redditus pars vendita secundum assissiam, que consuevit fieri de nemoribus in partibus illis, in quibus nemus venditum situm fuerit, et de sola extimacione decima persolvetur, et nisi de eo, quod perciperetur de dictis silvis seu nemoribus, que vendi non consueverunt nec forte vendentur durante decima, ex venditione pascuagii seu herbagii aut alterius consimilis proventus eorundem nemorum et silvarum. Et si non vendantur huiusmodi pascuagia seu herbagia et similia, non solvetur decima de hiis; ita tamen quod in fraudem decime nil circa

---

[1]) *suprascriptum:* florenorum auri.
[2]) *suprascriptum:* tamen.

hoc attemptetur. Idemque de pascuagiis et herbagiis et consimilibus obventionibus silvarum ceduarum volumus observari. De stagnis et piscariis, si venduntur de precio, decima sic solvetur, videlicet ut fiat collatio de numero annorum, quibus ante venditionem ultimam vendita non fuerunt, ad quantitatem pretii ex ipsa venditione ultima recepti, ut pretio diviso in partes secundum annorum numerum durante decima solvetur decima ipsa de tot partibus precii ex ipsa venditione recepti, quot fuerunt anni predicti, ut, si forte sunt quinque anni elapsi, ex quo fuerat stagnum venditum et nunc vendatur pro centum libris, fiant de precio quinque partes, et pro tribus annis, quibus durabit decima, solvetur ipsa decima de tribus partibus precii tantum, videlicet de sexaginta libris; et sic multiplicabuntur et minuentur partes precii, prout plures vel pauciores fuerint dicti anni. De venationibus autem et piscariis fluminum et lacuum, si vendantur, et silvis seduis (sic!) idem quod de stagnis fiet. De piscibus stagnorum vel bestiis garennarum, quas pro usu vel esu suo capi et sic consumi vel sine fraude donari contigerit, decima non solvetur.

Et quia nonnulli obtinent a monasteriis et ecclesiis prioratus grangias domos redditus pensiones et census, in solvenda de eis decima credimus distinguendum, videlicet an talia in beneficium habeantur an ex contractu an ex mera gracia et an pro mercede laboris vel obsequii. Et quidem obtinentes talia in beneficium et etiam ex mera gracia, sive hoc sit concessum per sedem apostolicam sive per ipsorum monasteriorum vel ecclesiarum personas, de illorum proventibus solvent decimam. Cum autem obtinentur talia ex contractu, puta ad pensionem vel firmam annuam, in qua non est facta gratia obtinenti, sed in hoc uterque contrahentium studuit conditionem suam facere meliorem, perceptores pensionis vel firme de ipsa pensione vel firma decimam exhibebunt. Si autem quis ante vel post concessionem huiusmodi decime ad vitam propriam emit proventus prioratus vel aliorum predictorum pro aliqua pecunia, ita quod in hoc ei scienter gratia non est facta, considerabitur, quantum extimacione communi valeant annui reditus prioratus grangie domus terrarum seu reddituum huiusmodi, et secundum hoc ab illis, quorum est horum proprietas, qui inde precium pro futuro tempore receperunt, per tres annos decima exigetur. Si autem in hiis gratia facta sit obtinentibus, quia scienter pro minori precio quam valeant sunt talia vendita vel locata, ipsi obtinentes et non monasterium vel ecclesia de illo, in quo gratia facta est ipsis, et de reliquo illi, quorum est proprietas, decimam exibebunt. Si autem personis aliquibus pro iusta mercede vel remuneratione laboris vel obsequii prestiti vel prestandi talia concessa sunt, hii, quorum est illorum proprietas, in decimacione proventuum suorum etiam horum proventus merito numerabunt et de illis sicut de aliis, quos pro certis suis utilitatibus expendunt, decimam exhibebunt. Quod si hec per illos, qui ea obtinent, rite in alios sint translata — quia res transit cum onere suo — etiam circa illos, que prediximus, servabuntur nec deducentur expense, que pro monachis, qui in talibus prioratibus grangiis seu domibus in beneficium sive ex mera gratia concessis ex pacto teneri debent, fieri dinoscuntur. Expense autem illorum monachorum vel personarum, qui teneri debent ex pacto in prioratibus grangiis seu domibus ad iustam firmam seu pensionem concessis, sive determinate fuerint sive non, extimabuntur extimatione communi, et talem extimacionem monasterium vel ecclesia, cuius est illorum proprietas, cum suis proventibus decimabit.

Prelati de procurationibus, quas in victualibus percipiunt, decimam non persolvent, sed qui eas prestant, huiusmodi victualia in decimatione suorum proventuum et reddituum numerabunt et solvent decimam de eisdem. De illis autem procurationibus, quas prelati in pecunia numerata rite percipiunt ab antiquo et quas perciperent, etiamsi non visitarent, decimam prestare tenentur. Prelatus autem, qui procurationem, quam sine visitatione de iure potuit percipere in pecunia numerata, remittit, quia remittit, quod sibi debetur et de quo solvisset decimam, si recepisset illud, tenetur ex tali procuratione decimam exibere. Si vero procurationem, quam tantum in victualibus licet percipi, fortasse remittit, persona ecclesiastica, cui remissio facta est, huiusmodi victualia cum aliis suis proventibus, cum solvet decimam, extimabit, cum etiam si non esset remissa, hoc facere teneretur.

In solvendo decimam supradictam sole expense necessarie, que fiunt in re, ex qua fructus percipiuntur, arando et colendo ac colligendo fructus, sine quibus non possunt ipsi fructus percipi, deducentur. Expense autem, que fiunt in castrorum custodibus, cum sint extra rem, vel etiam in edificiis construendis vel conservandis, nullathenus deducentur, sicut nec ille, que pro villis tuhendis fierent in guerris seu etiam cavalcatis.

De hiis quoque, que consistunt in iurisdictione et mero imperio, regalibus atque similibus, solvetur decima, deductis moderatis salariis, que ante concessionem decime consueverunt persolvi iudicibus officialibus consimilibusque personis, sine quibus iurisdictio et cetera similia nequeunt exerceri, ita tamen quod in fraudem decime nichil circa hoc aliquatenus attemptetur. Sed expense officialium iudicum et consimilium personarum facte in vestibus sive victualibus minime deducentur, sicut nec alie expense similes facte circa aliam familiam prelatorum.

Ratione autem eris alieni, quo persona persolvens decimam obligata consistit, nichil de decima minuetur, etiam si certe res ecclesiastice propter hoc a quoquam fuerint obligate.

De furnis et molendinis decima prestabitur. Solvetur autem decima de oblationibus, sive fiunt pro benedictione nubentium sive pro exequiis mortuorum, necnon de proventibus sigillorum prelatorum et de emendis, que ab excommunicatis recipiuntur. De legatis quoque sibi et aliis personis ecclesiasticis non personarum sed ecclesiarum vel officiorum ratione relictis decima persolvetur.

Pro decima supradicta non exigetur pecunia nisi illa, que communiter curret de mandato domini terre, cuius est moneta, in locis, in quibus consistent fructus et redditus, unde decima persolvetur, nec aliqui pecuniam cambire cogentur eandem.

Sed si ex probabilibus seu verisimilibus presumptionibus apparuerit aliquem pensatis eius proventibus minus debito notabiliter de decima persolvisse, ita quod super hoc merito suspectus debeat reputari, ex officio nostro per viros ydoneos a nobis deputandos faciemus inquiri ab illis, qui super hoc scire valeant veritatem, videlicet de consilio diocesani episcopi vel alicuius deputandi ab ipso, si sit eius subditus, et non aliter, si episcopus ipse vel deputatus ab eo commode possit haberi. Et tunc demum et non prius ille, cuius proventus fuerint taliter extimati, pro eo quod minus solverat, etiam nominatim excommunicabitur, si eius contumacia exegerit et visum fuerit expedire.

Episcopi autem et abbates cetereque ecclesiastice persone honorabiles non suspecte proprie conscientie relinquentur, ita quod sufficiat quoad tales excommunicationis sententia, que in nullo modo solventes vel scienter adhibentes fraudem vel malitiam circa ipsius decime solutionem generaliter proferetur. Super hiis autem fiet compulsio per censuram ecclesiasticam, prout nobis et illi, cui hoc duximus committendum, visum fuerit expedire. Proferetur autem, si expediens visum fuerit, excommunicatio generaliter vel specialiter in eos, qui contra solutionem decime vel suorum extimationem proventuum, cum fuerit facienda, fraudem vel maliciam scienter duxerint adhibendam.

Fiet autem solucio decime non in ipsis rebus, que percipiuntur de proventibus, sed in pecunia numerata. Solvetur autem decima illis personis, quas ad hoc contigerit deputari.

Rector parrochialis ecclesie, qui urgente necessitate cure ecclesie sue, puta quia ipse residendo personaliter in eadem per se non sufficit ipsi cure propter multitudinem parrochianorum vel diffusionem parrochie sue, sed necesse habet unum vel duos seu plures capellanos et eis preter victum salarium constituere, salarium huiusmodi poterit in decime solucione deducere; sed racione victus capellanorum ipsorum aliquid non deducet.

Quod si in diversis civitatibus seu diocesibus diversa beneficia obtineat quis, de unoquoque beneficio in civitate vel diocesi, in qua illud fuerit, decima persolvetur.

De helemosinis vero seu oblationibus datis ad opus fabrice, maxime de hiis oblationibus, que in civitatibus et aliquibus castris et locis in certis festivitatibus in candelis et aliis consueverunt dari et offerri ad opus fabrice deputatis, decima non solvetur. Similiter nec de illis oblationibus, que colliguntur interdum per laycos, qui collectores consorciales dicuntur, et interdum per clericos, et que ad opus consorcii offeruntur, ut inde luminaria in ecclesia cruces et calices fiant et repparentur, et etiam ut ex illis pauperibus subveniatur et sepeliantur corpora pauperum deffunctorum. Prelati autem clerici exules, cuiuscumque condicionis aut dignitatis existant, de suis proventibus ecclesiasticis decimam exibebunt.

Ille quoque expense, que fiunt pro fossatis et alias etiam pro terris bonifficandis, ut uberiores fructus producant, et ille, que fiunt in conservandis et repparandis edificiis molendinorum domorum seu apothecarum et similium, ex quibus fructus et pensiones percipiuntur et, nisi reparentur, fructus ex eis percipi non valerent, de decima huiusmodi minime deducentur, nec etiam ille, que fiunt pro custodia castrorum, quamvis fiant in hoc maiores solito. Insuper de oblationibus minutissimis, quas percipiunt ecclesiastice persone racione ecclesiarum suarum pro sepulturis et dandis penitenciis, decima persolvetur. Et quia non occurrit nobis, quin cothidiane distribuciones proventus ecclesiastici sint, de distributionibus, que dantur in horis canonicis presentibus, debere solvi decimam declaramus. Illi quoque, qui deputati fuerint ad collectionem decime, cum eis, qui debent solvere decimam, et de aliqua certa summa solvenda pro decima nequeant convenire.

De fructibus arborum et ortorum, si vendantur, solvetur decima; de hiis autem, que consumentur usu vel esu, decima non solvetur. Similiter de fructibus gregum seu animalium, si sint ecclesiarum, persolvetur decima deductis expensis necessariis, que fiunt pro custodia; si vero sint personarum, decima non solvetur.

Tu ergo in hiis solum deum et iusticiam pre oculis habens, ex predictis declarationibus in decidendis huiusmodi dubitationibus, que per te leviter decidi poterunt, informacionem accipias. Super maioribus vero decisionem apostolici oraculi expetas et expectes. Volumus quoque ac presentium tibi auctoritate mandamus, ut in unamquamque ecclesiasticam personam deputatarum tibi partium, cuiuscumque ordinis condicionis vel dignitatis existat, que decimam ipsam nullo modo vel non integre scienter aut non secundum verum valorem fructuum suorum perceptorum sive non in terminis constitutis exhibuerint seu in illorum exhibitione maliciam commiserint sive fraudem, excommunicationis sentenciam auctoritate nostra promulges et etiam in singulos, qui impedimentum prestiterint directe vel indirecte publice vel occulte, quominus decime predicte solvatur subsidium, [omnes et singulos, qui huiusmodi sentencias latas incurrunt vel per te faciendas incurrerunt][1]) per te et alios singulis diebus dominicis et festivis pulsatis campanis et candelis accensis usque ad satisfactionem condignam excommunicatos publice nuncies et facias ab omnibus arcius evitari, agravaturus alias manus tuas contra ipsos, prout proterviam et contumaciam exigere videris eorundem. Quodsi satisfacere forte decreverint, post plenam et integram satisfactionem ab huiusmodi excommunicationibus iuxta ecclesie formam absolvas eosdem et dispenses cum eis super irregularitate, si taliter ligati non abstinuerunt a divinis. Proviso attentius, quod contra huiusmodi decimam non solventes nullatenus invocetur sine speciali mandato apostolice sedis brachium seculare; quodque ad vasa sacra paramenta calices cruces et libros aliaque bona mobilia ad cultum deputata divinum vel ad privilegia ecclesiarum monasteriorum aliorumque locorum ecclesiasticorum decime ipsius occasione manus nullatenus extendatur. Dat. Anagnie III kl. octobris pontificatus nostri anno septimo.

(*Transsumptum in Innocintii VI litteras*: Ad futuram rei memoriam. Tenorem quarundam litterarum... Dat. Avinione XI kl. februarii pontificatus nostri anno septimo.)

Arch. Vat. Collectoriarum t. 359 A continens Regestum bullarum cameralium Clementis VII. 1380—84 fol. 26—30¹.

63. — *1302 Februar 13. Lateran.*

Bonifatius VIII Reginaldo de Barro preposito ecclesie S. Marie Magdalene Virdunensis.

Nobilitas generis vite ac morum honestas... Sane petitio tua nobis exhibita continebat, quod olim prepositura ecclesie S. Marie Magdalene Virdunensis per mortem quondam Guillermi de Asperomonte ... vacante, .. decanus et capitulum ipsius ecclesie ... attendentes,

---
¹) *Vocabulis, que a nobis uncis inclusa sunt, subducta est in ms. linea.*

quod per te bona et iura ecclesie predicte poterant utiliter defensari, te in eiusdem ecclesie prepositum concorditer postularunt, te pro eo eligere dubitantes, quod archidiaconatum Bisuntine et primiceriatum Metensis ecclesiarum, licet ex dispensatione apostolica, obtinebas, quos adhuc nosceris obtinere. Tuque postulationi huiusmodi consensisti sub spe dispensationis . . . obtinende. Quare tu ac memorati decanus et capitulum nobis humiliter supplicarunt, . . . Nos itaque . . . postulationem benigne admittimus supradictam ac eandem preposituram . . . tibi conferimus et providemus de illa . . . tecum . . . dispensantes, ut preposituram ipsam una cum primiceriatu archidiaconatu canonicatibus et prebendis . . . possis licite retinere . . . Dat. Laterani idus februarii a. octavo.

In e. m. de S. Michaele Virdunensis diocesis et S. Mansueti Tullensis monasteriorum abbatibus ac decano ecclesie S. Urbani Trecensis.

Reg. 50, f. 139, nr. 10.

*64. — *1302 März 20. Lateran.*

Bonifatius VIII, commotus querelis a clero parochiali Metensi de fratribus ordinum Predicatorum et Minorum Metensibus prolatis, mandat abbatibus S. Vincentii et S. Symphoriani et cancellario ecclesie Metensis, quatinus priorem Predicatorum et guardianum Minorum citent, ut ipsi cum binis fratribus infra tres menses coram papa appareant ad iudicium.

Bonifatius episcopus servus servorum dei dilectis filiis Sancti Vincentii et Sancti Symphoriani extra muros monasteriorum . . abbatibus ac . . cancellario ecclesie Metensis salutem et apostolicam benedictionem. Suam ad nos dilecti filii . . archipresbiter rectores presbiteri et curati parrochialium ecclesiarum Metensium gravem querimoniam destinarunt, quod fratres Predicatores et Minores civitatis Metensis suis iuribus non contenti se ipsos in pluribus iniuriosos exhibent et tam eis quam eorum ecclesiis super diversis articulis graves inferunt lesiones. Nos enim dudum auctoritate apostolica duximus statuendum, ut eorundem ordinum fratres in ecclesiis et locis suis ubilibet constitutis liberam, ut sequitur, habeant sepulturam, videlicet quod omnes ad eam recipere valeant, qui sepeliri elegerint in locis et ecclesiis memoratis. Et ne[1]) parrochiales ecclesie ac ipsarum curati sive rectores, qui ministrare habent ecclesiastica sacramenta quibusve noscitur de iure competere predicare seu proponere verbum dei confessiones audire fidelium, debitis et necessariis beneficiis defraudentur,

---
[1]) Verum ne *Reg.*

cum operariis mercedis exhibicio debeatur, eadem auctoritate duximus ordinandum, ut fratres ordinum predictorum de obventionibus omnibus tam funeralibus quam quibuscunque et quomodocunque relictis indistincte vel distincte ad quoscunque certos vel determinatos usus, de quibus etiam quarta seu canonica porcio dari vel exigi non consuevisset vel non deberet de iure, necnon et datis seu qualitercumque donatis in morte seu mortis articulo aut in infirmitate donantis vel dantis, de qua decederet quomodocumque directe vel indirecte fratribus ipsis vel aliis pro eisdem, quartam partem quam apostolica auctoritate taxavimus et etiam limitavimus, parrochialibus sacerdotibus vel ecclesiarum rectoribus seu curatis largiri integre tenerentur, facturi et curaturi, quod nec alii vel aliis, a quibus quarta huiusmodi minime deberetur, ad ipsorum fratrum utilitatem vel commodum huiusmodi relicta fierent aut in eos taliter data vel donata procederent, seu quod in morte vel ab infirmis huiusmodi dandum vel donandum fratribus ipsis existeret, in eorundem dantium vel donantium sanitate sibi dari vel donari procurarent, in quibus per ipsos vitandis eorum volumus conscientias onerare, ut si per fratres ipsos dolo vel fraude quicquam in hac parte agi fortasse contingeret preter id, quod eos propterea dictis . . archipresbitero rectoribus sacerdotibus et curatis teneri voluimus, etiam districta ratio in extremi iudicii requireretur examine ab eisdem[1]). Ipsi vero fratres Metenses dictorum ordinum contra statutum et ordinacionem huiusmodi temere venientes quartam predictam prefatis . . archipresbitero rectoribus presbiteris et curatis exhibere indebite contradicunt, asserentes se statutum et ordinacionem predictam non aliter servaturos, nisi secundum quod decretum fuerit in eorum capitulo generali. Et ut fraudem faciant statuto et ordinacioni predictis, procurant, quod parrochiani dictarum ecclesiarum testamenta condentes extremam voluntatem ipsorum dispositioni aliquorum de fratribus ipsis relinquunt, ut de voluntate ipsa ordinent, prout voluerint, et disponant. Et inducunt dicti fratres parrochianos eosdem per verba indirecta ad eligendum apud eorum ecclesias sepulturam, parrochianis ipsis, quod plures in eis misse quam in dictis parrochialibus ecclesiis decantantur quodque ibi suorum progenitorum corpora requiescunt et alia similia suggerendo. Procurant etiam ipsi fratres, quod executoribus testamentorum parrochianorum eorundem aliquis de ipsis fratribus consiliarius deputetur, sine cuius consilio et voluntate executores ipsi quicquam disponere nequeant, ut sic tandem bona ipsorum executorum disposicioni commissa perveniant ad eosdem. Suadent preterea dicti fratres parro-

---
[1]) *Cf. Bonif. VIII bulla d. d. 16 ianuar. 1302 in Bullar. Francisc. t. IV nr. 221.*

chianis eisdem, ne prefatis . . archipresbitero rectoribus presbiteris et curatis sua confiteantur peccata neve ipsis conferant elemosinas vel oblaciones, asserendo quod iidem parrochiani non tenentur nisi in certis anni festivitatibus in ecclesiis ipsis offerre nec . . archipresbitero rectoribus presbiteris et curatis eisdem nisi semel in anno tantummodo confiteri. Eosdem etiam parrochianos recipiunt dicti fratres temere ad divina et eis ministrant ecclesiastica sacramenta; et alia plura committere dicuntur fratres predicti Metenses, que in eorum salutis et fame dispendium, dictorum . . archipresbiteri rectorum presbiterorum et curatorum et ecclesiarum suarum preiudicium redundare noscuntur. Super quibus omnibus . . archipresbiter rectores presbiteri et curati predicti ad nostram providenciam recurrentes, nobis humiliter supplicarunt, ut, cum ipsis valde grave et periculosum existat super hiis cum eisdem fratribus in illis partibus ligitare, exhiberi ipsis apud sedem apostolicam iusticie plenitudinem faceremus. Volentes itaque, quod . . archipresbiter rectores presbiteri et curati predicti plenam super hiis iusticiam consequantur, ac propterea causam huiusmodi, que inter . . archipresbiterum rectores presbiteros et curatos eosdem ex parte una dictosque fratres Metenses eorundem ordinum ex altera super premissis et ea quomodolibet contingentibus vertitur vel verti speratur, apud sedem retinentes eandem, in ea dilectum filium nostrum J. tituli Sanctorum Marcellini et Petri presbiterum cardinalem deputavimus specialiter auditorem. Quocirca discretioni vestre per apostolica scripta mandamus, quatinus vos vel duo aut unus vestrum per vos vel alium seu alios . . priorem Predicatorum et . . gardianum Minorum fratrum Metensium predictorum ac eorundem fratrum conventus ex parte nostra peremptorie citare curetis, ut predicti scilicet . . prior et . . gardianus uterque ipsorum cum duobus fratribus sui conventus habentibus ab aliis eorundem conventuum mandatum sufficiens infra trium mensium spacium post citationem huiusmodi nostro se conspectui personaliter representent, prefatis . . archipresbitero rectoribus presbiteris et curatis super hiis de iusticia responsuri ac facturi et recepturi super premissis quod iusticia suadebit. Diem vero huiusmodi citacionis et formam et quicquid inde duxeritis faciendum, nobis per vestras litteras harum seriem continentes fideliter intimare curetis. Datum Laterani XIII kl. aprilis pontificatus nostri a. octavo.

Metz. Bez.-Arch. Dominikaner, Transs. d. d. 1302 Mai 14; Reg. 50, f. 172, nr. 90.

*65. — *1302 Juli 21. Anagni.*

Petrus de Laude, in Romana curia procurator causarum, Nicolao rectori ecclesiae S. Hilarii Metensis promittit se serviturum clero parochiali in officio Metensi procurationis litiganti cum priore Predicatorum et guardiano Minorum Metensium in curia Romana pro salario viginti florenorum auri.

In nomine domini amen. Anno nativitatis eiusdem millesimo trecentesimo secundo indictione XV^a die vicesimo primo mensis iulii pontificatus domini Bonifacii pape octavi anno octavo. In presencia mei notarii et testium subscriptorum ad hoc specialiter vocatorum et rogatorum discretus vir magister Petrus de Laude in Romana curia procurator causarum promisit et convenit domino Nicolao presbitero rectori ecclesie Sancti Ylarii ad lapsus Metensi procuratori . . archipresbiteri et presbiterorum, rectorum et curatorum parrochialium ecclesiarum Metensium servire in officio procurationis eisdem archipresbitero presbiteris rectoribus et curatis in causa seu causis, quas habent cum priore fratrum Predicatorum et guardiano fratrum Minorum et conventibus ordinum eorundem domorum et locorum Metensium, super quibus causis seu causa ipsi prior guardianus et conventus per litteras apostolicas ad comparendum in Romana curia sunt citati, prout in litteris citationis eiusdem continetur, et etiam prestare dictis archipresbitero presbiteris rectoribus et curatis patrocinium procurationis in causa seu causis predictis pro pretio et salario viginti quinque florenorum boni et puri auri usque ad finem cause, secundum quod dominus Andreas de Orto de Mediolano in Romana curia advocatus promisit servire eisdem archipresbitero presbiteris rectoribus et curatis in causa predicta in officio advocationis. De quibus quidem viginti quinque florenis idem magister Petrus fuit confessus et recognovit se recepisse et habuisse a dicto domino Nicolao dante et solvente procuratorio nomine predictorum archipresbiteri presbiterorum curatorum et rectorum duodecim florenos boni et puri auri pro parte videlicet salarii supradicti. De quibus quidem duodecim florenis auri idem magister Petrus se bene contentum et pacatum vocavit et tenuit exceptioni non habitorum et non receptorum duodecim florenorum predictorum expresse renuncians ac faciens eidem domino Nicolao stipulanti et recipienti procuratorio nomine quo supra de predictis duodecim florenis auri finem quitationem et refutationem plenariam ac pactum de ulterius non petendo. Actum Anagnie in hospicio dicti magistri Petri presentibus magistro Arnulpho de Sancto Nabore in Romana curia procuratore et Sanibono canonico Tergestino testibus ad hoc vocatis et rogatis.

Et ego Matheus de Pontecurvo publicus apostolica et imperiali autoritate notarius omnibus predictis interfui eaque scripsi et in publicam formam redegi meoque signo consueto signavi rogatus.

Or. mb. c. signo notarii. Metz, Bez.-Arch. Dominikaner.

66. — *1302 September 19. Anagni.*
Bonifatius VIII providet ecclesiae Metensi vacanti per obitum Geraldi episcopi de persona Reginaldi primicerii Metensis.

[Bonifatius VIII] dilecto filio Reginaldo electo Metensi.

Circa statum venerabilis Metensis ecclesie, que multe nobilitatis titulis multeque pollet insigniis dignitatis, paterne considerationis intuitum extendentes et considerantes attentius, quod ipsa tamquam filia benedictionis et gratie a longis retrotemporibus erga Romanam ecclesiam matrem suam devotionis sinceritate resplenduit et spiritualis reverentie zelum gessit, dignum et rationi consonum fore cognovimus, ut cum ipsa nubilo viduitatis obducitur et presidio carere conspicitur defensoris, ad eius provisionem celerem torpore cuiuslibet profugato desidie procedamus, ut dispendiis et incommodis plurimis, que solet ecclesiis viduatis ingerere vacationis prolixitas, evitatis pacifici status ubertate tripudiet prosperis fulciatur eventibus et votivis successibus gratuletur. Olim siquidem prefata Metensi ecclesia per bone memorie Geraldi Metensis episcopi obitum pastoris solatio destituta, nos vacatione huius eiusdem ecclesie fide dignis relatibus intellecta gerentes erga predictam ecclesiam specialis dilectionis affectum ipsamque favore precipuo confoventes et propterea intendentes sollicite sibi de persona iuxta suorum indigentiam meritorum, que tanto congrueret honori et oneri providere, provisionem ipsius ecclesie dispositioni et ordinationi apostolice sedis et nostre ea vice auctoritate apostolica duximus reservandam, decernentes irritum et inane, si quid de dicta ecclesia contra huius reservationis nostre tenorem scienter vel ignoranter per quoscumque quavis auctoritate contingeret attemptari. Postmodum vero dilecti filii . . decanus et capitulum eiusdem Metensis ecclesie huius nostre, prout asseritur, reservationis et decreti interpositionis ignari, certa die ad eligendum prefixa, vocatis et presentibus omnibus, qui voluerunt debuerunt et potuerunt comode interesse, pro futuri substitutione pastoris convenientes in unum et invocata spiritus sancti gratia, ut est moris, in huius electionis negotio, per viam scrutinii procedentes, te ipsius ecclesie primicerium et canonicum in suum et ipsius ecclesie episcopum et pastorem unanimiter et concorditer elegerunt, et deinde electioni huius[modi] solenniter, prout ius exigit, publicate, cum ea tibi presentata fuisset, consensum tuum infra tempus a iure statutum ad ipsorum decani et capituli multam instantiam impendere curavisti. Tuque postmodum ac decanus et capitulum supradicti ob ingentis devotionis affectum et fidei pure constantiam, quos erga nos et prefatam Romanam ecclesiam habere noscimini, per dilectum filium Pontium canonicum et custodem ipsius ecclesie et Nicolaum de Papazurris de Urbe canonicum et prepositum beate Marie Rotunde in eadem Metensi ecclesia propter hoc ad nos specialiter destinatos predictam electionem et habitum in ipsa processum ad nostram noticiam perduxistis. Nos autem super huius-[modi] electionis negotio cum fratribus nostris collationem habere curavimus dilegentem et tandem electionem ipsam utpote post et contra reservationem et decretum nostram predictam de facto presumptam et quicquid secutum fore dinoscitur ex eadem iusticia cassavimus exigente, et demum ad personam tuam multe utique nobilitatis titulis insignitam, litterarum scientia preditam, morum honestate conspicuam et aliis virtutum titulis decoratam benigne considerationis aciem extendentes, attendentes quoque tantam concordiam tantamque unanimitatem in hac parte decani et capituli predictorum ac nolentes predictam Metensem ecclesiam diutine vacationis dispendia sustinere, te, sicut predicitur, primicerium et canonicum ipsius Metensis ecclesie de predictorum fratrum consilio et apostolice plenitudine potestatis predicte Metensi ecclesie in episcopum preficimus et pastorem, curam et administrationem ipsius tibi in spiritualibus et temporalibus committentes, firma concepta fiducia, quod dirigente domino actus tuos predicte ecclesie per tuam circumspectam prudentiam et ministerium studiosum prosperitatis multiplicis votiva proveniant incrementa. Reverenter igitur iugum domini suscipe ac suavi eius oneri humiliter colla submitte, ipsius ecclesie sollicite curam gerens, gregem dominicum in ea tibi commissum doctrina verbi et operis informando, ita quod per tue diligentie studium prelibata ecclesia uberibus proficere comodis et augmentis consurgere valeat affectatis. Dat. Anagnie XIII kl. octobris a. octavo.

In eundem modum . . . decano et capitulo . . . clero civitatis et diocesis . . . populo civitatis et diocesis . . . universis vasallis . . . archiepiscopo Trevirensi. Circa statum etc. usque incrementa. Quocirca f. t. rogamus, monemus et hortamur ac per apostolica tibi scripta mandantes, quatinus eundem electum tuum suffraganeum et ecclesiam sibi commissam habens pro nostre et apostolice sedis reverentia propensius commendatos ipsumque electum suscipiens in visceribus caritatis, ei circa recuperationem et conservationem iurium ipsius Metensis ecclesie et alia, que ad eum et ecclesie Metensis predicte profectum pertinent, assistere studeas, prout fuerit oportunum, ita quod ex hoc devotionem tuam possimus non immerito dignis in domino laudibus commendare. Dat. ut supra.

Reg. 50, f. 221, nr. 261.

67. — *1302 December 28. Lateran.*

Bonifatius VIII Raynaldo electo Metensi largitur licentiam contrahendi mutuum usque ad summam octo milium florenorum auri.

[Bonifatius VIII] dilecto filio Raynaldo electo Metensi.

Cum, sicut in nostra proposuisti presentia constitutus tam pro tuis necessariis quam pro ecclesie Metensis negotiis apud sedem apostolicam expediendis utiliter te subire oporteat magna onera expensarum, nobis humiliter supplicasti, ut usque ad summam octo milium florenorum auri mutuum contrahendi sub modis et formis infrascriptis, sine quibus creditores te putas invenire non posse, largiri tibi licentiam dignaremur. Nos igitur de tua tam in hiis quam in aliis circa tua et ipsius ecclesie negotia utiliter promovenda et expedienda circumspectione ac diligentia confidentes et nolentes, quod propter ipsarum expensarum defectum indigentiam patiaris, vel quod eadem negotia inexpedita remanere contingat, tuis supplicationibus inclinati, dis[cretioni] tue contrahendi mutuum propter hoc usque ad predictam summam octo milium florenorum auri nomine tuo et ipsius ecclesie ac te ipsum et successores tuos et predictam ecclesiam ac tua et eorundem bona mo[bilia] et immo[bilia] presentia et futura usque ad summam huiusmodi propterea creditoribus obligandi usuris omnino cessantibus et ren. etc. ut in forma. Dat. Laterani V kl. ianuarii a. VIII.

Reg. 50, f. 247, nr. 361.

68. — *1303 Januar 25. Lateran.*

Bonifatius VIII abbatem monasterii S. Mansueti extra muros Tullenses ac archidiaconum maioris ecclesiae Tullensis et decanum ecclesiae S. Gengulphi Tullensis deputat conservatores et iudices, qui tueantur clerum parochialem Metensem ab iniuriis eidem contra Bonifacii constitutionem a fratribus Predicatoribus et Minoribus Metensibus illatis.

[Bonifatius VIII] dilectis filiis . . abbati monasterii Sancti Mansueti extra muros Tullenses ac archidiacono maioris et decano Sancti Gangulphi Tullensium ecclesiarum.

Cupientes olim discordiam que inter prelatos et rectores seu sacerdotes et clericos parrochialium ecclesiarum per diversas mundi provincias constitutos ex parte una et Predicatorum ac Minorum ordinum fratres ex altera super predicationibus fidelium populis faciendis, audiendis eorum confessionibus, penitenciis iniungendis eisdem et tumulandis defunctorum corporibus, qui eligebant apud fratrum ipsorum loca vel ecclesias sepulturam, graviter invaluerat, prorsus evellere ac omnimode submovere nullis unquam futuris temporibus suscitandam, quandam super hiis constitutionem edidimus, in qua ubi quando et quomodo liceat eisdem fratribus predicare, huiusmodi confessiones audire, penitentias iniungere, qualiter etiam ipsi fratres liberam habeant sepulturam et de quarta obventionum per eos eisdem parrochialibus sacerdotibus et ecclesiarum rectoribus seu curatis integraliter exhibenda expresse et plenarie continetur[1]). Verum sicut rectores seu curati presbiteri et clerici parrochialium ecclesiarum Metensis civitatis et diocesis gravi nobis conquestione monstrarunt, [quod] fratres ipsi earundem civitatis et diocesis licet constitutionem eandem, in quantum pro eis est, velint districtius observari, in quantum tamen est pro rectoribus curatis presbiteris et clericis antedictis, multipliciter illam infringere moliuntur, quartam predictam eis exhibere pro sue voluntatis libito denegando, predicando in dictis parrochialibus ecclesiis, invitis rectoribus presbiteris curatis et clericis supradictis et in aliis multis articulis, quos longum esset enarrare per singula, contra constitutionem eandem, in ipsorum rectorum presbiterorum curatorum et clericorum grave preiudicium veniendo, diversis per eosdem fratres, ut fraudem faciant constitutioni predicte, malitiis, cavillationibus et astutiis exquisitis. Nos autem ipsorum rectorum curatorum presbiterorum et clericorum earundem civitatis et diocesis supplicationibus inclinati, attendentes, quod parum est iura eorum [tueri][2]), nisi qui ea tuetur existat, ac volentes constitutionem predictam irrefragabiliter observari dictisque rectoribus curatis presbiteris et clericis earundem civitatis et diocesis de illo providere remedio, per quod ipsi unus et in futurum contra fratres eosdem circa ea, que in dicta continentur constitutione, iusticie plenitudinem assequantur, discretioni vestre per apostolica scripta mandamus, quatinus vos vel duo aut unus vestrum per vos vel alium seu alios eisdem rectoribus curatis presbiteris et clericis dictarum civitatis et diocesis efficacis defensionis presidio assistentes et facientes constitutionem eandem, quoad omnia eius capitula, prout iacet, firmiter observari, non permittatis contra tenorem ipsius memoratos rectores curatos presbiteros et clericos civitatis et diocesis predictarum vel eorum aliquem ab eisdem fratribus molestari vel eis ab ipsis gravamina vel iniurias irrogari, facturi predictis rectoribus etc. de illatis eis iniuriis et gravaminibus ac subtractis ex quarta predicta contra tenorem dicte constitutionis per eosdem fratres debitam satisfactionem impendi ac exhibituri eis tam super his quam super omnibus constitutionem eandem

---

[1]) *Cf. constitutio data d. 16 ianuarii 1302:* »Inter Sollicitudines« . . . *D. A. Rossi, Bullarium Franciscanum t. IV, p. 537, nr. 221 et supra nr. 54, 64, 65.*

[2]) *supplendum videtur.*

tangentibus in illis, que iudicialem requirunt indaginem, per viam iudicii, in aliis vero, prout qualitas ipsorum exegerit, iustitie complementum, ita quod officium, potestas et iurisdictio vestra cepto contra aliquos uno negotio, quoad omnes et omnia negotia, etiam non cepta, perpetuata inconcusse et integraliter habeantur, molestatores et iniuriatores huiusmodi necnon contradictores quoslibet et rebelles, quandocumque et quotienscumque expedierit, per censuram ecclesiasticam appellatione postposita compescendo, non obstantibus tam de duabus dietis in concilio generali quam nostris, quarum prima cavetur, ne quis certis exceptis casibus extra suam civitatem et diocesim, secunda vero, ne reus alterius diocesis ultra unam dietam a finibus eiusdem diocesis ad iudicium evocetur, et aliis quibuscumque constitutionibus... Dat. Laterani VIII kl. februarii a. nono.

Reg. 50, f. 300, nr. 6.

69. — *1303 Januar 26.*
Die XXVI.

Raynaldus electus et confirmatus in episcopum Metensem[1]) promisit pro communi servitio domini pape et collegii XVII cardinalium VI^C flor. auri et duo consueta servitia pro familiaribus eorundem, solvendos ad octavam diem ante festum nativitatis domini proxime venturum.

Obl. et Sol. 1 (313) f. 19¹.

70. — *1303 Januar 27. Lateran.*

Bonifatius VIII Reginaldo electo Metensi concedit, quod possit hac vice in singulis ecclesiis collegiatis et conventualibus Metensis civitatis et diocesis providere de singulis personis idoneis, cathedrali ecclesia Metensi dumtaxat excepta.

Personam tuam erga nos... Dat. Laterani VI kl. februarii a. nono.

Reg. 50, f. 302¹, nr. 13.

71. — *1303 Januar 27. Lateran.*

Bonifatius VIII Reginaldo electo Metensi concedit facultatem absolvendi laicos et clericos diocesis Metensis, qui iuris canonici ignari pro violenta in clericos vel personas ecclesiasticas iniectione manuum ac aliis diversis causis incurrerunt excommunicationem vel irregularitatem.

[Bonifatius VIII] eidem [Reginaldo electo Metensi].

Tua nobis discretio intimavit, quod nonnulli clerici et laici tuarum civitatis et diocesis pro violenta manuum iniectione in clericos et per-

---
¹) *Reg.* Morens[em].

sonas ecclesiasticas ac aliis diversis causis excommunicationis sententiam incurrerunt, quorum quidam clericorum et personarum iuris ignari vel facti immemores ordines susceperunt et divina celebrarunt officia sic ligati. Quare super hiis eorum provideri saluti a nobis humiliter postulasti. De tua ita circumspectione plenam in domino fiduciam obtinentes, presentium tibi auctoritate concedimus, ut hac vice ab huius-[modi] excommunicationis sententia iuxta formam ecclesie vice nostra omnes tales absolvas et iniungas eis, quod de iure fuerit iniungendum, proviso quod passis iniuriam facias satisfieri competenter. Cum illis autem ex eisdem clericis, qui iuris ignari et immemores facti absolutionis beneficio non obtento susceperunt ordines et divina officia celebrarunt, iniuncta eis pro modo culpe penitencia competenti eaque peracta, liceat tibi de misericordia, que superexaltat iudicium, hac vice, prout eorum saluti expedire videris, dispensare. Si vero prefati clerici excommunicati scienter, non tamen in contemptum clavium talia presumpserint, eis ad biennium ab ordinis executione suspensis et imposita illis et peracta ab eis penitentia salutari, eos postmodum, si fuerint bone conversationis et vite, ad gratiam dispensationis admittas. Dat. ut supra (= Laterani VI kl. febr. a. nono).

Reg. 50, f. 203, nr. 14.

72. — *1303 Januar 27. Lateran.*

Bonifatius VIII Reginaldo electo Metensi concedit, quod possit concedere duabus personis, quas idoneas repererit, officium tabellionatus prescribitque iuramenti formam ab iis prestandi.

Ex parte tua . . . Dat. ut supra (= Laterani VI kl. febr. a. 9).

Reg. 50, f. 203, nr. 15.

73. — *1303 Januar 30. Lateran.*

Bonifatius VIII Reginaldo electo Metensi concedit, ut a quocunque maluerit episcopo possit in presbiterum promoveri et munus consecrationis recipere.

Bonifatius episcopus servus servorum dei dilecto filio Reginaldo electo Metensi salutem et apostolicam benedictionem.

Pridem Metensi ecclesia pastoris solatio destituta, nos gerentes ad ecclesiam ipsam specialis dilectionis affectum et tandem ad personam tuam tunc in subdiaconatus ordine constitutam paterne considerationis intuitum dirigentes, te canonicum et primicerium ipsius Metensis ecclesie de f[ratrum] n[ostrorum] c[onsilio] et apostolice plenitudine potestatis eidem Metensi ecclesie prefecimus in episcopum et pastorem, curam et administrationem ipsius tibi in spiritualibus et temporalibus committentes, prout in nostris litteris super hoc confectis plenius et seriosius continetur. Cum autem per venerabilem fratrem nostrum Theodericum episcopum Civitatis-Papalis te apud sedem apostolicam constitutum fecerimus postmodum ad diaconatus ordinem promoveri, nos volentes te speciali prosequi gratia et favore tuisque laboribus et sumptibus parcere intendentes, tibi presentium auctoritate concedimus, ut a quocumque malueris catholico episcopo gratiam et communionem sedis apostolice habente possis te facere statutis a iure temporibus in presbiterum promoveri et quod, postquam ad sacerdotium rite promotus extiteris, prefatus seu quivis alius talis episcopus a te super hoc humiliter requisitus, associatus sibi duobus vel tribus aliis huius[modi] episcopis tibi consecrationis munus vice nostra valeat impertiri, recepturus a te postmodum nostro et ecclesie Romane nomine fidelitatis solite iuramentum iuxta formam, quam tibi sub bulla nostra tradi mandamus inclusam, per te eidem episcopo assignandam ac transmissurus nobis per eius proprium nuncium formam iuramenti, quod te prestare contigerit, de verbo ad verbum per tuas patentes litteras tuo sigillo signatas. Per hoc autem Treverensi ecclesie, cui prefata Metensis ecclesia metropolitico iure subesse dinoscitur, nolumus aliquod in posterum preiudicium generari. Dat. Laterani III kl. februarii pont. nostri a. nono.

Reg. 50, f. 299, nr. 1.

74. — *1303 Februar 9. Lateran.*

Bonifatius VIII Reginaldo electo Metensi petenti concedit facultatem recipiendi et faciendi recipi duas personas idoneas hac vice in canonicos et prebendatos in ecclesia Metensi.

Sincere devotionis affectus . . . Dat. Laterani V idus februarii a. nono.

Reg. 50, f. 306, nr. 29.

75. — *1303 März 13. Lateran.*

Bonifatius VIII confirmat electionem Theobaldi (de Bar) canonici Leodiensis in episcopum Leodiensem.

[Bonifatius VIII] Theobaldo electo Leodiensi.

Celestis dispositione consilii . . . Pridem siquidem Leodiensi ecclesia per obitum bone memorie Adulfi Leodiensis episcopi pastoris solatio destituta, licet . . Willermus archidiaconus de Atrebato in dicta ecclesia per . . Arnoldum . . prepositum . . decanum et capitulum eiusdem ecclesie in episcopum Leodiensem per viam compromissi fuisset electus, eodem tamen archidiacono nolente electioni huiusmodi consentire, dicti

... memoratis preposito et Willermo necnon . . Willermo de Juliaco, Theoderico de Home¹) archidiaconis et Goddefrido de Frontanis canonico dicte ecclesie providendi ea vice dicte ecclesie de pastore concesserunt unanimiter potestatem . . . dictique compromissarii huiusmodi compromisso recepto recedentes in partem . . . in te canonicum nunc electum Leodiensem subdiaconum tunc in citramontanis partibus in itinere redeundi de Romana curia constitutum direxerunt unanimiter vota sua, ac dictus magister Goddefridus de voluntate et mandato dictorum collegarum suorum ibidem presentium . . . te in episcopum Leodiensem elegit, electionem huiusmodi coram dictis decano et capitulo solenniter publicando, quam dicti decanus et capitulum concorditer acceptarunt, tuque electioni predicte de te facte consenciens ad eandem curiam rediisti ac negotia dicte tue electionis coram nobis et fratribus nostris exposito, servatis in hiis omnibus statutis a iure temporibus, nobis humiliter supplicasti, ut eandem tuam electionem confirmare . . . dignaremur. Nos autem electionem eandem per . . Theod. civitatis papalis²) episcopum et . . . Robertum tituli S. Pudentiane presbiterum ac Franciscum S. Lucie in Silice diaconum cardinales examinari fecimus diligenter, et quia prefatam electionem invenimus de te, persona utique ydonea canonice celebratam, eam . . . confirmamus teque ipsi ecclesie preficimus in episcopum et pastorem . . . Dat. Laterani III idus martii a. nono.

In e. m. . . . preposito decano et capitulo Leod. . . . clero civitatis et dioc. Leod. . . . populo civitatis et dioc. Leod. . . . populo civitatis et dioc. Leod. . . . universis vasallis ecclesie Leod. . . . archiepiscopo Coloniensi . . .
Reg. 50, f. 309, nr. 39.

76. — *1303 April 3. Lateran.*
Bonifatius VIII Theobaldo electo Leodiensi.

Cum, sicut in nostra proposuisti presentia constitutus, tam pro tuis necessariis quam pro ecclesie Leodiensis negotiis apud sedem apostolicam expediendis te subire oporteat magna onera expensarum, nobis humiliter supplicasti, ut usque ad summam sex milium florenorum auri mutuum contrahendi sub modis et formis infrascriptis, sine quibus creditores te putas invenire non posse, tibi largiri licentiam dignaremur. Nos igitur . . . Dat. Laterani III nonas aprilis a. nono.

In. e. m. eidem usque ad summam quatuor milium florenorum auri. Dat. Laterani nonas aprilis a. nono.
Reg. 50, f. 310, nr. 40.

---
¹) *Corr. fortasse* Horne.
²) *i. e. Palestrina.*

77. — *1303 April 25. Lateran.*

Bonifatius VIII . . . . abbati monasterii S. Pauli extra muros Urbis et archidiacono castri Radulphi in ecclesia Bituricensi ac Jacobo de Cancellariis de Urbe canonico Laudunensi.

Exponente pridem nobis . . . Theobaldo episcopo tunc electo Leodiensi, quod . . . ipsum subire oportebat magna onera expensarum, ac supplicante, ut usque ad summam quatuor milium florenorum auri mutuum contrahendi . . . largiri sibi licentiam dignaremur, . . . Nos de expresso consensu prefati episcopi supplicantis eorundem creditorum (*sc.* Jacobi Nicolai Muti, Pauli de Rizia et Mathei Ciceronis civium et mercatorum Romanorum) indempnitatibus precavere volentes, discretioni vestre . . . mandamus, quatinus . . . in infrascriptis quando et quociens expedire videritis procedentes, predictum episcopum moneatis, ut eisdem creditoribus aut ipsorum procuratori . . . in statutis et conventis loco et tempore de dictis quantitatibus florenorum . . . plenam satisfactionem impendat Alioquin etc. usque in finem. Dat. Laterani VII kl. maii a. nono.

Reg. 50, f. 318, nr. 75.

78. — *1303 April (Mai?) 27.*

Die XXVII eiusdem mensis.

Episcopus Leodiensis promisit pro communi servitio domini pape et collegii XVII cardinalium VII^m CC flor. auri et duo consueta servitia pro familiaribus eorundem in Romana curia ad octavam diem ante festum purificationis Beate Virginis.[1])

In margine dextro est additum: Solvit.

Obl. et Sol. 1 (313) f. 20.

79. — *1303 Mai 23. Anagni.*

Bonifatius VIII episcopo Tullensi et magistris Onufrio de Trebis decano Meldensis ac Guidotto de Mediolano archidiacono Pergamensis ecclesiarum capellanis nostris.

Exponente pridem nobis . . . Theobaldo episcopo tunc electo Leodiensi quod . . . ipsum subire oportebat magna onera expensarum, ac supplicante, ut usque ad summam sex milium florenorum auri mutuum contrahendi sub modis et formis infrascriptis, sine quibus creditores se putabat invenire non posse, largiri sibi licentiam dignaremur, nos . . . dicto episcopo tunc electo contrahendi mutuum . . . usque ad

---

[1]) *De hac obligatione cf. relata ab Johanne Hocsem apud Chapeaville II, p. 343.*

predictam summam sex milium florenorum . . . a dilectis filiis Boccacino Paganelli et Manetto Ricchi civibus et mercatoribus Florentinis de societate Canigianorum . . . Nos de expresso consensu prefati episcopi supplicantis eorundem mercatorum indempnitatibus precavere volentes, discretioni vestre . . . mandamus, quatinus . . . in infrascriptis, quando et quociens expedire videritis, predictum episcopum moneatis, ut eisdem mercatoribus aut ipsorum procuratori . . . statutis et conventis loco et tempore de dicta quantitate quatuor milium quingentorum et viginti quinque florenorum auri plenam satisfactionem impendat. Dat. Anagnie X kl. iunii a. nono.

Reg. 50, f. 327, nr. 106.

80. — *1303 Juli 8. Anagni.*

Bonifatius VIII providet ecclesie Virdunensi vacanti per obitum Johannis episcopi de persona Thomae primicerii Virdunensis.

[Bonifatius VIII] Thome electo Virdunensi.

Superni dispositione consilii . . . Dudum siquidem Virdunensi ecclesia per obitum bone memorie Johannis episcopi Virdunensis pastoris destituta solatio, tu primicerius et canonicus ac dilecti filii . . decanus et capitulum ipsius ecclesie . . . post tractatus diversos et varios inter vos super hoc habitos, quorum effectus non extitit subsecutus, in huiusmodi electionis negotio per viam scrutinii procedere elegistis, et tandem votis vestris in diversos divisis, due electiones, una videlicet de te, reliqua vero de Waltero de Fremorevilla, ecclesie prefate canonicis fuerunt in ecclesia ipsa in discordia celebrate. Tu vero presentata tibi electione huiusmodi de te facta consensum tuum et omne ius, si quod tibi quesitum fuerat seu queri poterat ex eadem, per tuas patentes litteras et dilectos filios magistrum Johannem de Escantia et Raynerum de Vallevillari ecclesie prefate canonicos propter hoc ad nos specialiter destinatos in voluntate ac dispositione nostra totaliter ponere curavisti. Cumque huiusmodi electionum negotium fuisset per appellationem ad sedem apostolicam legitime devolutum et idem Walterus propter hoc ad sedem ipsam presentialiter accessisset et apud eam aliquamdiu processum fuisset in negotio memorato, demum prefatus Walterus in nostra presentia constitutus omne ius, si quod sibi ex prefata electione facta de ipso forsitan competebat seu competere poterat, sponte et libere in nostris manibus resignavit. Nos autem . . . te . . . eidem ecclesie in episcopum preficimus et pastorem. . . . Datum Anagnie VIII idus iulii a. nono.

In eundem modum .. decano et capitulo eccl. Vird. ... clero civitatis et diocesis ... vasallis ... populo civitatis et diocesis ... archiepiscopo Treverensi ... Alberto regi Romanorum... Dat. ut supra.
Reg. 50, f. 340—341, nr. 144.

*81. — *1303 Sept. 18. Metz.*

Bertrannus archipresbiter Metensis suo et ecclesiae suae necnon plurium curatorum Metensium nomine frustra postulat ab Johanne Galioti priore Predicatorum Metensium quartam partem de quibusdam funeralibus relictis legatis seu datis et donatis secundum Bonifacii VIII constitutionem predictis presbiteris debitam.

In nomine domini . nostri Jhesu Christi amen. Per hoc presens publicum instrumentum pateat universis, quod anno incarnacionis eiusdem M CCC tercio indictione prima XVIII[a] die mensis septembris circa horam diei terciam pontificatus domini Bonifacii pape VIII anno nono in presencia mei publici notarii et testium subscriptorum ad hoc vocatorum specialiter et rogatorum personaliter propter hoc constituti viri discreti domini Bertrannus archipresbiter Sanctorum Victoris, Symon Ferrucii, Conrardus Jacobi, Theobaldus Viti, Thomas Crucis, Nicolaus Gengulphi et Widricus Maximini ecclesiarum parrochialium Metensium presbiteri rectores et curati, predictus .. archipresbiter suo et ecclesie sue ac predictorum consociorum suorum rectorum et curatorum Metensium prenominatorum et eorum ecclesiarum nomine, mandato etiam speciali eorum et pro ipsis: Quartam partem de quibusdam funeralibus legatis etiam et relictis seu datis et donatis et obventionibus tam particularibus quam aliis infrascriptis contentis in quadam cedula, quam idem archipresbiter in manu sua tenebat, perceptis, ut dicebat, a religiosis viris .. priore fratribus et conventu communiter et divisim fratrum Predicatorum Metensium, a religioso viro et honesto fratre Johanne Galioti priore fratrum Predicatorum Metensium predictorum suo et conventus sui Metensis nomine secundum novellam constitutionem a sanctissimo patre nostro domino Bonifacio divina providencia papa VIII super hoc editam, peciit cum instancia sibi reddi et sibi nomine quo supra satisfieri integraliter de eisdem. Et primo de decem libris Metensibus legatis relictis datis et donatis pro domina Poncia uxore quondam Theobaldi dicti lou maiour de parrochia Sancti Victoris fratri Johanni dicti Blancheron, quinque solidos Metenses cuilibet fratri dicti conventus, triginta libris pro missis celebrandis. Item et de legatis et relictis fratri Johanni de Atrio de ordine et conventu dictorum fratrum Predicatorum Metensium. Item et de sexaginta solidis pro pitancia pro domina Loreta de la Paillole quondam de parrochia Sancti Ferrucii et decem solidis fratri Willermo, fratribus Marco, Symoni dicto Fakeneil, Johanni Roberti, Arnoldo de Curia ac Willermo Lowy, eorum cuilibet quinque solidis Metensibus et viginti solidis ad distribuendum pauperibus fratribus conventus supradicti ac viginti solidis pro pitancia relictis et datis pro domina Ponceta Fakeneil. Item et de quadraginta solidis Metensibus fratri Johanni dicto Blancheron a domino Albrico quondam presbitero de parrochia Sancti Jacobi. Item et de centum solidis Metensibus fratri Theoderico de Ponte a Sarieta sorore quondam Johannis Alberonni de parrochia quondam Sancte Crucis. Item et de legatis relictis datis seu donatis quibuscumque tam singulis fratribus quam conventui communiter vel divisim tam in panno serico, cera quam aliis funeralibus et obventionibus pro domina Ydeta dicta la Chalongelle usque ad summam ducentarum librarum Metensium. Item et de quindecim libris Metensibus pro Coleta de Novoiant de parrochia quondam Sancte Crucis fratri Johanni Galioti pro persona sua in testamento dicte Co[lete] ac centum solidis Metensibus ex testamento Colete memorate, decem solidis Metensibus pro pitancia et de specialiter legatis ab uxore quondam Oliveri dicti lou Habrions fratribus Johanni Blancheron et Johanni Lamberti de conventu predicto. Item et de quadraginta solidis Metensibus pro pitancia predicto conventui a domina Agnete quondam uxore domini Remigii de parrochia Sancte Crucis antedicta. Item de viginti solidis Metensibus pro speciali legato fratri Johanni Blancheron ex parte la Migomarde de parrochia sancti Gengulphi, ac de viginti solidis Metensibus conventui predicto ex parte Ermangete Valdose de Marley et de quadraginta solidis Metensibus fratri Johanni Blancheron supradicto. Item de viginti solidis Metensibus pro Odilieta dicta Bresden de parrochia Sancti Maximini confessori Odiliete predicte. Ac de sex denariis Metensibus distributis singulis cuilibet fratrum de conventu predicto et de viginti libris Metensibus pro Coleta dicta Noiron predicto conventui ac de viginti libris Metensibus fratri Johanni Galioti pro persona sua legatis et relictis datis et donatis ab ipsa Coleta supradicta. Que premissa omnia et singula tam dicti . . archipresbiter quam presbiteri suo et ecclesiarum suarum predictarum nomine erant docere et probare parati, ut dicebant, si necesse esset, loco et tempore competentibus et se offerebant probaturos. Ad que dictus . . prior tergum suum et aures avertens noluit respondere nec copiam premissorum voluit recipere, licet a me notario publico infrascripto sibi ibidem offerretur. Acta sunt hec in curia reverendi patris domini Metensis episcopi, presentibus religiosis viris dominis Balduyno dei paciencia abbate et Johanne dicto Teste monacho monasterii Vincentii Metensis testibus ad hoc vocatis et rogatis. Anno die mense indictione loco hora et pontificatu supradictis.

Et ego Othinnus Stephani dictus de Bioncort Met. dioc. clericus, publicus . . . notarius . . . presens interfui etc.

<small>Metz. Bez.-Arch. (Dominikaner) Or. mb. c. signo notarii.</small>

82. — *1303 November 6. Lateran.*

Benedictus XI Leoni Francisci de filiis Ursi confert ecclesie Metensis archidiaconatum et prebendam vacantes per promotionem Renaldi ad ecclesiam Metensem, quorum collatio ex Bonifacii VIII constitutione sedi apostolice est reservata — non obstante quod idem in Suessionensi et de S. Audomaro Morinensis diocesis ecclesiis canonicatus et prebendas obtinet et super prebenda Ferrariensis ecclesie, cuius est canonicus, litigat.

Sincere devotionis affectus... Dat. Laterani VIII idus novembris a. primo.

<small>Reg. 51, f. 13, nr. 43; Grandjean 43.</small>

83. — *1303 November 6. Lateran.*

Benedictus XI negotium discordiae ortae inter clerum parochialem et fratres Praedicatorum et Minorum ordinum in civitate Metensi ad examen apostolicum revocat.

Dilectis filiis . . abbati monasterii S. Mansueti extra muros Tullenses et . . archidiacono maioris ac . . decano S. Gengulfi Tullensis ecclesiarum. Dudum felicis recordationis Bonifatius papa VIII predecessor noster cupiens discordiam, que inter prelatos et rectores seu sacerdotes et clericos parrochialium ecclesiarum ex una parte et Predicatorum et Minorum ordinum fratres ex altera super predicationibus fidelium populis faciendis, audiendis eorum confessionibus, penitentiis iniungendis eisdem et tumulandis defunctorum corporibus, qui eligunt apud fratrum ipsorum loca vel ecclesias sepulturam, prorsus evellere, quamdam super his constitutionem edidit, in qua, ubi quando et quomodo liceat eisdem fratribus predicare, huiusmodi confessiones audire, penitentias iniungere, qualiter etiam ipsi fratres liberam habeant sepulturam, et de quarta obventionum per eos eisdem parochialibus sacerdotibus et ecclesiarum rectoribus seu curatis integraliter exhibenda plenius continetur.

Nuper vero ex parte dilectorum filiorum . . prioris et fratrum Predicatorum ac . . guardiani fratrum Minorum Metensium fuit expositum coram nobis, quod, cum idem predecessor super observatione dicte constitutionis ad instantiam rectorum seu curatorum presbiterorum et clericorum parrochialium ecclesiarum Metensis civitatis et diocesis suas vobis certi tenoris litteras direxisset, vos eisdem priori et guardiano et fratribus Metensibus plura gravamina contra iustitiam intulistis, propter que ex parte ipsorum ad sedem fuit apostolicam appellatum.

Verum vos appellationi non deferentes huiusmodi, vices vestras in hac parte dilectis filiis Joffrido cancellario Johanni cercatori et magistro Petro de Vinea canonico ecclesie (*Metensis*?) commisistis, qui talis commissionis pretextu priorem guardianum et fratres Metenses predictos multipliciter contra iusticiam aggravantes appellatione predicta contempta diversas in eos excommunicationem et interdicti sententias pro eorum voluntatis libito promulgarunt.

Cum autem super hiis omnibus ex parte dictorum prioris guardiani et fratrum Metensium ad nos habitus sit recursus, nos quieti parcium providere ac obviare scandalis, que premissorum occasione dicuntur in illis partibus exoriri, salubriter intendentes ac propterea potestatem vobis in eisdem litteris traditam totumque negotium ad examen apostolicum revocantes, discretioni vestre per apostolica scripta mandamus, quatinus super hiis ulterius per vos vel alium seu alios procedere nullatenus presumatis, quin potius eisdem subdelegatis vestris inhibere curetis, ne se de hiis quomodolibet intromittant.

Nos enim nichilominus exnunc irritum decernimus et inane, si secus super hoc a quoquam contigerit attemptari. Omnes vero sententias latas et processus habitos super hiis per vos vel subdelegatos eosdem omnemque ipsorum sententiarum et processuum effectum suspendimus usque ad apostolice sedis beneplacitum voluntatis. Dat. Laterani VIII idus novembris a. primo.

Reg. 51, f. 7, nr. 21; Grandjean 21; Potthast 25293.

84. — *1303 November 13. Lateran.*

Benedictus XI episcopo Tullensi.

Cum felicis recordationis Bonifatius papa VIII . . . nuper Virdunensi ecclesie vacante de . . Thoma electo Virdunensi . . . duxerit providendum . . . nos . . . volentes eandem ecclesiam a dispendiis et periculis, que propter ipsius electi absentiam, si electus ipse ad apostolicam sedem accederet pro consecrationis munere obtinendo, posset incurrere, preservare, fraternitati tue . . . mandamus, quatinus eundem electum, qui fore asseritur in diaconatus ordine constitutus, ad sacerdotalem ordi-

nem promovere procures ac postmodum ascitis et in hoc tibi assistentibus duobus vel tribus episcopis illarum partium . . . munus ei consecrationis impendas . . . Dat. Laterani XV kl. decembris a. primo.
Reg. 51, f. 12, nr. 38; Grandjean 38.

85. — *1303 November 21. Lateran.*

Benedictus XI abbatisse et conventui monasterii de Crecal[1]) ord. S. Benedicti Met. dioc. petentibus confirmat incorporationem ecclesie parrochialis de Wilre, in qua monasterium ius patronatus habuerat, factam a Johanne episcopo et a Boucardo et Gerardo eius successoribus approbatam, reservata tamen de illius ecclesie redditibus pro vicario in ea servituro perpetuo congrua portione, ex qua is valeat commode sustentari et onera ecclesie incumbentia supportare.

Religionis vestre meretur . . . Dat. Laterani XI kl. decembris a. primo.
Reg. 51, f. 20, nr. 74; Grandjean 74.

86. — *1304 Januar 9. Lateran.*

Benedictus XI episcopo Atrebatensi et Nicolao de Papazuris preposito S. Marie Rotunde Metensis et Jacobo de Sabello archidiacono Bruxellensi Cameracensis diocesis mandat, quatinus Guidoni episcopo Traiectensi iniungant, ut infra duorum mensium spacium tam de mille quingentis florenis, quos Guillermus Guidonis predecessor mutuo acceperat ab Octaviano Callibocono cive et mercatore Romano, quam de dampnis et expensis dicto mercatori vel eius procuratori satisfaciat. Alioquin eundem Guidonem peremptorie citare curent, ut infra trium mensium spatium predictos duos immediate sequentium compareat personaliter coram papa, dicto mercatori super hiis de iusticia responsurus ac facturus et recepturus super hiis, quod iustitia suadebit. Diem vero huiusmodi citationis et formam et quicquid inde duxerint faciendum, ipsi pape per litteras fideliter intimare curent.

Significavit nobis dilectus . . . Dat. Laterani IIII nonas ianuarii a. primo.
Reg. 51, f. 35¹, nr. 142; Grandjean 153; Brom 458.

87. — *1304 Januar 13. Lateran.*

Benedictus XI decano S. Theobaldi prope muros Metenses et archidiacono ac cancellario maioris Metensis ecclesiarum.

Ex parte .. Radulfi olim prioris prioratus de Flavigneio Tullensis diocesis' ad monasterium S. Vitoni Virdunensis ord. S. Benedicti immediate

---
[1]) *Kraufthal.*

spectantis fuit propositum coram nobis, quod . . abbas ipsius monasterii nuper eundem Radulfum ab administratione dicti prioratus, quam diu laudabiliter gessit, ut . . . episcopi Virdunensis in hac parte placeret, ut dicitur, voluntati, qui adversus . . . primicerium Metensem fratrem ipsius Raudulfi ea occasione rancorem concepit, quod idem primicerius olim Virdunensis electus electionis sue causam contra dictum episcopum extitit rationabiliter prosecutus, removit pro sue libito voluntatis. Nos igitur . . . eidem abbati nostris damus litteris in mandatis, ut si est ita, prefatum Radulfum sine more dispendio ad administrationem restituat supradictam . . . Quocirca discretioni vestre . . . mandamus, quatinus si dictus abbas mandatum nostrum in hac parte neglexerit adimplere, extunc vos . . . prefatum Radulfum auctoritate nostra ad administrationem restituatis supradictam . . . Dat. Laterani idus ianuarii a. primo.

Reg. 51, f. 89¹, nr. 380; Grandjean 431.

88. — *1304 Januar 13. Lateran.*

Benedictus XI archidiacono Gandensi in ecclesia Tornacensi collectori decime pro oneribus et necessitatibus ecclesie Romane per Bonifatium VIII dudum imposite in Metensi Virdunensi Tullensi Leodiensi et Cameracensi civitatibus et diocesibus, ea parte, que est in regno Francie constituta, dumtaxat excepta, deputato mandat, quatinus totam pecuniam, quam de ipsa decima ad eius manus vel ab eodem deputatorum provenire contigerit, necnon pecuniam ex eadem decima iam collectam, que aliis mercatoribus de mandato Bonifatii VIII nondum fuerat assignata, Lapo et Oliverio de Circulis ac Bonacurso Bonincontri civibus et mercatoribus Florentinis de societate Circulorum camere apostolice mercatoribus, vel ipsorum procuratori ad hoc specialiter deputato assignet integraliter.

Dum felicis recordacionis . . . Dat. ut supra (= Laterani idibus ianuarii a. primo).

Reg. 51, f. 39¹, nr. 165; Grandjean 181.

89. — *1304 Januar 13 — März 26. Lateran.*

Benedictus XI Johanni de Chalona preposito Ariensi Morinensis diocesis, collectori decime dudum a Bonifacio VIII imposite pro oneribus et necessitatibus ecclesie Romane per triennium imposite in Metensi Virdunensi Tullensi Leodiensi et Cameracensi civitatibus et diocesibus prolongat hoc officium eique mandat, ut pecuniam iam collectam occasione huiusmodi vel in antea colligendam Oliverio Lippo et Nardo de Circulis et Bonacurso Bonincontri civibus et mercatoribus Florentinis de societate Circulorum camere apostolice mercatoribus integraliter assignet necnon per subcollectores suos faciat assignari.

Cum felicis recordationis . . . Dat. Laterani a. primo.

Reg. 51, f. 108, nr. 456; Grandjean 534.

90. — *1304 Februar 3. Lateran.*

Benedictus XI Petro de Treva confert ecclesie Metensis canonicatum et prebendam, que de iure nulli alii debetur, si in ecclesia ipsa vacat ad presens vel cum vacaverit, et de illis providet eidemque reservat in eadem ecclesia dignitatem vel personatum seu officium cum cura vel sine cura — non obstante quod archidiaconatum Salinensem in ecclesia Bisuntina ac in eadem et in Virdunensi ecclesiis canonicatus et prebendas obtinet.

Dignum et congruum . . . Dat. Laterani III nonas februarii a. primo.

Reg. 51, f. 80¹, nr. 339; Grandjean 380.

91. — *1304 Februar 4. (Metz?)*

Reginaldus de Barro episcopus Metensis abbati Claravallensi permittit, ut in domo ordinis Cisterciensium sita in vico Metensi Chapelerue possit ponere loco monachorum moniales inclusas.

Universis et singulis presentes litteras inspecturis Reginaldus de Barro dei gratia Metensis episcopus salutem in domino sempiternam. Que geruntur in tempore, ne labantur cum tempore, necesse est ea litterarum testimonio perennari. Noverit igitur universitas vestra, quod nos [religionis et divini cultus augmentum affectantes ad requestam reverendi in Christo patris][1]) religiosi viri dei patientia abbatis monasterii Clarevallis Cisterciensis ordinis consensimus et consentimus ac auctoritatem prebemus per presentes, quod idem abbas et eius successores, qui fuerint pro tempore, possint et valeant libere in domo, quam habeant in civitate Metensi in vico vulgariter dicto Chapelierrue, in qua habitant monachi dicti Cisterciensis ordinis, ponere moniales eiusdem Cisterciensis ordinis loco monachorum predictorum, inclusas tamen, ad faciendum conventum ibidem et ad tenendum ordinem Cisterciensem predictum, dummodo dicte moniales non mendicent, quodque eedem moniales in dicto loco constitute vel incluse nobis nostrisque successoribus tanquam earum ordinariis obedientiam teneantur et reverentiam exhibere, sedis nichilominus apostolice et nostro successorumque nostrorum ac ecclesie nostre Metensis predicte in omnibus iure salvo. In cuius rei testimonium sigillum nostrum presentibus duximus appendendum.

---

[1]) *Uncis inclusa addita sunt in margine reg.*

Datum anno domini millesimo trecentesimo tertio feria tertia post purificationem Beate Marie virginis.

Reg. 56, f. 110, nr. 530. (Transsumptum in Clem. V. litteris d. d. 1 iulii a. 1309.) Reg. Cl. V nr. 4246.

92. — *1304 Februar 5. Lateran.*

Benedictus XI Thome electo Virdunensi indulget, ut in omnes notorios et manifestos iniuriatores invasores aut detentores bonorum et iurium ecclesie Virdunensis in locis sue iurisdictioni ordinarie subiectis consistentes, si ab ipso canonice moniti debitam satisfactionem impendere non curaverint, possit libere censuram ecclesiasticam exercere necnon excommunicationis suspensionis et interdicti sententias, postquam super hiis satisfecerint, relaxare.

Sincere caritatis affectus... Dat. Laterani nonas februarii a. primo.

Reg. 51, f. 102¹, nr. 434; Grandjean 499.

93. — *1304 Februar 5. Lateran.*

Benedictus XI eidem [Thome electo Virdunensi] concedit petenti facultatem nonnullos clericos et personas ecclesiasticas, qui personatus et dignitates ecclesias et beneficia ecclesiastica cum cura vel sine cura in civitate et diocesi Virdunensi obtinentes debitam residentiam in eis facere et se promoveri ad ordines indebite pretermittunt, quamquam eorum cum integritate percipiant proventus, compellendi ad hoc per subtractionem dictorum proventuum.

Intimasti nobis quod... Dat. ut supra (= Laterani nonas februarii a. primo).

Reg. 51. f. 102¹, nr. 435b; Grandjean 500.

94. — *1304 Februar 7.*

Die VII^a mensis februarii.

Episcopus Virdunensis promisit et obtulit per procuratores suos pro communi servitio domini pape et collegii XVIII cardinalium IIII^m flor. et V consueta servitia pro familiaribus eorundem.

In marg. dextro: Solvit.

Obl. et Sol. 1 (313) f. 23.

95. — *1304 Februar 12.*

De M. flor. auri solutis de parte servicii .. episcopi Virdunensis collegio XVIII cardinalium, qui in sua promissione continentur, habuit

quilibet per dictos mercatores (*Clarentinos*) LV flor. XX sol. et IIII ₰ provis., servicium vero familie debet solvere in alia solutione.
Obl. et Sol. (Divisiones) t. 1 A, f. 42¹.

96. — *1304 Februar 17. Lateran.*

Benedictus XI constituit iura fratrum Predicatorum et Minorum ex una parte necnon cleri parrochialium ecclesiarum ex altera super predicationibus faciendis confessionibus audiendis et corporibus defunctorum tumulandis revocatque Bonifatii VIII constitutionem super eadem repromulgatam, que incipit: „Super cathedram".

[Benedictus XI] ad perpetuam rei memoriam. Inter cunctas sollicitudines ... Sane dudum bone memorie Bonifacius papa VIII ... quandam specialem inter prelatos rectores seu sacerdotes et clericos parrochialium ecclesiarum ex parte una et Predicatorum ac Minorum ordinum fratres ex altera super faciendarum predicationum, audiendarum confessionum per eosdem fratres ac de eis relictis et de funeralibus canonice portionis articulis constitutionem edidit, certum hiis modum imponens. Sed pro quam intendebat quiete, turbatio nata est, pro concordia sunt subsecuta dissidia ... Ideo ... novitatem removentes per eandem constitutionem inductam statuimus ... ut ipsorum ordinum fratres, qui ad hoc deputati fuerint in ecclesiis et locis eorum, que in presentiarum habent et in posterum obtinebunt, ac in plateis communibus seu publicis libere absque diocesanorum et aliorum prelatorum petita licentia valeant clero et populo predicare. .. Caveant tamen omnino, ne hora, in qua diocesani predicti predicarent vel coram se facerent predicari, predicent iidem fratres. Putamus etenim dignum, ut maiori minor et superiori inferior deferat in hac parte, nisi forsan aliud circa hoc facerent de voluntate diocesanorum ipsorum aut in studiis generalibus diebus illis dumtaxat, quibus sermones ad clerum fieri solent et soleniter predicari, sive mortuorum funeribus vel eorundem fratrum festis specialibus seu peculiaribus, quia hiis casibus cum diocesanis in predicatione concurrere poterunt, predicarent. Ubi vero iidem diocesani convocarent generaliter ad se clerum aut aliqua ratione vel urgente causa illum ducerent congregandum, ea hora in studiis memoratis diebus sepe dicti fratres ab huiusmodi predicatione cessabunt. In ecclesiis autem parrochialibus fratres ipsi invitis earum rectoribus seu sacerdotibus nisi iussi a superioribus eorundem non audeant predicare ... Electi igitur ab eisdem fratribus ad audiendas confessiones et penitentias iniungendas libera auctoritate apostolica absque diocesanorum licentia vel aliorum prelatorum inferiorum exemptorum et non exemptorum, quibus subsunt, qui ad confitendum accedunt, audiant eis peccata sua, confitere volentes — non religiosos, qui secundum statuta suorum ordinum propriis prelatis confiteri debent, [et] ab eis, ne confiteantur aliis, prohibentur — absolvant ipsisque penitentias salutares iniungant. . . Excommunicationis vero vel alias sententias per prelatos latas contra hoc vel in eius fraudem denunciamus irritas et inanes . . . Sed sacerdotes ipsi taliter confessis et absolutis astricti sint ministrare eucharistie et extreme unctionis etiam sacramentum. Super confessione autem facta fratribus memoratis, cum hic de confitentis solius preiudicio, si falsum dicat, agatur, in iudicio anime seu penitentiali foro stabitur simplici verbo illius, qui sacramenta petit predicta et dicit dictis fratribus se confessum. Duos tamen casus excipimus, si sacerdos asserat eum excommunicatum aut notorie peccatorem. Sed videat, ne id dicat mendaciter aut in dolum vel fraudem, quia, si hoc egerit, a delicto tali, nisi plene satisfecerit, preterquam in morte absolvi nequeat neque de illo ad penitentiam aliter admittatur. Ut autem diocesanis honor debitus reservetur, precipimus, ut provinciales priores Predicatorum et ministri Minorum ordinum prefatorum per se vel alios verbo vel scripto eis significent, se fratres ad huiusmodi confessionum audiendarum et penitentiarum iniungendarum officium elegisse, et non nominando aut coram ipsis sistendo eos nec illorum numerum exprimendo petant humiliter a diocesanis eisdem, quod iidem electi fratres de ipsorum beneplacito et licentia dictum possint in eorum civitatibus et diocesibus infra eis determinatos fines officium exercere. Quodsi denegent vel intra triduum non concedant, extunc iidem fratres nichilominus auctoritate eadem huiusmodi officium exequantur. Datam vero licentiam per diocesanorum mortem nolumus terminari. Per hoc autem non intendimus, quod sepedicti fratres, qui ad hoc eliguntur officium exercendum, plus habeant in audiendis confessionibus et penitentiis iniungendis, quam parrochiales sacerdotes noscuntur habere: sicque de casibus episcopis et superioribus, quos inferius annotamus, ac sedi apostolice reservatis se nullatenus intromittant . . . Decernimus, ut magister et minister generalis ac priores et ministri provinciales Predicatorum et Minorum ordinum prefatorum vel eorum vicarii de discretorum consilio ad tam salubre officium fratres divina scientia doctos discretione vigentes vita probatos et expertos moribus . . . eligant . . . Ceterum licet, sicut predicitur, de necessitate non sit iterum eadem confiteri peccata, tamen quia propter erubescentiam, que magna est penitentie pars, ut eorumdem peccatorum iterentur confessionem, reputamus salubre, districte iniungimus, ut fratres ipsi confitentes attente moneant et in suis predicationibus exhortentur, quod suis sacerdotibus saltem semel confiteantur in anno, asserendo id ad animarum profectum procul dubio pertinere. Porro ut circa sepulturam apud loca eorundem fratrum eligentium sepeliri et portionem canonicam de relictis eisdem fratribus minime detrahendam nequeat imposterum dubitari, iubemus, ut corpora defunctorum, qui apud eos elegerunt dum viverent sepulturam, processionaliter cum cruce turibulo et aqua benedicta cantando seu legendo officium mortuorum vel psalmos et alienas ingrediendo parrochias possint assumere et ad suas deferre ecclesias tumulanda. De quibuscumque vero relictis prefatis fratribus in communi vel singulis in ultimis decedentium voluntatibus, sive apud eos sepeliendi sint sive alibi, nulla per parrochiales sacerdotes morientium, a qua fratres ipsos liberos esse volumus, canonica portio et multo minus per episcopos episcopalis quarta, cum eis tamquam exempti non subsint, nec etiam debita iure parrochie, si forsitan cathedralis defunctorum esset parrochialis ecclesia, detrahatur. De funeralibus autem medietatem, si comode divisionem recipiant, alias eiusdem medietatis extimationem solvant parrochiali ecclesie et sacerdotibus antedictis; de candelis autem, quas fratres portant, portio non petatur. Moneant autem iidem fratres et pro posse inducant confitentes sibi, ut de propriis bonis suis parrochialibus ecclesiis earumque sacerdotibus competenter relinquant et que eis debent, parrochialia iura reddant . . . Hec autem dicta constitutione, que incipit: Super cathedram, quam penitus revocamus, aliisque quibuscumque constitutionibus . . . nequaquam obstantibus inviolabiliter observari sancimus . . . Dat. Laterani XIII kl. martii a. primo.

Reg. 59, f. 210¹, nr. 67; Grandjean 1170; Potthast 25370.

97. — *1304 April 6.*

De mille florenis auri solutis pro complemento servicii . . episcopi Virdunensis collegio XVIII cardinalium qui in sua promissione continentur, habuit quilibet per dictos mercatores LV flor. et XX sol. et IIII den. provis. Et pro familia VI flor. VI sol. et III den. provis.

Obl. et Sol. (Divis.) t. 1 A, f. 43¹.

98. — *1304 April 16. Viterbo.*

Benedictus XI decano ecclesie S. Theobaldi Metensis (necnon multis aliis in e. m.) mandat, ut abbati et conventui monasterii S. Antonii, ord. S. Augustini Viennensis diocesis, efficaciter assistat neque eosdem ab aliquibus iniuriis affici vel alias iniuste molestari permittat.

Ad compescendos conatus . . . Dat. Viterbii XVI kl. maii a. primo.
Reg. 51, f. 185¹, nr. 815; Grandjean 1024.

99. — *1304 Juni 20.*

De M V^c flor. solutis de parte servicii . . episcopi Metensis collegio XVII cardinalium, qui in sua promissione continentur, habent quilibet per dictos mercatores LXXXVIII flor. auri XIIII sol. et III den. Corton.
Obl. et Sol. (Divis.) t. 1 A, f. 44.

100. — *1305 Februar 15. Perugia (apostolica sede vacante).*

Johannes electus Spoletanus, sedis apostolice camerarius, Johanni de Calona preposito Ariensi, collectori decime triennalis in Leodiensi Cameracensi Metensi Tullensi et Virdunensi diocesibus testatur, quas summas pecuniarum receperit, quasque ille per mercatores camere apostolice assignaverit et quas adhuc eidem camere debeat.

Omnibus presentes litteras inspecturis Johannes Spoletanus electus apostolice sedis camerarius salutem in domino. Universitati vestre tenore presentium innotescat, quod venerabilis vir dominus Johannes de Calona prepositus ecclesie Ariensis Morinensis diocesis, olim archidiaconus Gandensis in ecclesia Tornacensi, per felicis recordationis dominum Bonifacium papam VIII collector decime per ipsum dominum papam dudum imposite pro necessitatibus ecclesie Romane ad triennium in Leodiensi Cameracensi Metensi Tullensi et Virdunensi civitatibus et diocesibus deputatus et subsequenter per felicis memorie dominum Benedictum papam XI prefati domini Bonifacii successorem ad collectionem huius decime confirmatus, nuper coram nobis et clericis ac mercatoribus camere dicte sedis de pecunia ipsius decime per ipsum dominum prepositum seu per alios de ipsius mandato collecta in predictis episcopatibus seu per ipsum vel de eius mandato certis mercatoribus seu personis aliis ecclesie Romane nomine assignata diligentem et fidelem, ut infra sequitur, posuit rationem. Recepit enim prefatus collector in civitate et diocesi Leodiensi pro primo et secundo termino primi anni impositionis decime memorate, ut per publica instrumenta patet, omnibus monetis ad florenos auri secundum verum valorem ipsarum reductis, prout de huiusmodi valore plene constat per ipsa publica instrumenta, XIIII^m VII^c flor. auri et unum turonensem grossum de argento. Item recepit in predictis civitate et diocesi Leodiensi pro primo et secundo termino secundi anni, omnibus monetis ad florenos auri reductis, XIIII^m III^c LXVIIII flor. auri sol. V et den. V turonensium parvorum. Item recepit prefatus collector in eisdem civitate et diocesi Leodiensi pro primo et secundo termino tercii anni, omnibus monetis ad florenos auri reductis, XI^m XVIII flor. auri V tur. grossos et dimidium de argento. Recepit autem supradictus collector in civitate et diocesi Tullensi pro primo et secundo termino primi anni et pro primo et secundo termino secundi anni impositionis eiusdem decime, omnibus monetis ad florenos auri reductis secundum certum valorem ipsarum, ut de ipso valore et numero constat per publica instrumenta, V^m VII^c LXXVI flor. auri sol. tres et den. IIII nantesiorum. Item r[ecepit] in eisdem civitate et diocesi Tullensi pro primo termino tercii anni, omnibus monetis ad florenos auri reductis, M IIII^c LXVIII flor. auri; de ultimo vero termino tercii anni in eisdem civitate et diocesi Tullensi non est aliquid computatum. Recepit insuper idem collector in civitate et diocesi Metensi pro tribus annis impositionis eiusdem decime, omnibus monetis ad florenos auri reductis, IIII^m VIIII^c XXXIIII flor. auri et tres partes unius floreni auri. Preterea recepit memoratus collector in civitate et diocesi Virdunensi[1]) pro secundo termino primi anni et primo et secundo termino secundi anni, omnibus monetis ad florenos auri reductis, II^m VIII^c XXXVII flor. auri sol. III et den. V tur. duplicium. De primo vero termino primi anni et duobus terminis tercii anni in eisdem civitate et diocesi Virdunensi non est aliquid computatum. Recepit etiam sepedictus collector in civitate [et] diocesi Cameracensi pro primo et secundo termino primi anni, omnibus monetis ad turonenses grossos de argento reductis, VII^c XLV libras sol. unum et den. VII turon. gross. Item recepit in eisdem civitate et diocesi Cameracensi pro primo et secundo termino secundi anni, omnibus monetis ad turonenses grossos de argento reductis, VI^c XXXII libras sol. VII et den. IIII tur. gross. de argento. Item recepit in dictis civitate et diocesi Cameracensi pro primo et secundo termino tercii anni impositionis dicte decime, omnibus monetis ad florenos auri reductis, X^m V^c XXI flor. auri sol. XX et den. VI parisiensium parvorum. Et sic manifeste apparet, quod in universo prefatus collector recepit in dictis V episcopatibus, ut supra continetur per partes, LXV^m VI^c XXVI flor. auri et M III^c LXXVII libras sol. VIII et den. VI turonensium grossorum de argento, aliis in suo esse remanentibus, de quibus non est reddita ratio per eundem.

Assignavit autem dictus collector de pecunia collecta in civitate et diocesi Tullensi, ut patet per publica instrumenta, mercatoribus de societate Spinorum pro primo et secundo primi anni, omnibus monetis ad florenos auri reductis, ut de valore ipsarum monetarum plene constat per publicum instrumentum, II^m VII^c XXVIIII flor. auri. Item assignavit dicte societati Spinorum, ut patet per publica instrumenta, de pecunia collecta in dictis civitate et diocesi Tullensi pro primo et secundo ter-

---

[1]) Eodunensi *Reg.*

mino secundi anni, omni moneta ad florenos auri reducta, II^m VII^c LXXXVI flor. auri sol. VII et den. X turonensium duplicium. Assignavit etiam memoratus collector mercatoribus de societate Circulorum de decima collecta in civitate et diocesi Tullensi pro primo termino tercii anni, ut patet per unum publicum instrumentum, omnibus monetis ad florenos auri reductis, M IIII^c LXVIII flor. auri. Assignavit enim supradictus collector mercatoribus de societate Spinorum de decima collecta in civitate et diocesi Leodiensi pro primo termino primi anni, omnibus monetis ad florenos auri reductis, ut patet per publicum instrumentum, VI^m VIII^c XXVIIII flor. auri. Item assignavit iisdem mercatoribus de societate Spinorum de eadem decima collecta in dictis civitate et diocesi Leodiensi pro secundo termino primi anni, ut patet per publicum instrumentum, omnibus monetis ad florenos auri reductis, VI^m VI^c LXXIIII flor. auri et VIII tur. grossos de argento. Item assignavit eisdem mercatoribus de societate Spinorum pro primo termino secundi anni de decima collecta in predictis civitate et diocesi Leodiensi, omnibus monetis ad florenos auri reductis, ut patet per publicum instrumentum, VI^m VIIII^c LXXVI flor. auri et medium turonensem grossum de argento. Item assignavit predictis mercatoribus de societate Spinorum pro secundo termino secundi anni de decima dictarum civitatis et diocesis Leodiensis, omnibus monetis ad florenos auri reductis, ut patet per duo publica instrumenta, VI^m C LVIIII flor. auri minus XX den. tur. parvorum. Item assignavit supradictus collector prefatis mercatoribus de societate Circulorum pro primo termino tercii anni de decima civitatis et diocesis Leodiensis, omnibus monetis ad florenos auri reductis, ut patet per publica documenta, IIII^m VI^c XLII flor. auri et duos turonenses grossos de argento. Item assignavit supradictus collector prefatis mercatoribus de societate Circulorum pro secundo termino tercii anni de decima civitatis et diocesis Leodiensis, omnibus monetis ad florenos auri reductis, ut patet per publicum instrumentum, V^m LXXIII flor. auri et I tur. grossum de argento.

Assignavit etiam prefatus collector de decima civitatis et diocesis Cameracensis pro primo et secundo termino primi anni [et] primo et secundo termino secundi anni mercatoribus de societate Spinorum, omnibus monetis ad turonenses grossos de argento reductis, ut patet per quatuor publica instrumenta, M III^c LIII libras sol. III et den. III tur. gross. de argento et IX den. parisiensium parvorum. Item assignavit predictus collector de decima predictarum civitatis et diocesis Cameracensis pro primo et secundo termino tercii anni mercatoribus de societate Circulorum, omnibus monetis ad florenos auri reductis, ut patet per duo publica instrumenta, IX^m IIII^c XXVIII flor. auri. Item assignavit predictus collector de decima collecta in civitate et diocesi Metensi mercatoribus de societate Spinorum, omnibus monetis ad florenos auri reductis, ut patet per tria publica instrumenta, M V^c LXII flor. et dimidium auri. Item assignavit dictus collector de eadem decima civitatis et diocesis Metensis mercatoribus de societate Circulorum, omnibus monetis ad florenos auri reductis, ut patet per unum publicum instrumentum, VIII^c LXXV flor. auri. De decima vero civitatis et diocesis Virdunensis, ut patet per tria publica instrumenta, memoratus collector assignavit mercatoribus de societate Spinorum pro secundo termino primi anni [et] primo et secundo termino secundi anni, omnibus monetis ad florenos auri reductis, II^m V^c XVIII flor. auri et IX sol. tur. parvorum. Mercatores vero de societate Circulorum nichil receperunt de decima civitatis et diocesis Virdunensis. Et sic manifeste apparet, quod predictus collector assignavit nomine Romane ecclesie tam mercatoribus de societate Spinorum quam mercatoribus de societate Circulorum prefate Romane ecclesie nomine recipientibus de dicta decima predictorum quinque episcopatuum in universo, ut per predictas partes apparet, et reductis etiam monetis, ut per instrumenta publica assignata camere plene patet, LVII^m VII^c XXI flor. auri et M III^c LIII libras sol. III et den. VI tur. gross. de argento et IX den. parisiensium parvorum.

Item ostendit se expendisse predictus collector, ut patet per publica scripta, circa collectionem decime supradicte pro[1]) se nunciis scripturis equis et aliis necessariis ad collectionem ipsam spectantibus pro tribus annis integris C XLV libras sol. XVII et den. VII tur. gross. de argento, qui valent ad diversos valores II^m VII^c LXXXVI flor. et dimidium auri. Subcollectores vero in Leodiensi civitate et diocesi constituti, ut patet per publica instrumenta, expenderunt pro tribus annis integris circa collectionem ipsam omnibus monetis ad florenos auri reductis VIII^c V flor. auri et VI tur. gross. de argento. Subcollectores autem in Tullensi civitate et diocesi constituti expenderunt, ut patet per publica instrumenta, pro duobus annis, quia tercio nichil est computatum, pro collectione huius decime, omnibus monetis ad florenos auri reductis, II^c LXI flor. et dimidium auri. Subcollectores in Metensi civitate et diocesi constituti expenderunt circa officium collectionis, ut patet per publica instrumenta, II^c VI flor. et dimidium auri et IIII sol. tur. parvorum. Subcollectores autem in Virdunensi civitate et diocesi constituti expenderunt pro tribus terminis, ut patet per publica scripta, circa officium

---

[1]) per *Reg*.

collectionis decime supradicte, omnibus monetis ad florenos auri reductis, II^c LXXVI flor. auri sol. VIII et den. VI tur. duplicium. Subcollectores vero in Cameracensi civitate et diocesi constituti, ut patet per publica scripta, expenderunt pro tribus annis integris circa officium collectionis huius decime, omnibus monetis ad florenos auri reductis, VIII^c VIII flor. auri sol. VII et den. VI tur. parvorum. Et sic apparet, quod predicti subcollectores in Leodiensi Cameracensi Metensi Tullensi et Virdunensi civitatibus et diocesibus constituti expenderunt in universo omnibus monetis ad florenos auri reductis, ut supra per partes apparet, II^m III^c LVIII flor. et dimidium auri. Quibus additis expensis factis per dominum prepositum supradictum, que sunt II^m VII^c LXXXVI flor. cum dimidio auri, apparet liquido, quod collector et subcollectores prefati expenderunt in universo V^m C XLV flor. auri. Additis quoque predictis expensis prefatis quantitatibus assignatis societatibus Spinorum et Circulorum, que sunt LVII^m VII^c XXI flor. auri et M^{le} III^c LIII libre sol. III et den. VI tur. gross. et VIIII den. parisiensium parvorum, constat aperte, quod quantitates assignate et expense predicte sunt in universo LXII^m VIII^c LXVI flor. et M^{le} III^c L libre sol. III et den. VI turon. gross. de argento et IX den. parisiensium parvorum.

Quibus reductis de LXV^m VI^c XXVI flor. auri et M^{le} III^c LXXVII libris sol. VIII et den. XI tur. gross., quos dictus collector recepit, ut supra per partes apparet, restat, quod dictus collector tenetur camere de presenti computo in II^m VII^c LX flor. auri et XXIIII libris VI sol. den. I cum dimidio tur. gross. de argento; de quibus quantitatibus sic restantibus III^c flor. auri pro expensis, quas fecit dictus dominus prepositus veniendo ad curiam ad ponendum computum de predictis ac morando et redeundo, sibi duximus concedendos. Alios vero florenos restantes II^m IIII^c LX et tur. grossos residuos promisit dictus dominus prepositus ad mandatum apostolicum et nostrum persolvere cum effectu. Nos igitur dicti domini prepositi volentes indempnitatibus precavere presenti scripto recognovimus et fatemur de predictis quantitatibus fore camere sedis apostolice per ipsum prepositum, ut supra continetur, integraliter satisfactum, de quibus omnibus prefatum dominum prepositum predicte camere nomine absolvimus totaliter et quictamus, mandato futuri summi pontificis et errore calculi pro parte qualibet semper salvis. In quorum omnium testimonium et munimen presentes litteras fieri fecimus et sigilli nostri munimine roborari. Dat. Perusii anno domini M° CCC° V, indictione tercia, die XV mensis februarii, apostolica sede vacante.

Obl. et Sol. t. 2 (314), f. 140—142; R. Cl. V Append. I, p. 350.

101. — *1305 Juli 2. Perugia.*

Coram notario et testibus Nellus Andree de societate Clarentinorum de Pistorio mercatorum camere domini pape pro se et sociis et societate predicta confitetur et recognoscit se recepisse et apud se habere a Nicola Philippi de societate Circulorum de Florentia predicte camere mercatorum dante et solvente vice et nomine domini pape et S. Romane ecclesie de voluntate et mandato Johannis electi Spoletani et domini pape camerarii 3333 flor. auri et terciam partem unius floreni de summa 21386 florenorum auri et trium turonensium argenti, quos socii societatis Circulorum predicte receperunt diversis temporibus et pluribus partitis et monetis a Johanne de Calona preposito Ariensi collectore decime ad terminum imposite per Bonifacium VIII deputato per ipsum ad huiusmodi ministerium exequendum in Cameracensi Leodiensi Metensi Virdunensi et Tullensi civitatibus et diocesibus primi et secundi termini tertii anni impositionis eiusdem.

In nomine domini Amen. Anno a nativitate eiusdem millesimo trecentesimo quinto, indictione tercia, die secunda iulii . . . Actum Perusii in camera ubi morabatur Johannes camerarius supradictus . . . .

Obl. et Sol. t. 2 (314), f. 137¹; R. Cl. V Append. I, p. 347.

102. — *1305 Juli 2. Perugia.*

Andreas domini Gualterote de societate Bardorum de Florentia mercatorum camere domini pape et Romane ecclesie pro se et sociis societatis predicte confitetur et recognoscit se recepisse et habuisse ac penes se habere a Nicolao Philippi de societate Circulorum de Florentia predicte camere mercatorum dante et solvente vice et nomine domini pape et S. Romane ecclesie de mandato et voluntate Johannis electi Spoletani et domini pape camerarii 3333 floren. auri et terciam partem unius floreni de summa 21386 floren. auri et trium turonensium argenti, quos socii societatis Circulorum predicte habuerunt et receperunt diversis temporibus et in pluribus partitis et monetis a Johanne de Calona preposito Ariensi collectore decime ad triennium imposite per Bonifacium VIII deputato per ipsum ad huiusmodi ministerium exequendum in Cameracensi Leodiensi Metensi Virdunensi et Tullensi civitatibus et diocesibus primi et secundi termini tercii anni impositionis eiusdem . . . .

Anno indictione die loco et testibus suprascriptis . . .

Obl. et Sol. t. 2 (314), f. 138; R. Cl. V Append. I, p. 348.

103. — *1305 October 2. Apud monasterium monialium de Pruliano.*

Clemens V abbati monasterii de Yranzu Pampilonensis diocesis ac magistro Symoni de Marvilla thesaurario Metensis capellano »nostro« et decano Tutelanensis Tirasonensis diocesis ecclesiarum tamquam executoribus mandat, quatinus Othoe Martini conferant archidiaconatum de Eginart in eccl. Pampilonensi vacantem per obitum Michaelis Lupi.

Litterarum scientia, nobilitas generis . . . Dat. apud monasterium monialium de Pruliano VI nonas octobris [a. primo].

Reg. 52, f. 1¹; R. Cl. V nr. 5.

104. — *1305 November 16. Lyon.*

Clemens V Othoni electo Tullensi et preposito eccl. Valentinensis ac Hugoni de Bisverton canonico Parisiensi mandat, ut Petrum de Sabaudia, cui eadem die contulit ecclesie Saresbiriensis canonicatum cum prebenda ad tempus vacante vel proxime vacatura, inducant in possessionem.

Digne illos ad . . . Dat. Lugduni XVI kl. decembris a. primo.

Reg. 52, f. 20; R. Cl. V nr. 117.

105. — *1306 Januar 12. Lyon.*

Clemens V magistro Symoni de Marvilla canonico Leodiensi capellano »nostro« consideratione Petri episcopi Sabinensis pro eo capellano et familiari suo supplicantis reservat eccl. Leodiensis personatum seu dignitatem vel officium, non obstante quod in Metensi thesaurariam et in ipsa et Leodiensi ecclesiis canonicatus et prebendas obtinet.

Bonis virtutum adiutis . . . Dat. Lugduni II idus ianuarii [a. primo].

Reg. 52, f. 106¹; R. Cl. V nr. 611.

106. — *1306 Januar 22. Lyon.*

Clemens V confirmat electionem Remigii canonici pitancerii monasterii S. Petri de Monte in abbatem eiusdem monasterii.

[Clemens V] Remigio abbati monasterii S. Petri de Monte ad Romanam [ecclesiam] nullo medio pertinentis ord. S. Augustini Metensis diocesis. Suscepti cura regiminis. . . Sane monasterio S. Petri de Monte . . . per mortem quondam Philippi . . . regimine destituto, dilecti filii conventus eiusdem monasterii . . . quatuor ex eis, videlicet Walterum suppriorem, Martinum de Amella, Petrum de Dompaire et Jacobum Cantarelli canonicos dicti monasterii ad scrutandum primitus vota sua et aliorum canonicorum eiusdem monasterii concorditer assumpserunt. Qui huiusmodi potestate recepta secedentes in partem ac votis primo seorsum, postmodum omnium aliorum . . . secreto et sigillatim diligentius perscrutatis et in scriptis redactis, votis trium dumtaxat exceptis volentium tunc exprimere vota sua mox in communi, scrutinium huiusmodi publicarunt et compertum extitit, quod decem et novem ex dictis capitulo, qui in universo viginti et septem extiterant, in te canonicum pitancerium, tres vero in . . Johannem priorem monasterii supradicti direxerant vota sua, et collatione habita numeri ad numerum, zeli ad zelum, meriti ad meritum secundum formam consilii generalis frater Bartholomeus cantor monasterii supradicti nomine suo et omnium aliorum in te consentientium, longe maiorem et saniorem partem dictorum conventus facientium de ipsorum mandato te, ac frater Martinus de Amella canonicus eiusdem monasterii dictum priorem nomine suo et aliorum, qui in priorem ipsum consenserant, in abbatem elegerunt . . tuque ad instantiam in te consentientium infra tempus a iure statutum electioni huiusmodi consensisti et demum dictus prior renuens electioni de se facte . . . consentire, huiusmodi tue electioni sua sponte consensit, et pro ipsius electionis prosecutione negotii ad apostolicam sedem te conferens tam tu per te ipsum quam iidem conventus per eorum certos procuratores . . . presentato nobis dicte electionis decreto a nobis infra tempus debitum suppliciter postulastis, ut confirmare electionem huiusmodi dignaremur. Nos igitur electionem eandem tuamque personam per . . . Petrum episcopum Sabinensem et . . . Johannem tituli SS. Marcellini et Petri presbiterum ac Guillermum S. Nicolai in Carcere Tulliano diaconum cardinales examinari fecimus diligenter et facta nobis ab eisdem cardinalibus super hoc relatione fideli, quia eandem electionem invenimus . . . canonice celebratam, ipsam . . . confirmantes, te dicto monasterio in abbatem prefecimus et pastorem . . . . Dat. Lugduni XI kl. februarii [a. primo].

In e. m. conventui eiusdem monasterii. . .

Reg. 52, f. 56; R. Cl. V nr. 326.

107. — *1306 Januar 27. Lyon.*

Clemens V priori S. Laurentii et decano ac Guillelmo de Belliaco canonico ecclesie Aurelianensis mandat, quatinus magistris Johanni Vinstinga utriusque iuris, Michaeli Mancondit et Stephano de Morneio legum professoribus Metensis Rothomagensis et Bituricensis diocesium, qui ad ampliandum graciis Aurelianense studium, ubi legendi et docendi in legibus exercent laudabiliter magisterium, nuper ad curiam accesserant impetraturi privilegia pro universis doctoribus et scolaribus dicti studii, de iustis et moderatis expensis tam factis videlicet quam eciam faciendis per eos in veniendo morando et redeundo a baquallariis et scolaribus predicto studio immorantibus satisfactionem congruam exhiberi faciant.

Fide puri, devotione sinceri . . . Dat. Lugduni VI kl. februarii [a. primo].

Reg. 52, f. 63; R. Cl. V nr. 359.

108. — *1306 Februar 23.*

Die XXIII februarii.

Eisdem anno indictione coram eisdem dominis et loco (*sc.* in ecclesia Lugdunensi constitutus coram . . . Johanne tit. SS. Marcellini et Petri collegii et Arnaldo tit. S. Marcelli presbiteris cardinalibus domini pape camerariis) venerabilis pater dominus Otto episcopus Tullensis promisit pro communi servitio camere et collegii mille et V C flor. auri et V servitia consueta familiarium persolvere, hinc ad festum nativitatis domini proxime nunc venturum et iuravit ut in forma, alioquin infra duos menses. Presentibus testibus magistro Petro de Montichello, Petro de Genazano, Odone de Sermineto et Johanne de S. Flore.

In marg. sinistro: Servitium episcopi Tullensis in Lotoringia s. in Alamania.

In marg. dextro: XXV. card.

Obl. et Sol. t. 2 (314), f. 6¹; R. Cl. V Append. I, nr. 13.

109. — *1306 Februar 27. Apud S. Ciricum prope Lugdunum.*

Clemens V . . priori S. Laurentii et preposito S. Andree Gratianopolitane ac Aynardo de Clavasione canonico Viennensis ecclesiarum.

Clemens V . . Henrico Dalphini nato . . . Himberti Dalphini Viennensis canonico Rothomagensi.

Dum conditiones et merita. . . Cum propter hoc tum etiam consideratione . . . Johannis Dalphini comitis Vapincensis pro te fratre suo . . . supplicantis canonicatum ecclesie Rothomagensis . . . tibi conferimus et de illo etiam providemus, prebendam vero integram necnon personatum et dignitatem . . . si qui simul vel divisim in ecclesia ipsa vacant ad presens vel cum vacaverint . . . tibi . . . reservamus . . non obstantibus de certo canonicorum numero et quibuslibet aliis ipsius ecclesie statutis . . . aut quod in maiori et S. Justi Lugdunensis

Viennensi C[l]aromontensi et Romanensi Viennensis diocesis ecclesiis canonicatus nosceris obtinere. . . Dat. apud S. Ciricum prope Lugdunum III kl. marcii [a. primo].

Reg. 52, f. 140; R. Cl. V nr. 827.

110. — *1306 Februar 28. Apud S. Ciricum prope Lugdunum.*

Executores sunt sicut in prima littera Dalphini¹).

Clemens V Henrico Dalphini nato Himberti Dalphini Viennensis consideratione Johannis Dalphini comitis Vapincensis pro eo fratre suo supplicantis confert canonicatum ecclesie Cameracensis, prebendam vero integram necnon personatum et dignitatem, si qui simul vel divisim in ecclesia ipsa vacant ad presens vel cum vacaverint, eidem reservat, non obstantibus de certo canonicorum numero et quibuslibet aliis ipsius ecclesie statutis aut quod in maiori et S. Justi Lugdunensis Viennensi Claromontensi et Romanensi Viennensis dioc. ecclesiis canonicatus obtinet seu quod eidem nuper a sede apostolica de canonicatu Rothomagensis ecclesie provisum est.

Dum conditiones et merita. . . Dat. apud S. Ciricum prope Lugdunum II kl. marcii [a. primo].

Reg. 52, f. 140¹; R. Cl. V nr. 828.

111. — *1306 Februar 28. Apud S. Ciricum prope Lugdunum.*

Executores ut supra¹).

[Clemens V] Eidem Henrico canonico Lugdunensi ut supra.

Clemens V Henrico Dalphini obtentu Johannis comitis Vapincensis pro eo fratre suo supplicantis reservat prioratum cum cura vel sine cura ad dispositionem abbatis et conventus monasterii S. Ruphi Valentinensis ord. S. Augustini pertinens — non obstantibus *etc. ut supra nr. 109.*

Dum conditiones et merita . . . Dat. apud S. Ciricum prope Lugdunum II kl. marcii [a. primo].

Reg. 52, f. 140¹; R. Cl. V nr. 829.

112. — *1306 Februar 28. Apud S. Ciricum prope Lugdunum.*

Clemens V Amadeo nato Amedei comitis Gebennensis confert canonicatum ecclesie Lingonensis cum prebenda ad presens vacante vel proxime vacatura, non obstante quod in Lugdunensi et Gebennensi ecclesiis canonicatus et prebendas obtinet.

¹) *Cf. nr. 109.*

— 78 —

Dum tui nobilitatem generis . . . Dat. ap. S. Ciricum prope Lugdunum II kl. marcii a. primo.

Eodem die idem eidem concedit, ut ei liceat recipere duo beneficia, etiamsi dignitates vel personatus existant, preter obtenta.

Dum nobilitatem generis . . .

Reg. 52, f. 158¹; R. Cl. V nr. 941 et 942.

113. — *1306 März 6. Apud S. Ciricum prope Lugdunum.*

Clemens V Guillelmo de Claromonte canonico Metensi consideracione Amadei comitis Sabaudie pro eo supplicantis indulget, ut residens in eccl. Viennensi, in qua canonicatum et prebendam obtinet, possit usque ad quinquennium fructus prebende, quam obtinet in eccl. Metensi, cuius existit canonicus, integre percipere, cotidianis distributionibus dumtaxat exceptis.

Tue devotionis merita . . . Dat. ap. S. Ciricum prope Lugdunum II nonas martii.

Reg. 52, f. 156¹; R. Cl. V nr. 929.

114. — *1306 März 16. Bourbon.*

Arnaldus presbiter cardinalis et sedis apostolice camerarius notum facit, quod Johannes de Calona prepositus Ariensis, collector decime triennalis in Leod. Camerac. Met. Tull. et Virdun. diocesibus, assignavit camere 4638 florenos auri et 80 libras turonensium parvorum quodque se expendisse in eo officio confessus est de grossis antiquis 59 libras 12 solidos et 6 turonenses atque 630 flor. auri.

Arnaldus etc. (= S. Romane Eccl. presbiter cardinalis et domini pape camerarius) omnibus presentes litteras inspecturis salutem in domino. Universitati vestre tenore presentium innotescat, quod discretus vir dominus Johannes de Calona prepositus Ariensis per felicis recordationis dominum Bonifatium papam VIII^{um} collector decime per ipsum dominum ad triennium tunc pro necessitatibus ecclesie Romane imposite in Leodiensi Cameracensi Metensi Tullensi et Virdunensi civitatibus et diocesibus deputatus et subsequenter per sancte memorie dominum Benedictum papam XI prefati domini Bonifacii successorem ad collectionem huius decime confirmatus nuper coram nobis, clericis et mercatoribus camere comparuit et de quibusdam arreragiis sive de aliquibus residuis dicte decime, in quibus idem prepositus tenebatur, assignavit nobis domini nostri et ecclesie Romane nomine recipientibus IIII^m VI^c XXXVIII flor. auri et LXXX libras grossorum turonensium novorum de argento. Preterea ostendit se expendisse per partes prefatus prepositus circa collectionem ipsam de grossis antiquis LVIIII libras XII sol. et VI turonenses. Item in florenis VI° XXX flor. auri. Nos itaque dicti prepositi volentes indempnitatibus precavere presenti scripto recognoscimus et fatemur nobis fore de predictis quantitatibus quo supra nomine integraliter satisfactum, de quibus quantitatibus atque summis memoratum prepositum domini nostri atque ecclesie Romane nomine absolvimus et quictamus. Dat. apud Burbon[um] die XVI mensis marcii, anno videlicet a nat. domini M° CCCVI^{to}, indictione quarta, pont. domini Clementis pape V a. primo.

In margine: Quictatio de quibusdam areragiis decime Leodien. collecte per prepositum Ariensem.

Sol. et Obl. t. 2 (314), f. 98.

115. — *1306 April 14. Apud monasterium Grandimontense.*

Clemens V Johanni nato Hermanni de Prigneyo confert eccl. Virdun. canonicatum et prebendam vacantes per obitum Guillermi de Argentorio, quos papa a die obitus eiusdem sue reservaverat dispositioni — non obstante quod Johannes preposituram et prebendam S. Nicholai de Monasterio et archipresbiteratum de Gorzia Metensis dioc. ecclesiarum obtinet.

Dum conditiones et merita . . . Dat. ap. monasterium Grandimontense XVIII kl. maii [a. primo].

In e. m. . . magistro Onufrio de Trebis decano Meldensis capellano nostro et Johanni de S. Paulo archidiacono de Vico et cantori Metensis ecclesiarum.

Reg. 52, f. 166; R. Cl. V nr. 988.

*116. — *1306 Mai 19. Bordeaux.*

Clemens V, petentibus abbatissa et conventu monasterii de Novomonasterio ordinis S. Benedicti Metensis diocesis, sub sua protectione recipit eorum personas et monasterium eiusque possessiones confirmat.

Cum a nobis petitur. . . Dat. Burdegalis XIIII kl. iunii a. primo.

Kremer, Genealogische Geschichte des Ardennischen Geschlechts II, 396 nr. CXXIII.

117. — *1306 Juli 27. Bordeaux.*

. . . Arnaldus (S. Romane Ecclesie presbiter cardinalis et domini pape camerarius) testatur, quod Johannes de Calona prepositus Ariensis per memorie Bonifacium VIII collector decime per eundem papam ad triennium tunc pro necessitatibus Romane ecclesie imposite in Leodiensi Cameracensi Metensi Tullensi et Virdunensi civitatibus et diocesibus deputatus et subsequenter per Benedictum XI ad collectionem huiusmodi decime confirmatus nuper per Andream capellanum et familiarem suum coram ipso Arnaldo et clericis ac mercatoribus camere comparuit et de residuis dicte decime per dictum capellanum 446 flor. auri assignavit. Preterea idem prepositus circa collectionem dictorum residuorum ostendit per capellanum predictum se expendisse per partes 56 flor. auri. Qua de causa Arnoldus dictum prepositum absolvit et quittat.

Universitati vestre . . . . Dat. Burdegalis die XXVII iulii a. d. M° CCC° VI^{to}, ind. quarta, p. Clem. V a. primo.

Obl. et Sol. 2 (314), f. 76. R. Cl. V Append. p. 277 nr. 294.

118. — *1306 August 16. Bordeaux.*

Clemens V magistro Symoni de Marvilla canonico Virdunensi capellano suo consideratione Petri episcopi Sabinensis, cuius auditor iste erat, confert canonicatum eccl. Virdun. cum prebenda vacante vel vacatura eique reservat in eadem ecclesia personatum vel officium, non obstante quod thesaurariam canonicatus et prebendas eccl. Met. et Leod. obtinet.

Dum litterarum scientiam . . . Dat. Burdegalis XVII kl. septembris a. primo.

In e. m. archidiacono Santonensi et decano S. Salvatoris Met. ac thesaurario Tull. ecclesiarum mandat etc.

Reg. 53, f. 33¹; R. Cl. V nr. 1257.

119. — *1306 August 27. Bordeaux.*

Clemens V ecclesie Vivariensi vacanti per obitum Aldeberti episcopi preficit in episcopum Ludovicum (de Pictavia) in vicesimo septimo etatis anno constitutum et characterem tantummodo clericalem habentem canonicum Vivariensem, quem capitulum eiusdem ecclesie postulavit.

[Clemens V] . . Ludovico electo Vivariensi.

Qum (!) quantis sit onusta dispendiis . . . ecclesiarum vacatio diuturna. . . . Nuper siquidem ecclesia Vivariensi per obitum bone memorie Aldeberti episcopi Vivariensis solatio pastoris destituta, . . capitulum . . . deliberantes ad id per viam procedere compromissi in [sex canonicos] super hoc compromittere curaverunt, concessa ipsis providendi ea vice dicte ecclesie de pastore de ipsius ecclesie gremio infra certi temporis spacium unanimiter potestatem . . . Dicti vero compromissarii . . . ad te tandem ipsorum concanonicum . . . vota sua nec immerito concorditer direxerunt. Licet enim patiaris defectum in ordinibus et etate[1]), utpote qui in vicesimo septimo tue etatis anno vel circa illam existis et caracterem habes tantummodo clericalem, alias tamen sic es generis nobilitate preclarus, morum gravitate conspicuus, litterarum scientia preditus, in spiritualibus providus et temporalibus circumspectus, verisimiliter creditur et speratur, eidem ecclesie statum per tue vigilantie studium et cooperationis ministerium posse ab oppressionibus relevari, preservari a noxiis et ad salubria promoveri. Quibus non indigne ad considerationem adductis, predictus Guillermus de Montelauro unus de compromissariis antedictis de mandato et vovoluntate dictorum collegarum suorum ibi presentium . . . [te] in Vivariensem episcopum postulavit ac postulacionem huiusmodi . . . publicavit. Tu vero postulationi predicte . . . non consentiens nec dissentiens sed statum tuum circa hoc divine et apostolice sedi et nostre dispositioni submittens, te personaliter ad sedem eandem una cum duobus ex huiusmodi postulantibus . . . super hoc transmissis ab eisdem capitulo contulisti. . . . . Nos postulationem eandem tueque persone merita per . . Nicolaum episcopum Ostiensem et . . . Berengarum tit. SS. Nerei et Achillei presbiterum et Raymundum S. Marie Nove diaconum cardinales examinari fecimus diligenter, et quia illam invenimus . . . canonice celebratam, eam de consilio predictorum episcopi et cardinalium ac aliorum fratrum admittimus teque defectu non obstante predicto preficimus eidem ecclesie in episcopum et pastorem... Dat. Burdegalis VI kl. septembris [a. primo].

Reg. 53, f. 5, nr. 2; R. Cl. V nr. 1154.

120. — *1306 October 25. Bordeaux.*

Clemens V testatur Symoni Guidi et Johanni Maffei ac Bonseniori Jacobi sociis et mercatoribus de societate Spinorum de Florencia, quod inter alia solverunt »ecclesie Romane nomine usque ad kalendas septembris anni 1306 in prosecutione collectionis decime per Bonifatium VIII imposite et per archidiaconum Gandensem Tornac. dioc. collecte in Leodiensi Cameracensi Metensi Tullensi et Virdunensi civitatibus et diocesibus pro duobus annis mille trecentos florenos auri«, et quod receperunt et habuerunt »ecclesie Romane nomine de decima olim per Bonifacium VIII imposita in Cameracensi Leodiensi Metensi Virdunensi et Tullensi civitatibus .et diocesibus per supradictum archidiaconum Gandensem collecta pro duobus annis sexaginta milia sexcentos quadraginta unum florenos auri«.

---

[1]) etatem *Reg.*

Nuper de mandato nostro. . . Dat. Burdegalis VIII kl. novembris a. primo.

Reg. 53, f. 2; R. Cl. V nr. 1152.

121. — *1306 November 11. Ad Pessacum prope Burdegalas.*

Clemens V Othonem episcopum tunc Tullensem transfert ad ecclesiam Basiliensem vacantem per translationem Petri episcopi ad ecclesiam Maguntinam.

Angit nos cura . . . Dat. ad Pessacum prope Burdegalas III idus[1]) novembris a. primo.

Reg. 53, f. 63¹; R. Cl. V nr. 1415.

122. — *1306 November 13. Bordeaux.*

Clemens V Guidoni episcopo Tullensi.

Dum attente consideramus . . . Vacante siquidem nuper ecclesia Tullensi per translationem O. tunc Tullensis nunc Basiliensis episcopi . . . nos . . . ad te tunc abbatem monasterii de Belloloco Cluniacensis ordinis Virdunensis diocesis . . . convertimus aciem mentis nostre . . . de persona tua . . . prefate Tullensi ecclesie duximus providendum, preficiendo te illi . . . in episcopum et pastorem . . . Dat. Burdegalis idus novembris a. primo.

In e. m. capitulo . . . clero civitatis et diocesis . . . populo civit. et dioc. . . . universis vassallis . . . Alberto regi Romanorum. . .

Reg. 53, f. 23¹; R. Cl. V nr. 1213.

123. — *1307 April 8.*

Die VIII mensis aprilis.

Otho episcopus Basiliensis promisit pro communi servitio domini pape et collegii XXII cardinalium gratia sue translationis per procuratorem suum ad hoc specialiter constitutum II^c marchas argenti, computata marcha pro V florenis auri, et V servitia consueta familiarium solvere in Romana curia infra festum omnium sanctorum proxime venturum.

In margine dextro: Solvit.

Eodem die idem episcopus per dictum procuratorem suum recognovit obligationem per eum factam de M V^c flor. pro communi servitio dictorum dominorum et etiam de V servitiis familiarium ante translationem suam, dum esset Tullensis episcopus, et dictam obligationem acceptavit et

---

[1]) nonas *Reg.* — *Sic corrigendum videtur, cum Petri translatio facta sit IIII idus novembris. Cf. R. Cl. V nr. 1211.*

approbavit, cui volenti et petenti prorogatum terminum¹) ad solvendum et implendum dictam obligationem contentam usque ad festum beati Johannis Batiste proxime venturum.

In margine dextro: Solvit.

Sol. et Obl. 1 (313), f. 33. R. Cl. V Append. p. 211 nr. 33 n. 1.

124. — *1307 Juni 3. Poitiers.*

Clemens V Odoni electo Tullensi concedit facultatem contrahendi mutuum usque ad summam quinque milium librarum Holandensium pro negotiis ecclesie Tullensis apud sedem apostolicam expediendis.

Cum sicut ex parte tua . . . Dat. Pictavis III nonas iunii a. secundo.

Reg. 54, f. 100; R. Cl. V nr. 1524.

125. — *1307 Juni 24. Lugusiaci prope Pictavis.*

Clemens V Philippo Coleto dicto Bouron confert parrochialem de Dunocastro Remensis dioc. vacantem ex eo, quod Johannes eiusdem rector per suum procuratorem Herbertum de Hamella Met. dioc. eam in manibus Petri electi Palentini libere resignavit, non obstante quod Philippus patitur defectum ordinum et etatis.

Probitatis tue merita . . . Dat. Lugusiaci prope Pictavis VIII kl. iulii a. secundo.

Reg. 54, f. 80, nr. 405; R. Cl. V nr. 1900.

126. — *1307 Juli 11. Poitiers.*

Clemens V Nicolao Philippi de Bonsignori Lambertuccii sociis et mercatoribus de societate Circulorum de Florentia inter alia testatur, quod de decima quondam per Bonifacium VIII in Cameracensi Leodiensi Metensi Virdunensi et Tullensi civitatibus et diocesibus imposita et per Johannem prepositum Ariensem pro tercio anno collecta receperunt ipsi et ipsorum societas ecclesie Romane nomine ultra illud, quod positum erat in racione camere, undecim milia trecentos septuaginta sex florenos auri.

Nuper de mandato nostro . . . Dat. Pictavis V idus iulii a. secundo.

Reg. 54, f. 150, nr. 25; R. Cl. V nr. 2271.

127. — *1307 December 1. Poitiers.*

Clemens V . . Odoni de Columpna electo Tullensi.

Paterne caritatis affectus . . . Cum itaque, sicut ex parte tua fuit expositum coram nobis, nonnulli tibi tuisque officialibus et ecclesie

---

¹) *sic in cod.*

predicte super iuribus et iurisdictione spirituali et temporali ad ecclesiam ipsam spectantibus presumant irrogare tibique ac officialibus ipsis in spiritualibus et temporalibus obedire et ad que tenentur tibi et ecclesie predictis respondere recusent, nos . . . discretioni tue exercendi auctoritate nostra per te vel alium seu alios censuram ecclesiasticam in omnes et singulos iniuriatores . . . sive clerici sive laici singulares, collegia seu universitates, cuiuscumque conditionis aut status extiterint . . . tibi concedimus . . facultatem; presentibus post triennium etc. Dat. Pictavis kl. decembris a. tertio.

Reg. 55, f. 20, nr. 100; R. Cl. V nr. 2409.

128. — *1308 Februar 1. Poitiers.*

Clemens V Oddoni de Columpna electo Tullensi concedit facultatem, [ut] valeat reconciliare, quociens fuerit oportunum, ecclesias et cimiteria civitatis et diocesis Tullensis, cum contingat ea per effusionem sanguinis et seminis violari, per aliquem sacerdotem ydoneum, aqua prius per aliquem episcopum, ut moris est, benedicta.

Exigentibus tue devotionis . . . Dat. Pictavis kl. februarii a. tertio.

Reg. 55, f. 22, nr. 112; R. Cl. V nr. 2421.

129. — *1308 Februar 25 [Metz]. In ecclesia parochiali S. Hylarii ad lapsus.*

Rectores ecclesiarum parochialium archipresbiteratus Metensis dant quatuor ex ipsis potestatem constituendi ipsorum nomine procuratores seu procuratorem tam in Romana curia quam alibi coram iudicibus, executoribus etc.

In nomine domini amen. Noverint universi presens publicum instrumentum inspecturi, quod anno incarnacionis eiusdem M° CCC° septimo, indictione sexta, quinta die mensis februarii exeuntis hora diei quasi tercia pontificatus sanctissimi in Christo patris ac domini Clementis divina providentia pape V anno tercio in ecclesia parochiali sancti Hylarii ad lapsus Metensi in presencia mei publici notarii et testium infrascriptorum ad hoc specialiter vocatorum et rogatorum personaliter propter hoc constituti, discreti viri domini Gerardus Sanctorum Juliani, Gerardus Hylarii maioris, Conrardus Jacobi, Symon Symplicii, Albertus Martini in curtis, Nicolaus Gengolphi, Bertrannus ad Novum Monasterium, Theobaldus Viti, Nicolaus Hylarii minoris predicti, Johannes Eukarii, Widricus Maximini, Hennekinus Stephani laniati, Goebertus Marselli, Martinus Livarii, Jacobus Medardi, Milo Georgii, Laurencius beate Marie ad martires, Arnoldus Amancii in suburbio sancti Clementis, Jacobus Benigni et Theobaldus Eusebii in suburbio sancti Arnulphi extra muros Metenses ecclesiarum parochialium Metensium presbiteri rectores et curati de archipresbiteratu Metensi suo et ecclesiarum suarum predictarum nomine et pro ipsis tam communiter quam divisim omnem potestatem, quam habent de iure vel de facto in constituendo procuratore, uno vel conpluribus, tam in sancta curia Romana quam alibi, ubicunque terrarum et locorum, coram universis iudicibus executoribus delegatis subdelegatis ordinariis extraordinariis conservatoribus et arbitris ac aliis quibuscunque auctoritate quacumque fungentibus suo et ecclesiarum suarum predictarum nomine et pro ipsis, in discretos viros dominos Bertrannum Sanctorum Victoris archipresbiterum, Symonem Ferrucii, Jacobum Segolene et Thomam Crucis ecclesiarum parrochialium Metensium presbiteros rectores et curatos eorum socios de archipresbiteratu Metensi supradicto totaliter transtulerunt. Dantes et concedentes prefati presbiteri parrochiales omnes et singuli predictis .. archipresbitero Sanctorum Ferrucii Segolene et Crucis ecclesiarum rectoribus supradictis potestatem et mandatum speciale constituendi et creandi ordinandi et faciendi procuratorem seu procuratores, quoscunque seu qualescunque voluerint, tam in curia Romana quam extra coram iudicibus seu auditoribus quibuscunque dandi attribuendi et concedendi eisdem procuratoribus uni vel pluribus tantam et talem, quantam seu qualem voluerint attribuere et concedere, potestatem et mandatum et specialiter in illis, que mandatum exigunt speciale, prout sibi eorum societati et collegio ac ecclesiis supradictis videbitur in omnibus et per omnia expedire, predictos procuratorem seu procuratores sic ab ipsis constitutum vel constitutos, quandocunque sibi placuerit et visum fuerit expedire, revocandi, ipsos iterum vel alium seu alios restituendi, faciendi ac etiam ordinandi, promittentes, quicquid per dictos constituentes in premissis et singulis premissorum actum gestum et dictum fuerit, ratum et firmum haberi sub ypotecha et obligatione omnium bonorum suorum iudicatum solvi et iudicio sisti in omnibus clausulis oportunis. Acta sunt hec presentibus discretis viris dominis Nicolao Sanctorum Ferrucii, Francisco Symplicii presbiteris mercennariis, Johanne Eukarii, Theoderico Victoris et Hanrico Crucis ecclesiarum predictarum clericis matriculariis testibus ad hoc vocatis et rogatis, anno die mense indictione loco hora et pontificatu supradictis.

Signum notarii. Et ego Othinus Stephani dictus de Bioncort clericus Metensis, publicus auctoritate imperiali ac sacrosancte urbis Romane prefate notarius *etc.*

Metz. Bez.-A. G. 2025—2079, Nachtrag. Or. mb.

130. — *1308 Februar 27. Poitiers.*

Clemens V Petro de Aixe[1]) obtentu Henrici comitis Lucemburgensis pro illo clerico et familiari suo supplicantis confert ecclesie Metensis canonicatum et prebendam, quos Balduinus electus Treverensis olim canonicus Metensis hactenus obtinuit — non obstante quod Petrus capellaniam S. Michaelis in Luccemburgh et ecclesiam de Keyle curam animarum habentes Trever. dioc. insimul hactenus per quinquennium, insistendo servitiis dicti comitis absque dispensatione apostolica retinuit et adhuc retinet, fructus percipiendo ex eisdem. Quos eidem remittit aboletque infamiam atque inhabilitatem ab ipso huiusmodi occasione in se contractas. Tamen canonicatum et prebendam ecclesie Metensis assecutus, dimittat ecclesiam de Keyle.

Merita probitatis, de quibus . . . Dat. Pictavis IIII kl. martii a. tertio.

In e. m. abbati monasterii Villariensis Met. et S. Servatii Traject. Leod. dioc. ac S. Bartholomei Leod. decanis ecclesiarum.

Reg. 55, f. 43, nr. 233; R. Cl. V. nr. 2547.

131. — *1308 Februar 28. (Poitiers.)*

Universis . . . Bertrandus *etc.*

Quictatio facta pro eodem (Ottone) episcopo Basiliensi pro servitio ecclesie Tullensis de L flor. auri pro camera et de CXX pro quatuor servitiis familiarium solutis per predictum fratrem Nicolaum ordinis Predicatorum; et dispensatum fuit cum eodem die penultimo februarii anno et pontificatu ut supra.

Obl. et Sol. 2 (314), f. 84¹; R. Cl. V Append. p. 285, nr. 339.

132. — *1308 März 30. Poitiers.*

Clemens V Balduino archiepiscopo Treverensi.

Nuper canonicatu et prebenda, quos tue provisionis tempore in Metensi ecclesia obtinebas . . . vacantibus . . . nos . . . Henrici comitis Luccemburgensis fratris tui supplicationibus inclinati, de ipsis canonicatu et prebenda . . . Petro de Lucceburg clerico et familiari comitis . . . duximus providendum . . . Verum ex certis ac rationabilibus causis . . . collationem . . . penitus revocavimus et . . . tibi . .

---

[1]) *Petrus nescio an sit frater Johannis de Aix, qui d. 1. iunii 1315 apparet canonicus et circator eccl. Metensis. Bibl. Nat. Paris, Collection Lorraine nr. 977 docum. nr. 12.*

conferendi hac vice . . . canonicatum et prebendam eosdem . . . persone ydonee ac inducendi personam eandem in corporalem possessionem . . concedimus . . facultatem. Dat. Pictavis III kl. aprilis a. tertio.

Reg. 55, f. 88¹, nr. 462; R. Cl. V nr. 2805.

133. — 1308 März 30. Poitiers.

Clemens V Baldewino archiepiscopo Treverensi indulget, ut usque ad triennium ecclesias monasteria ceteraque loca et personas ecclesiasticas civitatis et diocesis ac provincie Treverensis, in quibus per eum fuerit de consuetudine vel de iure visitare et procurationes ratione visitationis huiusmodi ei debitas recipere, per aliquam personam ydoneam visitare ac debitas procurationibus, tamen moderatas, in pecunia numerata valeat exigere et recipere.

Grandia tue devotionis . . . Dat. Pictavis III kl. aprilis a. tertio.

Reg. 55, f. 85, nr. 448; R. Cl. V nr. 2786; Transsumptum: Hist. générale de Metz, III, Preuves 296; cf. infra nr. 134, 141 et 144.

134. — 1308 März 30. Poitiers.

Clemens V abbates Lucelburgensem et Epternacensem ac magistrum Arnoldum de Morlans canonicum Ilardensem deputat executores seu iudices super negotio visitationis, quod eadem die concessit Balduino archiepiscopo Treverensi, in civitate diocesi et provincia Treverensi faciende.

Grandia devotionis studia . . . Dat. Pictavis III kl. aprilis a. tertio.

Transsumpt. in nr. 141.

135. — 1308 April 29. Metz.

Universus clerus urbis Metensis notum facit, quod constituit duos procuratores, qui moneant Renaldum episcopum Metensem, quod idem a pluribus specialiter enumeratis iniuriis et gravaminibus deinceps abstineat eaque corrigat atque emendet.

Universis presentes litteras . . . Cum propter viarum . . . Actum et datum a. domini M CCC octavo feria secunda ante festum inventionis S. Crucis.

Hist. générale de Metz, III, Preuves 290.

*136. — 1308 Juli 1.

Lucelburgensis et Epternacensis abbates, executores ab apostolica sede super negotio visitationis Balduino archiepiscopo concessae (cf. nr. 133

et 134), promulgant litteras a Clemente V super eodem negotio d. 30 m. martii sibi destinatas *(nr. 134)*.

Transsumpt. in nr. 141.

***137.** — *1308 Juli 23. Poitiers.*

Clemens episcopus servus servorum dei, dilecto filio . . abbati monasterii Sancti Martini prope Metim salutem et apostolicam benedictionem.

Conquesti sunt nobis abbas et conventus monasterii Sancti Vincentii Metensis ordinis Sancti Benedicti, quod Theobaldus dictus Li Gronaix miles et Johannes dictus Xobairt cives Metenses super certis debitis possessionibus et rebus aliis iniuriantur eisdem. Ideoque discretioni tue per apostolica scripta mandamus, quatinus partibus convocatis audias causam et appellatione remota debito fine decidas, faciens, quod decreveris, per censuram ecclesiasticam firmiter observari. Testes autem, qui fuerint nominati, si se gratia odio vel timore subtraxerint, censura simili appellatione cessante compellas veritati testimonium perhibere. Dat. Pictavis X kl. augusti p. n. a. tertio.

Metz. Bez.-Arch. H. 1921. Or. mb. c. sig. pend. del; ad dextram in plica: Pro Dino Jac. Pascal; *Regest im Jahrbuch I, p. 210, nr. 115.*

138. — *1308 Juli 25. Poitiers.*

Clemens V Jacobo de Ponte obtentu Petri episcopi Penestrini confert prioratum de Layo ord. S. Benedicti Tull. dioc. ad collationem abbatis monasterii S. Arnulfi Metensis pertinentem vacantem per amotionem fratris Andree, dispensatque cum Jacobo, ut locum in monasterio S. Andree de Sureda ord. S. Benedicti Elnensis dioc., cuius est monachus, simul retinere valeat.

Zelus tue religionis . . . Dat. Pictavis VIII kl. augusti a. tertio.

R. 55, f. 120¹, nr. 611; R. Cl. nr. V 2970.

139. — *1308 September 30. Trier.*

Balduynus archiepiscopus Treverensis magistro Humberto de Bellavalle ac Ludovico de Grangia canonicis ecclesie Metensis necnon magistro Hanrico Bouchardi de Lucembourch familiari clerico suo comittit negotium visitationis in civitate et dyocesi Metensi, concessum sibi indulto Clementis V d. d. 30. martii, cuius indulti tenorem de verbo ad verbum transsumit *(cf. nr. 133)*.

Noveritis nos litteras . . . Datum in palatio nostro Treverensi a. millesimo trecentesimo octavo feria secunda ante festum B. Remigii in capite octobris.

Histoire générale de Metz, III, Preuves, 296.

*140. — *1308 October 5. Metz.*

Magister Hubertus de Bellavalle ac Lodoycus de Grangia canonici eccl. Metensis, visitatores a Balduino archiepiscopo Treverensi deputati una cum magistro Hanrico Bouchardi de Lucembourch, clerico familiari Balduini, promulgant congregato clero civitatis Metensis in ecclesia Metensi litteras abbatum Lucelburgensis et Epternacensis super negotio visitationis (*nr. 137*), quibus inserte sunt littere Clementis V super eodem negotio (*nr. 134*) necnon litterae Balduini supradictis tribus visitatoribus directae (*nr. 140*), atque annunciant se processuros esse die 29 mensis octobris ad visitationem monasterii Gorziensis.

Datum a. d. M CCC octavo, sabbato post festum S. Remigii.

M. St.-A., carton 108, liasse 1. 2 or. mb. c. 3 sig. pend. del.

141. — *1308 November 7. Apud Laureum Montem Burdegalensis diocesis.*

Clemens V Virdunensi et Cathalaunensi episcopis mandat, quatinus inquirant et sibi renuncient, quantum domus monialium ordinis Cisterciensis in urbe Metensi eiusque annui redditus valebant tempore, quo eadem a Bochardo quondam episcopo Metensi concessum est monasterio Claravallensi, quantumque valent ad presens.

[Clemens V] Virdunensi et Cathalaunensi episcopis.

Ex parte . . . abbatis et conventus monasterii Clarevallis Cisterciensis ordinis Lingonensis diocesis fuit expositum coram nobis, quod cum olim quidam fratres de penitencia Jhesu Christi, quorum ordo in novissimo generali concilio Lugdunensi cassatus extitit, domum, quam in civitate Metensi tunc temporis obtinebant, totaliter dimisissent, ad predictum Cisterciensem ordinem, prout eis licebat iuxta constitutionem in eodem concilio editam, transeundo, bone memorie Bochardus episcopus Metensis . . . predictam domum cum omnibus iuribus et pertinentiis suis prefatis abbati et conventui . . . liberaliter contulit ab ipsis abbate et conventu perpetuo possidendam[1]) ac postmodum . . . Raynaldus episcopus . . . collationem huiusmodi ratam habens et gratam, dictis . . . concessit, ut in dicta domu moniales dicti Cisterciensis

---

[1]) *Cf. Jahrbuch VI (1894), p 168, nr. 1.*

ordinis instituerent et etiam ordinarent[1]). Sicque dicti abbas et conventus . . . decens collegium monialium eiusdem Cisterciensis ordinis ordinarunt, eis sub clausura perpetua domino servientibus de bonis dicti monasterii Clarevallis pro sua sustentatione sufficientes redditus assignando. Quare dicti abbas et conventus nobis humiliter supplicarunt, ut [cum] predicta domus tempore, quo dicti fratres eam . . . dimiserunt, non nisi quinque solidos Metenses cum duobus caponibus in redditibus perciperet annuatim ac alias esset, sicut adhuc est, in duodecim libris et sex solidis parvorum turonensium annui census hospitali B. Nicolai et quibusdam civibus Metensibus obligata et etiam ruinosa, confirmare, quod super hiis factum est, non obstante predicta constitutione, per quam domus seu loci predictorum fratrum dispositioni sedis apostolice reservantur in terre saucte subsidium vel pauperum seu alios pios usus per locorum ordinarios vel eos, quibus sedes ipsa commiserit, convertenda, de benignitate solita dignaremur. Nos igitur volentes de valore predicte domus et eius reddituum scire plenius veritatem . . . mandamus, quatinus . . . ad prefatam domum personaliter accedentes . . . inquiratis, quantum dicta domus et eius annui redditus tempore collationis . . . valebant et nunc valent . . . ac nobis, quod super hiis omnibus inveneritis, per vestras litteras harum seriem continentes sub vestris sigillis inclusum sine more dispendio fideliter intimetis. . . . Datum apud Laureum montem Burdegalensis diocesis VII idus novembris a. tertio.

Reg. 55, f. 199, nr. 1004; R. Cl. V nr. 3390.

142. — *1309 April 5. Avignon.*

Clemens V abbati monasterii S. Symphoriani et decano S. Theobaldi ac archipresbitero eccl. S. Victoris Met. mandat, quatinus primicerium decanum et capitulum eccl. Met. ac Johannem Andree clericum Metensem citent, ut infra unum mensem per se vel procuratorem seu procuratores coram papa compareant ad discutiendam litem inter eos et Johannem vicarium ecclesie S. Stephani Laniati Met. exortam.

[Clemens V] abbati monasterii S. Symphoriani et decano S. Theobaldi extra muros Metenses ac archipresbitero S. Victoris Metensium ecclesiarum.

Exposuit nobis Johannes presbiter rector seu perpetuus vicarius S. Stephani Laniati Metensis, quod . . primicerius . . decanus et capi-

---

[1]) *Cf. nr. 93.*

tulum ecclesie Metensis asserentes, quod eis a sede apostolica[1]) indultum existit, ut [in] manifestos occupatores bonorum ad ecclesiam ipsam canonicos capellanos et clericos ipsius ecclesie communiter vel divisim spectantium ac notorios malefactores suos et ipsorum capellanorum et clericorum necnon hominum et vassallorum, nisi ab eis canonice moniti occupata huiusmodi restituant et de damnis illatis satisfecerint . . . possint excommunicationis suspensionis et interdicti sententias promulgare, et pretendentes mendaciter, quod idem Johannes erat manifestus et notorius invasor iniuriator et occupator bonorum ad ipsos et ecclesiam Metensem spectantium et quod duas partes oblationum et reddituum prefate ecclesie S. Stephani, quam ad se et prefatam ecclesiam Metensem spectare asserunt, occupaverat, dictum Johannem pretextu indulti huiusmodi monuerunt et moneri fecerunt, ut infra octo dies post monitionem huiusmodi dictas duas partes oblationum et reddituum eisdem primicerio decano et capitulo seu Johanni Andree clerico Metensi integraliter restituere procuraret ipsosque permitteret illorum pacifica possessione gaudere ac nichilominus de dampnis per eum huiusmodi occasione illatis eisdem usque ad summam decem solidorum Metensium satisfaceret competenter, in eum nichilominus excommunicationis sententiam promulgando et mandando eum excommunicatum publice nunciari. Propter quod dictus presbiter . . . ad sedem apostilicam appellavit. Postmodum vero, cum dictus Johannes Andree falso asserens, quod idem presbiter manus iniecerat in eum . . . violentas, ipsum furem etiam nominando, dictum presbiterum super hoc coram cantore ecclesie Metensis auctoritate litterarum sedis apostolice fecisset ad iudicium evocari, idem cantor ipsum reputans, cum non esset, pro sue voluntatis libito contumacem, eum moneri fecit, ut infra octo dierum spatium huiusmodi suam contumaciam purgare curaret, alioquin mandabat eum excommunicatum publice nunciari, sicque dictus presbiter sentiens ex hiis se indebite gravari, ex causis legitimis ab eodem cantore ad sedem predictam vocem appellationis emisit. Quare dictus presbiter nobis humiliter supplicavit, ut, cum ipse propter potentiam predictorum adversariorum verisimiliter non credat in partibus ipsis super premissis posse consequi iusticie complementum, exhiberi sibi super hiis apud dictam sedem complementum iusticie faceremus. Cum autem nos causas appellationum huiusmodi et negotiorum principalium, etiam si de sui natura non sint apud sedem prefatam tractande, et[2]) ipsarum dilecto filio magistro Gregorio de Placentia archipresbitero plebis de Monte Silicis Paduane

---

[1]) *scil. a Nicolao d. 13 iunii 1920. Reg. 45 f, 31¹ nr. 210.*

[2]) *Sequitur parva lacuna, videtur supplendum* decisionem *vel* discussionem.

diocesis capellano nostro ac nostri palatii auditori causarum commiserimus simul et divisim audiendas et fine debito terminandas, discretioni vestrę . . . mandamus, quatinus vos vel duo aut unus vestrum per vos vel per alium seu alios supradictos primicerium decanum et capitulum ac Johannem Andree ex parte nostra peremptorie citare curetis, ut infra unum mensem post citationem nostram cum omnibus actis iuribus et munimentis suis huiusmodi causas contingentibus per se vel procuratorem seu procuratores ydoneos coram nobis vel auditore predicto comparere procurent, facturi et recepturi super premissis, quod iusticia suadebit, diem vero huius citationis et formam et quicquid super hiis duxeritis faciendum, nobis per vestras litteras harum seriem continentes fideliter intimetis. Dat. Avinione nonas aprilis a. quarto.

Reg. 56, f. 52, nr. 268; R. Cl. V nr. 3926.

***143.** — *1309 Mai 12. Avignon.*

Clemens V abbati monasterii de Novo-monasterio et decano ecclesiae de Hoyo ac guardiano fratrum Minorum de Hoyo mandat, quatinus discutiant litem inter monachos Gorzienses et visitatores a Balduino archiepiscopo Treverensi deputatos [1]).

Clemens episcopus servus servorum dei dilectis filiis . . abbati monasterii de Novo-monasterio et . . decano ecclesie ac guirdiano fratrum Minorum de Hoyo Leodiensis diocesis salutem et apostolicam benedictionem. Sua nobis dilecti filii fratres Adam prior claustralis monasterii Gorziensis ordinis sancti Benedicti, Adam de Warengevilla et Therricus de Portu, Johannes de Amella, Nicolaus de Wasnou et Ludovicus de Petrecen prioratuum priores ad dictum monasterium immediate spectantium, Metensis Tullensis Virdunensis Cathalaunensis et Wormaciensis dyocesium, Thomas prepositus, Breardus camerarius, Joffridus custos, Garcilius cantor, Matheus cellararius, Johannes dictus li Alemans, Johannes de Pennis, Liebaudus dictus Ferrans, Harmannus de Pargney, Rolinus Danamont, Richardus de Amella, Ludovycus de Gondeleinvilla, Lyetardus de Warnesperch, Ludovicus Xaudes, Baudetus de Stauno, Garcilius de Ernavilla, Symon de Jaulans, Jacobus de Gorzia, Theobaldus de Nommeney, Symon dictus Myrlins, Ferricus de Venderiis, Liebaudus Farinelz, Johannes li Bourgons, Warnerus de Waville, Nicolaus dictus de Petrecen, Johannes dictus Hennekins et Bertrandus de Vignoliis presbiteri; Haymo Bourgondus, Fulco de Bellomonte, Johannes de Avoncourt et Nicolaus de Moncleir dyaconi; Gerardus

---

[1]) *Cf. superius nr. 133, 134, 137, 140, 141.*

de Rambuecourt et Henricus Pikerne subdyaconi monachi predicti monasterii petitione monstrarunt, quod magister Humbertus de Bellavalle et Ludovicus de Grangia canonici Metenses asserentes, quod nos venerabili fratri nostro Balduyno archiepiscopo Treverensi duximus auctoritate apostolica indulgendum, ut ipse inde ad triennium ecclesias monasteria et alia loca ac personas ecclesiastica civitatis et diocesis ac provincie Treverensis, in quibus ab eodem archiepiscopo de consuetudine vel de iure foret visitationis officium impendendum, posset libere per aliquam seu aliquas personas ydoneas, quam vel quas ad hoc duceret assumendas, quociens tempus visitationis ingrueret, huiusmodi visitationis officium adimplere ac a personis visitatis procurationes dicto archiepiscopo debitas in pecunia numerata recipere moderatas; et quod idem archiepiscopus eos ad huiusmodi visitationis officium exercendum in civitate et dyocesi Metensi, que sunt de predicta provincia, una cum magistro Henrico de Lucembourch canonico ecclesie sancti Symeonis Treverensis, et quod ipsi et quilibet eorum ad hoc procedere possent, duxerit assumendos; ac pretendentes, quod quondam Walterus tunc abbas dicti monasterii, dum viveret, ad monasterium ipsum canonicum non haberet ingressum et quod absque confirmatione aliqua se ingesserat administrationi monasterii supradicti, pretextu dictarum litterarum et assumptionis huiusmodi prefato abbati adhuc viventi ac prioribus et monachis supradictis mandarunt, ut certa die se in dicto monasterio presentarent ipsos ad visitationem et correctionem, quas in dicto monasterio et personis ipsius facere intendebant efficaciter admissuri ac huiusmodi eorum visitationi et correctioni humiliter parituri. Ex parte vero ipsius abbatis suo prioris claustralis et aliorum priorum ac monachorum et conversorum dicti monasterii sibique adherentium et adherere volentium in hac parte nomine fuit coram eisdem canonicis propositum, quod cum dictum monasterium, extra quod iidem abbas prior claustralis et supradicti monachi et conversi propter metum universitatis civitatis Metensis, prope quam monasterium ipsum consistit, qui cadere poterat in constantem, exulare cogebantur, esset eis locus non tutus ad illud sine personarum et rerum suarum periculo, propter metum predictum accedere non valebant; propter quod ab eisdem canonicis humiliter petierunt, ut eis alium locum tutum assignare curarent. Et quia iidem canonici eos super hoc audire recusantes eis alium locum propinquiorem dicte civitatis, qui eis propter causam premissam tutus non erat, contra iusticiam assignarunt aliumque eis denegarunt assignare securum, requisiti dictus abbas suo prioris claustralis *etc.* nomine ad sedem apostolicam appellavit; ac dictus magister

Humbertus huiusmodi appellatione contempta in dictum abbatem priorem claustralem *etc.* et conversos supradictos excommunicationis sententiam promulgavit et dictum monasterium ecclesiastico supposuit interdicto; propter quod ex parte dicti abbatis nomine quo supra ad dictam sedem iterato extitit appellatum. Cum autem dictus abbas viam sit universe carnis ingressus ac predicti prior claustralis et alii priores monachi et conversi appellationem huiusmodi prosequi sint parati, discretioni vestre de utriusque partis procuratorum assensu per apostolica scripta mandamus, quatinus apud Hoyum vocatis, qui fuerint evocandi, et auditis hinc inde propositis, quod canonicum fuerit, appellatione postposita, statuatis facientes, quod decreveritis auctoritate nostra firmiter observari. Testes autem, qui fuerint nominati, si se gratia odio vel timore subtraxerint, per censuram ecclesiasticam appellatione cessante compellatis veritati testimonium perhibere. Non obstante . . . Datum Avinione IIII idus maii pont. n. anno quarto.

M. St.-A. Cart. 108, liasse 2. Transsumpt. in instr. d. d. 2 sept. a. 1309.

144. — *1309 Mai 23. Avignon.*

Clemens V Tirrio nato quondam Petri de S. Quintino obtentu Guidonis Ferrerii militis senescalli ducatus Aquitanie pro illo consanguineo suo supplicantis confert ecclesie Metensis canonicatum cum prebenda ad presens vacante vel proxime vacatura, non obstante quod idem in eccl. S. Eufraudi de Abbatisvilla Morinensis diocesis canonicatum et prebendam obtinet.

Probitatis tua laudabilia merita . . . Dat. Avinione X. kl. iunii a. quarto.

Rg. 56, f. 92, nr. 428; R. Cl. V nr. 4142.

145. — *1309 Juni 1. Avignon.*

Clemens V abbati et conventui Claravallensi confirmat concessionem domus Metensis, que fuit olim fratrum de penitentia Jhesu Christi, a Bochardo quondam episcopo Metensi monasterio Claravallensi et postea a Raynaldo eiusdem successore monialibus Claravallensibus factam. (cf. nr. 142.)

[Clemens V] dilectis filiis abbati et conventui monasterii Clarevallis Cisterciensis ordinis Lingonensis diocesis. Religionis vestre meretur honestas, ut, que pie deposcitis, vobis favorabiliter concedamus. Petitio siquidem vestra nobis exhibita continebat, quod bone memorie Bochardus episcopus Metensis ecclesiam locum domum et officinas cum iuribus et pertinenciis suis, quos olim fratres de penitencia Jhesu

— 95 —

Christi habuerunt in civitate Metensi, ab ipsis fratribus ad vestrum monasterium convolantibus derelictos vobis et monasterio vestro predicto pro cultu divino inibi augmentando concessit a vobis perpetuo possidendos; et postmodum venerabilis frater noster Raynaldus episcopus Metensis dicti Bouchardi successor concessionem huiusmodi ratam habens et gratam vobis licentiam prebuit moniales ibidem vestri ordinis includendi, prout in patentibus litteris inde confectis dictorum episcoporum sigillis munitis hec plenius continentur. Cum autem vos, prout asseritis, ibi decens collegium seu conventum monialium dicti ordinis sub clausura perpetua domino famulantium duxeritis ordinandum, quibus de bonis dicti monasterii pro eorum substentatione sufficientes redditus assignastis, dictique locus et ecclesia tempore, quo ipsi fratres dereliquerant eosdem, quinque solidos Metenses cum duobus caponibus annui redditus dumtaxat haberent, essentque alias locus et ecclesia predicti, sicut et adhuc sunt, in duodecim libris et sex solidis parvorum Turonensium annui census hospitali sancti Nicolai Metensi et quibusdam civibus Metensibus obligati, nos vestris supplicationibus inclinati, quod super hoc factum est, ratum et gratum habentes, id auctoritate apostolica ex certa scientia confirmamus et presentis scripture patrocinio communimus. Tenores vero dictarum litterarum eorundem episcoporum presentibus inseri fecimus, qui tales sunt: *(Sequuntur chartae Burchardi dat. 1289 Jul. 8*[1]*) et Reginaldi dat. 1304 Febr. 4*[2]*).*

Nulli etc. nostre confirmationis etc. Dat. Avin. kal. iun. a. 4.

Reg. 56, f. 110, nr. 530; R. Cl. V nr. 4247.

146. — *1309 Juni 25. Avignon.*

Clemens V Petro subdiacono rectori ecclesie de Kirkeim Metensis dioc.

Benigno sunt illa . . . Sane petitio tua nobis exhibita continebat, quod tu olim in vicesimo tertio anno etatis tue et in minoribus ordinibus constitutus ecclesiam de Kirkeim Metensis diocesis curam animarum habentem, alias tibi canonice collatam recipiens, eam hucusque detinuisti et fructus percepisti ex eo (!), dispensatione super hoc non obtenta, quamvis primo anno, quo fuisti dictam ecclesiam assecutus, te non feceris, rite tam[en] alias statutis a iure temporibus in subdiaconum promoveri. Quare pro parte tua fuit nobis humiliter supplicatum, ut, cum iam vicesimum quintum huiusmodi tue etatis annum attinge-

---
[1] *Cf. Jahrbuch VI (1894), 168, nr. 1.*
[2] *Cf. supra nr. 91.*

ris (!), et studio litterarum aliquamdiu insistens profeceris, sicut asseris, laudabiliter in eodem, providere tibi super hiis de oportuno dispensationis beneficio misericorditer dignaremur. Nos itaque . . . tecum, ut preter ecclesiam predictâm fructus perceptos ex eis (!) . . . possis licite retinere, . . dispensamus, deinde [in] super maculam sive infamiam . . . propter premissa . . . contractam in te . . . abolemus. . . Dat. Avinione VII kl. iulii a. quarto.

Reg. 56, f. 101, nr. 481; R. Cl. V nr. 4196.

147. — *1309 Juni 26. Avignon.*

Clemens V abbati monasterii de Aureavalle Trev. dioc. et archidiacono Avallonensis Eduensis ac thesaurario Metensis ecclesiarum mandat, quatinus Johanni nato Hectoris de Lamoulley militis clerico Trev. diocesis, qui nondum est beneficium ecclesiasticum assecutus, conferant parrochialem ecclesiam de Amella Virdun. dioc. ad collationem abbatis et conventus monasterii Gorziensis ord. S. Bened. Met. dioc. spectantem.

Meritis dilecti filii. . . Dat. Avinione VI kl. iulii a. quarto.

Reg. 56, f. 179, nr. 857; R. Cl. V nr. 4659.

148. — *1309 Juli 1. Avignon.*

Clemens V concedit universis vere penitentibus et confessis, qui abbati et conventui monasterii Clarevallensis ord. Cisterciensis, Lingonensis diocesis, qui in loco, quem olim fratres de Penitencia Christi in civitate Metensi habuerant, collegium monialium sub clausura ordinaverant ibique ecclesiam construere inceperant, porrexerint ad huius operis consummationem manus adiutrices, centum dierum indulgencias, presentibus, quas per questuarios mitti prohibetur, post viginti annos minime valituris.

Quoniam ut ait apostolus. . . Dat. Avin. kl. iulii a. quarto.

Reg. 56, f. 115, nr. 554; R. Cl. V nr. 4281.

149. — *1309 Juli 1. Avignon.*

Clemens V Hugoni nato quondam Humberti Dalphini Viennensis domino Fontanitii scribit, quod commotus eiusdem et Beatricis Dalfine Viennensis precibus dispensat cum eodem, ut cum Maria vel Caterina filiabus Amedei comitis Sabaudie et quondam Marie de Brabantia matrimonium valeat contrahere, quamvis inter eos tercius consanguinitatis gradus intercedat.

Monet et excitat mentem. . . Dat. Avinione kl. iulii a. quarto.

Reg. 56, f. 115, nr. 553; R. Cl. V nr. 4280.

150. — *1309 August 9. Avignon.*

Clemens V nobili viro Johanni de Comarceyo comiti de Saraponte et nobili mulieri Mathildi uxori eius Metensis diocesis indulget, ut uterque sibi possit eligere aliquem discretum presbiterum in confessorem, qui auditis eorum confessionibus valeat ipsis penitenciam iniungere salutarem et de absolucionis beneficio providere, nisi forsan talia existerent, ut super his foret sedes apostolica merito consulenda.

Cum personas vestras. . . Dat. Avin. V idus augusti a. quarto.

Eodem die idem eisdem concedit ad quinquennium facultatem habendi altare portatile et faciendi celebrari super eo divina officia.

Devocionis vestre precibus . . Dat. ut supra.

Reg. 56, f. 188, nr. 913, 914; R. Cl. V nr. 4716, 4717.

151. — *1309 August 9. Avignon.*

Clemens V Symoni de Marvilla capellano suo, canonico Metensi, indulget, ut apud apostolicam sedem moram trahens vel insistens obsequiis Henrici regis Romanorum fructus prebendarum suarum, quas in Metensi Leodiensi et Virdunensi ecclesiis obtinet, usque ad quinquennium percipere valeat, quin personaliter residere in eisdem ecclesiis teneatur.

Personas litterarum sciencia preditas. . . Dat. Avin. V idus augusti a. quarto.

In e. m. abbati monasterii de Castellione Virdun. dioc. et archidiacono Xanctonesis ac thesaurario Yvodiensis Treverensis diocesis ecclesiarum.

Reg. 56, f. 199, nr. 971; R. Cl. V nr. 4776.

152. — *1309 August 9. Avignon.*

Clemens V confirmat electionem Geroldi prioris monasterii B. Marie Magdalene in Hildesem in capitulo generali electi in prepositum generalem eiusdem ordinis S. Augustini in Alamania loco Goffridi defuncti. Cuius electionis particeps fuerat Mehtildis de Geminoponte, Metensis priorissa.

Ex suscepte servitutis officio. . . Dat. Avinione V idus augusti a. quarto.

Reg. 56, f. 158¹, nr. 773; R. Cl. V nr. 4536.

153. — *1309 October 31. In prioratu de Grausello prope Malausanam Vasionensis diocesis.*

Clemens V maioris et S. Gengulphi Tullensis decanis ac Alberico dicto Goule canonico Metensis ecclesiarum concedit facultatem ab

Arnoldo de Porta Salie, scolastico eccl. S. Salvatoris Metensis, recipiendi resignationem cuiusdam officii seu beneficii stipendium vulgariter nuncupati, cuius annui proventus summam sexaginta librarum Turonensium parvorum secundum taxacionem decime non excedunt, illudque conferendi alicui persone idonee.

Cum dilectus filius. . . Dat. in prioratu de Grausello prope Malausanam Vasionensis dioc. II kl. novembris a. quarto.

Reg. 56, f. 226, nr. 1078; R. Cl. V nr. 4889.

154. — *1309 October 31. In prioratu [de Grausello].*

Clemens V abbati et conventui monasterii S. Petri de Monte ad Romanam ecclesiam nullo medio pertinentis confirmat incorporationem ecclesie seu capelle de Omesolimoñ[1]) Metensis diocesis, in qua isti ius patronatus obtinent; quam incorporationem episcopus Metensis de consilio archidiaconi accedente postmodum Metensis capituli consensu fecerat, quia predictus locus ad tantam incolarum depopulacionem devenerat, quod ibidem nullus reperiretur inhabitator ac redditus adeo essent exiles, quod valorem viginti librarum Turonensium parvorum annis singulis non excederent, quodque perpetuus capellanus ibidem sustentari ex eis non posset nec personalem, ut deceret, facere residenciam, et quod non essent libri aut alia ecclesiastica ornamenta ad divina officia celebranda, et quod insuper proventus officii vestiarie monasterii adeo essent tenues, ut ad onus ipsius officii supportandum minime suppeterent.

Sacre religionis vestre merita. . . Dat. in prioratu ut supra II kl. novembris a. quarto.

Reg. 56, f. 227¹, nr. 1089; R. Cl. V nr. 4900.

155. — *1309 December 23. Avignon.*

Clemens V Petro dicto Bokeil, quem Raynaldus episcopus Metensis deposito quondam Guillermo abbate S. Arnulfi prefecerat ex iure devolutionis eidem monasterio in abbatem, nunciat, quod provisionem de ipso a Raynaldo factam confirmat.

[Clemens V] Petro dicto Bokeil abbati monasterii S. Arnulfi extra muros Metenses ord. S. Benedicti.

De ecclesiis et monasteriis . . . Dudum siquidem ad audientiam . . . Raynaldi episcopi Metensis . . . deducto, quod monasterium S. Arnulfi extra muros Metenses ordinis S. Benedicti propter longam

---

[1]) *vel* Muesolimoñ.

valitudinem inhabilitatem et insufficientiam quondam Guillermi tunc abbatis ipsius gravia et enormia dampna tam in spiritualibus quam in temporalibus sustinebat, prefatus episcopus, volens super hoc . . . de oportuno remedio providere, per . . abbatem monasterii S. Symphoriani . . . Joffridum cancellarium ecclesie Metensis ac quondam magistrum Johannem de Pennis clericum advocatum in curia Metensi, quos ad hoc specialiter deputavit, fecit super statu dicti monasterii S. Arnulfi tam in capite quam in membris diligenter inquiri. Et licet pendente huiusmodi inquisitionis negotio per eundem Guillermum extiterit propter hoc certis ex causis ad sedem apostolicam appellatum, prefatus tamen episcopus huiusmodi appellationi tamquam frivole minime deferens, cum sibi per inquisitionem eandem de predictis, que prius ad ipsum . . ex insinuatione famosa pervenerant, legitime constitisset, de plurium virorum religiosorum et iuris peritorum consilio Guillermum ab ipsius monasterii regimine iusticia suadente amovit, mandans ipsius monasterii monachis, ut per electionem canonicam providerent eidem monasterio de abbate, propter que ex parte dicti Guillermi et quorumdam monachorum prefati monasterii sibi in hac parte adherentium ad dictam sedem extitit appellatum. Cumque postmodum conventus dicti monasterii infra tempus a iure statutum ad electionem futuri abbatis procedere non curassent ac per hoc esset monasterii predicti provisio ad eundem episcopum legitime devoluta, memoratus episcopus volens periculose vacationis dispendiis dicti monasterii obviare, de te dicti monasterii monacho monasterio memorato ordinaria auctoritate providit preficiendo te eidem monasterio in abbatem . . . Sed eodem Guillermo et nonnullis monachis dicti monasterii sibi in hac parte adherentibus ad sedem propter hoc iterum appellantibus antedictam teque ac dictis appellantibus monachis accedentibus ad eandem pro huiusmodi appellationum negotio prosequendo, tandem post quasdam protestationes factas ab ipsis dictus Guillermus debitum nature persolvit; et quia postmodum nonnulli monachi dicti monasterii, qui Guillermo in hac parte adheserant supradicto, Andream de Vireyo sepedicti monasterii monachum in ipsius abbatem monasterii elegerunt, ex parte tua ad sedem antedictam extitit appellatum. Sane huiusmodi appellationum provisionis et electionis negotio in consistorio publico coram nobis et fratribus nostris proposito, nos in huiusmodi negotio seu causa . . . Ricardum S. Eustachii cardinalem diaconum deputavimus auditorem, coram quo super petitionibus tam ex parte tua quam prefati Andree datis lite in ipsius cardinalis presentia legitime contestata, de calumpnia et veritate dicenda prestitis iuramentis, factis positionibus

7*

et ad eas responsionibus subsecutis, formatis insuper et datis quibusdam articulis tam ex parte tua et dicti Andree quam ex parte quorumdam monachorum, qui eidem Andree in dicto negotio adherebant, et nonnullis etiam allegationibus factis, demum prefatus Andreas proprii corporis debilitatem attendens ac utilitatem monasterii predicti respiciens, omni iuri, si quod ei ex electione huiusmodi competebat, renunciavit . . . in manibus . . . Raymundi Sancte Marie Nove diaconi cardinalis de mandato nostro renunciationem huiusmodi admittentis nobisque humiliter supplicavit, ut, cum dictum monasterium speraretur posse per te feliciter gubernari, confirmare provisionem huiusmodi de te factam . . . dignaremur. Nos itaque . . . provisionem predictam factam de te . . . confirmamus, . . . supplentes omnem defectum, si quis extiterit in eadem de apostolice plenitudine potestatis. . . . Dat. Avinione X kl. ianuarii a. quinto.

In e. m. priori et conventui monasterii S. Arnulfi . . .

In e. m. Raynaldo episcopo Metensi . . .

In e. m. dilectis filiis magistro scabino et iusticiariis civitatis Metensis. Ad fovendum in visceribus. . . Dudum siquidem ad audientiam . . . Raynaldi episcopi Metensis etc. ut supra proximo usque: potestatis. Dilectionem vestram rogamus et hortamur attentius, quatinus eundem abbatem suumque monasterium supradictum habentes . . . propensius commendata, eidem abbati in manitenendis recuperandis et conservandis bonis et iuribus dicti monasterii sic vos exhibeatis favorabiles et benignos et in cunctis eius oportunitatibus gratiosos, quod idem abbas favore vestro suffultus predicti monasterii sibi commissi regimen possit salubriter exercere . . . Dat. ut supra.

Reg. 57, f. 24¹, nr. 96; R. Cl. V nr. 5209.

156. — *1310 Februar 1. Avignon.*

[Clemens V] Petro abbati monasterii S. Arnulphi prope muros Metenses ordinis S. Benedicti.

Cum sicut in nostra proposuisti presentia constitutus tam pro tuis necessariis quam pro monasterii tui S. Arnulphi negotiis apud sedem apostolicam expediendis utiliter te subire oporteat magna onera expensarum, nobis humiliter supplicasti, ut usque ad summam trium milium florenorum auri mutuum contrahendi sub modis etc. ut supra in prima forma per totum mutatis nominibus et summa trium milium florenorum usque. Dat. Avinione kl. februarii a. quinto.

Reg. 57, f. 5, nr. 17; R. Cl. V.

157. — *1310 Februar 28. Avignon.*

Clemens V deputat tres executores, qui Petrum abbatem monasterii S. Arnulfi moneant atque cogant, ut certis mercatoribus Florentinis de societate Canigianorum, a quibus Petrus summam trium milium florenorum auri mutuo accepit, statuto tempore et loco persolvat pecuniam predictam.

[Clemens V] Gualterio de Ranonvilla decano S. Gengulphi Tullensis et archipresbitero de Monte-Silice Paduane diocesis ac Agolanti de Pistorio canonico Pistoriensis ecclesiarum.

Cum, sicut dilectus filius . . Petrus abbas monasterii S. Arnulfi prope muros Metenses ordinis S. Benedicti in nostra proposuit presentia constitutus, tam pro suis necessariis quam pro dicti monasterii negotiis apud sedem apostolicam expediendis utiliter eum subire oporteret magna onera expensarum, nobis humiliter supplicavit, ut usque ad summam trium milium florenorum auri mutuum contrahendi [. . . sibi licentiam largiremur. Nos itaque . . . sibi contrahendi mutuum . . . concessimus facultatem . . .]. Cumque postmodum idem abbas . . . a dilectis filiis Boccacino Paganelli, Raynerio Coppi et Francisco Barducii de Canizianis sociis civibus et mercatoribus Florentinis de societate Canigianorum de Florentia . . . pro necessariis et negotiis eisdem mutuo receperit huiusmodi summam trium milium florenorum auri certis prefatis mercatoribus loco et termino persolvendam, prout in instrumento publico inde confecto plenius dicitur contineri, nos de expresso consensu dicti abbatis eorundem mercatorum indempnitatibus precavere volentes . . . discretioni vestre mandamus, quatinus . . . quando et quotiens expedire videritis, procedentes predictum abbatem moneatis, ut eisdem mercatoribus aut uni eorum vel ipsorum procuratori . . . in statutis et conventis loco et tempore de dicta quantitate trium milium florenorum auri plenam satisfactionem impendat. Alioquin suspensionis ab administratione temporalium et spiritualium et executione pontificalium interdicti et excommunicationis sententias, quas a tempore monitionis predicte feratis in eum, ita videlicet quod, si in statutis loco et termino, ut premittitur, predictis non satisfecerit mercatoribus, idem abbas eo ipso incurrat, ipsumque tamdiu singulis diebus dominicis et festivis pulsatis campanis et candelis accensis excommunicatum publice nuncietis et faciatis ab aliis . . . nunciare et ab omnibus artius evitari, donec prefatis mercatoribus de dicta quantitate dampnis expensis et interesse, usuris omnino cessantibus, fuerit plenarie satisfactum. Et nichilominus idem abbas infra competentem terminum, quem ad hoc ei duxeritis prefigendum, ad eandem venire sedem personaliter teneatur, nullo modo exinde recessurus, donec plenarie mercatoribus satisfecerit memoratis. Quod si forte in eodem termino personaliter comparere contempserit, proinde procedi possit ob contumaciam contra ipsum, ac si super hoc fuisset expresse ab eadem sede citatus. Si vero abbatem ipsum mori contigerit, antequam predictis mercatoribus, ut premittitur, satisfaciat, et is, quem in regimine dicti monasterii substitui ei contigerit, infra competens tempus post substitutionem huiusmodi, quod ei ad hoc duxeritis statuendum, eisdem mercatoribus satisfacere non curarit, ipso facto similibus, quas, si satisfacere contempserit, adversus ipsum proferre curetis, sit sententiis innodatus. Simili quoque modo suspensus interdictus et excommunicatus usque ad satisfactionem plenariam per vos et alios publice nuncietur et eodem modo teneatur se personaliter apostolice sedis conspectui presentare, similiter inibi moraturus et ob contumaciam etiam puniendus. Quodsi post eiusdem abbatis obitum substitutionem alterius differri contingat, eos, ad quos administratio bonorum ad abbatem dicti monasterii spectantium de consuetudine vel de iure aut alio quocumque modo fuerit devoluta vel eis commissa, ad huiusmodi satisfactionem prestandam eisdem mercatoribus de fructibus redditibus et aliis obventionibus eorundem bonorum futuro abbati conservandis esse volumus obligatos. Et nisi, postquam susceperint administrationem eandem, infra competentem terminum pro facti qualitate ad hoc per vos vel per aliquem vestrum statuendum predictam satisfactionem impendant, huiusmodi quas propterea feratis in eos, sint sententiis innodati et similiter ipsi sic ligati publice nuncientur et teneantur apud sedem eandem personaliter comparere, eodem modo inibi moraturi et ob contumaciam, si opus fuerit, puniendi. Si qui vero, quominus de fructibus redditibus et aliis obventionibus dictorum bonorum plen[arie] satisfieret mercatoribus ipsis, impedirent per se vel per alium seu alios quoquo modo, illos omnes et singulos curetis auctoritate nostra excommunicationum sententiis innodare et alias procedere contra eos, prout vobis vel alicui vestrum videbitur oportunum. Verum si eosdem abbatem et successorem suum administratores et impedientes eosdem occasione huius debiti suspensionis interdicti seu excommunicationis sententiis contigerit innodari, postquam fuerit eisdem mercatoribus de dicta quantitate trium milium florenorum dampnis expensis et interesse, ut predicitur, plenarie satisfactum, ipsos auctoritate nostra iuxta formam ecclesie absolvatis, super irregularitate, si quam huiusmodi ligati sententiis celebrando divina vel immiscendo se illis contraxerint, dispensantes misericorditer cum eisdem. . . . Ceterum ne in hiis vorago locum sibi vendicet usurarum, nostre intentionis existit et volumus, quod idem abbas et successores aut dictum monasterium vel ipsorum bona per has nostras litteras per cuiuspiam fraudis seu calliditatis astutiam sub quovis pallio seu colore verborum ad usuras aliquas obligari nullatenus valeant, easdem litteras et presentes concessiones quoque recognitiones cautiones seu promissiones per eas vel earum auctoritate seu occasione factas quoad obligationem usurarum huiusmodi decernentes irritas et inanes et nullius penitus existere firmitatis, eis nichilominus quoad premissa omnia, que usurariam pravitatem non sapiant, in suo robore duraturis nec usurarum pretextu maliciose aliquatenus impugn[ando]. Volumus insuper et apostolica auctoritate decernimus, quod a presentatione presentium etiam uni tantummodo vestrum facta plen[arie] sit attributa unicuique vestrum iurisdictio in premissis, quodque idem robur eandemque vim perpetrationis extunc iurisdictio cuiuslibet vestrum obtineat, quod et quam si quilibet vestrum auctoritate presentium incepisset per citationem monitionem vel alias legitime procedere obtineret et quasi re non integra perpetuata eadem vestrum cuiuslibet iurisdictio censeatur. Dat. Avinione II kl. martii a. quinto.

Reg. 57, f. 31, nr. 116; R. Cl. V. nr. 5229.

158. — *1310 März 8. Avignon.*

Clemens V priori Predicatorum et guardiano fratrum Minorum Virdunensium mandat, quatinus Nicolaum episcopum Virdunensem propter nonnullos defectus ad exercendum pontificale ministerium inhabilem et ineptum citent, ut infra duos menses coram papa compareat.

[Clemens V] priori Predicatorum et guardiano fratrum Minorum ordinum Virdunen[sibus].

Ad nostri apostolatus auditum relacio fide digna perduxit, quod, licet venerabilis frater noster Nicolaus Virdunensis episcopus propter maculam, quam in oculorum altero ante sue promocionis tempus ad ecclesiam Virdunensem et eodem promotionis tempore patiebatur, sicut et adhuc patitur evidenter, et nonnullos alios defectus, qui fore noscuntur in ipso, ad pontificalis dignitatis ministerium exercendum reddatur inhabilis et ineptus, ipse tamen se gerit pro episcopo Virdunensi, presumens minus provide ministerium exercere huiusmodi in proprie salutis dispendium et scandalum plurimorum. Nos igitur scire volentes super hiis certitudinem veritatis, discretioni vestre mandamus, quatinus vos vel alter vestrum per vos vel per alium seu alios prefatum episcopum ex parte nostra peremptorie citare curetis, ut infra duorum mensium spatium post citacionem huiusmodi personaliter apostolico se conspectui representet, recepturus humiliter et efficaciter impleturus, quod ei super hoc duxerimus iniungendum, et alias servaturus plenarie, quod per vos in hac parte fuerit ordinatum. Diem autem citationis huiusmodi et quicquid inde duxeritis faciendum nobis per vestras litteras harum seriem continentes fideliter intimare curetis, non obstante indulgencia, qua fratribus ordinum vestrorum dicitur a sede apostolica fore concessum, quod non teneantur se de quibuscumque negociis, que ipsis per eiusdem sedis litteras comittuntur [intromittere], nisi in eis de conconcessione huiusmodi plena et expressa mencio habeatur. Dat. Avin. VIII idus marcii a. quinto.

Reg. 57. f. 277¹, nr. 24; R. Cl. V nr. 6300.

*159. — *1310 März 21. Avignon.*
Clemens V ad perpetuam rei memoriam.

Ex frequentibus prelatorum querelis accepimus et nos ipsi experientia certa probavimus in minoribus constituti, quod plerumque religiosi, nunc patenter excusationibus fucatis et frivolis innitentes nunc latenter, ecclesiarum suarum ianuis perforatis aut in eis factis fenestris seu modis aliis exquisitis, non absque dampno cathedralium et parrochialium ecclesiarum et scandalo plurimorum disrumpendo nervum ecclesiastice discipline, civitatum terrarum et aliorum locorum generalia interdicta presumptione dampnabili violare presumunt. Nos igitur . . . mandamus, quatinus religiosi quicumque tam exempti quam non exempti . . . cum cathedralem vel matricem loci ecclesiam illa viderint aut sciverint observare . . . inviolabiliter ea servent. Alioquin non observantes excommunicationis sententie hoc ipso volumus subiacere. . . Dat. Avinione XII kl. aprilis pont. n. a. quinto.

Ad sinistram sub plica: X; *ad dextram in plica:* B. de Brixia.

Metz. B.-A. G. 440 or. mb. c. sig. pend.; Jahrbuch I. p. 210, nr. 115.

160. — *1310 März 31.*
Die ultima mensis martii eiusdem anni. Petrus abbas monasterii S. Arnulphi Metensis promisit pro communi servitio domini pape et collegii XXI cardinalium solvere in Romana curia mille IIII^c flor. auri et V servitia consueta familiarium eorundem [medietatem videlicet] hinc ad festum B. Andree apostoli proxime venturum et aliam [medietatem c]um servitiis a die crastina ad unum annum. Presentes fuimus ego P. Spoletanus et P. de Badrellis et ego G. Theuron notarius. Fuimus rogati.

Obl. et Sol. 1 (313), f. 43; R. Cl. V Append. 227, nr. 121 n. 3
cf. supra nr. 157.

161. — *1310 Mai 23. Avignon.*

Clemens V providet ecclesiae Tridentinae vacanti per obitum Bartholomaei episcopi Tridentini de persona Henrici tunc abbatis monasterii Villariensis Cisterciensis ord. Metensis dioc.

Regimini universalis ecclesie. . . Dat. Av. X kl. iunii a. quinto.

Reg. 57, f. 105¹, nr. 380; R. Cl. V nr. 5511.

162. — *1310 Mai 31. Avignon.*

Clemens V Johanni de Arzilleriis electo Tullensi.

Ad universalis ecclesie regimen. . . Sane Tullensi ecclesia per liberam resignationem . . Petri Ascibilis de Setia scriptoris nostri procuratoris . . Oddonis de Columpna olim electi Tullensis . . . in manibus . . . Stephani S. Ciriaci in thermis presbiteri et Petri de Columpna sancte Romane ecclesie diaconi cardinalis apud sedem apostolicam sponte factam . . . pastore vacante, . . nos . . . ad te canonicum Cathalaunensem nobilitate conspicuum . . . convertimus aciem mentis nostre . . . de persona tua . . . predicte ecclesie providemus, preficientes te licet absentem ipsi ecclesie. . . Dat. Av. II kl. iunii a. quinto.

In e. m. decano et capitulo eccl. Tullensis . . . clero civitatis et dioc. Tull. . . . populo civitatis et dioc. Tull . . . universis vassallis eccl. Tull. . . . Henrico regi Romanorum illustri. . .

Reg. 57, f. 88, nr. 316; R. Cl. V nr. 5446.

163. — *1310 Juni 15. Avignon.*

Clemens V fratri Jacobo de Ponte Montionis, qui usque ad id tempus monachus monasterii S. Andree de Sureda Elnensis dioc. ad monasterium Gorziense, cum ipse de illis partibus originem traxerit, se transferri cupit, obtentu Raymundi S. Marie Nove diaconi cardinalis confert prioratum de Varengevilla ad monasterium Gorziense immediate spectantem ord. S. Benedicti Met. dioc. vacantem per promotionem Ade abbatis dicti monasterii, pridem eiusdem prioratus prioris. Mandat, ut eidem Jacobo recepto in monachum Gorziensem provideatur de communibus monasterii proventibus.

Religionis zelus. . . Dat. Av. XVII kl. iulii a. quinto.

In e. m. episcopo Metensi et archidiacono Avalonensis Eduensis ac Ferrico de Vodio, canonico Tullensis ecclesiarum.

Reg. 57, f. 177, nr. 705; R. Cl. V nr. 5855.

164. — *1310 Juni 19.*

Die XIX eiusdem mensis.

Frater Adam abbas monasterii Gorziensis Metensis dioc. promisit pro communi servitio domini pape et collegii XXI cardinalium solvere in Romana curia a kl. iulii proxime ventu[ris] ad annum M V^c flor. auri et V servitia consueta.

In margine dextro: Solvit.

Sol. et Obl. 1 (313), f. 44.

165. — *1310 Juni 19.*

In Avinione in hospicio domini Johannis Monachi cardinalis camerarii supradicti et presentibus domino electo Spoletano magistris O. de Sermoneto et Johanne de Lascaxom (?) clericis camere. . . .

Eisdem anno indictione loco et testibus, die XIX iunii. Religiosus vir frater Adam abbas monasterii Gorciensis Metensis diocesis promisit pro communi servitio camere et collegii M V^c flor. auri et V consueta servitia persolvere hinc ad kl. iulii proxime ventur[as] ad annum. Alioquin infra tres menses et iuravit ut in forma.

In margine: Servitium abbatis Gorziensis in Alamania. XXI cardinales.

Sol. et Obl. 2 (314), f. 18; cf. R. Cl. V, App. t. I. p. 228, nr. 128.

166. — *1310 Juni 22. Avignon.*

Clemens V Ade, qui in monasterio Gorziensi a monachorum maiori parte, mortuo Walthero abbate, in eius successorem electus erat, nunciat, quod post resignationem eiusdem et Jacobi a minori parte electi prefecit eundem Adam in dicti monasterii abbatem.

[Clemens V] Ade abbati monasterii Gorziensis ord. S. Bened. Metensis dioc.

Dum attente consideracionis . . . Dudum siquidem monasterio Gorziensi ordinis S. Benedicti Metensis diocesis per obitum quondam Waltheri abbatis ipsius monasterii pastoris regimine destituto, . . . priore et conventu . . . convenientibus . . . ac in diversos dividentibus vota sua, una videlicet maior pars te tunc priorem prioratus de Warengeyvilla eiusdem ordinis Tullensis diocesis, altera vero pars eiusdem conventus . . . Jacobum priorem prioratus de Sathanaco dicti ordinis Treverensis diocesis, predicti monasterii monachos, in abbatem eiusdem monasterii per viam scrutinii in discordia elegerunt. Porro huiusmodi electionum negotio per appellationes ipsarum partium ad sedem apostolicam legitime devoluto ac te et eodem priore de Sathanaco propter hoc ad nostram presentiam accedentibus earumque electionum negotio in consistorio publico coram nobis et fratribus nostris proposito, nos negotium electionum ipsarum . . . Petro de Columpna, sancte Romane ecclesie diacono cardinali, audiendam et referendam nobis duximus vive vocis oraculo comittendum. Cumque postea tu et prior de Sathanaco . . . tandem . . . omne ius, si quod tibi et eidem priori ex electionibus huiusmodi fuerat acquisitum, in manibus . . . Raymundi Sancte Marie nove diaconi cardinalis . . . libere resignastis, nos postmodum resignationes easdem benigne duximus acceptandas . . . Itaque . . . considerantes nobilitatem generis . . . de persona tua ipsi monasterio . . . duximus providendum, preficientes te in abbatem eidem monasterio . . . tibique postmodum fecimus per . . . Nicolaum episcopum Ostiensem munus benedictionis impendi. . . . Quocirca . . . tibi . . . mandamus, quatinus impositum tibi onus a domino suscipiens reverenter, sic te in ipsius monasterii ampliandis honoribus et profectibus procurandis reddas sine intermissione sollicitum . . . Dat. Avinione X kl. iulii a. quinto.

In e. m. priori et conventui monasterii Gorziensis . . . universis vassallis monasterii Gorziensis . .

Reg. 57, f. 91¹, nr. 326; R. Cl. V 5456.

167. — *1310 Juni 22. Avignon.*

Clemens V duci Lotharingie et comiti Barrensi nunciat, quod monasterio Gorziensi mortuo Waltero abbate et diuturna lite inter Adam a maiori et Jacobum a minori monachorum parte electos in curia Romana habita, tandem post resignationem utriusque electi prefecit predictum Adam; quem cuiusque monasterium commendat duci et comiti.

[Clemens V] nobilibus viris duci Lothoringie et comiti Barrensi.

Ad fovendum in visceribus caritatis . . . Dudum siquidem monasterio Gorziensi . . . (*Sequitur mutatis mutandis textus litterarum eodem die Ade destinatarum usque*) munus benedictionis impendi . . . Quocirca nobilitatem vestram rogamus et hortamur attentius, quatinus eundem abbatem suumque monasterium supradictum habentes commendata, eidem abbati in manutenendis recuperandis et conservandis bonis et iuribus dicti monasterii sic vos exhibeatis favorabiles et benignos et in cunctis eorum oportunitatibus generosos, quod idem abbas favore vestro suffultus predicti monasterii sibi commissi regimen possit salubriter exercere. . . . Dat. Av. X kl. iulii a. quinto.

Reg. 57, f. 103, nr. 366; R. Cl. V nr. 5497.

168. — *1310 Juni 24. Avignon.*

Clemens V declarat excommunicatos, omnibus beneficiis privatos et ad ea inhabiles Lutoldum intrusum antiepiscopum Basilienses eiusque assectas, inter quos etiam Johannem de Vinstingen olim officialem Basiliensem.

Deus ultionum dominus . . . Dat. Avinione VIII kl. iulii a. quinto.

Reg. 57, f. 137, nr. 519; R. Cl. V nr. 5655.

169. — *1310 Juli 13. Carpentras.*

Clemens V Amedeo nato quondam Amedei comitis Gebennensis consideracione Guillelmi eiusdem fratris, comitis Gebennensis confert ecclesie Maguntine canonicatum cum prebenda ad presens vacante vel proxime vacatura, non obstante quod in Lugdunensi Lingonensi et Gebennensi ecclesiis canonicatus et prebendas obtinet et nuper eidem provisum fuit de canonicatu et prebenda ecclesie Coloniensis.

Apostolice sedis copiosa benignitas . . . Dat. Carpentorati III idus iulii a. quinto.

In e. m. episcopo et priori de Thaluyre Gebennensis dioc. ac cantori eccl. Gebennensis.

Reg. 57, f. 209, nr. 837; R. Cl. V nr. 5999.

170. — *1310 August 14.*

Pro secunda septimana ipsius mensis . . . expense . . .

Item magistro Petro de Garlex pro vadiis IX dierum V solidos et VIII denarios Turonensium grossorum.

Intr. et Exit. 10, f. 45¹; R. Cl. V, Append. I, f. 137.

171. — *1310 August 18. In prioratu de Grausello.*

Clemens V Ade abbati monasterii Gorziensis ord. S. Bened. Met. dioc. concedit, ut non obstante de certo monachorum numero in monasterio suo statuto valeat in eodem tres personas ydoneas, de quibus sibi videbitur, in monachos recipi facere.

Volentes illam tibi gratiam . . . Dat. in prioratu etc. XV kl. septembris a. quinto.

Reg. 57, f. 217, nr. 877; R. Cl. V nr. 6043.

172. — *1310 August 27. In prioratu de Grausello.*

Clemens V Nicolao episcopo Virdunensi nunciat, quod eius electionem a primicerio decano et capitulo ecclesiae Virdunensis concorditer factam necnon eiusdem confirmationem et consecrationem a Dithero metropolitano Treverensi factam confirmat.

[Clemens V] Nicolao episcopo Virdunensi.

Clara merita tue fraternitatis. . . Sane petitio tua nobis exhibita continebat, quod dudum ecclesia tua Virdunensi per obitum bone memorie Thome . . . pastoris regimine destituta . . . primicerius decanus et capitulum eiusdem . . . te in Virdunensem episcopum concorditer elegerunt. Demum vero procuratoribus eorundem primicerii decani et capituli ad hoc specialiter constitutis ad bone memorie Ditherii archiepiscopi Treverensis metropolitani tui tunc viventis presentiam accedentibus et dictam electionem petentibus ab eo cum instantia confirmari, idem archiepiscopus in dicta tua ecclesia Virdunensi per suas litteras generale citationis proponi fecit edictum, ut, si qui huiusmodi electioni se vellent opponere, coram eodem archiepiscopo certo peremptorio ad hoc in eisdem litteris termino constituto legitime comparerent. Et quia nullus ad hoc comparuit coram ipso in termino supradicto, idem archiepiscopus de tuis meritis et eligentium studiis ac electionis forma diligentius inquisita ac persona tua ac forma electionis ipsius examinatis sollicite electionem ipsam, quia illam de te persona ydonea invenit canonice celebratam, de co[nsilio] sapientum, non obstante macula, quam tunc patiebaris sicut adhuc pateris, in altero oculorum, de quo tunc videbas et etiam adhuc vides, auctoritate metropolitica confirmavit tibique postmodum servatis in hoc statutis a iure temporibus propriis manibus munus consecrationis impendit, prout de electione huiusmodi per decretum super hoc confectum primicerii decani et capituli predictorum et confirmatione ac consecratione predictis per litteras eiusdem archiepiscopi sigillo munitas plenius dicitur apparere. Nos igitur tuis supplicationibus inclinati, electionem confirmationem et consecrationem huiusmodi, non obstante macula supradicta, et quicquid secutum est ex eis, rata habentes et grata illa auctoritate apostolica ex certa scientia approbamus et etiam confirmamus . . . Tecum nichilominus super eodem defectu macule . . . dispensamus. . . .

Dat. in prioratu ut supra. VI kl. septembris a. quinto.

Reg. 57, f. 142, nr. 530; R. Cl. V nr. 5670.

173. — *1310 August 29. In prioratu de Grausello.*

Clemens V abbati monasterii S. Mansueti prope muros Tullenses concedit facultatem recipiendi a Jacobo de Claromonte canonico

Metensi resignacionem canonicatus et prebende, quos hic in ecclesia Metensi obtinet, eosque conferendi persone idonee.

Cum dilectus filius . . . Dat. in prioratu etc. IIII kl. septembris a. quinto.

Reg. 57, f. 233¹, nr. 940; R. Cl. V nr. 6114.

174. — *1310 September 10. In prioratu de Grausello.*

Clemens V Petro abbati monasterii S. Arnulphi prope muros Metenses ord. S. Bened. indulget, ut non obstantibus certo monachorum numero et quibuslibet aliis monasterii statutis in suo monasterio duas personas ydoneas in monachos recipi facere valeat.

Devotionis tue meritis . . . Dat. in prioratu de Grausello prope Malausanam Vasionensis diocesis IIII idus septembris a. quinto.

Reg. 57, f. 162¹, nr. 643; R. Cl. V nr. 5787.

175. — *1310 September 10. In prioratu de Grausello.*

Clemens V eidem (= Petro abbati monasterii S. Arnulphi prope muros Metenses) dat facultatem concedendi tabellionatus officium uni persone, quam post diligentem examinationem ad illud repererit ydoneam.

Ne contractuum memoria. . . Dat. ut supra (= in prioratu de Grausello *etc.* IIII idus septembris. a. quinto).

Reg. 57, f. 162¹, nr. 644; R. Cl. V nr. 5788.

176. — *1310 September 26. In prioratu de Grausello.*

Clemens V Ludovico preposito ecclesie de Homburch Metensis diocesis concedit facultatem recipiendi hac vice ab Henrico de Gerolzeke canonico Virdunensi canonicatum et prebendam, quos obtinet in ecclesia Virdunensi, et Anselmo de Wasselneim rectore parrochialis ecclesie in Kirperc Metensis diocesis ecclesiam ipsam, cupientibus ex causis legitimis adinvicem permutare, vel ab eorum procuratoribus huiusmodi liberam resignationem canonicatus prebendeque necnon ecclesie parrochialis eaque recepta conferendi canonicatum et prebendam Anselmo, ecclesiam vero parrochialem Henrico, non obstante quod idem Anselmus ratione dicte ecclesie, ex qua iniuste percepit et percipit fructus, se non fecit, prout ex constitutione Lugdunensis concilii tenebatur, infra annum a tempore assecutionis in presbiterum promoveri; remittendique Anselmo fructus eosdem ac abolendi omnem infamie maculam et inhabilitatis notam in eo quomodolibet ex retentione ecclesie ac perceptione fructuum obortam.

Cum sicut accepimus... Dat. in prioratu ut supra VI kl. octobris a. quinto.

Reg. 57, f. 234, nr. 942; R. Cl. V nr. 6117.

177. — *1310 November 13.*

Anno domino millesimo CCC X° die XIII mensis novembris dominus Johannes de Argilleriis episcopus Tullensis promisit pro communi servitio domini pape et collegii XX cardinalium II^m V^c flor. auri et V servitia famulis consueta.

In margine dextro: descessit (*quod mutatum est alio atramento in*) discessit.

Obl. et Sol. 1 (313), f. 45.

178. — *1310 November 22. Avignon.*

Clemens V Johanni de Molanx[1]) capellano suo confert eccl. Metensis canonicatum, prebendam vero ac dignitatem vel personatum seu officium cum cura vel sine cura, ad cuiuscumque collationem vel aliam dispositionem pertineant communiter vel divisim, si in eadem ecclesia vacant ad presens vel quam primum simul vel successive vacaverint, eidem conferenda reservat, non obstante quod in ecclesia Tullensi canonicatum et prebendam ac scolastriam et in monasterio Romaricensi Tullensis diocesis quandam prebendam consuetam clericis secularibus assignari obtinet.

Tue devotionis grata... Dat. Avinione X kl. decembris a. sexto.

In e. m. S. Apri extra muros Tullenses et S. Vincentii Metensis monasteriorum abbatibus ac preposito ecclesie Albiensis.

Reg. 58, f. 75, nr. 306; R. Cl. V nr. 6697.

179. — *1310 December 12. Avignon.*

Clemens V Bernardo de Garvo confert eccl. Metensis canonicatum, prebendam vero ac dignitatem seu personatum vel officium cum cura vel sine cura, si qua in eadem ecclesia vacant ad presens vel cum proxime vacaverint, eidem reservat, non obstante quod eidem de pluribus aliis beneficiis duxerit providendum aut quod patiatur in ordinibus et etate defectum, cum in minoribus tantum ordinibus et in vicesimo quarto etatis sue anno sit constitutus.

Matris ecclesie gratiosa benignitas... Dat. Avinione II idus decembris a. sexto.

Reg. 58, Litt. cur. f. 274, nr. 23; R. Cl. V nr. 7489.

---

[1]) *Morlanis dioc. Lascurrensis cf. Reg. nr. 5945.*

180. — *1311 Februar 9. Avignon.*

Clemens V Henrico Delfini canonico Rothomagensi consideratione Johannis Delfini fratris indulget, ut quamvis minor etate plura beneficia ecclesiastica obtenta vel obtinenda licite valeat retinere.

[Clemens V] Henrico nato quondam Umberti Delfini Viennensis canonico Rothomagensi.

Oblata nobis ex parte tua petitio continebat, quod nos . . . Cameracensis et Rothomagensis ecclesiarum canonicatus tibi . . . contulimus et de illis duximus providendum, prebendas vero ac dignitates seu personatus, si in eisdem ecclesiis et earum qualibet simul vel divisim tunc vacabant vel quam primum vacare contingeret, quos tu vel procurator tuus . . . infra unius mensis spacium, postquam tibi vel eidem procuratori de illorum vacatione constaret, duceres acceptandos, conferendos tibi post acceptationem huiusmodi donationi apostolice duximus reservandos . . . quamvis in eisdem litteris nostris, quod tu minor annis existeres, prout eras et adhuc esse dinosceris, ex sola simplicitate facta mentio non fuisset. Cumque postmodum thesauraria in eadem Rothomagensi ecclesia vacavisset, per quemdam, qui post provisionem et reservationem huiusmodi tibi factas gratiam in eadem ecclesia impetravit, contra te obiectum fuisse dinoscitur, quod inhabilis eras utpote minor annis ad eandem thesaurariam canonice obtinendam. Nos igitur volentes personam tuam tue nobilitatis obtentu et consideratione. . . Johannis Delfini Viennensis pro te fratre suo . . . supplicantis favoribus prosequi gratiosis . . . decernimus, quod huiusmodi gratia in predictis ecclesiis tibi facta plenam absque preiudicio tamen illorum, qui ius in re vel ad rem habent in thesauraria vel aliis dignitatibus seu personatibus in predictis ecclesiis vacaturis, obtineat roboris firmitatem, acsi de huiusmodi minori etate habita in eisdem litteris mentio extitisset. . . Dat. Avinione V idus februarii anno sexto.

Reg. 58, f. 37¹, nr. 147; R. Cl. V nr. 6534.

181. — *1311 Februar 12. Avignon.*

Clemens V Johanni electo Tullensi, de quo nuper ecclesie Tullensi tunc vacanti providit, Stephani tit. S. Ciriaci in thermis presbiteri cardinalis supplicationibus inclinatus, indulget, ut unus, quem voluerit, antistes catholicus adscitis et in hoc sibi assistentibus duobus vel tribus aliis episcopis possit ei munus consecrationis impendere.

Exigentibus tue devocionis. . . Dat. Avin. II idus februarii a. sexto.

Reg. 58, f. 41¹, nr. 165; R. Cl. V nr. 6552.

182. — *1311 März 4. Avignon.*

Clemens V Amedeo, nato quondam Amedei comitis Gebennensis, inclinatus precibus Guillelmi fratris eiusdem indulget, ut insistens scolasticis disciplinis fructus beneficiorum suorum possit usque ad triennium percipere nec interim ad residendum in eisdem teneatur.

Tua et tuorum sincera devotio. . . Dat. Avin. IIII nonas marcii a. sexto.

Reg. 58, f. 53¹, nr. 219; R. Cl. V nr. 6609.

183. — *1311 Mai 1. Avignon.*

Clemens V cum Guidone nato Guidonis comitis Flandrensis et Margaretae natae Theobaldi ducis Lothoringie dispensat, ut non obstante tertio et quarto consanguinitatis gradu matrimonium invicem contrahere valeant.

Cum summus pontifex . . . Dat. Av. kl. maii a. sexto.

Reg. 58, f. 94¹, nr. 394; R. Cl. V nr. 6791.

184. — *1311 September 29. Apud S. Valerium Viennensis diocesis.*

Clemens V »venerabili fratri . . archidiacono Winctoniensi« concedit facultatem recipiendi tam a Symone Philippi de Florentia canonico Metensi canonicatus et prebende, quos in Metensi ecclesia obtinet quorumque fructus secundum taxationem decime centum florenorum auri valorem annuum non excedunt, quam ab una alia persona canonicatus et prebende, quos ipsa in Aquilegiensi ecclesia obtinet . . . liberam etiam apud sedem apostolicam resignationem ac conferendi eosdem personis ydoneis — non obstante si utraque ipsarum alia beneficia cum vel sine cura obtinere noscatur.

Dilecti filii Symonis . . . Dat. ap. S. Valerium Viennensis dioc. III kl. octobris a. sexto.

Reg. 58, f. 235¹, nr. 943; R. Cl. V nr. 7380.

*185. — *1311 December 18. Vienne.*

Clemens V abbatis et fratrum monasterii S. Arnulphi Metensis postulationibus annuens confirmat possessiones iura et privilegia eiusdem monasterii.

Religiosam vitam eligentibus . . . Datum Vienne per manum Arnaldi tit. S. Prisce presbiteri cardinalis S. Romane ecclesie vicecancellarii XV kl. ianuarii, ind. decima, incarn. dom. a. millesimo trecentesimo undecimo p. vero domini Clementis pape V a. septimo.

Metz. Bez.-Arch. H 5. Or. mb. cum rota et monogrammate atque subscriptionibus pape et duorum episcoporum et quatuor presbiterorum et quatuor diaconorum cardinalium, filo et plumbo amissis. Reg. in Jahrbuch I, 210, nr. 116.

186. — *1312 Januar 18. Vienne.*

Clemens V Henrico nato quondam Imberti Delphini Viennensis confert archidiaconatum ecclesie Wigornensis vacantem per obitum Francisci S. Lucie in silice diaconi cardinalis nuper in Urbe defuncti, non obstantibus beneficiis cum cura vel sine cura, etiamsi dignitas vel personatus existant, obtentis vel expectatis, aut defectu quem patitur in ordinibus et etate.

Generis et morum nobilitas... Dat. Vienne XV kl. februarii a. septimo.

In e. m. episcopo Gratianopolitano et abbati monasterii S. Antonii Viennensis diocesis ac decano ecclesie Gratianopolitane.

Reg. 59, f. 35, nr. 143; R. Cl. V nr. 7772.

*187. — *1312 April 13. Vienne.*

Clemens episcopus servus servorum dei dilecto filio . . cantori ecclesie Sancti Salvatoris Metensis salutem et apostolicam benedictionem.

Dilectorum filiorum . . abbatis et conventus monasterii Sancti Vincentii Metensis ordinis Sancti Benedicti precibus inclinati, presentium tibi auctoritate mandamus, quatinus ea, que de bonis ipsius monasterii alienata inveneris illicite vel distracta, ad ius et proprietatem eiusdem monasterii legitime revocare procures, contradictores per censuram ecclesiasticam appellatione postposita compescendo. Testes autem, qui fuerint nominati, si se gratia odio vel timore subtraxerint, censura simili appellatione cessante compellas veritati testimonium perhibere. Dat. Vienne idus aprilis p. n. a. septimo.

Metz. Bez.-Arch. H 1921. or. mb. c. sig. — Ad dextram in plica: A. Med. — Reg. in Jahrbuch I, 210, nr. 117.

188. — *1312 Mai 2. Vienne.*

Clemens V Metensi et Tullensi episcopis ac decano eccl. Trever. nunciat, quod bona militie Templi approbante concilio concessit hospitali S. Johannis Ierosolimitani et mandat eisdem, quatinus magistrum seu priores vel preceptores aut fratres hospitalis eiusdem in corporalem possessionem inducant.

Ad providam Christi vicarii . . . Dat. ut supra (= Vienne VI nonas maii p. n. a. septimo).

In e. m. archiepiscopo Coloniensi et Leodiensi et Traiectensi episcopis.

Reg. 59, f. 51¹, nr. 245; R. Cl. V nr. 7886.

*189. — *1312 Mai 2. Vienne.*

Clemens V S. Maximini et S. Marie ad martires extra muros Treverenses monasteriorum abbatibus et Ludovico de Homburch canonico Treverensi, petente Johanne abbate monasterii Wadegoziensis Premonstratensis ordinis, mandat, quatinus discernant litem inter predictum Johannem ex una parte et decanum primicerium et capitulum ecclesie Metensis ex altera exortam de Walramo comite Geminipontis in monasterio Wadegoziensi sepulto, quem ut notorium iniuriatorem et detentorem bonorum ecclesie Metensis exhumandum esse predicti primicerius decanus et capitulum pretendebant.

Sua nobis Johannes... Dat. Vienne VI nonas maii p. n. a. septimo.

Kremer, Geneal. Gesch. des Ardennischen Geschlechts, II, 157, nr. IX.

190. — *1312 Mai 6. Vienne.*

Clemens V Guerrico de Doucellis obtentu Reginaldi episcopi Metensis pro consanguineo suo supplicantis et consideratione nobilitatis et probitatis eiusdem Guerrici reservat dignitatem personatum vel officium ad presens vacantem vel proxime vacaturum in cathedrali ecclesia Leodiensi vel alibi in civitate Leodiensi spectantem ad collationem episcopi Leodiensis, non obstante quod Guerricus canonicatum et prebendam in eccl. Leodiensi et parrochialem ecclesiam de Cruleio Ebroicensis dioc. obtinet.

Tui nobilitas generis... Dat. Vienne II nonas maii a. septimo.

Reg. 59, f. 137, nr. 652; R. Cl. V nr. 8344.

191. — *1312 Mai 7. Vienne.*

Clemens V episcopum Metensem et abbates Augie maioris et Salcensis monasteriorum Constantiensis et Argentinensis diocesium constituit conservatores episcopi Argentinensis bonorumque ad eius mensam spectantium.

[Clemens V] episcopo Metensi et Augie maioris et Salcensis monasteriorum abbatibus Constantiensis et Argentinensis diocesium.

Ad hoc nos deus... Sane venerabilis fratris nostri Johannis episcopi Argentinensis conquestione percepimus, quod nonnulli clerici et ecclesiastice persone tam religiose quam seculares in dignitatibus et personatibus constitute necnon duces marchiones comites barones advocati nobiles milites universitates castrorum oppidorum villarum et alii laici Argentinensis civitatis et diocesis ac partium vicinarum nuper occupaverunt et occupari fecerunt castra villas casalia terras possessiones vassallos homines iura iurisdictiones et nonnulla alia bona mobilia et immobilia ad mensam suam episcopalem Argentinensem spectantia et ea detinent occupata seu huiusmodi detinentibus prestant auxilium et favorem, vassallos etiam homines et colonos eius in terris et locis ad dictam mensam spectantibus consistentes capere et carceri mancipare, equos boves et nonnulla alia bona mobilia ad dictam mensam spectantia necnon hominum et vassallorum predictorum in predam abducere ac domos ipsorum incendio concremare presumpserunt hactenus et presumunt. Nonnulle quoque alie persone ecclesiastice, seculares et regulares duces comites barones nobiles ac universitates et singulares persone castrorum villarum oppidorum civitatis diocesis et partium predictarum de redditibus proventibus censibus iuribus et aliis rebus ad dictam mensam spectantibus eidem episcopo vel eius vicariis aut procuratoribus nolunt aliquatenus respondere. Nonnulli etiam civitatis diocesis et partium predictarum . . . eidem episcopo in castris villis casalibus terris possessionibus vassallis hominibus iurisdictionibus iuribus bonis et rebus aliis ad mensam eandem spectantibus multiplices molestias inferunt et iacturas. Quare . . . mandamus, quatinus vos vel duo . . . [conservatores et iudices prefato episcopo, quoad vixerit, efficacis defensionis presidio assistentes non permittatis eum super premissis . . . indebite molestari . . .] Datum ut supra proximo (= Vienne nonis maii anno septimo).

Reg. 59, f. 66¹, nr. 331; R. Cl. V nr. 7979.

192. — *1312 Mai 11. Vienne.*

Clemens V archiepiscopum Remensem et episcopos Laudunensem ac Cathalaunensem constituit conservatores Johannis episcopi Tullensis et bonorum ad eius mensam spectantium.

[Clemens V] archiepiscopo Remensi et Laudunensi ac Cathalaunensi episcopis.

Ad hoc nos deus . . . Sane venerabilis fratris nostri Johannis episcopi Tullensis conquestione percepimus, quod nonnulli clerici, seculares et religiosi, duces comites barones nobiles milites et alii laici civitatis et diocesis Tullensis et partium vicinarum nuper occupaverunt et occupari fecerunt castra villas terras possessiones iurisdictiones et iura ac nonnulla alia bona immobilia et mobilia Tullensis ecclesie ad episcopalem mensam Tullensem spectantia et ea detinent occupata seu detinentibus prestant auxilium et favorem. Nonnulle quoque alie persone ecclesiastice, seculares et regulares, ac universitates communitates et singulares persone civitatis necnon castrorum et villarum diocesis et partium predictarum de redditibus proventibus iuribus et rebus aliis ad mensam predictam spectantibus eidem episcopo vel eius vicariis nolunt aliquatenus respondere. Nonnulli etiam civitatis diocesis et partium predictarum . . . eidem episcopo in castris villis terris possessionibus iurisdictionibus iuribus bonis et rebus aliis ad mensam predictam spectantibus multiplices molestias inferunt et iacturas. Quare . . . [mandamus, quatinus vos vel duo . . . conservatores et iudices prefato episcopo, quoad vixerit, efficacis defensionis presidio assistentes non permittatis eum super premissis . . . indebite molestari . . .] Dat. Vienne V idus maii a. septimo.

Reg. 59, f. 67, nr. 333; R. Cl. V nr. 7982.

193. — *1312 Mai 28. In prioratu de Grausello.*

Clemens V Bernardo de Garvo cardinali, nepoti suo, indulget, ut obtinere et retinere possit plurima beneficia ecclesiastica, quorum in numero sunt canonicatus et prebenda ecclesie Metensis.

[Clemens V] Bernardo (*de Garvo de S. Liberata*) S. Agathe diacono cardinali (*nepoti ex Clementis V germana*).

Que ad tui status . . . Dudum siquidem ad cardinalatus dignitatem te duximus promovendum et ecclesiam S. Agathe de Urbe curam animarum habentem per diaconum cardinalem solitam gubernari, que titulus tui cardinalatus existit, tibi duximus concedendam ac ipsius necnon postmodum S. Marie in Dompnico de dicta Urbe per diaconum cardinalem similiter solite gubernari ac proprio cardinale carentis ecclesiarum curas et administrationes in spiritualibus et temporalibus sollicitudini tue commisimus. . . Cum autem tu ex vigore gratiarum per nos olim tibi ante promotionem tuam huiusmodi concessarum de Constantia in Constantiensi et de Brugis in Tornacensi archidiaconatus ac in predictis et Leodiensi Metensi Toletana et Cumana ecclesiis canonicatus et prebendas cum quibusdam prestimoniis eiusdem ecclesie Toletane, quamvis ea pacifice nequaquam possideas, et prioratum S. Ramberti et decanatum Soliacensem ordinis S. Benedicti Lugdunensis et Caturcensis diocesium assecutus, ea insimul hactenus tenuisse et adhuc tenere in eisdem, insuper Leodiensem et Metensem ac Toletanam dignitates seu personatus vel officia cum cura vel sine cura ac in ipsa Toletana ecclesiis prepositutam seu mensatam inibi vacatura expectare noscaris, unum preterea vel plura beneficia ecclesiastica, quorum proventus mille turonensium parvorum secundum taxationem decime valorem annuum non excedunt, . . . libere recipere valeas et licite retinere, quamvis patiaris in ordinibus et etate defectum ac ex predictis ecclesiis S. Aghate et S. Marie archidiaconatibus canonicatibus et prebendis prestimoniis prioratu et decanatu perceperis et percipias redditus et proventus nec te feceris ad ordines, prout ipsorum aut aliquorum vel alicuius ex eis cura vel onus forte requirit, statutis a iure temporibus, dispensatione oportuna forsitan super hiis a sede apostolica non obtenta, nos . . . . tuis supplicationibus inclinati tecum, ut archidiaconatus canonicatus . . . predicta, que de novo tibi ad cautelam conferimus . . . cum fructibus inde perceptis, quos tibi de speciali gratia remittimus et donamus, necnon dignitates . . . ac etiam omnes et singulas pensiones, quas ubicumque et a quibuscumque personis vel locis obtines vel te in posterum obtinere contigerit . . . una cum dictis S. Agathe et S. Marie ecclesiis licite valeas retinere . . . auctoritate apostolica dispensamus . . . . Dat. in prioratu de Grausello *etc.* V kl. iunii a. septimo.

Reg. 59, f. 192¹, nr. 919; R. Cl. V nr. 8619.

194. — *1312 Juni 20. In prioratu de Grausello.*

Clemens V Henrico de Asperomonte canonico Virdunensi.

Dum tui nobilitatem generis . . . tuis supplicationibus inclinati tecum, ut defectu, quem pateris in etate, ac Lateranensis concilii et quavis alia constitutione contraria nequaquam obstantibus ad quamlibet dignitatem ecclesiasticam etiam episcopalem, si ad illam alias te canonice vocari vel assumi, etiam per apostolicam sedem, contingat, ita quod, si ad huiusmodi dignitatem per dictam sedem vocatus vel assumptus extiteris, non sit necesse deinceps aliam de dicto defectu facere mentionem, libere recipere valeas et licite retinere . . . dispensamus . . . Dat. in prioratu de Grausello ut supra XII kl. iulii a. septimo.

Reg. 59, f. 166, nr. 798; R. Cl. V nr. 8498.

195. — *1312 Juni 23. In prioratu de Grausello.*

Clemens V ecclesie Virdunensi vacanti per liberam resignationem Nicolai olim Virdunensis episcopi, qui per Franconem rectorem ecclesie de Estrees Virdun. dioc. procuratorem suum in manibus Arnaldi S. Marie in porticu diaconi cardinalis apud sedem apostolicam resignavit, providet de persona Henrici canonici Virdunensis in subdiaconatus ordine constituti et abcontis.

Regimini universalis ecclesie... Dat. in prioratu de Grausello...
VIIII kl. iulii a. septimo.

Reg. 57, f. 165¹, nr. 797; R. Cl. V nr. 8497.

196. — *1312 Juni 27. In prioratu de Grausello.*

Clemens V episcopo Cathalaunensi et abbatibus monasteriorum S. Petri ad montes Cathalaunensis ac S. Remigii Remensis mandat, quatinus Nicolao, qui resignavit episcopatum Virdunensem, assignent pensionem annuam.

[Clemens V] episcopo Cathalaunensi et S. Petri ad montes Cathalaunensis ac S. Remigii Remensis monasteriorum abbatibus.

Cum venerabilis frater noster Nicolaus episcopus olim Virdunensis per quondam Franconem rectorem ecclesie de Estrees Virdunensis diocesis procuratorem suum... oneri et regimini Virdunensis ecclesie, cui tunc preerat, et non honori in manibus... Arnaldi S. Marie in porticu diaconi cardinalis apud sedem apostolicam de mandato nostro cessionem huiusmodi admittentis ex certis causis sponte cessisse noscatur, nos attendentes, quod idem Nicolaus rerum temporalium indigentiam patiatur, discretioni vestre... mandamus, quatinus... eidem Nicolao vel procuratori suo pro eo de Magiennes et de Tilly domos villas et prepositüras ac villicaturas de Diewe de Ramblemsin et de Barroys ad mensam episcopalem ecclesie Virdunensis spectantes cum omnibus iuribus et iurisdictionibus eorum ac fructibus redditibus et proventibus quibuscumque tam ex ipsorum terris cultis et incultis quam pratis aquis stagnis furnis molendinis et nemoribus eorundem ac omnibus emolumentis ex villis prepositüris villicaturis et locis predictis provenientibus possidendas ac etiam retinendas, quoad vixerit, preterea homagia vassallorum locorum ipsorum et silvas de Magiennes, quibus videlicet silvis dictus Nicolaus pro suo usu et suis edificiis reparandis et etiam de novo construendis dumtaxat uti libere possit, ita quod Virdunensis episcopus, qui erit pro tempore, dicto Nicolao vivente in homines in dictis villis consistentes nullam iurisdictionem obtineat, nisi dumtaxat exercitum vel etiam cavalcatam pro iuribus Virdunensis ecclesie defensandis, et ducentas libras Turonensium parvorum de emolumento, quod provenire contigerit ex sigillo curie Virdunensis, medietatem videlicet in festo S. Remigii et reliquam medietatem in octavis festivitatis resurrectionis domini, ei annis singulis persolvendas pro sustentatione sua auctoritate nostra assignare curetis, inducentes eundem Nicolaum vel procuratorem suum pro eo in corporalem possessionem... Dat. in prioratu etc. V kl. iulii a. septimo.

Reg. 59, f. 169¹, nr. 827; R. Cl. V nr. 8527.

197. — *1312 Juli 3. In prioratu de Grausello.*

Clemens V Johanni de Molans capellano suo confert ecclesiae Tullensis decanatum, in qua saltem post eius assecutionem personaliter residere debet, non obstante quod idem Johannes in Tullensi et Metensi canonicatus et in ipsa Tullensi prebendam fuerit assecutus et in predicta Metensi de prebenda nondum obtenta sibi ab eodem papa fuerit provisum ac quod in eadem ecclesia Tullensi dignitatem seu personatum vel officium cum cura vel sine cura auctoritate eiusdem pontificis expectat.

Sedis apostolice. . . . Dat. in prioratu de Grausello etc. V nonas iulii a. septimo.

Reg. 59, f. 94, nr. 454; R. Cl. V nr. 8127.

198. — *1312 Juli 12. In prioratu de Grausello.*

Clemens V Gaucherio nato nobilis viri Hugonis Ademarii domini Montilii Valentinensis diocesis inclinatus precibus Hugonis patris confert canonicatum eccl. Vivariensis, non obstante quod quartum decimum annum etatis nondum attigit.

Tue laudabilis . . . Dat. in prioratu etc. . . . IIII idus iulii a. septimo.

Reg. 59, f. 99, nr. 478; R. Cl. V nr. 8151.

199. — *1312 Juli 12. In prioratu de Grausello.*

Clemens V Ademaro nato nobilis viri Hugonis Ademarii domini Montilii Valentinensis dioc. confert canonicatum eccl. Lugdunensis, non obstantibus quod in Vivariensi ecclesia et B. Marie de Montecalvo ac B. Martini de Marsano et S. Petri de Palatio ecclesiarum prioratus Valentinensis et Tricastrine diocesium obtinet et nondum quartum decimum annum attigit.

Tue laudabilis. . . Dat. ut supra.

Reg. 59, f. 99¹, nr. 479; R. Cl. V nr. 8152.

200. — *1312 Juli 13. In prioratu de Grausello.*

Clemens V Symoni de Marvilla canonico Leodiensi capellano sedis apostolice obtentu Raynaldi episcopi Metensis concedit, ut insistens studio theologice facultatis, ubi illud vigeat generale, redditus prebendarum, quas in Leodiensi Metensi et Virdunensi ecclesiis, quarum est canonicus, usque ad triennium, quin resideat, quotidianis distributionibus dumtaxat exceptis, percipere valeat.

Dum ad personam. . . Dat. ut supra (= in prioratu de Grausello prope Malausanam Vasionensis dioc. III idus iulii a. septimo).

Reg. 59, f. 104, nr. 498; R. Cl. V nr. 8173.

201. — *1312 Juli 13. In prioratu de Grausello.*

Clemens V Raynaldo episcopo Metensi concedit facultatem compellendi clerum provinciae Treverensis universum ad subveniendum et contribuendum Raynaldo in tribus milibus florenorum auri pro magnis expensis, quas subiit in concilio Viennensi.

[Clemens V] Raynaldo episcopo Metensi.

Eximie devotionis affectus, quem ad nos et ecclesiam Romanam habere dinosceris, promeretur, ut illa te gratia favorabiliter prosequamur, per quam incumbentia tibi expensarum onera valeas facilius supportare. Cum itaque, sicut oblata nobis ex parte tua petitio continebat, tu solus de prelatis ad Viennense concilium noviter celebratum vocatis de tota provincia Treverensi, in qua ecclesia tua consistit, accesseris et in eo continue moram trahens magna te subire oportuerit expensarum onera, nos volentes tibi super hoc de alicuius subventionis remedio providere, tuis supplicationibus inclinati, fraternitati tue per censuram ecclesiasticam compellendi per te vel alium seu alios quoslibet prelatos, cuiuscumque preeminentie dignitatis vel ordinis extiterint, et alias personas ecclesiasticas cathedralium et aliarum ecclesiarum sive monasteriorum civitatis diocesis et provincie Treverensis ad subveniendum et contribuendum tibi in tribus milibus florenorum auri, non obstantibus quibuscumque privilegiis et indulgentiis apostolicis concessis eisdem, per que possent in hac parte quomodolibet se tueri et de quibus quorumque totis tenoribus de verbo ad verbum deberet in nostris litteris fieri mentio specialis, plenam auctoritate presentium concedimus facultatem. Dat. ut supra.

Reg. 59, f. 104, nr. 498; R. Cl. V 8174.

202. — *1312 Juli 13. In prioratu de Grausello.*

Clemens V Reginaldo episcopo Metensi indulget, ut quatuor eius clerici obsequiis eiusdem insistentes valeant ad triennium fructus beneficiorum ecclesiasticorum suorum integre percipere, quin resideant, quotidianis distribucionibus dumtaxat exceptis.

Personam tuam. . . Dat. in prioratu etc. III idus iulii a. septimo.

In e. m. abbati monasterii Gorgiensis et decano eccl. de Sarbourch Metensis dioc. ac magistro Berengario Maynardi canonico Narbonensi.

Reg. 59, f. 136¹, nr. 650; R. Cl. V nr. 8342.

203. — *1312 Juli 13. In prioratu de Grausello.*

Clemens V Raynaldo episcopo Metensi concedit facultatem faciendi recipi in tribus ecclesiis collegiatis civitatis et diocesis Metensis tres personas, quas eligendas duxerit, etiam si alias beneficiate existant, singulas videlicet in singulis tribus ecclesiis, in canonicos eisque de prebendis providendi, si que vacant ad presens vel quam primum vacaverint.

Tuam volentes honorare . . . Dat. in prioratu de Grausello prope Malausanam Vasionensis diocesis III idus iulii a. septimo.

Reg. 59, f. 103¹, nr. 497; R. Cl. V nr. 8172.

204. — *1312 August 6. In prioratu de Grausello.*

Clemens V episcopo Metensi vel eius vicariis.

Licet olim tu, frater episcope, tuorum necnon et clerus et persone ecclesiastice seculares et regulares civitatis et diocesis Metensis omnium suorum reddituum et proventuum ecclesiasticorum decimam unius anni pro nostris et ecclesie Romane necessitatibus relevandis nobis obtuleritis persolvendam certis terminis iam transactis, nonnulli tamen ex clero et personis eisdem huiusmodi decimam solvere non curarunt. Quare discretioni vestre . . . mandamus, quatinus tu, predicte episcope, seu vos vicarii vel alter vestrum pro eodem episcopo, si ipsum ab ecclesia Metensi abesse contingat, prefatam decimam de predictis redditibus tuis, predicte episcope, si forte soluta non est, camere nostre solvere absque dilatione qualibet cum integritate curetis et nichilominus ab . . abbatibus . . . ceterisque personis ecclesiasticis, secularibus et regularibus, exemptis et non exemptis, civitatis et diocesis predictarum . . . nostro et ecclesie Romane nomine petere colligere exigere et recipere cum integritate curetis . . . Dat. in prioratu de Grausello . . . VIII idus augusti a. septimo.

In e. m. venerabili fratri archiepiscopo Treverensi vel eius vicariis. Licet olim tu . . . . omnium suorum reddituum et proventuum ecclesiasticorum vicesimam per unum annum nobis etc. Dat. ut supra.

Reg. 59, litt. curie, f. 243, nr. 98; R. Cl. V nr. 8853.

205. — *1312 August 6. In prioratu de Grausello.*

Clemens V episcopo Tullensi vel eius vicariis mandat, quatinus unius anni decimam seu duo milia florenorum auri pro huiusmodi decima, quam episcopus et clerus Tullensis pape promiserant certis terminis iam transactis solvendam, cum nonnulli ex clero et personis eisdem partem suam non solverint, solvat ipse episcopus, si promissis non satisfecerit, aliosque ad idem compellat per se vel vicarios suos vel alios deputandos.

Licet olim tu, frater . . . Dat. ut supra (= in prioratu de Grausello . . . VIII idus augusto a. septimo).

Reg. 59, litt. curie, f. 243¹, nr. 99; R. Cl. V nr. 8854.

206. — *1312 August 6. In prioratu de Grausello.*

Clemens V Henrico electo Virdunensi vel eius vicariis mandat, ut unius anni decimam ipsi pape a Nicolao olim episcopo Virdunensi totoque clero regulari et seculari civitatis et diocesis promissam et iam transactis terminis non solutam exigant ab his, qui eandem nondum solverunt.

Dudum venerabilis frater . . . Dat. ut supra (= in prioratu de Grausello . . . VIII idus augusti a. septimo).

Reg. 59, litt. curie f. 244, nr. 101; R. Cl. V nr. 8856.

207. — *1312 September 10. In prioratu de Grausello.*

Clemens V magistro Raymundo Fabri capellano suo confert in eccl. Metensi canonicatum et prebendam ac archidiaconatum de Sarbourch vacantes per obitum Odonis Alamanni[1]), qui nuper apud sanctam sedem diem clausit extremum, non obstante quod Raymundus in S. Radegundis Pictaviensis et S. Severini Burdegalensis ecclesiis canonicatus et prebendas et ecclesiam parrochialem S. Johannis de Usfol Agenensis dioc. cum ecclesiis ab eadem dependentibus obtinet.

Grata et accepta . . . Dat. in prioratu . . . IIII idus septembris a. septimo.

Reg. 59, f. 191, nr. 915; R. Cl. V nr. 8615.

208. — *1312 September 12. In prioratu de Grausello.*

Clemens V magistro Raymundo Fabri archidiacono de Sarbouc (!) in eccl. Metensi capellano suo mandat, ut capellaniam sive perpetuam vicariam eccl. S. Martini Dalcos Petragoricensis dioc. vacantem per resignacionem Helie Botelh conferat Petro de Fontanilhas de Biguaruppe diacono prebendario eccl. S. Aviti eiusdem dioc.

---

¹) *Oddo Alamanni fuerat canonicus Viennensis. cf. Reg. 59, f. 193¹, nr. 943; R. Cl. V nr. 8644.*

Cum dilectus filius . . . Dat. in prioratu etc. II idus septembris a. septimo.

Reg. 59, f. 141¹, nr. 679; R. Cl. V nr. 8374.

209. — *1312 November 20.*

Eisdem anno indictione die XX novembris dominus Henricus de Asperomonte electus Virdunensis promisit pro suo communi servitio camere et collegii IIII^m IIII^{c ¹}) flor. auri et V consueta servitia persolvere, medietatem videlicet in festo nativitatis B. Johannis Baptiste et aliam medietatem in proxime postmodum subsequenti festo nativitatis domini. Alioquin etc. Juravit ut in forma.

In marg. sinistra: Servitium episcopi Virdunensis in Alamania.
In marg. dextra: XVIII card. solvit totum.

Obl. et Sol. 2 (314), f. 27¹; R. Cl. V Append. f. 246, nr. 223. Similiter sed brevius: Obl. et Sol. 1 (313), 53.

210. — *1312 December 25. Avignon.*

Clemens V magistro Petro de Garlens preposito eccl. Frankefordensis capellano suo concedit facultatem recipiendi a Guillelmo de Claromonte resignationem canonicatus et prebende in eccl. Metensi eosque conferendi alicui persone idonee.

Cum sicut accepimus . . . Dat. Avin. VIII kl. ianuarii a. octavo.

Reg. 60, f. 49¹, nr. 133; R. Cl. V nr. 9027.

211. — *1312 December 29. Avignon.*

Clemens V Henrico electo Virdunensi in subdiaconatus ordine constituto concedit, ut a quocumque maluerit antistite catholico diaconatus et presbiteratus ordines statutis a iure temporibus et demum ab eodem vel alio tali antistite, quem maluerit, assistentibus duobus vel tribus aliis episcopis consecrationis munus valeat recipere, qui antistes ab eodem fidelitatis iuramentum recipiat.

Pridem Virdunensi ecclesie . . . Dat. Avin. IIII kl. ianuarii a. octavo.

Reg. 60, f. 7, nr. 31; R. Cl. V nr. 8911.

212. — *1312 December 31. Avignon.*

Clemens V Raymundo Fabri archidiacono de Sarbourch in eccl. Metensi concedit facultatem recipiendi a Raymundo de Cerverio rectore

---

¹) IIII^c *deest Obl. et Sol. 1 (313), f. 53.*

parrochialis ecclesie S. Martini de Martrachanicis Uticensis diocesis liberam etiam apud sedem apostolicam resignationem eiusdem ecclesie eamque conferendi Bertrando de Cerverio clerico eiusdem dioc.

Cum sicut accepimus . . . Dat. Avin. II kl. ianuarii a. octavo.

Reg. 60, f. 147¹, nr. 457; R. Cl. V nr. 9458.

213. — *1313 April 5. Avignon.*

Clemens V Petro de Garlenx et Petro Duranti mandat, quatinus a Metensi et pluribus aliis episcopis necnon in corundem civitatibus et diocesibus et ab universo clero decimam duorum annorum alias camere apostolice debitas pecuniarum summas exigant.

Clemens V magistris Petro de Garlenx preposito Frankewordensis . . . et Petro Duranti canonico Ebredunensis ecclesiarum capellanis apostolice sedis.

Licet olim venerabiles fratres nostri . . Metensis . . Ratisponensis . . Pataviensis . . . . . episcopi ac dilecti filii cleri et persone ecclesiastice seculares et regulares Metensis Ratisponensis Pataviensis . . . . . . civitatum et diocesium omnium suorum reddituum et proventuum ecclesiasticorum decimam duorum annorum pro nostris et ecclesie Romane necessitatibus relevandis nobis obtulissent certis iam transactis terminis persolvendam, quia tamen nonnulli ex episcopis cleris et personis eisdem huiusmodi decimam solvere non curarunt, eisdem episcopis et eorum cuilibet vel vicariis ipsorum et cuilibet eorum per alias nostras dedimus litteras in mandatis, ut iidem episcopi seu prefati vicarii pro eisdem episcopis, si eos ab ecclesiis suis abesse contingeret, et ipsorum quilibet prefatam decimam de predictis eorum redditibus, si forte soluta non esset camere nostre, solvere absque dilatione qualibet cum integritate curarent et nichilominus per se vel per alium seu alios . . . a dilectis filiis abbatibus prioribus decanis prepositis archidiaconis archipresbiteris capitulis collegiis et conventibus Cisterciensium Cluniacensium Premonstratensium Sanctorum Benedicti et Augustini Cartusiensium Grandimontensium et aliorum ordinum necnon et Sancti Johannis Ierosolimitani ac Sancte Marie Theotonicorum et Calatravensium domorum prioribus et preceptoribus seu magistris ceterisque personis ecclesiasticis secularibus et regularibus, exemptis et non exemptis, civitatum et diocesium predictarum . . . qui predictas decimas non solvissent, nostro et ecclesie Romane nomine petere colligere exigere et recipere cum integritate curarent eisdem episcopis necnon et vicariis supradictis . . . Cum igitur episcopi supradicti suarum ecclesiarum negotiis dictique vicarii ipsorum episcoporum obsequiis occupati circa exactionem decime supradicte . . . comode, prout intelleximus, vacare non possint sintque etiam in illis partibus alii nostre camere debitores, nos . . . discretioni vestre . . . mandamus, quatinus vos vel alter vestrum per vos vel. per alium seu alios . . . . ab eisdem episcopis abbatibus . . . predictam decimam necnon ab eis et eorum quolibet et quibusvis aliis . . . quevis debita . . . in quibus eidem camere aut apostolice sedi tenentur, petere exigere et recipere cum diligentia studeatis. Nos enim vobis et unicuique vestrum petendi exigendi et recipiendi decimam et debita supradicta ab episcopis abbatibus *etc.* ipsosque ad huiusmodi decimam et debita persolvenda cogendi et contradictores ac impedientes quoslibet et rebelles auctoritate nostra appellatione postposita compescendi illis insuper, qui occasione dictorum decime ac debitorum tempore debito non solutorum excommunicationum suspensionum et interdicti fuerint ligati sententiis, post satisfactionem de illis exhibitam absolutionis beneficium impendendi ac dispensandi cum eis, qui dictis ligati sententiis vel earum aliqua celebrando divina vel immiscendo se illis irregularitatis maculam contraxerunt, plenam auctoritate presentium concedimus potestatem . . . Dat. Av. nonas aprilis a. octavo.

Reg. 60, f. 281¹, litt. cur. nr. 79; R. Cl. V nr. 9985.

214. — *1313 April 5. Avignon.*

Clemens V Petro de Garlenx et Petro Duranti supradictis mandat, quatinus ab archiepiscopo Treverensi et in eiusdem civitate et diocesi ab universo clero vicesimam, a Metensi et Virdunensi episcopis et in eorundem civitatibus in diocesibus ab universo clero decimam atque a Tullensi episcopo et in eiusdem civitate et diocesi ab universo clero summam duorum milium florenorum necnon in predictis civitatibus et diocesibus omnes alias camere apostolice summas debitas exigant.

[Clemens V] eisdem.

Licet olim . . . archiepiscopus Treverensis vicesimam ac . . Metensis Tullensis et Nicolaus olim Virdunensis episcopi . . . dum eiusdem ecclesie Virdunensis regimini presideret, eiusdem archiepiscopi suffraganei, ac Metensis Tullensis et Virdunensis decimam et Treverensis civitatum et diocesium cleri et persone ecclesiastice seculares et religiose predictam vicesimam suorum reddituum et proventuum ecclesiasticorum unius anni vel idem episcopus Tullensis cum suo clero et eisdem personis dictarum Tullensis civitatis et diocesis duo milia florenorum auri pro huiusmodi decima . . . . nobis obtulissent certis diutius iam elapsis terminis persolvendam, quia tamen iidem archiepiscopus et nonnulli ex dictis clero ipsarum civitatis et diocesis vicesimam dictique Metensis ac Virdunensis episcopi seu electus et quamplures de Metensis et Virdunensis civitatum et diocesium predictarum cleris et personis predictis decimam antedictas ac Tullensis episcopus seu electus predicti et quamplures de ipsis clero et personis dictarum civitatis et diocesis Tullensis partem dicte summe florenorum eos pro rata suorum reddituum et proventuum contingentem solvere non curarant, nos archiepiscopo episcopis et electo predictis vel eorum vicariis per alias nostras diversas dedimus litteras in mandatis, ut idem archiepiscopus vicesimam dictique episcopi et electus decimam supradictas vel idem episcopus seu electus Tullensis partem eum de dicta florenorum summa pro rata suorum reddituum et proventuum contingentem, si forte vicesima ac decima et pars huiusmodi florenorum solute non essent, solvere cum integritate absque dilatione qualibet procurarent; et nichilominus iidem archiepiscopus episcopi et electus vel eorum vicarii supradicti . . . a dilectis filiis abbatibus etc. ut in secunda superiori [1] . . ., videlicet idem archiepiscopus ab illis, qui vicesimam, dicti vero episcopi et electus ab illis, qui decimam supradictas, dictus quoque episcopus Tullensis seu eorum cuiuslibet ipsorum vicarii supradicti ab illis suarum civitatis et diocesis predictarum, qui partem summe florenorum huiusmodi non solvissent, nostro et ecclesie Romane nomine cum integritate petere et recipere procurarent. Dum igitur archiepiscopus episcopi et electus prefati ecclesiarum suarum negotiis dictique vicarii ipsorum archiepiscopi episcoporum et electi obsequiis occupati circa exactionem vicesime ac decime et partis summe florenorum predictarum comode vacare non possent sintque etiam in illis partibus alii camere nostre debitores, nos . . . discretioni vestre . . . mandamus, quatinus . . . ab archiepiscopo episcopis et electo ac abbatibus . . . vicesimam decimam et summam florenorum . . . ac debita supradicta . . . petere exigere et recipere cum diligentia studeatis . . . Dat. ut supra (= Av. nonas aprilis a. octavo).

Reg. 60, f. 282, litt. curie nr. 81; R. Cl. V nr. 9987.

215. — *1313 April 6. Avignon.*

Clemens V episcopo Metensi et decano ac archidiacono Metensi mandat, quatinus Adamum abbatem monasterii Gorziensis, qui se soluturum esse

---

[1] *Cf. nr. 213.*

camere apostolice duo milia et quingentos florenos auri promisit neque tamen terminis statutis solvit et ita in se excommunicationis et suspensionis et in monasterium interdicti penas contraxit, publice denuncient excommunicatum et suspensum, donec sit soluturus debitum.

[Clemens V] episcopo Metensi et decano ac archidiacono Metensi.

Licet olim Adam abbas monasterii Gorziensis ord. S. Bened. Met. dioc. nobis nostris consideratis oneribus devota mente compatiens camere nostre duo milia et quingentos florenos auri de Florentia per eum ipsi camere in festivitatibus nativitatis B. Johannis Baptiste et assumptionis B. Marie anni MCCCXI persolvendos obtulerit, se et successores suos et sua et successorum ipsorum et monasterii predicti bona ad hoc sub penis gravibus obligando et etiam promittendo, quod, si in terminis ipsis deficeret in solutione predicta, infra duos menses a diebus terminorum predictorum in curia Romana personaliter compareret non recessurus exinde, donec per ipsum esset prefate camere de dicta florenorum summa integre satisfactum, et demum idem abbas coram certis super hoc auctoritate apostolica deputatis propter hoc in iudicio constitutus et se obligatum in huiusmodi florenorum summa prefate camere recognoscens suspensionis spiritualium et temporalium et excommunicationis maioris in ipsum ac interdicti in dictum monasterium per huiusmodi deputatos, eo petente instanter, prolatas sententias, si solutionem prefatam . . non compleret, sponte susceperit, volens quod dicte sententie tamquam super notorio late possent ipso non vocato . . . publicari . . . idem tamen abbas . . . solvere et in Romana curia comparere . . . non curavit, propter quod incurrit penas et sentencias supradictas et . . . celebrando divina vel immiscendo se illis irregularitatis maculam dicitur contraxisse. Quare discretioni vestre sub suspensionis . . . ac excommunicationis . . . penis . . . mandamus, quatinus . . . prefatum abbatem tamdiu suspensum et excommunicatum in eodem monasterio et ecclesiis Metensis civitatis et diocesis et alibi, ubi expedire videritis, nuncietis, quousque per eum de dicta florenorum summa prefate camere fuerit integre satisfactum. . .

Dat. ut supra (= Avin. VIII idus aprilis a. octavo).

Reg. 60, litt. cur. f. 282¹, nr. 82; R. Cl. V nr. 9988.

216. — *1313 April 6. Avignon.*

Clemens V Henrico Dalphini archidiacono Wigorniensi indulget, ut usque ad septennium studio iuris civilis valeat insistere, non obstante quod ecclesie Wigorniensis archidiaconatum obtinet aut si interim thesaurariam ecclesie Rothomagensis, super qua apud sedem apostolicam litigat, evincere eum continget et dignitatem seu personatum, quam vel quem in ecclesia Cameracensi expectat, habuerit.

Personam tuam generis . . . Dat. Avin. VIII idus aprilis a. octavo.

Reg. 60, f. 114, nr. 334; R. Cl. V nr. 9297.

217. — *1313 Juni 24.*

* Commune servitium episcopi Virdunensis.

Facta fuit quictatio domino Henrico episcopo Virdunensi per dominum Guillermum Meschini vicecamerarium de mille florenis auri solutis camere et in termino pro medietate sui communis, in qua in presenti festo beati Johannis Baptiste et pro primo termino tenebatur astrictus, et de ducentis viginti duobus florenis auri quatuor solidis et duobus denariis Turonensium parvorum solutis licet non in termino pro medietate et primo termino quatuor consuetorum servitiorum familiarium et officialium domini nostri. Et absolutus fuit quia dicta servitia non solvit in termino. Sub dat. die XXIIII mensis iunii anni domini mill. CCCXIII, ind. XI, pont. domini pape anno VIII°.

Obl. et Sol. t. 2 (314), f. 131¹; R. Cl. V. App. 340, nr. 705.

218. — *1313 Juni 29. In prioratu de Grausello.*

Clemens V Henrico episcopo Virdunensi concedit facultatem pro suis necessariis et ecclesie sue negotiis expediendis contrahendi mutuum usque ad summam decem milium florenorum auri ac se ipsum suosque successores et suam ecclesiam eorumque bona creditoribus obligando.

Cum sicut ex parte tua . . . Dat. ut supra (= in prioratu de Grausello . . . III kl. iulii a. octavo).

Reg. 60, f. 154¹, nr. 475; R. Cl. V nr. 9489.

219. — *1313 Juni 29. In prioratu de Grausello.*

Clemens V abbatem monasterii S. Vincentii Met. et archidiaconum Silviniaci Claromontensis ac Johannem de Aix canonicum Metensis ecclesiarum deputat executores indulti cuiusdam Henrico episcopo Virdunensi concessi.

Personam (venerabilis fratris) . . . Dat. ut supra (= in prioratu de Grausello III kl. iulii a. octavo).

Reg. 60, f. 154, nr. 475; R. Cl. V nr. 9486.

220. — *1313 November 26. Apud Castrum novum.*

Clemens V Henrico Dalphini archidiacono Wygorniensi indulget, ut per alias personas idoneas visitare possit archidiaconatum suum et procurationes exinde de consuetudine debitas in numerata pecunia, moderatas tamen, recipere valeat.

Tui nobilitas generis. . . Dat. apud Castrum novum Avin. dioc. VI kl. decembris a. nono.

Reg. 61, f. 9, nr. 36; R. Cl. V nr. 10096.

221. — *1313 December 23. Montils.*

Facta fuit quitancia pro venerabili viro Henrico episcopo Virdunensi de CC^{tis} viginti duobus florenis auri solutis pro quatuor servitiis familiarium domini nostri per manus discretorum virorum magistri Bertaldi de Metis et domini Rymbaldi presbiteri de Dusais . . . clericis camere prefati domini, statutis loco et termino. Dat. Montiliis Carpoan. dioc. die XXIII mensis decembris anno et pont. ut supra (= Clem. V anno nono).

Obl. 1 (314), f. 132^1; R. Cl. V Append. p. 342 nr. 712.

222. — *1314 Januar 24. Montils.*

Clemens V cum nobili viro Matheo nato quondam Theobaldi ducis Lothoringie et nobili muliere Mahaut de Flandria nata Roberti comitis Flandrie dispensat, ut non obstante quarto consanguinitatis gradu matrimonium licite valeant contrahere.

Romani pontificis precellens. . . Dat. ut supra (= Montiliis VIIII kl. februarii a. nono).

Reg. 61, f. 26^1, nr. 97; R. Cl. V nr. 10164.

223. — *1314 Januar 24. Montils.*

Clemens V cum Ludovico de Los comite de Chini et Margarita de Lothoringia eius uxore, qui ignorantes, quod in quarta consanguinitatis et affinitatis linea sibi attinebant, matrimonium contraxerant, dispensat, ut in sic contracto matrimonio remanere licite valeant.

Etsi inter illos. . . Dat. Montiliis VIIII kl. februarii a. nono.

Reg. 61, f. 26^1, nr. 96; R. Cl. V nr. 10163.

224. — *1314 Februar 12. Montils.*

Commune servitium episcopi Virdunensis.

Facta fuit quictatio pro venerabili viro domino Henrico episcopo Virdunensi de mille florenis auri solutis pro complemento sui communis servitii per manus discretorum virorum Bertaldi de Metis et Raymundi de Domeio procuratorum suorum, et dispensatum fuit cum eo quod incurrerat sententiam forma consuetam. Dat. Montiliis anno et pontificatu ut supra (= Clem. V nono) die XII mensis februarii.

Sol. et obl. t. 2 (314), f. 134. R. Cl. V. Append. p. 343 nr. 722.

225. — *1316 September 6. Lyon.*

Johannes XXII episcopo Gratianopolitano.

Cum, sicut accepimus, dilectus filius Henricus Delphini omnia beneficia sua ecclesiastica cupiat ex certis causis legitimis resignare, nos votis suis et dilecti filii nobilis viri Johannis Delphini Viennensis fratris sui super hoc nostram gratiam implorantis . . . annuentes, fraternitati tue . . recipiendi hac vice auctoritate nostra resignacionem liberam beneficiorum huiusmodi . . . eaque recepta ipsa singula singulis conferendi personis ydoneis, quas idem Henricus ad hoc duxerit nominandas . . ac inducendi . . . personas easdem . . . in corporalem possessionem beneficiorum . . . concedimus . . . facultatem. Volumus autem huiusmodi per nos tibi facultatem concessam per biennium tantummodo duraturam. Dat. Lugduni VIII idus septembris [a. primo].

Reg. Av. t. 5, f. 19; Reg. Vat. t. 64, f. 329, nr. 1973.

226. — *1316 September 7. Lyon.*

Johannes XXII abbati monasterii S. Pauli Virdun. et Ricardo de¹) . . Cameracensis ac Nicolao de Papazuris Metensis canonicis ecclesiarum mandat, ut Nicolaum Capocie de Urbe, cui papa petente Petro de Columpna diacono cardinali d. XVIIII septembris contulit canonicatum cum prebenda in eccl. Virdun., introducant in eiusdem possessionem.

Ad personam dilecti . . . Dat. ut supra (= Lugduni VII id. sept. a. primo).

Reg. Av. t. 4, f. 115.

227. — *1316 September 17. Lyon.*

Johannes XXII decano ecclesie de S. Arnuali Metensis diocesis mandat, petente Johanne comite de Sarebruch, ut in de Wargavilla et in de Herbotshein et in de Novomonasterio monasteriis ordinis S. Benedicti Metensis diocesis, in eorum videlicet singulis singulas puellas

---

¹) *nomen illegibile.*

litteratas, quas idem comes duxerit nominandas, auctoritate apostolica recipi faciat.

Cum ad personam . . . Dat. Lugduni XV kl. octobris a. primo.

Reg. Av. t. 3 f. 481¹; Reg. Vat. t. 64, f. 215, nr. 1313.

228. — *1316 October 1. Lyon.*

Johannes XXII Johanni nato Johannis comitis de Sarebruch, commotus patris precibus, confert ecclesie Metensis canonicatum cum prebenda nulli alii de iure debita, vacante ad presens vel proxime vacatura, non obstante quod idem in S. Arnuali Metensis diocesis scolastriam et in ea ac Tullensi et Virdunensi ecclesiis canonicatus et prebendas obtinet.

Dum nobilitatem generis . . . Dat. Lugduni kl. octobris a. primo.

Eadem die idem abbatibus S. Martini ante Metim et de Bosonisvilla Metensis diocesis et magistro Petro de Piperno canonico Autisiodorensi mandat, quatinus supradictum Johannem inducant in corporalem possessionem predictorum canonicatus et prebende.

Reg. Av. t. 4, f. 302; Reg. Vat. t. 64, f. 142, nr. 1389.

229. — *1316 Octobris 4. Avignon.*

Johannes XXII decano et primicerio Virdunensi ac Johanni de Friavilla canonico Treverensi mandat, quatinus Renerium de Ponte Monconis, cui papa eodem die contulit canonicatum in ecclesia Tullensi cum prebenda ad presens vacante vel proxime vacatura, introducant in possessionem.

Apostolice sedis benignitas . . . Dat. ut supra (= Avinione IIII nonas octobris a. primo.

Reg. Av. t. 4, f. 77.

230. — *1316 October 15. Avignon.*

Johannes XXII Henrico nato Johannis comitis de Salmis confert ecclesie Coloniensis canonicatum cum prebenda ad presens vacante vel proxime vacatura, non obstante quod is in Leodiensi et Virdunensi ecclesiis canonicatus et prebendas ac abbaciam secularis ecclesie Thudunensis Leodiensis diocesis obtinet et quod super canonicatu et prebenda Metensis ecclesie ad eundem, ut is asserit, spectantibus litigat.

Litterarum scientiam, nobilitatem generis . . . Dat. Avinione idus octobris a. primo.

Reg. Av. t. 4, f. 14; Reg. Vat. t. 63 nr. 965.

231. — *1316 October 15. Avignon.*

Johannes XXII abbati ecclesie secularis B. Marie Namurcensis Leod. dioc. et archidiacono de Famonna Leod. ac thesaurario Met. ecclesiarum mandat, quatinus Henricum natum Johannis comitis de Salmis introducant in possessionem canonicatus et prebende in eccl. Coloniensi.

Litterarum scientiam, nobilitatem generis . . . Dat. ut supra (= Avinione idus octobris a. primo).

Reg. Av. t. 4, f. 14¹.

232. — *1316 October 16. Avignon.*

Johannes XXII Nicolao de Bedebur presbitero, qui vicariam perpetuam parrochialis ecclesie de Geilbach superiori Metensis dioc. in manibus Jacobi electi Avinionensis resignavit, providet de beneficio ecclesiastico competenti cum cura vel sine cura, spectante ad collationem vel presentationem abbatis et conventus monasterii de Horinbach ord. S. Bened. dicte dioc.

Nuper volentes personam tuam . . . Dat. Avinione XVII kl. novembris a. primo.

Eodem modo decano S. Arnualis et de Horinbach ac de Bochenhem archipresbiteris ecclesiarum Met. dioc. mandat, ut Nicolaum inducant etc. Dat. ut supra.

Reg. Av. t. 6, f. 32, nr. 2648; Reg. Vat. t. 65, f. 200¹, nr. 2648.

233. — *1316 October 17. Avignon.*

Johannes XXII Petro Duranti capellano suo confert canonicatum in ecclesia Tullensi cum prebenda ac dignitate vel personatu seu administracione aut officio cum cura vel sine cura vacante ad presens vel proxime vacaturo.

Apostolice sedis benignitas . . . Dat. Avinione XVI kl. novembris a. primo.

Reg. Av. t. 4, f. 167; Reg. Vat. 64, f. 10¹, nr. 1024.

234. — *1316 October 27. Avignon.*

Johannes XXII Hugoni de Arpaione consideratione Berengarii de Arpaione militis eius germani confert ecclesie Metensis canonicatum cum prebenda non sacerdotali vacante vel proxime vacatura.

Personam tuam . . . . Dat. Avinione VI kl. novembris a. primo.

In e. m. . . . S. Tiberii et Montisalbani monasteriorum abbatibus ac magistro Guillermo Probihominis canonico Mimatensi . . . Dat. ut supra.

Reg. Vat. t. 63, nr. 997.

235. — *1316 November 15. Avignon.*

Johannes XXII Galhardo de la Casa camere apostolice clerico archidiacono de Sarbourch ecclesie Metensis consideratis obsequiis, que ab olim sedi apostolice impendit, indulget, ut quamdiu obsequiis curie Romane institerit et quamdiu in aliqua ecclesiarum, in quibus beneficiatus existit, residentiam fecerit vel usque ad triennium litterarum studio insistendo in loco, ubi illud vigeat generale, fructus redditus et proventus omnium beneficiorum suorum ecclesiasticorum integre percipere valeat, cotidianis distributionibus dumtaxat exceptis.

Grata tue devocionis . . . Dat. Avinione XVII kl. decembris a. primo.

In e. m. abbati monasterii S. Crucis Burdegalensis et Nennatensis ac Medulcensis Burdegalens[ium] archid[iaconorum] ecclesiarum . . . Dat. ut supra.

Reg. Vat. t. 64, f. 91, nr. 1245.

236. — *1316 November 17. Avignon.*

Johannes XXII magistro Petro de Ponte Remonis[1]) clerico Metensi nato quondam Hermelonis civis Metensis dicti de Stuliynga licentiato in decretis nondum beneficiato providet de beneficio ecclesiastico cum vel sine cura nulli alii de iure debito, cuius redditus annui sexaginta libras turon. parvorum summam iuxta taxationem decime non excedunt, spectante ad collationem seu dispositionem decani et capituli Metensis vacante ad presens vel vacaturo proxime.

Ascriptis militie clericali . . . Dat. Avinione XV kl. decembris a. primo.

Eodem die idem abbati monasterii S. Martini ante Metim et cantori S. Salvatoris ac Petro Albi canonico Constantiensis ecclesiarum mandat, ut supradicto conferri faciant beneficium supra memoratum. Dat. ut supra.

Reg. Av. t. 4, f. 301; Reg. Vat. t. 64, f. 141¹, nr. 1387.

237. — *1316 November 17. Avignon.*

Johannes XX Guignardino de Metis[2]) licentiato in legibus, petente capitulo S. Salvatoris Metensis, confert in eadem ecclesia canonicatum cum prebenda pro tempore vacante vel proxime vacatura.

---

[1]) Romenis *Reg. Vat.*
[2]) Molis *Reg. Vat.*

Literarum scientia, vite . . . . Dat. Avinione XV kl. decembris a. primo.

In eundem modum . . . preposito de Hombourch Met. dioc. et thesaurario ac cancellario Metensis ecclesiarum, ut supradictum introducant in possessionem.

Reg. Av. t. 3, f. 403; Reg. Vat. t. 64, f. 96, nr. 1261.

238. — *1316 November 22. Avignon.*

Johannes XXII comiti Henrico de Vardemonte et eius uxori indulget, ut aliquem ydoneum et discretum presbiterum, religiosum vel secularem, quandocunque et quocienscunque viderint expedire, in suum possint eligere confessorem, qui quociens usque ad quinquennium fuerit oportunum, confessionem ipsorum audiat et ipsis pro commissis beneficium debite absolucionis impendat et iniungat penitenciam salutarem, nisi forsan talia fuerint, propter que sedes apostolica merito fuerit consulenda.

Benigno, ubi illa sunt . . . Dat. Avinione X kl. decembris a. primo.

Reg. Vat. 64, f. 92¹, nr. 1249.

239. — *1316 November 27. Avignon.*

Johannes XXII nobili viro Henrico comiti de Vardemonte et Elisabeth eius uxori concedit altare portatile, super quo in locis ad hoc congruentibus sibi ipsis et familiaribus suis possint per capellanum proprium vel alium ydoneum presbiterum divina officia facere celebrari.

Ut eo libentius . . . Dat. Avinione V kl. decembris a. primo.

Reg. Vat. t. 64, f. 92¹, nr. 1249.

240. — *[1316 c. September—November. Avignon].*

[Johannes XXII] dilecto filio nobili viro Johanni Delfino Viennensi.

Exennium, fili, aprorum et caseorum pro parte tua nobis noviter presentatum, considerata laudabili affectione mittentis, grata manu recepimus, licet te non parum excessisse in nimia missorum exuberantia reputemus. Liberalitatem itaque tuam graciarum actionibus prosequentes, te ad nos in tuis oportunitatibus secure recurrere volumus, in quibus, quantum decuerit et cum deo licebit, propicium tibi senties nostrum adesse favorem.

Reg. 109 (Secr. Joh. XXII, a. I, II, t. I), f. 10, nr. 51.

241. — *1316 December 8. Avignon.*

Johannes XXII archiepiscopo Treverensi eiusque suffraganeis necnon magistro Petro Durandi capellano sedis apostolice, canonico Ebredunensi, et Bernardo de Monte Valrano rectori B. Marie de Verdano Tholosane diocesis ecclesiarum nunciat, quod hos duos predictos deputat collectores fructuum reddituum et proventuum primi anni omnium beneficiorum ecclesiasticorum ad presens vacantium vel per triennium vacaturorum in civitate diocesi et provincia Treverensi.

Si gratanter advertitur. . . Dat. ut supra. (= Avinione VI idus decembris a. primo).

Reg. Vat. t. 63, f. 376¹, litt. curie nr. 159.

242. — *1316 December 8. Avignon.*

Johannes XXII archiepiscopo Treverensi eiusque suffraganeis necnon universo clero in civitate diocesi et provincia Treverensi constituto nunciat, quod fructus redditus et proventus primi anni omnium beneficiorum ecclesiasticorum ad presens vacantium et per triennium vacaturorum a collectoribus exigendos reservavit camere apostolice.

[Johannes XXII] . . archiepiscopo Treverensi eiusque suffraganeis et electis abbatibus prioribus decanis archidiaconis prepositis plebanis archipresbiteris et aliis ecclesiarum prelatis et rectoribus, capitulis quoque collegiis et conventibus Cisterciensis Cluniacensis Premonstratensis Sanctorum Augustini et Benedicti Cartusiensium Grandimontensium et aliorum ordinum ceterisque personis ecclesiasticis tam regularibus quam secularibus exemptis et non exemptis necnon prioribus preceptoribus seu magistris et aliis fratribus domorum hospitalis S. Johannis Ierosolimitani et S. Marie Theotonicorum et Calatravensis eorumque loca tenentibus per civitatem et diocesim ac provinciam Treverensem constitutis.

Si gratanter advertitis . . . Sic igitur nosse vos volumus, quod nos huiusmodi nostris et camere nostre necessitatibus . . . providere volentes, fructus redditus et proventus primi anni omnium et singulorum beneficiorum ecclesiasticorum cum cura vel sine cura, etiam personatuum et dignitatum et officiorum quarumlibet ecclesiarum monasteriorum prioratuum et aliorum locorum ecclesiasticorum tam secularium quam regularium, exemptorum et non exemptorum, que in civitate et diocesi ac provincia Treverensi vacant ad presens et que usque ad triennium qualitercumque et ubicumque, etiam si apud sedem apostolicam vacare contigerit, ecclesiis tamen monasteriis et dignitatibus et beneficiis subscriptis expressim exceptis, percipiendos in modum subdistinctum pro nostris et ipsius ecclesie oneribus facilius tolerandis et in eius agendorum subsidium de fratrum nostrorum consilio auctoritate apostolica deputamus ipsosque per collectores, quos ad hoc per alias nostras certi tenoris litteras duximus deputandos, aut subcollectores, qui ad huiusmodi collectionis ministerium fuerint constituti per eos in singulis vestris et diocesibus, fratres archiepiscope et suffraganei, colligi volumus et per eosdem collectores prefate ecclesie camere assignari, non obstantibus quibuscumque statutis *etc.* Volumus autem, quod si idem beneficium bis in anno vacare contingat, nonnisi semel fructus redditus et proventus illius pro ipsa duplici vacatione dicti collectores percipiant, ut videlicet singulis annis ipsius triennii unica fructuum reddituum et proventuum cuiuslibet sic vacantis sint perceptione contenti, quodque predicti fructus redditus et proventus iuxta taxationem decime persolvantur et a collectoribus recipiantur eisdem, ut scilicet summam, pro qua unumquodque beneficiorum ipsorum in decime solutione taxatur, dicti collectores exigant atque percipiant, totali residuo obtinentibus huiusmodi beneficia remansuro, nisi forte collectores predicti residuum huiusmodi pro nobis et camera nostra percipere et habere maluerint et obtinentibus beneficia supradicta ad supportandum eorum onera et ad sustentationem habendam summam, pro qua ipsa beneficia taxantur in decima, remanere. Nos enim predictos collectores percipiendi utrumlibet predictorum, scilicet taxationem ipsam vel residuum antedictum, habere volumus optionem, ita tamen quod, quicquid iidem collectores elegerint, beneficiorum ipsorum onera debeant ipsa beneficia obtinentes pro ea parte, quam prefati collectores eis dimiserint, totaliter supportare, nisi forte ipsi obtinentes huiusmodi beneficia fructus redditus et proventus omnes dimittere vellent collectoribus antedictis, quo casu collectores ipsi habebunt huiusmodi beneficii quoad curam animarum, si eis imineat, necnon et in divinis officiis et sacramentorum ecclesiasticorum ministratione facere per personas ydoneas deserviri ac cetera incumbentia eis onera supportari. Ceterum volumus et auctoritate presentium declaramus, ut deputatio nostra huiusmodi nullatenus extendatur ad archiepiscopales et episcopales ecclesias nec ad abbatias regulares nec ad beneficia illa, quorum fructus redditus et proventus annui valorem sex marcharum argenti non excedant et que ex permutationis causa vacare contingat, nec etiam ad vicarias seu capellanias ut plurimum a decedentibus secundum morem diversarum ecclesiarum institutas ad missas pro ipsis decedentibus celebrandas certis constitutis redditibus presbitero inibi celebranti seu aliis, ut diurnis vel nocturnis canonicis horis intersint, nec etiam ad cotidianas distributiones quarumcumque ecclesiarum seu anniversaria vel obventiones, que ad certum quid deputate noscuntur. Verum quia contingit interdum, quod primi fructus redditus et proventus beneficiorum huiusmodi debentur defuncto vel fabrice aut prelato vel ecclesie habenti annalia, declaramus, ut pretextu dicte nostre deputationis non preiudicetur in totum eisdem, qui alias primi anni fructus redditus et proventus fuerant percepturi de consuetudine privilegio vel statuto, quin fructus redditus et proventus huius primi anni sequentis percipiant, sicut percipere consueverant temporibus retroactis. Volumus autem, prout est consonum rationi, ad scandala evitanda, quod solutio huiusmodi . . . fiat in duobus terminis congruis collectorum ipsorum arbitrio statuendis, quibus id ex nunc duximus committendum eorum super hoc conscientias onerando, sic equidem quod, ubi collectores prefati taxationem decimalem fructuum reddituum et proventuum huiusmodi primi anni pro camera nostra habere maluerint, obtinentes ipsa beneficia dictorum fructuum reddituum et proventuum residuum habituri, de eisdem fructibus redditibus et proventibus, quos eo casu iidem obtinentes in totum colligent, eandem taxationem collectoribus prefatis solvant in ipsis duobus terminis, ut premittitur, statuendis et sufficientem cautionem prestent de solutione huiusmodi collectoribus memoratis, ubi vero collectores ipsi taxationem prefatam obtinentibus beneficia ipsa relinquere et habere residuum fructuum reddituum et proventuum ipsorum elegerint, tunc iidem collectores de ipsis fructibus redditibus et proventibus, quos in totum colligent, eo casu solvent obtinentibus dicta beneficia taxationem eandem in duobus terminis similiter statuendis. Sed nec pretextu defectus solutionum huiusmodi volumus, ut ad calices cruces vasa sacra libros vel vestes ac bona mobilia divino usui dedicata manus aliquatenus extendatur. Quocirca unitatem vestram rogamus monemus et hortamur attentius . . . quatinus . . . collectores predictos et subcollectores deputandos ab eis et ipsorum quemlibet huiusmodi fructus redditus et proventus primi anni predicti per idem triennium . . . colligere exigere et recipere . . . permittatis et illos, prout in vobis fuerit, integre assignetis eisdem. Nos enim collectoribus antedictis et cuilibet eorum in singulis vestris civitatibus et diocesibus petendi colligendi exigendi et recipiendi nostro et ecclesie predicte nomine prefatos fructus redditus et proventus et mutandi subcollectores eosdem ac eis alios subrogandi, quotiens eis expedire videbitur, necnon contradictores quoslibet et rebelles . . . per censuram ecclesiasticam appellatione postposita compescendi . . . concedimus . . . potestatem . . . Dat. Avinione VI idus decembris a. primo.

Reg. Vat. t. 63, f. 376, litt. curie nr. 159; Reg. Av. 2 (Joh. XXII, a. 1 pars I, f. 36; R. Cl. V nr. 2270; cf. Theiner, Monum. Hungar. I, pg. 446; Schmidt, Päpstl. Urkk. u. Regg. (Gesch.-Quellen der Prov. Sachsen, XXII, Joh. XXII, nr. 7; Brom, 535.

243. — *1316 December 19. Avignon.*

Johannes XXII Amedeo nato quondam Amedei comitis Gebennensis canonico Lingonensi indulget, ut fructus redditus et proventus canonicatuum et prebendarum ac porcionum, quas in Lugdunensi et Lingonensi et Valentinensi ecclesiis obtinet, scolasticis disciplinis insistens aut residens in aliqua dictarum ecclesiarum possit usque ad triennium integre percipere, cotidianis distribucionibus dumtaxat exceptis.

Personam tuam . . . Dat. Avinione XIIII kl. ianuarii a. primo.

Reg. Vat. t. 64, f. 197, nr. 1570.

244. — *1317 Januar 10. Avignon.*

Johannes XXII Johanni de Unzola de Bononia legum doctori, capellano Neapoleonis S. Adriani diaconi cardinalis, consideratione huius confert canonicatum ecclesie Metensis eidemque reservat prebendam in dicta ecclesia vacantem ad presens vel proxime vacaturam.

Honestas morum et vite . . . Dat. ut supra (= Avinione IIII idus ianuarii a. primo).

In eundem modum . . abbati monasterii S. Vincentii Metensis et preposito Nivellensi Leod. dioc. ac cantori S. Salvatoris Met. ecclesiarum mandat, ut supradictum inducant in corporalem possessionem.

Literarum scientia . . . Dat. ut supra.

Reg. Av. t. 5, f. 88.

245. — *1317 Januar 19. Avignon.*

Johannes XXII Arnaldo episcopo Sabinensi.

Cum sicut accepimus . . Galhardus de la Casa archidiaconus de Sarborch et canonicus Metensis ac Guillermus de la Casa rector parrochialis de Lustrato Burdegalensis dioc. ecclesiarum huiusmodi archidiaconatum de Sarborch ac canonicatum et prebendam, quos dictus Galhardus in dicta eccl. Metensi canonice obtinet, nec non dictam parrochialem ecclesiam cupiant . . . invicem permutare, nos . . . fraternitati tue recipiendi . . . ab eisdem Galhardo et Guillermo vel procuratoribus eorum . . . eorumdem archidiaconatus etc. liberam resignationem eaque recepta conferendi dictos archidiaconatum etc.

Guillelmo, dictam vero parrochialem ecclesiam . . . Gallardo . . . concedimus facultatem . . . Dat. Avin. XIIII kl. februarii p. n. a. primo.
Reg. Av. t. 5, f. 489, nr. 2414.

246. — *1317 Januar 23. Avignon.*

Johannes XXII Godemanno nato quondam Godemanni de Dorsbille (!) militis Metensis diocesis, clerico et familiari Francisci S. Marie in Cosmedin diaconi cardinalis, confert ecclesie Treverensis canonicatum et prebendam vacantes per obitum Willelmi de Sleiden canonici et decani Treverensis, qui tempore Clementis V apud sedem apostolicam diem clausit extremum.

Personas virtutum ornatibus . . . Dat. Av. X kl. februarii a. primo.

In e. m. abbati monasterii S. Maximini et decano S. Paulini extra muros Treverenses ac thesaurario Metensis ecclesiarum.
Reg. Vat. t. 65, f. 1ʹ, nr. 2003.

247. — *1317 Januar 31. Avignon.*

Johannes XXII Johanni de Unzula de Bonania legum doctori canonico Metensi reservat dignitatem personatum seu officium ecclesiasticum cura vel sine cura in eadem ecclesia vacans seu vacaturum proxime.

Licet sedes apostolica . . . Dat. II kl. febr. a. primo.

In e. m. abbati monasterii S. Martini extra muros Metenses et priori principis apostolorum de Urbe ac Riccardo de Anibalden[sibus] archidiacono Conventten[sis] etc. Dat. ut supra.
Reg. Av. t. 5, f. 174ʹ.

248. — *1317 Februar 19. Avignon.*

Johannes XXII Guillermo Roderii phisico Reginaldi vivecomitis de Brunequello petentibus personis nobilibus eccl. Met. et consideratione Reginaldi confert canonicatum eccl. Met. cum prebenda nulli alii de iure debita vacante ad presens vel proxime vacatura.

Liberalitatis apostolice dexteram . . . Dat. Avin. XI kl. marcii p. n. a. primo.

In e. m. abbati monasterii S. Simphoriani extra muros Metenses et priori de Layraco Agenensis dioc. ac magistro Nicolao canonico Beneventano mandat, ut Guillermum inducant in corporalem possessionem.
Reg. Av. t. 5, f. 499, nr. 2435.

249. — *1317 Februar 19. Avignon.*

Johannes XXII magistro Guillermo Roderii canonico Nimociensi etc. (iterum) confert canonicatum et prebendam ecclesie Metensis, non

obstantibus quod parrochialem ecclesiam B. Saturnini de Lardeyrelis Ruthenensis diocesis obtinet et quod in ecclesia Nimociensi sub expectatione prebende auctoritate apostolica est in canonicum receptus.
Nuper tuorum intuitu . . . Dat. Av. XI kl. martii p. a. primo.

Reg. Av. t. 5, f. 547, nr. 2490.

250. — *1317 März 1. Avignon.*

Johannes XXII Jofrido Renaldi clerico Met. concedit officium tabellionatus prescribitque iusiurandum prestandum.

Ne contractuum memoria . . . Dat. ut supra (= Av. kl. marcii a. primo).

Reg. Av. t. 6, f. 553.

251. — *1317 März 15. Avignon.*

Johannes XXII Gaucelino tit. SS. Marcellini et Petri presbitero et Luce S. Marie in via lata diacono cardinalibus [sedis apostolice nunciis] precibus Ysabelle Anglie regine inclinatus concedit facultatem faciendi recipi in Virdunensi Leodiensi Metensi et Tullensi ecclesiis, in singulis earum videlicet singulos clericos eiusdem regine, quos ipsa per suas litteras duxerit nominandos, in canonicos et providendi singulis eorum de singulis prebendis in eisdem ecclesiis vacantibus ad presens vel quam primum vacaturis.

Devocionis eximie puritatem . . . Dat. Avin. idus marcii a. primo.

Reg. Vat. t. 65, f. 199¹, nr. 2644.

252. — *1317 März 17. Avignon.*

Johannes XXII Fulconi nato quondam Johannis dicti Bertran consideracione Francisci S. Marie in Cosmedin diaconi cardinalis pro eodem supplicantis confert canonicatum ecclesie Metensis ac prebendam pro tempore vacantem vel proxime vacaturam.

Laudabilibus tue probitatis . . . Dat. Avin. XVI kl. aprilis a. primo.

In e. m. abbati monasterii S. Clementis extra muros Metenses et decano S. Gengulfi ac magistro Petro de Piperno canonico Antisiodorensis ecclesiarum etc.

Reg. Av. t. 6, f. 108, nr. 2407.

253. — *[1317] März 29. Avignon.*

Johannes XXII regraciatur Johanni Dalphino de hiis que obtulit ex parte ipsius nobilis vir Grato Clayriaci dominus.

[Johannes XXII] Dilecto filio nobili viro Johanni Delphino Viennensi.

Tuas, fili, de credentia per dilectum filium nobilem virum Gratonem Clayriaci dominum consanguineum tuum nobis noviter presentatas leta manu suscepimus, et que idem consanguineus tuus iuxta commissam sibi per te credenciam exponere voluit, audivimus diligenter. Sane, fili, in hiis, que prefatus consanguineus tuus pro parte tua nobis liberaliter obtulit, evidenti argumento collegimus exuberantem, quem ad nostram geris personam, affectum. Super quo tibi grates uberes referentes gratanter acceptamus oblatum, illo, si casus exigeret, tanto usuri fidentius, quanto illud per te consideramus offerri. Ceterum quamtumcumque tibi, in quibuscumque cum deo licebit, intendamus complacêre et specialiter in hiis, que contingerent personam dilecti filii Henrici fratris tui capellani nostri, quem carum habemus, super hiis tamen, de quibus nonnulli magnates et tu pro eo nos rogare curastis, nequimus annuere sine iusticie lesione, propter quod tua nos m[odo?] sinceritas habeat excusatos. Porro quia de tuis honore ac salute paterno more solliciti, de reformanda inter te ac Ebredunensem ecclesiam votiva deo auctore concordia tractare disponimus, nobilitatem tuam affectuose rogamus, quatinus a procedendo edificio, quod in ipsius ecclesie preiudicium diceris cepisse construere, supersederi prorsus mandes et facias, donec habueris nobiscum inde colloquium et circa hec tibi expresserimus plenius nostre voluntatis intentum.. Dat. Avinione IIII kl. aprilis.

Reg. 109, f 30¹, nr. 122.

254. — *1317 April 13. Avignon.*

[Johannes XXII] archiepiscopo Remensi et Parisiensi ac Metensi episcopis.

Inter opera pietatis . . . Cum itaque . . . abbatisse et conventus monasteriorum monialium inclusarum sive sorores ordinis S. Clare vel S. Damiani seu Minorisse dicantur, sicud ipse nobis insinuare curarunt, a prelatis rectoribus et clero aliisque personis super bonis iuribus et libertatibus earundem contra indulta privilegiorum apostolice sedis . . . multipliciter molestentur . . . nos . . . fraternitati vestre . . . mandamus, quatinus . . . eisdem abbatissis et monialibus, sororibus et minorissis . . . efficacis defensionis presidio assistentes non permittatis ipsas contra dictorum privilegiorum tenorem a predictis vel quibuscumque aliis molestari . . . molestatores . . . necnon contradicentes et rebelles, quandocunque et quocienscunque expedierit, per censuram ecclesiasticam appellatione postposita compescendo. . . Dat. Av. idus aprilis a. primo.

In e. m. (*multis aliis archiepiscopis et episcopis necnon*) Treverensi et Coloniensi archiepiscopis ac Traiectensi episcopo.

Reg. Av. 6, f. 443.

255. — *1317 Mai 28. Avignon.*

Johannes XXII cum Raymundo de Baucio principe Aurayce et Anna nata Guidonis Dalphini domini Montisalbani et uxore eius, qui quamvis consanguinitate conjuncti contraxerant matrimonium, dispensat, ut impedimento consanguinitatis non obstante invicem matrimonium contrahere et in sic contracto remanere valeant.

Intenta salutis operibus. . . Dat. Avin. V kl. iunii a. primo.

Reg. Av. t. 6, f. 513.

256. — *1317 Juni 2. Avignon.*

Johannes XXII Stephano Morini capellano Petri tit. S. Susanne presbiteri cardinalis confert in eccl. Metensi canonicatum et prebendam vacantes per obitum Johannis de Monteferrando, qui apud sedem apostolicam diem clausit extremum.

Tui nobilitas generis . . . Dat. Avin. IIII non. iunii a. primo.

In e. m. archidiacono Dunensi et Petro Albi Carnotensis ac Petro de Argeno Remensis ecclesiarum canonicis mandat, ut Stephanum inducant etc. Dat. ut supra.

Reg. Av. t. 7, f. 97¹, nr. 3500; Reg. Vat. t. 66, nr. 3500, f. 130¹.

257. — *1317 Juni 3. Avignon.*

[Johannes XXII] Henrico electo Pataviensi.

Summi pastoris gerentes . . . Mortuo Vernhardo episcopo Pataviensi, capituli maior pars elegerat Gebehardum Walse canonicum Pataviensem, minor vero pars Albertum filium Alberti regis quondam Romanorum eiusdem ecclesie canonicum defectum patientem in ordinibus et etate postulaverat. Appellatione ad sedem apostolicam facta, Clemens V papa commiserat litem discutiendam Berengario episcopo Tusculano. Johannes duxit postulationem non admittendam. Cum autem Gevehardo interim mortuo provisionem omnium ecclesiarum per postulationes non admissas vacantium sibi reservasset, providet ecclesie Pataviensi de persona Henrici canonici Viennensis, non obstante defectu in etate et ordinibus, cum in minoribus tantum ordinibus ac vicesimo circiter anno constitutus existat. Dat. Avin. III non. iunii anno primo.

In e. m. preposito et capitulo eccl. P. . . . clero civitatis et dioc. *etc. etc.* . . . Johanni regi Boemie . . . Frederico duci Austrie . . . Divine gracie premium . . . Dat. ut supra.

<small>*Reg. Av. 6, f. 616, nr. 3292; Reg. Vat. 66, f. 75¹, nr. 3292; Riezler nr. 62.*</small>

258. — *1317 Juni 6. Avignon.*

Johannes XXII Ludovico duci Bavarie nunciat, quod nuper Henricum Dalphini Pattaviensi ecclesie prefecit in episcopum et pastorem; rogat et hortatur Ludovicum, electum et ecclesiam supradictos habere studeat commendatos.

Speramus, fili, nobisque. . . . Dat. Avin. VIII idus iunii a. primo.

<small>*Reg. Av. t. 6, f. 571, nr. 3303; Reg. Vat. 66, f. 78, nr. 3292; Riezler nr. 63.*</small>

259. — *1317 Juni 26. Avignon.*

Johannes XX in litteris, quibus confirmat electionem Willelmi in abbatem monasterii Wissemburgensis Spirensis diocesis, commemorat inter alios Johannem de Saraponte hospitalarium et monachum eiusdem monasterii.

<small>*Reg. Av. t. 6, f. 610, nr. 3282.*</small>

260. — *1317 Juli 1. Avignon.*

Johannes XXII Arnaldo Scarboti legum doctori capellano suo confert canonicatum ecclesie Metensis et prebendam, vacantes per obitum Nicolai de Pappazurris de Urbe, qui apud curiam diem clausit extremum, non obstante quod Arnaldus alia diversa beneficia obtinet.

Apostolice sedis graciosa . . . Dat. Avin. kl. iulii a. primo.

In e. m. . . . . S. Martini ante Metim . . . S. Simphoriani Metensis monasteriorum abbatibus et Petro de Causacho canonico Aurelianensi . . . Dat. ut supra.

<small>*Reg. Av. t. 6, f. 623, nr. 3309; Reg. Vat. 66, f. 79¹, nr. 3309.*</small>

261. — *1317 Juli 28. Avignon.*

Eodem anno indictione die (= anno MCCCXVII ind. XV die XXVIII mensis iulii) loco et testibus magister Martinus de Calenconia legum doctor procurator domini Henrici electi confirmati in episcopum Pataviensem procuratoris nomine ipsius promisit pro suo communi servitio V^m flor. auri et V servicia familiarium persolvere, medietatem videlicet hinc ad annum et aliam medietatem in secundo anno proxime secuturo. Alioquin infra quatuor menses et iuravit ut in for[mu]la.

In margine sinistro: XXIX card.
In margine dextro: Servitium episcopi Pataviensis in Alamania.
Inferius scriptum alio atramento: Solvit.
    Obl. et Sol. 5 (134), f. 10. Similiter Obl. et Sol. 6 (297), f. 7.

262. — *[1317] September 8. Avignon.*
[Johannes XXII] Philippo regi Francie et Navarre.

Preces tuas pro dilecto filio electo Metensi totiens repetitas in hoc ad gratiam • exauditionis admisimus, quod iuxta Romane curie more[m] causam electionis ipsius uni ex fratribus nostris Sancte Romane ecclesie cardinalibus, iam diu est, providimus committendam. Cui etiam iniunximus, ut in ea cum illa, qua iuste posset, celeritate procederet et demum eius merita nobis referre curaret. Cum enim idem electus oppositores adversarios habeat, quibus, sicut nec decuit, sic nec licuit imponere silentium inauditis, nil aliud in electionis predicte negotio potuimus aut possumus facere sine iusticie lesione, ad cuius exibitionem, licet simus supra ius positi, nos tamen agnoscimus singul[ariter] obligati. Curret igitur lis secundum iuris regulas marte suo et facta nobis relatione negotii ministrabimus promte iusticiam eidem electo, et si gratia forsan eguerit, ad illam nos inclinabimus[1]). Porro dilecti filii Traiactensis electi[2]), pro quo noviter nos rogare curasti cuiusque confirmatio ad nos dinoscitur pertinere, expeditio retardata nobis imputari non potest, cum nec decretum electionis presentatum nobis extiterit nec instructores electionis, quos idem electus expectat, comparuerint. Que cum impleta iuxta debitum fuerint, nos regie celsitudinis presertim obtentu ad celerem et debitam expeditionem ipsius electi, quanto favorabilius cum [deo] poterimus, promptis affectibus intendemus. Dat. VI idus septembris.
    Reg. Vat. t. 109, litt. secr. (a. I et II), f. 224, nr. 818. Rz. 77.

263. — *1317 October 7. Avignon.*

Johannes XXII Ludovico nato nobilis viri Symonis de Grangia militis, supplicante per patentes litteras capitulo Metensi, confert ecclesie eiusdem canonicatum cum prebenda ad presens vacante vel proxime vacatura.

    Sedis apostolice providencia . . . Dat. Av. non. octobris a. secundo.

---
[1]) tue *additum in reg.*
[2]) *Fridericus de Sirk.*

In e. m. Johanni electo Viterbiensi et abbati monasterii S. Martini ante Metim ac cantori eccl. S. Salvatoris Metensis.

Reg. Vat. t. 67, f. 64¹, nr. 232.

264. — *1317 November 21. Avignon.*

Johannes XXII notum facit, quod Frederici [de Sirk] prepositi S. Petri Traiectensis ecclesie in diaconatus ordine constituti electionem in episcopum Traiectensem confirmavit eidemque per Berengarium episcopum Portuensem munus consecrationis impendit. — In electione ipsa primum ex quinquaginta quinque electoribus triginta novem in Fridericum et sedecim in Henricum de Spanheum B. Marie Aquensis Leod. dioc. prepositum direxerant vota sua, sed postmodum hi sedecim accesserant ad Fridericum.

Inter sollicitudines alias . . . Dat. Av. XI kl. decembris a. secundo.

Reg. Vat. t. 67, f. 75¹, nr. 276; 2 or. mb. in archiv. Ultraiect. 107 et 107ᵃ, cf. Brom, Bullar. Traiect. nr. 552.

265. — *1317 November 29.*

Item eodem die (= mense novembris die vicesima nona) dominus Fredericus (*de Sirk*) episcopus Traiectensis promisit pro communi servitio IIIIᵐ VIᶜ flor. auri et quinque consueta servitia persolvere, medietatem videlicet in festo assumptionis B. Marie virginis proxime futuro et aliam medietatem in festo S. Andree tunc proxime subsequenti.

In marg. sinistro: servitium Treiectensis.

In marg. dextro: XXVI cardinales.

Obl. et Sol. 6, f. 10.

266. — *1318 Januar 10. Avignon.*

Johannes XXII Johanni dicto de Toullo confert in eccl. Metensi canonicatum cum prebenda ad presens vacante vel proxime vacatura, non obstante quod canonicatum et prebendam in eccl. S. Deodati et parrochialem ecclesiam de Diarrvilla Tullensis dioc. obtinet. Tamen postquam canonicatum et prebendam in eccl. Metensi fuerit pacifice assecutus et fructus perceperit, prefatam parrochialem ecclesiam omnino dimittat.

Attributa tibi merita. . . Dat. Av. IIII idus ianuarii a. secundo.

In e. m. abbati monasterii S. Clementis Metensis et decano de Luberduno Tullensis dioc. et magistro Homini de Pereculo Turnensis ecclesiarum.

Reg. 67, f. 173¹, nr. 582.

267. — *(1318 v. 1319?) Januar 22. Avignon.*

Johannes XXII nobili viro Guidoni Dalphino militi domino Montisalbani familiari suo mandat, ut Petrum de Calcibus canonicum Cenonensem nuncium archiepiscopi Lugdunensis et Amedei comitis Sabaudie, quem a curia revertentem is ceperat, dimittat.

Miranter audivimus, quod . . . Dat. XI kl. februarii.

Reg. 109, litt. secr. f. 200, nr. 753.

268. — *1318 Februar 1. Avignon.*

Johannes XXII cum nobili viro Waltero de Germinei et nobili muliere Johanna de Asperomonte uxore eius Tullensis diocesis, qui ignorantes, quod inter eos impedimentum existeret ex eo, quod Johannes de Villa Saliron prior maritus Johanne Waltero quarto fuerat gradu consanguinitatis conjunctus, matrimonium contraxerunt et ex eo prolem susceperunt, dispensat, ut impedimento affinitatis huiusmodi non obstante in prefato matrimonio remanere valeant, prolem susceptam et suscipiendam ex dicto matrimonio legitimam nunciando.

Intenta salutis operibus . . . Dat. Avin. kl. februarii a. secundo.

Reg. Vat. 67, f. 134, nr. 449.

269. — *1318 Februar 9. Avignon.*

Item die VIIII februarii recepta sunt a domino Remigio abbate monasterii de Monte Sancti Petri ord. S. Bened. (!) Metensis diocesis pro annuo censu XXXIII annorum terminatorum XV die mensis ianuarii proxime preteriti — computatis pro annis singulis duobus turonensibus grossis cum dimidio turonensi — in summa LXXXIII tur. gross. per manum magistri Johannis de Bossone procuratoris sui.

Introitus et Exitus, liber 14, f. 74; similiter Intr. et Exit. lib. 16, f. 82.

270. — *1318 Februar 13. Avignon.*

Johannes XXII Odardo de Barris confert in eccl. Remensi canonicatum et prebendam, que vacant per obitum Geraldi de Placentia sedis apostolice capellani.

Litterarum scientia, generis et nobilitatis . . . honestas . . . Dat. Av. idus februarii a. secundo.

Reg. 67, f. 165', nr. 563.

271. — *1318 März 23. Avignon.*

Johannes XXII Henrico nato nobilis viri Johannis comitis de Salmis consideratione Philippi regis Francorum pro eo super hoc supplicantis confert ecclesie Spirensis canonicatum cum prebenda ad presens vacante vel proxime vacatura, non obstante quod Henricus abbatiam in ecclesia seculari Thudunensi Leodiensis diocesis et in Leodiensi Coloniensi et Virdunensi ecclesiis canonicatus et prebendas obtinet et in eadem Coloniensi ecclesia aut in quacumque alia ecclesia civitatis vel diocesis Coloniensis dignitatem vel personatum seu officium, quam vel quem seu quod duxerit acceptandum, auctoritate apostolica expectat.

Favoris uberis prosequendi sunt gratia . . . Dat. Av. X kl. aprilis a. secundo.

In e. m. decano ac thesaurario Metensi et cantori S. Exuperii de Corbolio Parisiensis diocesis.

Reg. 67, f. 245¹, nr. 821.

272. — *1318 April 3. Avignon.*

Johannes XXII Symoni nato nobilis viri Andree de Byoncourt confert canonicatum eccl. S. Theobaldi prope muros Metenses cum prebenda ad presens vacante vel proxime vacatura.

Tue merita probitatis . . . Dat. Avinione III non. aprilis a. secundo.

In e. m. S. Apri et S. Mansueti Tullensis monasteriorum abbatibus ac magistro Petro de Piperno canonico Antisiodorensi.

Reg. 68, f. 188¹, nr. 1572.

273. — *1318 Juni 6. Avignon.*

Johannes XXII Isabelli (!) ducisse Lothoringie nobilis viri Galtheri de Castellione Conestabularii Francie consorti concedit facultatem habendi altare portatile et faciendi supra eodem per ydoneum sacerdotem in loco congruo et honesto pro ipsa et ipsius familiaribus divina officia celebrari.

Devocionis tue precibus . . . Dat. Avin. VIII idus iunii a. secundo.

Reg. 68, f. 157, nr. 1491.

274. — *1318 Juni 6. Avignon.*

Johannes XXII Philippe nate quondam ducis Lothoringie moniali monasterii de Paraclito ord. Cysterciensis Ambianensis dioc. indulget, ut in presencia Ysabellis ducisse Lothoringie genitricis sue liceat sibi carnibus vesci.

Devocionis tue merita . . . Dat. Avin. VIII idus iunii a. secundo.

Reg. 68, f. 198, nr. 1599.

275. — *1318 Juni 8. Avignon.*

Johannes XXII decano ecclesie Metensis, vacante eadem ecclesia, mandat, quatinus cum Perrino dicto Villico cive Metensi et Beatrice eiusdem uxore, qui ignorantes, quod inter eos existebat impendimentum affinitatis, matrimonium contraxerant, dispenset, ut in sic contracto matrimonio remanere licite valeant.

Intenta salutis operibus . . . . Dat. Avinione VI idus iunii a. secundo.

Reg. 68, f. 412, nr. 2273.

***276.** — *1318 Juni 16. Avignon.*

Johannes episcopus servus servorum dei dilecto filio Philippo de Lucelymborg canonico Metensi. Salutem et apostolicam benedictionem.

Conquestus est nobis venerabilis frater noster Balduinus archiepiscopus Treverensis, quod . . decanus et capitulum ecclesie Tullensis procurationes sibi ratione visitationis debitas exhibere indebite contradicunt. Ideoque discretioni tue per apostolica scripta mandamus, quatinus partibus convocatis audias causam et appellatione remota debito fine decidas . . . Dat. Avinione XVI kl. iulii p. n. a. secundo.

Coblenz. St. Arch., Erzb. St. Arch. 138ᵃ. Or. mb. c. sig. del. — Ad dextram in plica: B. de Sancta Spezia.

277. — *1318 Juni 27. Avignon.*

Johannes XXII Anselmo de Noweroy confert ecclesiam parrochialem de Vico Metensis diocesis cum omnibus eius iuribus et pertinenciis vacantem per mortem Gawardi de Grinol olim ipsius ecclesie rectoris, qui apud sedem apostolicam diem clausit extremum.

Ad illorum provisionem . . . Dat. Avin. V kl. iulii a. secundo.

In e. m. abbati monasterii S. Simphoriani et decano S. Theobaldi extra muros Metenses ac Homini de Pererulo canonico Fanensi.

Reg. Vat. 68, f. 108, nr. 1332.

278. — *1318 Juli 14. Avignon.*

Johannes XXII magistro Symoni de Marvilla iuris civilis professori scolastico et canonico ecclesie Virdunensis capellano sedis apostolice indulget, ut usque ad triennium fructus redditus et proventus scolastrie, quam in Virdunensi, ac prebendarum et beneficiorum ecclesiasticorum, que in Virdunensi et Metensi ecclesiis, quarum existit canonicus, obtinet, faciendo in altera ipsarum ecclesiarum vel partim in una et partim in reliqua residenciam consuetam seu disciplinis scolasticis, ubi generale vigeat studium, insistendo integre, cotidianis distribucionibus dumtaxat exceptis, recipere valeat, non obstante quod in eccl. Virdunensi primam personalem residenciam non fecit, »proviso quod beneficia scolastica prebende ac beneficia supradicta debitis interim obsequiis non fraudentur et animarum cura in eis, quibus illa iminet, nullatenus negligatur.«

Dum ad personam tuam . . . Dat. Avinione II idus iulii a. secundo.

In e. m. S. Vincencii et S. Agerici ac de Castellione Virdun. dioc. monasteriorum abbatibus.

Reg. Vat. 68, f. 222, nr. 1636.

279. — *1318 Juli 30. Avignon.*

Johannes XXII Stephano de Insula in Urbe confert preposituram S. Marie Rotunde ab olim consuetam canonicis Metensibus assignari, cuius fructus quadraginta librarum Turonensium parvorum valorem annuum non excedunt, vacantem per obitum Nicholai de Pappazuris de Urbe canonici Metensis et eiusdem S. Marie prepositi, qui nuper apud sedem apostolicam diem clausit extremum, non obstante quod idem Stephanus in eadem Mettensi et Dignensi ac S. Symphoriani Remensi ecclesiis canonicatus et prebendas, quorum redditus annui summam centum florenorum auri non excedunt, obtinet.

Digne agere credimus . . . Dat. Av. III kl. augusti a. secundo.

In e. m. S. Clementis et S. Martini extra muros Metenses monasteriorum abbatibus ac Neapolioni de Romannia archidiacono minoris ecclesie Remensis.

Reg. Vat. 68, f. 213, nr. 1138.

280. — *(1318?) September 18. Avignon.*

[Johannes XXII] dilecto filio nobili viro Adimario de Pictavia militi domino.

Cum quedam ad tuam et nonnullorum nobis amicicia coniunctorum personas contingentia dilecto filio nobili viro Guidoni Delfini militi domino baronie Montisalbani familiari nostro exhibitori presencium fiducialiter committenda duxerimus pro parte nostra tibi verbo tenus referenda, devocionem tuam requirimus et rogamus attente, quatenus eidem Guidoni, prout exigit ipsius nota tibi condicio, in hiis, que circa premissa tibi retulerit, fidem cures indubiam adhibere. Dat. Av. XIIII° kl. octobris.

Reg. 109, l. secr., f. 85¹, nr. 364.

281. — *1318 September 21. Avignon.*

Johannes XXII Amadeo de Gebennis obtentu Guillermi comitis Gebennensis eiusdem fratris confert canonicatum ecclesie Vivariensis et prebendam, non obstante quod in Coloniensi Maguntina Lingonensi Viennensi Valentinensi et Lugdunensi ecclesiis canonicus existit et quandam pensionem in ecclesia de Cosungiaco Gebennensis diocesis percipit annuatim.

Tui nobilitas generis . . . Dat. Av. XI kl. octobris a. tertio.

Reg. 69, f. 100, nr. 312.

*282. — *1318 November 30. Avignon.*

Johannes XXII cancellario et magistro Guillermo de Urbino canonico ecclesie Virdunensis ac priori Predicatorum Virdunensium mandat, quatinus litem de patronatu ecclesie parrochialis de Huesanges Metensis diocesis exortam inter decanum et capitulum S. Salvatoris Metensis et Symonem de Homburch parochum de Huesanges ex una parte et Walterum de Meysambourk ex altera decernant.

Johannes episcopus servus servorum dei. Dilectis filiis . . cancellario et magistro Guillermo de Urbino canonico ecclesie ac . . priori ordinis fratrum Predicatorum Virdunensium. Salutem et apostolicam benedictionem.

Sua nobis dilecti filii . . decanus et capitulum ecclesie Sancti Salvatoris Metensis patroni parrochialis ecclesie de Huesanges ac . . Symon de Hombourch rector eiusdem parrochialis ecclesie Metensis diocesis peticione monstrarunt, quod, licet olim idem Symon ad presentationem ipsorum fuisset per loci diocesanum in rectorem dicte parrochialis ecclesie tunc vacantis canonice institutus, tamen Walterus de Meysambourk natus quondam Joffridi eiusdem loci de Meysambourk militis armiger Treverensis diocesis tacito de premissis et falso asserens, se ipsius parrochialis ecclesie fore patronum, et quod iidem decanus et capitulum super iure patronatus eiusdem parrochialis ecclesie iniurabantur eidem, contra eosdem decanum et capitulum super hoc ad Josselinum de Metis canonicum Virdunensem felicis recordationis Clementis pape V predecessoris nostri in communi forma litteras impetravit dictosque decanum capitulum et Symonem fecit coram dicto canonico pretextu litterarum huiusmodi ad iudicium evocari, petendo in libello conventionali per eum in iudicio exhibito coram canonico memorato decano et capitulo super iure patronatus ac Symoni supradictis super dicta ecclesia parrochiali perpetuum silentium imponi et eundem Symonem ab eadem parrochiali ecclesia sentencialiter amoveri. Interim vero dictus predecessor, ut iudicium sine suspitione procederet, ad instantiam dictorum decani et capituli quondam Walterum de Fremerevilla canonicum et . . cantorem ecclesie Virdunensi ex officio suo duxit cognitioni cause huiusmodi adiungendos, mandans cantori et canonico supradictis, ut, si nondum esset in causa ipsa ad litis contestationem processum, in ea ratione previa procederent iuxta dictarum eidem Josselino directarum continentiam litterarum et quod, si non omnes hiis exequendis interesse possent, duo ipsorum ea exequi nichilominus procurarent. Dictusque Walterus de Fremerevilla, antequam per litteras sibi et dictis collegis super hoc directas in aliquo processum fuisset, debitum nature persolvit. Cumque post hoc dictus armiger eosdem decanum et capitulum fecisset coram . . cantore Beate Marie Magdalene et Johanne de Bello-redditu canonico maioris Virdunensium ecclesiarum, quibus cantor Virdunensis ecclesie ac Josselinus predicti commiserant, non tamen totaliter, vices suas super predicta causa, in qua ad litis contestationem processum non fuerat, ad iudicium evocari ac, ut prius petiisset, eisdem decano et capitulo super iure patronatus ac Symoni antedictis super dicta parrochiali ecclesia perpetuum silentium imponi et dictum Symonem a dicta parrochiali ecclesia amoveri, ex parte dictorum decani capituli et Symonis coram eisdem cantore ecclesie B. Marie Magdalene et Johanne de Bello-redditu fuit excipiendo prepositum, quod, cum in dictis litteris per dictum armigerum impetratis nulla de predicto Symone et institutione ipsius in predicta parrochiali ecclesia mentio haberetur, prout ex ipsarum litterarum inspectione liquido apparebat, iidem cantor ecclesie B. Marie Magdalene et Johannes de Bello-redditu per dictas litteras per ipsum armigerum obtentas, que se ad eundem Symonem minime extendebant, procedere de iure non poterant nec debebant. Et quia iidem cantor et Johannes huiusmodi exceptionem legitimam admittendam non esse per interlocutoriam pronunciarunt iniquam, ipsi sentientes ex hoc indebite se gravari, ad cantorem et Josselinum predictos appellarunt. Et licet iidem decanus et capitulum ac Symon huiusmodi appellationem eorum et eius causam coram eodem Josselino et Willermo de Antella canonico Virdunensi, cui dictus cantor in eadem appellationis causa commiserat, non tamen totaliter, vices suas, legitime probavissent, quia tamen dicti Josselinus et Willermus ipsos male appellasse sententialiter nuntiarunt processumque per eosdem cantorem ecclesie B. Marie et Johannem de Bello-redditu rite fuisse habitum perperam nunciarunt, eosdem decanum, capitulum et Symonem ad examen ipsorum cantoris ecclesie B. Marie et Johannis de Bello-redditu remittendo ipsosque nequiter condempnando in expensis in dicta appellationis causa factis dicto Waltero solvendis, iidem decanus capitulum et Symon, sentientes ex hoc indebite se gravari, ad sedem appellarunt predictam. Dicti vero Josselinus et Willermus huiusmodi appellatione contempta in decanum excommunicationis et in capitulum predictos interdicti sententias contra iustitiam promulgarunt ipsosque decanum excommunicatum et capitulum interdictum fecerunt et faciunt publice nunciari. Sed isti iusto [ut] asserunt, impedimento detenti, non sunt appellationem suam infra tempus legitimum prosecuti. Quare nobis humiliter supplicarunt, ut huiusmodi lapsu temporis non obstante providere ipsis super hoc paterna diligentia curaremus. Quocirca discretioni vestre per apostolica scripta mandamus, quatinus vocatis, qui fuerint evocandi, et auditis hinc inde prepositis, quod iustum fuerit, appellatione remota decernatis, facientes, quod decreveritis, per censuram ecclesiasticam firmiter observari. Testes autem, qui fuerint nominati, si se gratia odio vel timore subtraxerint, censura simili appellatione cessante cogatis veritati testimonium perhibere. Non obstante indulgentia, qua, fili prior, ordini tuo a sede apostolica dicitur esse concessum, quod fratres ipsius ordinis non teneantur se intromittere de quibuscumque causis, que ipsis per ipsius sedis litteras committuntur, nisi in eis de indulto huiusmodi plena et expressa mentio habeatur. Quodsi non omnes hiis exequendis potueritis interesse, duo vestrum ea nichilominus exequantur. Dat. Avinione II kl. decembris p. n. a. tertio.

Metz. Bez.-Arch. G. 1644, l. 5. Or. mb. c. sig.; sub plica ad sinistram: P. Ascibilis, Sy. Aretinus. *Regest in Jahrbuch I, 212, nr. 118.*

283. — [1318] December 5. Avignon.

[Johannes XXII] dilecto filio nobili viro Johanni Delphino Viennensi.

Per tuas, fili, nobis litteras, quas leta manu suscepimus, noviter intimasti, qualiter in Francia tuis feliciter expeditis agendis iter ad reditum assumpsisti. Sane qui in prosperis tuis delectamur affectu paterno successibus, tibi de negociorum expedicione votiva procul dubio congaudemus tuum exoptantes in prosperitate disponi regressum. Ceterum de promocione dilecti filii Henrici Pataviensis electi germani tui sollicitis non expedit, te apud nos insistere precibus, quia eam cordi habemus indubie, quod, dum se oportunitas facultatis obtulerit, effectus operis demonstrabit. Dat. Avinione nonis decembris.

Reg. 109, f. 101¹, nr. 426; Riezler nr. 47 (ad a. 1316).

*****284.** — *1318 December 9. Avignon.*

Johannes XXII cancellario Virdunensi ac magistro Guillermo de Urbino canonico Virdunensi ac priori Predicatorum Virdunensium mandat, quatinus litem de patronatu ecclesie de Huesanges Metensis diocesis exortam inter decanum et capitulum eccl. S. Salvatoris Metensis et Walterum de Misamburch decernant.

Johannes episcopus servus servorum dei dilectis filiis . . cancellario ac magistro Guillermo de Urbino canonico ecclesie ac . . priori ordinis fratrum Predicatorum Virdunensium salutem et apostolicam benedictionem.

Sua nobis . . decanus et capitulum ecclesie S. Salvatoris Metensis patroni parrochialis ecclesie de Huesanges Metensis diocesis petitione monstrarunt, quod Walterus natus quondam Joffridi militis de Misamburch armiger Treverensis diocesis falso asserens se eiusdem parrochialis ecclesie fore patronum et quod iidem decanus et capitulum super iure patronatus eiusdem parrochialis ecclesie iniuriabantur eidem, contra ipsos super hoc ad Josselinum de Metis canonicum Virdunensem felicis recordationis Clementis pape V predecessoris nostri in communi forma litteras impetravit dictosque decanum et capitulum fecit coram dicto canonico super eodem iure patronatus ad iudicium evocari. Postmodum autem idem predecessor ad instantiam dictorum decani et capituli, ut iudicium sine suspicione procederet, Walterum quondam de Fremerevilla canonicum et . . cantorem ecclesie Virdunensis ex officio suo duxit cognitioni cause huiusmodi adiungendos, mandans cantori et canonico supradictis, ut, si nondum esset in causa ipsa ad litis contestationem processum, in ea previa ratione procederent iuxta predictarum eidem Josselino directarum continentiam litterarum et quod, si non omnes hiis exequendis interesse possent, duo ipsorum ea exequi nichilominus procurarent. Dictusque Walterus de Fremerecuria, antequam per litteras huiusmodi sibi et dictis collegis directis in aliquo processum fuisset, debitum nature persolvit. Cumque postmodum dictus armiger dictos decanum et capitulum coram Colardo de Calvomonte archidiacono de Ripparia et Johanne succentore ecclesie Virdunensis, quibus dicti cantor et Josselinus commiserant super hoc, non tamen totaliter, vices suas, traxisset in causam, iidem decanus et capitulum ex eo sentientes ab eisdem archidiacono et succentore, coram quibus aliquamdiu fuerat in huiusmodi causa processum, indebite se gravari, quod copiam actorum communium coram eis in causa huiusmodi habitorum, per que causa instruebatur eadem, quam nunquam habuerant, sibi facere contra iusticiam denegarunt humiliter requisiti, ad prefatos cantorem et Jocelinum primo et demum ab eis gravamen huiusmodi revocare nolentibus ad sedem apostolicam appellarunt, sed iusto, ut asserunt, impedimento detenti non sunt huiusmodi appellationem suam infra tempus legitimum prosecuti. Quare nobis humiliter supplicarunt, ut huiusmodi lapsu temporis non obstante providere eis super hoc de oportuno remedio dignaremur. Quocirca discretioni vestre per apostolica scripta mandamus, quatinus vocatis, qui fuerint evocandi, et auditis hinc inde propositis, quod canonicum fuerit, appellatione remota decernatis facientes, quod decreveritis per censuram ecclesiasticam [firmiter observari]. Testes autem, qui fuerint nominati, si se gratia odio vel timore subtraxerint, censura simili appellatione cessante compellatis veritati testimonium perhibere, non obstante indulgentia, qua, fili prior, ordini tuo a sede apostolica dicitur esse concessum, quod ipsius ordinis fratres non teneantur se intromittere de quibuscumque negotiis, que ipsis per eiusdem sedis litteras committuntur, nisi in eis de concessione huiusmodi plena et expressa mentio habeatur. Quodsi non omnes hiis exequendis potueritis interesse, duo vestrum ea nichilominus exequantur. Dat. Avinione V idus decembris p. n. a. tertio.

<small>Metz. Bez.-Arch. G. 1644, 5. Or. mb. c. sig. sub plica ad sinistram scripta sunt iam illegibilia; in plica ad dextram: R. pro Jo. de Flor. B. de Cap. Regest im Jahrbuch I, pg. 212, nr. 119.</small>

285. — *1318 December 15. Avignon.*

Johannes XXII cancellario et magistro Guillelmo de Urbino canonico eccl. Virdunensis ac priori Predicatorum Virdunensium mandat, quatinus litem inter Symonem de Hombourch rectorem ecclesie parrochialis de Huezanges Metensis diocesis et Walterum armigerum de Meysambourch exortam de patronatu huius ecclesie parrochialis decernant.

Johannes episcopus servus servorum dei dilectis filiis cancellario et magistro Guillelmo de Urbino canonico ecclesie ac .. priori ordinis fratrum Predicatorum Virdunensis salutem et apostolicam benedictionem. Sua nobis Symon de Hombourch rector parrochialis ecclesie de Huezanges Metensis diocesis petitione monstravit, quod olim ipse ad presentationem .. decani et capituli ecclesie Sancti Salvatoris Metensis, qui veri patroni eiusdem parrochialis ecclesie existere dinoscuntur, fuit per loci diocesanum in rectorem eiusdem parrochialis ecclesie canonice institutus ipsamque parrochialem ecclesiam aliquandiu possedit pacifice et quiete. Postmodum autem Walterus armiger natus quondam Joffridi de Meysambourch militis Treverensis diocesis tacito de premissis et mendaciter asserens se eiusdem parrochialis ecclesie fore patronum et quod iidem decanus et capitulum super iure patronatus eiusdem parrochialis ecclesie iniuriabantur eidem, contra ipsos super hoc ad Josselinum de Metis canonicum Virdunensem felicis recordationis Clementis pape V . . . litteras impetravit. Deinde vero dictus predecessor, ut iudicium sine suspicione procederet, ex officio suo . . cantorem ac ad instantiam dictorum decani et capituli quondam Walterum de Fremerevilla canonicum ecclesie Virdunensis duxit cognitioni cause huiusmodi adiungendos, mandans cantori et canonico antedictis, ut, si nondum esset in causa ipsa ad litis contestationem processum, in ea previa ratione procederent iuxta predictarum eidem Josselino directarum continentiam litterarum, et quod si omnes hiis exequendis interesse non possent, duo ipsorum id exequi nichilominus procurarent. Dictusque Walterus de Fremerevilla, antequam per litteras sibi et eisdem collegis suis directas in aliquo processum fuisset, debitum nature persolvit. Verum Colardus de Calvomonte archidiaconus de Riparia et Johannes de Spinallo succentor dicte ecclesie Virdunensis, quibus dicti cantor et Josselinus super hoc commiserant, non tamen totaliter, vices suas, non attendentes, quod in predictis litteris nulla de dicto Symone ac de ipsius institutione in dicta parrochiali ecclesia in eisdem litteris mentio habebatur, prout ex ipsarum tenore liquido apparebat, et per hoc eedem littere se ad predictum Symonem non extenderent, pretextu dictarum litterarum eundem Symonem non monitum nec citatum nec se per contumaciam absentantem ab eadem parrochiali ecclesia tanquam detentorem illicitum perperam amoverunt de facto ipsumque ab eadem amoveri mandaverunt; propter que dictus Symon, quam cito hec ad suam pervenerunt noticiam, ad predictos cantorem et Josselinum primo et demum ab eis gravamen huiusmodi revocare nolentibus ad sedem apostolicam appellavit. Quocirca discretioni vestre . . . mandamus, quatinus vocatis, qui fuerint evocandi, et auditis hinc inde propositis, quod iustum fuerit, appellatione postposita decernatis facientes, quod decreveritis per censuram ecclesiasticam firmiter observari. Testes autem, qui fuerint nominati, si se gratia odio vel timore subtraxerint, censura simili appellatione cessante compellatis veritati testimonium perhibere. Non obstante indulgentia, qua, fili prior, ordini tuo a sede apostolica dicitur esse concessum, ut ipsius ordinis fratres non teneantur se intromittere de quibuscumque negotiis, que eis per eiusdem sedis litteras committuntur, nisi in eisdem litteris de commissione huiusmodi plena et expressa mentio habeatur. Quodsi non omnes hiis exequendis potueritis interesse, duo vestrum ea nichilominus exequantur. Datum Avinione XVIII kl. ianuarii p. n. a. tertio.

Metz. Bez.-Arch., G. 1644. Or. mb. c. sig. Sub plica ad sinistram: J. F.; *in plica ad dextram:* N. Ray. *In dorso:* Gerardus de Crevy. *Regest im Jahrbuch I, p. 211, nr. 120.*

286. — *1319 Januar 26. Avignon.*

Johannes XXII Ludovicum episcopum Vivariensem transfert ad ecclesiam Lingonensem vacantem per translationem Guillermi electi Lingonensis ad eccl. Rothomagensem.

Romani pontificis, quem . . . Dat. Avin. VII kl. februarii a. tercio.

Reg. 69, f. 113¹, nr. 355.

287. — *1319 Februar 13.*

Item die XIII eiusdem mensis febroarii dominus Ludovicus episcopus Lingonensis promisit pro communi servitio VIIII^c flor. auri et quinque consueta servitia persolvere, medietatem videlicet in festo nativitatis B. Virginis et aliam medietatem in festo purificationis eiusdem Virginis proxime futuris.

In marg. sinistro: Servitium ecclesie Lingonensis.
In marg. dextro: XXIIII cardinales.

Obl. et Sol. 6 (297), f. 17.

288. — *1319 April 21. Avignon.*

[Johannes XXII] abbati monasterii de Miramonte Cisterciensis ordinis Lingonensis diocesis.

Cum dilecti filii magistri Bernardus de Montevalrano archidiaconus Sicalonie in ecclesia Bituricensi et Petrus Durandi capellanus noster canonicus Ebredunensis, nostri et apostolice sedis nuncii, quos ad partes Alamanie pro nostris et eiusdem sedis negotiis duximus destinandos, maiori hospitio tuo, quod in civitate Metensi habere dinosceris, ad certum tempus pro ipsorum habitatione indigere noscantur, volumus et discretionem tuam rogamus . . . et tibi . . . mandamus, quatinus eisdem nunciis prefatum hospitium, cum pro parte ipsorum vel alterius eorundem fueris requisitus, retinendum per eos, quamdiu eis pro huiusmodi habitatione necessarium extiterit, sine difficultate concedas. Dat. Av. XI kl. maii a. tertio.

Reg. 69, f. 521, litt. cur. nr. 98.

289. — *1319 April 21. Avignon.*

Johannes XXII Bernardum de Montevalrano et Petrum Durandi deputat collectores camere apostolice in Treverensi Maguntina Coloniensi Salseburgensi et Magdeburgensi provinciis.

[Johannes XXII] magistris Bernardo de Montevalrano archidiacono Sicalonie in ecclesia Bituricensi et Petro Durandi canonico Ebredunensi capellano nostro apostolice sedis nunciis.

Cum nos de vestre circumspectionis industria fiduciam obtinentes specialem vos ad Treverensem Maguntinam et Coloniensem et Salseburgensem civitates dioceses et provincias pro certis ecclesie Romane negotiis duxerimus destinandos, discretioni vestre . . . mandamus, quatinus vos vel alter vestrum per vos vel per alium seu alios omnes pecuniarum summas et quecumque alia bona, in quibuscumque consistant, que per quasvis personas ecclesiasticas vel seculares predictarum necnon et Magdeburgensis civitatum diocesium et provinciarum, exemptas et non exemptas, ecclesie Romane debentur et que debere contigerit in futurum, ab eis et earum singulis nostro et ecclesie Romane nomine usque ad beneplacitum nostrum petere exigere et recipere cum diligentia studeatis. Nos enim petendi exigendi et recipiendi pecunias et bona predicta . . . contradictores insuper et rebelles . . . auctoritate nostra appellatione postposita compescendi, citandi quoque . . . plenam . . . concedimus potestatem . . . Dat. ut supra (= Av. XI kl. maii a. tertio).

Reg. 69, f. 520, litt. cur. 94; Riezler nr. 154.

290. — *1319 April 26. Avignon.*

Johannes XXII archiepiscopo Bisuntino et Metensi ac Herbipolensi episcopis mandat, quatinus ministrum generalem et fratres ordinis Minorum, qui in diversis mundi partibus extra regnum Francie affliguntur diversis et gravibus iacturis iniuriis violentiis et molestiis, ab his defendant.

Dilectos filios . . magistrum (!) generalem . . . Dat. Av. VI kl. maii a. tertio.

Reg. 69, f. 488, nr. 1551.

291. — *1319 Mai 4. Avignon.*

Johannes XXII ecclesie Metensi vacanti per Raynaldi episcopi mortem, quam secuta est electio discors, providet transferendo Henricum electum Pataviensem in vicesimo secundo etatis anno et in minoribus tantum ordinibus constitutum ad ecclesiam Metensem.

[Johannes XXII] dilecto filio Henrico electo Metensi.

Inter sollicitudines alias . . . Dudum siquidem ecclesia Metensis per obitum bone memorie Raynaldi episcopi Metensis pastoris solacio destituta, due in ea electiones, una videlicet de dilecto filio Philippo de Cirkis canonico eiusdem ecclesie a maiori parte capituli ipsius ecclesie et alia de Petro de Treva archidiacono de Marsallo in eadem ecclesia a quibusdam ipsius ecclesie canonicis, fuerunt in discordia celebrate.

Quarum electionum negocio per appellaciones ipsorum Philippi et Petri ad sedem apostolicam legitime devoluto dictisque Philippo et Petro pro electionum prosecutione huiusmodi personaliter ad sedem accedentibus memoratam, idem Petrus renunciavit expresse omni iuri, siquod sibi ex eadem electione sua fuerat acquisitum; dictus vero Philippus huius electionis sue negocium apud dictam sedem diucius extitit prosecutus et post nonnullos processus super hoc coram nonnullis fratribus nostris auditoribus successive super premissis specialiter deputatis habitos demum idem Philippus omne ius, quod ei ex predicta electione facta de ipso, ut predicitur, competebat, sponte ac libere in nostris manibus resignavit. Nos igitur . . . in te, tunc electum Pataviensem generis utique nobilitate preclarum, morum elegancia redimitum, litterarum scientia preditum, graciarum muneribus circumfultum, intuitum direximus nostre mentis . . . ac tecum, ut defectu, quem pateris in ordinibus et etate, cum in vicesimo secundo etatis tue anno vel circa illum et in minoribus tantum ordinibus constitutus existas, et quibuslibet constitucionibus nequaquam obstantibus regimen ipsius ecclesie Metensis libere suscipere ac exercere licite valeas . . . dispensantes, te ad eandem ecclesiam Metensem transferimus et preficimus te ipsi ecclesie Metensi in episcopum et pastorem, tibi curam et administrationem eiusdem ecclesie Metensis in spiritualibus et temporalibus plenarie committendo . . . Dat. Avinione IIII non. maii a. tercio.

In e. m. primicerio, decano et capitulo ecclesie Metensis . . . clero civitatis et dioc. . . universis vasallis eccl. Met. . . . populo civitatis dioc. Metensis . . .

In e. m. venerabili fratri . . archiepiscopo Treverensi salutem. Ad cumulum tue cedit salutis et fame, si personas ecclesiasticas presertim pontificali preditas dignitate divine propiciacionis intuitu oportuni presidii ac favoris gracia prosequaris. Dudum siquidem etc. usque incrementis. Cum igitur, ut idem electus in commissa predicte Metensis ecclesie sibi cura facilius proficere valeat, tuus favor eidem esse noscatur plurimum oportunus, fraternitatem tuam rogamus et hortamur attente per apostolica scripta mandantes, quatinus predictos electum et ecclesiam Metensem habens pro nostra et dicte sedis reverencia propensius commendatos in ampliandis et conservandis iuribus suis sic eundem electum tui favoris presidio prosequaris, quod ipse tuo fultus auxilio in commisso sibi ecclesie Metensis prefate regimine se possit utilius exercere tuque divinam misericordiam et benivolenciam dicte sedis exinde valeas uberius promereri. Dat. ut supra.

Reg. 69, f. 223¹, nr. 702; Riezler nr. 158.

292. — *1319 Mai 6. Avignon.*

Johannes XXII magistris Bernardo de Montevalrano archidiacono Sicalonie et Petro Durandi capellano nostro canonico Ebredunensi, apostolice sedis nunciis.

Cum collectio fructuum reddituum et proventuum beneficiorum ecclesiasticorum Maguntine Coloniensis et Treverensis civitatum et diocesium et provinciarum . . . pro ecclesie Romane necessitatibus . . . deputandorum vobis et certis prelatis ecclesiarum earundem civitatum diocesium et provinciarum . . . commissa ex eo impedimentum grande suscipiat, quod iidem prelati et alie persone ecclesiastice dictarum provinciarum valorem fructuum reddituum et proventuum dictorum beneficiorum, cum illa vacare contingit, denegant revelare, nos . . . vobis et vestrum cuilibet, quod eosdem prelatos tam archiepiscopos quam episcopos et omnes alias personas ecclesiasticas . . . ad revelandum vobis vel vestris commissariis valorem fructuum reddituum et proventuum eorundem auctoritate nostra appellatione postposita . . . compellere valeatis, plenam vobis et vestrum cuilibet concedimus . . . facultatem . . . Dat. Av. II non. maii a. tertio.

Reg. 69, f. 521¹, litt. cur. 101; Riezler nr. 159.

293. — *1319 Mai 7. Avignon.*

Johannes XXII Johanni de Bous dicto de Vinstinga utriusque iuris professori clerico Motensis (!) ecclesie testatur, quod a Clemente V calumniis a canonicis ecclesie Basiliensis adversus eum prolatis iniuste privatus erat officialatu ecclesie Basiliensis ac canonicatu et prebenda in Metensi ecclesia, eumque restituit habilem ad obtinenda beneficia ecclesiastica quecunque.

Sedes apostolica pia mater . . . Dat. Avin. nonas maii a. tercio.

Reg. 69, f. 420, nr. 1337.

294. — *1319 Mai 20. Avignon.*

Johannes XXII Petro Durandi capellano suo canonico Tullensi nondum in eccl. Tullensi prebendato confert prebendam vacantem per mortem Johannis de Molaris olim canonici Tullensis capellani papalis, qui apud sedem apostolicam diem clausit extremum.

Et si sedes apostolica . . . Dat. Avinione XIII kl. iunii a. tercio.

Reg. 69, f. 401, nr. 1275.

*****295.** — *1319 Juni 5. Avignon.*

Johannes episcopus servus servorum dei dilecto filio . . abbati monasterii S. Vincentii Metensis ordinis S. Benedicti salutem et apostolicam benedictionem.

Exhibita nobis tua petitio continebat, quod nonnulli tui monasterii monachi et conversi, ut tuam correctionem evitent et regularem effugiant disciplinam, frivole appellationis obstaculum sepius interponunt, sicque eorum excessibus remanentibus impunitis reliqui exinde assumunt audaciam delinquendi; super quo petisti per apostolice sedis providentiam subveniri. Cum autem appellationis remedium non ad diffugium malignantium sed ad oppressorum suffragium sit inventum, discretioni tue per apostolica scripta mandamus, quatinus non obstante huiusmodi frivole appellationis obiectu circa correctionem monachorum et conversorum ipsorum excessuum libere officii tui debitum exequaris. Dat. Avinione nonas iunii p. n. a. tertio.

Metz. Bez.-Arch. H 1921. Or. mb. c. sig. del. Ad sinistram sub plica R. Boerii. *Ad dextram in plica:* N. Vall. *Reg. im Jahrbuch I, p. 211, nr. 121.*

296. — *1319 Juni 7. Avignon.*

Quitacio communis servicii episcopi Traiectensis et prorogacio serviciorum.

Facta fuit quitacio domino Frederico episcopo Traiectensi de M III^c flor. auri pro complemento sui communis servicii solutis camere per manus dominorum Egidii de Bache canonici Traiectensis et Henrici cantoris de Monasterio Met. dioc. procuratorum suorum. Et quia in termino non solverat, fuit absolutus et secum dispensatum super irregularitate. Et prorogatus fuit etiam sibi terminus pro quatuor serviciis familiarium, que ad III^c LIII flor. XIII β VI d. tur. parvorum ascendunt, usque ad festum nativitatis B. Virginis proximo futurum. Dat. Av. die VII iunii anno (1319) indict. (II) et pont. predictis.

Obl. et Sol. 5 (311), f 95^1; similiter Obl. et Sol. 3, f. 57.

297. — *1319 Juni 7. [Avignon.]*

Item anno quo supra (1319) die VII mensis iunii solvit dominus Fredericus episcopus Traiectensis pro complemento sui communis servicii collegium XXVI dominorum cardinalium contingentis M III^c flor. auri per manus magistrorum Egidii de Bake canonici Traiectensis et Henrici cantoris de Monasterio Metensis dioc . . . .

Obl. et Sol. 3, f. 57.

298. — *1319 Juni 13. Avignon.*

Item (a. 1319) die XIII mensis iunii solvit idem episcopus Traiectensis per manus eorundem pro totali servitio familie (collegii cardinalium) LXXXVIII flor. VII β VI d. turon. . . .

Obl. et Sol. 3, f. 57.

299. — *1319 Juni 16. Avignon.*

Johannes XXII Therrico de Suacembergh confert ecclesie Tullensis canonicatum et prebendam et archidiaconatum de Linco, que vacant per obitum Philippi de Sirkes, qui nuper apud sedem apostolicam diem clausit extremum, non obstante quod idem Therricus in eccl. S. Salvatoris Traiectensis canonicatum et prebendam obtinet.

Tui nobilitas generis . . . Dat. Avin. XVI kl. iulii a. tercio.

Reg. 69, f. 316¹, nr. 1005.

300. — *1319 Juni 18.*

Eisdem anno indictione die XVIII iunii in hospicio domini Albanensis dominus Henricus electus Metensis promisit pro suo communi servitio VI^m flor. auri et V servitia familiarium persolvere hinc ad festum pentecostes proxime venturum. Alioquin infra tres menses, et iuravit ut in formula presentibus consuetis.

In margine sinistro: Servitium episcopi Metensis in Lotoringia.

In margine dextro: XXIIII^{or} card.

Obl. et Sol. 5 (134), f. 25; similiter Obl. et Sol. 6 (297), f. 18¹.

301. — *1319 Juli 12. Avignon.*

[Johannes XXII] archiepiscopo Treverensi ac Leodiensi et Metensi episcopis.

Etsi quibuslibet religiosis . . . Sane . . . magistri et fratrum hospitalis S. Marie Theothonicorum Ierosolimitani . . . conquestione percepimus, quod nonnulli archiepiscopi episcopi abbates et alii clerici ecclesiasticeque persone, tam religiose quam seculares, necnon comites et barones nobiles milites universitates et alii seculares civitatum et diocesium ac partium vicinarum . . . occuparunt et occupari fecerunt ecclesias grangias obediencias castra casalia terras vineas . . . ad dictum hospitale . . . spectantia . . . Nos igitur . . . fraternitati vestre . . . mandamus, quatinus . . . conservatores et iudices magistro [et] fratribus . . . efficacis defensionis presidio assistentes non permittatis eosdem super hiis et quibuslibet aliis . . . indebite molestari vel sibi gravamina seu dampna vel iniurias irrogari. . . Dat. Avin. IIII idus iulii a. tertio.

Idem mandat idem compluribus aliis archiepiscopis et episcopis.

Reg. 69, f 313¹, nr. 999.

302. — *1319 August 5. Avignon.*

Johannes XXII Johanni de Bosco dicto de Vinstinga utriusque iuris professori confert ecclesie Metensis canonicatum cum prebenda ad presens vacante vel proxime vacatura.

Litterarum scientia et alia . . . Dat. Avin. nonas augusti a. tercio.

In e. m. decano et cantori S. Salvatoris Metensis ac Hugucioni de Marchiano canonico Leodiensi.

Reg. 69, f. 410¹, nr. 1308.

303. — *1319 August 5. Avignon.*

Johannes XXII Theoderico nato nobilis viri Nicolai de Theonisvilla consideratione Caroli magistri hospitalis S. Marie Theotonicorum Ierosolimitani pro eodem supplicantis confert S. Salvatoris Metensis canonicatum cum prebenda ad tempus vacante vel proxime vacatura, non obstante quod in eccl. S. Gowari Treverensis dioc. canonicatum et prebendam obtinet.

Nobilitas generis et alia . . . Dat. Avin. nonas augusti a. tercio.

In e. m. archiepiscopo et preposito Treverensi ac magistro Petro de Baro archidiacono Salernitano.

Reg. 69, f. 335, nr. 1063.

304. — *1319 August 5. Avignon.*

Johannes XXII Arnoldo Gezzelonis de Dullinga consideratione Caroli magistri hospitalis S. Marie Theotonicorum Ierosolimitani pro eo supplicantis confert ecclesie S. Arnualis Metensis diocesis canonicatum cum prebenda ad presens vacante vel proxime vacatura.

Probitatis tue merita . . . Dat. Avin. nonas augusti a. tercio.

In e. m. decano S. Paulini extra muros Treverenses et scolastico Treverensi ac magistro Bertrando de S. Genesio canonico Engolismensi.

Reg. 69, f. 360, nr. 1141.

305. — *[1319] August 28. Avignon.*

Johannes XXII Johanni Dalphino Viennensi petenti concedit, ut eius confessor et in mortis articulo possit absolvere ac concedere valeat plenam peccatorum omnium remissionem.

Ferventis devotionis affectus . . . Dat. Avin. V kl. septembris.

Reg. 109, litt. secr. f. 199, nr. 750.

306. — *[1319] August 31. Avignon.*

Johannes XXII Johanni Delphino Viennensi egroto scribit consolando eum in eius egritudine.

 Insinuata nobis, fili . . Dat. Avin. II kl. septembris.
  Reg. 109, litt. secr. f. 159, nr. 652.

307. — *1319 September 4. Avignon.*

Quitacio communis servicii episcopi Traiectensis.

Facta fuit quitacio domino Frederico episcopo Traiectensi per clericos camere pro IIII serviciis familiarium de III^C LIII flor. et XIII solidis et IIII den. tur. parvorum solutis per manus magistri Johannis de Bascha canonici Metensis.

 Dat. Avin. die IIII septembris a. indict. et pont. predictis.
  Obl. et Sol. 5 (311), f. 96¹.

308. — *1319 September 6. Avignon.*

Facta fuit quitacio domino Ludovico episcopo Lingonensi de II^m II^c L flor. auri pro parte sui communis servicii solutis camere et pro primo termino ac pro quatuor serviciis familiarium de III^c LXXV flor. auri solutis clericis eiusdem camere . . . .
  Obl. et Sol. 5, fol. 93.

309. — *1319 September 27. Avignon.*

Johannes XXII Beatrici relicte quondam Johannis Dalphini Viennensis moniali monasterii Vallis Brisciasci Cisterciensis ordinis Viennensis dioc. concedit indultum quoddam.
  Reg. 70, f. 196¹, nr. 327.

310. — *1319 October 18. Avignon.*

Johannes XXII Amedeo de Gebenna canonico Lugdunensi capellano suo supplicanti indulget, ut residendo in aliqua ecclesiarum, in quibus beneficiatus existit, aut in Romana curia vel in loco, ubi vigeat studium generale aut ubicumque mansionem elegerit, fructus redditus et proventus omnium beneficiorum suorum ecclesiasticorum integre, cotidianis distribucionibus dumtaxat exceptis, usque ad triennium libere valeat recipere.

 Personam tuam . . . Dat. Avin. XV kl. novembris a. quarto.
  Reg. 70, f. 106¹, nr. 86.

311. — *[1319] December 1. Avignon.*

Johannes XII Henrico electo Metensi.

Sincere devocionis affectus . . . Cum itaque nuper Metensi ecclesie . . . de persona tua . . . duxerimus providendum teque illi prefecerimus in episcopum et pastorem, . . . tibique, qui nondum es in sacris ordinibus constitutus, nimis onerosum et sumptuosum existeret pro dictis recipiendis ordinibus et etiam tue consecrationis munere statutis a iure temporibus apud sedem apostolicam inmorari, nos . . . tuis supplicationibus inclinati tibi, ut a quocumque malueris episcopo catholico . . . omnes sacros ordines statutis a iure temporibus etiam extra Romanam curiam, ubicumque tibi placuerit, et nichilominus eisdem rite acceptis ordinibus consecrationis tue munus a quocumque eciam catholico antistite . . . licite recipere valeas . . . Dat. Avin kl. decembris.

Reg. 70, f. 271, nr. 537.

312. — *1319 December 28. Avignon.*

Johannes XXII Colardo quondam Werrici de Gras confert ecclesie Metensis canonicatum cum prebenda ad presens vacante vel proxime vacatura, non obstante quod in S. Servatii Traiectensis sub expectatione prebende est receptus et in S. Marie Wallecuriensis preposituram et in S. Theodardi Thudunensis Leodiensis diocesis officium custodie et in eadem S. Theodardi et S. Crucis Leodiensis ecclesiis canonicatus et prebendas obtinet; dimittat tamen preposituram et officium supradicta, postquam huiusmodi canonicatum et prebendam in Metensi ecclesia fuerit assecutus.

Litterarum scientes, morum honestas . . . Dat. Avin. V kl. ianuarii a. quarto.

Reg. 70, f. 152', nr. 194.

313. — *[1319 oder 1320] Januar 22.*

Johannes XXII nobili viro Guidoni Dalphino militi domino Montisalbani familiari suo destinat litteras, quibus eum hortatur, ut quosdam nuncios Amedei comitis Gebennensis, quos a papa redeuntes ceperat, liberos dimittat e carcere.

Miranter audivimus, quod . . . Dat. XI kl. februarii.

Reg. 109 litt. secr., f. 200, nr. 753.

314. — *1320 Februar 1. Avignon.*

Facta fuit quitacio domino Ludovico episcopo Lingonensi de mille centum XXV flor. auri pro parte sui communis servicii camere et de

CLXXXVII flor. VIII β VIII d. tur. parvorum pro quatuor serviciis familiarium clericis eiusdem camere persolutis . . .

Obl. et Sol. 5 (311) f. 103.

315. — *1320 März 27. Avignon.*

[Johannes XXII] Henrico electo Metensi.

Ad audienciam nostri apostolatus pervenit, quod nonnulli executores testamentorum seu ultimarum voluntatum personarum decedentium civitatis et diocesis Metensis interdum negligentes dolose vel fraudulenter in executione huiusmodi se gerentes aliter, quam dispositio defunctorum ipsorum habeat, bona legata et fidei commissa ab eisdem defunctis in pios usus per manus dictorum executorum eroganda distribuere seu in proprios vel alios illicitos usus convertere non verentur. Nos igitur . . . discretioni tue . . . mandamus, quatinus, si tibi simpliciter summarie et de plano sine strepitu et figura iudicii constiterit de premissis, contra executores ipsos, ut testamenta huiusmodi et ultimas voluntates plene et fideliter exequantur, auctoritate apostolica procedas . . . Dat. Avin. VI kl. aprilis a. quarto.

Reg. 70, f. 403, nr. 937. — Riezler nr. 181.

316. — *1320 März 27. Avignon.*

Johannes XXII Henrico electo Metensi supplicanti indulget, ut semel cathedralem ecclesiam et alias ecclesias necnon monasteria et alia loca ecclesiastica earumque personas civitatis et diocesis Metensis, in quibus episcopo Metensi . . . visitationis officium de consuetudine competit vel de iure, possit per aliquam seu aliquas personas idoneas . . . visitare et procurationes ab eisdem ecclesiis monasteriis locis ac personis taliter visitatis in pecunia numerata recipere moderatas . . . Dat. Avin. VI kl. aprilis a. quarto.

Reg. 70, f. 403¹, nr. 939. — Riezler nr. 183 n. 1.

317. — *1320 März 27. Avignon.*

Johannes XXII Henrico electo Metensi petenti concedit potestatem faciendi exnunc in maiori ecclesia Metensi duas necnon in collegiatis ecclesiis civitatis Metensis in earum videlicet singulis singulas personas idoneas, quas duxerit eligendas, in canonicos recipi et in fratres, stallo eis in choro et loco in capitulo . . . assignatis, reservandi quoque pro earum singulis singulas prebendas nulli alii de iure debitas, si in dictis ecclesiis vacant ad presens vel cum vacaverint.

Personam tuam eo libentius . . . Dat. Avin. VI kl. aprilis a. quarto.

Reg. 70, f. 406, nr. 949. — Riezler nr. 181.

318. — *1320 März 27. Avignon.*

Johannes XXII episcopo Lingonensi mandat, quatinus eos, qui tempore vacationis ecclesie Metensis bona ad eius mensam spectantia administraverunt, compellat Henrico electo Metensi computum reddere et finalem ponere rationem.

[Johannes XXII] episcopo Lingonensi.

Apostolice solicitudinis debitum. . . Cum itaque, sicut accepimus dilecti filii . . decanus et capitulum eiusdem ecclesie (Metensis) et nonnulli alii tam clerici quam laici tempore vacationis predicte dictorum decani et capituli vel alia quavis auctoritate seu temeritate bona ad mensam episcopalem dicte ecclesie pertinencia, videlicet terras castra villas loca iura iurisdictiones et alia quelibet bona eiusdem mense gesserint et administraverint nullamque de administratione huiusmodi reddiderint rationem, fraternitati tue . . . mandamus, quatinus . . . prefatos . . . simpliciter et summarie et de plano sine strepitu et figura iudicii de predictis omnibus gestis et administratis per eos necnon de fructibus redditibus proventibus ad dictam mensam spectantibus ab eisdem administratoribus seu negotiorum gestoribus perceptis vel qui percipi potuerunt, dilecto filio Henrico electo Metensi omni appellatione cessante compellas computum reddere et finalem ponere rationem eique de hiis, in quibus per computum et rationem huiusmodi constiterit eos dicto electo existere obligatos, plenam et debitam facias satisfactionem impendi. . . Dat. Avin. VI kl. aprilis a. quarto.

Reg. 70, f. 403¹, nr. 940.

319. — *1320 März 29.*

Die XXIX mensis marcii dominus Herricus electus Metensis regens Dalphinatum Viennensem nomine Guigonis Dalphini filii quondam domini Dalphini assignavit camere pro censu duorum annorum preteritorum et terminatorum in festo nativitatis domini proxime preterito, in quo tenebatur Romane ecclesie pro castris de Momis[1]) et de Mirabello et de Vincebrio Vasionensis dioc., que tenet ab ecclesia Romana, argentum operatum in tassiis duabus, videlicet computatis pro anno quolibet novem unciis argenti de lege Avinionensi XVIII unc. arg.

Intr. et Exit. t. 38, f. 3¹; similiter Obl. et Sol. t. 5 (341), f. 106.

320. — *1320 Juni 2.*

Item die II iunii frater Guilhelmus sacrista ecclesie sancti Johannis Iherosolomitani de Avinione executor testamenti Johannis de Vestinga

---

[1]) Niomis *Intr. et Exit. l. cit.*

presbiteri Metensis dyoc. assignavit camere pro legato relicto in dicto testamento — V β tur. parvor.

Intr. et Exit. t. 31, f. 16¹.

321. — *1320 Juni 14. Avignon.*

Johannes XXII providet ecclesie Pataviensi vacanti per translationem Henrici ad eccl. Metensem de persona Alberti canonici Maguntini.

Pastoralis officii . . . Dat. Avin. XVIII kl. iulii a. quarto.

Reg. 70, nr. 1037. — Riezler nr. 188.

322. — *1320 Juni 17. Avignon.*

Johannes XXII Henrico electo Metensi.

Considerantes in persona tua . . . tibi . . . VI kl. mensis aprilis proximo preteriti graciose meminimus concessisse, ut usque ad proximas kl. septembris ad sacros ordines promoveri et consecrationis munus recipere minime tenearis. Verum quia de preterito tempore, quo eidem ecclesie te prefecimus, ac de eo, quod post perfectionem huiusmodi infra tempus a iure statutum non solum munus consecrationis recipere, sed etiam ad predictos ordines te promoveri facere non curasti, in concessione huiusmodi non habetur nec super hec litteras dispensacionis apostolice habuisti, nobis humiliter supplicasti, ut super premissis providere tibi de oportuno remedio curaremus. Nos igitur . . . tecum, quod tibi predicta decursio preteriti temporis non obsistat et quod usque ad kl. septembris prefatas . . dictos ordines et consecrationis munus recipere minime tenearis, . . . dispensamus . . . Dat. Avin. XV kl. iulii a. quarto.

Reg. 70, f. 403, nr. 938. — Riezler nr. 181 n. 3.

323. — *1320 Juli 28. Avignon.*

Facta fuit quitacio domino Ludovico episcopo Lingonensi de MCXXV flor. auri pro complemento sui communis servicii camere et de CLXXXVII flor. VIII β VIII d. tur. parvorum pro quatuor serviciis familiarium clericis eiusdem camere persolutis. . . . Dat. Avin. die XXVIII iulii anno ind. et pont. predictis.

Obl. et Sol. t. 5 (311), f. 109¹.

324. — *1320 September 25. Avignon.*

Servicium episcopi Pataviensis in Alamania.

Eisdem anno (1320) indict. (III) die (XXV septembris) loco (Avinione) . . . magister Andreas de Lubek cellerarius ecclesie Lubecensis et Hermannus dictus de Holtem notarius procuratores et nuncii domini Alberti electi confirmati in episcopum Pataviensem procuratorio nomine ipsius . . . recognoverunt servicium commune promissum per dominum Henricum olim electum Paviensem suum predecessorem immediatum, quod fuit V^m flor., et V servitia familiarium similiter consueta non soluta et promiserunt pro suo communi servicio V^m flor. auri et V servicia familiarium supradicta persolvere . . .

In margine dextro: XXI card.

Obl. et Sol. 5 (311), f. 33; similiter 6 (297), f. 24.

325. — *1320 November 18.*

Servicium monasterii S. Clementis Metensis. — XXI (card.).

Item die decima octava mensis novembris eiusdem anni dominus Guillermus abbas monasterii S. Clementis Metensis promisit pro comuni servicio VII^c florinos auri et quinque servicia persolvere, medietatem scilicet in festo nativitatis B. Marie proxime futuro et aliam medietatem in festo purificationis tunc sequenti.

Obl. et Sol. t. 6 (297), f. 24^1; similiter t. 5, f. 34.

326. — *1320 November 27. Avignon.*

Johannes XXII Guillelmo abbati monasterii S. Clementis Metensis petenti concedit facultatem contrahendi mutuum usque ad summam quingentorum florenorum auri, cum eundem tam pro suis necessariis quam monasterii negotiis apud sedem apostolicam utiliter expediendis subire oporteat magna onera expensarum.

Ex parte tua . . . Dat. Avin. V kl. decembris a. quinto.

Reg. 70, f. 121, nr. 159.

327. — *1320 December 8. Avignon.*

Ad futuram rei memoriam. Dudum ad nostri apostolatus perducto noticiam, quod licet inter . . . Amadeum comitem Sabaudie et quondam Johannem Delphinum Viennensem tunc viventem fuisset olim pacis concordia reformata, proximis tamen transactis diebus . . . inter dictum comitem et . . . Guidonem Dalphinum Viennensem eiusdem Johannis primogenitum flamma fuerat priorum odiorum accensa et nichilominus inter eundem comitem et Eduardum primogenitum eius ex parte una et prefatum Guidonem Dalphinum et comitem Gebennensem ex parte altera gravis discordia suscitata. Nos . . . inter eosdem

... treugas usque ad festum resurrectionis domini venturum proximo duraturas ... duximus inducendas. Verum quia forsan aliqui protendere conarentur, quod treuge predicte per obitum dicti comitis Gebennensis, qui postmodum extitit de hac vita sublatus, viribus non subsistunt, nos ... treugas ... usque ad festum resurrectionis .. de novo etiam ad cautelam inducimus duraturas... Dat. Avin. VI idus decembris a. quinto.

Reg. 71, litt. cur. f. 43', nr. 103.

328. — *1317 Juli 5—1320 December 25.*

Bernardi de Monte Valrano et Petri Durandi rationes collectoriae Alemanniae quantum ad dyoceses Mettensem, Tullensem, Virdunensem spectant.

Collectoriae 3, fol. 27—66. — Kirsch, Die päpstlichen Kollektorien in Deutschland während des XIV. Jahrhunderts, S. 36 ff.

329. — *1321 Januar 9. Avignon.*

Johannes XXII Ludovico episcopo Lingonensi nunciat, quod ad tollendam discordiam inter eum atque decanum capitulumque eccl. Lingonensis exortam et ad reducendam inter eos pacem Cluniacensis et Balmensis monasteriorum abbatibus Matisconensis et Bisuntine diocesium committit et mandat, ut omni mora sublata ad civitatem Lingonensem, si ad eam utraque pars possit secure et commode convenire, alioquin ad alia loca vicina neutri parti suspecta se personaliter conferentes episcopo et decano et capitulo ad suam presentiam evocatis sub gravibus spiritualibus penis districtius iniungant, quod ab omni armorum strepitu et quibuslibet nocivis incursibus ac offensis debeant omnimode abstinere.

Quam sit gratum deo ... Dat. Avin. V idus ianuarii a. quinto.
In e. m. decano et capitulo eccl. Lingonensis.
In e. m. Cluniacensis et Balmensis monasteriorum abbatibus.

Reg. 71, f. 162, nr. 293.

330. — *1321 April 1. Avignon.*

Johannes XXII Henrico electo vel eius vicario seu vicariis nunciat se confirmasse fundationem monasterii ord. Cisterciensis apud pontem Thiefredi in urbe Metensi a Johanne Lowias et Pontia vidua Colini de Curia factam.

Johannes episcopus servus servorum dei dilecto filio Henrico electo Metensi vel .. vicario seu .. vicariis eiusdem salutem et apostolicam benedictionem.

Piis supplicantium votis et illis precipue, per que ad laudem divini nominis tenditur ac salus ipsorum et aliorum fidelium impetratur, libenter annuimus et, ut vota huiusmodi optate prosecutionis sortiantur effectum, auctoritatem et licentiam impertimur. Oblate siquidem nobis dilecti filii Johannis dicti Lowias et dilecte in Christo filie Pontie relicte quondam Colini de Curia[1]) laici vidue civium Metensium petitionis series continebat, quod dicti Johannes et Pontia gerentes ad ordinem Cisterciensem pure devotionis affectum et cupientes terrena in celestia et transitoria in eterna felici comertio commutare, quoddam monasterium sub regula habitu et observantia dicti ordinis infra muros civitatis Metensis iuxta pontem Thiefredi proposuerunt salubriter in fundo et domibus viridariis aliisque possessionibus dicti Johannis latis et amplis fundare ac erigere et dotare et quod propterea non modicas pecuniarum summas eorum pro emendis preter hec perpetuis redditibus ad sustentationem congruam abbatis et duodecim monachorum eiusdem ordinis, qui virtutum domino pensum debite servitutis solvant iugiter inibi, deputarunt; sic tamen quod crescentibus imposterum redditibus monasterii antedicti iuxta ipsorum exigentiam in eodem monasterio fratrum numerus augeatur, quodque tales in hac parte articuli observentur, videlicet quod dicti monasterii monachi infra ipsius monasterii septa permaneant nec inde ipsis exire liceat, casibus necessitatis dumtaxat exceptis, preter abbatem et procuratorem prefati monasterii, qui pro tempore fuerint, aut alium monachum ipsius monasterii, quem dictus abbas de consensu conventus ipsius monasteri seu maioris partis eiusdem conventus pro societate sua, dum exire voluerit duxerit eligendum. Prefatum quoque monasterium quantum ad visitationem correctionem et punitionem subsit tanquam patri abbati suo .. abbati monasterii de Villario prope Metis ordinis prelibati. Sed nec ipsius monasterii fundandi neque de Villario abbates prefati seu quivis alter abbas predicti ordinis eosdem abbatem et monachos dicti monasterii fundandi pro ipsorum delictis causa correctionis aut penitentie ad alia monasteria relegare vel mittere valeant quoquo modo, immo quemadmodum in ipso monasterio fundando solitariam vitam elegerint, ibidem in solitudine puniantur, ne causa relegationis seu missionis huiusmodi eis experiendi seculi vanitates materia tribuatur. Dictum insuper monasterium fundandum ad receptionem hospitum eiusdem ordinis minime teneatur. Et quia multa bona in generali eiusdem ordinis capitulo ordinantur, abbas dicti monasterii fundandi iuxta morem

---

[1]) *Nicolle de la Court anno 1304 fungebatur officio magistri scabinorum. Metz. Bez.-Arch. H 37.*

dicti ordinis debeat in eodem capitulo eiusdem ordinis comparere. Preterea electio abbatis dicti monasterii fundandi, cum imminerit (!) facienda, ad conventum eiusdem et creatio monachorum ad eosdem abbatem et conventum ipsius monasterii fundandi perpetuis futuris temporibus communiter pertineant in eodem. Rursus ipsi abbas et conventus monasterii fundandi in contractibus aliisque negotiis eiusdem monasterii fundandi uno et eodem sigillo utantur in communi custodia conservando, nec quicquam sigilletur de illo, nisi de communi consensu dictorum abbatis et conventus monasterii fundandi vel maioris partis conventus huiusmodi emanabit. Nec quicumque abbas prefati ordinis bona temporalia ipsius monasterii fundandi, presertim immobilia, vendere seu obligare vel quovis alio modo alienare valeat, nisi de tocius conventus predicti requisitione processerit et assensu. Quodque liceat eidem Pontie, que pro maiori parte dicto monasterio fundando dotes assignare dicitur queve per biennium octo monachis in dicto monasterio de Villario propter inopiam ipsius monasterii de Villario pro cultu divino vite necessaria propinavit, sex ex dictis octo eligere et in dicto monasterio fundando ponere et facere residere, ut alios recipiendos in eo informent et instruant in divinis officiis et regularibus disciplinis. Quare predicti Johannes et Pontia nobis humiliter supplicarunt, ut huiusmodi pium eorum propositum confovere atque promovere de apostolice sedis clementia dignaremur. Nos igitur attendentes fore meritorium et salubre, ut sacra dilatetur religio et cultus divini nominis amplietur, discretioni vestre per apostolica scripta committimus et mandamus, quatinus, si premissa inveneritis veritate fulciri et ab eisdem Johanne ac Pontia dos sufficiens pro sustentatione ipsorum abbatis et duodecim monachorum dicti monasterii fundandi aliisque ipsius monasterii fundandi oneribus supportandis primitus extiterit assignata, dictis Johanne (!) et Pontie faciendi et complendi predicta, que, ut prefertur, proponunt, auctoritate nostra liberam licentiam concedatis sine iuris preiuditio alieni et hiis, que circa hec facta essent, aliisque super eis faciendis, cum expleta fuerint, eadem auctoritate curetis adicere robur confirmationis et perpetue firmitatis. Volumus tamen, ut abbas et monachi aliique fratres dicti monasterii fundandi, qui pro tempore fuerint, subsint ordini antedicto et sicut alii fratres ipsius ordinis servare ritus et mores eorum et dicti ordinis teneantur. Sepulturam quoque ipsius monasterii fundandi, postquam fundatum extiterit, auctoritate predicta, esse liberam decernatis, ut devotioni et extreme voluntati eorum, qui se illic deliberaverint sepeliri, nullus obsistat, nisi forsan fuerint excommunicati vel interdicti aut usurarii manifesti, salva canonica iustitia illarum ecclesiarum, a quibus assumentur corpora mortuorum. Non obstantibus quibuscumque statutis et consuetudinibus ordinis memorati iuramento confirmatione sedis eiusdem vel quacumque firmitate alia roboratis seu quibuslibet privilegiis indulgentiis et litteris contrariis dicte sedis, per que presentibus non expressa vel totaliter non inserta effectus presentium impediri valeat quomodolibet vel differri, et de qua cuiusque toto tenore fieri debeat in nostris litteris mentio specialis. Dat. Avinione kl. aprilis pontificatus nostri anno quinto.

Metz. Hospitalarchiv A 34. Or. mbr. c. sig. pend. del. — Sub plica ad sinistram: P. C. de Caun.; *in plica ad dextram:* R. Boerii. *Regest im Jahrbuch I p. 211 nr. 122. — Reg. 72 litt. com. f. 152¹, nr. 1184. — Histoire de Metz, III, Preuves p. 339.*

331. — *1321 April 4. Avignon.*

Johannes XXII Nicolao de Gayle confert ecclesie Metensis canonicatum et prebendam vacantes per mortem Balduini de Relanges.

[Johannes XXII] Nicolao de Gayle canonico Metensi.

Sedis apostolice copiosa benignitas . . . Exhibita siquidem nobis tua peticio continebat, quod olim, antequam nos assumpti essemus ad apicem apostolice dignitatis, vacantibus in ecclesia Metensi canonicatu et prebenda per mortem quondam Balduini de Relanges eiusdem ecclesie canonici . . capitulum eiusdem ecclesie, ad quos canonicatuum et prebendarum collatio, cum in eadem ecclesia eos pro tempore vacare contingit, dinoscitur pertinere, insimul convenerunt et, cum fuissent triginta octo numero canonici de capitulo supradicto, tresdecim te, duodecim vero quendam Henricum de Salinis, reliqui autem tresdecim canonici ex capitulo antedicto quendam Pieratum dictum Predeschaut(!) clericos Metensis civitatis et diocesis ad eosdem canonicatum et prebendam . . . in discordia elegerunt. Huiusmodi autem electionum negotio ad sedem apostolicam legitime devoluto, dum dictum negotium . . . sic penderet, Henricus apud eandem sedem et Pierotus in illis partibus viam interim fuerunt universe carnis ingressi. Postmodum autem tu omni iuri, si quod tibi ex electione . . . competebat aut posset competere . . per procuratorem . . . in manibus . . Simonis tit. S. Prisce presbiteri cardinalis tua sponte cessisti . . . Quare nobis humiliter supplicasti, ut eosdem canonicatum et prebendam . . tibi . . . conferre dignaremur. Nos itaque . . . eosdem . . . tibi conferimus et de illis etiam providemus. . . Dat. Avin. II nonas aprilis a. quinto.

in e. m. S. Martini ante Metim et S. Mansueti extra muros Tullenses monasteriorum abbatibus ac Beltramo de Mediolano canonico Leodiensi.

Reg. 72, f. 204, nr. 1332.

332. — *1321 April 4. [Avignon.]*

Item anno quo supra die IIII mensis aprilis dominus Albertus electus Pataviensis solvit pro parte communis servitii domini Henrici predecessoris sui collegium XXIX dominorum cardinalium contingente M II^c flor. et pro parte servitii familie XLIII flor. XXI den. tur. per manus magistrorum Andree de Saxonia celerarii Lubicensis et Hermanni plebani in Gaboz Pataviensis dioc. Cuius domini Henrici facta fuit obligacio anno domini M° CCC° XVII° die XXVIII mensis iulii et per dominum Albertum eiusdem servitii recognitio anno domini M° CCC° XX° die XXV mensis septembris.

Obl. et Sol. t. 3 (312), f. 79.

333. — *1321 Mai 25. Avignon.*

Johannes XXII archiepiscopo Lugdunensi et episcopo Lingonensi mandat, quatinus, cum sit exorta gravissima discordia noviter et guerra inter Amadeum comitem Sabaudie, Eduardum et Aymonem natos ac Ludovicum de Sabaudia nepotem suos et Imbertum dominum de Belloioco ex parte una et Henricum electum Metensem Dalphinatus gubernatorem et Guigonem Dalphinum Viennensem, Hugonem Dalphini patruum eius, (*Amadeum*), comitem Gebennensem, Ademarum de Pictavia et Ademarum eius filium, Ademarum dominum de Rossilione ac Amedeum et Hugonem fratres dicti comitis Gebennensis avunculos ex altera, ad presenciam gubernatoris et nobilium eorundem personaliter accedentes pro reformatione pacis efficaciter operam impendant.

Ab eo, per quem omnis. . . Dat. Avin. VIII kl. iunii a. quinto.

Reg. 71, litt. cur. f. 57, nr. 160.

334. — *1321 Mai 31. Avignon.*

Johannes XXII Johannem dictum Lausac scolarem Metensem absolvit ab excommunicationis sentencia, quam incurrerat in sua supplicatione scribendo, quod peteret dispensationem a defectu natalium a soluto et soluta genitus, quamquam revera fuerat genitus de coniugato et soluta.

Exhibito nobis pro parte tua. . . Dat. Avin. II kl. iunii a. quinto.

Reg. 72, f. 276^1, nr. 1590.

335. — *1321 Juni 13. Avignon.*

Johannes XXII, petente Frederico in regem Romanorum electo, mandat episcopo Curiensi, quatinus cum Ulrico de Asperomonte et Margareta de Vacz muliere Curiensis diocesis ipsius electi consanguinea, qui tercio et quarto consanguinitatis gradibus coniuncti matrimonium contraxerunt et diu insimul ut coniuges habitarunt, dispenset, ut licite in sic contracto matrimonio remanere possint, prolem susceptam et suscipiendam legitimam nunciando.

Exhibita nobis . . . Dat. Avin. idus iunii a. quinto.

Reg. 72, litt. com. f. 126¹, nr. 1093.

336. — *1321 Juli 13. Avignon.*

Johannes XXII Johanni de Asperomonte confert ecclesie Cameracensis canonicatum cum prebenda ad presens vacante vel proximo vacatura, non obstante quod in eccl. Virdunensi canonicatum et prebendam obtinet.

Multiplicia tue probitatis merita. . . Dat. Avin. III idus iulii a. quinto.

Reg. 72, f. 247, nr. 1475.

337. — *1321 Juli 18. Avignon.*

Johannes XXII Amadeo electo Tullensi.

Cura pastoralis officii . . . Nuper siquidem ecclesia Tullensi per obitum bone memorie Johannis episcopi Tullensis, qui Matiscone viam extitit universe carnis ingressus, pastoris solacio destituta, nos vacatione ipsius ecclesie Tullensis fidedignis relatibus intellecta . . . provisionem ipsius ecclesie Tullensis hac vice disposicioni nostre duximus reservandam . . . ac . . . demum in te canonicum Parisiensem de nobili prosapia genitum . . . intuitum direximus nostre mentis. Quibus omnibus debita meditatione discussis, de persona tua licet absente . . . defectu, quem in ordinibus pateris, cum tonsuram tantum habeas clericalem, super quo tecum . . . duximus dispensandum, nequaquam obstante, prelibate Tullensi ecclesie . . . providemus teque ipsi preficimus in episcopum et pastorem. . . Dat. Avin. XV kl. augusti a. quinto.

In e. m. decano et capitulo eccl. Tull. . . . clero civitatis et diocesis Tull. . . . populo civitatis et dioc. Tull. . . . universis vasallis eccl. Tull. . . . archiepiscopo Treverensi.

Reg. 72, f. 250¹, nr. 1491.

338. — *1321 Juli 18. Avignon.*

Johannes XXII cum Amedeo electo Tullensi, de cuius persona providit eccl. Tullensi, dispensat super defectu etatis, quem patitur, cum in vicesimo octavo etatis sue anno vel circa illum constitutus esse dicatur.

Clara probitatis tue merita. . . Dat. Avin. XV kl. augusti a. quinto.

Reg. 72, f. 276, nr. 1588.

339. — *1321 Juli 25. Avignon.*

Johannes XX Aynardo de Porta Tritonia[1]) monacho monasterii S. Arnulphi prope muros Metenses ord. S. Benedicti.

Precellens auctoritas. . . Sane peticio tua nobis exhibita continebat, quod tu dudum adhuc in adolescentia tua consistens ordinem fratrum Minorum expresse fuisti professus et postmodum de tui superioris licentia te ad monachorum nigrorum S. Benedicti ordinem transtulisti et in monasterio S. Arnulphi prope muros Metenses ordinis S. Benedicti professionem emittens fuisti longo tempore in eisdem monasterio et ordine laudabiliter conversatus. Verum quia felicis recordacionis Clemens papa V . . in concilio Viennensi dinoscitur statuisse, quod professores ordinum mendicantium ad non mendicantium ordines eciam auctoritate apostolica transeuntes vocem et locum in capitulo non habeant quodque ad prioratus administraciones vel officia inantea non possent assumi nec animarum curam et regimen pro se vel pro aliis exercere, nobis humiliter supplicasti, ut providere tibi super hoc de oportune dispensacionis gracia misericorditer dignaremur. Nos igitur . . . tecum, ut ad abbaciam et quodcumque beneficium ecclesiasticum consuetum per regulares monachos gubernari, etiamsi dignitas vel personatus existat . . . licite promoveri valeas et assumi, . . . dispensamus. . . Dat. Avin. VIII kl. augusti a. quinto.

Reg. 72, f. 235, nr. 1434.

340. — *1321 Juli 31. Avignon.*

Johannes XXII Alberico archidiacono Metensi utriusque iuris professori.

Devocionis tue sinceritas . . . Oblata siquidem nobis tua peticio continebat, quod tu olim virtute eiusdem gracie apostolice per nos in ecclesia Metensi tibi facte archidiaconatum, quem quondam Guillermus de Torvilleirs archidiaconus eiusdem ecclesie in eadem ecclesia, dum

---

[1]) *De hoc cf. Hist. de Metz III, p. 332.*

vixit, obtinuit, post obitum ipsius Guillermi tamquam per mortem eiusdem Guillermi vacantem accepisti illumque assequens, cum fere per annum possedisti, prout adhuc possidere te asseris pacifice et quiete; cum autem de novo ad tuam pervenerat noticiam, quod prefatus Guillermus, qui dictum archidiaconatum per viginti annos vel circa possedit, ante assecutionem ipsius archidiaconatus et post aliqua beneficia curata una cum eodem archidiaconatu obtinuit et possedit dispensacione super hoc a sede apostolica non obtenta, sicque dictus archidiaconatus de iure et non de facto vacarit, tuque ignorans, quod prefatus archidiaconatus, antequam dictus Guillermus viam fuisset universe carnis ingressus, tantum de iure vacasset, cum idem Guillermus tempore mortis sue pro vero archidiacono Metensi communiter haberetur, nobis humiliter supplicasti, ut non obstante, quod tu eundem archidiaconatum demum post mortem dicti Guillermi tamquam per ipsius obitum de iure et de facto vacantem accepisti et eum fuisti pacifice assecutus, confirmare tibi . . . ex certa scientia dignaremur. Nos itaque . . . tibi . . . archidiaconatum ipsum . . . confirmamus . . . Dat. Avin. II kl. augusti a. quinto.

Reg. 72, f. 264, nr. 1543.

341. — *1321 August 1. Avignon.*

Johannes XXII S. Pauli Bisuntinensis et S. Clementis extra muros Metenses ac S. Apri Tullensis monasteriorum abbatibus mandat, quatinus abbati et conventui monasterii de S. Benedicto in Vepria Cisterciensis ordinis Metensis dioc. conservatores et iudices efficacis defensionis presidio assistant contra occupatores et detentores bonorum monasterii eiusque molestatores, cuiuscumque status existant.

Militanti ecclesie licet immeriti . . . Dat. Avin. kl. augusti a. quinto.

In e. m. eisdem pro abbate et conventu monasterii de Warnevillari Cisterciensis ordinis Metensis dioc., pro abbate et conventu monasterii de Altasilva Cisterc. ord. Tullensis dioc., pro abbate et conventu monasterii de Insula Barensi Cisterc. ord. Tullensis diocesis, pro abbate et conventu monasterii de Villario Cisterc. ord. Metensis dioc. et pro abbate et conventu monasterii de Vitrinavalle Cisterc. ord. Spirensis dioc

Reg. 72, f. 179, nr. 1258.

342. — *1321 September 5. Avignon.*

Johannes XXII petente Gerardo nato Symonis de Mercheville domini de Perroye canonico Metensi, cui Henricus electus Metensis ex indulto a papa concesso ¹) contulit canonicatum eccl. Metensis, non obstante quod idem iam in Virdunensi et S. Deodati Tull. dioc. ecclesiis canonicatus et prebendas obtinet et litigat super prepositura eiusdem eccl. S. Deodati in Romana curia, decernit predictam gratiam per eundem electum Gerardo factam »perinde valere« ac plenum et debitum sortiri effectum.

Dum condiciones et merita... Dat. Avin. nonas septembris a. sexto.

Reg. 73, f. 29, nr. 8.

343. — *1321 October 12. [Avignon.]*

Servicium episcopi Tullensis in Lothoringia.

Eisdem anno (1321) indictione (IV) die (XII mensis octobris) loco (Avinione) et testibus domiqus Petrus Bonidie canonicus Gebenensis et Petrus de Virsaneyo canonicus Diensis ecclesiarum procuratorio nomine Amedei electi Tullensis promiserunt pro suo communi servicio II^m V^c flor. et V servicia familiarium persolvere, medietatem videlicet in festo resurrectionis dominice proximo venturo et aliam medietatem in festo B. Michaelis de mense septembris proximo secuturo. Alioquin infra tres menses, et iuravit ut in forma.

Attende de C florenis oblatis per procuratores ipsos ultra summam promissam de gracia.

In margine dextro: XXVI card.

Obl. et Sol. 5 (311), f. 40¹; similiter Obl. et Sol. 6 (297), f. 28.

344. — *1321 October 23. Avignon.*

Johannes XXII archiepiscopo Viennensi nunciat, quod Trecensem et S Papuli episcopos nuncios destinavit ad treugas faciendum inter Amadeum comitem Sabaudie eiusque filios et Imbertum dominum Belliioci eorumque adiutores ex una parte et Henricum electum Metensem gubernatorem Dalphinatus, Guigonem Dalphinum Viennensem, Hugonem Dalphini dominum Fucignanum, Ademarum de Pictavia, Amadeum comitem Gebennensem, Amadeum de Gebenna electum Tullensem et Hugolinum fratrem eius ac . . aviam et tutricem ipsius comitis Gebennensis eorumque adiutores ex altera parte, eidemque mandat, quatinus nobiles ipsos ad observacionem treugarum inducant.

Cum inter dilectum... Dat. Avin. X kl. novembris (a. sexto).

Reg. 111 litt. secr., f. 77, nr. 291.

---

¹) *cf. supra nr. 317.*

345. — *1321 October 24. Avignon.*

Johannes XXII Henrico electo Metensi.

Desiderantes statum Delphinatus sub tuo regimine non incurrere diminutionis incommoda, sed pocius grata suscipere incrementa, et attendentes, quod cogitaciones, ubi non est consilium, dissipantur, ubi vero sunt plures consiliarii, confirmantur, circumspectionem tuam hortandam in domino duximus, tibi nichilominus sano consilio suadentes, ut viros fideles et gnaros, qui pacem tuam et Dalphinatus diligant et sua lucra in alienis dispendiis non perquirant, consiliarios statuas, et que agenda occurrunt, eorum consilio exequi non obmittas, sciturus quod, si hec duxeris exequenda, observanda post illam (!). erit salus tuis operibus nec penitencia subsequetur. Dat. Avin. IX kl. novembris anno sexto.

Reg. 111, litt. secr. f. 77¹, nr. 294.

346. — *1322 Januar 7.*

Item anno quo supra (1322) die VII^a mensis ianuarii dominus Albertus episcopus Pataviensis solvit pro parte servitii domini Henrici predecessoris sui collegium XXIX dominorum cardinalium contingente M II^c L flor. et pro parte servitii familie XLIII flor. et XXI den. tur. per manus magistri Andree Stephani celerarii ecclesie Lubicensis. Cuius domini Henrici facta fuit obligatio anno domini M° CCC° XVII° die XXVIII mensis iulii . . . .

Obl. et Sol. 3 (312), f. 89.

347. — *1322 Februar 9. Avignon.*

Gasbertus Massiliensis episcopus et pape camerarius notum facit, quod frater Guillermus abbas monasterii sancti Clementis Metensis ord. S. Ben. pro parte sui communis servicii, in quo est camere apostolice obligatus, centum septuaginta quinque flor. auri prefate camere et pro quatuor serviciis familiarium et officialium eiusdem domini pape triginta duos flor. auri et quindecim turon. grossos . . clericis camere supradicte pro eisdem familiaribus et officialibus recipientibus per manus magistri Girardi de Vissigneyo procuratoris sui solvi fecit. Idem absolvit abbatem a censuris, quas incurrit occasione huius pecunie in statuto sibi termino non solute. De expresso mandato pape eidem abbati, intellecto mole gravaminum, que pro parte abbatis exposita sunt coram papa in consistorio, propagat terminum solvendi residui usque ad festum beati Johannis baptiste proxime futurum.

Dat. Avin. die IX mensis februarii anno ind. pont. predictis.

Obl. et Sol. 7, f. 32¹; similiter sed brevius: Intr. et Exit. 43, a. sexto, f. 12, et Obl. et Sol. 5 (311), f. 132.

348. — *1322 Februar 14. [Avignon.]*

Item anno quo supra die VI^a (*mutatum in* XIIII^a) mensis februarii dominus Guillermus abbas monasterii sancti Clementis Metensis solvit pro parte sui communis servitii collegium XXI dominorum cardinalium contingente C LXXV flor. et pro parte servitii familie VIII flor. V sol. X den. tur. per manus magistri Gerardi de Visigneyo procuratoris sui. Cuius obligatio facta fuit anno domini M° CCC.° XX° die XVIII mensis novembris. Quam pecunie summam ego Vincentius predictus die XV mensis marcii distribui. . .

Obl. et Sol. t. 3 (312), f. 90.

349. — *1322 Februar 21. Avignon.*

Johannes XXII Guigoni Dalphino Viennensi.

Grata nobis admodum venerabilis fratris nostri G. archiepiscopi Viennensis [insinuatione] nos[1]), fili, noverit[2]) tua nobilitas, percepisse, quod super pace inter te et dilectum filium nobilem virum . . comitem Gebennensem ex parte una et dilectum filium nobilem virum Amadeum comitem Sabaudie ex altera valitoresque vestros reformanda dilectus filius Henricus electus Metensis patruus tuus tuumque regens Dalphinatum ad presens prefati . . archiepiscopi, cui negotium pacis huiusmodi, quod non modicum insidet cordi nostro, imposuimus promovendum, suasionibus annuens velut pacis filius reverenter super tractatu habendo locum elegit. Ad quem cum non possit personaliter accedere, habens in Franciam personaliter proficisci, te, si eidem archiepiscopo videatur expediens, ac certos barones pacis predicte fervidos zelatores pro parte tua et dicti comites Gebennensis cum potestate plenaria destinare promisit. Quare nobilitatem tuam . . . rogandam duximus et hortandam, quatinus guerrarum dispendia et concordie commoda diligenter attendens . . . tractatum pacis huiusmodi usque ad consummationem prosequi non desistas. . . Dat. Avin. VIIII kl. marcii a. sexto.

Reg. 111, litt. secr. f. 80, nr. 306.

350. — *1322 Mai 28. Avignon.*

Johannes XXII S. Andree Wormaciensis et S. Trinitatis ac S. Arnualis Metensis diocesium decanis mandat, quatinus abbati et conventui

---
[1]) nobis *ms.*
[2]) noviter *ms.*

monasterii in Otteburg Cisterc. ord. Maguntine dioc. tamquam conservatores et iudices efficacis defensionis presidio assistentes, non permittant eos molestari ab occupatoribus bonorum et iurium monasterii, occupatores et molestatores et contradictores cuiuscumque status et condicionis auctoritate apostolica appellatione postposita compescendo.

Militanti ecclesie licet immeriti. . . Dat. Avin. V kl. iunii a. sexto.

Reg. 73, f. 139, nr. 368.

351. — *1322 Juni 24. Avignon.*

Quitacio communis servicii pro parte electi Tullensis.

Facta fuit quitacio domino Amadeo electo Tullensi de VII^c L flor. auri pro sui communis servicii parte, videlicet VI^c XXV ex obligatione et XXV residuis ex pura promissione ac pro IIII serviciis de C flor. auri solutis debito tempore per manus Henrici de Balma rectoris ecclesie de Meusier Gebennensis dioc. capellani et familiaris sui. Dat. Avin. die XXIIII iunii a. indict. et pont. predictis.

Obl. et Sol. 5 (311), f. 135; similiter Obl. et Sol. 7, f. 38^1, Intr. et Exit. 43, f. 14.

352. — *1322 Juni 25. Avignon.*

Item anno quo supra die XXV mensis iunii dominus Amedeus electus Tullensis solvit pro parte sui communis servicii collegium XXVI dominorum cardinalium contingentis VI^c L flor. et pro parte servicii familie XXV flor. per manus magistri Henrici de Balmis capellani et familiaris sui. Cuius obligatio facta fuit anno domini M CCC XXI die XII mensis octobris . . .

Obl. et Sol. 3 (312), f. 93^1.

* **353.** — *1322 Juni 27. Avignon.*

Johannes XXII monasterio sanctimonialium Metensium ordinis S. Clare confirmat »omnes libertates et immunitates« a suis predecessoribus concessas »necnon et libertates et exemptiones secularium exactionum a regibus et principibus et aliis eidem monasterio indultas«.

Cum a nobis petitur. . . Dat. Avin. V kl. iulii p. n. a. sexto.

Metz. Bez.-Arch. Clarissen. Nachtr. Or. mb. c. sig. del. — Ad sinistram sub plica: P. de Vigono. — Ad dextram in plica: Eustach. — Regest im Jahrbuch I, p. 157, nr. 58.

354. — *1322 Juli 1. Avignon.*

Johannes XXII Henrico electo Metensi nunciat, quod attendens gravem discordiam inter Henricum ipsum et Guigonem Dalphinum

Viennensem ex parte una et Amadeum comitem Sabaudie ex altera suscitatam ac pacis inter eosdem federa reformari desiderans, Guillelmo archiepiscopo Viennensi mandat, quatinus ad partes illas se conferens partes predictas inducere studeat ad ineundum treugas usque ad instans festum nativitatis dominice duraturas.

Dum pacis commoda... Dat. ut supra (= Avin. kl. iulii a. sexto).

Reg. 111, litt. secr. 315, f. 82.

355. — *1322 August 1. Avignon.*

[Johannes XXII] Amedeo electo Tullensi.

Petitio dilecti filii Alberti monachi monasterii Medianensis ord. S. Bened. Tullensis dioc. nobis exhibita continebat, quod ipse olim... in dilectum filium Baucelinum (!) eiusdem monasterii abbatem extra septa dicti monasterii manus iniecit... temere violentas ipsum per pectus capiendo et de loco ad locum deducendo verbaque sibi iniuriosa et contumeliosa dicendo, citra tamen quamlibet lesionem difficilem vel enormem, propter que excommunicationis sententiam... dinoscitur incurrisse; et licet idem Albertus ad cor... reversus super premissis ab eodem abbate absolutionem humiliter postulasset idemque abbas sibi simpliciter et de plano de facto, cum de iure non posset, absolutionis beneficium impendisset, quia tamen postmodem idem Albertus tamquam simplex et iuris ignarus, errare non credens, divina officia celebravit, se eis alias nichilominus immiscendo, nobis humiliter supplicavit *etc.* ... Nos igitur... discretioni tue... mandamus, quatinus, si est ita, prius eidem abbati... satisfacto, ipsum Albertum... absolvas... et... cum episcopo demum super irregularitate... dispenses... Dat. Avin. kl. augusti a. sexto.

Reg. 73, f. 416¹, nr. 1521.

356. — *1322 October 9. Avignon.*

Quitacio communis servicii pro parte partis electi Tullensis.

Facta fuit quitacio domino Amadeo electo Tullensi de II^c l. flor. auri pro parte partis sui communis servicii solutis camere per manus domini Petri de Versnahico canonici Diensis procuratoris sui. Dat. Avin. die IX octobris anno ind. et pont. predictis.

Obl. et Sol. 5 (311), f. 137; similiter Obl. et Sol. 7, f. 42 et Intr. et Exit. 54, f. 12¹.

357. — *1322 October 9. Avignon.*

Item anno quo supra die IX mensis octobris dominus Amedeus opiscopus Tullensis solvit pro parte sui communis servicii collegium XXVI dominorum cardinalium contingentis II°° L flor. per manus magistri Petri de Versanayco canonici Diensis. Cuius obligatio facta fuit anno domini M CCC XXI, die XII mensis octobris . . .

Obl. et Sol. 3 (312), f. 96.

358. — *1322 October 23. Avignon.*

Johannes XXII Guillelmo archiepiscopo Viennensi mandat, quatinus Amedeo comiti Sabaudie et Guigoni Delfino Viennensi ac Henrico electo Metensi gubernatori Dalfinatus prorogationem treugarum a festo nativitatis dominice proximo usque ad festum resurrectionis dominice proximum notificet.

Cum treuge dudum . . . Dat. Avin. X kl. novembris a. septimo.

Reg. 111 l. secr., f. 386¹, nr. 1605.

359. — *1322 November 1. Avignon.*

Johannes XXII Henrico electo Mettensi, cui iam diversis vicibus tempus de consecrandis episcopis a sacris canonibus diffinitum ex certis racionabilibus causis prorogaverat usque nunc, prorogat idem denue ex iisdem causis hinc ad biennium inantea. »Nostre tamen intencionis existit, quod beneficia ecclesiastica, que ante provisionem obtinebas predictam, [non] possis de cetero huiusmodi pretextu gratia retinere«.

Merita tue devocionis . . . Dat. Avin. kl. novembris a. septemo.

Reg. 74, f. 91¹, nr. 204; Reg. 111, l. secr. f. 400, nr. 1691. — Riezler nr. 313.

360. — *1322 December 16. Avignon.*

Johannes XXII conficit litteras salvi conductus pro magistro Petro Durandi archidiacono de Ruello in ecclesia Tullensi capellano suo apostolice sedis nuncio, qui ex Alamannia, in quam pro certis ecclesie Romane negotiis iam dudum destinatus erat, ad papam se conferre debet.

Cum nos dilectum filium . . . Dat. Avin. XVII kl. ianuarii a. septimo.

Reg. 73, f. 257, nr. 1073. — Riezler nr. 319.

361. — *1322 December 21. Avignon.*

Johannes XXII Theobaldo abbati monasterii Gorziensis nunciat, quod confirmat eius electionem in abbatem Gorziensem.

[Johannes XXII] Theobaldo abbati monasterii Gorziensis ord. S. Bened. Methensis diocesis.

Suscepti cura regiminis . . . Sane vacante olim monasterio Gorziensi . . . per liberam renunciationem . . . Ade monachi tunc abbatis dicti monasterii factam in manibus . . . vicariorum generalium . . . Henrici electi Methensis . . . prior claustralis et conventus monasterii vocatis omnibus, qui voluerunt debuerunt et potuerunt comode interesse, die ad eligendum prefixa, ut moris est, insimul convenerunt et deliberantes in huiusmodi negotio fore per viam scrutinii procedendum, quatuor videlicet ex eis, Theobaldum priorem prioratus de Asperomonte predicto monasterio immediate subiecti eiusdem ordinis Virdunensis diocesis, Henricum de Atrio suppriorem, Haymonem cantorem et Hermannum camerarium monachos ipsius monasterii ad scrutandum primitus vota sua ac deinde omnium aliorum monachorum dicti monasterii concorditer assumpserunt. Ipsique scrutatores huiusmodi potestate recepta secedentes in partem, votis suis primo seorsum et postmodum omnium aliorum monachorum eiusdem monasterii tunc ibidem presentium secrete et sigillatim diligentius perscrutatis et in scriptis redactis, mox in communi vota huiusmodi publicarunt. Et deinde collatione super hoc habita diligenti compertum extitit, quod, cum fuissent in universo sexaginta tres monachi eiusdem monasterii, qui ad huiusmodi electionem celebrandam convenerant, quadraginta tres in te de Amella, decem et octo vero numero eiusdem monasterii monachi in . . . Johannem de Calvomonte de Porresio prioratuum priores dicto monasterio immediate subiectorum dicti ordinis Virdunensis et Wormatiensis diocesium monachos eiusdem monasterii te et eodem Johanne computatis direxerunt vota sua. Dictusque Hermannus postmodum nomine suo et aliorum, qui in te sua vota direxerant, de ipsorum mandato te ordinem ipsum expresse professum et in sacerdocio constitutum, ac . . . Henricus de Haris dicti monasterii monachus nomine suo et eius in hac parte sequentium predictum Johannem in abbatem eiusdem monasterii elegerunt, electiones huiusmodi solempniter publicando. Ac tam tu infra tempus a iure statutum quam idem Johannes infra dictum tempus electionibus de vobis factis taliter consensistis, dictique decem et octo ab huiusmodi electione tua certis de causis ad sedem apostolicam appellarunt. Ac tu et idem Johannes pro huiusmodi electionum negotio prosequendo ad sedem apostolicam infra tempus debitum personaliter accessistis. Et eodem negotio exposito coram nobis, dictus Johannes omni iuri, si quid sibi ex electione de eo habita competebat, in nostris manibus sponte cessit, nosque cessionem huiusmodi duximus admittendam. Et cum . . . Henricus dictus Pikerne monachus dicti monasterii, qui in dictum Johannem consenserat, pro cunctorum predictorum, qui in predictum Johannem direxerant vota sua, nomine suo et eius in hac parte sequacium in nostra presentia assereret, te pati intollerabilem in litteratura defectum, nos te in scientia examinavimus, et quia te invenimus in ea convenienter ydoneum, ipsum necnon Huardum de Saxure monachum ipsius monasterii qui in Johannem predictum consenserat et qui electionem ipsam ex causis frivolis impugnare satagebat, ab impugnatione dicte electionis tue auctoritate apostolica exclusimus iusticia suadente. Et subsequenter prefatam electionem tuam tueque persone merita per venerabilem fratrem Vitalem episcopum Albanensem et ... Symonem tituli S. Prisce presbiterum et Neapoleonem S. Adriani dyaconum cardinales examinari fecimus diligenter. Et facta nobis ab eisdem episcopo et cardinalibus super premissis relatione ... quia invenimus eandem electionem tuam de tua persona ydonea ... canonice celebratam, illam de fratrum nostrorum consilio auctoritate apostolica confirmamus teque dicto monasterio preficimus in abbatem... Dat. Avin. XII kl. ianuarii a. septimo.

In e. m. priori et conventui monasterii Gorziensis ... universis vassallis monasterii Gorziensis ... Henrico electo Metensi.

Reg. 74, f. 118¹, nr. 279.

362. — *1322 December 31. Avignon.*

Anno domini millesimo CCC⁰ XXIII die ultima mensis decembris dominus Amedeus electus Tullensis solvit pro complemento sui communis servitii collegium XXVI dominorum cardinalium contingentis IIII^c flor. et pro complemento servitii familie XXV flor. per manus domini Petri de Verzenayco canonici Diensis procuratoris sui. Cuius obligatio facta fuit anno domini M⁰ CCC⁰ XXI⁰ die XII mensis octobris.

Obl. et Sol. t. 3 (312), f. 99¹.

363. — *1323 Januar 1. Avignon.*

Gasbertus ... pape camerarius profitetur, quod Amadeus electus Tullensis quadringentos florenos auri pro complemento sui communis servicii, in quo camere apostolice tenebatur, videlicet III^c LXXV ex promissione et obligatione, et XXV ex oblatione per eum facta gratuita camere memorate necnon et nonaginta duos flor. auri et quatuor tur. grossos pro complemento quatuor serviciorum familiarium pape per manus Petri de Versenahico canonici Diensis debito tempore solvi fecit.

Obl. et Sol. 7, f. 46; similiter Obl. et Sol. 10 (315), f. 30, et Intr. et Exit. 54, f. 13.

364. — *1323 Januar 9. Avignon.*

Johannes XXII Theobaldo abbati monasterii Gorziensis ord. S. Bened. Metensis dioc., cui per Raynaldum episcopum Ostiensem fecit munus benedictionis impendi, mandat, quatinus ad prefatum monasterium accedens idem salubriter regat et curam administrationemque eiusdem fideliter et prudenter gerat.

Dudum vacante monasterio... Dat. Avin. V idus ianuarii a. septimo.

Reg. 74, f. 131¹, nr. 334.

365. — *1323 Januar 13. Avignon.*

Johannes XXII Johannae reginae Franciae nunciat, quid Henricus electus Metensis sibi scripserit atque postulet quoad matrimonium inter Guigonem Dalphinum nepotem suum et (Isabellam) natam reginae per verba de presenti contractum.

[Johannes XXII] . . . Johanne regine Francie et Navarre.

Nuper, filia carissima, relacione dilecti filii magistri Petri de Fretis clerici et nuncii tui ad nostram presenciam cum litteris credencie destinati admiranter percepto, quod quidam — nescitur quo ducti¹) spiritu — dilectum filium nobilem virum Guigonem Dalphinum Viennensem trahere per devium molientes, quod omisso matrimonio dudum inter ipsum et . . . mulierem . . inclite recordacionis Phi(lippi) regis Francie et Navarre viri tui et tuam natam per verba de presenti contracto cum alia contraheret, procurabant, nos dilecto filio Henrico electo Metensi dicti Dalfini patruo gubernatori Dalfinati e vestigio direximus super hoc scripta nostra. Qui quidem electus nobis per suas litteras rescriptivas respondit et obtulit insuper se paratum facere se, compleri per eundem Dalfinum ea, que super dicto matrimonio perficienda restabant, dum tamen illa, que promissa sibi fuerant, opere complerentur, quodque nuncios suos et litteras pridem ad tuam magnificentiam specialiter super hoc destinarat, quibus duxeras respondendum, quod, cum . . . Carolus rex Francie et Navarre illustris ad solutionem dotis promisse pro dicto matrimonio teneretur, super solutione illius impendenda instaret, ut posses comodius apud eum et alia facere et complere, ad que secundum conventiones initas super hoc tenebaris. Cum autem dictus electus asserat, quod sibi et dicto Dalfino non modicum existeret onerosum apud eundem regem onus et anxiatates (!) dotis huiusmodi repetende subire, serenitatem tuam rogamus attentius et hortamur, quatinus . . . dotis solucionem predicte et aliorum

---

¹) ducta *ms.*

promissorum omnium complementum sic per te studeas integraliter procurare, quod dictum Dalfinum et partem suam ad alium quam ad te recurrere non sit opus, sed tollatur omnino materia predictum matrimonium amplius occasione huiusmodi differendi. Dat. Avin. id. ianuarii anno septimo.

Reg. 111 litt. secr. f. 194¹, nr. 819.

366. — *1323 Januar 25. [Avignon.]*

Servicium abbatis Gorziensis. — XXV card.

Eisdem anno (1323) ind. die (vicesima quinta mensis ianuarii) dominus Theobaldus abbas monasterii Gorziensis Metensis dioc. promisit pro suo comuni servicio M V^c flor. auri et quinque servicia familiarium persolvere, medietatem in festo B. Michaelis proxime venturo et aliam medietatem in festo resurrectionis domini extunc sequenti. Alioquin infra IIII menses et iuravit ut in forma.

Obl. et Sol. 6 (297), f. 33 et Obl. et Sol. 8 (317), f. 4.

367. — *1323 Januar 31. Avignon.*

Johannes XXII Eduardo comiti Barri concedit altare portatile, super quod in quibuscumque locis congruis et honestis per capellanum ydoneum possit facere celebrari divina officia.

Tue devocionis exigentibus meritis . . . Dat. Avin. II kl. februarii a. septimo.

Reg. 74, f. 155¹, nr. 414.

368. — *1323 Januar 31. Avignon.*

Johannes XXII Eduardo comiti Barri indulget, ut, cum eidem ex causa rationali fuerit oportunum, liceat eidem per ydoneum sacerdotem, antequam illucescat dies, missam sibi et familiaribus suis in quocunque loco honesto facere celebrari.

Desideriis tuis libenter. . . Dat. Avin. II kl. februarii a. septimo.

Reg. 74, f. 162, nr. 441.

369. — *1323 Januar 31. Avignon.*

Johannes XXII Ferrico nato nobilis viri Erardi de Barro confert eccl. Leodiensis canonicatum cum prebenda ad presens vacante vel proximo vacatura.

Nobilitas generis. . . Dat. Avin. II kl. februarii a. septimo.

In e. m. abbati monasterii de S. Michaele Virdun. dioc. et archidiacono Metensis ac cantori S. Dyonisii Leod. ecclesiarum.

Reg. 74, f. 157, nr. 419.

370. — *1323 Januar 31. Avignon.*

Johannes XXII Renaldo nato nobilis viri Erardi de Barro confert eccl. Remensis canonicatum cum prebenda ad presens vacante vel proximo vacatura.

Nobilitas generis . . . Dat. Avin. II kl. februarii a. septimo.

In e. m. S. Remigii Remensis et de S. Michaele Virdun. dioc. monasteriorum abbatibus et archidiacono Metensi.

Reg. 74, litt. com. f. 159, nr. 429.

371. — *1323 Februar 3. Avignon.*

Johannes XXII Henrico electo Metensi.

Causam subesse tibi congregandi gentem armigeram presentialiter non videntes, miramur te audientes nichilominus illam congregare. Quare discretionem tuam duximus exhortandam, quatinus desistas a talibus et treugam inter te et tuos adversarios indictam tenaciter servans ad ea, que pacis sunt, te disponere studeas, cum guerre a statu tuo discrepent et a desiderio debeant exulare. Nos enim dante domino cito te vocare ad illa prosequenda disponimus et ad hoc indeffenso studio laborare. Datum Avin. III nonas februarii a. septimo.

Reg. 111, litt. secr. f. 387, nr. 1611.

372. — *1323 Februar 21. Avignon.*

[Johannes XXII] eidem (= Henrico electo Metensi).

Non absque displicentia magna percepimus, quod gentes tue die Veneris proximo preterita apud Mirabellum seu prope dilectum filium Gerardum Francisci, scutiferum dilecti filii nobilis viri Amadei comitis Sabaudie nunc apud sedem apostolicam existentis et ab ipso comite ad partes illas pro certis gerendis negociis fiducialiter propter treugam, que inter vos esse dinoscitur, destinatum ceperunt et adhuc detinent captivatum. . . Quocirca discretionem tuam rogamus attentius et hortamur tibi nichilominus districtius iniungendo, quatinus[1]) presentialiter prefatum scutiferum liberum et totaliter expeditum abire permittas nobis, quid super hoc feceris, quantocius rescripturus[2]). Dat. Avin. IX kl. marcii a. septimo.

Reg. 111, litt. secr. nr. 1612, f. 387¹.

*****373.** — *1323 März 1. Avignon.*

Johannes XXII decano ecclesie S. Salvatoris Metensis mandat, quatinus bona illicite alienata monasterio B. Marie Justimontis ordinis

---
¹) quatinus nisi *ms.*
²) rescripturi *ms.*

Premonstratensium revocare ad ius et proprietatem eiusdem monasterii procuret.

Ad audientiam nostram. . . Dat. Avin. kl. martii p. n. a. septimo.

Metz. Bez.-Arch. Justemont. Nachtr. Or. c. sig. del. — Ad sinistr. sub plica: $\frac{S}{Jo.\ Cam.,}$ *ad sinistr. in plica:* P. de Pon. *Ad dextr. in plica:* B. Roman. *In dorso:* Gerardus de Crevy. — *Jahrbuch I, p. 159, nr. 63.*

374. — *1323 März 4. Avignon.*

[Johannes XXII] . . . Henrico electo Metensi gubernatori Dalfinatus Viennensis.

Licet detencio Girardi Francisci familiaris dilecti filii nobilis viri Amedei comitis Sabaudie per gentes tuas apud Mirabellum nuper capti, pro cuius liberatione tibi scripsiose recolumus (!), valeret, prout innuebant tue rescriptive littere, colorari, quia tamen ipsa detentio tibi vel Dalfinatui parum aut nichil utilitatis afferret, sed potius bona innumera pacis et concordie procuranda . . . forsitan impediret, discretionem tuam rogamus . . . quatinus eundem Girardum . . . restituas absque dilacionis obstaculo libertati, nobis, quid inde feceris, rescripturus. Datum Avin. IIII nonas marcii a. septimo.

Reg. 111, litt. secr. f. 387, nr. 1613.

375. — *1323 März 15. Avignon.*

Johannes XXII [Henrico] electo [Metensi] gubernatori [Dalphinatus] denuo scribit de periculis bellicis eum monendo, quatinus ad curiam mittat quantocius duos vel tres viros providos et discretos ad tractandum de treugis prorogandis et de pace reformanda.

Nuper deducto ad nostri apostolatus auditum . . . Datum Avin. idus marcii a. septimo.

Reg. 111, litt. secr. f. 387, nr. 1614.

376. — *1323 April 30. Avignon.*

[Johannes XXII] dilecto filio Guigoni nobili viro Dalfino Viennensi et dilecte in Christo filie nobili mulieri Isabelli nate clare memorie Philippi regis Francie.

Meritis vestre devocionis. . . Porrecta siquidem nobis ex parte vestra peticio continebat, quod olim matrimonium invicem contraxistis et quod infirmitate corporea prepediti sollempnizare in facie ecclesie iuxta morem huiusmodi matrimonium nequivistis. Propter quod carissima in Christo filia nostra Johanna regina Francie illustris, mater tua, filia Isabellis, nobis pro parte vestra humiliter supplicavit, ut providere vobis super hoc de oportuno remedio dignaremur. Nos igitur . . . vobis, ut quocumque tempore in facie ecclesie sollempnizare matrimonium huiusmodi valeatis et per quemcumque archiepiscopum vel episcopum catholicum graciam et communionem sedis apostolice obtinentem benedictionem recipere nuptialem, dummodo aliud canonicum non obsistat, quolibet interdicto canonum non obstante, auctoritate presencium indulgemus . . . Dat. Avin. II kl. maii a. septimo.

Reg. 74, litt. com. f. 300¹, nr. 855.

377. — *1323 Mai 5. Avignon.*

Johanes XXII Isembardo Mathei de Antringa confert ecclesie S. Theobaldi extra muros Metenses canonicatum cum prebenda ad presens vacante vel proxime vacatura.

Laudabile testimonium . . . Dat. Avin. III nonas maii a. septimo.

In e. m. S. Martini ante Metis et Lucemburgensis Treverensis diocesis monasteriorum abbatibus ac Celestino de Pastringo canonico Reginensi.

Reg. 74, f. 261, nr. 742.

378. — *1323 Mai 14. Avignon.*

Johannes XXII inter Amedeum comitem Sabaudie pro ipso eiusque subditis et coadiutoribus, videlicet pro archiepiscopo Lugdunensi, duce Burgundie, Roberto fratre eius comite Antisiodorensi ac Eduardo et Aymone de Sabaudia filiis ipsius comitis, domino Bellvoci, Lodovico de Sabaudia ac etiam pro civibus et habitatoribus civitatis Gebennensis etc. ex una parte necnon Agnesiam de Cabilone comitissam Gebennensem tutricem Amedei comitis Gebennensis et Amedeum electum Tullensem et Hugoninum eius fratrem, natos eiusdem comitisse, tam pro ipsis quam pro eorum vassallis etc. ex altera parte indicit treugas a data presencium inchoandas usque ad proximum futurum festum B. Martini yemalis et extunc per totum integrum annum dictum festum sequentem usque ad aliud festum eiusdem B. Martini yemalis tenendas.

Regis pacifici locumtenentes . . . Dat. Avin. II idus maii a. septimo.

Reg. 74, f. 283¹—285, nr. 807.

379. — *1323 Mai 14. Avignon.*

Johannes XXII inter Amedeum comitem Sabaudie et Eduardum ac Aymonem filios eius pro ipsis etc. (*ut in litteris immediate precedentibus*) ex parte una necnon Henricum electum Metensem Dalphinatum regentem et Guigonem Dalphinum Viennensem tam pro ipsis quam pro Hugone Dalphini domino Focingiaci necnon Johanne comite Forensi (*vel* Foiensi). Guiotto eius filio, Ademario de Pictavia Valentinensi et Diensi comite, Ademario eius filio et aliis natis ipsius Beatrice de Vienna relicta quondam Hugonis de Cabilone domini Darbay tutrice filiorum suorum et dicti Hugonis et tutorio nomine eorundem, capitulo ecclesie Viennensis loco de Vareyo etc. ex parte altera indicit treugas easdem ac in *litteris* immed. precedenti*bus.*

Regis pacifici locumtenentes . . . Dat. Avin. II idus maii a. septimo.

Reg. 74, f. 285, nr. 808.

380. — *1323 Mai 14. Avignon.*

Johannes XXII S. Clementis et S. Symphoriani extra muros Metenses monasteriorum abbatibus ac Johanni de Comerceyo canonico Virdunensi mandat, quatinus Petrum de Vaureilliis rectorem parrochialis ecclesie de Deumeire Metensis diocesis, cui ipse contulit ecclesie Metensis canonicatum et prebendam vacantes per liberam resignationem Johannis de Saraponte, qui etiam postmodum ad statum se transferens laicalem publice duxit uxorem, inducant in corporalem possessionem predictorum canonicatus et prebende, quos extunc iam per quinquennium in suis manibus duxit retinendos capitulum ecclesie Metensis.

Probitatis merita dilecti . . . Dat. Avin. II idus maii a. septimo.

Reg. 75, f. 235, nr. 1624.

381. — *1323 Mai 17. Avignon.*

Johannes XXII archiepiscopo Tarantasiensi vel ipsius locumtenenti et priori de Talveriis Gebennensis diocesis mandat, quatinus publicent treugas a se indictas sub nr. 378 notatas.

Regis pacifici locumtenentes . . . Dat. Avin. XVI kl. iunii a. septimo.

Reg. 74, f. 283¹, nr. 807.

382. — *1323 Mai 17. Avignon.*

Johannes XXII archiepiscopo Tarantasiensi ac episcopo Gratianopolitano vel eorum locatenentibus mandat, quatinus publicent treugas a se indictas sub nr. 379 notatas.

Regis pacifici locumtenentes . . . Dat. Avin. XVI kl. iunii a. septimo.

Reg. 74, f. 285, nr. 808.

383. — *1323 Mai 17. Avignon.*

Johannes XXII Isabelli ducisse Lothoringie indulget petenti, quatinus confessor ydoneus, quem duxerit eligendum, semel in articulo mortis eidem concedere valeat plenam omnium peccatorum remissionem.

Personam tuam speciali . . . Dat. Avin. XVI kl. iunii a. septimo.

Reg. 74, f. 302, nr. 860. — Riezler nr. 327.

384. — *1323 Mai 17. Avignon.*

Johannes XXII Reginaldo nato nobilis viri Erardi de Barro confert ecclesie Metensis canonicatum cum prebenda ad presens vacante vel proximo vacatura, non obstante quod in Virdunensi et S. Maximi de Barro-Ducis Tullensis diocesis ecclesiis canonicatus et prebendas obtinet ac in ecclesia Remensi auctoritate apostolica sub expectatione prebende in canonicum est receptus.

Nobilitas generis, morum . . . Dat. Avin. XVI kl. iunii a. septimo.

In e. m. abbati monasterii de S. Michaeli Virdunensis diocesis et decano S. Theobaldi extra muros Methenses ac magistro Albrico de Metis archidiacono Metensis ecclesiarum.

Reg. 74, f. 306¹, nr. 874.

385. — *1323 Mai 17. Avignon.*

Johannes XXII Ferrico nato nobilis viri Erardi de Barro confert ecclesie Cameracensis canonicatum cum prebenda ad presens vacante vel proximo vacatura.

Laudabile testimonium. . . Dat. Avin. XVI kl. iunii a. septimo.

In e. m. abbati monasterii de S. Michaele Virdunensis et decano S. Gaugerici Cameracensis ac magistro Albrico de Metis archidiacono Metensis ecclesiarum capellano apostolice sedis.

Reg. 74, f. 306¹, nr. 873.

386. — *1323 Juni 5. Avignon.*

[Johannes XXII] . . . Johanne Francie et Navarre regine.

Gaudemus de nunciatis nobis ad gaudium nuptiis inter . . . Guigonem Dalphinum Viennensem et . . . Isabellem natam tuam in domino tam feliciter quam solemniter celebratis . . Datum Avin. nonas iunii a. VII.

Reg. 111, litt. secr. f. 201, nr. 866.

387. — *1323 Juni 5. Avignon.*

[Johannes XXII] . . Henrico electo Metensi.

Quamvis inter . . . Guigonem Dalphinum Viennensem nepotem tuum et valitores suos ex parte una et . . . Matheum (!) comitem Sabaudie ac similiter valitores eius ex altera ad tempus treuga inita fuerit et firmata, sicut te supponimus non latere, et illa sit nobis grata quamplurimum . . . gratius tamen nobis accederet, ut utraque pars ipsorum nobilium ad integra et perpetua eiusdem pacis federa deveniret. Propter quod providentiam tuam nolumus ignorare, quod, si ex parte Dalphini predicti discreti aliqui unus aut plures presentiam nostram adiverint pro tractanda pace huiusmodi provide insistentes, gratum nobis accedet admodum, ac pro illa, quantum cum deo poterimus, partes nostras libenter et efficaciter apponemus. Super quo mentis tue propositum nobis per tuas litteras non differas explicare. Dat. Avin. non. iunii a. septimo.

Reg. 111, litt. secr. fol. 388[1], nr. 1618.

388. — *1323 Juni 9. Avignon.*

[Johannes XXII] eidem Henrico [electo Metensi].

Venerabilis fratris nostri Raymundi archiepiscopi et dilectorum filiorum capituli ecclesie Ebredunensis gravis exposita nobis conquestio continebat, quod, licet inter dictum archiepiscopum nomine ecclesie sue ex parte una et te nomine . . . Guigonis Dalphini Viennensis nepotis tui ex altera super recognitione facienda ac iuramento fidelitatis et homagio pro nonnullis bonis et iuribus ab ecclesia predicta moventibus per eundem Dalfinum archiepiscopo memorato prestandis certe conventiones dudum inite fuerint et per nos ex certa scientia confirmate, quas te facturum et curaturum pro viribus approbari per eundem Dalphinum et prestari homagium et fidelitatem huiusmodi efficaciter, ut accepimus, promisisti, tamen post plures requisitiones per prefatum archiepiscopum tibi et eidem Delphino factas super hoc et diversos terminos assignatos, prefatus Dalphinus in tua dicitur presentia memorata archiepiscopo respondisse, se nichil facturum penitus de predictis, in ipsius archiepiscopi sueque ecclesie manifestum preiudicium et iacturam. Quocirca discretionem tuam rogandam duximus attentius et hortandam, quatinus . . . recognitionem, fidelitatem et homagium predicta prestari per eundem Dalphinum archiepiscopo predicto facias et conventiones observari predictas. . . Dat. Avin. V idus iunii a. septimo.

Reg. 111, litt. secr. f. 385[1], nr. 1619.

389. — *1323 Juni 12. Avignon.*

Johannes XXII Oddono Bencio de Cheris confert eccl. Metensis canonicatum cum prebenda ad presens vacante vel proximo vacatura.

Suffragantia tibi merite probitatis... Dat. Avin. II idus iunii a. septimo.

In e. m. abbati monasterii S. Vincencii Metensis et preposito B. Marie de Cherio (!) Taurinensis dioc. ac Omini de Peretulo canonico Tridentine ecclesiarum.

Reg. 75, f. 104, nr. 1277.

390. — *1323 Juli 26. Avignon.*

Johannes XXII Johanni de Nanceyo legum professori, pro quo supplicavit Robertus Sicilie rex, confert ecclesie Treverensis canonicatum cum prebenda ad presens vacante vel proximo vacatura, non obstante quod is in S. Gengulphi Tullensis et S. Deodati ac Romaricensi Tullensis diocesis ecclesiis canonicatus et prebendas obtinet.

Litterarum scientia, vite... Dat. Av. VII kl. augusti a. septimo.

In e. m. S. Maximini Treverensis et S. Vincentii Metensis monasteriorum abbatibus ac cantori ecclesie Tullensis.

Reg. 75, f. 103, nr. 1274.

391. — *1323 August 11. Avignon.*

Johannes XXII Henrico electo Metensi gubernatori Dalfinatus Viennensis scribit eundem hortando, quatinus faciat ratificari prorogationem treugarum inter ipsum eiusque nepotem ex una parte et Amadeum comitem Sabaudie ex altera.

Tuam non latet... Dat. Avin. III idus augusti a. septimo.

Reg. 111 litt. secr. f. 390, nr. 1625.

392. — *1323 (ungefähr August).*

Johannes XXII electo [Metensi] gratulatur de Guigonis nepotis reconvalescentia ex infirmitate preterita.

Infirmitate preterita dilecti... *(Sine dato!)*

Reg. 111 litt. secr. f. 390, nr. 1627.

393. — *1323 September 11. Avignon.*

Johannes XXII Guillermo de Moloc, canonico Lingonensi indulget, ut Henrici electi Methensis seu Dalphini Viennensis obsequiis insistendo fructus redditus et proventus beneficiorum suorum integre usque ad biennium percipere valeat, cotidianis distribucionibus dumtaxat exceptis, quin resideat.

Meritis tue probitatis... Dat. Avin. III idus septembris a. octavo.

Reg. 76, f. 50¹, nr. 110.

394. — *1323 September 21. Avignon.*

Facta fuit quitacio fratri Theobaldo abbati monasterii Gorziensis ord. S. Bened. Met. dioc. pro parte sui communis servicii de III^c LXXV flor. camere et pro quatuor serviciis de LX flor. solutis per manus Albrici de Metis archidiaconi Metensis sacri palacii domini nostri pape causarum auditoris. Dat. Avin. die XXI septembris anno (*1323*) indictione (*VI*) et pontificatu (*S*) predictis.

<small>*Obl. et Sol. 8 f. 18¹ et 9 f. 2; similiter, sed brevius Intr. et Exit. 57 f. 10¹ et 58 f. 9¹.*</small>

395. — *1323 September 21. Avignon.*

Item anno quo supra (*1323*) die XXI mensis septembris dominus Theobaldus abbas monasterii Gorziensis Met. dioc. solvit pro parte sui communis servicii collegium XXV dominorum cardinalium contingente III^c LXXV flor. et pro parte servicii familiarium eorundem XV flor. per manus Colini Gobini clerici familiaris sui. Cuius obligatio facta fuit die XXVII mensis ianuarii anno domini M CCC XXIII.

<small>*Obl. et Sol. 3 f. 108¹.*</small>

396. — *1323 September 21. Avignon.*

Die XXI mensis septembris recepti sunt a domino fratre Theobaldo abbate monasterii Gorziensis ord. S. Bened. Met. dioc. solvente per manum domini Albrici de Metis archidiaconi Metensis pro parte sui communis servicii cameram contingentis III^c LXXV flor. auri.

<small>*Intr. et Exit. (1323) 57, f. 10¹.*</small>

397. — *1323 September 28. Avignon.*

Johannes XXII preposito Januensi et Jacobo de Thosetis de Urbe Ebredunensis ac Symoni Dusey Tullensis canonicis ecclesiarum mandat, quatinus Guillermo Duranti clerico Nemausensis diocesis, qui in agendis apostolice sedis assistendo nunciis in Alamanie partibus fideliter et solicite se obsequiosum exhibuit et exhibere non cessat, conferant et assignare curent canonicatum et prebendam ecclesie Metensis vacantes per obitum quondam Philippi de Sirque, qui dudum apud sedem apostolicam diem clausit extremum.

Grata devotionis et probitatis studia . . . Dat. Avin. IIII kl. octobris a. octavo.

<small>*Reg. 76, f. 51, nr. 112.*</small>

398. — *1323 September 28. [Avignon.]*

Die XXVIII mensis septembris dominus Petrus Durandi archidiaconus de Rivello in eccl. Tullensi sedis apostolice nuncius in partibus Alamannie de pecuniis per ipsum nomine camere domini nostri pape in dictis partibus Alamanie tam de depositis quam decimis antiquis quam de censibus racione ecclesie debitis assignavit camere

V^m IIII^c LXXX flor. auri

VI marchas unum lotonem auri in massa ponderis Avinionensis.

De qua summa dixit se recepisse dictus archidiaconus de pecunia decime olim imposite in concilio Lugdunensi, quam receperat dominus Henricus[1]) quondam archiepiscopus Maguntinus in partibus Erfordensibus M VIII^c decem flor. auri. Et de dicta antiqua decima a vicariis generalibus ecclesie Constanciensis valorem M VIII^c flor. auri minus sex flor. auri. Et ab episcopo Virdunensi de subsidio olim promisso domino Clementi bone memorie pape V quingentos viginti tres flor. auri. Et de dicto subsidio ab episcopo Ratisponensi seu priore et conventu fratrum Predicatorum Ratisponensium pro eo sex marchas et unum lotonem auri et LIII flor. auri. Et a magistro Egidio canonico Metensi olim officiali ibidem pro d. Raynaudo tunc Metensi episcopo de pecunia decime imposite in concilio Viennensi VII^c L flor. auri. Et de censibus ecclesie Romane debitis a diversis III^c L flor. que omnia resultant ad summam predictam.

Intr. et Exit. 57, f. 25. 58, f. 21; cf. Kirsch, Die päpstlichen Kollektorien, S. 81.

399. — *1323 October 15. Avignon.*

[Johannes XXII] Henrico electo Methensi gubernatori Dalfinatus Viennensis.

Auditui nostri apostolatus infausti rumoris assertio pertulit hiis diebus, quod in terris . . . . Guigonis Dalfini Viennensis nepotis tui, quarum gubernator existis, nonnullis personis repertis de heretica pravitate reprehensis tu ac ministri ac officiales tui et eiusdem Dalfini dictas personas dilecto filio G. ordinis fratrum Minorum eiusdem pravitatis inquisitori in illis partibus auctoritate apostolica deputato, licet requisiti cum instantia sepius, remittere recusastis, ex quo splendor negotii fidei non absque periculis multipliciter super hiis dicitur in eisdem partibus obfuscari. Quocirca discretionem tuam rogandam duximus *etc.* Alias non poterimus preterire, quominus contra te dictosque

---

[1]) *Non est dubium loco* Henricum *esse ponendum* Petrum.

Dalfinum, ministros et officiales ac terras, prout suadebit iusticia et expedire videbimus, procedemus. Datum Avin. idus octobris anno octavo.

Reg. 112, litt. secr. pars II, f. 84, nr. 957.

400. — *1323 October 18. Avignon.*

Johannes XXII archiepiscopis episcopis etc. universis mandat, quatinus amicos familiares et servitores transitum facientes cum funere Amedei comitis Sabaudie apud sedem apostolicam defuncti permittant libere transire.

Cum quondam Amedeus . . . Dat. Avin. XV kl. novembris a. octavo.

Reg. 112, litt. secr. pars I, f. 75, nr. 349.

401. — *1323 October 19. Avignon.*

Johannes XXII Henrico electo Metensi Dalfinatus Viennensis gubernatori scribit eum collaudando, quod Amedei comitis Sabaudie obitu iam percepto scripsit Luce S. Marie in Via lata diacono cardinali spontanea voluntate se prestiturum funeri comitis et genti id comitante liberum transitum per terram Dalfinatus.

Referente nobis dilecto . . . Dat. ut supra proxima (= Avin. XIIII kl. novembris a. octavo).

Reg. 112, litt. secr. pars II, f. 84¹, nr. 959.

402. — *1324 Januar 5. Avignon.*

Johannes XXII Boemundo de Sareponte confert ecclesie Virdunensis canonicatum cum prebenda ad presens vacante vel proxime vacatura.

Laudabile testimonium . . . Dat. Avin. nonas ianuarii a. octavo.

In e. m. abbati monasterii S. Maximini et decano S. Pauli[ni] extra muros Treverenses ac archidiacono Metensi.

Reg. 76, f. 236, nr. 707.

403. — *1324 Januar 6. Avignon.*

Johannes XXII Balduino archiepiscopo Treverensi concedit facultatem providendi in Metensi et Tullensi ac Virdunensi cathedralibus necnon in S. Salvatoris Metensis et S. Gengulphi Tullensis ac S. Marie Magdalene Virdunensis et S. Arnualis Metensis diocesium ecclesiis collegiatis, in singulis videlicet ecclesiarum ipsarum singulis personis ydoneis, etiam si alias eedem persone beneficiate existant, de singulis canonicatibus ecclesiarum ipsarum ac conferendi singulis personarum ipsarum singulas prebendas nulli alii de iure debitas, si que in singulis dictarum ecclesiarum vacant ad presens, eisdemque providendi de prebendis dictis, alioquin reservandi collationi sue singulas prebendas proxime vacaturas per se singulis personis prefatis conferendas.

Personam tuam nobis . . . Dat. Avin. VIII idus ianuarii a. octavo.

Reg. 76, f. 236, nr. 708. — Riezler nr. 341 n. 1.

404. — *1324 Januar 11. Avignon.*

Johannes XXII Burnequino nato nobilis viri Alberti de Parroya confert ecclesie Metensis canonicatum cum prebenda ad presens vacante vel proxime vacatura.

Nobilitas generis, morum decor . . . Dat. Avin. III idus ianuarii a. octavo.

In e. m. S. Arnulphi extra muros Metenses et S. Martini prope Metis monasteriorum abbatibus et archidiacono Metensi.

Reg. 76, f. 137, nr. 398.

405. — *1324 Januar 12.*

Die XII mensis ianuarii recepta sunt ab Henrico canonico B. Marie Rotunde Metensis dioc. pro secreta restitucione XII den. tur. gross. cum o rotundo.

Intr. et Exit. 57, f. 26 et Intr. et Exit. 58, f. 22.

406. — *1324 März 1. Avignon.*

Johannes XXII Eduardo comiti Barri metuenti se apud papam detractoris morsu diripi respondet, quod de eodem contra ecclesiam Romanam nichil unquam aliquo referente concepit; et si quis maliloquus eum deferret, nec facile reperiret in papa leti vultus imaginem. Ceterum eundem hortatur, quatinus incepto bono proposito perseveret.

Litterarum inspecto tenore . . . Dat. Avin. kl. marcii a. octavo.

Reg. 112 litt. secr. pars II, f. 21, nr. 601.

407. — *1324 April 17. Avignon.*

Facta fuit quitacio domino Theobaldo abbati monasterii Gorziensis ord. S. Bened. Metensis dioc. de III^c LXXV flor. camere pro complemento sui communis servicii et pro complemento quatuor serviciorum de LX flor. solutis per manus domini Albrici archidiaconi Metensis domini pape capellani suique sacri palacii causarum auditoris debito tempore.

Dat. Avin. die XVII (*1324*) aprilis anno indictione (*VII*) et pont. (8) predictis.

<small>Obl. et Sol. 8, f. 25 et Obl. et Sol. 9, f. 12; similiter Intr. et Exit. 57, f. 15 et Intr. et Exit. 58, f. 14.</small>

408. — *1324 April 18.*

Item anno quo supra (*1324*) die XVIII mensis aprilis dominus Theobaldus abbas monasterii Goziensis Metensis dioc. solvit pro complemento sui communis servitii facti collegio XXV dominorum cardinalium II^c LXXV flor. et complemento servitii familie XV flor. auri per manus domini Albrici archidiaconi Metensis procuratoris sui. Cuius obligatio facta fuit anno domini M°CCC°XXIII° die XXVII mensis ianuarii.

<small>Obl. et Sol. t. 3 (312) f. 123^t.</small>

409. — *1324 April 18.*

Die XVIII mensis aprilis recepta sunt a domino Theobaldo abbate monasterii Gorziensis ord. S. Bened. Met. dioc. solvente per manus domini Albrici archidiaconi Metensis domini pape capellani suique sacri palatii causarum auditoris pro complemento sui communis servicii cameram contingentis III^c LXXV flor. auri.

<small>Intr. et Exit. (1324) t. 57, f. 15.</small>

410. — *1324 Mai 31(?) Avignon.*

[Johannes XXII] episcopis [Spirensi, Basiliensi, Constanciensi et] Metensi.

Singula dignitatum et iurisdictionum . . . Cumque sicut nuper infesta relacione percepimus, magnificus vir Ludovicus dux Bavarie discorditer in regem Romanorum electus venerabilem fratrem nostrum Johannem episcopum Argentinensem et eius ecclesiam ex eo, quod idem episcopus merito commendandus sibi ut regi obedire contempnit, vi armata comminetur invadere idque universaliter in gravem cedat iniuriam ecclesiastice libertatis, fraternitatem tuam rogamus et hortamur, quatinus . . . tam adversus prefatum ducem quam quoslibet alios dicti episcopi et eiusdem sue ecclesie invasores ad requisicionem suam consiliis et auxiliis oportunis . . . sic viriliter faveas et assistas, quod non minus in favorem tuum quam predicti episcopi et eiusdem ecclesie sue. . . ipsa repellatur iniuria. . .

<small>Sine dato; immediate praecedit datum suprascriptum.</small>
<small>Reg. 112, litt. secr. pars II, f. 69, nr. 869.</small>

411. — *1324 Juni 1. Avignon.*

Johannes XXII nobili viro Ferrico duci Lothoringie.

Liberales tue nobilitatis litteras dudum nobis per tuum nuncium presentatas solita benignitate recepimus ex illis commendantes in domino oblationem tuam gratam nobis non modicum et actiones uberes tibi refferentes propterea graciarum. Quod si tarde forsan super hiis ad te paterne gratitudinis responsales iste manaverint, quesumus, fili, ut inde tua devocio non miretur. Audivimus enim, quod proficiscebaris peregre nichilominus et de illis idem nuncius non curavit. Datum Avin. kl. iunii a. octavo.

Reg. 112 litt. secr. pars II, f. 69^1, nr. 871.

412. — *1324 Juni 16. Avignon.*

[Johannes XXII] Henrico electo Methensi.

Infesta relacione nuper audivimus, quod tu, fili, terram et gentes. . . . Ferrici ducis Lothoringie causa cessante racionabili hostiliter invasisti dampna varia propter hoc eiusdem ducis subditis inferendo. Verum cum ex talibus aggressionibus dispendiosa pericula, quibus, postquam ex illis hinc inde crevissent odiorum fomites, non valeret forsitan obviari, faciliter possent sequi, discretionem tuam monemus et hortamur attentius, tibi nichilominus districtius iniungentes, quatinus premissa diligenter attendens quodque honori et statui tuo non congruit talia scandala comminantia personarum et rerum dispendia suscitare, ab invasionibus et agressionibus bellicis de cetero prorsus abstineas et desistas ac dampnis, que occasione predicte per te gentesque tuas illata fuerint indebite subditis dicti ducis, emendam prestari facias competentem, cum nos prefatum ducem ad hoc idem per alias nostras litteras exhortemur. Datum Avin. XVI kl. iulii anno octavo.

Reg. 112 litt. secr. pars II, f. 71, nr. 883. — Riezler nr. 368.

413. — *1324 Juni 16. Avignon.*

[Johannes XXII] dicto duci (= Ferrico Lothoringie).

Nobilitatis tue litteras nuper nobis per dilectum filium Hugonem tuum nuncium presentatas benigne recepimus et que predictus nuncius pro parte tua proponere voluit coram nobis queve continebantur in eisdem litteris, intelleximus diligenter. Et licet velimus nos tibi super tuis oportunitatibus, quantum cum deo possumus, favorabiles exhibere, quia tamen quedam, que dictus nuncius postulavit a nobis, cum nostra decentia nequivimus admittere ad exauditionis effectum, habeat nos, quesumus, eadem nobilitas super hoc excusatos. Ceterum dilecto filio Henrico electo Metensi per alias nostras litteras scribimus, ut de cetero ab invasione hostili terre et subditorum tuorum abstineat et de dampnis, si qua per eum vel gentes suas indebite tibi dictisque subditis per aggressiones preteritas intulerit, emendam fieri faciat competentem, quod tu, fili, quantum ad te pertinet, eidem electo facere similiter non omittas. Dat. ut supra proxima.

Reg. 112 litt. secr. pars II, f. 72, nr. 884.

414. — *1324 Juni 28. Avignon.*

Johannes XXII nobili viro Ademario de Pictavia iuniori scribit consolando eum de casu infelici Ademarii nati.

Casum adversum amaritudine plenum . . . Dat. Avin. IIII kl. iulii a. octavo.

Reg. 112 litt. secr. pars II, f. 29¹, nr. 657.

415. — *1324 Juni 28. Avignon.*

Johannes XXII nobili viro Ademario de Pictavia seniori comiti Diensi scribit consolando eum de casu infelici, qui in personam Ademarii nati sui contingit hiis diebus.

Nosti, fili, quodque . . . Dat. Avin. ut supra.

Ven. fratri Ludovico episcopo Lingonensi in eundem modum verbis competentibus mutatis.

Reg. 112 litt. secr. pars II, f. 30, nr. 658.

416. — *1324 September 15. Avignon.*

[Johannes XXII] Lippoldo duci Austrie et Styrie.

Benigne recepimus nobilitatis tue litteras . . . De Metensi ecclesia ad presens tuis nequimus annuere precibus, sed dante domino in alia, cum se facultas offeret, personam, pro qua supplicas, quam reputamus prudentem et ydoneam, curabimus dante domino promovere . . . (*Sequentia de liberando Frederico fratre Lippoldi.*)

Reg. 113 litt. secr., f. 40¹, nr. 327. — Riezler nr. 396.

417. — *1324 October 15. Avignon.*

Johannes XXII abbatibus monasteriorum *S. Vincentii* et *S. Symphoriani* ac *S. Arnulphi* mandat, quatinus Nicolao Johannis Bertrandi conferant ecclesiae Metensis canonicatum et prebendam vacantes.

[Johannes XXII] S. Vincencii et S. Symphoriani ac S. Arnulphi Metensium monasteriorum abbatibus.

Laudabile testimonium, quod . . . Exhibita siquidem pro [par]te dicti Nicolai (sc. Johannis Bertrandi clerici Metensis) peticio continebat, quod a iam dudum, scilicet a viginti quinque annis et pluribus canonicatu et prebenda ecclesie Metensis, quos quondam Joffridus dictus Aisiert... in dicta ecclesia obtinebat, per ipsius obitum . . . vacantibus . . . decanus et capitulum ipsius ecclesie . . . convenientes in unum quondam Johannem de Floreanges archidiaconum Argentinensem et . . Werricum dictum Fourton clericum Metensem ad canonicatum et prebendam . . . in discordia elegerunt. Quarum electionum pretextu temporibus plurium predecessorum nostrorum . . inter prefatos Johannem et Werricum coram diversis auditoribus sive iudicibus . . . in curia Romana et alibi . . . quam plurimi et diversi habiti fuere processus; quibus necdum per sentenciam terminatis prefatus Johannes viam extitit universe carnis ingressus dictusque Werricus superstes postmodum electioni de se facte ac omni iuri ex ea vel alias quomodolibet competenti in civitate Metensi renunciavit expresse. Quare pro parte prefati Nicolai nobis extitit humiliter supplicatum, quod, cum canonicatus et prebenda adhuc vacare noscantur, nec aliquis appareat nec existat, quia decem annis et citra in eis se asseruerit ius habere, de canonicatu et prebenda huiusmodi eidem Nicholao providere de speciali gracia dignaremur. Nos igitur . . . discretioni vestre . . . mandamus, quatinus . . . si premissa repereritis ita esse, et in dictis canonicatu et prebenda non fuerit alicui alii specialiter ius acquisitum, canonicatum et prebendam eosdem . . . Nicolao vel procuratori suo . . . conferre et assignare curetis . . . Dat. Avin. idus octobris a. nono.

Reg. 78, f. 61¹, nr. 197.

418. — *1324 October 27. Avignon.*

[Johannes XXII] decano et preposito S. Salvatoris ac archidiacono maioris Metensium ecclesiarum mandat, quatinus Willelmum natum quondam Therrion Pietdeschaut clericum Metensem cupientem in monasterium S. Vincentii Metensis domino famulari, si est ydoneus et aliud canonicum non obsistat, recipi faciant in eodem monasterio in monachum.

Cupientibus vitam ducere regularem . . . Dat. Avin. VI. kl. novembris a. nono.

Reg. 78, f. 71, nr. 227.

419. — *1324 October 29. Avignon.*

Johannes XXII treugas inter quondam Amedeum et Eduardum comites Sabaudie et Aymonem de Sabaudia clericum eius filios ex parte una atque Henricum electum Metensem et Guigonem Dalphinum Viennensem ex altera initas prorogat ab instanti festo B. Martini usque ad festum resurrectionis dominice proxime venturum.

Ad futuram rei memoriam. Etsi ad cunctorum corda . . . Dat. Avin. IIII kl. novembris a. nono.

Reg. 78, litt. cur. f. 1, nr. 1.

420. — *1324 November 9. Avignon.*

Johannes XXII Henrico electo Metensi nunciat, quod treugas dudum auctoritate apostolica in dictas inter quondam genitorem Eduardi comitis Sabaudie ac Eduardum eiusque fratres ex una parte et Henricum ac Guigonem Dalfinum Viennensem ex altera prorogavit usque ad festum resurrectionis dominice venturum.

In e. m. dicto Dalfino . . . Datum ut supra (= Avin. V idus novembris anno nono).

Reg. 113, l. secr. f. 61¹, nr. 472.

421. — *1324 November 24. Avignon.*

Johannes XXII Johanni Bertaudi canonico Virdunensis ecclesie consideratione Johannis regis Boemie pro eo supplicantis reservat dignitatem vel personatum seu officium cum cura vel sine cura, si que vel si quis aut si quod in ecclesia Virdunensi vacat ad presens vel cum vacaverit, etiam si ad illam vel illum seu illud quis consueverit per electionem assumi, illa tamen dignitate, que post episcopalem in eadem ecclesia maior existit, dumtaxat excepta, non obstante quod eidem Johanni papa hodie de canonicatu et prebenda ecclesie Virdunensis per promotionem et consecrationem Bertholdi archiepiscopi Neapolitani vacantibus per alias litteras apostolicas providerit et quod idem in Treverensi canonicatum et prebendam obtinet et in Spirensi et S. Martini Leodiensi ecclesiis canonicus sub expectatione prebendarum existit.

Litterarum scientia, morum decor . . . Dat. Avin. VIII kl. decembris a. nono.

Reg. 78, litt. com. f. 273, nr. 805.

422. — *1324 December 1. Avignon.*

Johannes XXII Johanni nato Johannis dicti Cale de Sarburch, confert ecclesie in Sarburch Metensis diocesis canonicatum cum prebenda ad presens vacante vel proximo vacatura.

Laudabile testimonium, quod . . . Dat. Aviu. kl. decembris a. nono.
Reg. 78, f. 253¹, litt. com. 740.

423. — *1325 Januar 17. Avignon.*

Johannes XXII episcopo Foroviliensi (!) et S. Vincentii Metensis et S. Symphoriani extra muros Metenses monasteriorum abbatibus mandat, quatinus Marguaretam Godefridi puellam litteratam Metensem cupientem in monasterio S. Glodesindis Metensis ord. S. Bened. domino famulari, si sit ydonea et aliud canonicum non obsistat, in dicto monasterio faciant recipi in monacham.

Prudentum virginum votis . . . Dat. Avin. XV kl. februarii a. nono.
Reg. 78, f. 232, litt. com. 699.

424. — *1325 Januar 23. Avignon.*

Johannes XXII Ludovico episcopo Lingonensi concedit facultatem clero diocesis Lingonensis imponendi semel subsidium moderatum idque petendi et recipiendi ad supportanda onera, et magnas expensas, quas eum pro suis et ecclesie sue negotiis subire oportuit.

Ex tue devocionis. . . Dat. Avin. X kl. februarii a. nono.
Reg. 78, f. 234¹, litt. com. 692.

425. — *1325 Januar 24. Avignon.*

[Johannes XXII] Ferrico duci Lothoringie.

Veniens nuper ad nostram presentiam dilectus filius nobilis vir Ancelinus de Giravilla tuus et . . . . Johannis (!) comitis Barensis nuncius, ut dicebat, per nos benigne vestre considerationis intuitu et sue probitatis obtentu receptus, devotionem sinceram, quam te dictumque comitem . . . gerere ad Romanam ecclesiam matrem vestram ac laudabile propositum, quod vos ad obsequendum nobis et eidem ecclesie concepisse asseruit, coram nobis prudenter explicare procurans, pro parte tua et ipsius comitis per nos tibi et sibi ad huiusmodi prosequendum propositum de certo provideri subsidio postulavit. Sane, fili, certis ex causis, quas eidem expressimus nuncio et ipse tibi dictoque comiti referre poterit viva voce, eiusdem petitionem super hiis ad exauditionis effectum admittere nequivimus quoad presens, sed causis cessantibus huiusmodi, tibi et eidem comiti, quos in mente specialiter retinemus, de subsidiis, que nobis esse utilia et nos decentia viderimus, providere taliter intendimus domino concedente, quod inde debebitis merito contentari. Porro devotionem et propositum huiusmodi nobis et apostolice sedi grata non indigne quamplurimum et accepta cum gratiarum actionibus uberibus multipliciter in domino commendantes, nobilitatem tuam rogamus et hortamur attente, quatinus in illis sic solida continuatione persistas, quod inde preter divine retributionis premium et eiusdem sedis benedictionem et gratiam valeas uberius promereri. Datum Avinione IX kl. februarii a. nono.

Item in e. m. dicto comiti Barensi . . .

Reg. 113, f. 44¹, nr. 353. — Riezler nr. 438.

426. — *1325 März 17. [Avignon.]*

Item pro rosa aurea, que data fuit per d. n. papam nobili viro domino Ademario de Pictavia in dominica qua cantatur Letare Iherusalem de anno predicto domini M⁰ CCC.⁰ XXV⁰, que rosa cum tribus saphiris ibi positis erat ponderis XI unciarum auri et j. d. parvi ad pondus Avinion., Richo Corboli mercatori curie — C flor. auri.

Intr. et Exit. 65, f. 81¹.

427. — *1325 März 30. Avignon.*

Johannes XXII petente Johanne comite de Saraponte mandat episcopo Metensi, quatinus rectorem parrochialis ecclesie de Sancto Arnuali Metensis diocesis compellat ad faciendum in capella Beati Nicolai in villa de Saraponte et in capella Beati Johannis Baptiste in villa de Sancto Johanne fieri fontes baptismales et ad ponendum et tenendum ibidem unum presbiterum, qui habitatoribus dictarum duarum villarum divina celebret et sacramenta ministret.

[Johannes XXII] episcopo Metensi.

Significavit nobis dilectus filius nobilis vir Johannes comes de Saraponte tue diocesis, quod rector parrochialis ecclesie de Sancto Arnuali eiusdem diocesis habitatoribus eiusdem de Saraponte et de Sancto Johanne villarum prefate diocesis, — que quidem ville non distant ab invicem nisi per decurrentis cuiusdam fluvii alveum inter ipsas, queque sunt multum populose, cum sint quadraginta hospi(ti)a virorum nobilium in eisdem — ministrare habet ecclesiastica sacramenta, nec in eisdem de Saraponte, in qua in honorem Beati Nicolai, et de Sancto Johanne villis¹), in qua in honorem Beati Johannis Baptiste capelle a dicta ecclesia dependentes sunt fundate, sacri fontes baptismales existunt, nec in ipsis aliquis presbiter commoratur; sed eedem ville a villa Sancti Arnualis, ubi prefatus rector commoratur, per dimidiam leucam longam distare noscuntur, ob quam distantiam et presbiteri defectum plures infantes sine baptismate et alii fideles habitatores dictarum villarum de Saraponte et de Sancto Johanne sine ministratione et receptione ecclesiasticorum sacramentorum frequenter, sicut asseritur, decesserunt, non absque suarum animarum periculo et scandalo plurimorum. Asseruit etiam dictus comes, quod redditus et proventus eiusdem parrochialis ecclesie, qui ex dictis de Saraponte et de Sancto Johanne villis proveniunt, cum aliis, quos dicta ecclesia obtinet, sufficiunt ad sustentationem unius presbiteri instituendi in capellis eisdem et ad alia ipsarum et prefate ecclesie parrochialis incumbentia onera supportanda. Quare prefatus comes nobis humiliter supplicavit, ut prefatis periculis occurrere ac imposterum in hac parte de opportuno providere remedio dignaremur. Quia igitur de facto huiusmodi et eius circumstanciis noticiam non habemus, fraternitati tue, de qua plenam in domino fiduciam gerimus, presentium auctoritate committimus et mandamus, quatinus, si premissis veritas suffragetur, predictum rectorem et alios, qui racione dicte parrochialis ecclesie redditus ex dictis de Saraponte et de Sancto Johanne villis percipiunt supradictos, ad faciendum in eisdem capellis fieri dictos fontes et ponendum et tenendum ibidem unum presbiterum, qui dictis habitatoribus divina celebret et predicta sacramenta ministret, ac eidem presbitero vite necessaria ministrandum, quibuscumque privilegiis, statutis et consuetudinibus contrariis nequaquam obstantibus, per censuram ecclesiasticam appellatione remota compellas. Datum Avinione III kl. aprilis anno nono.

Reg. 79, f. 421, litt. com. 2419. — Riezler nr. 464 c.

428. — *1325 März 30. Avignon.*

[Johannes XXII] Johanni comiti de Saraponte et nobili mulieri Mathildi eius uxeri Metensis diocesis.

Devotionis vestre sinceritas. . . Vestris igitur devotis supplicationibus inclinati, ut vobis et cuilibet vestrum habere liceat altare portatile cum debita reverentia et honore et super eo coram vobis et familia vestra in locis congruis et honestis per capellanum proprium missas facere celebrare, sine iuris preiudicio alicui, devotioni vestre auctoritate presentium indulgemus. Nulli etc. nostre concessionis infringere etc. Dat. Avin. III kl. aprilis a. nono.

Reg. 79, f. 414¹, litt. com. 2399.

429. — *1325 März 30. Avignon.*

[Johannes XXII] nobili viro Johanni comiti de Saraponte et nobili mulieri Mathildi eius uxori.

Ut erga sedem apostolicam . . . Vestris supplicationibus inclinati, vobis et cuilibet vestrum auctoritate presentium indulgemus, ut, si forte ad loca ecclesiastico supposita interdicto vos vel alterum vestrum contigerit declinare, possitis vobis et familiaribus vestris in quibuscumque ecclesiis capellis et oratoriis, excommunicatis et interdictis exclusis, clausis ianuis, non pulsatis campanis, voce submissa, per capellanos proprios vel alios ydoneos presbiteros missam facere celebrari, dummodo vos et familiares predicti causam non dederitis interdicto nec id vobis contingat specialiter interdici. Nulli etc. nostre concessionis infringere etc. Dat. Avin. III kl. aprilis a. nono.

Reg. 79, f. 414¹, nr. 2400.

430. — *1325 März 30. Avignon.*

Johannes XXII abbati monasterii de Regiavalle et decano S. Arnualis Tullensis et Metensis diocesium ac magistro Johanni de Trebis canonico Marsicane ecclesiarum mandat, quatinus unam puellam litteratam, si sit ydonea et aliud ei canonicum non obsistat, quam Johannes comes de Saraponte Treverensis diocesis ad hoc duxerit nominandam, recipi faciant hac vice in monasterio monialium S. Mauri Virdunensi ordinis S. Benedicti.

Exigit magne devotionis affectus . . . Dat. Avin. III kl. aprilis a. nono.

Reg. 79, f. 266, nr. 1984.

431. — *1325 März 30. Avignon.*

Johannes XXII Sancti Maximi[ni] et Sancti Mathie extra muros Treverenses monasteriorum abbatibus ac preposito ecclesie Treverensis mandat, quatinus Thome de Diestorf clerico Metensis diocesis — non obstante, quod dudum infra legitime etatis sue annos consistens in monasterio Sancti Willebrordi Epternacensi ordinis Sancti Benedicti Treverensis diocesis receptus extitit in monachum dictum(*que*) ordinem in eo non professus nec ordinatus dimisit — conferant ecclesie Metensis canonicatum cum prebenda ad presens vacante vel proxime vacatura.

Exigunt probitatis merita . . . Dat. Avin. III kl. aprilis a. nono.

Reg. 78, f. 384¹, nr. 1111.

432. — *1325 März 30. Avignon.*

Johannes XXII abbati monasterii de Regiavalle et decano ecclesie de S. Arnuali Tullensis et Metensis diocesium ac magistro Johanni de Trebis canonico Marsicano scriptori suo mandat, supplicante Johanne comite de Saraponte, quatenus in de Hornbacho et de Novovillari monasteriis ordinis S. Bened. Metensis et Argentinensis diocesium, in quolibet dictorum monasteriorum videlicet unam personam, quam comes ad hoc duxerit nominandam, si sit ydonea et ei aliud canonicum non obsistat, recipi faciant in monachum.

Exigit magne devotionis affectus . . . Dat. Avin. III kl. aprilis a nono.

Reg. 79, f. 202, nr. 1821. — Riezler nr. 464 d.

433. — *1325 März 30. Avignon.*

Johannes XXII Andruino nato Andruini de Barbais militis confert ecclesie S. Arnualis Metensis diocesis canonicatum, prebendam vero etc. eidem reservat.

Laudabile testimonium . . . Dat. Avin. III kl. aprilis a. nono.

In e. m. abbati monasterii S. Mansueti Tullensis et decano S. Salvatoris Metensis ac magistro Johanni de Trebis canonico Marsicane ecclesiarum.

Reg. 79, f. 203¹, nr. 1825.

434. — *1325 März 30. Avignon.*

Johannes XXII decano S. Symphoriani Remensis et cantori Trecensis ac magistro Johanni de Allemante canonico Silvanectensis ecclesiarum mandat, quatinus Katherinam natam Garini de Pennis puellam litteratam Metensis dioc. cupientem in monasterium monialium de Avenayo ord. S. Bened. Remensis dioc. domino famulari, si sit ydonea et aliud sibi canonicum non obsistat, in dicto monasterio recipi faciant in monacham.

Prudentum virginum votis . . . Dat. Avin. III kl. aprilis a. nono.

Reg. 79, f. 202¹, nr. 1822.

435. — *1325 April 1. Avignon.*

Johannes XXII Andree nato Alberti de Parrojes confert ecclesie Virdunensis canonicatum, prebendam vero eidem reservat.

Nobilitas generis vite ac morum honestas . . Dat. Avin. kl. aprilis a. nono.

Reg. 79, f. 40, nr. 1325.

436. — *1325 April 1. Avignon.*

Johannes XXII Burnekino nato Alberti de Parrores (!) militis confert ecclesie Montisfalconis Remensis dioc. canonicatum, prebendam vero etc. eidem reservat, non obstante quod in Tullensi et S. Deodati Tullensis diocesis canonicatus et prebendas obtinet ac in Metensi ecclesiis canonicatum et prebendam expectat.

Ad illorum provisionem . . . Dat. Avin. kl. aprilis a. nono.

In e. m. cancellario de Conrado de Avancourt ac Hugoni de Asceyo canonicis ecclesie Virdunensis.
Reg. 79, f. 39¹, nr. 1321.

437. — *1325 April 1. Avignon.*

Johannes XXII Regnaudo de Barro canonico Remensi indulget,
ut usque ad triennium insistendo scolasticis disciplinis, ubi studium
vigeat generale, vel residendo in aliquo beneficiorum suorum, que
nunc obtinet et eum interim obtinere contigerit, etiam si unum eorum
dignitas vel personatus fuerit et sibi cura immineat animarum, fructus
beneficiorum huiusmodi, distribucionibus cotidianis dumtaxat exceptis,
integraliter percipere valeat.

Tua et tuorum ad nos . . . Dat. Avin. kl. aprilis a. nono.
Reg. 79, f. 12¹, nr. 1233.

438. — *1325 April 1. Avignon.*

*Johannes XXII Johanni regi Boemie, qui per nuncios certiorem
fecit papam se ad transfretandum aspirare in Terre Sancte subsidium et
ab eodem subsidia prestanda petivit, nunciat se huic petioni non annuere.*

[Johannes XXII] Johanni regi Boemie.

Nuper dilecti filii nobiles viri Johannes comes de Salebruge et
Egidius dominus de Rodemacre ac Symon Philippi milites et nuncii
regii venientes nobis tue celsitudinis litteras presentarunt, per quas ad
exaltationem et defensionem honoris sancte matris ecclesie ac reverentiam
te offerens petiisti nunciis fidem credulam adhiberi. Quos quidem nuncios et litteras benigne recepimus, et que sub commissa sibi credencia
tam verbo quam scriptis coram nobis super certis tibi prestandis subsidiis et aliis prudenter exponere curaverunt, patienter audivimus et
intelleximus. Sane cum ipsi nuncii te, fili carissime, ad transfretandum
in subsidium Terre Sancte et ad ceteros honores nostros et eiusdem
ecclesie toto cordis affectu coram nobis asseruerint aspirare, personam
et bona tua propterea te paratum exponere nichilominus offerentes,
nos oblationem huiusmodi tuumque in hac parte laudandum propositum
graciarum actionibus prosequimur. Et licet supplicatis pro parte tua
per ipsos nuncios, qualitate supplicatorum ipsorum et aliis pluribus
obsistentibus per nos prefatis nunciis expositis et tibi referendis per
eos, non annuerimus usquequaque, ea tamen de illis, que secundum
deum et honeste potuimus, ad exauditionis gratiam admittenda favorabiliter duximus, sicut in litteris confectis super hoc regie patebit
magnitudini et ipsi nuncii referre poterunt viva voce. Rogamus igitur

excellentiam regiam, quatinus in eodem proposito exhibitionem fructuosi operis, cum oportunum fuerit, prosequendo constanter et indefesse perseverare studeat regia celsitudo. Tenemus enim indubie, quod perseverantia ipsa grata divine maiestatis accedet oculis ac honoribus et profectibus regiis existere poterit multipliciter oportuna. Datum Avin. kl. aprilis anno nono.

Reg. 113, f. 46, litt. secr. nr. 356. — Riezler nr. 467.

439. — *1325 April 5. Avignon.*

Johannes XXII Eduardo comiti Barensi nunciat, quod ei postulata certa subsidia non potest commode concedere.

[Johannes XXII] nobili viro Eduardo comiti Barensi.

Nobilitatis tue recepimus litteras nobis per nobilem virum Abraham Habrandum de Brues militem presentatas et ea, que dictus miles sub data sibi per litteras tuas credentia proponere voluit coram nobis et eedem continebant littere, intelleximus diligenter. Sane, fili, quia nuper dilecto filio nobili viro Ancelino domino de Givilla (?) pro parte tua et dilecti filii nobilis viri Ferrici ducis Lothoringie ad nostram presentiam destinato meminimus respondisse, nos certis ex causis, quas eidem expressimus et ipse tibi debet etiam expressisse, non posse concedere commode certa subsidia postulata, sed super eis, que nobis decentia et vobis utilia causis predictis cessantibus videremus, libenter tuis et suis votis taliter annuere, quod inde possetis contentari merito, curaremus, miramur admodum, quod eisdem causis adhuc durantibus super hoc duxeris insistendum. Quocirca nobilitatem tuam attentius deprecamur, quatinus nos super predictis habeas probabiliter excusatos. Ad hec illas de petitionibus per eundem militem pro parte tua nobis oblatis, quas honeste potuimus, ad exauditionis effectum duximus admittendas, prout in litteris apostolicis inde confectis plenius continetur. Datum Avinione nonas aprilis anno nono.

Reg. 113, f. 47, litt. secr. nr. 367. — Riezler nr. 471.

440. — *1325 April 5. Avignon.*

Johannes XXII Baldewinum archiepiscopum Treverensem hortatur, quatinus tandem celeriter procedat ad publicationem processuum ab ipso papa dudum contra Ludovicum ducem Bavarie habitorum.

[Johannes XXII] Baldovino archiepiscopo Treverensi.

Nuper dilectus filius vir Johannes comes Sarepontensis, dilectis filiis nobilibus viris Egidio domino de Rodemacre et Symone Philippi cum ipso presentibus, nobis tue fraternitatis litteras presentavit, per quas nobis te tuamque Treverensem ecclesiam recommendans eidem comiti et nobilibus nunciis tuis super exponendis nobis pro parte tua fidem petiisti credulam adhiberi. Sane prefati nuncii per nos benigne recepti exponere coram nobis sub commissa sibi credentia prudenter inter cetera curaverunt, quod tu ad nos et Romanam ecclesiam devocionis et fidei precipue zelum gerens paratus es ea prompte ac fideliter exequi, que nobis et eidem ecclesie noveris esse grata. Super quo tuam prudentiam cum gratiarum actionibus multipliciter commendantes, te ac tuam ecclesiam habemus et habere intendimus gratiis et oportunis favoribus commendatos, sperantes indubie, quod fidem et devotionem predictas manifestare curabis commendabilibus operibus per effectum. Porro nobis mirantibus admodum, quod mandata nostra super publicatione processuum nostrorum contra Ludovicum ducem Bavarie dudum habitorum[1]) tantum exequi distuleris, prefati nuncii certas excusationes tuas super hoc pretenderunt. Que licet veritate, sicut credimus, fulciantur, te tamen apud alios, quibus ignote sunt, merito super hiis non excusant. Quocirca eandem fraternitatem tuam requirimus et hortamur attente, quatinus ad executionem mandatorum predictorum sic celeriter et viriliter procedere non postponas, quod quevis de te aboleatur in hac parte sinistra suspitio et provide apud nos merearis digne laudis preconiis commendari. Nec credimus te latere, qualiter venerabilis frater noster archiepiscopus Maguntinus predictos processus solenniter publicavit. Datum ut supra (= Avinione nonas aprilis anno nono).

Reg. 113, f. 47, litt. secr. nr. 399. — Riezler nr. 470.

441. — *1325 April 5. Avignon.*

Johannes XXII Friderico duci Lothoringie notum facit, quod eidem et comiti Barensi postulata subsidia non potest commode annuere.

[Johannes XXII] eidem duci Lothoringie.

Miramur, fili, quomodo super illis, pro quibus dilectus filius nobilis vir Ancelinus dominus de Givilla(?) pro parte tua et . . . Eduardi comitis Barensis nostram noscitur hiis diebus preteritis presentiam adiisse, dilectum filium Hugonem de Asseyo canonicum Virdunensem ad sedem duxeris apostolicam destinandum, cum cause, propter quas ad facienda tibi et eidem comiti postulata subsidia commode non poteramus annuere, adhuc durent. Quocirca nobilitatem tuam attentius deprecamur, quatinus nos habere velis super hiis excusatos. Ad hec

---

[1]) *sub data d. 8 octobris 1323.*

quibusdam petitionibus per eundem Hugonem pro parte tua nobis oblatis favorabiliter annuimus, sicut in confectis inde litteris apostolicis plenius continetur. Datum ut supra (= Avin. nonas aprilis a. nono).

Reg. 113, f. 47, litt. secr. nr. 368. — Riezler nr. 471.

442. — *1325 April 17. Avignon.*

Johannes XXII Emichonem episcopum Spirensem, qui se excusavit, quod minas et terrores quorundam Ludovico duci Bavarie adherentium formidans publicationem processuum a papa dudum contra dictum Ludovicum habitorum exequi penitus omisit, severe requirit, quatinus frivolis omissis excusationibus pape mandatum exequi studeat.

Fraternitati tue . . . Dat. Avin. XV kl. maii a. nono.

Quibus litteris est addita hec nota: »Sic fuit littera patens. Item fuit etiam missa clausa, addita clausula, que sequitur: Ad hec, dilecte fili, nobili viro Johanni comiti de Sarapontes quedam expressimus et exposuimus per ipsum fraternitati tue referenda, cui fidem adhibeas credulam super eis.«

Reg. 113, f. 48, litt. secr. nr. 376. — Riezler nr. 474.

443. — *1325 Juni 1. Avignon.*

Johannes XXII Johanni regi Boemie petenti concedit triennalem decimam ecclesiasticorum proventuum regni Boemie et comitatus Lucemburgensis deputatque ad eam colligendam episcopum Olomucensem et Brevenolbensem ac S. Marie Lucemburgensis Pragensis et Treverensis diocesium abbates.

Sedis apostolice copiosa benignitas . . . Dat Avin. kl. iunii a. nono.

In e. m. episcopo Olomucensi et Brevenolbensis et S. Marie Lucemburgensis Pragensis et Treverensis diocesium monasteriorum abbatibus.

Reg. 79, f. 167, nr. 1712.

444. — *1325 Juni 10. Avignon.*

[Johannes XXII] Henrico electo Metensi.

Perduxit nuper ad nostri apostolatus auditum infeste relationis assertio, quod tam tua Metensis quam nonnulle ecclesie ac monasteria et alia pia et religiosa loca civitatis et diocesis Metensis per guerrarum discrimina, que in illis partibus hactenus viguerunt, in suis bonis et iuribus, quorum nonnulla per multos raptores et sacrilegos in ipsorum ecclesiarum monasteriorum et locorum preiudicium occupata detineri dicuntur, enormiter sunt collapsa. Cum autem tua intersit et ad tuum

spectet officium adhibere remedia super hiis oportuna, discretioni tue
. . . mandamus, quatinus circa recuperationem bonorum et iurium
predictorum adhibere procures adeo solerter et provide diligentiam
operosam, personis nichilominus ecclesiasticis dictarum civitatis et diocesis oportunis presidiis et favoribus, sicut ad te pertinuerit, super hiis
assistendo, quod inde mercedis perennis premium merearis assequi et
apud nos et sedem apostolicam debeas merito commendari. Dat. Avin.
IIII idus iunii anno nono.

Reg. 113, f. 62, litt. secr. nr. 482.

445. — *1325 Juni 13.   Avignon.*

[Johannes XXII] iusticiariis civitatis Metensis.

Gravis dilectarum in Christo filiarum priorisse et conventus monialium inclusarum Metensium ordinis S. Augustini secundum instituta
et sub cura fratrum ordinis Predicatorum viventium nobis exhibita
conquestio continebat, quod vos priorissam et conventum easdem, que
in contemplationis altitudine viteque puritate sub clausura claustrali
virtutum domino iugiter famulantur, angariari contra statuta canonum
satagentes, ut vobis sexcentas libras turonensium parvorum pro subsidio et necessitatibus civitatis Metensis solverent aut tres mulieres,
quas in monasterio predicto volebatis includere, secum reciperent,
quamvis ipse suas allegarent ad hoc non suppetere facultates eis, quibus obtentu regis eterni, cuius obsequiis insistunt continue, subvenire
potius debebatis, imponere pro vestre voluntatis libito curavistis, ac
deinde exaggerando premissa dicimini statuisse, quod, nisi dicte priorissa et conventus eandem pecunie summam infra terminum sibi prefixum solverent, mille ducente libre dicte monete super census et
hereditates earum per manus reciperentur campsorum in dicta necessitates et subsidium convertende censusque predicti exponerentur ab
illis, qui eos tenebantur solvere, redimendi, quodque si predicte priorissa et conventus contra quoscumque presumerent iudicialiter experiri,
tam persone quam bona ipsarum ponerentur extra ipsius gardiam civitatis. Cum autem premissa, si eis veritas, quod nequimus faciliter
credere, suffragetur, in divine maiestatis offensam et libertatis derogationem ecclesiastice ac honestatis publice lesionem animarumque vestrarum salutis et fame dispendium redundare noscantur, discretionem
vestram requirimus et hortamur . . . quatinus a predictis tam perniciosis penitus desistatis . . . Et si forsitan contra eas ac bona earum
foret occasione huiusmodi aliquid attemptatum, illud revocare cum
effectu . . . studeatis . . . Datum Avin. idus iunii a. nono.

Reg. 113, f. 62¹, litt. secr. nr. 483.

446. — *1325 Juni 13. Avignon.*

[Johannes XXII] Henrico electo Metensi.

Gravis dilectarum in Christo filiarum — (*Sequentia ut in litt. praeced.*) — redundare noscantur, nos ipsos per alias nostras litteras, quas inde sibi dirigimus, exhortamur, ut a predictis . . . omnino desistant . . . Quocirca discretioni tue . . . mandamus, quatinus predictos iusticiarios, ut a premissis desistant omnino et, si contra prefatas . . . vel earum bona super predictis in aliquo processissent de facto, id revocare studeant cum effectu, moneas efficaciter et inducas ipsos ad hoc, si necesse fuerit, summarie simpliciter et de plano ac sine strepitu et figura iudicii per censuram ecclesiasticam appellatione postposita compellendo, non obstante si eis vel eorum aliquibus communiter vel divisim a sede apostolica sit indultum, quod interdici suspendi vel excommunicari non possint per litteras apostolicas non facientes plenam et expressam ac de verbo ad verbum de indulto huiusmodi mentionem. Dat. Avin. id. iunii a. nono.

Reg. 113, 159[1], litt. secr. nr. 973.

447. — *1325 Juni 13. Avignon.*

Universis etc. Gasbertus . . . (pape camerarius) etc.

Ad apostolicam sedem accedens discretus vir Gerardus de Spinallo presbiter Tullensis dyoc. nobis exponere procuravit, quod ipse parochialem ecclesiam de Columbario Metensis dyoc. per octo annos vel circa tenuit ad sacros ordines non promotus nec super hoc dispensacione obtenta, fructus percipiens ex eadem. Sane cum dictus Gerardus, qui prefatam ecclesiam dimisisse dicitur, pro fructibus inde per ipsum tempore predicto perceptis, qui ad sexdecim libras turonensium parvorum possunt ascendere, sicut asseruit, annuatim, quinquaginta florenos auri ad expugnationem rebellium Sancte matris ecclesie et hereticorum partium Lombardie obtulerit se daturum, remissionem sibi de residuo fieri per sanctissimum patrem et dominum nostrum dominum J. divina providentia papam XXII suppliciter postulando, prefatus dominus noster summus pontifex volens cum ipso super hiis agere gratiose, totum residuum dictorum fructuum sibi gratiose remisit, mandans nobis oraculo vive vocis, ut dictos quinquaginta florenos auri, si esset ita, recipi faceremus concederemusque sibi quitacionem de illis. Cumque prefatus Gerardus asserens in sua vera conscientia ita esse dictos quinquaginta florenos auri ipsius domini pape camere ad expugnationem predictam duxerit assignandos, nos ipsum Gerardum de illis quinquaginta florenis auri absolvimus et quitamus, has sibi litteras etc. Datum Avinione die XIII mensis iunii anno indictione et pont. predictis (sc. a. 1325 indict. VIII p. a. nono).

<small>Obl. et Sol. 9 (318), f. 83¹; similiter Intr. et Exit. 65, f. 24.</small>

448. — *1325 Juli 8. Avignon.*

Johannes XXII Ottoni de Aventica confert ecclesie Metensis canonicatum, prebendam vero ac dignitatem cum cura vel sine cura, etiam si ad ipsam dignitatem per electionem consueverit quis assumi, dummodo huiusmodi dignitas maior post episcopalem in eadem ecclesia non existat, si in eadem ecclesia vacant ad presens vel quam primum simul vel successive vacaverint, eidem reservat, non obstante quod in Lausanensi et in de monasterio Grandisvallis et in S. Ursicini Basiliensis dioc. ecclesiis sub expectatione prebendarum in canonicum est receptus et de prepositura eiusdem Basiliensis ecclesie in Romana curia litigat. Tamen postquam dignitatem fuerit assecutus, predictam preposituram omnino dimittere teneatur.

Litterarum scientia, vite ac morum honestas . . . Dat. Avin. VIII idus iulii a. nono.

<small>Reg. 79, f. 345, nr. 2216.</small>

449. — *1325 Juli 11. Avignon.*

Johannes XXII Guillelmo de Ceys confert ecclesie Bisuntine canonicatum, prebendam vero eidem reservat, non obstante quod in ecclesia Romaricensi canonicatum et prebendam ac parrochialem ecclesiam de Bayro Tullensis dioc. obtinet.

Nobilitas generis, morum decor . . . Dat. Avin. V idus iulii a. nono.

In e. m. abbati monasterii S. Vincentii Bisuntini et decano Montis-Belliguardi Bisuntine dioc. ac Albrico de Metis archidiacono Metensi capellano nostro.

<small>Reg. 79, f. 204¹, nr. 1829.</small>

450. — *1325 Juli 26. Avignon.*

Johannes XXII Bertaldo de Metis confert eccl. Metensis canonicatum et prebendam, quos Bertramus dictus Piedeschaut per magistrum Albericum de Metis archidiaconum Metensem procuratorem suum in manibus Petri S. Susanne tit. presbiteri cardinalis libere apud sedem apostolicam resignavit.

Personam tuam . . . Dat. Avin. VII kl. augusti a. nono.

In e. m. de Gorzia et de S. Nabore monasteriorum abbatibus Metensis dioc. ac magistro Johanni de Rocca canonico Neapolitano capellano nostro.

Reg. 79, f. 270, nr. 1996.

451. — *1325 Juli 29. Avignon.*

Johannes XXII Johanni de Asseloy usque ad id tempus canonico Nivernensi cupienti permutare canonicatum et prebendam suos cum Stephano Mourini usque ad id tempus canonico Metensi, postquam uterque prebendam et canonicatum suos resignavit in manibus Petri tit. S. Susanne presbiteri cardinalis, confert ecclesie Metensis canonicatum et prebendam sic vacantes.

Apostolice sedis circumspecta benignitas . . . Dat. Avin. IIII kl. augusti a. nono.

In e. m. de Gorzia et de S. Nabore Metensis diocesis monasteriorum abbatibus ac magistro Johanni de Rocca canonico Neapolitano capellano nostro.

Reg. 79, f. 285, nr. 2043.

452. — *1325 August 1. Avignon.*

[Johannes XXII] iusticiariis civitatis Metensis.

Dudum non absque grandi admiratione percepto, quod vos dilectas in Christo filias priorissam et conventum monialium inclusarum Metensium . . . angariare contra statuta canonum satagentes ut vobis (*etc. ut in litteris d. 13 iunii datis usque ad*) gardiam civitatis. Vobis requisitionis et exhortationis direxisse meminimus scripta nostra, ut a predictis . . . desisteretis penitus . . . et si forsan contra eas ac bona ipsarum foret aliquid occasione huiusmodi attemptatum, illud revocare prudenter et provide curaretis. Verum quia sicut accepimus, vos requisitionibus et exhortacionibus paternis huiusmodi obauditis contra easdem priorissam et conventum paupertate oppressas nimia manum vestram solito durius aggravantes per captionem et occupationem suorum proventuum eis subtrahere nimis impudenter nitimini victum suum, vos iterato requirimus et monemus, quatinus . . . ab ipsarum . . . molestationibus penitus desistentes, quicquid de bonis et proventibus suis capi occasione huiusmodi feceritis, eis restituere ac ipsas . . . prosequi favorabiliter taliter studeatis, quod alio non egeant remedio in hac parte . . . Datum ut supra (= Avin. kl. augusti a. nono).

Reg. 113, f. 53¹, nr. 411. — *Riezler nr. 531.*

453. — *1325 August 1. Avignon.*

[Johannes XXII] Henrico electo Metensi eiusque vicariis officialibus et locatenentibus.

Nuper ex gravi conquestione... (*Postquam enarravit querelam a monialibus inclusis Metensibus prolatam, ut in litteris d. 13 iunii, prosequitur*): Tibi, fili electe dedisse meminimus nostris aliis certi tenoris litteris in mandatis, ut eosdem iusticiarios, quod a predictis... omnino desisterent et si contra prefatas... in aliquo de facto processerant, id curarent effectualiter revocare, monere et efficaciter inducere procurares ipsos ad hoc, si necesse foret, summarie simpliciter et de plano ac sine strepitu et figura iudicii per censuram ecclesiasticam appellatione postposita compescendo. Verum cum vos predicti vicarii officiales et locatenentes, te, dicte electe, in remotis agente, pro eo mandatum huiusmodi renueritis, ut intelleximus, exequi, quod vobis non dirigebatur expresse, discretioni vestre in virtute sancte obedientie ac sub excommunicationis pena, quam, si negligentes vel remissi fueritis in executione presentis mandati nostri, vos incurrere volumus ipso facto, per apostolica scripta committimus et mandamus, quatinus vos et singuli vestrum, qui super hoc fueritis requisiti, predictos iusticiarios moneatis et efficaciter inducatis, ut a premissis... molestationibus cessent... Dat. ut supra (= Avin. kl. augusti a. nono).

Reg. 113, f. 171¹, nr. 1021.

454. — *1325 August 1. Avignon.*

Johannes XXII priorisse et conventui monialium inclusarum Metensium nunciat se pro eisdem litteras destinasse iusticiariis Metensibus.

Litterarum vestrarum, quas benigne recepimus... Dat. ut supra (= Avin. kl. augusti a. nono).

Reg. 113, f. 54, nr. 412.

455. — *1325 August 5. Avignon.*

Johannes XXII Eduardo comiti Sabaudie, Guigoni Dalfino Viennensi et Henrico electo Metensi gubernatori Dalfinatus Viennensis nunciat, quod cupiens, ut super gravi dissidio inter eos exorto omissis congressibus bellicis periculosis per viam pacificam terminando tractatores eligantur pacis et ab eisdem treuge ineantur, mittit ad eos nuncios.

Credimus, fili, quod si prudenter... Dat. Avin. nonas augusti a. nono.

Reg. 113, f. 62¹, litt. secr. nr. 484.

456. — *1325 August 5. Avignon.*

Johannes XXII Petrum archiepiscopum Lugdunensem rogat, quatinus Jacobo episcopo Appamiarum et Raymundo abbati monasterii S. Egidii ord. S. Bened. Nemausensis dioc. apostolice sedis nunciis assistat, ut Eduardus comes Sabaudie, inter quem ex parte una et Guidonem Dalphinum Viennensem necnon Henricum electum Metensem patruum dicti Dalphini et gubernatorem Dalphinatus ex altera dispendiosa discrimina existunt, dictorum nunciorum, quos papa misit ad indicendum inter predictos dissidentes treugas, persuasionibus obtemperet.

Non ignorat tua . . . Dat. Av. nonas augusti a. nono.

In e. m. Ludovico de Sabaudia . . . Imberto domino Belliloci . . . Hugoni Dalfini domino Fuciniaci[1]) . . . Ademario de Pictavia comiti Diensi . . . Ademario de Pictavia minori.

Reg. 113, f. 63, nr. 485.

457. — *1325 August 9. Avignon.*

Johannes XXII omnibus vere penitentibus et confessis, qui ecclesiam monasterii monialium S. Clare Metensis ordinis eiusdem Sancte in nativitatis domini, pasche, ascensionis, penthecostes quatuorque B. Marie virginis gloriose necnon in B. Johannis Baptiste et S. Francisci et eiusdem S. Clare festivitatibus centum, eis vero qui per octo dies festivitates ipsas immediate sequentes devote visitaverint annuatim, quadraginta dies de iniunctis eis penitenciis relaxat.

Vite perennis gloria . . . Dat. Avin. V idus augusti a. nono.

Reg. 79, f. 325, nr. 2161.

458. — *1325 August 26. Avignon.*

Johannes XXII Ludovicum episcopum Lingonensem transfert ad ecclesiam Metensem vacantem per recessum Henrici Dalphini in statum laicalem.

[Johannes XXII] venerabili fratri Ludovico episcopo Metensi.

Romana ecclesia, que super universas . . . Dudum siquidem . . . Henrico Dalphini domino Baronie Montisalban[ensis] tunc electo Metensi regimini Metensis ecclesie presidente, nos cupientes eidem ecclesie, cum eam vacare contingeret, personam utilem apostolice sollicitudinis studio presidere, provisionem eiusdem ecclesie, cum ipsam quovis modo vacare contigeret, ordinacioni et disposicioni nostre et sedis apostolice ea vice duximus reservandam. Postmodum vero dictus

---

[1]) *Mutato ubi dicitur:* ut prefatus Dalfinus.

Henricus tunc electus nec in sacris ordinibus constitutus, vitam eligens et assumens professioni pastorali quinimo clericali contrarium suscepit cingulum milicie secularis sumtisque militaribus armis actibus bellicis se ingessit[1]) ac subsequenter in habitu militari ad presenciam nostram se conferens nobis humiliter supplicavit, ut eidem ecclesie providere de oportuno presule curaremus. Nos igitur . . . tum propter premissa tum etiam quia idem Henricus tunc electus infra tempus de consecrandis episcopis a canonibus diffinitum se nedum in episcopum consecrari, sed nec etiam ad sacros ordines fecerat promoveri, evidentius intuentes, quod pro derelicto prorsus habebat ecclesiam supradictam, pro utilitate eiusdem Metensis ecclesie propositum eiusdem Henrici quoad dicte ecclesie dimissionem auctoritate apostolica approbantes dictamque Metensem ecclesiam vacare propterea reputantes ac volentes eidem ecclesie, ne dispendia prolixe vacationis incurreret, paterna solicitudine precavere, . . . demum in te tunc Lingonensi episcopo . . . noster animus requievit. Intendentes igitur tam dicte Metensi ecclesie quam dominico gregi eiusdem salubriter et utiliter providere, te a vinculo, quo tenebaris dicte Lingonensis ecclesie, cui preeras, . . . absolventes, te ad prelibatam ecclesiam Metensem transferimus teque ipsi ecclesie Metensi in episcopum prefecimus et pastorem . . . Dat. Avin. VII kl. septembris a. nono.

In e. m. capitulo eccl. Met. . . . populo civitatis et diocesis Metensis . . . universis vassallis eccl. Met. . . . archiepiscopo Trever.

Reg. 79, f. 349, nr. 2231. — Riezler nr. 538.

459. — *1325 August 26. Avignon.*

Johannes XXII Ludovicum episcopum Lingonensem transfert ad ecclesiam Metensem.

[Johannes XXII] venerabili fratri Ludovico episcopo Metensi.

Ecclesia Metensi ex eo nuper vacante, quod Henricus olim electus Metensis ad statum laicalem se transferens insigniri se fecit cingulo militari, nos eidem ecclesie, cuius provisionem nobis ea vice duximus reservandam, providere de pastore ydoneo cupientes et ad te dirigentes intuitum mentis nostre, te a vinculo, quo astrictus tenebaris Lingonensi ecclesie, cui preeras, auctoritate apostolica absolvimus et ad eandem ecclesiam Metensem de fratrum nostrorum consilio duximus transferendum. Quocirca fraternitati tue mandamus, quatinus ad eiusdem Metensis ecclesie gubernacionem providam sic tue solicitudinis studia

---

[1]) *Henricus cum Guigone nepote devicit Eduardum comitem Sabaudie apud Vareyum d. 7 augusti 1325. Cibrario, Storia della Monarchia di Savoia III, 13 sq.*

dirigas, quod ipsa sub tuo fructuoso regimine spiritualibus et temporalibus commodis amplietur tuque preter retributionis eterne premium nostram et apostolice sedis graciam uberius merearis. Dat. Avin. VII kl. septembris a. nono.

Reg. 113, f. 72, litt. secr. nr. 531. — Riezler nr. 539.

460. — *1325 August 26. Avignon.*

[Johannes XXII] Ademaro de Montilio.

Apostolice sedis benignitas consueta . . . Cum itaque canonicatus et prebenda necnon archidiaconatus, quos . . nobilis vir Aymo de Sabaudia miles olim canonicus et archidiaconus Remensis in ecclesia Remensi obtinuit, pro eo quod idem Aymo nuper recepto cingulo milicie secularis ad statum omnino se transtulit laycalem, vacare noscantur ad presens . . . nos . . . canonicatum et prebendam ac archidiaconatum predictos . . . tibi conferimus . . . Dat. Avin. VII kl. septembris a. nono.

Reg. 79, f. 355¹, nr. 2246.

461. — *1325 September 1. Avignon.*

[Johannes XXII] Jacobo episcopo Appamiensi et Raymundo abbati monasterii S. Egidii Nemausensis dioc. (*nunciis a papa ad comitem Sabaudie et Dalphinum Viennensem missis*).

Receptis benigne litteris vestris . . . Vestram volumus prudentiam non latere, quod nos Guigoni Dalfino Viennensi et Henrico Dalfini patruo suo ad nostram presentiam accedentibus hiis diebus strages corporum, animarum pericula, rerum lapsus, depopulationes terrarum . . ., que iam ex eorum et dicti comitis (*Eduardi Sabaudie*) et ipsorum predecessorum guerris et commotionibus provenerunt hactenus et formidantur verisimiliter imposterum, . . . ostendentes . . . eis duximus suadendum, ut . . . omissis omnino congressibus bellicis ad pacem et concordiam cum eodem comite reformandam suos animos inclinarent . . . et demum, cum nos requireremus prefatum Henricum, quod nobis personas aliquas . . . pro parte sua et eiusdem Dalfini ad pacis tractatum prosequendum huiusmodi nominaret, ipse nobis ilico respondit, quod hoc facere commode non poterat de presenti, cum probabiliter ignoraret, quas personas et cuius status prefatus comes ad predicta voluerit nominare. Nam si personas sublimes vel mediocres aut inferiores ad tractandum . . . poneret dictus comes, iidem Dalfinus et Henricus similis conditionis personas pro parte sua super hiis nominabunt . . . Dat. Avin. kl. septembris a. nono.

Reg. 113, f. 63, litt. secr. nr. 487.

462. — *1325 September 1. Avignon.*

Johannes XXII Guigoni Dalfino Viennensi et Henrico Dalfini eius patruo nunciat, quod ex insinuatione Jacobi episcopi Appamiensis et Raymundi abbatis monasterii S. Egidii apostolice sedis nunciorum sibi innotuit, quod Eduardus comes Sabaudie prefatis nunciis ad suam presentiam accedentibus ad respondendum eis super tractatu pacis certum terminum assignavit, infra quem cum amicis suis deliberare voluit.

Sicut ex insinuatione . . . Dat. ut supra (= Avin. kl. septembris a. nono).

Reg. 113, f. 64, nr. 489.

463. — *1325 October 2. Avignon.*

[Johannes XXII] Lupoldo duci Austrie et Styrie.

Antequam nobis tue nobilitatis littere, per quas provisionem Metensis ecclesie petebas usque ad adventum nunciorum . . . per nos in suspenso teneri, presentate fuissent, nos de certa persona tibi accepta, sicut credimus, tuique honoris et comodi zelatrice duxeramus eidem ecclesie providendum. Quare nos habeat super hoc tua nobilitas, quesumus, excusatos. Dat. Avin. VI nonas octobris a. decimo.

Reg. 113, f. 249¹, litt. secr. nr. 1461. — Riezler nr. 551.

464. — *1325 October 3. Avignon.*

Johannes XXII Guigoni Dalfino Viennensi et Henrico Dalfini eius patruo binis litteris nunciat se gaudere accepto nuncio, quod inter eos ex parte una et Eduardum comitem Sabaudie ex altera inite sunt treuge ad instans festum omnium Sanctorum durature et electi sunt tractatores certi ad tractandum de pace reformanda.

Insinuatione venerabilis fratris . . . Dat. Avin. V nonas octobris a. decimo.

Reg. 113, f. 367, litt. secr. nr. 2140.

465. — *1325 October 6. Avignon.*

[Johannes XXII] regi Boemie.

Priusquam super provisione novissima Metensis ecclesie litteras . . . regalis excellencie haberemus, tali persone de ipsa provideramus, quam iuxta notabilem sue condicionis essenciam tibi verisimiliter credimus esse gratam . . . Dat. Avin. II nonas octobris a. decimo.

Reg. 113, f. 249, litt. secr. nr. 1462. — Riezler nr. 554.

466. — *1325 October 7. [Avignon.]*
Servitium episcopi Lingonensis in Burgundia.

Eodem anno (*1325*) indictione (*VIII*) loco et testibus die VII mensis octobris dominus Petrus electus Lingonensis promisit pro suo communi servitio per procuratores VIIII^m flor. auri et quinque servitia famil[iarium] persolvere, medietatem in festo B. Johannis baptiste proxime venturo et aliam medietatem in festo omnium Sanctorum. Alioquin infra tres menses, et iuravit ut in forma.

Obl. et Sol. 6, fol. 49¹.

467. — *1325 October 20. Avignon.*

Johannes XXII Ludovico episcopo Metensi indulget, ut octo clerici eius commensales eiusdem obsequiis insistentes, quos ad hoc duxerit eligendos, fructus redditus et proventus beneficiorum suorum ecclesiasticorum cum cura vel sine cura usque ad triennium integre, cotidianis distributionibus dumtaxat exceptis, percipere valeant, quin resideant.

Personam tuam claris . . . Dat. Avin. XIII kl. novembris a. decimo.

In e. m. Crudatensis et de Luxovio ac de Lutra monasteriorum abbatibus Vivariensis et Bisuntine dioc.

Reg. 80, f. 245¹, nr. 672. — Riezler nr. 556.

468. — *1325 October 23. [Avignon.]*
Servicium episcopi Metensis in Lotoringia¹). — XIX card.

Eisdem anno et die (*scil. 1325 die XXIII mensis octobris*) indictione (*VIII*) loco et testibus dominus Ludovicus episcopus Metensis recognovit commune servicium sui immediati precessoris, quod est VI^m flor. et quinque servicia familiarium, et promisit pro suo communi servicio VI^m flor. et quinque servicia familiarium persolvere, omnia predicta servicia in tribus terminis infrascriptis, videlicet a festo proximo omnium Sanctorum ad annum IIII^m flor. et servicia familiarium pro rata, et in alio festo omnium Sanctorum IIII^m flor. et in alio et ultimo termino omnium Sanctorum secuturo annis revolutis tantundem, et servicia familiarium pro rata. Alioquin infra tres menses, et iuravit ut in forma.

Obl. et Sol. 6 (297), f. 50.

469. — *1325 October 25. Avignon.*
[Johannes XXII] iuratis et comunitati civitatis Metensis.

---

¹) loco nugia *ms.*

Preces, quas vobis ex affectu paterno porrigimus, introduci a vobis ad effectum exauditionis favorabilis confidentes, universitatem vestram rogamus et hortamur attentius, quatinus dilectum filium Giletum de Avocuria[1]), quem, ut accepimus, ratione guerre inter vos et adversarios vestros commote detinetis captivum, velitis a captivitate huiusmodi pro divina et apostolice sedis reverentia liberare vel saltem sub fide prestanda, sicut moris est in illis partibus, usque ad unius anni spacium, nisi guerra ipsa pacificetur, interim relaxare, ita quod devotionis vestre promptitudinem commendare provide cum gratiarum actionibus debeamus. Datum ut supra (= Avin. VIII kl. novembris a. decimo).

Reg. 113, f. 250, litt. secr. nr. 1465. — Riezler nr. 563.

470. — *1325 October 25. Avignon.*

Johannes XXII eisdem (*scil.* iuratis et communitati civitatis Metensis).

Vacantis nuper Metensis ecclesie simul et conditionem notabilem . . . Ludovici Metensis episcopi . . . intuentes, dum utriusque inspeximus meritum, de Lingonensi ecclesia congrue duximus ipsum episcopum ad eandem Metensem ecclesiam de fratrum nostrorum consilio transferendum. Qui cum commendandus desideret ex se ipso spiritualiter et temporaliter ipsi ecclesie suisque caris subditis et amicis prodesse non minus actore (!) domino quam preesse, ad ipsum quoque ac dictam eius ecclesiam benivolentia et caritate precipuis premissa consideratio (*Cetera desunt!*)

(*Precedit et sequitur:* Avin. VIII kl. oct. a. 10.)

Reg. 113, f. 250 litt. secr. nr. 1466.

471. — *1325 October 25. Avignon.*

[Johannes XXII] Ludovico episcopo Metensi.

Cum dilectos filios iuratos et communitatem civitatis Metensis per alias nostras litteras exhortamur, ut dilectum filium Giletum de Avocuria, quem ratione guerre sue captivum, ut accepimus, detinent, . . . velint . . . liberare vel saltem . . . relaxare, volumus et tuam fraternitatem requirimus et rogamus, quatinus efficaciter super hiis interponere studeas partes tuas. Dat. Avin. VIII kl. novembris a. decimo.

Reg. 113, f. 250, litt. secr. nr. 1468. — Riezler nr. 563.

---

[1]) *cf. La guerre de Metz, p. 150 v. 91; Responsum iuratorum et communitatis. cf. Histoire générale de Metz, IV p. 17, et Huguenin, Les chroniques de Metz, p. 52—54.*

472. — *1325 October 25. Avignon.*

Johannes XXII Johanni regi Boemie.

Ad nostram veniens presentiam . . Guillelmus Pinchon clericus et nuncius regius nobis tue celsitudinis litteras presentavit . . . Et ecce, fili carissime, quod super expeditione dilecti filii Gileti de Avocuria . . . Ludovico episcopo ac . . iuratis et communitati Metensi per litteras scribimus oportunas, et nichilominus archidiacono Metensi iniunximus, ut eisdem iuratis et communitati efficaciter super hiis scribere procuraret. Dat. Av. VIII kl. novembris a. decimo.

Reg. 113, f. 249¹, litt. secr. nr. 1464. — Riezler nr. 563.

473. — *1325 October 29. Avignon.*

Johannes XXII Johanni de Deicustodia canonico Virdunensi indulget, ut Eduardi Barri-Ducis comitis insistens obsequiis fructus redditus et proventus beneficiorum suorum ecclesiasticorum usque ad triennium integre percipere valeat, cotidianis distribucionibus dumtaxat exceptis, quin personaliter resideat.

Litterarum scientia, vite ac morum honestas . . . Dat. Avin. IIII kl. novembris a. decimo.

In e. m. S. Pauli Virdunensis et de S. Michaele Virdun. dioc. monasteriorum abbatibus ac Widerico de Tuylleyo canonico Tullensi.

Reg. 80, f. 391¹, nr. 1138.

474. — *1325 October 29. Avignon.*

Johannes XXII Egidio de Burmonte canonico Virdunensi indulget, ut Eduardi etc. *ut in proximo precedenti.*

Sedis apostolice providentia . . Dat. Avin. IIII kl. novembris a. decimo.

In e. m. *ut in proximo procedenti.*

Reg. 80, f. 392, nr. 1139.

475. — *1325 October 29. Avignon.*

Johannes XXII Matheo de Ponte canonico Tullensi indulget, ut Eduardi etc. *ut in proximo precedenti.*

Illi sunt favoris uberis gracia . . . Dat. Avin. IIII kl. novembris a. decimo.

Reg. 80, f. 426, nr. 1244.

476. — *1325 November 12. Avignon.*

Johannes XXII decano Maguntinensis et archidiacono Metensis ac Boemundo de Saraponte canonico Treverensis ecclesiarum nunciat, quod Johannem de Funtibus canonicum ecclesie Maguntinensis tanquam prepositum ecclesie Pingwensis habilitavit eisdemque mandat, quatinus prefatam prepositurum eidem Johanni vel eius procuratori conferre et assignare curent.

Vite ac morum honestas . . . Dat. Av. II idus novembris a. decimo.

Reg. 80, f. 160, nr. 441.

477. — *1325 November 15. Avignon.*

Johannes XXII Johanni de Esseyo monacho monasterii Gorziensis ord. S. Bened. Met. dioc. reservat prioratum vel administrationem seu officium aut beneficium ecclesiasticum cum cura vel sine cura ad collationem vel presentacionem seu quamvis aliam dispositionem abbatis et conventus monasterii Gorziensis communiter vel divisim spectantem vel spectans, solitum vel solitam monachis ipsius monasterii assignari, si quis vel si qua aut si quod vacat ad presens vel cum vacaverit.

Religionis zelus vite ac morum honestas . . . Dat. Avin. XVII kl. decembris a. decimo.

In e. m. scolastico Tullensis et Virdunensis ac eiusdem Tullensis cancellariis ecclesiarum.

Reg. 80, f. 137¹, nr. 364.

478. — *1325 November 16. Avignon.*

Johannes XXII Ludovico episcopo Metensi mandat, quatinus Baldewinum archiepiscopum Treverensem, Johannem regem Boemie, Ferricum ducem Lothoringie et Eduardum comitem Barensem ex una parte atque cives Metenses ex altera inducat ad ineundum treugas et reformandum pacem.

[Johannes XXII] Ludovico episcopo Metensi.

Nuper infausti rumoris assertione percepimus quod humani generis inimicus . . . inter venerabilem fratrem Baldovinum archiepiscopum Treverensem et carissimum in Christo filium nostros (!) Johannem regem Boemie illustrem ac dilectos filios nobiles viros Ferricum ducem Lothoringie ac Eduardum comitem Barensem et nonnullos fautores et adiutores ipsorum ex parte una et dilectos filios cives Metenses ex altera gravis dissensionis materiam suscitavit, adeo periculose partes commovendo, quod omissis viis pacificis et iuris semitis pretermissis per aggressiones hostiles et bellicosos insultus se ad invicem offendere et invadere non absque rerum et personarum suarum dispendiis et animarum amplius formidandis periculis moliantur. Nos autem . . . inter dissidentes eosdem reformari pacem et concordiam et obviari salubriter periculis, que dissensiones comminantur huiusmodi, desiderabiliter affectantes, oportuna querere remedia super hiis paterne solicitudinis studiis non cessamus. Hinc est, quod nos ad personam tuam, quam misericordiarum dominus diversarum gratiarum titulis insignivit, nostre considerationis dirigentes intuitum et de creditis tibi dono celesti virtutibus obtinentes in domino fiduciam specialem, ad pacem et concordiam inter dissidentes predictos actore domino reformandam te, quem ad eam affici confidimus, specialiter providimus eligendum. Quocirca fraternitati tue per apostolica scripta mandamus, quatinus impositum tibi onus huiusmodi suscipiens reverenter, ad eas partes sine cunctatione studeas personaliter te conferre, circa reformationem pacis et concordie huiusmodi exhibiturus secundum datam a deo tibi prudentiam studium operosum. Interim autem, ut cessantibus guerrarum fremitibus votive pacis tractatus in hac parte fieri melius valeat et actore domino consummari, partes easdem ad ineundum treugas usque ad competentis temporis spacium, infra quod tractatus huiusmodi possit perfici, duraturas moneas efficaciter et inducas. Et ut eo utilius super predictis procedere valeas, quo maiori fueris auctoritate munitus, nos tractandi reformandi et faciendi solidam pacem et concordiam inter easdem partes perpetuo duraturam ipsamque necnon treugas predictas, cum inite fuerint, penis et sententiis spiritualibus ac modis et formis aliis, de quibus expedire cognoveris, vallandi et etiam roborandi ac omnes et singulas colligationes ligas confederationes societates et pactiones, que inter ipsos vel eorum aliquos intervenissent huiusmodi occasione discordie nutriende, utpote contra bonum pacis in summi regis offensam presumptas illicite dissolvendi irritandi et annullandi seu nullas esse et irritas decernendi ac quascumque penas adiectas et iuramenta prestita super illis quibuscumque modo forma vel expressione verborum, presertim cum iuramentum vinculum iniquitatis esse non debeat, relaxandi et quecumque alia impedimenta et obstacula quelibet inde tollendi et etiam removendi et cetera omnia, que circa premissa fuerint oportuna, plenarie exercendi, impedientes quoque ac turbatores pacis et concordie huiusmodi ac fractores seu violatores treugarum ipsarum, postquam inite fuerint, tam clericos quam laicos cuiuscumque preminentie conditionis dignitatis et status, etiam si pontificali vel quavis alia prefulgeant dignitate, auctoritate nostra appellatione postposita compescendi, non obstante si eis vel eorum aliquibus comuniter vel divisim a sede apostolica sit indultum, quod excommunicari aut ecclesie et terre ipsorum ecclesiastico interdicto subici non possint, per litteras apostolicas non facientes plenam et expressam ac de verbo ad verbum de indulto huiusmodi mentionem, plenam et liberam eidem fraternitati tue concedimus tenore presentium potestatem. Datum Avinione XVI kl. decembris anno decimo.

Reg. 113, litt. secr. f. 276¹, nr. 1635. — Riezler nr. 582.

479. — *1325 November 19. Avignon.*

Johannes XXII Godefrido Therrico de Metis confert ecclesie S. Salvatoris Metensis canonicatum, prebendam vero eidem reservat, non obstante quod in ecclesia B. Leodegarii de Marsallo Metensis dioc. sub expectatione vacature prebende in canonicum est receptus.

Meritis tue probitatis . . . Dat. Avin. XIIII kl. decembris a. decimo.

In e. m. decano S. Theobaldi iuxta muros Metenses et archidiacono de Marsallo Metensis dioc. ac Stephano Morini canonico Nivernensis ecclesiarum.

Reg. 80, f. 101, nr. 264.

480. — *1325 Dezember 24. Avignon.*

[Johannes XXII] Ludovico episcopo Metensi.

Desiderantes ut inter dilectos filios nobiles viros germanos tuos omnis materia dissidii et scandali substrahatur, fraternitati tue sano consilio suademus, ut in tuo dissessu (!) ad ecclesiam Metensem accessurus cum dilecto filio Ademaro de Pictavia Valentinensi et Diensi comite, tuo [et] dictorum germanorum genitore, operosum adhibere procures studium, ut premissa votivum effectum tua mediante vigilantia sortiantur. Et quia, sicut displicenter audivimus, illi principes ad continuandam guerram contra Metensem civitatem tuo commissam regimini se disponunt, immo dicuntur iam dispositi ad eam in potenti brachio prosequendam, fraternitatem tuam requirimus et rogamus, quatinus iter tuum ad eas partes accelerans, ut suscitata inter ipsos sopiatur dissensio guerrarum periculis evitatis, adhibere operosam solicitudinem non omittas. Nos enim super hoc, ut nosti, tibi per alias nostras litteras concedimus potestatem. Significaturus nobis et confidenter postulaturus, que circa premissa videris oportuna. Datum Avinione IX kl. ianuarii anno decimo.

Reg. 113, f. 251, nr. 1478.

481. — *1326 Januar 6. Avignon.*

Johannes XXII Ludovico episcopo Metensi concedit facultatem conferendi hac vice personis ydoneis, de quibus eidem videbitur expedire, eccl. Metensis canonicatum et thesaurariam vacantes per obitum

Symonis de Marvilla eiusdem eccl. canonici et thesaurarii ac capellani papalis, qui nuper in partibus Metensibus diem clausit extremum, cum a Clemente V reservata sint sedes apostolice dispositioni et collationi beneficia ecclesiastica per obitum capellanarum papalium ubicumque decedentium vacantia.

Personam tuam grandium virtutum titulis insignitam . . . Dat. Avin. VIII idus ianuarii a. decimo.

Reg. 81, f. 541, nr. 2954.

482. — *1326 Januar 13. Avignon.*

Johannes XXII Roberto nato quondam Julieti de Frebecuria confert ecclesiam de Ayre supra Mosellam Metensis diocesis vacantem per obitum Gerardi de Marsallo, qui apud sedem apostolicam diem clausit extremum; cuius ecclesie redditus, ut idem asserit, viginti librarum Turonensium parvorum secundum taxationem decime valorem annuum non excedunt.

Tue probitatis merita . . . Dat. Avin. idus ianuarii a. decimo.

In e. m. magistro Leonardo de Guarcino thesaurario eccl. Lingonensis notario nostro et abbati monasterii S. Vincentii Metensis ac Thome de Bollemonte canonico Tullensi.

Reg. 80, f. 247, nr. 679.

483. — *1326 Januar 22. Avignon.*

Johannes XXII Ludovico episcopo Metensi concedit, quod ad supportanda onera et debita persolvenda petere et recipere possit moderatum subsidium a prelatis capitulis collegiis et monasteriis ac canonicis et personis singularibus et locis ecclesiasticis quibuscunque secularibus et regularibus, exemptis et non exemptis, Cisterciensis Cluniacensis Premonstratensis Cartusiensis Grandimontensis, Sanctorum Benedicti et Augustini et aliorum quorumcunque ordinum, Sancti Johannis Jerosolimitani et aliorum hospitalium sive domorum militarium ordinibus dumtaxat exceptis, civitatis et diocesis Metensis.

Sincere caritatis affectus . . . Dat. Avin. XI kl. februarii a decimo.

In e. m. archiepiscopo Bisuntino et episcopo Lingonensi ac abbati monasterii Luxoviensis Bisuntine dioc.

Reg. 80, f. 300¹, nr. 855. — Riezler nr. 614c.

484. — *1326 Januar 22. Avignon.*

Johannes XXII Ludovico episcopo Metensi, volens eidem providere in eius et ecclesie Metensis facilius supportandis oneribus, indulget, ut ecclesias capitula monasteria collegia et alia loca ecclesiastica secularia et regularia eorumque prelatos et personas exempta et non exempta civitatis et diocesis Metensis possit semel per aliquam seu aliquas personas ydoneas visitare et procurationes ratione visitationis huiusmodi ab eisdem taliter visitatis necnon gistas et pastum ac receptiones alias sibi debitas ab eisdem in numerata pecunia recipere moderatas.

Personam tuam sincera prosequentes . . . Dat. Avin. XI kl. februarii a. decimo.

In e. m. archiepiscopo Bisuntino et episcopo Lingonensi ac abbati monasterii Luxoviensis Bisuntine dioc.

Reg. 80, f. 301, nr. 856. — Riezler nr. 614 d.

485. — *1326 Januar 22. Avignon.*

[Johannes XXII] Ludovico episcopo Metensi.

Tue devocionis precibus . . . Cum itaque, sicut ex parte tua fuit propositum coram nobis, sepe contingat cimeteria tuarum civitatis et diocesis per effusionem sanguinis vel seminis violari, que non potes conciliare comode per te ipsum, nobis humiliter supplicasti, ut providere tibi super hoc de oportuno remedio dignaremur. Nos itaque . . . quod cimiteria supradicta per aliquem sacerdotem ydoneum reconciliare valeas, quociens fuerit oportunum, aqua prius per te vel alium antistitem, ut moris est, benedicta, presentium tibi auctoritate concedimus facultatem . . . Dat. Avin. XI kl. februarii a. decimo.

Reg. 80, f. 264, nr. 733. — Riezler nr. 614 a.

486. — *1326 Januar 22. Avignon.*

Johannes XXII Ludovico episcopo Metensi concedit facultatem providendi in sua Metensi et in quibuslibet aliis secularibus collegiatis ecclesiis non exemptis civitatis et diocesis Metensis, in singulis videlicet earum singulis personis ydoneis, quas ad hoc eligendas duxerit seu etiam nominandas, etiam si quelibet earundem personarum unum beneficium ecclesiasticum cum cura obtineat, de singulis canonicatibus ecclesiarum ipsarum ac faciendi singulas personas easdem in dictis singulis ecclesiis recipi in canonicos et in fratres ac reservandi pro eisdem singulis personis singulas prebendas, si que in dictis ecclesiis dicto tempore sue electionis seu nominationis vacabunt vel cum extunc vacaverint.

Personam tuam nobis . . . Dat. Avin. XI kl. februarii a. decimo.

Reg. 80, f. 301[1], nr. 858. — Riezler nr. 614 e. (cf. Histoire générale de Metz, II, 530.)

487. — *1326 Januar 22. Avignon.*

Johannes XXII Ludovico episcopo Metensi supplicanti concedit facultatem faciendi recipi hac vice dumtaxat in singulis monasteriis seu ecclesiis regularibus religiosorum seu religiosarum quorumcunque ordinum non exemptis sue civitatis et diocesis singulas personas in canonicos sive monachos sive monachas.

Exigit tue sincere devocionis affectus . . . Dat. Avin. XI kl. februarii a. decimo.

Reg. 80, f. 300¹, nr. 854. — Riezler nr. 614 b.

488. — *1326 Februar 19. Avignon.*

Johannes XXII Iserbordo (!) Mathei de Antringa consideracione Johannis regis Boemie pro illo clerico et notario suo supplicantis confert ecclesie S. Symeonis Treverensis canonicatum, prebendam vero eidem reservat, non obstante quod in ecclesia S. Theobaldi extra muros Metenses auctoritate apostolica in canonicum est receptus et super canonicatu et prebenda ecclesie S. Salvatoris Metensis in Romana curia litigat.

Sedis apostolice graciosa benignitas . . . Dat. Avin. XI kl. marcii a. decimo.

In e. m. archiepiscopo Ebredunensi et archidiacono Treverensis ac magistro Johanni de Buscho canonico Metensis ecclesiarum.

Reg. 80, f. 787¹, nr. 1437.

489. — *1326 Februar 20. Avignon.*

Johannes XXII reservat camere apostolice fructus primi anni beneficiorum ad presens et infra annum sequentem vacantium apud sedem apostolicam.

[Johannes XXII.] Ad futuram rei memoriam.

Onerum necessitates multiplices . . . Deliberatione itaque prehibita super hiis diligenti, fructus redditus et proventus omnium et singulorum beneficiorum ecclesiasticorum cum cura vel sine cura, etiam dignitatuum, personatuum et officiorum quorumlibet, exemptorum et non exemptorum, nunc apud sedem apostolicam vacantium pro toto tempore vacationis ipsorum ac unius anni, tam illorum quam aliorum quorumcunque, que usque ad unum annum continuum a die date presentium computandum vacare contigerit apud eam, ecclesiis cathedralibus et abbatiis regularibus ac beneficiis illis, que ex permutationis causa vacare noscuntur seu infra dictum annum vacabunt, dumtaxat exceptis, reservamus specialiter et eidem camere (*scil. nostre*) pro predictis necessitatibus utilius supportandis auctoritate presentium applicamus . . . Nostre tamen intentionis et voluntatis existit, quod dicta camera vel illi, qui ad collectionem dictorum fructuum deputabuntur per ipsam, partem illam, pro qua unumquodque beneficium ipsorum taxatur ad decimam, vel residuum, super quo eidem camere vel deputandis ab ipsa relinquimus optionem, vel medietatem fructuum beneficii cuiuslibet, quod non esset taxatum forsan ad decimam, exigant tantum et percipiant, alia parte seu residuo fructuum predictorum obtinentibus beneficia pro servitio et oneribus supportandis dimisso. Ut autem fructus, redditus et proventus huiusmodi ad utilitatem eiusdem camere melius et utilius exigantur, volumus, quod venerabilis frater Gasbertus archiepiscopus Arelatensis camerarius noster per ordinarios, in quorum civitatibus et diocesibus beneficia predicta fuerint, vel eorum officiales seu alios, de quibus ipse viderit expedire, mandet et faciat dicte camere nomine illos exigi et levari . . . Datum Avin. X kl. marcii anno decimo.

Reg. 113, litt. secr. f. 295¹, nr. 1727.

490. — *1326 März 1. Avignon.*

Johannes XXII archiepiscopum Bisuntinum et episcopos Lingonensem ac Virdunensem deputat conservatores, qui episcopum Ludovicum Metensem et bona ad eius mensam spectantia ab iniuriatoribus defendant.

[Johannes XXII] archiepiscopo Bisuntino et Lingonensi ac Virdunensi episcopis.

Ad hoc nos deus . . . Sane venerabilis fratris nostri Ludovici episcopi Metensis conquestione percepimus, quod nonnulli electi seculares et religiosi necnon marchiones duces comites barones nobiles et alii laici civitatis et diocesis Metensis et partium vicinarum nuper occupaverunt et occupari fecerunt castra terras possessiones redditus et proventus iurisdictiones iura et nonnulla alia bona immobilia ad mensam episcopalem Metensem spectantia et ea detinent occupata seu huiusmodi detinentibus prestant auxilium et favorem, quodque inhibent, ne clerici ecclesiasticeque persone ac vidue vel alie miserabiles persone, quibus iura defensionem spiritualis iudicii favorabiliter concesserunt, habeant ad dictum iudicium spirituale recursum ac ne idem episcopus molendina et alia utilia edificia in locis ad dictam mensam episcopalem spectantibus construere seu edificare [possit] quoquomodo presumant; nonnulle quoque alie persone ecclesiastice seculares et regulares ac universitates et singulares persone civitatum necnon et castrorum et villarum diocesis et partium earundem . . . eidem episcopo in castris terris iurisdictionibus iuribus bonis et rebus aliis ad mensam predictam spectantibus multiplices molestias inferunt et iacturas. Quare dictus episcopus nobis humiliter supplicavit, ut, cum valde difficile reddatur eidem pro singulis querelis ad apostolicam sedem habere recursum, providere sibi super hoc paterna diligentia dignaremur. Nos igitur . . . fraternitati vestre . . . mandamus, quatinus . . . conservatores et iudices prefato episcopo efficacis defensionis presidio assistentes non permittatis eum super premissis ab eisdem vel quibuscumque aliis occupatoribus detentoribus molestatoribus presumptoribus et iniuriatoribus indebite molestari . . . occupatores seu detentores . . . cuiuscumque dignitatis status ordinis vel conditionis extiterint . . . per censuram ecclesiasticam appellatione postposita compescendo . . . Presentibus post quinquennium minime valituris. Dat. Avinione kl. marcii anno decimo.

Reg. 80, f. 289, nr. 821. — Riezler nr. 628.

491. — *1326 April 15. Avignon.*

Johannes XXII Hugoni de Arpaione decano ecclesie Metensis[1]) indulget, ut iuris canonici vel civilis studio legendo vel audiendo in loco, ubi studium vigeat generale, usque ad triennium insistendo interim ratione decanatus ecclesie Metensis, cui cura imminet animarum, ad sacerdocium promoveri et in dicta ecclesia personaliter residere minime teneatur, proviso quod decanatus predictus debitis interim obsequiis non fraudetur et animarum cura in eis nullatenus negligatur.

Personas morum honestate venustas . . . Dat. Avin. XVII kl. maii a. decimo.

Reg. 80, f. 383¹, litt. com. 1115.

492. — *1326 April 29. Avignon.*

[Johannes XXII] Ludovico episcopo Metensi.

Pridem postquam tue fraternitati, ut canonicatum ac prebendam et thesaurariam ecclesie tue Metensis vacantes per obitum Symonis de Marvilla eiusdem ecclesie thesaurarii sedis apostolice capellani persone ydonee posses auctoritate nostra conferre, de gracia concessimus speciali, dilectus filius Hugo de Monte-Justino familiaris tuus asseruit in

---

[1]) Die 25 martii pape eidem contulit eccl. Caturcensis canonicatum providitque de prebenda ibidem, non obstante quod is in Metensi, in quo propter condicionem loci et temporis comode residere posse non sperat, decanatum obtinet ac in Ruthenensi ecclesia canonicatum et prebendam. *Ibid. nr. 1114.*

nostra presentia constitutus, quod, licet sibi de illis auctoritate concessionis huiusmodi providisses, ipse tamen provisionem ipsam ex eo acceptare nolebat, quia de dignitate, quam auctoritate litterarum nostrarum expectare in ecclesia Bisuntina dicitur, in concessione predicta mentio non fiebat. Quare nos supplicationi eiusdem pro parte tua nobis porrecte favorabiliter annuentes, de dictis canonicatu prebenda et thesauraria, facta mentione de dignitate predicta eidem duximus providendum. Sane percepto postmodum, quod ea, que dictus Hugo nobis super predictis exposuerat, veritatis carebant penitus fulcimento, plurimum admirati volumus prudentiam tuam non latere, nostre intentionis extitisse et existere, quod concessio per nos, ut premittitur, tibi facta suum effectum, quibuscumque sic attemptatis per eundem Hugonem in contrarium non obstantibus, sortiatur. Super quibus nos certiores efficere non postponas. Dat. Avin. III kl. maii a. decimo.

Reg. 113, f. 246¹, litt. secr. nr. 1446.

493. — *1326 Mai 6. Avignon.*

Johannes XXII Garino de Barro ord. fratrum Predicatorum inquisitori heretice pravitatis in Bisuntina, Gebennensi, Lausannensi, Sedunensi, Tullensi, Metensi et Virdunensi civitatibus et diocesibus auctoritate apostolica deputato concedit, ut apud sedem apostolicam contra Ginotum Lefolet de Fraxino laicum Bisuntine diocesis, qui de crimine heresis vehementer suspectus et culpabilis reputatur, apud sedem eandem detentum in carceribus inquirere ac precedere libere valeat.

Cum Ginotus Lefolet . . . Dat. Avin. II nonas maii a. decimo.

Reg. 113, f. 246¹, litt. secr. nr. 1447.

494. — *1326 Mai 12. Avignon.*

Johannes XXII Symoni Nicasii confert ecclesie S. Salvatoris Metensis canonicatum, prebendam vero eidem reservat, non obstante quod perpetuam vicariam seu plebanatum parrochialis ecclesie de Theonisvilla Metensis dioc. obtinet.

Probitatis tue merita . . . Dat. Avin. IIII idus maii a. decimo.

In e. m. S. Symeonis Trever. et S. Petri Maguntin. decanis ac archidiacono Nannetensis ecclesiarum.

Reg. 81, f. 295¹, nr. 2297.

495. — *1326 Mai 19. Avignon.*

Johannes XXII archiepiscopo Treverensi et Pragensi ac Metensi episcopis mandat, ut Guillelmo Pinchon, cui papa consideracione

Johannis regis Boemie pro dicto Guillelmo clerico et notario secretario suo supplicantis confert ecclesie Virdunensis canonicatum et prebendam vacantes per obitum Sansonis de Calvomonte canonici Virdunensis et capellani sedis apostolice, predictos canonicatum et prebendam conferant, inducentes eundem vel eiusdem procuratorem in corporalem possessionem, non obstante quod idem in Abrincensi sub expectatione prebende et dignitatis vel personatus seu officii canonicus existit et in S. Paulini extra muros Treverenses ac in Fossensi Leodiensis diocesis ecclesiis canonicatus et prebendas obtinet. Tamen canonicatum et prebendam ecclesie S. Pauline dimittat assecutus possessionem prebende ecclesie Virdunensis.

Vite ac morum honestas . . . Dat. Avin. XIIII kl. iunii a. decimo.

Reg. 81, f. 99, nr. 1770.

496. — *1326 Mai 26. Avignon.*

Johannes XXII Ludovico episcopo Metensi concedit facultatem recipiendi ab Alberto abbate S. Arnulphi liberam resignationem providendique eidem abbatie de persona ydonea.

[Johannes XXII] venerabili fratri Ludovico episcopo Metensi salutem.

Cum, sicut accepimus, dilectus filius Albertus abbas monasterii S. Arnulphi extra muros Metenses ordinis S. Benedicti regimini eiusdem monasterii ex causis racionabilibus libere resignare proponat, nos votis eius in hac parte favorabiliter annuentes . . . fraternitati tue recipiendi auctoritate nostra ab eodem abbate vel procuratore suo . . . renunciationem liberam regiminis monasterii prelibati dictaque renunciatione recepta providendi eidem monasterio de persona ydonea ipsamque preficiendi eidem monasterio in abbatem ac curam et administrationem ipsius monasterii sibi tam in spiritualibus quam in temporalibus plenarie committendi sibique faciendi a suis subditis obedientiam et reverentiam debitam exhiberi eique benedictionis munus etiam impendendi necnon recipiendi postmodum ab eadem persona nostro et ecclesie Romane nomine fidelitatis debite solitum iuramentum sub forma, quam tibi sub bulla nostra mittimus interclusam, contradictores quoque per censuram ecclesiasticam appellatione postposita compescendi plenam et liberam auctoritate presentium concedimus facultatem. Formam autem iuramenti, quod ipsa persona prestabit, nobis per eiusdem patentes litteras suo sigillo signatas per proprium nuncium quantocius destinare procures. Dat. Avin. VII kl. iunii a. decimo.

Reg 81, f. 85¹, nr. 1731. — Riezler nr. 695.

497. — *1326 Juni 19. Avignon.*

[Johannes XXII] Guidoni Dalfino et Henrico Dalfini domino Montisalbani.

Grata litterarum lectione . . . percepimus, quod vos nuncium ipsum, quem pro tractatu pacis inter vos et . . . E. comitem Sabaudie . . . ad vos destinavimus, favorabiliter admittentes . . . treugarum prorogationi . . . vestros animos inclinastis . . . Dat. Avin. XIII kl. iulii a. decimo.

Reg. 113, f. 368¹, litt. secr. nr. 2164.

498. — *1326 Juni 25. Avignon.*

Comissio facta domino episcopo Metensi pro monasterio S. Arnulphi.

Scribatur domino Ludovico episcopo Metensi pro parte dominorum tam . . sacri collegii dominorum cardinalium quam . . domini pape camerariorum, quod postquam auctoritate apostolica ad hoc sibi tradita receperit liberam renunciationem monasterii sancti Arnulfi extra muros Metenses ordinis S. Benedicti a religioso viro domino fratre Alberto abbate ipsius monasterii proponente, sicut asseritur, dicti monasterii regimini certis ex causis rationabilibus libere renunciare provideritque eidem monasterio de persona ydonea, immediate a persona eadem M IIII^c florenorum auri pro suo communi servicio dictis camere et collegio persolvendo necnon et ultra summam ipsam II^c XVIII flor. XIII sol. et VI den. turon. parvorum pro V serviciis familiarium domini nostri et cardinalium predictorum promissionem et obligationem recipiat solvendorum, ut predicitur, in Romana curia infra VI menses a die promissionis, infra duos menses ad curiam venire¹) non recessurus inde absque licentia camerariorum predictorum ac integra satisfactione omnium predictorum et obtento absolutionis beneficio sub ceteris penis sentenciis condicionibus et clausulis consuetis, illa clausula expresse posita, per quam committitur dicto episcopo Metensi, ut de hiis omnibus fieri faciat publicum instrumentum illudque quantocius per nuncium fidelem transmittat. Dat. Avinione die XXV iunii anno indictione et pontificatu predictis [*scil.* a. 1326 indict. IX et pont. a. X].

Obl. et Sol. (Quitancie) 8 (317), f. 57¹.

499. — *1326 Juli 11. Avignon.*

Johannes XXII Galchero Alberti de Metis in utroque iure licentiato consideratione Caroli regis Francie et Navarre pro eo supplicantis

---

¹) *Textus hoc loco coriuptus.*

confert eccl. Metensis canonicatum, prebendam vero eidem reservat, non obstante quod perpetuam vicariam parrochialis ecclesie de Criencourt Metensis diocesis, cui cura imminet animarum, cuius fructus redditus et proventus summam decem et octo librarum turonensium parvorum secundum taxationem decime valorem annuum, ut asserit, non excedant, obtinet.

Litterarum scientia, morum decor. . . . Dat. Avin. V idus iulii a. decimo.

In e. m. S. Vincentii Metensis et S. Symphoriani prope muros Metenses monasteriorum abbatibus ac priori S. Caprasii Agennensis.

Reg. 81, f. 265, nr. 2214.

500. — *1326 Juli 20. Avignon.*

Johannes XXII Johanni de Wolsstorf nato quondam Richardi de Castris confert eccl. Metensis canonicatum, prebendam vero etc. eidem reservat, non obstante quod in Basiliensi et Tridentina canonicatus et prebendas et in parrochiali in Tyseris (*vel* Tysens) Tridentine dioc. ecclesiis quoddam beneficium ecclesiasticum sine cura, quod fraternitas appellatur, obtinet.

Sedis apostolice graciosa benignitas . . . Dat. Avin. XIII kl. augusti a. decimo.

In e. m. archiepiscopo Ebredunensi et S. Marie de Lucemburg Trever. dioc. et S. Laurencii prope Tridentum monasteriorum abbatibus.

Reg. 81, f. 483, nr. 2802.

501. — *1326 Juli 22. Avignon.*

[Johannes XXII] Johanni regi Boemie.

Dum commoda pacis attendimus . . . intensis desideramus affectibus, quod suscitata . . . inter . . . E[duardum] comitem Sabaudie ac Guigonem Dalfinum Viennensem et Henricum Dalfini dominum Montisalbani patruum suum periculosa dissensio pacis et concordie remedio sopiretur . . . . Serenitatem regiam attentius deprecamur, quatinus ad reformandam pacem predictam velis regie solicitudinis studium adhibere . . . . Dat. Avin. XI kl. augusti a. decimo[1]).

Similiter comiti Barensi.

Reg. 113, litt. secr. f. 370¹, nr. 2173. — Riezler nr. 714.

---

[1]) *Henrici Dalfini mentionem facientia monumenta Vaticana prenotatis recentiora hoc loco brevissime annotamus:*

1327 Februar 18. Avignon. Johannes XXII destinat litteras Guigoni Dalfino Viennensi et Henrico Dalfini domino Montisalbani profecturis in proximo ad partes Francie. — *Reg. 114, f. 78, litt. secr. nr. 493.*

502. — *1326 Juli 23. Avignon.*

Johannes XXII abbatibus S. Jacobi et de Bellereditu ac cantori S. Dionysii Leod. mandat, quatinus deputati conservatores et iudices Bernardo S. Agathe diacono cardinali assistentes non permittant eum super beneficiis suis, quorum in numero est archidiaconatus canonicatus et prebenda de Vico, indebite molestari.

[Johannes XXII] S. Jacobi et de Bellereditu monasteriorum abbatibus ac cantori eccl. S. Dionisii Leodiensis salutem.

1327 Mai 13. Avignon. Idem in litteris facit mentionem Guigonis Dalphini Viennensis et Henrici Dalphini Montisalbani et Medullionis baroniarum domini. — *Reg. 83, f. 363, nr. 1916.*

1327 Juni 23. Avignon. Idem Henrico Dalfino domino Montisalbani et Medullionis destinat litteras. — *Reg. 114, f. 79¹, litt. secr. nr. 503.*

1327 August 19. Avignon. Idem destinat litteras eidem. — *Reg. 114, f. 79¹, litt. secr. nr. 505.*

1327 August 26. Avignon. Idem eidem destinat litteras. — *Reg. 114, f. 80, litt. secr. nr. 507.*

1327 October —. Avignon. Idem eidem destinat litteras. — *Reg. 114, pars II, f. 154, litt. secr. nr. 1567.*

1328 Januar 13. Avignon. Johannes XXII Guigoni Dalfino Viennensi et Henrico Dalfini destinat litteras. — *Reg. 114, pars II, f. 155, litt. secr. nr. 1572.*

1328 September 20. Avignon. Idem Henrico Dalfini domino Montisalbani destinat litteras. — *Reg. 115, pars I, f. 56, litt. secr. nr. 354.*

1329 Januar 11. Avignon. Idem Henrico Dalfini domino Montisalbani et Medulionis destinat litteras. — *Ibidem f. 57, litt. secr. nr. 361a.*

1329 Februar 3. Avignon. Idem Humberto Dalphini rectori terre Fucigniaci destinat litteras mentionem facientes Henrici Dalphini. — *Reg. 90, f. 283¹, nr. 1761.*

Inter prenotatas epistolas inprimis commemoranda videtur septima, quippe que optime illustret Henrici ingenium et mores cuiusque tenor est hic:

[Johannes XXII] dilectis filiis nobilibus viris Guigoni Dalfini Viennensi et Henrico Dalfini.

Non sine admiratione in vestris litteris novissime nobis missis vidimus contineri, quod promovendi dilectum filium Henricum de Villariis camerarium ecclesie Lugdunensis ad episcopalem prelaturam aliquam spem super hoc vobis supplicantibus dederamus, cum nostra teneat memoria nec a nostra [*corr.:* vestra] sic breviter excidisse credimus, nos pridem vobis dedisse responsum, quod prefatum camerarium, quem dicebatis nequaquam annum octavum decimum excessisse, non poteramus ad episcopalem dignitatem salva conscientia promovere, sed de aliis beneficiis, si occurrerent, eramus, sicut et existimus, providere parati, nec per promotiones, quas nuper fecimus, se talia beneficia, de quibus eidem providere potuerimus, obtulerunt. Quare nos habeat vestra super hoc circumspectio excusatos. Dat. Avinione idus ianuarii anno duodecimo.

Anno 1329 mensis Martii die 17 Henricus Dalphini baroniarum Montisalbani et Medullionis dominus confecit suum testamentum. — Chevalier, *Inventaire des Archives des Dauphins de Viennois (1871), nr. 46, p. 11.*

Ad regendum universalis ecclesie firmamentum . . . Nuper siquidem ex conquestione . . . Bernardi S. Agathe diaconi cardinalis percepimus, quod nonnulli . . . archiepiscopi et episcopi ac alii ecclesiarum prelati et clerici ecclesiasteque persone tam religiose quam seculares necnon barones milites et nobiles ac laici et alie persone super abbacia de Castrosorum Burgensis et prepositura Leodiensis ac Talaverie Toletane et de Vico Metensis ecclesiarum archidiaconatibus ac canonicatibus et prebendis, quos idem cardinalis in ipsis ecclesiis obtinet, necnon super iuribus iurisdictionibus spiritualibus et temporalibus ac fructibus . . . eorundem multas violentias molestias dampna et iniurias inferunt et pressuras, eaque occupant et per se ac per alios detinent occupata seu eadem detinentibus prestant auxilium consilium vel favorem. . . . Nos igitur . . . discretioni vestre . . . mandamus, quatinus . . . deputati conservatores et iudices prefato cardinali efficacis defensionis presidio assistentes non permittatis eum vel procuratores ipsius super abbacia, prepositura, archidiaconatibus, canonicatibus et prebendis predictis necnon super iuribus . . . a prenominatis . . . indebite molestari . . . contradictores quoslibet et rebelles . . . per censuram ecclesiasticam appellatione postposita compescendo, invocato ad hoc, si necesse fuerit auxilio brachii secularis . . . Dat. Avin. X kl. augusti anno decimo.

Reg. 81, f. 247, nr. 2164.

503. — *1326 Juli 29. Avignon.*

Johannes XXII Boemundo de Saraponte confert ecclesie Metensis canonicatum, prebendam vero ac dignitatem vel personatum aut officium cum cura vel sine cura nulli alii de iure debitas seu debitos aut debita, si que vel si qui aut si qua in eadem ecclesia vacant ad presens vel cum simul aut successive vaceverint, eidem reservat, non obstante quod in Treverensi archidiaconatum ac in ipsa et in S. Castoris in Confluentia Treverensis diocesis canonicatus et prebendas obtinet et in Virdunensi ecclesiis sub expectatione prebende auctoritate apostolica in canonicum est receptus. Cum eodem dispensat, ut cum dicto archidiaconatu, cui cura imminet animarum, retinere possit dignitatem vel personatum seu officium, postquam illam vel illum seu illud fuerit pacifice assecutus.

Tui nobilitas generis, litterarum scientia . . . Dat. Avin. IIII kl. augusti a. decimo.

In e. m. abbati monasterii S. Martini Treverensis et Engolismensis ac S. Paulini extra muros Treverenses ecclesiarum decanis.

Reg. 81, f. 269ᵗ, nr. 2223.

504. — *1326 Juli 29. Avignon.*

Johannes XXII Roberto nato quondam Joffridi de Sareponte militis confert ecclesie S. Gereonis Coloniensis canonicatum, prebendam vero eidem reservat.

Illis libenter sedis apostolice . . . Dat. Avin. IIII kl. augusti a. decimo.

In e. m. abbati monasterii S. Martini Treverensis et decano S. Paulini extra muros Treverenses ac magistro Nicolao de Fractis canonico Patracensis ecclesiarum litterarum nostrarum correctori.

Reg. 81, f. 295¹, nr. 2295.

505. — *1326 October 1. Avignon.*

Johannes XXII Ludovico episcopo Metensi mandat, quatinus dissidia inter partes civium Metensium exorta componat.

Dudum gravibus periculis, que dissensiones inter . . . Baldowinum archiepiscopum Treverensem et . . . Johannem regem Boemie illustrem ac . . . Ferricum Lothoringie ducem et Eduardum comitem Barensem ac nonnullos adherentes fautores . . . ex parte una et . . . cives Metenses ex altera suscitate[1]) ac guerrarum commotiones inde subsecute comminabantur verisimiliter, obviari salubriter cupientes, super sedandis discordiis huiusmodi et pacis reformando federe inter eos fraternitati tue nostras certi tenoris litteras meminimus direxisse. Et licet tu litteris eisdem receptis adeo sedule . . . laborare studueris in hac parte, quod pax extitit inter dissidentes predictos pacis actoris suffragante gracia reformata, procurante tamen generis humani inimico et statui pacifico predictorum civium invidente, sic periculose dictorum unitatem civium scindere procuravit intestini dissidii et inimicitiarum familiarium, quibus nulla pestis peior ad nocendam existit, iaciendo semina mortifera inter eos, quod nonnulli burgenses paragiorum civitatem predictam, quam pacifice inhabitabant cum aliis, non absque variis periculis et scandalis deserere sunt compulsi odiis et rancoribus illius hostis antiqui suggestione callida inter ipsos invicem, sicut habet infausti rumoris assertio, suscitatis. Nos autem tot et tantis periculis, quot et quanta civibus et civitati predictis ex divisione desolatrice huiusmodi ac predictis odiis et rancoribus proventura formidantur verisimiliter, obviare remediis salubribus cupientes et attendentes, quod tu ad quietem et pacem dictorum civium, filiorum tuorum spiritualium, ferventer aspiras . . . fraternitati tue . . . mandamus, quatinus circa

---

[1]) suscitare *in reg.*

pacem et concordiam inter cives reformandam eosdem ac universitatem reintegrandam ipsorum . . . solerter intendere non postponas . . . Dat. Avinione kl. octobris [a. undecimo].

Reg. 114, pars II, f. 42¹, litt. secr. nr. 852.

506. — *1326 October 1. Avignon.*

Johannes XXII cives Metenses hortatur, quatinus monitis Ludovici episcopi Metensis circa unitatem redintegrandam et pacem cum civibus ex urbe egressis reformandam acquiescant.

[Johannes XXII] civibus Metensibus.

Obviari dudum magnis et gravibus periculis vobis et civitati Metensi ex guerris et dissidiis inter vos et . . . Baldewinum archiepiscopum Treverensem et . . . Johannem regem Boemie ac . . . Ferricum Lothoringie ducem et Eduardum comitem Barensem ac nonnullos fautores . . . ipsorum . . . subortis . . . cupientes . . . Ludovico episcopo Metensi . . . super huiusmodi sedandis dissidiis . . . litteras nostras, sicut nostis, dirigere curavimus oportunas. Et licet idem episcopus eisdem receptis litteris sic sedule laboraverit . . . quod pace vobis reddita et ab hostibus eorumque insidiis liberati sedere in pacis pulcritudine, habitare in tabernaculis fiducie et opulenta requie poteratis, postmodum tamen . . . humane salutis et quietis emulus statui vestro et prefate civitatis pacifico invidere non cessans et attendens, quod inimi[*citi*]is familiaribus nulla pestis existit efficacior ad nocendum, domesticis inter vos inimicitiis et periculosis insidiis suscitatis unitatem vestram scindere non sine gravibus animarum et corporum periculis rerumque vestrarum dispendiis procuravit sicque vos commovit invicem idem hostis, quod nonnulli burgenses paragiorum civitatem ipsam, quam pacifice inhabitabant vobiscum, non absque variis periculis et magnis scandalis, sicut fertur, deserere sunt compulsi. Nos itaque . . . universitatem vestram rogamus, monemus attentius et hortamur, quatinus . . . circa reintegrandam unitatem vestram ac pacis et caritatis inter vos federa reformanda dicto episcopo, qui vos et salutem vestram sincere diligit, efficaciter intendatis ac eius monitis consiliis et persuasionibus salubribus acquiescere prompte prudenter et provide studeatis . . . Dat. Avinione kl. octobris a. undecimo.

Reg. 114, pars II, f. 46¹, litt. secr. nr. 875.

507. — *1326 October 5. Avignon[1]).*

[Johannes XXII] Ludovico episcopo Metensi.

---

¹) *Conf. nr. 492.*

Sincere devotionis affectus . . . Sane petitio pro parte tua nobis exhibita continebat, quod vacante dudum thesauraria ecclesie Metensis per obitum quondam magistri Symonis de Marvilla thesaurarii ipsius ecclesie sedis apostolici capellani in illis partibus decedentis . . . nos . . . fraternitati tue conferendi ea vice . . persone ydonee dictam thesaurariam . . . concessimus . . . potestatem. Verum quia, sicut dicta tua petitio continebat, . . Hugo de Monte Justino canonicus Bisuntinus post concessionem huiusmodi . . . falso asserens tibi placere, quod dicta thesauraria per nos provideretur eidem, thesaurariam ipsam a nobis sibi conferri obtinuit et ex tali suggestione conficta possessionem eiusdem thesaurarie est adeptus, nobis humiliter supplicasti, ut providere super hoc de optimo remedio dignaremur. Nos igitur, cum huiusmodi gracia Hugoni . . facta . . . subretticia (!) evidenter existat . . . volumus, quod, si de tua voluntate dicta supplicatio non processit, ut premittitur, huiusmodi potestate concessa tibi, ut predicitur, uti libere valeas, prefata gratia sic subretticie dicto Hugoni facta aliquatenus non obstante. . . . Dat. Avin. III nonas octobris a. undecimo.

Reg. 92, f. 117, nr. 3131.

508. — *[1326] October 15. Avignon.*

[Johannes XXII] Ludovico episcopo Metensi.

Fraternitatis tue litteras nobis per . . Petrum de Castronovo canonicum Lingonensem tuum familiarem et nuncium presentatas benigne recepimus et que prefatus nuncius super statu negotiorum ecclesie tue Metensis et aliis per te sibi impositis nobis exponere voluit dicteque continebant littere, pleno collegimus intellectu. Et licet iuxta proposita per nuncium antedictum status eiusdem ecclesie oppressus nimium nequeat sine difficultate maxima reparari, nos tamen deliberare ac vias et modos querere, prout dominus ministrabit, intendimus, quos in hac parte cognoverimus oportunos. Super aliis autem tuis peticionibus duximus favorabiliter, quantum cum deo potuimus, annuendum, sicut per ipsius relationem nuncii et litteras confectas super hoc tue prudentie plenius apparebit. Dat. Avinione idus octobris [a. undecimo].

Reg. 114, pars II, f. 47¹, litt. secr. nr. 879.

509. — *1326 October 15. Avignon.*

Johannes XXII Thome de Syneceyo confert eccl. Metensis canonicatum et prebendam vacantes per resignationem Renaldi de Lando de Placentia factam in manibus Arnaldi S. Eustachii diaconi cardinalis apud sedem apostolicam.

Sedis apostolice providentia . . . Dat. Av. idus octobris a. undecimo.
In e. m. Gorziensis et Justimontis Met. dioc. monasteriorum abbatibus ac scolastico eccl. Tullenses

Reg. 82, f. 59, nr. 120.

510. — *[1326] November 28. Avignon.*

Johannes XXII Ludovico episcopo Mettensi permittit egrotanti, ut valetudinis recuperande causa ad aerem nativum se conferat.

[Johannes XXII] Ludovico episcopo Metensi.

Ex tue fraternitatis compassive percepimus serie litterarum te corporalem molestiam et, ut credimus, propter immoderatos labores, quos[1]) pro pace gregis tibi commissi et procuranda requie iniisti incurrisse, a qua iuxta medicorum iudicium liberari non poteris in illis partibus commorando, quare tibi per nos postulabas super hoc provideri. Nos autem salutem tui corporis affectantes ac illi populo constituto in guerrarum periculo provideri, perplexi nec immerito fuimus, cum undique tam periculi tui remanentis inibi quam gregis predicti, te videlicet recedente, angustie merito nos tenerent. Deinde autem considerantes attente, quod gregi tuo, discrasia invalescente predicta, tua presentia inutilis existebat et in absencia valitudine comite illis poteris providere, tutiorem viam duximus eligendam, videlicet ut ad aerem nativum te conferas, rediturus dante domino resumptis viribus ad circa gregem predictum exercendum officium pastorale. Ut igitur ad partes istas te conferre valeas, tibi per presentes licentiam impertimur, tuam prudentiam exhortantes, ut in tua absentia de vicariis seu vicario providere studeas, qui, quantum est possibile, utiliter vices tuas in tua absencia valeat exercere. Dat. Avinione IIII kl. decembris.

Reg. 114, pars II, f. 47¹, litt. secr. nr. 880. — Riezler nr. 774.

511. — *1326 December 31. [Avignon].*

Servicium abbatis S. Arnulphi Metensis in Lotoringia.

Anno domini M CCC XXVII ind. X die ultima decembris pontificatus domini Johannispape undecimo anno frater Bertrandus abbas monasterii S. Arnulphi extra muros Metenses promisit in partibus domino Ludovico episcopo Metensi tunc in hac parte dominorum camerariorum commissario pro suo comuni servicio M IIII^c flor. [et quinque consuetis serviciis II^c XVIII flor.])[1]) auri et XIII sol. VI d. tur. parvorum persolvere infra sex menses proximo venturos a die promissionis

---

[1]) *Additum supra lineam.*

huiusmodi computandos sub penis in obligacione contentis; alioquin etc. et iuravit etc.

In marg. dextro: XV card.

Obl. et Sol. 6 (297), f. 58¹.

512. — *1327 Januar 11. Avignon.*

Johannes XXII episcopo Metensi mandat, quatinus prioratus de Harevilla et de Salona ad monasterium de S. Michaele Virdun. spectantes iam fere collapsos uniat mense abbatiali dicti monasterii.

[Johannes XXII] episcopo Metensi.

Apostolice sedis cunctis . . . Ex tenore siquidem peticionis . . Johannis abbatis monasterii de S. Michaele ord. S. Bened. Virdun. dioc. nobis oblate percepimus, quod nonnulli predecessores sui . . . fructus . . . iura iurisdictiones possessiones et alia bona ipsius monasterii . . . nonnullis clericis et laicis, aliquibus eorum ad vitam, quibusdam vero ad non modicum tempus et aliis perpetuo sub censu annuo concesserunt seu vendiderunt [vel pignori obligarunt et alias huiusmodi bona illicite devastarunt]¹). Quidam vero monachi dicti monasterii, de Harevilla et de Salona prioratuum ad dictum monasterium spectantium dicti ordinis priores Tullensis et Metensis diocesium, fructus . . . ac bona et possessiones ipsorum prioratuum propter dissolutam eorum vitam per distractiones et pignorationes ususque illicitos dirripuerunt hactenus et destruere non verentur adeo, quod eisdem prioratibus iam fere collapsis monachi, qui degere consueverunt in illis, non habent, unde stipendia vite percipiant, sed eos oportet necessario propter inopiam rerum abinde recedere et ad dictum monasterium remanere. Preter hoc quoque in partibus Lothoringie a duodecim annis citra tot guerre horribiles et dampnose plurimum ingruerunt, quod terre predicti monasterii aut pro parte remanserunt inculte aut earum, que culte fuerunt, fructus propter guerras predictas deperditi extiterunt, ita quod monasterium et prioratus prefata ad extremam inopiam propterea sunt deducta. Quocirca idem abbas nobis humiliter supplicavit . . . Nos igitur . . . fraternitati tue . . . mandamus, quatinus de premissis . . . informationem recipias . . . et, si eis veritatem inveneris suffragari, eosdem prioratus cum omnibus iuribus et pertinentiis eorum mense dicti abbatis . . unias usque ad beneplacitum dicte sedis ipsiusque abbatem vel procuratorem suum . . . in corporalem possessionem prioratuum iurium et pertinentiarum prefatorum . . inducas et defendas

---
¹) *Additum in margine.*

inductum . . . proviso quod abbas et successores sui predicti eisdem prioratibus faciant per monachos dicti monasterii, ut est moris, in divinis obsequiis et officiis et alias congrue deserviri. Tuque super hiis, que super predictis duxeris faciendum, . . . nos per tuas litteras certos reddas. Dat. Avin. V idus ianuarii a. undecimo.

Reg. 83, f. 15¹, c. 36.

513. — *1327 Januar 18. Avignon.*

Johannes XXII Ferrico de Asperomonte confert eccl. Virdunensis canonicatum cum prebenda ad presens vacante vel proximo vacatura, non obstante quod parrochialem ecclesiam de Domereis et quandam capellam sine cura in castro de Boncouville Virdun. et Met. dioc. obtinet.

Sedis apostolice graciosa . . . Dat. Avin XV kl. februarii a. undecimo.

Reg. 83, f. 93¹, nr. 1233.

514. — *1327 Februar 12. Avignon.*

Johannes XXII Johanni de Metis confert eccl. S. Deodati ad Romanam ecclesiam nullo medio pertinentis Tullensis dioc. canonicatum, prebendam vero eidem reservat, non obstante quod parrochialem ecclesiam de Elbeswilre Met. dioc. obtinet.

Meritis tue probitatis . . . Dat. Avin. II idus februarii a. undecimo.

Reg. 83, f. 144¹, nr. 1361.

515. — *1327 Februar 17. Avignon.*

Johannes XXII reservat denuo fructus primi anni beneficiorum ecclesiasticorum apud sedem apostolicam vacantium camere apostolice.

[Johannes XXII.] Ad futuram rei memoriam.

Dudum multiplicibus onerum necessitatibus, quibus . . . nostra camera gravabatur . . . pensatis . . . fructus redditus et proventus omnium et singulorum beneficiorum ecclesiasticorum cum cura vel sine cura, etiam dignitatuum personatuum et officiorum quorumlibet, exemptorum et non exemptorum, tunc apud sedem apostolicam vacantium pro toto tempore vacationis ipsorum et nichilominus unius anni tam illorum quam aliorum quorumcunque, que usque ad unum annum a data litterarum nostrarum super hoc confectarum, que fuit X kl. marcii pontificatus nostri anno decimo, computandum vacare contingeret apud eam, ecclesiis cathedralibus et abbatiis regularibus ac beneficiis illis, que ex permutationis causa vacabant tunc seu infra dictum annum vacarent, dumtaxat exceptis, reservavimus specialiter et eidem camere duximus . . . applicandos . . . Porro nostre intentionis et voluntatis existit, quod dicta camera vel illi, qui ad collectionem dictorum fructuum deputarentur per eam, partem illam, pro qua unumquodque beneficiorum ipsorum taxatur ad decimam, vel residuum, super quo eidem camere vel deputandis ab ea relinquimus optionem, vel medietatem fructuum beneficii cuiuslibet, quod non esset taxatum forsan ad decimam, exigerent tantum et perciperent, alia parte seu residuo fructuum predictorum obtinentibus beneficia ipsa pro servitio et oneribus eorum supportandis dimisso . . . Et . . . volumus, quod . . . Gasbertus archiepiscopus Arelatensis camerarius noster per ordinarios eorum seu alios . . . exigi faceret . . .[1]) Sane quia ; . . huiusmodi necessitates non sunt postmodum diminute sed aucte, nos eidem camere . . . provideri . . . cupientes, reservationem . . . et omnia supradicta . . . usque ad unum annum a X kl. marcii proximo futuri continuum . . . duximus extendenda . . . Dat. Avin. XIII kl. marcii a. undecimo.

Reg. 114, pars II, f. 82¹, litt. cur. nr. 1105. (Similiter sub eadem data f. 83¹, nr. 1109.

516. — *1327 Februar 24. Avignon.*

Johannes XXII Johanni dicto Teste confert eccl. S. Theobaldi extra muros Metensis canonicatum, prebendam vero eidem reservat, non obstante quod canonicatum et prebendam eccl. S. Maximini de Barro Tullensis dioc. obtinet.

Laudabilia dona virtutum . . . . . Dat. Avin. kl. marcii a. undecimo.

Reg. 83, f. 32, nr. 76.

517. — *1327 Februar 26. Avignon.*

Johannes XXII episcopo Tullensi universoque clero civitatis et diocesis Tullensis destinat litteras, quibus eos hortatur, quatinus ad reprimendos hereticos et rebelles contra ecclesiam et infideles in Italie partibus velint manus extendere adiutrices, ad quod negotium exequendum mittit ad eos Petrum Guigonis de Castronovo Lingonensis et Petrum de Viveriis Vivariensis ecclesiarum canonicos.

Si uni membro pacienti . . . Dat. Avin. IIII kl. martii p. n. a. undecimo.

In e. m. Metensi et Virdunensi episcopis.

Reg. 114, pars II, f. 81, litt. secr. nr. 1095—1097; Collectorie 3, f. 68¹ — Kirsch, Die päpstl. Kollektorien in Deutschland p. 110.

---

[1]) *Conf. nr. 489.*

518. — *1327 März 9. Avignon.*

[Johannes XXII] Ludovico episcopo Metensi.

De tue fraternitatis statu, quem utique sospitem affectamus, desiderantes habere certitudinem pleniorem, ecce ad te . . magistrum Bernardum de Camiaco canonicum Albiensem phisicum nostrum virum in medicine scientia approbatum duximus transmittendum, qui statum ipsum vel scripto vel verbo referat et, si expediens fuerit, tecum remaneat ad tui salutem corporis una cum tuis medicis aliis, quantum sciet et poterit dei preeunte auxilio procurandam. Tu autem, frater carissime, circa salutem anime, a qua nonnunquam salus procedit corporis, sicut vir prudens sedule vigila et pro hiis, que illi oportuna videris, ad nos recursum habere festina. Gratia dei sit tecum teque a discrasia ista liberet et ad suum obsequium per tempora longiora conservet. Dat. Avin. VII idus marcii a. undecimo.

Reg. 114, pars II, f. 50, litt. secr. nr. 900. — Riezler nr. 818.

519. — *1327 März 14. Avignon.*

Johannes XXII Elisabeth ducisse Lothoringie eiusque familie domestice indulget, ut in locis vel terra, ubi ipsa moram trahit, si forsan loca vel terra huiusmodi ecclesiastico occasione Friderici ducis Lothoringie ipsius viri fuerint supposita interdicto, ipse libere valeant divina officia per aliquem ydoneum sacerdotem, clausis ianuis, excommunicatis et interdictis exclusis, non pulsatis campanis et submissa voce, facere celebrari et eis interesse, dummodo id ipsi vel eidem familie non contingat specialiter interdici.

Devocionis tue sinceritas . . . Dat. Avin. II idus marcii a. undecimo.

Reg. 83, f. 283, nr. 1713. — Riezler nr. 821.

520. — *1327 März 16. Avignon.*

Facta fuit quitacio domino Ludovico episcopo Metensi de II^m flor. auri pro tertia parte et prima solucione tam sui quam predecessoris sui serviciorum communium camere domini nostri per manus domini Guigonis de Castronovo canonici Lingonensis familiaris sui debito tempore solutis. Dat. Avin. die XVI^a marcii anno indictione et pontificatu predictis (*scil.* a. 1327 indict. X pont. undecimo).

Obl. et Sol. 8 (317), f. 73 et 9 (318), f. 56¹; similiter Intr. et Exit. 81, f. 13.

521. — *1327 März 19. Avignon.*

[Johannes XXII] archiepiscopis episcopis *etc.*

Cum nos dilectos filios Petrum Guigonis de Castronovo Lingonensem et Petrum de Vivariis Vivariensem canonicos apostolice sedis nuncios exhibitores presentium ad certas partes pro quibusdam nostris et ecclesie Romane negotiis destinemus, universitatem vestram monemus rogamus et hortamur attente, quatinus eosdem nuncios, cum per terras districtus et loca vestra transiverint, benigne recommendatos habentes et favorabiliter pertractantes, nullam sibi et familiaribus suis in personis et bonis ac rebus eorum inferri molestiam vel iniuriam permittatis, sed eisdem potius de securo conductu in eundo morando et redeundo, cum per eos fueritis requisiti, . . . providere curetis . . . Dat. Avin. XIIII kl. aprilis a. undecimo.

Reg. 114, pars II, f. 78, litt. secr. nr. 1077.

522. — *1327 März 30. Avignon.*

Johannes XXII Bernardo de Turre archidiacono de Sarbourch in ecclesia Metensi indulget, ut insistendo litterarum studio in loco, ubi illud vigeat generale, vel in altera ecclesiarum, in quibus beneficiatus existit, residendo fructus archidiaconatus de Sarbourch necnon omnium aliorum beneficiorum ecclesiasticorum, que obtinet et imposterum obtinebit, etiam si dignitates vel personatus seu officia existant, integre quotidianis distributionibus dumtaxat exceptis, usque ad triennium percipere valeat.

Grata tue devotionis . . . Dat. Avin. III kl. aprilis a. undecimo.

Reg. 83, f. 115, nr. 1281.

523. — *1327 April 13. Avignon.*

Johannes XXII Petro Guigonis de Castronovo Lingonensis et Petro de Viveriis Vivariensis ecclesiarum canonicis concedit facultatem ab universo clero Bisuntine et Treverensis provinciarum recipiendi subsidium pro repressione hereticorum et rebellium partium Italie contra ecclesiam sevientium, faciendi quitacionis cautelas de his, que ab eodem clero receperint, compellendique auctoritate apostolica appellatione postposita contradictores.

Licet verisimiliter extimemus . . . Dat. Avin. idus aprilis p. n. a. undecimo.

Collectoriae 3, f. 69. — Kirsch, Die päpstlichen Kollektorien in Deutschland p. 111.

524. — *1327 April 14. Avignon.*

[Johannes XXII] dilectis filiis . . magistro scabino ac communitati et civibus Metensibus intrinsecis.

Quantum vobis totique illi patrie intestinis dissidiis . . . anxiatis venerabilis fratris nostri Ludovici episcopi Metensis patris utique vestri spiritualis presentia utilitatis et consolationis afferet, missarum nobis litterarum vestrarum . . . pagina reseravit[1]). Sane cum de prefati episcopi absentia, ut habet litterarum ipsarum series, plurimum contristati vobis eundem cum devotis suspiriis prestolantibus per nos humiliter supplicaveritis remittendum, vestram volumus, filii, prudentiam non latere, quod, cum prefatus episcopus periculosis infirmitatibus, quas induxisse dicebantur labores continui, quos ipse subire in eis partibus habuit, non modicum gravaretur, placuit nobis, ut pro sua cicius consequenda salute ad natalem patriam se conferret ibidem usque ad plenam convalescentiam moraturus; qui postmodum tam ex ipsis laboribus, ut creditur, quam ex fatigatione itineris infirmitatem periculosiorem, a qua nondum est liberatus, incurrit. Nos autem, qui vestris compatimur angustiis vosque cupimus in pacis et tranquillitatis dulcedine sopitis dissensionibus huiusmodi confoveri, eundem episcopum ad suum episcopatum remittere proponimus, quam cito fieri comode poterit, post plenam curationem infirmitatis eiusdem et convalescentiam sibi actore domino restitutam. Dat. Avinione XVIII kl. maii a. undecimo.

Reg. 114, pars II, f. 50, litt. secr. nr. 902. — Riezler nr. 840.

525. — *1327 April 14. Avignon.*

[Johannes XXII] dilectis filiis civibus Metensibus intrinsecis.

Obviari salubriter dispendiosis periculis et variis incommodis, que intestine dissenciones inter vos et concives vestros extrinsecos suscitate . . . comminantur probabiliter, . . . cupientes, dudum vobis nostras exhortatorias litteras . . . meminimus direxisse. Sane quia, sicut accepimus, nondum . . . nostris extitit in hac parte desideriis satisfactum, universitatem vestram rogamus . . . quatinus . . . pacem et concordiam cum eisdem vestris concivibus sopitis dissidiis et scissuris desolatricibus . . . sic efficaciter inquiratis, quod pacis ipsius gaudeatis fructu dulcissimo, periculis et scandalis, que secum trahere noscitur ipsa dissensio, penitus evitatis. Dat. ut supra.

In e. m. verbis competenter mutatis civibus Metensibus extrinsecis.

Reg. 114, pars II, f. 50¹, litt. secr. nr. 902. — Riezler nr. 840 n. 1.

526. — *1327 April 14. Avignon.*

[Johannes XXII] dilecto filio Albrico archidiacono Metensi capellano nostro.

---

[1]) reservavit *in registr.*

Hiis, que tue nobis misse continebant littere, plenius intellectis, moram tuam excusatam habemus. Sane quia pacis reformatio inter dilectos filios intrinsecos et extrinsecos cives Metenses, de qua faciebant predicte littere mentionem, non mediocriter insidet nobis cordi, discretionem tuam solicitandam duximus et hortandam, quatinus circa negotium pacis eorundem civium, quibus inde dirigimus scripta nostra, sic sedule insistere studeas, ut cepisti, quod tua debeat propter hoc circumspectio commendari. Dat. ut supra.

Reg. 114, pars II, f. 50¹, litt. secr. nr. 903. — Riezler nr. 840 n. 2.

527. — *1327 April 23. Avignon.*

Johannes XXII Gobelino Symonis clerico Metensis dioc. reservat beneficium ecclesiasticum cum cura vel sine cura consuetum ab olim clericis secularibus assignari, ad dispositionem abbatis et conventus monasterii Gorziensis ord. S. Bened. Met. dioc. spectans, cuius fructus, si cum cura fuerit, septuaginta, sine cura vero quadraginta librarum turonensium parvorum valorem annuum non excedant.

Vite ac morum honestas . . . Dat. Avin. VIIII kl. maii a. undecimo.

In e. m. episcopo Met. et abbati monasterii S. Clementis extra muros Met. ac thesaurario ecclesie Lausanensis.

Reg. 83, f. 327¹, nr. 1825.

528. — *1327 Juni 6. Avignon.*

Johannes XXII Guidoni Mathioni confert ecclesiae S. Salvatoris Metensis canonicatum, prebendam vero eidem reservat.

Suffragantia tibi probitatis . . . Dat. Avin. VIII idus iunii a. undecimo.

In e. m. S. Apri et S. Mansueti Tullensis monasteriorum abbatibus ac magistro Petro de Vigono canonico Taurinensi scriptori nostro.

Reg. 84, f. 197, nr. 2518.

529. — *1327 Juli 2. Avignon.*

Johannes XXII Bertholdo de Toffingen confert ecclesiae S. Arnualis Met. dioc. canonicatum, prebendam vero eidem reservat, non obstante quod perpetuam vicariam parrochialis ecclesie in Werde valoris annui septem marcharum argenti secundum taxationem decime obtinet et super canonicatu et prebenda ecclesie S. Adelphi in Novillari Argentinensis diocesis litigat.

Meritis tue probitatis . . . Dat. Avin. VI nonas iulii a. undecimo.

In e. m. S. Petri Argentinensis et Suburgensis Argentinensis dioc. prepositis et scolastico Tullensis ecclesiarum.

Reg. 84, f. 59¹, nr. 2153.

530. — *1327 Juli 2. Avignon.*

Johannes XXII Johanni nato quondam Joffridi de Fourpach militis confert eccl. Argentinensis canonicatum, prebendam vero ac dignitatem seu prepositutam vel officium cum cura vel sine cura in dicta ecclesia ei reservat.

Apostolice sedis circumspecta . . . Dat. Avin. VI nonas iulii a. undecimo.

In e. m. abbati monasterii Novillarensis Argent. dioc. et preposito S. Petri Argentin. ac scolastico Tullensis eccl.

Reg. 84, f. 65, nr. 2171.

531. — *1327 August 20. Avignon.*

Johannes XXII tribus clericis mandat, quatinus decernant provisionem et collationem Thome de Sivereyo de canonicatu et prebenda ecclesiae Metensis a papa antea factam perinde valere.

[Johannes XXII] Gorziensis et Castellionis Metensis et Treverensis diocesium monasteriorum abbatibus ac Theobaldo de Numeneyo canonico Metensi.

Laudabilia merita probitatis . . . Dudum siquidem nos volentes . . . Thome [de Sivereyo clerico Treverensis diocesis][1]) graciam facere specialem, canonicatum et prebendam, quos . . Renaldus de Lando de Placentia olim canonicus Metensis ecclesie in ipsa ecclesia obtinebat, per liberam resignationem ipsius in manibus . . . Arnaldi S. Eustachii diaconi cardinalis . . . factam . . . apud sedem ipsam tunc vacantes . . . dicto Thome contulimus . . . Verum, prout petitio dicti Thome nuper nobis exhibita continebat, licet ipse ante collationem et provisionem nostras huiusmodi parrochiales ecclesias de Rothelanges et de Mieschief Metensis diocesis, quas per annos aliquos simul tenuerat ad sacros ordines non promotus fructusque perceperat ex eisdem, realiter dimisisset ac de dictis fructibus . . . ad arbitrium bone memorie Ludovici episcopi Metensis satisfecisset fuissetque ab omnibus excommunicationum seu suspensioum sentenciis . . . absolutus verbaliter, tamen prefatas ecclesias parrochiales eorum loci ordinario minime resignarat, sed tantum coram quodam tabellione publico . . . ac postmodum idem Thomas, quam-

---
¹) *addita in margine.*

primum informatus fuit, quod realis dimissio . . . sibi non sufficiebat, nisi dictas ecclesias verbaliter etiam resignaret, tunc agens in remotis in villa de Malins Viennensis diocesis prefatis ecclesiis . . . verbaliter etiam ante dicte gracie assecutionem, non tamen infra tempus debitum renunciavit omnino. Quare . . . pro parte ipsius Thome extitit nobis humiliter supplicatum . . . Nos igitur de premissis noticiam non habentes . . . discretioni vestre . . . mandamus, quatinus . . . si est ita, prefatas nostras gratiam et collationem et provisionem . . . ac litteras ipsas inde confectas . . . decernatis auctoritate apostolica perinde valere . . . Dat. Avin. kl. septembris a. undecimo.

Reg. 84, f. 222¹, nr. 2585.

532. — *1327 August 21. Avignon.*

[Johannes XXII] Ademaro electo Metensi.

Inter cetera solicitudinis . . . Sane Metensi ecclesia per obitum bone memorie Ludovici episcopi Metensis, qui nuper XVI kl. septembris proximo preteritas in monasterio Saonensi¹) ord. S. Augustini Diensis diocesis debitum nature persolvit, pastoris solatio destituta, nos . . . demum in te archidiacono Remensi . . . licet paciente in ordinibus et etate defectum, cum tonsuram habeas tantum clericalem et in vicesimo octavo etatis tue anno vel circa illum constitutus existas, noster animus requievit . . . . Igitur . . . de persona tua, predicto ordinum et etate (*sic!*) defectu nequaquam obstante, super quibus tecum . . . dispensamus, eidem ecclesie . . . providemus teque ipsi Metensi ecclesie in episcopum preficimus et pastorem . . . Dat. Av. XII kl. septembris a. undecimo.

In e. m. clero civitatis et dioc. Met. . . . populo civitatis et dioc. Met. . . . universis vassallis eccl. Met. . . . archiepiscopo Trever. [*Inc:* Ad cumulum tue cedit. . .]

Reg. 84, f. 299, nr. 2789. — Riezler nr. 900 a. n. 1.

533. — *1327 August 25. Avignon.*

[Johannes XXII] Ademaro electo Metensi.

Metensi ecclesia per obitum bone memorie Ludovici episcopi Metensis [vacante, nos eidem ecclesie] cuius provisionem ea vice nobis et sedi apostolice certis causis rationabilibus [reservandam duximus, de pastore ydoneo, ne amplius subiaceret vacacionis incommodis,

---

¹) *Saon, Départ. de la Drôme.*

cupientes providere . . . de persona tua . . . duximus ipsi ecclesie providendum te ipsi preficiendo in episcopum et pastorem] . . . Dat. Avin. VIII kl. septembris a. undecimo[1]).

Reg. 114, pars II, f. 74¹, litt. secr, nr. 1058. — Riezler nr. 900 a.

534. — *1327 August 31. Avignon.*

Johannes XXII Theobaldo Ferrieti canonico Metensi reservat in eadem eccl. Met. dignitatem vel personatum seu officium cum cura vel sine cura, non obstante quod in eadem ecclesia canonicatum et prebendam ac quandam perpetuam capellaniam consuetam ipsius ecclesie canonicis assignari obtinet.

Personam tuam tuis . . . Dat. Avin. II kl. septembris a undecimo.

In e. m. S. Vitoni et S. Agerici Virdun. monasteriorum abbatibus ac magistro Martino de Calenconio canonico Vivariensi.

Reg. 83, f. 354, nr. 1893.

535. — *1327 September 16. Avignon.*

Johannes XXII Ademaro electo Metensi mandat, quatinus Theobaldo Ferrieti canonico eccl. Metensis conferat eiusdem ecclesie thesaurariam, quam pridem vacantem per obitum Symonis de Marvilla apostolice sedis capellani, qui in partibus illis clausit diem extremam, papa concesserat bone memorie Ludovico episcopo Metensi conferendam, quam vero per gratiam apostolicam subreptitiam assecutus erat Hugo de Monte-Justino canonicus Bisuntinus, non obstante quod idem Theobaldus in eadem eccl. Metensi canonicatum et prebendam ac quandam capellaniam sine cura consuetam ipsius ecclesie canonicis assignari obtinet. Tamen thesaurarie possessionem adeptus dimittat predictam capellaniam.

Dudum volentes bone. . . Dat. Avin. XVI kl. octobris a duodecimo.

Reg. 88, f. 171, nr. 3459.

536. — *1327 September 16. Avignon.*

Johannes XXII Joffrido nato quondam Gerardi de Nanceyo milites confert eccl. Metensis canonicatum, prebendam vero eidem reservat, non obstante quod in eccl. Virdunensi canonicatum sub expectatione prebende ac dignitatis vel personatus seu officii cum cura vel sine cura obtinet.

---

[1]) *Reg. hoc loco exhibet textum valde mutilum, cuius lacunas secundum formam consuetam supplevimus.*

Nobilitas generis, morum decor . . . Dat. Avin. XVI kl. octobris a. duodecimo.

In e. m. magistro Leonardo de Guarcino thesaurario eccl. Lingonensis notario nostro et S. Vincentii Metensis ac S. Clementis extra muros Metenses monasteriorum abbatibus.

Reg. 85, f. 24, nr. 49.

537. — *1327 October 5. [Avignon.]*

Servicium electi Metensis in Lotoringia.

Eisdem anno *(1327)* ind. *(X)* loco et testibus die quinta mensis octobris Ademarius electus confirmatus in episcopum Metensem recognovit VI^m flor. pro communi servicio domini Henrici debito camere et collegio et quinque servicia familiarum integra[1]) et pro complemento domini Ludovici immediati predecessoris sui II^m flor. auri et servicia integra familiarium domini pape et medietatem pro familiaribus dominorum cardinalium[2]); et promisit pro suo communi servicio VI^m flor. auri et V servicia familiarium[3]) persolvere modo et forma infrascriptis omnia supradicta, videlicet quod a festo omnium Sanctorum proximo venturo ad annum solvet III^m V^c flor. et servicia familiarium pro rata et in alio festo omnium Sanctorum anno revoluto tantundem, residuum vero in alio subsequenti festo omnium Sanctorum annexis serviciis familiarium annis superius revolutis. Alioquin infra tres menses; et iuravit per procuratorem ut in forma.

Obl. et Sol. 6 (297), f. 64; similiter Obl. et Sol. 10, f. 46^t.

538. — *1327 October 5. Avignon.*

Johannes XXII Ludovico de Grangia canonico eccl. Metensis confert eiusdem ecclesie cantoriam, cuius fructus quadraginta librarum turonensium parvorum valorem annuum non excedunt, quam Bertrandus Piedeschiaut per Albericum de Metis archidiaconum Metensem procuratorem suum in manibus Petri tit. S. Susanne presbiteri cardinalis apud sedem apostolicam resignavit, non obstante quod Ludovicus in eadem eccl. canonicatum et prebendam obtinet.

Ad illorum provisionem . . . Dat. Avin. III nonas octobris a. duodecimo.

In e. m. S. Arnulphi et S. Vincentii Met. monasteriorum abbatibus ac magistro Petro de Vigorio canonico Taurinensi scriptori nostro.

Reg. 86, f. 22, nr. 1060.

---

[1]) *in marg. dextro:* XXIIII card.
[2]) *in marg. dextro:* XIX card.
[3]) *in marg. dextro:* XIIII card.

539. — *1327 October 6. Avignon.*

[Johannes XXII] Petro Guigonis de Castronovo Lingonensis et Petro Viveriis Vivariensis ecclesiarum canonicis.

Cum nonnulli prelati et alie persone ecclesiastice necnon capitula et conventus civitatis et diocesis ac provincie Treverensis ecclesie Romane necessitatibus utique gravibus, quibus pro repressione et expugnatione hereticorum et rebellium partium Italie . . . continue premitur supra vires, in consideratione deductis . . . certa pecuniaria subsidia nobis et eidem ecclesie duxerint liberaliter offerenda, nos . . . exigendi petendi et recipiendi ab eisdem . . . oblata huiusmodi subsidia seu etiam offerenda et ea ad nostram cameram transmittendi . . . necnon solventes et assignantes . . . quitandi et absolvendi de hiis, que receperitis ab eisdem . . . concedimus . . facultatem. Volumus autem, ut super singulis assignationibus huiusmodi duo confici faciatis consimilia publica instrumenta, quorum altero penes eosdem assignantes dimisso reliquum ad eandem curetis cameram destinare. Dat. Avin. II nonas octobris a. duodecimo.

Reg. 114, pars II, f. 163, litt. secr. nr. 1631. — Riezler nr. 920.

540. — *1327 October 12. Avignon.*

Johannes XXII Ademaro electo Metensi concedit facultatem, ut a quocumque catholico antistite ad minores et maiores ordines promoveri et postea ab eodem vel alio duobus vel tribus aliis episcopis assistentibus munus consecrationis recipere valeat.

[Johannes XXII] . . Ademaro electo Metensi salutem.

Pridem Metensi ecclesie tunc vacanti de persona tua licet absente . . . duximus providendum . . . . Nos igitur ad ea, que ad tue commoditatis augmentum cedere valeant, favorabiliter intendentes ac volentes te preservare a laborum et expensarum oneribus, que te oporteret subire, si ad apostolicam sedem accederes pro ordinibus et consecrationis tue munere obtinendis, tuis supplicationibus inclinati, tibi, ut a quocumque malueris catholico antistite gratiam et communionem sedis apostolice habente, statutis a iure temporibus ad omnes minores et maiores ordines valeas promoveri et postquam in presbiterum fueris ordinatus, ab eodem vel alio antistite gratiam et communionem dicte sedis habente ascitis sibi et in hoc assistentibus duobus vel tribus episcopis similem gratiam et communionem habentibus munus predictum recipere, ac eidem antistiti, ut auctoritate nostra ordines et munus huiusmodi impendere tibi possit, . . . concedimus facultatem. Volumus autem, quod idem antistes, postquam tibi munus impenderit supradictum, a te nostro et ecclesie Romane nomine iuxta formam, quam tibi sub bulla nostra mittimus interclusam, fidelitatis debite solitum recipiat iuramentum ac formam huiusmodi iuramenti, quod te prestare contigerit, nobis de verbo ad verbum per tuas patentes litteras tuo sigillo signatas per proprium nuncium quantocius destinare procuret, quodque per hoc . . . archiepiscopo Treverensi, cui prefata Metensis ecclesia metropolitico iure subesse dinoscitur, nullum imposterum preiudicium generetur. Dat. Avin. IIII idus octobris a. duodecimo.

Reg. 85, f. 62, nr. 163. — Riezler nr. 922.

541. — *1327 October 13. Avignon.*

[Johannes XXII] Eduardo comiti Barensi.

Infeste relationis assertione percepimus, quod quidam miles vocatus Johannes de Armoises tue ditioni subiectus . . . nuper in . . Petrum Guigonis de Castronovo Lingonensem et Petrum de Viveriis Vivariensis ecclesiarum canonicos apostolice sedis nuncios ad eas partes . . . destinatos manus iniciens . . . violentas ipsos arrestare presumpsit et adhuc detinere dicitur[1]) . . . Nobilitatem tuam rogamus . . . quatinus memoratos nuncios cum omnibus bonis suis pristine restitui facias libertati . . . Dat. Avin. III idus octobris a. duodecimo.

Reg. 114, pars II, f. 169¹, litt. secr. c. 1664. — Riezler nr. 922 a.

542. — *1327 October 13. Avignon.*

Johannes XX Johanni regi Boemie destinat litteras, quibus cum rogat, quatinus interponat suas partes, ut Petrus Guigonis et Petrus de Vivariis nuncii sedis apostolice a Johanne de Armoises milite capti restituantur libertati.

[Johannes XXII] Johanni regi Boemie.

Perduxit ad nos infeste relationis assertio, quod quidam miles vocatus Johannes de Harmaises Virdunensis diocesis nuper . . . . in dilectos filios Petrum Guigonis de Castronovo Lingonensis et Petrum de Viveriis Vivariensis ecclesiarum canonicos apostolice sedis nuncios manus iniciens temere violentas, ipsos . . . captivavit ipsosque detinet miserabiliter captivatos. Cum autem . . . Eduardo comiti Barensi cui prefatus miles dicitur esse subditus, super liberatione dictorum nunciorum per alias litteras scribamus, excellentiam regiam attentius deprecamur, quatinus, ut predicti nuncii cum omnibus bonis suis libertati

---

[1]) Captus detinebatur per 28 dies. Conf. Kirsch, Collectorien pg. 137.

restituantur, tam apud dictum comitem quam alias, prout expedire regia prudentia cognoverit, sic velit tua magnificentia efficaciter interponere partes suas, quod nos et eandem sedem exinde astringas fortius ad ea, que regium respiciant comodum et honorem. Dat. Avin. III idus octobris a. duodecimo.

Reg. 114, pars II, f. 177¹, litt. secr. nr. 1725. — Riezler nr. 923.

543. — *1327 October 13. Avignon.*

Johannes XXII nobili viro Petro de Baro domino de Ruperforti destinat litteras, quibus eum deprecatur, quatinus curet interponere partes suas, ut Petrus Guigonis et Petrus de Viveriis Johannes de Armoises capti libertati restituantur.

Displicenter percepto, fili . . . Dat. ut supra (= Avin. III idus octobris a. duodecimo).

In e. m. archiepiscopo Treverensi et Tullensi et Virdunensi episcopis ac electo Metensi.

Reg. 114, f. 170, litt. secr. nr. 1665 et 1666. — Riezler nr. 922.

544. — *1327 October 13. Avignon.*

Johannes XXII archiepiscopo [Treverensi] et Tullensi Virdunensi et Metensi episcopis mandat, quatinus si Petrus Guigonis et Petrus de Viveriis apostolice sedis nuncii ad ipsos ipsorumque clerum destinati in ipsorum civitate et diocesi non fuerint, subsidia per se vel alium seu alios colligere studeant.

Ad subveniendum Romane ecclesie . . . Dat. Avin. III idus octobris a. duodecimo.

Reg. 114, pars II, f. 163, litt. secr. nr. 1633. — Riezler nr. 920 n. 1.

545. — *1327 November 9. Avignon.*

Johannes XXII Johanni nato nobilis viri Joffridi de Linengis confert consideratione Johannis regis Boemie pro eo consanguineo suo supplicantis canonicatum ecclesie Argentinensis, prebendam vero eidem reservat.

Nobilitas generis, vite . . . Dat. Avin. V idus novembris a. duodecimo.

In e. m. episcopo Pragensi et archidiacono Treverensis ac primicerio Virdunensis ecclesiarum.

Reg. 88, f. 93¹, nr. 3245.

546. — *1327 November 24. Avignon.*

Johannes XXII magistro Galtero Alberti canonico ecclesie Metensis consideratione Caroli regis et Clementie regine Francie pro eo supplicantium reservat in eccl. Metensi, in qua is canonicatum sub expectatione prebende obtinet, dignitatem vel personatum seu officium cum cura vel sine cura.

Litterarum scientia, morum decor . . . Dat. Avin. VIII kl. decembris a. duodecimo.

In e. m. archiepiscopo Bremensi et S. Symphoriani et S. Clementis extra muros Met. monasteriorum abbatibus.

Reg. 85, f. 216, nr. 610.

547. — *1327 November 30. Avignon.*

Johannes XXII Johanni Guiardi de Sancto Desiderio consideratione Luce S. Marie in via lata diaconi cardinalis pro eo capellano et familiari suo supplicantis confert eccl. S. Salvatoris Metensis canonicatum et prebendam vacantes per obitum Gerardi de Crevi alias de Romesale, qui apud sedem apostolicam diem clausit extremum.

Tue probitatis meritis . . . Dat. Avin. II kl. decembris a. duodecimo.

Reg. 85, f. 201¹, nr. 565.

548. — *1328 Januar 21. Avignon.*

Johannes XXII Ademarum electum Metensem hortatur, quatinus renunciet archidiaconatui ac canonicatui et prebende ecclesie Remensis.

[Johannes XXII] Ademaro electo Metensi.

Pridem intellecto, quod archidiaconatus ac canonicatus et prebenda, quos in Remensi ecclesia tempore tue promotionis ad Metensem ecclesiam obtinebas, paciebantur propter gubernatoris carentiam detrimenta, te, ut ad renunciandum illis apud sedem apostolicam procuratorem destinares ydoneum, fecimus exhortari, et licet procuratorem ad renunciandum archidiaconatui predicto destinaveris, de canonicatu tamen et prebenda predictis mencionem aliquam non fecisti. Quare discretionem tuam iterato attentius exhortamur, quatinus coram dilectis filiis priore Predicatorum vel gardiano Minorum ordinum Metensibus, quibus et quorum[1]) cuilibet recipiendi resignationem dictorum canonicatus et prebende a te vel procuratore tuo ad hoc legitime constituto liberam concedimus per alias nostras litteras facultatem, illos studeas

---

[1]) eorum *in reg.*

libere resignare, curaturus, ut nobis instrumentum publicum inde conficiendum, sicut habet dictarum litterarum series, quantocius transmittatur. Dat. Avin. XII kl. februarii a. duodecimo.

Reg. 114, pars II, litt. secr. f. 172, nr. 1681.

549. — *1327 December—1328 Januar. Avignon.*

Johannes XXII priori Predicatorum et gardiano Minorum ordinum fratrum Metensibus concedit facultatem recipiendi resignationem canonicatus et prebende cuiusdam ab Ademaro electo Metensi.

Dat. Avin. . . . . uarii a. duodecimo.

Reg. 114, pars II, f. 135¹, litt. secr. nr. 1642. (Littere partim illegibiles.)

550. — *1328 Februar 16. Avignon.*

Johannes XXII reservat de novo camere apostolice fructus primi anni beneficiorum apud sedem apostolicam infra unum annum a XIII (?) kl. marcii proxime futuri in antea computandum vacantium vel vacaturorum.

Pro relevandis dudum . . . Dat. Avin. XV kl. martii a. duodecimo.

Reg. 114, pars II, litt. secr. f. 158, nr. 1601.

551. — *1328 April 11. Avignon.*

Johannes XXII Elizabet de Austria Lothoringie ducisse indulget, ut aliquem ydoneum sacerdotem in suum possit eligere confessorem, qui eius confessione audita eam a peccatis omnibus et in casibus sedi apostolice reservatis, semel dumtaxat, absolvere valeat.

Sincere devotionis effectus . . . Dat. Avin. III idus aprilis a. duodecimo.

Reg. 87, f. 180¹, nr. 2499.

552. — *1328 April 23. Avignon.*

Johannes XXII infrascriptis tribus clericis mandat, quatinus Nicolao dicto Maresse monacho Gorziensis monasterii conferant prioratum de Amelia.

[Johannes XXII] abbati monasterii S. Martini ante Metim et scolastico Virdunensis ac magistro Johanni de Pennis canonico Remensis ecclesiarum.

Religionis zelus, vite ac morum honestas . . . Sane petitio pro parte . . . Nicolai [dicti Maresse monachi monasterii Gorziensis ord. S. Bened. Met. dioc.] nobis nuper exhibita continebat, quod dudum prioratu de Amella dicti ordinis Virdun. dioc. prefato monasterio immediate subiecto, quem . . . Theobaldus ipsius monasterii abbas, olim prior prioratus ipsius tempore promotionis per nos facte . . . obtinebat, per huiusmodi promotionem . . . vacante, nos . . . volentes quondam Ade de Thaseyo dicti monasterii monacho gratiam facere spiritualem, eundem prioratum sic vacantem . . . auctoritate sibi apostolica contulimus et de illo etiam duximus providendum ; sed prefatus Adam litteris super huiusmodi gratia sibi facta confectis, que longo temporis spatio in nostra cancellaria expediende remanserunt, antequam fuerit prioratus eiusdem possessionem adeptus, in illis partibus debitum nature persolvit. Nos igitur, si est ita, . . . volentes . . . prefato Nicolao, pro quo etiam dictus abbas per eius patentes litteras nobis humiliter supplicavit, . . . gratiam facere spiritualem, discretioni vestre . . . mandamus, quatinus, si est ita, ut predicitur, . . . eundem prioratum sic vacantem . . . eidem Nicolao . . conferre et assignare curetis . . . Dat. Avin. VIIII kl. maii a. duodecimo.

Reg. 86, f. 314¹, nr. 1804.

553. — *1328 Mai 5. Avignon.*

Johannes XXII abbati monasterii S. Arnulfi et decano ac archidiacono de Marsalo mandat, quatinus parrochialem ecclesiam de Theonisvilla Metensis diocesis a Johanne de Duna decano eccl. Trever. iniuste detentam et ex eo vacantem conferant et assignent Symoni Nicasii canonico eccl. S. Salvatoris Metensis.

[Johannes XXII] abbati monasterii S. Arnolfi extra muros Metenses et decano ac archidiacono de Marsallo ecclesie Metensis.

Laudabilia probitatis merita . . . Cum itaque, sicut accepimus, parrochialis ecclesia de Theonisvilla Metensis diocesis ex eo, quod Johannes de Duna, gerens se pro decano ecclesie Treverensis, predictam parrochialem ecclesiam una cum decanatu predicto ecclesie Treverensis et quadam alia curata ecclesia contra tenorem constitutionis super pluralitate dignitatum personatuum officiorum et beneficiorum ecclesiasticorum . . . dudum a nobis edite . . . retinere presumpsit et adhuc de facto detinet occupatam, de iure vacare noscatur ad presens, nos . . . discretioni vestre . . . mandamus, quatinus . . . vocatis qui fuerint evocandi, si ita est, ut prefertur, eandem parrochialem ecclesiam sic vacantem . . . Symoni [Nicasii canonico ecclesie S. Salvatoris Metensis] vel procuratori suo . . . conferre et assignare curetis, . . . amoto exinde dicto Johanne et quolibet alio illicito detentore, non obstantibus . . . quod dictus Symon in Treverensi et parrochiali de Theonisvilla predictis perpetuas vicarias obtinet et in S. Salvatoris

Metensi ecclesiis sub expectatione prebende auctoritate apostolica in canonicum est receptus. Volumus autem, quod dictus Symon, quam primum ipse vigore presentis gratie predicte ecclesie de Theonisvilla possessionem pacificam fuerit assecutus, prefatam curatam vicariam . . . dimittere teneatur . . . Dat. Avin. III nonas maii a. duodecimo.

Reg. 87, f. 106, nr. 2306.

554. — *1328 Juni 8. Avignon.*

[Johannes XXII] nobili viro Amedeo de Pictavia familiari nostro.

Cum tua presentia nobis existat pro quibusdam negotiis oportuna, volumus et nobilitatem tuam exhortamur, ut ad nostram studeas quantocius presentiam te conferre. Dat. Avin. VI idus iunii a. duodecimo.

Reg. 114, pars II, f. 155¹, litt. secr. nr. 1579.

555. — *1328 Juni 17. Avignon.*

Johannes XXII Bertrando Carbonelli confert eccl. Tullensis canonicatum et prebendam vacantes per obitum Petri Durandi capellani sedis apostolice, qui extra Romanam curiam diem clausit extremum.

Ad illorum provisionem . . . Dat. Avin. XV kl. iulii a. duodecimo.

Reg. 87, f. 307, nr. 2798.

556. — *1328 Juli 25. Avignon.*

Johannes XXII episcopo Metensi mandat, quatinus Johanni de Metis canonico ecclesie S. Deodati Tull. dioc. conferat parrochialem ecclesiam S. Georgii Metensem, que per obitum quondam Milonis ipsius ecclesie rectoris, qui in illis partibus diem clausit supremum, seu per ipsius resignationem vacat ad presens et iam tanto tempore vacavit, quod eius collatio est ad sedem apostolicam devoluta, non obstante quod Johannes in predicta eccl. S. Deodati canonicatum sub expectatione prebende necnon parrochialem ecclesiam de Elbeswilre Met. dioc. obtinet. Tamen ecclesie S. Georgii possessionem assecutus, dimittere teneatur ecclesiam de Elbeswilre.

Cum sicut accepimus . . . Dat. Avin. VIII kl. augusti a. duodecimo.

Reg. 88, f. 46, nr. 3118.

557. — *1328 Juli 25. Avignon.*

Johannes XXII decano et cantori S. Salvatoris Metensis ac magistro Nicolao de Fractis litterarum apostolicarum correctori mandat, quatinus Penthecosten natam Ludovici Therrici de Porta Serpentina

Metensis cupientem cum abbatissa et conventu monialium S. Glodesindis Metensis ordinis S. Bened. in eodem monasterio sub regulari habitu domino famulari, si sit ydonea et aliud canonicum non obsistat, in dicto monasterio faciant recipi in monacham.

Cum sicut accepimus . . . Dat. Avin. VIII kl. augusti a. duodecimo.

Reg. 88, f. 1, nr. 3002.

558. — *1328 Juli 27. Avignon.*

Johannes XXII Johannis regis Boemie precibus commotus confirmat constructionem monasterii ordinis Eremitarum S. Augustini apud Theonisvillam.

[Johannes XXII] . . . priori generali et fratribus ordinis Heremitarum S. Augustini.

Religionis vestre, in qua . . . Percepimus siquidem ex tenore peticionis pro parte vestra nobis porrecte, quod . . . Clemens papa V . . . vobis per privilegium speciale concessit, ut in certis regnis tunc nominatim expressis loca pro eodem ordine usque ad certum numerum, constitutione . . . Bonifacii pape VIII . . prohibente, ne a religiosis ordinum mendicantium loca de novo recipiantur absque licentia sedis apostolice speciali faciente plenam et expressam de prohibitione huiusmodi mentionem nequaquam obstante, possetis de novo recipere et in eorum singulis ecclesiam seu oratorium cum necessariis officinis iuxta morem ordinis prefati construere ac in eis pro divino cultu fratres ipsius ordinis deputare, dictusque prior eiusdem privilegii pretextu apud Theonisvillam Met. dioc., terra quidem imperii, iam elapsis decem et septem annis vel circa locum alias legitime acquisitum ab ordine antedicto ipsique ordini a clare memorie Henrico Romanorum imperatore donatum recepit credens, quod ad hoc se privilegium extenderet prelibatum, ibique pro parte dicti ordinis ecclesia seu oratorium et necessarie officine constructe fuerunt et cimiterium existit alias legitime dedicatum, ac dictus prior in eodem loco interim priorem et fratres ipsius ordinis deputavit. Processu vero temporis inter eosdem priorem et fratres dicti loci ac dilectum filium perpetuum vicarium parrochialis ecclesie dicti loci, infra cuius fines parrochie locus ipse situs existit, orta super eodem loco et eius occasione materia questionis et aliquamdiu causa huiusmodi agitata et noviter suscitata coram loci diocesano huiusmodi causa pendet. Quare nobis fuit humiliter postulatum, ut, quod ipsi prior et fratres dicti loci libere ac licite remanere valeant in eodem, eidem ordini providere . . . dignaremur. Cum igitur a causarum strepitibus quietos esse deceat servos dei, nos . . . Johannis regis Boemie . . . et vestris supplicationibus inclinati huiusmodi receptionem et constructionem predicti loci ratas habentes et gratas, illas constitutione predicta et huiusmodi cause dependentia nequaquam obstantibus . . . confirmamus . . . Dat. Avin. VI kl. augusti a. duodecimo.

Reg. 87, f. 178, nr. 2492.

559. — *1328 (Juli?) 16. Avignon.*

Johannes XXII archiepiscopo Bisuntino et episcopo Lausanensi ac Othoni de . . . . ca cancellario ecclesie Metensis capellano sedis apostolice mandat, quatinus procedant adversus quosdam religiosos, qui in contemptum deducunt processus a papa habitos contra eos, qui Johanni episcopo Lingonensi tamquam administratori ecclesie Basiliensis a papa deputato non parent.

Sua nobis dilectus . . . Dat. Avin. XVII kl. (augusti?) a. duodecimo.

Reg. 114, pars II, f. 169, litt. secr. nr. 1662.

***560.** — *1328 August 23.*

Capitulum ecclesie Metensis ordinat, quod pro solvendis debitis tempore belli contractis et pro redimendo ecclesie thesauro impignorato fructus cuiuslibet prebende onerentur per sexennium.

Nos capitulum ecclesie Metensis notum facimus universis presentes litteras inspecturis, quod, cum dudum in nostra ecclesia Metensi fuisset sollempniter constitutum, ut, si occasione litium et controversiarum contingentium seu ortarum pro iuribus et proprietatibus prebendarum ecclesie nostre predicte vel occasione guerre communis, aliqui ex concanonicis Metensibus in fructibus prebendarum suarum dampna aliqua paterentur, capitulum teneretur solvere dampnum passo pro fructibus omnibus totius anni perditis ex integro viginti libras denariorum Metensium; si vero fructus non essent ex toto perditi sed in parte perditi, tunc capitulum dampnum passo restituere teneretur dampni estimationem ad arbitrium duorum de capitulo, quos ad hoc duceret eligendos. Contigit zizaniam discordie serente leviatano diversas et periculosas guerras in partibus Metensibus oriri et tam per incendia quam per depredationes rapinas effractiones devastationes et consumptiones bonorum ecclesie nostre nos et ecclesiam nostram adeo dampnificari, quod fructus prebendarum nostrarum quasi omnes tempore primi anni guerrarum ipsarum fuerunt ex toto perditi seu vastati. Pro quibus resarciendis dampnum passis presentibus vel absentibus iuxta dicti tenorem statuti tunc durantis sed post urgente necessitate pro varietate temporis guerris crebrescentibus rationabiliter revocati necnon et contributione facienda pro pace patrie, per quam ab obsidione terribili civitas Metensis extitit liberata, captivorum plurium redemptio facta et strages multarum gentium evitata, necnon quibusdam aliis ex causis urgentem necessitatem ecclesie nostre tangentibus oportuit, quod nos diversas pecuniarum summas usque ad quantitatem mille et ducentarum librarum Metensium ascendentes reciperemus mutuo et expenderemus nomine tocius ecclesie pro predictis. Pro quibus pecuniarium summis mutuo receptis nos et ecclesiam nostram ad nonnullas pensiones annuas et diversas[1]) penes personas diversas necessario obligavimus necnon thesaurum nostre ecclesie, cruces et alia iocalia nos oportuit apud creditores aliquos obligare urgentibus necessitatibus predictis. Et licet ex post facto de dictis debitis et pensionibus fuerit aliquid exsolutum, attendentes tamen, quod dictus thesaurus non potest redimi nec dicta debita ex integro persolvi nisi ex contributione communi quodque dampnum commune omnium debet contributione sarciri et onus commune ab omnibus supportari nec possint dicta debita aliunde persolvi nisi de fructibus prebendarum, cum cetera quecumque nobis obvenientia pro distributionibus faciendis hiis, qui horis intersunt, canonicis non sufficiant, immo distributiones deficiunt et pro maiori parte temporis iam annis pluribus defecerunt, idcirco ordinavimus et ordinamus, quod pro solvendis ex integro pensionibus et debitis predictis et dicti thesauri recuperatione fructus cuiuslibet prebende onerentur annis singulis usque sex annos continuos, anno primo in quatuor libris cum dimidia, et quinque sequentibus annis singulis in quatuor libris denariorum Metensium, et ipsos in hiis oneramus solvendis annuatim per singulos prebendarios et per singulares procuratores absentium in manu bursarii magni quolibet anno infra festum beate Lucie virginis et per totam diem sub penis in constitutionibus nostris contra non solventes appositis[2]) et specialiter sub pena privationis distributionum, quas distributiones bursarius debet retinere et inter alios distribuere. Si vero aliqui non solverint infra terminum predictum, ex tunc prepositi locorum prebendarum dictorum non solventium pro ipsis solvere teneantur infra festum purificationis beate Marie virginis sub penis predictis . . Hoc tamen salvo, quod illi, qui iam nostro nomine aliquid exsolverint de debitis supradictis, seu ille prebende, quarum nomine [aliquid] est solutum[3]), tanto minus solvere teneantur, quanto pro eis fuerit exsolutum. Item quod nos teneamur ad presens domino Nicolao

---

[1]) penas *supplendum videtur*.
[2]) appositi *in cod*.
[3]) quarum nostro nomine est solutum *in cod*.

bursario nostro in triginta quinque libris Metensibus, quas nobis mutuo concessit et nostro nomine domino Neymerico dicto Badoche persolvit, volumus et ordinamus, quod dominus Ferricus eius frater de distributionibus parve burse, quas nunc per aliqua tempora de nostra voluntate retinuit, triginta quinque libras Metenses dicto fratri suo persolvat, quas nobis, ut predicitur, mutuavit, et residuum, quod habet ultra triginta quinque libras de tempore predicto, distribuatur ad presens, secundum quod fuerit rationis, ita tamen quod dictas triginta quinque libras, quas dictus dominus Ferricus solvet dicto fratri suo, recuperabimus et recipiemus de prima solutione, que fiet de fructibus prebendarum predictarum per modum supradictum, et tunc distribuentur per modum, per quem nunc deberent distribui et inter illos, inter quos dicte triginta libre nunc fuissent distribuende cessantibus supradictis, ita quod nullus in contrarium aliqualiter audiatur. Acta sunt hec in nostro annali capitulo in vigilia beati Bartholomei apostoli anno domini millesimo CCC^{mo} vicesimo octavo. Item volumus et ordinamus, quod in qualibet septimana quinque solidi Metensium denariorum distribuantur per bursarium parvum presbiteris et clericis, qui in matutinis intererunt iuxta arbitrium et ordinationem presbiteri ebdomedam facientis vel eius vices gerentis. Item volumus et ordinamus, quod fructus prebendarum, qui burse cedunt vel cedere debent, ab onere dicte contributionis penitus sint immunes. Actum anno die loco quibus supra sub sigillo nostro magno.

Nos capitulum ecclesie Metensis notum facimus universis, quod, cum nos pro debitis, quibus nostra erat ecclesia obligata, ordinassemus, quod quelibet prebenda seu fructus cuiuslibet prebende oneraretur singulis annis usque ad sex annos, anno primo in quatuor libris cum dimidia et quinque sequentibus in quatuor libris Metensium denariorum, exsolvendis infra festum beate Lucie virginis et per totam diem per singulares canonicos presentes et per absentium procuratores, alioquin per locorum prepositos infra festum sequens purificationis beate Marie virginis, hoc tamen salvo, quod illi, qui nostro nomine aliquid exsolvissent, vel prebende, quarum nomine aliquid esset solutum, tanto minus solvere et contribuere tenerentur, quanto plus constaret pro eis vel eorum nomine persolutum, nobisque constiterit atque constet, reverendum patrem dominum cardinalem archidiaconum de Vico Hugonem de Aspereva, Hugonem thesaurarium archidiaconum de Sarbourch, Stephanum prepositum ecclesie beate Marie rotonde Metensis, Nicolaum de Secano primicerium, Felicianum, Burnekinum et Marcum nichil de dictis debitis exsolvisse vel eorum nomine fuisse exsolutum, nomine¹) vero reliquorum canonicorum presentium vel pro presentibus habitorum seu prebendarum, quas obtinent, sexcentas libras Metensium denariorum iam solutas extitisse, ideo declaramus et ordinamus, quod super prebendis dictorum decem nominatorum²) usque ad annos sex continuos accipiantur integre summe, de quibus extitit ordinatum, super aliis prebendis anno primo quinquaginta solidi et annis singulis quinque sequentibus quadraginta solidi Metensium denariorum capiantur, cum tanto minus solvere debeant, quanto plus fuit eorum nomine persolutum. Acta sunt hec anno domini millesimo CCC^{mo} vicesimo octavo in vigilia beati Bartholomei apostoli sub sigillo nostro magno.

Bibl. Nat. Paris. ms. lat. 10023 membr. saec. XIV fol. 46—49.

561. — *1328 October 30. Avignon.*

Johannes XXII nobili viro Joffrido domino de Asperomonte indulget, ut, quociens ad loca ecclesiastico supposita interdicto eum declinare contigerit, possit missam et alia divina officia per ydoneum presbiterum facere celebrari submissa voce, ianuis clausis etc., dummodo ipse causam huiusmodi non dederit interdicto nec id ipsi contingat specialiter interdici.

Devotionis tue sinceritas... Dat. Avin. II kl. novembris a. terciodecimo.

Reg. 89, f. 179, nr. 448.

562. — *1328 October 30. Avignon.*

Johannes XXII Androino nato Thome de Asperomonte confert eccl. Metensis canonicatum, prebendam vero eidem reservat.

Laudabile testimonium quod... Dat. Avin. II kl. novembris a. terciodecimo.

In e. m. abbati monasterii S. Vincentii Met. et de Ripparia Virdun. ac de Vicello Tull. archidiaconis ecclesiarum.

Reg. 89, f. 179¹, nr. 451.

563. — *1328 October 30. Avignon.*

Johannes XXII nobili viro Joffrido domino de Asperomonte impertitur licentiam habendi secum altare portatile, super quo in locis ad hoc congruentibus et honestis possit per proprium presbiterum missam et alia divina officia sibi facere celebrari.

¹) nomina *in cod.*
²) *Hic apparet in superiore textu ommissa esse tria nomina.*

Ut erga sedem apostolicam . . . Dat. Avin. II kl. novembris a. tercio decimo.

Reg. 89, f. 179, nr. 449.

564. — *1328 November 1. Avignon.*

Johannes XXII magistro Petro Guigonis de Castronovo confert eccl. Lingonensis canonicatum et prebendam vacantes per promotionem et consecrationem Ademari episcopi Metensis.

Probitatis et virtutum merita . . . Dat. Avin. kl. novembris a. tertiodecimo.

Reg. 89, f. 107¹, nr. 262.

565. — *1328 December 1. Avignon.*

Johannes XXII Joffrido domino de Asperomonte Virdun. dioc. supplicanti indulget, ut confessor eius ydoneus, quem duxerit eligendum, omnium peccatorum plenam remissionem semel in mortis articulo ei concedere valeat.

Provenit ex tue devotionis . . . Dat. Avin. kl. decembris a. tertiodecimo.

In e. m. nobili viro Johani de Asperomonte Virdun. dioc.

Reg. 115, pars I, litt. secr. f. 83, nr. 485.

566. — *1329 Januar 11. Avignon.*

Johannes XXII Ysembardo de Actringa canonico ecclesie S. Symeonis Trever. reservat beneficium ecclesiasticum cum cura vel sine cura ad dispositionem decani et capituli ecclesie Metensis communiter vel divisim spectans in civitate vel diocesi Metensi, cuius fructus, si sine cura fuerit, quinquaginta librarum turonensium parvorum s. t. d. v. a. non excedant, non obstante quod in S. Symeonis Trever. et S. Theobaldi Metensi ecclesiis canonicatus et prebendas obtinet necnon de canonicatu et prebenda ecclesie S. Salvatoris extra muros Metenses in Romana curia litigat.

Probitatis tue merita . . . Dat. Avin. III idus iánuarii a. tertiodecimo.

In e. m. abbati monasterii S. Marie Luccemburgensis et decano S. Marie Palatiolensis Trever. dioc. ac archidiacono Treverensi.

Reg. 90, f. 333¹, nr. 1911.

567. — *1329 Januar 24. Avignon.*

Johannes XXII extendens reservationem anno precedenti (*cf. Reg. d. d. 1328 Febr. 16*) denuo reservat camere apostolice fructus unius anni omnium beneficiorum ecclesiasticorum cum cura vel sine cura, etiam dignitatum personatuum et officiorum ecclesiasticorum quorumlibet exemptorum et non exemptorum, que per totum annum a XV kl. martii proximo futuri usque ad unum annum extunc continue completurum apud sedem apostolicam vel alibi ex generali vel speciali reservatione aut alias ad suam dispositionem spectantia vacare contigerit, ecclesiis cathedralibus et abbatiis regularibus ac beneficiis, que dicto anno ex causa permutationis vacabunt, dumtaxat exceptis.

Ad futuram rei memoriam. Gravium et importabilium expensarum . . . Dat. Avin. VIIII kl. februarii a. tertiodecimo.

Reg. 115, pars I, f. 79¹, litt. secr. nr. 474.

568. — *1329 Januar 28. Avignon.*

Johannes XXII Hugoni nato nobilis viri Petri de Barro domini de Petraforti canonico Virdunensi in undecimo etatis anno vel circiter constituto confert eccl. Virdun. canonicatum et prebendam vacantes per obitum Symonis de Marvilla sedis apostolice capellani, qui extra curiam Romanam diem clausit extremum, non obstante quod Hugo in eadem Virdunensi et Autisiodorensi eccl. canonicatus sub expectatione prebendarum obtinet. Tamen predictos canonicatum et prebendam assecutus omnino dimittat canonicatum alterum in eadem eccl. Virdun.

Ex laudabilibus tue iuventutis indiciis . . . Dat. Avin. kl. februarii a. terciodecimo.

In e. m. S. Vitoni Virdun. et S. Pauli extra muros Virdun. monasteriorum abbatibus ac magistro Petro de Vigono canonico Taurinensi scriptori nostro.

Reg. 90, f. 13¹, nr. 1037.

569. — *1329 Januar 28. Avignon.*

Johannes XXII nobili viro Petro de Barro domino de Petraforti Tull. dioc. et nobili mulieri Allienore de Pictavia eius uxori petentibus indulget, ut confessor ydoneus, quem ad hec uterque duxerit eligendum, omnium peccatorum plenam remissionem utrique semel in mortis articulo concedere valeat.

Magne devotionis et fidei . . . Dat. Avin. V kl. februarii a. terciodecimo.

Reg. 90, f. 11¹, nr. 1031.

570. — *1329 Januar 28. Avignon.*

Johannes XXII Therrico de Asperomonte confert eccl. S. Theobaldi extra muros Metenses canonicatum, prebendam vero eidem reservat, non obstante quod in eccl. Virdun. canonicatum sub expectatione prebende ac parrochialem ecclesiam de Domerey ac quandam perpetuam capellaniam in castro de Boconville Virdun. et Met. dioc. obtinet. Tamen prebendam in eadem eccl. S. Theobaldi assecutus omnino dimittat capellaniam predictam.

Personam tuam tuis . . . Dat. Avin. V kl. februarii a. tertiodecimo.

In e. m. S. Vincentii Metensis et S. Symphoriam extra muros Metenses monasteriorum abbatibus ac magistro Petro de Vigono canonico Taurinensi scriptori nostro.

Reg. 90, f. 17, nr. 1046.

571. — *1329 Januar 29. Avignon.*

Johannes XXII Nicolao nato quondam Theobaldi dicti Belami denuo confert eccl. S. Salvatoris Metensis canonicatum, prebendam vero reservat, cum antea in prima provisione is per errorem nominatus sit Theobaldus.

Exigentibus tue probitatis . . . Dat. Av. V kl. februarii a. terciodecimo.

In e. m. S. Vincentii Metensis et S. Symphoriani extra muros Metenses monasteriorum abbatibus ac magistro Petro de Vigono canonico Taurinensi scriptori nostro.

Reg. 90, f. 125¹, nr. 1341.

572. — *1329 Januar 29. Avignon.*

Johannes XXII Reginaldo de Barro nato nobilis viri Erardi de Barro canonico Remensis eccl. indulget, ut scolasticis disciplinis in loco, ubi studium vigeat generale, insistendo vel in altero beneficiorum suorum ecclesiasticorum residendo fructus beneficiorum eorundem integre, cotidianis distributionibus dumtaxat exceptis, usque ad biennium percipere valeat.

Nobilitas generis morum decor . . . Dat. Avin. IIII kl. februarii a. tertiodecimo.

In e. m. abbati monasterii S. Nichasii Remensis et archidiacono de Vicello Tull. ac Egidio de Bourmonte canonico Virdun. eccl.

Reg. 90, f. 245, nr. 1632.

573. — *1329 Januar 29. Avignon.*

Johannes XXII Johanni de Deicustodia in iure civili licentiato confert eccl. Metensis canonicatum, prebendam vero eidem reservat, non obstante quod in Virdun. et in B. Marie Magdalene Virdun. ecclesiis canonicatus et prebendas obtinet.

Litterarum scientia, vite . . . Dat. Avin. IIII kl. februarii a. tertiodecimo.

In e. m. abbati monasterii Gorziensis Met. dioc. et archidiacono de Vicello Tull. ac Egidio de Bourmonte canonico Virdun. eccl.

Reg. 90, f. 245, nr. 1633.

574. — *1329 Februar 4. [Avignon.]*

Die IIII mensis februarii [anno MCCCXXVIIII] recepti sunt a domino Ademario episcopo Metensi solvente per manus Francisci Raynucii mercatoris Florentini pro parte partis servicii tam sui quam predecessorum suorum cameram contingentis — mille flor. auri.

Intr. et exit. 92. f. 14^1 = 100 f. 16^1.

575. — *1329 März 11. Avignon.*

Johannes XXII Joffredo de Nanceyo canonico eccl. Metensis reservat in eadem eccl. dignitatem vel personatum seu officium sine cura, dummodo post episcopalem huiusmodi dignitas in eadem eccl. non sit maior, non obstante quod in Virdunensi sub dignitatis et in eadem ac dicta Metensi ecclesiis sub expectatione prebendarum in canonicum est receptus. Tamen littere, per quas in eadem Virdunensi ecclesia prebendam et dignitatem expectat, exnunc sint cassa irrita et inania.

Laudabile testimonium, quod . . . Dat. Avin. V idus martii a. tertiodecimo.

In e. m. priori de Leonismonte Tull. dioc. et decano S. Gengulphi ac Joffrido de Venderiis canonico Tull. eccl.

Reg. 92, f. 125, nr. 3152.

576. — *1329 März 29. Avignon.*

Johannes XXII priorisse et conventui monasterii sororum inclusarum Metensis per priorissam soliti gubernari ord. S. Augustini secundum instituta et sub cura ordinis Predicatorum fratrum viventibus indulget, ut ad prestationem decimarum de quibuscumque possessionibus et aliis omnibus eorum bonis, que in presentiarum habent et iustis modis acquisierint in futurum, vel ad exhibendum annuum redditum seu censum diocesanis episcopis necnon pedagia thelonea et alias exactiones quibusvis regibus seu aliis personis secularibus ac etiam ad dandum procurationes aliquas legatis vel nunciis apostolice sedis sive ad decimam vel aliquam portionem aut subventionem aliquam de suis proventibus cuiquam exhibendam vel ad contribuendum in exactionibus seu collectis seu subsidiis aliquibus minime teneantur.

Sacra nostra religio . . . Dat. Avin. IIII kl. aprilis a. terciodecimo.

Reg. 90, f. 356, nr. 1968.

577. — *1329 März 29. Avignon.*

Johannes XXII priorisse et conventui monasterii sororum inclusarum Metensis ord. S. Augustini secundum instituta et sub cura fratrum ord. Predicatorum viventibus indulget, ut confessores eorum, cuilibet eorum dumtaxat, que nunc sunt in monasterio divinis obsequiis mancipate, omnium peccatorum plenam remissionem semel tantum in, mortis articulo concedere valeat.

Ad personas vestras . . . Dat. Avin. IIII kl. aprilis a. terciodecimo.

Reg. 90, f. 356, nr. 1969.

578. — *1329 April 2. [Avignon.]*

[Johannes XXII] priorisse et conventui sororum inclusarum Metensium ordinis S. Augustini.

Orationum suffragia, que vos [gerentes] humilitatis spiritum et contemplationis altitudinem, circa pedes existentes domini cum Maria pro nobis et statu ecclesie prospero cum devotionis fervore obtulisse abundanter salvatori nostro et offerre velle imposterum divina vobis cooperante clementia vestre nobis presentate littere intimabant, gratanter [nos] noveritis suscepisse; pro quibus devotionem vestram multipliciter commendantes ac gratiarum actionibus prosequentes hortamur . . . ut sic in vestra professione stabiliter persistatis . . . Dat. IIII nonas aprilis a. tertiodecimo.

Reg. 115, pars I, f. 97¹, nr. 554.

579. — *1329 April 9. Avignon.*

Johannes XXII Brocardo nato nobilis viri Henrici domini de Fenestrenges confert eccl. Argentinensis canonicatum, prebendam vero eidem reservat.

Nobilitas generis, vite mundicia . . . Dat. Avin. V ydus aprilis a. terciodecimo.

In e. m. magistro Leonardo de Guarcino thesaurario eccl. Lingonensis notario nostro et Mauri monasterii ac S. Naboris Argentin. et Met. dioc. monasteriorum abbatibus.

Reg 90, f. 349¹, nr. 1953.

580. — *1329 April 9. Avignon.*

Johannes XXII Johanni nato nobilis viri Henrici domini de Fenestrenges confert eccl. Virdun. canonicatum, prebendam vero ac dignitatem vel personatum seu officium in eadem eccl., dummodo non sit maior dignitas post episcopalem, eidem reservat.

Nobilitas generis, vite mundicia . . . Dat. Avin. V idus aprilis a. terciodecimo.

In e. m. magistro Leonardo de Guarcino thesaurario eccl. Lingonensis notario nostro et S. Aggerici Virdun. ac S. Martini ante Metim monasteriorum abbatibus.

Reg. 90, f. 349, nr. 1952.

581. — *1329 April 10. Avignon.*

Johannes XXII Symoni de Amberch confert eccl. S. Theobaldi prope muros Metenses canonicatum, prebendam vero eidem reservat, non obstante quod quandam perpetuam vicariam in ecclesia de Hamberch Met. dioc. obtinet.

Laudabilia tue probitatis . . . Dat. Avin. IIII idus aprilis a. tertiodecimo.

In e. m. magistro Leonardo de Guarcino thesaurario eccl. Lingonensis notario nostro et S. Vincentii Met. ac S. Clementis extra muros Met. monasteriorum abbatibus.

Reg. 90, f. 344, nr. 1936.

582. — *1329 Juli 15. Avignon.*

Johannes XXII Manfredino de Mercadillo confert eccl. Met. canonicatum, prebendam vero eidem reservat.

Laudabile testimonium quod . . . Dat. Avin. id. iulii a. tertiodecimo.

In e. m. abbati monasterii S. Theofredi Aniciensis dioc. et Jacobo de Mutina capellano nostro scolastico Tullensis ac Bernardo Betto canonico Albiensis eccl.

Reg. 91, f. 183, nr. 2543.

583. — *1329 Juli 21. [Avignon.]*

[Johannes XXII] Frederico comiti de Lynengin.

Devotionis promptitudinem et fidei constantiam, quam ad nos et Romanam ecclesiam te gerere tuarum pridem nobis directarum series litterarum . . . evidentius supponebat, plurimum in domino commendantes, nobilitatem tuam rogamus . . . quatinus in oblatis persistere et in huiusmodi laudabili proposito sic studeas perseverare constanter.

... Ceterum petitiones, de quibus in eisdem litteris mentio habebatur, gratanter exaudivimus, prout ex inspectione litterarum super eis confectarum sinceritati tue clarius apparebit. Dat. XII kl. augusti a. terciodecimo.

Reg. 115, pars I, f. 99, nr. 566.

584. — *1329 Juli 28. Avignon.*

Johannes XXII Ludovico de Grangia confert eccl. Met. decanatum vacantem ex eo, quod Hugo de Arpaione dudum eundem per procuratorem in manibus Petri episcopi Penestrinensis apud sedem apostolicam libere resignavit, non obstante quod canonicatum et prebendam ac cantoriam in eadem ecclesia obtinet. Tamen decanatus possessionem pacificam assecutus omnino dimittat prefatam cantoriam.

Sedis apostolice providentia . . . Dat. Av. V kl. augusti a. tertiodecimo.

In e. m. episcopo Convenarum et S. Vincentii ac S. Symphoriani Metensium monasteriorum abbatibus.

Reg. 92, f. 26, nr. 2877.

585. — *1329 Juli 28. Avignon.*

Johannes XXII Johanni dicto Gobelin (*vel* Sobelin) confert eccl. Metensis canonicatum, prebendam vero eidem reservat, non obstante quod canonicatum sub expectatione prebende in eccl. S. Deodati Tull. dioc. necnon parrochialem ecclesiam S. Georgii Metensis obtinet.

Vite ac morum honestas . . . Dat. Av. V kl. augusti a. terciodecimo.

In e. m. episcopo Convenarum et S. Vincentii ac S. Symphoriani Met. monasteriorum abbatibus.

Reg. 92, f. 29, nr. 2885.

586. — *1329 Juli 28. [Avignon.]*

Johannes XXII Johanni dicto Gobelin (*vel* Sobelin), cui hodie canonicatum eccl. Met. cum expectatione prebende contulit, reservat eiusdem eccl. cantoriam, que vacare speratur ex eo, quod hodie Ludovico de Grangia de decanatu eiusdem ecclesie providit, non obstante quod Johannes canonicatum sub expectatione prebende in eccl. S. Deodati Tullensis dioc. necnon parrochialem ecclesiam S. Georgii Met. obtinet. Insuper cum eodem dispensat, ut una cum cantoria prefatam parrochialem ecclesiam licite retinere et ex eadem parrochiali ecclesia fructus recipere valeat, donec dicte prebende ecclesie Metensis sibi reservate possessionem pacificam fuerit assecutus. Tamen possessionem eiusdem prebende sibi reservate assecutus omnino dimittat dictam parrochialem ecclesiam.

Illis libenter apostolice . . . Dat. V kl. augusti a. tertiodecimo.

In e. m. episcopo Convenarum et S. Vincentii ac S. Simphoriani Met. monasteriorum abbatibus.

Reg. 92, f. 26, nr. 2878.

587. — *1329 August 19. [Avignon.]*

Die XIX mensis augusti de anno predicto recepta sunt a domino Ademario episcopo Metensi solvente per manus domini Guillermi Fabri de Rimaco (?) militis Valentinensis diocesis pro parte partis communium serviciorum tam sui quam dominorum predecessorum suorum cameram domini pape contingentium — mille flor. auri.

Introit. et Exit. 29, f. 10 et 92, f. 12.

588. — *1329 September 18. Avignon.*

Johannes XXII magistro Petro Guigonis de Castronovo confert ecclesie Met. canonicatum et prebendam ac archidiaconatum de Vico in eadem ecclesia vacantes per obitum Bernardi tit. S. Clementis presbiteri cardinalis, qui easdem obtinebat ex concessione seu dispensatione sedis apostolice.

Multiplicia tue merita . . . Dat. Avin. XIIII kl. octobris a. quartodecimo.

In e. m. abbati monasterii S. Arnulphi extra muros Metenses et preposito eccl. S. Salvatoris Met. ac officiali Metensi.

Reg. 93, (foliorum numeri desunt!), nr. 27.

589. — *1329 October 7. [Avignon.]*

Johannes XXII reservat camere apostolice fructus primi anni omnium beneficiorum ecclesiasticorum, que in Basiliensi Bellicensi Lausanensi Virdunensi Bisuntina Metensi et Tullensi civitatibus et diocesibus ad presens vacant et que usque ad unum annum a data presentium vacabunt.

[Johannes XXII] venerabili fratri . . episcopo Basiliensi et dilectis filiis abbatibus prioribus decanis prepositis archidiaconis archipresbiteris et aliarum ecclesiarum prelatis et rectoribus, capitulis quoque collegiis et conventibus Cisterciensium Cluniacensium Premonstratensium Grandimontensium Cartusiensium Vallisumbrose Camaldulensium Sanctorum Benedicti et Augustini et aliorum ordinum ceterisque personis ecclesiasticis tam secularibus quam regularibus exemptis et non exemptis necnon S. Johannis Jerosolimitani B. Marie Theothonicorum Calatravensium et Humiliatorum magistris prioribus et preceptoribus eorumque loca tenentibus per civitatem et diocesim Basiliensem constitutis.

Quantis hereticorum et scismaticorum eorumque fautorum sacrosancta Romana ecclesia molestetur insultibus quantaque requirat ipsius a premissis defensio profluvia expensarum, vestram non credimus prudentiam ignorare. Cum igitur ad onera expensarum huiusmodi supportanda proventus nostre camere sint exiles, nos volentes tantis periculis, quanta possent ex defectu expensarum circa premissa subsequi, sicut cum deo possumus, obviare, deliberatione prehabita diligenti super hiis, fructus proventus et redditus primi anni omnium et singulorum beneficiorum ecclesiasticorum cum cura vel sine cura, etiam dignitatum personatuum et officiorum quorumlibet ecclesiasticorum ecclesiarum monasteriorum prioratuum et aliorum locorum ecclesiasticorum tam secularium quam regularium exemptorum et non exemptorum, que in civitate et diocesi Basiliensi vacant ad presens et que usque ad unum annum a die date presentium computandum qualitercumque et ubicumque, etiam apud sedem apostolicam vacare contigerit, certis tamen ecclesiis monasteriis dignitatibus et beneficiis subscriptis expressim exceptis, percipiendos modo infrascripto pro nostris et ecclesie memorate utilius supportandis oneribus auctoritate apostolica reservamus et eidem camere applicamus . . . Volumus autem, quod, si idem beneficium bis in anno vacare contingat, nonnisi semel fructus illius pro dicta camera exigantur . . . quodque predicti fructus redditus et proventus iuxta taxationem decime persolvantur et a collectoribus recipiantur eisdem, ut scilicet summam, pro qua unumquodque beneficiorum ipsorum in decime solutione taxatur, exigant et recipiant, totali residuo beneficia huiusmodi obtinentibus remansuro, nisi forte collectores predicti residuum huiusmodi pro nobis et nostra camera vellent percipere et habere et obtinentibus beneficia ipsa pro supportandis eorum oneribus et sustentatione habenda summam, pro qua beneficia ipsa taxantur in decima, remanere. Nos enim percipiendi utrumlibet predictorum, videlicet taxationis vel residui, eosdem collectores habere volumus optionem. De beneficiis autem non taxatis ad decimam sic volumus ordinari, quod medietas fructuum illorum ad cameram predictam et alia ad obtinentes dicta beneficia debeat remanere, ita quod, quicquid dicti collectores elegerint, beneficiorum ipsorum onera debeant obtinentes ipsa beneficia de parte, quam sibi collectores dimittent, totaliter supportare, nisi forte ipsi obtinentes dicta beneficia vellent dictos fructus redditus et proventus omnino dimittere collectoribus ipsis; quo casu ipsi collectores habeant huiusmodo beneficiis quoad curam animarum, si eis immineat, necnon quoad divinum officium et sacramentorum ecclesiasticorum administrationem facere per personas ydoneas deserviri. Nostre insuper intentionis existit, quod, ne presens reservatio et alia, que de fructibus redditibus et proventibus beneficiorum apud dictam sedem vacantium fecimus, se per concursum valeant mutuo impedire, si vigore unius fructus alicuius beneficii dicte camere recipiantur nomine, pro eadem vacatione pretextu[1]) alterius nullatenus exigantur[2]). Ceterum volumus et tenore presentium declaramus, quod deputatio nostra huiusmodi nullatenus extendatur ad episcopalem ecclesiam nec ad abbatias regulares nec ad beneficia illa, quorum fructus redditus et proventus annui valorem sex librorum parvorum turonensium non excedunt et que permutationis causa vacare contigerit, nec etiam ad vicarias seu capellanias ut plurimum a decedentibus secundum morem diversarum ecclesiarum institutas ad missas pro ipsis decedentibus celebrandas certis constitutis redditibus presbitero inibi celebranti seu alias, ut diurnis et nocturnis canonicis horis intersint, nec etiam ad cotidianas distributiones quarumcumque ecclesiarum seu anniversaria vel obventiones, que ad certum quid deputate noscuntur. Verum quia contingit interdum, quod fructus redditus et proventus beneficiorum huiusmodi primi anni debentur defuncto vel fabrice aut prelato seu ecclesie habenti annalia, declaramus, quod pretextu[3]) nostre deputationis huiusmodi non preiudicetur eisdem, qui alias primi anni fructus redditus et proventus fuerint percepturi de consuetudine privilegio vel statuto, quin fructus redditus et proventus huiusmodi sequente anno percipiant, sicut percipere consueverunt temporibus retroactis. Volumus autem, prout est consonum rationi, ad scandala evitanda, quod solutio huiusmodi fructuum reddituum et proventuum fiat in duobus terminis congruis collectorum arbitrio statuendis, sic equidem quod, ubi collectores taxationem decimalem fructuum reddituum et proventuum huiusmodi primi anni pro eadem camera nostra habere voluerint, obtinentes ipsa beneficia dictorum fructuum reddituum et proventuum residuum habituri de eisdem fructibus redditibus et proventibus, quos eo casu obtinentes in totum colligent, eandem taxationem collectoribus solvant eisdem in ipsis

---

[1]) pretestu *in reg.*
[2]) exigatur *in reg.*
[3]) pretestu *in reg.*

duobus terminis, ut premittitur, statuendis et sufficientem prestent cautionem de solutione huiusmodi facienda; ubi vero collectores predicti taxationem prefatam obtinentibus beneficia ipsa dimittere et habere residuum fructuum reddituum et proventuum ipsorum elegerint, tunc iidem collectores de ipsis fructibus redditibus et proventibus, quos in totum colligent eo casu, solvant obtinentibus beneficia taxationem eandem in duobus terminis similiter statuendis. Sed nec pretextu defectus solutionis huiusmodi volumus, ut ad calices cruces vasa libros ac bona mobilia divino usui dedicata manus aliqualenus extendantur. Quocirca universitatem vestram rogamus monemus et hortamur attente . . ., quatinus huiusmodi nostris et ecclesie predicte necessitatibus pio compacientes affectu, per collectores predictos et subcollectores ab eis deputandos huiusmodi fructus redditus et proventus primi anni in forma prescripta colligere exigere ac recipere absque alicuius difficultatis obstaculo libere permittatis et illos, prout in vobis fuerit, integre assignetis . . . Dat. nonis octobris a. quartodecimo.

In e. m. Bisuntino archiepiscopo et Bellicensi Lausanensi Virdunensi Metensi et Tullensi episcopis etc.[1])

Reg. 115, pars II, f. 83¹, nr. 1450. — Kirsch, Die päpstlichen Collectorien p. 119.

590. — *1329 October 7. [Avignon.]*

Johannes XXII Petrum Guigonis et Raymundum de Valleaurea deputat collectores fructuum primi anni omnium beneficiorum ecclesiasticorum, que in Basiliensi, Bellicensi, Lausanensi Virdunensi Bisuntina Metensi et Tullensi civitatibus et diocesibus ad presens vacant et que in iisdem usque ad unum annum a data presentium vacabunt.

[Johannes XXII] Petro Guigonis de Castronovo archidiacono de Vico in ecclesia Metensi et Raymundo de Valleaurea canonico Vivariensi apostolice sedis nunciis.

Quantis hereticorum et scismaticorum eorumque fautorum sacrosancta Romana ecclesia molestetur insultibus quantaque requirat profluvia expensarum ipsius defensio a premissis, venerabilem fratrem nostrum episcopum Basiliensem et dilectos filios . . abbates etc. ut supra verba decenter mutando usque: extendantur[2]). Quocirca discretioni vestre . . . committimus et mandamus, quatinus vos, quos collectores huiusmodi fructuum reddituum et proventuum tenore presentium deputamus, per vos et subcollectores, quos ad hoc duxeritis

---

[1]) Cf. nr. immediate sequ.
[2]) Cf. nr. immediate precedens.

deputandos, eosdem fructus redditus et proventus diligenter petere colligere exigere et recipere nostro et predicte nomine camere studeatis, vobis nichilominus in virtute sancte obedientie et sub excommunicationis pena inhibentes, ne pecuniam fructuum reddituum et proventuum eorundem distrahatis quomodolibet vel in usus alios convertatis, sed illam fideliter eidem camere assignare curetis. Nos enim vobis et vestrum cuilibet in solidum petendi colligendi exigendi et recipiendi per vos et subcollectores eosdem fructus redditus et proventus premissos necnon subcollectores mutandi predictos et alios subrogandi, quociens vobis videbitur expedire, contradictores quoque quoslibet et rebelles, quicumque sint et cuiuscumque preminentie dignitatis ordinis vel status existant, etiam si pontificali fulgeant dignitate, auctoritate nostra appellatione postposita compescendi . . . concedimus tenore presentium facultatem. Dat. ut supra (= nonas octobris a. quartodecimo.)

In e. m. in civit. et dioc. Bellicensi . . . Lausanensi . . . Virdunensi . . . Bisuntina . . . Metensi . . . Tullensi. Iidem collectores. Datum ut supra.

Reg. 115, litt. cur pars II, f. 84, nr. 1451. — cf. Riezler 1202 et 1206; Kirsch p. 122.

591. — *1329 December 12. Avignon.*

Johannes XXII Johanni de Nanceyo canonico eccl. S. Deodati Tull. dioc. legum professori indulget, ut serviciis Catherine ducisse Austrie, cuius consiliarius existit, insistendo aut in altero beneficiorum suorum ecclesiasticorum residendo fructus omnium suorum beneficiorum ecclesiasticorum, cotidianis distributionibus dumtaxat exceptis, integre usque ad triennium percipere valeat.

Litterarum scientia, vite . . . Dat. Av. II idus decembris a. quartodecimo.

In e. m. priori de Leonismonte Tull. dioc. et Joffrido de Venderiis Tull. ac Joffrido de Nanceyo Met. canonicis ecclesiarum.

Reg. 94, nr. 304.

592. — *1329 December 12. Avignon.*

Johannes XXII Bertoldo Johannis de Kuchey clerico Met. dioc. reservat beneficium ecclesiasticum cum cura vel sine cura, cuius fructus, si cum cura, sexaginta, si vero sine cura fuerit, triginta librarum turonensium parvorum s. t. d. valorem annuum non excedunt, ad dispositionem episcopi et capituli Metensis communiter vel divisim spectans, non obstante quod per litteras apostolicas ei erat provisum de beneficio ecclesiastico cum cura vel sine cura ad dispositionem abbatis et conventus monasterii S. Martini extra muros Metenses communiter vel divisim spectante in forma pauperum, quas quidem litteras papa cassat.

Probitatis tue merita . . . Dat. Avin. II idus decembris a. quartodecimo.

In e. m. S. Salvatoris et S. Theobaldi Met. decanis ac Jacobo de Mutina scolastico Tull. eccl. capellano nostro.

Reg. 96, nr. 3159.

593. — *1329 December 24. [Avignon.]*

Item eadem die recepta sunt a domino Ademario episcopo Metensi solvente per manus Francisci Raynucii mercatoris Florentini pro parte partis communium serviciorum tam sui quam dominorum predecessorum suorum cameram contingencium   m flor. auri.

Intr. et Ex. 29, f. 14 et 92, f. 15¹.

594. — *1329 December 29. [Avignon.]*

Johannes XXII Petro Guigonis de Castronovo archidiacono de Vico in eccl. Met. supplicanti indulget, ut sedis apostolice insistens obsequiis, sicut in presentiarum insistit, aut in altero beneficiorum suorum residendo fructus omnium suorum beneficiorum ecclesiasticorum, que nunc obtinet et que usque ad triennium eum contigerit adipisci, etiamsi dignitates vel personatus existant et curam habeant animarum, integre, cotidianis distributionibus dumtaxat exceptis, per dictum triennium percipere valeat.

Merita tue devotionis . . . Dat. IIII kl. ianuarii a. quartodecimo.

Reg. 115, pars II, f. 153¹, nr. 1878.

595. — *1329 December 29. [Avignon.]*

Johannes XXII decano et cantori Metensis ac thesaurario Tullensis ecclesiarum mandat, quatinus Petro Guigonis vel eius procuratori faciant fructus omnium beneficiorum ecclesiasticorum, que nunc obtinet et que usque ad triennium eundem contigerit adipisci, per dictum tempus integre ministrari.

Merita devotionis et probitatis . . . Dat. ut supra (= IIII kl. ianuarii a. quartodecimo).

Reg. 115, pars II, f. 154, nr. 1879.

596. — *1330 Januar 7. Avignon.*

Johannes XXII episcopo Argentinensi mandat, quatinus parrochialem ecclesiam in Westhoven, cuius fructus quadraginta marcharum usualis monete Argentinensis s. t. d. valorem annuum non excedunt cuiusque patroni existunt abbas et conventus monasterii Maurimonasterii ord. S. Bened. Argentinensis diocesis, uniat et incorporet mense communi predicti monasterii in temporalibus ecclesie Metensi subiecti, cuius abbas et conventus, quando dictam parrochialem ecclesiam vacare contingit, gravia damna et persecutiones multiplices hactenus sunt perpessi per potentiam et arrogantiam nobilium circumposite regionis, qui, quando ea vacat, non per ydoneitatem personarum, sed potentia armorum eandem obtinere conantur pro personis consanguineis illiteratis minoris etatis nec in sacris ordinibus constitutis.

Et si ex iniuncto nobis . . . Dat. Avin. VII idus ianuarii a. quartodecimo.

Reg. 93, nr. 386. — Riezler 1241.

597. — *1330 Januar 8. Avignon.*

Gasbertus archiepiscopus Arelatensis camerarius pape fatetur, quod Petrus Guigonis de Castronovo archidiaconus de Vico in ecclesia Metensi ad exigendum et recipiendum pecuniare subsidium per personas ecclesiasticas civitatum diocesium ac provinciarum Bisuntinensis et Treverensis in subsidium expugnacionis hereticorum et rebellium sancte Matris ecclesie partium Lombardie domino pape promissum necnon fructus redditus et proventus beneficiorum ecclesiasticorum civitatum diocesium ac provinciarum predictarum tam apud sedem apostolicam quam extra vacantium per sedem apostolicam reservatos commissarius auctoritate apostolica deputatus de pecunia dicti subsidii in Metensi Tullensi et Bisuntina civitatibus et diocesibus sexcentos quinquaginta florenos auri de Florentia, triginta septem agnos auri, sex regales auri die III mensis ianuarii et de pecunia dictorum fructuum in Tullensi et Metensi civitatibus et diocesibus predictis per ipsum recepta trecentos florenos auri de cimiis (!) tam Pedimontis Dalphini quam Florentie debitis ponderis die date presencium camere papali assignavit.

Universis etc. . . , Datum Avinione die VIII dicti mensis ianuarii anno domini M° CCC° XXX° ind. VIII pont. anno quartodecimo.

Obl. et Sol. 12, f. 127¹.

598. — *1330 Januar 17. Avignon.*

Johannes XXII Johanni de Deicustodia licentiato in iure civili canonico Metensi reservat in eccl. Met. dignitatem vel personatum seu officium cum cura vel sine cura, dummodo post episcopalem in dicta ecclesia huiusmodi dignitas non sit maior, non obstante quod in Virdunensi et in B. Marie Magdalene Virdunensi canonicatus et prebendas obtinet et in dicta Metensi eccl. sub expectatione prebende auctoritate apostolica in canonicum est receptus.

Litterarum scientia, morum decor . . . Dat. Avin. XVI kl. februarii a. quartodecimo.

In e. m. abbati monasterii S. Symphoriani extra muros Metenses et Remensis ac B. Marie Magdalene Virdun. eccl. decanis.

Reg. 93, nr. 702.

599. — *1330 Februar 3. Avignon.*

Johannes XXII episcopo Metensi et abbati Gorziensi mandat, quatinus super iniuriis et violentiis capitulo ecclesie Virdunensi a civibus Virdunensibus illatis summarie inquirant et decernant, facientes, quod decreverint, per censuram ecclesiasticam observari.

[Johannes XXII] episcopo Metensi et abbati monasterii Gorziensis Metensis diocesis.

Significarunt nobis dilecti filii . . primicerius . . decanus et capitulum ecclesie Virdunensis, quod rectores iustitiarii comunitas et cives Virdunenses communiter et singulariter graves iniurias oppressiones violentias atque dampna eisdem primicerio decano et capitulo pluries intulerunt et inferre non cessant, ab eis capellanis clericis et aliis servitoribus ecclesie memorate de bonis et rebus eorum, que pro ipsorum victu et usu ad dictam civitatem portantur et vehuntur, portagia seu vectigalia exigendo, constitutionem fe. re. Bonifatii pape VIII predecessoris nostri et alia super hoc in contrarium edita penitus contempnendo, capiendo etiam personas eorum et carceri mancipando et captos etiam detinendo et eas a dicta civitate expellendo pluraque statuta contra libertatem ecclesiasticam in suarum perniciem animarum condendo illaque dampnabiliter observando, bona dictorum primicerii decani et capituli capellanorum clericorum et servitorum predictorum capiendo et alia diversa gravamina eisdem nequiter inferendo, que longum esset singulariter singula enarrare, in tantum quod, nisi per sedem apostolicam eidem de oportuno super hoc remedio celeriter occurratur, oporteret eos dictam ecclesiam dimittere dictaque ecclesia ad perpetue desolationis obprobrium deveniret. Quapropter prefati . . . nobis humiliter supplicarunt, ut eis contra iniuriatores et oppressores huiusmodi de oportuno providere remedio dignaremur. Quocirca discretioni vestre . . . mandamus, quatinus . . . vocatis qui fuerint evocandi, simpliciter et de plano sine strepitu et figura iudicii de premissis diligentius inquiratis et, si de hiis vobis constiterit, decernatis super hiis auctoritate nostra, quod iusticia suadebit, facientes, quod decreveritis, per censuram ecclesiasticam firmiter observari. Testes autem, qui fuerint nominati, si se gratia odio vel timore subtraxerint, censura simili appellatione cessante cogatis veritati testimonium perhibere . . . Dat. Avin. III nonas februarii a. quartodecimo.

Reg. 93, nr. 584.

600. — *1330 Februar 4. Avignon.*

Johannes XXII Johanni de Sarwarde, pro quo supplicatur Ademarius episcopus Metensis, cuius is consanguineus existit, confert eccl. Met. canonicatum, prebendam vero ac dignitatem vel personatum seu officium cum cura vel sine cura, dummodo huiusmodi dignitas maior post episcopalem non existat, in eadem eccl. eidem reservat, non obstante quod officium, ratione cuius provisor fratrum sedium vulgariter appellatur, modici tamen valoris una cum canonicatu et prebenda in eccl. Spirensi obtinet.

Nobilitas generis, morum decor . . . Dat. Avin. II nonas februari a. quartodecimo.

In e. m. abbati monasterii in Hornbach et decano S. Stephani Sarburgensis Met. dioc. ac Jacobo de Mutina scolastico Tull. eccl.

Reg. 94, nr. 827.

601. — *1330 Februar 4. Avignon.*

Johannes XXII Johanni nato quondam Petri de Buckenheym confert eccl. S. Arnualis Met. dioc. canonicatum, prebendam vero eidem reservat.

Attributa tibi multiplicia . . . Dat. Avin. II nonas februarii a. quartodecimo.

In e. m. abbati monasterii in Hornbach et decano S. Stephani Sarburgensis Met. dioc. ac Jacobo de Mutina scolastico Tullensis eccl.

Reg. 95, nr. 135.

602. — *1330 Februar 4. Avignon.*

Johannes XXII Henrico de Dimefassel confert eccl. S. Salvatoris Met. canonicatum, prebendam vero ei reservat, non obstante quod cum eo super defectu natalium, quem patitur de soluto genitus et soluta, et quod etiam parrochialem ecclesiam in Dimevassel Met. dioc. valeat retinere, est per sedem apostolicam, ut asserit, dispensatum.

Vite ac morum honestas . . . Dat. Avin. II nonas februarii a. quartodecimo.

In e. m. decano et archidiacono Met. ac Jacobo de Mutina scolastico Tull. eccl.

Reg. 95, nr. 128.

603. — *1330 Februar 9. Avignon.*

Johannes XXII Marco de Acquarellis de Florentia confert canonicatum et prebendam ac scolastriam eccl. S. Leodegarii de Marsallo Met. dioc., postquam Marcus tunc Metensis et Nicolaus de Deicustodia tunc S. Leodegarii de Marsallo scolasticus, uterque suum canonicatum et prebendam ac scolastriam in manibus Mathei tit. SS. Johannis et Pauli presbiteri cardinalis per procuratorem resignaverunt et invicem permutaverunt.

Apostolice sedis circumspecta . . . Dat. Avin. V idus februarii a. quartodecimo.

In e. m. abbati monasterii S. Arnulphi et S. Theobaldi extra muros Metenses ac S. Salvatoris Metensis ecclesiarum decanis.

Reg. 94, nr. 701.

604. — *1330 Februar 9. Avignon.*

Johannes XXII Nicolao de Deicustodia confert eccl. Metensis canonicatum et prebendam ac scolastriam, postquam Nicolaus tunc canonicus ac scolasticus eccl. S. Leodegarii in Marsallo Met. dioc. et Marcus de Acquarellis de Florentia tunc Metensis canonicus ac scolasticus, uterque suum canonicatum per procuratorem in manibus Mathei tit. SS. Johannis et Pauli presbiteri cardinalis resignaverunt et invicem permutaverunt.

Apostolice sedis circumspecta . . . Dat. Avin. V idus februarii a. quartodecimo.

In e. m. abbati monasterii S. Arnulphi et S. Theobaldi extra muros Metenses ac S. Salvatoris Metensis ecclesiarum decanis.

Reg. 94, nr. 702.

605. — *1330 Februar 20. Avignon.*

Johannes XXII Eduardo comiti Barensi.

Illam, dilecte fili, nos habuisse hactenus et habere noveris de tua nobilitate fiduciam, quod tu predilectus ecclesie filius in devotione ipsius inconcusse persistas et quorumvis seductionibus devitatis sibi adhereas corde et, si expedierit, opere viriliter et constanter. Propter quod miranda magis occurunt nobis nomine tuo exposita per dilectum filium Johannem de Deicustodia canonicum Virdunensem, cui super quibusdam nobis verbotenus exprimendis voluisti nuper, ut in tuis continebatur litteris, per nos fidem credulam adhibere. Nulla enim de te sinistra audivimus, nec obloquentium verba nos possent a firmo proposito sic faciliter deviare. . . . Ceterum super oblatione per dictum Johannem prefato nomine nobis facta gratiarum tibi exolvimus uberes actiones. Dat. Avin. X kl. martii a. quartodecimo.

Reg. 115, pars II, f. 115, nr. 1637.

606. — *1330 März 10. [Avignon.]*

Johannes XXII Petro Guigonis et Raymundo de Valleaurea committit et mandat, quatinus petere et recipere curent nonnullas quantitates pecunie per nuncios apostolice sedis vel personas alias de fructibus beneficiorum vacantium per sedem reservatorum apostolicam ac decimis a sede predicta impositis in Virdunensi et Metensi civitatibus et diocesibus collectas, penes certas personas ecclesiasticas et seculares partium ipsarum depositas, Romane ecclesie nomine, contradictores super hiis vel rebelles per censuram ecclesiasticam appellatione postposita compescendo.

Fide digna relatione nuper . . . Dat. ut supra (= VI idus martii a. quartodecimo).

Reg. 115, pars II, f. 153, nr. 1874.

607. — *1330 März 10. [Avignon.]*

Johannes XXII Petro Guigonis de Castronovo archidiacono de Vico in ecclesia Metensi de Raymundo de Valleaurea canonico Vivariensi apostolice sedis nunciis concedit facultatem petendi exigendi et recipiendi legata, que nonnulli fideles de Virdunensi et Metensi civitatibus et diocesibus in suis testamentis seu ultimis dispositionibus Romane ecclesie fecisse dicuntur.

Cum nonnulli fideles . . . Dat. VI idus martii a quartodecimo.

Reg. 115, pars II, f. 152¹, nr. 1873.

608. — *1330 März 10. Avignon.*

Johannes XXII archiepiscopum Bisuntinum ac Lingonensem Metensem Constanciensem Virdunensem Gebennensem Sedunensem Bellicensem et Basiliensem episcopos rogat et exhortatur, quatinus Petro

Guigonis de Castronovo et Raymundo de Valleaurea, quos ad partes predictorum destinavit apostolice sedis nuncios, super executione negotiorum eisdem a sede predicta commissorum assistant.

Cum nos dilectos . . . Dat. ut supra (= Avin. VI idus martii a. quartodecimo).

Reg. 115, pars II, f. 153, nr. 1876.

609. — *1330 März 14. Avignon.*

Johannes XXII Petro Renaldi de Vallibus confert eccl. S. Theobaldi extra muros Metensis canonicatum, prebendam vero eidem reservat.

Laudabile testimonium etc. . . . Dat. Avin. II idus martii a. quartodecimo.

In e. m. magistro Leonardo thesaurario ecclesie Lingonensis notario nostro et abbati monasterii S. Vincentii Metensis ac Nicolao dicto Badoche canonico Metensi.

Reg. 95, nr. 177.

610. — *1330 April 11. Avignon.*

Johannes XXII Petro Jacobi dicto Lozelin de Sarborch presbitero Met. dioc. reservat beneficium ecclesiasticum cum cura vel sine cura consuetum ab olim clericis secularibus assignari, cuius fructus, si curatum, sexaginta, si vero sine cura fuerit, triginta librarum turonensium parvorum s. t. d. valorem annuum non excedunt, ad dispositionem abbatis et conventus monasterii Gorziensis ord. S. Bened. Met. dioc. communiter vel divisim pertinens.

Ex tue devotionis . . . Dat. Avin. III idus aprilis a. quartodecimo.

In e. m. abbati monasterii S. Symphoriani prope muros Met. et decano Remensis ac cantori Met. eccl.

Reg. 95, nr. 369.

611. — *1330 April 11. Avignon.*

Johannes XXII Philippo nato quondam Therrici de Homberg confert eccl. S. Theobaldi prope muros Metensis canonicatum, prebendam vero eidem reservat, non obstante quod perpetuam capellaniam altaris B. Marie siti in eccl. S. Crucis Metensis obtinet.

Probitatis et virtutum merita . . . Dat. Avin. III idus aprilis a. quartodecimo.

In e. m. Remensis et maioris ac S. Salvatoris Metensis cantoribus ecclesiarum.

Reg. 95, nr. 643.

612. — *1330 April 16. Avignon.*

Johannes XXII nobili viro Johanni nato Johannis comitis de Saraponte militi et nobili mulieri Aelydi eius uxori Met. dioc. indulget, ut missam, antequam illucescat dies, circa tamen diurnam lucem, cum qualitas negotiorum ingruentium id exegerit, liceat ipsis et cuilibet ipsorum per proprium vel alium sacerdotem ydoneum facere celebrari, proviso quod parce huiusmodi concessione utantur.

Sincere devotionis affectus . . . Dat. Avin. XVI kl. maii a. quintodecimo.

Reg. 99, f. 366¹, nr. 1914.

613. — *1330 April 24. Avignon.*

Johannes XXII decano et Ludolpho de Halvels Trever. ac Henrico de Juliaco Traiectensis canonicis ecclesiarum mandat, quatinus Johannetam natam Henrici de Lapide militis Trever. dioc. puellam litteratam cupientem in Monasterio Novo monialium ord. S. Bened. Met. dioc. una cum abbatissa et conventu domino famulari, si sit ydonea et aliud canonicum non obsistat, in dicto monasterio faciant recipi in monacham.

Prudentum virginum votis . . . [Dat. Avin. VIII kl. maii a. quartodecimo.]

Reg. 95, nr. 516.

614. — *1330 April 24. Avignon.*

Johannes XXII Nicolao nato Hugelini de Swarzenberg confert eccl. S. Arnualis Met. dioc. canonicatum, prebendam vero eidem reservat.

Probitatis et virtutum merita . . . Dat. Avin. VIII kl. maii a. quartodecimo.

In e. m. Trever. et Met. decanis ac Henrico de Juliaco canonico Traiect. eccl.

Reg. 95, nr. 198.

615. — *1330 Mai 5. Avignon.*

[Johannes XXII] Eduardo comiti Barensi.

Nobilitatis tue litteras pridem nobis directas devotionis affectum sincerum, quem ad nos et Romanam ecclesiam geris, recensentes benignitate recepimus consueta . . . Sinceritatem tuam rogamus et hortamur attente, quatinus in huiusmodi laudando proposito velis persistere inconcusse . . . Ad hec super quodam hospitali et aliis nonnullis petitionibus nobis tuo nomine presentatis, quantum decuit, benigne annuimus, prout in confectis inde litteris poteris plenius intueri. Dat. Avin. IIII nonas maii a. quartodecimo.

Reg. 115, pars II, f. 120, nr. 1580.

616. — *1330 Mai 18. Avignon.*

Johannes XXII Lingonensi episcopo administratori eccl. Basiliensis necnon Ademaro Metensi, Rudolpho Constanciensi et Bertholdo Argentinensi episcopis destinat singulas litteras, quibus eos hortatur, quatinus studeant facere ligam et confederationem solidam ad resistendum Ludovico de Bavaria eiusque sequacibus et complicibus.

Qualiter hostis ille . . . Dat. Avin. XV kl. iunii a. quartodecimo.

Reg. 115, pars II, f. 168, nr. 1952.

617. — *1330 Juni 27. Avignon.*

[Johannes XXII] dilecto filio Thome de Bourlemonte electo Tullensi etc.

Regimini universalis ecclesie . . . Sane dudum Tullensi ecclesia per obitum bo. m. Amedei episcopi Tullensis pastoris solatio destituta, dilecti filii capitulum . . . te canonicum eiusdem ecclesie in subdiaconatus ordine constitutum per viam compromissi in Tullensem episcopum concorditer elegerunt tuque post consensum huiusmodi electioni de te facte . . . prestitum ad sedem apostolicam personaliter accessisti ac deinde certis ex causis omni iuri, quod tibi ex electione huius[modi] competebat, cessisti in manibus . . Petri episcopi Portuensis et . . . Bertrandi S. Marie in Aquiro diaconi cardinalis . . . Postmodum autem nos . . . de persona tua . . . eidem Tullensi ecclesie . . . providemus teque illi in episcopum preficimus et pastorem . . . Dat. Avin. V kl. iulii a. quartodecimo.

Reg. 95, nr. 710.

618. — *1330 Juli 2. Avignon.*

Servicium ecclesie Tullensis.   XXIII card.

Eisdem anno [MCCCXXX] ind. [XIII] pont. [XIIII] loco die [secunda mensis iulii] . . . dominus Thomas electus Tullensis promisit pro suo communi servicio II^m V^c flor. auri et quinque servicia consueta persolvere, medietatem in proximo festo ascensionis domini et aliam medietatem in festo B. Andree apostoli extunc proxime sequturo. Alioquin infra quatuor menses etc. et iuravit ut in forma.

Obl. et Sol. 6 (297), f. 94.

619. — *1330 Juli 11. Avignon.*

Johannes XXII Johanni nato Friderici comitis de Lyningen confert eccl. Spirensis canonicatum, prebendam vero eidem reservat.

Nobilitas generis . . . Dat. Avin. V idus iulii a. quartodecimo.

In e. m. S. Martini Glandrensis et S. Naboris Met. dioc. monasteriorum abbatibus ac scolastico eccl. Tull.

Reg. 96, nr. 3428.

620. — *1330 Juli 11. Avignon.*

Johannes XXII Friderico nato Friderici comitis de Lyningen confert eccl. Argentinensis canonicatum, prebendam vero eidem reservat.

Nobilitas generis, vite . . . Dat. Avin. V idus iulii a. quartodecimo.

In e. m. iudicibus quibus supra.

Reg. 96, nr. 3429.

621. — *1330 Juli 13. Avignon.*

Johannes XXII Friderico comiti de Lymengon (!) ac Jacte (!) eius uxori Wormaciensis diocesis indulget, ut eorum confessor, quem duxerint eligendum, semel tantum in mortis periculo utrique omnium peccatorum plenam remissionem impertiri valeat. Quodsi autem ex confidentia huiusmodi remissionis aliqua forte committerent, quoad illa predicta remissio ipsis nullatenus suffragetur.

Illas libenter devotionis . . . Dat. Avin. III idus iulii a. quartodecimo.

Reg. 96, nr. 3364.

622. — *1330 Juli 13. Avignon.*

Johannes XXII Sophie relicte quondam Friderici comitis de Limengen (!) indulget, ut confessor, quem duxerit eligendum semel tantum in mortis periculo omnium peccatorum plenam remissionem ei concedere valeat; quod si vero ex confidentia huiusmodi remissionis aliqua forte committeret, quoad illa predicta remissio ipsi nullatenus suffragetur.

Illas libenter devotionis . . . Dat. Avin. III idus iulii a. quartodecimo.

Reg. 96, nr. 3363.

623. — *1330 Juli 13. Avignon.*

Johannes XXII Johanni dicto Sobelin, qui, ut asserit, ex redditibus cantorie eccl. Met., quam obtinet, propter tenuitatem ipsorum non potest comode sustentari, confert eccl. S. Theobaldi prope muros Met. canonicatum et prebendam per plures iam annos vacantes per obitum Henrici de Bioncort, qui apud sedem apostolicam diem clausit extremum, non obstantibus quod Johannes in dicta Met. eccl. cantoriam et in eadem ac S. Deodati Tull. dioc. eccl. canonicatus sub expectatione prebendarum ac parrochialem ecclesiam S. Georgii Met. ex dispensatione apostolica, ut asserit, obtinet.

Meritis tue probitatis . . . Dat. Avin. III idus iulii a. quartodecimo.

In e. m. abbati monasterii S. Martini de Metis et decano Met. ac Gerardo de Lalo archidiacono Aureliacensis Claromontane eccl. capellano nostro.

Reg. 95, nr. 973.

624. — *1330 Juli 24. Avignon.*

Johannes XXII Joffrido comiti et Methildi eius uxori comitisse de Linnigen Spirensis dioc. indulget, ut eorum confessor, quem duxerint eligendum, omnium peccatorum semel tantum in articulo mortis utrique concedere valeat.

Provenit ex vestre devotionis . . . Dat. Avin. VIIII kl. augusti a. quartodecimo.

Reg. 95, nr. 599.

625. — *1330 Juli 24. Avignon.*

Johannes XXII Joffrido comiti et Methildi eius uxori comitisse de Linnigen Spirensis dioc. indulget, ut si forsan ad loca ecclesiastico supposita interdicto eos vel eorum alterum declinare contigerit, possint sibi et familiaribus suis domesticis officia facere celebrari et audire divina, clausis ianuis etc.

Ut erga sedem apostolicam . . . Dat. Avin. VIIII kl. augusti a. quartodecimo.

Reg. 95, nr. 600.

626. — *1330 Juli 24. Avignon.*

Johannes XXII Joffrido nato Joffridi comitis de Liningen in octavo etatis anno constituto confert ecclesie Treverensis canonicatum, prebendam vero eidem reservat.

Ostendunt, sicut testimonio . . . Dat. Avin. VIIII kl. augusti a. quartodecimo.

In e. m. abbati monasterii S. Maximini extra muros Trever. et preposito S. Simeonis Trever. ac archipresbitero de Traiecto Gaietane dioc. eccl.

Reg. 95, nr. 703.

627. — *1330 August 4. Avignon.*

Johannes XXII Johanni Dusona canonico Metensi reservat beneficium ecclesiasticum cum cura vel sine cura, cuius fructus, si fuerit sine cura, quinquaginta librarum turonensium parvorum s. t. d. valorem annuum non excedunt, ad dispositionem episcopi et capituli Lingonensis communiter vel divisim spectans, non obstante quod canonicatum eccl. Met. sub expectatione prebende obtinet.

Attributa tibi merita . . . Dat. Avin. II nonas augusti a. quartodecimo.

In e. m. preposito Tholonensis ac Oliverio de Cerceto Pictavensis ac Martino de Chaleucoio Vivariensis eccl. canonicis.

Reg. 94, nr. 366.

628. — *1330 September 15. Avignon.*

Johannes XXII Walramo episcopo Wormatiensi mandat, quatinus cum Conrado comite Irsuto et Elizabeth nata quondam Frederici comitis de Liningen vidua quondam Frederici domini de Blankenhein Maguntine et Wormaciensis dioc., qui ignorantes, quod tertius gradus consanguinitatis inter eos existebat, matrimonium contraxerunt, dispenset, ut non obstante dicto impedimento in matrimonio valeant licite permanere, prolem suscipiendam ex eis legitimam nunciando.

Romani pontificis precellens . . . Dat. Avin. XVII kl. octobris decimoquinto.

Reg. 100, nr. 620. — Riezler 1383.

629. — *1330 September 17. Avignon.*

Johannes XXII Thome electo Tullensi in subdiaconatus ordine constituto concedit facultatem, ut a quocumque vel quibuscumque maluerit antistite seu antistitibus . . . alios sacros superiores ordines recipere valeat, ac eidem seu eisdem antistiti seu antistitibus concedit facultatem, ut predictos sacros ordines impendere ei possint.

Cum nuper Tullensi . . . Dat. Avin. XV kl. octobris a. quintodecimo.

Reg. 98, f. 66¹, nr. 100.

630. — *1330 September 17. Avignon.*

Johannes XXII Thome electo Tutellensi (!) concedit facultatem, ut a quocumque maluerit antistite, ascitis in hoc et assistentibus duobus vel tribus episcopis, munus consecrationis recipere valeat. Vult autem, quod idem antistes a Thoma pape et ecclesia Romane nomine fidelitatis debite solitum recipiat iuramentum quodque per hoc archiepiscopo Treverensi, cui ecclesia Tullensis metropolitico iure subest, nullum imposterum preiudicium generetur.

Cum nos pridem . . . Dat. Avin. XV kl. octobris a. quintodecimo.

Reg. 98, f. 66¹, nr. 101.

631. — *1330 September 28. Avignon.*

Johannes XXII Petrum Guigonis de Castronovo archidiaconum de Vico in ecclesia Metensi et Raymundum de Valle-aurea canonicum Vivariensem apostolice sedis nuncios deputat collectores reddituum primi anni beneficiorum omnium ecclesiasticorum — quos redditus reservavit camere apostolice litteris sub data VII mensis octobris proximo preteriti confectis — in civitatibus et diocesibus Basiliensi Bellicensi Lausanensi Virdunensi Bisuntina Metensi Tullensi, atque episcopis et clero universo predictarum civitatum et diocesium nunciat se prefatos nuncios deputasse ad negotium dictum exequendum.

Attendentes dudum, quod . . . Dat. Avin. IIII kl. octobris a. quintodecimo.

Reg. 116, pars I, f. 65 et 65¹, nr. 315 et 316. — Riezler nr. 1392.

632. — *1330 October 7. Avignon.*

Johannes XXII reservat camere apostolice fructus primi anni denuo ad unum annum incipientem a nonis octobris mensis presentis in civitatibus et diocesibus Metensi, Virdunensi, Tullensi (*necnon pluribus aliis*) deputatque collectores Petrum Guigonis de Castronovo archidiaconum de Vico in eccl. Metensi et Raymundum de Valleaurea canonicum Vivariensem.

Dudum ad relevandum . . . Dat. nonas octobris a. XV.

Reg. 116, f. 166, nr. 811.

633. — *1330 October 9. Avignon.*

Johannes XXII Eduardo comiti Barensi nunciat se eius litteras accepisse eumque hortatur, ut perseveret in filiali devotione erga sedem apostolicam.

Ad eas quas misisti . . . Dat. [Avin.] VII idus octobris a. XV.

Reg. 116, f. 22¹, nr. 93.

634. — *1330 October 12. Avignon.*

Johannes XXII Henrico dicto Jolet confert eccl. Met. canonicatum, prebendam vero eidem reservat, non obstante quod parrochialem ecclesiam S. Martini in curtis Met. obtinet.

Vite ac morum honestas . . . Dat. Avin. IIII idus octobris a. quintodecimo.

In e. m. abbati monasterii S. Arnulphi extra muros Met. et decano S. Salvatoris Met. ac magistro Oliverio de Cerzeto canonico Pictaviensis eccl. capellano nostro.

Reg. 98, f. 62¹, nr. 90.

635. — *1330 November 3. Avignon.*

Johannes XXII Argentinensi, Virdunensi et Tullensi episcopis committit, ut Symonem de Marchevilla, aliter dictum de Porrores et Johannem de Rabeomonte eiusdem Tullensis et Bisuntine diocesium ac nonnullos eorum complices, qui episcopum Metensem de castro suo de Vico Metensis diocesis ad quoddam aliud castrum vocatum de Rambevillario Tullensis diocesis cum suis personaliter se conferentem ceperunt, moneant, ut illos liberent, alioquin excommunicatos denuncient et citent peremptorie.

Infausti rumoris assertio . . . Dat. Avin. III nonas novembris anno decimo quinto.

Reg. 116, f. 64¹, nr. 313. — Riezler nr. 1403.

636. — *1330 November 3. Avignon.*

Johannes XXII Rodulfo duci Lothoringie destinat litteras, quibus eum hortatur, quatinus interponat partes suas circa celerem liberationem Ademarii episcopi Metensis eiusque familiarium et sequacium, quos nobiles viri Symon de Marcheville alias dictus de Parrores (!) et Johannes de Rubeomonte, ducis predicti vassalli et subditi, nuper, dum episcopus ecclesie sue negotia prosequendo per terram ditioni ducis subiectam transiret, captivarunt et detinent captivatos.

Ad nostri apostolatus auditum . . . Dat. III nonas novembris a. quintodecimo.

In e. m. . . Isabelli ducisse Lothoringie.

Eodem die idem similiter scribit Othoni duci Burgundie, Eduardo comiti Barensi, Johanni episcopo Lingonensi, Vitali archiepiscopo Bisuntino, episcopo Argentinensi, episcopo Virdunensi, episcopo Tullensi, sabino duodecim (!) et comunitati Metensi.

Displicibili admodum insinuatione . . .

Reg. 116, f. 78, nr. 353 et 354. — Riezler (mendose!) nr. 1220.

637. — *1330 November 26. Avignon.*

[Johannes XXII] Eduardo comiti Barensi.

Oblationem, quam per nuncios transmissos et litteras nuper liberalis tua nobilitas . . . nobis fecit, gratam valde habuimus. Voluntatem tuam super subsidio exponi voluimus[1]), ut sic certius respondere possemus. Ipsi vero nuncii tuam voluerunt voluntatem consulere et ea habita explicare, quam benigne audiemus et taliter respondere curabimus, quod tua possit nobilitas contentari. Dat. Avin. kl. decembris a. quintodecimo.

Reg. 116, f. 27, nr. 124.

638. — *1330 November 29. Avignon.*

Universis etc. Gas[bertus] etc. quod religiosus dominus Guillelmus abbas monasterii S. Clementis Met. ord. S. Bened. pro parte partis sui communis servicii, in quo est camere domini nostri summi pontificis obligatus LXXV flor. auri prefate camere per manus Petri de Lugduno desolvi fecit, de quibus sic solutis ipsum abbatem monasterii et successores suos absolvimus et quitamus. Verum ipsum abbatem ab excommunicationis suspensionis et interdicti sentenciis ac reatu periurii etc. Insuper intellecta mole gravaminum, que coram domino nostro summo pontifice nuper pro parte dicti abbatis in consistorio exposita eundem abbatem ad solvendum residuum sui communis servicii necnon et residuum servicii familiarium domini nostri pape reddebant et adhuc reddunt verisimiliter impotentem, ad que[2]) solvenda iam dudum sub certis penis et sententiis ac terminis iam elapsis se sponte ac libere obligavit, de speciali licentia et expresso mandato eiusdem domini nostri pape

---

[1]) potuimus *in reg.*
[2]) que ad *in reg.*

usque ad festum resurrectionis dominice proximo venturum terminum sibi duximus prorogandum, ita tamen etc. Dat. Avin. die XXIX mensis novembris anno quo supra [1330].

Obl. et Sol. 13 (321), f. 53.

639. — *1331 Januar 2. Avignon.*

Johannes XXII Henrico Wierici in Atrio confert ecclesie in Sarborch Met. dioc. canonicatum, prebendam vero eidem reservat.

Laudabile testimonium, quod . . . Dat. Avin. IIII nonas ianuarii a. quintodecimo.

In e. m. abbati Maurimonasterii et decano S. Arnualis Argentin. et Met. dioc. ac Oliverio de Cerzeto canonico Pictaviensis eccl.

Reg. 98, f. 375, nr. 880.

640. — *1331 Januar 5. Avignon.*

Johannes XXII provisionem ecclesie Metensis, si eam vacare contigerit, reservat sedi apostolice.

[Johannes XXII] ad futuram rei memoriam.

Intendentes Metensi ecclesie, si nunc vacat, vel cum primo eam vacare contigerit, de pastore ydoneo, qui eidem preesse ac prodesse valeat, providere, dispositionem ac provisionem eiusdem ecclesie hiis et aliis certis causis rationabilibus, que ad hoc nostrum inducunt animum, nobis et apostolice sedi hac vice specialiter auctoritate apostolica reservamus, districtius inhibentes dilectis filiis . . . preposito et capitulo eiusdem ecclesie ac illi vel illis, ad quem vel quos electio postulatio seu quevis alia provisio episcopi vel pastoris prefate ecclesie alias pertinet communiter vel divisim, ne ad electionem postulationem vel provisionem quamcumque episcopi vel pastoris ipsorum et eiusdem ecclesie procedere quoquomodo presumant. Nos enim exnunc decernimus irritum et inane, si secus per dictum capitulum vel aliquos aut aliquem ex eis seu quosvis alios contra reservationem nostram huiusmodi quavis auctoritate scienter vel ignoranter contigerit attemptari. Nulli ergo etc. Dat. Avin. nonas ianuarii a. XV.

Reg. 116, f. 150, nr. 784. — Riezler 1427.

641. — *1331 Januar 28. Avignon.*

Johannes XXII Godefrido quondam Colini clerico Metensi non coniugato nec in sacris ordinibus constituto confert officium tabellionatus.

Ne contractuum etc. . . . Dat. Avin. V kl. februarii a. quintodecimo.

Reg. 98, f. 421¹, nr. 1015.

642. — *1331 Februar 9. Avignon.*

Johannes XXII Nicolao dicto Kesseler de Sarberg confert eccl. B. Stephani de Sarberg Met. dioc. canonicatum, prebendam vero eidem reservat.

Meritis tue probitatis . . . Dat. Avin. V idus februarii a. quintodecimo.

In e. m. abbati monasterii S. Suphoriani prope muros Met. et decano S. Salvatoris Met. ac Johanni de Deicustodia canonico Virdun. eccl.

Reg. 97, nr. 813.

643. — *1331 Februar 23. Avignon.*

Johannes XXII Huyno nato Reginaldi de Deicustodia confert ecclesie S. Salvatoris Metensis canonicatum, prebendam vero eidem reservat.

Attributa tibi multiplicia . . . Dat. Avin. VII kl. martii a. quintodecimo.

In e. m. archidiacono Metensi et Egidio de Bourmonte ac Petro de Commarceyo canonicis Virdun. eccl.

Reg. 98, f. 379, nr. 892.

644. — *1331 März 1. [Avignon.]*

Johannes XXII Thome electo Tullensi.

De tribus milibus florenorum auri, quos . . nobilis vir Galterus de Pria miles nuncius tuus nobis ex parte tua pro subsidio liberali obtulit, gratiarum tibi referimus uberes actiones. Dat. kl. marcii a. XV.

Reg. 116, f. 78, nr. 355. — Riezler 1439a.

645. — *1331 März 9. Avignon.*

Johannes XXII Philippo Theobaldi Griffonnel clerico Met. confert in eccl. Met. quoddam perpetuum beneficium stipendium seu stipendiaria vulgariter nuncupatum, vacans per resignationem Jacobi Johannis Griffonnel clerici Met., qui per Thomam de Petanges presbiterum Trever. dioc procuratorem suum in manibus Mathei tit. SS. Johannis et Pauli presbiteri cardinalis resignavit.

Probitatis merita, quibus . . . Dat. Avin. VIII idus martii a. quintodecimo.

In e. m. abbati monasterii Gorziensis et decano S. Arnualis Met. dioc. ac archidiacono Aureliacensis Claromontensis eccl.

Reg. 97, nr. 222.

646. — *1331 März 19. Avignon.*

Johannes XXII episcopo Metensi mandat, quatinus cives Metenses, qui presbyterum quendam ordinis hospitalis S. Johannis Jerosolimitani super vitio sodomie diffamatum ac postmodum actualiter deprehensum combusserunt, penitentia certa publica cisdem iniuncta absolvat.

[Johannes XXII] episcopo Metensi.

Alma mater ecclesia . . . Sane petitio pro parte iusticiariorum ac comunitatis civitatis Metensis nobis exhibita continebat, quod cum dudum quidam presbiter ordinis hospitalis S. Johannis Jerosolimitani super incontinentie vitio, propter quod venit in filios diffidentie ira dei[1]) publice ac notorie diffamatus ac postmodum actualiter deprehensus in dicto crimine confessus fuisset se a multis annis simile facinus perpetrasse, civibus dicte civitatis [propter] orrorem criminis tam nephandi cum tumultuosa multitudine congregatis, quibus iusticiarii prefati vix aut nullatenus obsistere potuerunt, idem presbiter fuit publice per eosdem iusticiarios et cives flammis traditus et combustus. Quare pro parte iusticiariorum et communitatis predictorum nobis extitit humiliter supplicatum, ut cum in premissis sit culpabilis innumera multitudo, omnes et singulos, qui mortis eiusdem presbiteri causa fuerunt seu ad hoc dederunt operam quoquo modo, ab excommunicationis sentensia, quam exinde incurrisse noscuntur, et a reatu ipsius homicidii per te absolvi misericorditer mandaremus . . . Nos igitur . . . fraternitati tue . . . committimus et mandamus, quatinus, si est ita, omnes et singulos, qui, ut prefertur, dicte mortis ipsius presbiteri causa fuerunt seu ad hoc dederunt operam quovis modo quique hoc petierit (!) humiliter, ab excommunicatione et reatu predictis . . . absolvas sub debito prestiti iuramenti, quod de cetero similia in personas ecclesiasticas non committant quodque principaliores et precipui reatus huiusmodi patratores per omnes maiores ecclesias ipsius civitatis nudi et discalceati, bracis dumtaxat retentis, virgas ferentes in manibus et corrigias circa collum, si secure poterunt, incedant et ante fores ipsarum ecclesiarum a presbiteris earundem

---

[1]) *i. e. sodomia.*

psalmum penitentialem dicentibus se faciant verberari, quando maior in eis aderit populi multitudo, suum publice confitendo reatum; et quod ecclesie dicti hospitalis, cui dictus presbiter serviebat, satisfaciant competenter; et si aliqua feuda ab eadem ecclesia tenuerint vel ius patronatus obtinuerint in eadem, quibus ipsi eorumque heredes ipso iure perpetuo sint privati, ipsi eam omnino dimittant ecclesie memorate, de quibus ipsa disponat, prout ei videbitur expedire. Tu autem culpa considerata ipsorum tam principaliorum et precipuorum quam aliorum omnium predictorum iniungas eis inde . . penitentias, que eis sint ad salutem et aliis ad terrorem. Ceterum volumus, quod si ipsi vel eorum aliqui premissa, cum eis per te iniuncta fuerint, quam primum comode poterunt, contempserint adimplere, contempnentes ipsi in eandem excommunicationis sententiam recidant ipso facto. Dat. Avin. XIIII kl. aprilis a. quintodecimo.

Reg. 100, nr. 505. — Riezler 1445.

647. — *1331 März 19. Avignon.*

Johannes XXII Johanni nato Theobaldi dicti Fakenel civis Metensis, supplicante capitulo ecclesie S. Theobaldi extra muros Metenses, que ad presens decano caret, confert eiusdem eccl. canonicatum, prebendam vero eidem reservat.

Vite ac morum honestas . . . Dat. Avin. XIIII kl. aprilis a. quintodecimo.

In e. m. S. Symphoriani et S. Arnulphi extra muros Metenses monasteriorum abbatibus ac archidiacono Metensi.

Reg. 98, f. 391¹, nr. 922.

648. — *1331 März 31. Avignon.*

Johannes XXII Henrico Colini dicto Roucel, supplicante Ademario episcopo Metensi, confert eccl. Met. canonicatum, prebendam vero eidem reservat, non obstante quod in eccl. S. Theobaldi prope muros Met. canonicatum et prebendam ac parrochialem ecclesiam de Contil Met. dioc. obtinet.

Probitatis et virtutum merita . . . Dat. Avin. II kl. aprilis a. quintodecimo.

In e. m. abbati monasterii S. Arnulphi extra muros Met. et cantori S. Salvatoris Met. ac Raymundo de Salgiis canonico Aurelianensis eccl.

Reg. 98, nr. 983.

649. — *1331 März 31. Avignon.*

Johannes XXII Johanni dicto Roucel canonico Metensi, supplicante Ademario episcopo Metensi, reservat in ecclesia Metensi dignitatem vel personatum seu officium cum cura vel sine cura, dummodo huiusmodi dignitas maior post episcopalem in dicta eccl. non existat, non obstante quod in eadem eccl. canonicatum et prebendam et in S. Salvatoris Met. eccl. prepositaram, que nec dignitas nec personatus sed simplex beneficium sine cura existit, obtinet.

Ex tue devotionis et probitatis . . . Dat. Avin. II kl. aprilis a. quintodecimo.

In e. m. abbati monasterii S. Arnulphi extra muros Met. et cantori S. Salvatoris Met. ac Remundo de Salgis canonico Aurelianensis eccl.

Reg. 98, nr. 987.

650. — *1331 März 31. Avignon.*

Johannes XXII Balduino Johannis de Alencourt, supplicante Ademario episcopo Metensi, confert eccl. S. Salvatoris Met. canonicatum, prebendam vero eidem reservat.

Meritis tue probitatis . . . Dat. Avin. II kl. aprilis a. quintodecimo.

In e. m. abbati monasterii S. Arnulphi extra muros Met. et preposito S. Salvatoris Met. ac Raymondo de Salgis canonico Aurelianensis eccl.

Reg. 98, nr. 984.

651. — *1331 April 11. Avignon.*

Johannes XXII episcopo Metensi mandat, quatinus cum nobili viro Arnuldo dicto Baudouche scabino et nobili muliere Ponceta nata quondam Joffridi dicti lou Gernaix civibus Metensibus cupientibus matrimonium invicem contrahere, cum Arnuldus in quarto et Ponceta in tertio consanguinitatis gradibus a communi eorum stipite distent, dispenset, ut quarto consanguinitatis gradu non obstante matrimonium invicem contrahere possint.

Intenta salutis operibus . . . Dat. Avin. III idus aprilis a. quintodecimo.

Reg. 100, nr. 508.

652. — *1331 April 11. Avignon.*

Johannes XXII Galtero Alberti de Metis confert eccl. Tullensis canonicatum, prebendam vero eidem reservat, non obstante quod in eccl. Met. canonicatum cum expectatione prebende dignitatis personatus seu officii cum cura vel sine cura obtinet.

Litterarum scientia, vite . . . Dat. Avin. III idus aprilis a. quintodecimo.

In e. m. magistro Leonardo de Guarcino thesaurario Lingonensis notario nostro et abbati monasterii S. Arnulfi extra muros Met. ac preposito S. Salvatoris Met. eccl.

Reg. 97, nr. 557.

653. — *1331 April 12. Avignon.*

Johannes XXII Henrico episcopo Virdunensi concedit facultatem recipiendi imperpetuum vel ad tempus Philippum regem Francorum in protectorem et gardiatorem ac defensorem ecclesie et civitatis Virdunensis.

[Johannes XXII] Henrico episcopo Virdunensi.

Nuper nobis per litteras tuas significare curasti, quod propter oppressiones invasiones et iniurias, que a quibusdam nobilibus et potentibus illarum partium, quibus comode nequis resistere, tibi et ecclesie tue super feudis bonis castris et iuribus ac iurisdictionibus ad dictam ecclesiam spectantibus irrogate sunt hactenus ac iugiter inferuntur, ob urgentem necessitatem et evidentem utilitatem tuam et dicte ecclesie cum carissimo in Christo filio nostro Philippo rege Francorum illustri habuisti tractatum de recipiendo eundem regem in protectorem tuum dicteque ecclesie ac civitatis Virdunensis necnon feudorum castrorum bonorum iurium et iurisdictionum predictorum sub certa forma in dictis tuis litteris expressa. Verum quia id tibi prohibitione iuris obstante facere non licebat, ad nos super hoc devote recurrens, nobis humiliter supplicasti, ut tibi faciendi premissa oportunam licentiam concedere dignaremur. Nos igitur tuis supplicationibus inclinati fraternitati tue, si deliberatione prehabita cum aliquibus canonicis eiusdem ecclesie et aliis discretis viris diligentibus utilitatem et honorem eiusdem ecclesie et habentibus noticiam de predictis videris utilitatem evidentem seu necessitatem urgentem ipsius ecclesie protectorum huiusmodi postulare, super quibus tuam conscientiam oneramus, eundem regem in protectorem et gardiatorem ac defensorem ecclesie et civitatis necnon feudorum et castrorum bonorum iurium et iurisdictionum predictorum eligendi recipiendi et assumendi imperpetuum vel ad tempus dictoque regi recipiendi a te et exercendi huiusmodi gardiam, non obstantibus Lugdunensis concilii et aliis quibuscumque constitutionibus a Romanis pontificibus predecessoribus nostris in contrarium editis seu si forte capitulum tuum eiusdem ecclesie non consentiat, supradictis, auctoritate apostolica plenam et liberam tenore presentium concedimus facultatem. Nulli ergo etc. nostre concessionis infringere etc. Dat. Avin. II idus aprilis a. quintodecimo.

Reg. 98, nr. 854; Reg. 116, f. 72¹, nr. 332. — Riezler 1455.

654. — *1331 April 16. Avignon.*

Johannes XXII nobili viro Johanni nato Johannis comitis de Saraponte militi et nobili mulieri Aelydi eius uxori Met. dioc. indulget, ut liceat ipsis et ipsorum cuilibet habere altare portatile.

Sincere devotionis affectus . . . Dat. Avin. XVI kl. maii a. quintodecimo.

Reg. 99, f. 366¹, nr. 1915.

655. — *1331 April 16. Avignon.*

Johannes XXII nobili viro Johanni nato Johannis comitis de Saraponte militi et nobili mulieri Aelydi eius uxori Met. dioc. indulget, ut, si forsan ad loca ecclesiastico supposita interdicto eos contigerit declinare, liceat ipsis in illis missam et alia divina officia facere celebrari ianuis clausis.

Devotionis vestre sinceritas . . . Dat. Avin. XVI kl. maii a. quintodecimo.

Reg. 99, f. 366, nr. 1916.

656. — *1331 April 16. Avignon.*

Johannes XXII nobili viro Johanni nato Johannis comitis de Saraponte militi et nobili mulieri Aelidi eius uxori Met. dioc. indulget, ut aliquem ydoneum et discretum presbiterum in suum possint eligere confessorem, qui, quociens fuerit ipsis oportunum, confessionibus ipsorum auditis absolutionem ipsis impendat.

Benigno sunt vobis . . . Dat. Avin. XVI kl. maii a. quintodecimo.

Reg. 99, f. 366¹, nr. 1917.

657. — *1331 April 16. Avignon.*

Johannes XXII nobili viro Johanni nato Johannis comitis de Saraponte militi et nobili mulieri Aelidi eius uxori Met. dioc. indulget, ut eorum confessor, quem duxerint eligendum, omnium peccatorum plenam remissionem ipsis et ipsorum cuilibet semel tantum in mortis articulo concedere valeat.

Provenit ex vestre devotionis . . . Dat. Avin. XVI kl. maii a. quintodecimo.

Reg. 99, f. 367, nr. 1918.

658. — *1331 April 16. Avignon.*

Johannes XXII universis Christi fidelibus per Treverensem et Bisuntinam provincias constitutis nunciat, quod omnibus vere penitentibus et confessis, qui ad consumationem ecclesie S. Gengulphi Tullensis, quam decanus et capitulum dicte ecclesie edificare inceperunt opere plurimum sumptuoso, cum ad consumationem non suppetant facultates, manum porrexerint adiutricem, centum dies de iniunctis eis penitentiis relaxat. »Presentibus post triennium minime valituris, quas mitti per questuarios districtius inhibemus.«

Ecclesiarum fabricis manum . . . Dat. Avin. XVI kl. maii a. quintodecimo.

Reg. 99, f. 78¹, nr. 1161.

659. — *1331 April 16. Avignon.*

Johannes XXII Waltero nato quondam Symonis de Kirchberg presbitero Met. dioc. reservat beneficium ecclesiasticum cum cura vel sine cura, cuius fructus, si cum cura viginti quinque, si vero sine cura fuerit, quindecim marcharum argenti s. t. d. valorem annuum non excedunt, ad dispositionem abbatisse et conventus monasterii in Hessen ord. S. Bened. Met. dioc. communiter vel divisim spectans, consuetum abolim clericis secularibus assignari.

Probitatis tue meritis . . . Dat. Avin. XVI kl. maii a. quintodecimo.

In e. m. decano et cantori Sarburgensis Met. dioc. ac scolastico Tullensis eccl.

Reg. 99, f. 85¹, nr. 1181.

660. — *1331 April 26. Avignon.*

Johannes XXII Johanni nato Joffridi comitis de Lyningin confert eccl. Trever. canonicatum, prebendam vero eidem reservat, non obstante quod per capitulum eccl. Spirensis in canonicum ipsius eccl. est receptus ac in Argentinensi eccl. canonicatum et prebendam sub expectatione dignitatis personatus vel officii auctoritate apostolica obtinet.

Nobilitas generis, morum . . . Dat. Avin. VI kl. maii a. quintodecimo.

In e. m. abbati monasterii Lympurgensis Wormatiensis dioc. et decano S. Symeonis Trever. ac Jacobo de Mutina scolastico eccl. Tullensis.

Reg. 99, f. 79¹, nr. 1165.

661. — *1331 Juni 24. Avignon.*

Johannes XXII S. Remigii et S. Nicasii Remensium monasteriorum abbatibus ac magistro Oliverio de Cerzeto canonico Pictaviensi mandat, quatinus magistro Alberico de Metis archidiacono Metensi capellano sedis apostolice conferant eccl. Remensis canonicatum et prebendam vacantes per obitum Johannis de Borbonio, cum papa ipse earundem sibi provisionem reservaverit.

Litterarum scientia, vite . . . Dat. Avin. VIII kl. iulii a. quintodecimo.

Reg. 97, nr. 361.

662. — *1331 Juli 25. Avignon.*

Johannes XXII Johanni comiti de Sarrebruche indulget, ut duo eius clerici, quos duxerit nominandos, eiusdem obsequiis aut litterarum studio in loco, ubi illud generale vigeat, insistentes seu in altero beneficiorum suorum ecclesiasticorum residentes fructus eorundem beneficiorum necnon prebendarum suarum, dummodo maiorem post episcopalem in cathedrali vel principalem in collegiata eccl. non obtineant dignitatem, integre, cotidianis distributionibus dumtaxat exceptis, ad triennium percipere valeant.

Personam tuam exigentibus . . . Dat. Avin. VIII kl. augusti a. quintodecimo.

In e. m. S. Nicolai in prato Virdun. et S. Vitoni monasteriorum abbatibus ac decano eccl. B. Marie Magdalene Virdun.

Reg. 99, f. 344, nr. 1858.

663. — *1331 Juli 26. Avignon.*

Johannes XXII Jacobo de Thalamis clerico Met. reservat beneficium ecclesiasticum cum cura vel sine cura, cuius fructus, si cum cura, sexaginta, si vero sine cura fuerit quadraginta librarum turonensium parvorum s. t. d. valorem annuum non excedunt, spectans communiter vel divisim ad dispositionem abbatis et conventus monasterii Gorziensis ord. S. Bened. Met. dioc.

Probitatis tue merita . . . Dat. Avin. VII kl. augusti a. quintodecimo.

In e. m. abbati monasterii S. Arnulphi et decano S. Theobaldi extra muros Met. ac Oliverio de Cerzeto canonico Pictaviensis eccl.

Reg. 99, f. 252, nr. 1604.

664. — *1331 Juli 26. Avignon.*

Johannes XXII S. Simphoriani et S. Arnulphi extra muros Met. monasteriorum abbatibus ac magistro Oliverio de Cerzeto capellano sedis apostolice canonico eccl. Pictaviensis mandat, quatinus ecclesie S. Theobaldi extra muros Met. cantoriam, cuius fructus annui ad decem libras turonensium parvorum non ascendunt, vacantem per obitum Johannis dicti Le Chanone iam per viginti annos et amplius, ita ut ipsius collatio devoluta sit ad sedem apostolicam, conferant, si est ita, Thome de Petanges presbitero Trever. dioc., non obstante quod Thomas quoddam stipendium seu prebendulam elemosinarie prefate eccl. Met. obtinet.

Laudabile testimonium, quod . . . Dat. Avin. VII kl. augusti a. quintodecimo.

Reg. 99, f. 252¹, nr. 1605.

665. — *1331 Juli 26. Avignon.*

Johannes XXII Petro nato Willermi dicti Baremon confert eccl. S. Leodegarii de Marsallo Met. dioc. canonicatum, prebendam vero eidem reservat.

Laudabilia tue merita . . . Dat. Avin. VII kl. augusti a. quintodecimo.

In e. m. abbati monasterii S. Arnulphi et decano S. Theobaldi extra muros Met. ac Oliverio de Cerceto canonico Pictaviensis eccl. capellano nostro.

Reg. 99, f. 259, nr. 1621.

666. — *1331 August 30. Avignon.*

Johannes XXII Bertoldo Kirchem confert eccl. S. Arnualis Met. dioc. canonicatum, prebendam vero eidem reservat, non obstante quod beneficium ecclesiasticum cum cura vel sine cura ad dispositionem episcopi et capituli Met. communiter vel divisim pertinens vigore litterarum apostolicarum expectat.

Suffragantia tibi merita . . . Dat. Avin. III kl. septembris a. quintodecimo.

In e. m. maioris et S. Salvatoris Met. decanis ac scolastico Tullensis eccl.

Reg. 97, nr. 764.

667. — *1331 September 28. [Avignon.]*

[Johannes XXII] Petro Guigonis de Castronovo archidiacono de Vico in ecclesia Met.

Super eo, quod dilectus filius nobilis vir Henricus de Montebotone se nobis et ecclesie Romane obsequiosum in partibus Alamannie reddidisse dicitur hactenus et reddit fideliter et solerter, hostes et rebelles abhorrendo et persequendo ipsius ecclesie ac devotos et fideles fovendo et eis assistendo pro viribus, volentes effici certiores, volumus, quod super hiis et ea tangentibus perquisita veritate solerter nobis, quid inde repereris, veraciter studeas intimare. Dat. IIII kl. octobris a. XVI.

Reg. 116, pars II, f. 258, nr. 1339. — Riezler 1487.

668. — *1331 October 16. Avignon.*

Johannes XXII Talayrando tit. S. Petri ad vincula presbitero cardinali commendat canonicatum et prebendam ac primiceriatum eccl. Virdun. vacantem per obitum Adenulphi de Supino, cum iam ante eiusdem obitum, videlicet VI nonas octobris proxime preteritas eorundem dispositionem ea vice sibi reservarit.

Dum exquisitam tue . . . Dat. Avin. XVII kl. novembris a. sextodecimo.

Reg. 103, nr. 83.

669. — *1331 November 6. Avignon.*

[Johannes XXII] Eduardo comiti Barensi.

Tue nobilitatis litteras nobis pridem directas tuosque nuncios benignitate consueta recepimus et que coram nobis voluerunt super negotio salvegardie Virdunensis proponere, intelleximus diligenter. Verum quia pendente deliberatione nostra super hiis eorundem nunciorum relatione percepimus, salvam gardiam huiusmodi revocatam fuisse, non vidimus, moram prefatorum nunciorum apud sedem apostolicam ulterius expedire; propter quod eis redeundi ad te dedimus licentiam gratiosam. Dat. Avin. VIII idus novembris a. XVI.

Reg. 119, f. 213, nr. 1073.

670. — *1331 November 19. Avignon.*

Johannes XXII Jacobo Alberti de Portu clerico Tullensis dioc. in artibus et scientia medicine magistro reservat beneficium ecclesiasticum cum cura vel sine cura consuetum clericis secularibus assignari, cuius fructus, si cum cura, septuaginta, si vero sine cura fuerit, quadraginta librarum Turonensium parvorum s. t. d. valorem annuum non excedunt, spectans communiter vel divisim ad dispositionem abbatis et conventus monasterii Gorziensis, in Metensi vel alia dioc. vacans vel vacaturum.

Vite ac morum honestas . . . Dat. Avin. XIII kl. decembris a. sextodecimo.

In e. m. episcopo Fulginati et abbati monasterii S. Vincentii ac decano eccl. Metensis.

Reg. 103, nr. 743.

*671. — *1331 November 22. In aula inferiori domus episcopalis Metensis.*

Petrus Guigonis de Castronovo archidiaconus de Vico in eccl. Metensi et vicarius in spiritualibus generalis Ademarii episcopi Metensis ac Guillermus de Becforre, consiliarii et commissarii ad hoc ab Ademario specialiter deputati, confirmant electionem Guertrude de Oxey monialis in abbatissam monasterii S. Glodesindis.

Testes adsunt: Theobaldus Ferrieti scolasticus eccl. Met. Johannes de Deicustodia canonicus eccl. Virdun. Guillermus de Dordinis canonicus monasterii S. Glodesindis etc.

Or. membr. — Metz. Bez.-Arch. S. Glossindis, Nachtrag.

672. — *1331 November 29. Avignon.*

Gasbertus archiepiscopus Arelatensis camerarius pape notum facit, quod Guillelmus abbas monasterii S. Clementis Metensis ord. S. Bened. pro parte partis sui communis servicii LXXV flor. auri camere pape per manus Petri de Lugduno domicelli sui solvi fecit, quod ipse Guillelmum ab excommunicationis suspensionis et interdicti sentenciis ac reatu periurii, quas et quod incurrit propter solutionem termino constituto non factam, absolvit. Insuper intellecta mole gravaminum, que coram papa nuper pro parte Guillelmi in consistorio exposita eundem abbatem ad solvendum residuum reddunt adhuc impotentem, Gasbertus de mandato pape terminus solvendi residuum prorogat eidem usque ad festum resurrectionis dominice proximo venturum.

Universis etc. Gasbertus . . . Dat. Avin. die XXIX mensis novembris anno etc.

Obl. et Sol. 12 (320), f. 80 et 13 (321), f. 53.

673. — *1332 Januar 26. Avignon.*

Johannes XXII Johanni Sarwerde capellano sedis apostolice confert ecclesie Trever. canonicatum et prebendam vacantes per obitum Johannis de Nassowia sedis apostolice capellani, qui dudum extra Romanam curiam diem clausit extremum, non obstante quod in Spirensi canonicatum et prebendam et quoddam simplex perpetuum officium, provisorium fratrum sedium inibi vulgariter nuncupatum, et in Met. eccl. canonicatum sub expectatione prebende ac dignitatis vel personatus seu officii cum cura vel sine cura, dummodo maior post episcopalem huiusmodi dignitas non existat, obtinet.

Nobilitas generis, morum decor . . . Dat. Avin. VII kl. februarii a. sextodecimo.

In e. m. abbati monasterii S. Martini extra muros Trever. ac decano Met. ac scolastico Tull. eccl.

Reg. 103, nr. 161.

674. — *1332 Februar 6. [Avignon.]*

Johannes XXII Henrico de Harancort canonico eccl. S. Johannis Leodiensis indulget, ut insistens obsequiis Ademari episcopi Met. seu in altero beneficiorum suorum, que nunc obtinet vel imposterum obtinebit, residens fructus eorundem integre, cotidianis distributionibus dumtaxat exceptis, usque ad triennium percipere valeat.

Vite ac morum honestatem . . . Dat. VIII idus februarii a XVI.

Reg. 116, pars II, f. 252, nr. 1316.

675. — *1332 Mai 12. Avignon.*

Johannes XXII Nycolao nato quondam Nicolai dicti Sluntzing de Sarbarg clerico Metensis diocesis reservat beneficium ecclesiasticum cum cura vel sine cura consuetum clericis secularibus assignari, cuius fructus, si cum cura, sexaginta, si vero sine cura fuerit, quadraginta librarum turonensium parvorum s. t. d. valorem annuum non excedunt, ad dispositionem abbatis et conventus monasterii Novillarensis ord. S. Bened. Argentinensis dioc. communiter vel divisim spectans.

Exigunt tue merita . . . Dat. Avin. IIII idus maii a. sextodecimo.

In e. m. preposito et decano Argentin. ac Johanni de Firmitate canonico Bisuntin eccl.

Reg. 102, nr. 1655.

***676.** — *1332 Juli 2. [Metz.]*

Frater Daniel dei gracia Metensis episcopus notum facit, quod permittente et consentiente Ademari episcopi Metensis vicario anno domini MCCCXXXII feria quinta post festum Beatorum Petri et Pauli apostolorum reconciliavit ecclesiam monasterii S. Martini Glandariensis Met. dioc. sanguinis effusione pollutam.

Cartul. S. Martini Glandar. saec. XIV scriptum f. 92[1]. Paris, Bibl. Nat. latin. nr. 10030. Conf. Gallia christiana XIII, 815.

677. — *1332 September 9. Avignon.*

Johannes XXII Johannem de Brieyo canonicum monasterii S. Petri Montis ord. S. Augustini Met. dioc. ordinem ipsius expresse professum et in sacerdotio constitutum preficit in abbatem eiusdem monasterii, postquam Remigius de Metis eiusdem monasterii abbas per Dominicum de Stanno rectorem eccl. de Brenvilla Virdun. dioc. procuratorem suum apud sedem apostolicam in manibus Petri episcopi Penestrini resignavit.

Suscepti cura regiminis . . . . Dat. Avin. V idus septembris a. decimo septimo.

In e. m. conventui monasterii S. Petri Montis.

Reg. t. 105, nr. 1.

678. — *1332 September 16. [Avignon.]*

Johannes XXII Eduardum comitem Barensem exhortatur, quatinus a molestationibus episcopi et ecclesie Tullensis desistat et super compositione quadam veteri castrum de Liverduno contingente stare velit arbitrio hinc inde eligendorum.

[Johannes XXII] Eduardo comiti Barensi.

Sua nobis venerabilis frater noster Thomas episcopus Tullensis insinuatione monstravit, quod tu, fili, pretextu cuiusdam compositionis, que inter quosdam predecessores tuos et episcopatum tunc Tullensem — centum qadraginta anni sunt elapsi — facta fuisse dicitur, in castro de Luberduno Tullensis diocesis ad eundem episcopum et ecclesiam Tullensem pleno iure spectanti ius receptionis tempore guerrarum tuarum asserens te habere, prefatos episcopum et ecclesiam multipliciter satagis molestare. Et licet memoratus episcopus asserens ex eo, quia consensus capituli ecclesie predicte Tullensis super eadem compositione nullatenus intervenit, et quibusdam rationibus aliis [se] non teneri teque vel predecessores tuos iure predicto, quod nunc de novo vendicare niteris, a longis retro temporibus usos non fuisse nec questionem movisse aut fecisse aliquam super hoc mentionem, offerat et obtulerit iuri seu sapientum virorum eligendorum communiter arbitrio velle stare, tu tamen id recusans recipere, nisi fieret in hac parte cognitio per iudicium laicorum, aggravare contra prefatos episcopum et ecclesiam non desinis manum tuam . . . Nobilitatem tuam . . . exhortamur, quatinus a molestationibus predictis desistens super hiis stare velis consilio et arbitrio eligendorum hinc inde communiter sapientum. Sic enim iuri honori et saluti tuis consuletur, ut credimus, et ab iniuriis ecclesie abstinebis. Dat. XVI kl. octobris a. XVII.

Reg. 117, f. 123', nr. 623.

679. — *1332 October 7. Avignon.*

Johannes XXII episcopo Metensi cleroque civitatis et diocesis Metensis nunciat, quod reservationem fructuum primi anni omnium beneficiorum ecclesiasticorum extendit et prorogat denuo usque ad unum annum integrum a data presentium inantea computandum.

Considerantes dudum multiplicum . . . Dat. Avin. nonas octobris a. XVII.

Reg. 117, f. 118, nr. 605.

680. — *1332 October 7. Avignon.*

Johannes XXII Petro Guigonis de Castronovo archidiacono de Vico Met. et Raymundo de Valle aurea canonico Lingonensis eccl. mandat, quatinus fructus primi anni omnium beneficiorum a papa reservatos camere apostolice usque ad unum annum a data presentium computandum exigant et colligant, in civitatibus et diocesibus Metensi, Tullensi, Virdunensi, Basiliensi, Bisuntina, Lausannensi et Bellicensi.

Considerantes dudum multiplicum . . . Dat. ut supra (= Avin. nonas octobris a. XVII).

Reg. 117, f. 117¹, nr. 606.

681. — *1332 October 15. Avignon.*

Johannes XXII Johanni Ludovici dicti Nitingen de Sarburg clerico Met. dioc. reservat beneficium ecclesiasticum cum cura vel sine cura, consuetum clericis secularibus assignari, ad dispositionem abbatis et conventus monasterii S. Martini Glandriensis ord. S. Bened. Met. dioc. communiter vel divisim pertinens, cuius fructus, si curatum, quinquaginta, si vero sine cura fuerit triginta librarum turonensium parvorum s. t. d. valorem annuum non excedant.

Laudabile testimonium, quod . . . Dat. Avin. idus octobris a. decimoseptimo.

In e. m. cantori Met. et scolastico Sarburg. Met. dioc. ac Guillermo Audeberti canonico Petragoricensis eccl. capellano nostro.

Reg. 104, nr. 118.

682. — *1332 November 13. Avignon.*

Johannes XXII archiepiscopo Bisuntino et Eduensi ac Cabilonensi episcopis mandat, quatinus certos predones Tullensis diocesis, qui familiares Petri Guidonis archidiaconi de Vico et apostolice sedis nuncii ad urbem

Lingonensem proficiscentis pecunia omnibusque aliis rebus spoliarunt, moneant, ut ablata restituant et satisfaciant infra certum terminum.

[Johannes XXII] . . archiepiscopo Bisuntino et . . Eduensi ac . . Cabilonensi episcopis.

Perduxit nuper infeste relationis assertio ad nostri apostolatus auditum, quod, cum dudum dilectus filius Petrus Guidonis de Castronovo archidiaconus de Vico in ecclesia Metensis in partibus Burgundie et Lotoringie apostolice sedis nuncius de civitate Metensi discedens ad civitatem Lingonensem pro negotiis per nos et cameram nostram sibi commissis promovendis et exequendis utilius dirigeret gressus suos, quidam filii Belial, videlicet Walterinus de Fago, Symon dictus Cugnate de Liberduno, Miletus de Naynes et Petrinus dictus Lederopey laici Tullensis diocesis cum nonnullis suis in hac parte complicibus . . . familiares eiusdem nuncii, qui equos et saumerios suos cum libris pecunia vestibus et rebus aliis ducebant, hostiliter in itinere prope civitatem Tullensem, per quam suum prosequentes iter rectum transiverant, aggressi fuerunt more predonico ipsosque familiares cum balistis et aliis armorum generibus fortiter impugnarunt ac tandem non sine multis violentiis iniuriis et offensis per eosdem filios Belial familiaribus irrogatis predictis equos saumerium pecuniam libros vestes et nonnullas res alias eiusdem nuncii, quas secum habebant familiares predicti, violenter ceperunt arrestarunt et secum nequiter asportarunt. Cum autem premissa, si vera sint, nequeamus conniventibus oculis absque correctione debita pertransire, fraternitati vestre . . . mandamus, quatinus . . . si predicta sint in partibus illis notoria vel de ipsis vobis per informationem exinde simpliciter et de plano ac sine strepitu ac figura iudicii a vobis seu vestrum aliquo faciendam constiterit, prefatos Walterinum Simonem Miletum et Petrinum eorumque in hac parte complices peremptorie moneatis nominatim et generaliter, prout expedire videritis, ut infra certum aliquem terminum competentem per vos prefigendum eisdem sub excommunicationis in personas singulares ac interdicti in terras et loca ipsorum aliisque penis et sentenciis, de quibus vobis videbitur, per vos promulgandis in eos, nisi monitioni huiusmodi paruerint cum effectu, ablata arrestata et asportata huiusmodi predicto nuncio integraliter restituere ac pro predictis nobis et ecclesie memorate dictoque nuncio et familiaribus debitam satisfactionem impendere non obmittant, processus vestros contra ipsos et eorum [complices], nisi mandato et monitioni huiusmodi effectualiter paruerint, prout rebellionis et contumacie ipsorum protervitas exegerit, quando et

— 309 —

quociens vobis videbitur, nichilominus agravantes. Dat. Avin. idus novembris a. decimoseptimo.

Reg. 117, pars I, f. 84¹, nr. 433.

683. — *1332 November 28. Avignon.*

Servitium abbatis S. Petri-montis.

Eisdem anno [1332] die [XXVIII mensis novembris Avinione] . . . dominus frater Johannes abbas monasterii S. Petri in montis Met. dioc. ord. S. August. promisit pro suo communi servicio CC flor. auri et quinque servicia consueta solvendos, medietatem in festo S. Michaelis septembris et aliam medietatem in prima dominica quadragesimo extunc proxime sequturo. Alioquin infra tres menses et iuravit ut in forma.

In margine dextro: XXIII card.

Obl. et Sol. 6, f. 120 et 14 (298), f. 7.

684. — *1332 November 30. Avignon.*

Johannes XXII Petro Guigonis de Castronovo archidiacono de Vico Metensi apostolice sedis nuncio supplicanti indulget, ut obsequiis sedis apostolice vel scolasticis disciplinis in loco, ubi studium vigeat generale, insistens aut in altero beneficiorum suorum, que nunc obtinet vel in posterum obtinebit, residens seu in Romana curia moram trahens fructus eorundem beneficiorum, dummodo post episcopalem in cathedrali maiorem vel in collegiata eccl. principalem non obtineat dignitatem, integre, cotidianis distributionibus dumtaxat exceptis, usque ad triennium percipere valeat.

Personam tuam ob tuorum . . . Dat. II kl. decembris a. XVII.

In e. m. pro Raymundo de Valle-aurea canonico Lingonensi.

Reg. 117, pars I, f. 118¹, nr. 607 et 608.

685. — *1333 Januar 13. Avignon.*

Johannes XXII archiepiscopo Treverensi, decano Metensi et archidiacono Tullensi mandat, quatinus abbati et conventui monasterii S. Petri Montis apostolice sedi immediate subiecti ord. S. August. Met. dioc. efficacis defensionis presidio assistantes non permittant eosdem a quibuscunque in suis bonis et iuribus molestari vel dampnari.

Sane dilectorum filiorum . . . Dat. Avin. idus ianuarii a. XVII.

Reg. 105, nr. 1022. — Riezler nr. 1596.

686. — *1333 Februar 11. Avignon.*

Johannes XXII Johannem episcopum Lingonensem hortatur, quatinus succurrat Bertholdo Argentinensi episcopo contra incolas oppidi Sletzstati sequaces Ludovici Bavari . . . . »Ad hoc, quia virtus unita fortior se dispersa existit, ut tu et prefatus episcopus ac venerabiles fratres nostri, Ademarus Metensis et Rudolphus Constanciensis episcopi, adversus predictum dampnacionis filium ligam et confederacionem unanimam faceretis, alias recolimus nos rogasse et nunc etiam, cum hoc statui illarum partium prospero plurimum sit expediens, te et dictos episcopos iteratis precibus exhortamur.«

Demersus in desperationis laqueum . . . Dat. Avin. III idus februarii a. decimoseptimo.

In e. m. Rudolpho episcopo Constanciensi et Adamaro episcopo Metensi.

Reg. 117, f. 113¹, nr. 573. — Riezler nr. 1599.

687. — *1333 August 26. Avignon.*

Quitacio episcopi Tullensis de parte partis.

Facta fuit quitacio domino Thome episcopo Tullensi de CCCL flor. auri pro parte partis sui communis servicii camere¹) die XXVI mensis augusti per manus domini Gauterii²) de Pria militis solutis . . . et fuit sibi concessa dilacio ut in forma usque ad festum nativitatis domini proximo venturum et fuit absolutus a sententiis et secum dispensatum . . . Datum Avinione ut supra anno quo supra.

Obl. et Solut. 13 (321), f. 89¹; similiter sed brevius Intr. et Exit. 131, f. 12.

688. — *1333 August 31. Avignon.*

Johannes XXII Henrico de Stirpenich consideratione Johannis regis Boemie pro eo clerico suo supplicantis confert eccl. Met. canonicatum, prebendam vero eidem reservat, non obstante quod super canonicatu et prebenda ecclesie Trever. apud sedem apostolicam litigat et ecclesie S. Paulini extra muros Trever. sub expectatione prebende canonicus existit.

Nobilitas generis, vite munditia . . . Dat. Avin. II kl. septembris a. decimoseptimo.

In e. m. S. Martini extra muros Trever. et S. Symphoriani extra muros Met. monasteriorum abbatibus ac scolastico Tull. eccl.

Reg. 104, nr. 741.

689. — *1333 August 31. Avignon.*

Johannes XXII Theodorico nato Theodorici de Septemfontibus clerico Trever. dioc. consideracione Johannis regis Boemie pro familiari

¹) cameram domini pape contingente *Intr. et Exit.*
²) Galteri *Intr. et Exit.*

suo supplicantis reservat beneficium ecclesiasticum cum cura vel sine cura, cuius fructus si cum cura sine cura fuerit, quadraginta librarum turonensium parvorum valorem annuum s. t. d. non excedant, spectans communiter vel divisim ad dispositionem episcopi decani et capituli Metensis.

Laudabile testimonium quod . . . Dat. Avin. II kl. septembris a. decimo septimo.

In e. m. Treverensis et Abrincensis archidiaconis ac scolactico Tullensis eccl.

Reg. 104, nr. 838.

690. — *1333 September 26. Avignon.*

Facta fuit quitacio domino Johanni abbati monasterii S. Petrimontis ord. S. August. Met. dioc. de quinquaginta florenis auri pro parte sui communis servicii camere et de VIII florenis auri et IX solidis et quatuor denariis communibus pro quatuor serviciis familiarium etc. clericis camere supradicte pro eisdem familiaribus etc. per manus discreti viri Guillermi de Viculo procuratoris sui tempore debito solutis de quibus etc. Datum Avinione die XXVI mensis septembris anno indictione et pontificatu, quibus supra [MCCCXXXIII].

Obl. et Sol. 13, f. 90¹; similiter Obl. et Sol. 15, f. 9¹; similiter Intr. et Exit. 131, f. 12¹, ubi tamen omissa est summa pro serv. quatuor.

691. — *1333 October 2. [Avignon.]*

Johannes XXII Bertholdo episcopo Argentinensi scribit, ex eius litteris se cognovisse, eundem constanter perseverare in ecclesie fidelitate et devotione, rogatque, ut in hoc perseveret proposito. »Et ecce quod episcopo Metensi ac duci Lothoringie, comiti Barensi ac vicario administratoris ecclesie et communitati Basiliensi per diversas nostras litteras scribimus iuxta formam, quam cedula continet presentibus interclusa, quas facere poteris presentari eis, quibus diriguntur, sicut videris expedire.«

Litterarum tuarum novissime . . . Dat. ut supra (= VI nonas octobris a. XVIII).

Reg. 117, f. 222, nr. 1114. — Riezler nr. 1625.

692. — *1333 October 4. [Avignon.]*

Johannes XXII Radulpho duci Lothoringie.

Leta insinuatione audivimus, quod tu, fili, ad ea, que dei et ecclesie sancte sue honorem et beneplacitum fideique defensionem catholice respiciunt, promptis et devotis affectibus te impendens in succursum et auxilium . . . Bertholdi episcopi Argentinensis adversus . . . Ludovicum de Bavaria . . . potenter et viriliter disponis . . . Nobilitatem (tuam) . . . exhortamur, quatinus diligenter attendens, quod si hostis ille profanus partes Argentinenses sue seve dampnateque tirannidi subiugaret, quod absit, idem de te ac partibus vicinis facere, quod non sinat altissimus, attemptaret, premissa, que laudabiliter incepisti, continuare ac perficere . . . non postponas. Nam tua res agitur, paries cum proximus ardet. Dat. ut supra (= IIII nonas octobris a. XVIII).

In e. m. Eduardo comiti Barensi.

Reg. 117, f. 122, nr. 1116. — Riezler nr. 1626.

693. — *1333 October 4. [Avignon.]*

Johannes XXII Ademaro episcopo Metensi destinat litteras eiusdem fere tenoris ac duci Lothoringie et comiti Barensi destinatas eodem die.

Letanter audivimus, quod . . . Dat. ut supra (= IIII nonas octobris a. XVIII).

Reg. 117, f. 222¹, nr. 1117. — Riezler nr. 1626.

694. — *1333 October 7. [Avignon.]*

Johannes XXII episcopo Metensi et abbatibus prioribus decanis prepositis archidiaconis archipresbiteris et aliis ecclesiarum prelatis et rectoribus, capitulis quoque, collegiis et conventibus Cisterciensium, Cluniacensium, Premonstratensium, Grandimontensium, Cartusiensium, Vallisumbrose, Comaldulensium, Scotorum, Benedicti et Augustini et aliorum ordinum ceterisque personis ecclesiasticis, secularibus et regularibus, exemptis et non exemptis, necnon S. Johannis Jerosolimitani, B. Marie Theutonicorum et Calatravensis ac Humiliatorum magistris, prioribus et preceptoribus eorumque loca tenentibus per civitatem et diocesim Metensem constitutis nunciat, quod fructus unius anni omnium beneficiorum ecclesiasticorum vacantium vel vacaturorum usque ad unum annum in civitate et diocesi Metensi, ecclesia tamen cathedrali ac abbatiis regularibus et beneficiis ex causa permutationis vacantibus exceptis, iam pluries camere apostolice reservatos denuo ad unum annum eidem camere reservat.

Multiplicium necessitates onerum . . . Dat. nonas octobris a. decimo octavo.

Reg. 117, f. 216, nr. 1093. — Riezler nr. 1627.

Item Tullensi, Basiliensi, Virdunensi Bisuntino Lausannensi et Bellicensi episcopis etc.

Reg. 117, f. 217, nr. 1094. — Riezler nr. 1627 n. 2.

695. — *1333 October 7. [Avignon.]*

Johannes XXII Petro Guigonis de Castronovo archidiacono de Vico Met. et Raymundo de Valleaurea canonico Lingonensis eccl. mandat, quatinus per se et subcollectores, quos fide et facultatibus ad hoc cognoverint ydoneos, exigant in Metensi, Basiliensi, Tullensi, Virdunensi Bisuntina Lausannensi et Bellicensi civitatibus et diocesibus fructus primi anni denuo eodem die usque ad unum annum reservatos camere apostolice.

Multiplicium etc. . . . Dat. ut supra (= nonas octobris a. decimo octavo.

Reg. 117, f. 216¹, nr. 1094. — Riezler nr. 1627 n. 1.

696. — *1333 October 14. [Avignon.]*

Die XIIII m. octobris d. Petrus Guigonis de Castronovo archidiaconus de Vico in eccl. Metensi ad colligendum fructus beneficiorum ecclesiasticorum in Bisuntina et Treverensi provinciis existentium collector una cum R[aymun]do de Valle Aurea canonico Lingonensi collector deputatus de pecunia per ipsos collectores recepta in Bisuntina Mettensi Tullensi Virdunensi et Lausanensi civitatibus et diocesibus de fructibus supradictis assignavit camere de nostri pape suo et dicti college sui nomine   MCLXXX flor. auri
　　　　　　　　　　　　　　　　　　II^c XVIII den. regales auri
　　　　　　　　　　　　　　　　　　LII　　　 parisienses auri
　　　　　　　　　　　　　　　　　　XX　　　 den. ad cathedram auri
Item assignavit eidem camere II^c LXI flor. auri.

Intr. et Exit. 136, f. 11.

697. — *1333 October 26. Avignon.*

Johannes XXII Gerardo de Bocaireto clerico Tullensis dioc. reservat beneficium ecclesiasticum cum cura vel sine cura consuetum clericis secularibus assignari, cuius fructus, si cum cura, quinquaginta si vero sine cura fuerit, triginta librarum turonensium parvorem s. t. d. valorem annuum non excedunt, ad dispositionem abbatis et conventus monasterii Gorciensis ord. S. Bened. Met. dioc. communiter vel divisim spectans.

Laudabile testimonium, quod . . . Dat. Avin. VII kl. novembris a. decimo octavo.

In e. m. abbati monasterii S. Vincentii et archidiacono de Vico Met. ac thesaurario Tull. eccl.
Reg. 107, nr. 507.

698. — *1333 October 29. Avignon.*

Johannes XXII Ademaro episcopo Metensi indulget, ut confessor, quem is duxerit eligendum, omnium peccatorum plenam remissionem semel tantum in mortis articulo ei concedere valeat.

Provenit ex tue devocionis ... Dat. Avin. IIII kl. novembris a. XVIII.
Reg. 107, nr. 633. — Riezler nr. 1632.

699. — *1333 October 29. Avignon.*

Johannes XXII magistro Guillelmo Betferre confert eccl. Met. canonicatum, prebendam vero eidem reservat, non obstante quod parrochialem ecclesiam de Emelencourt ac canonicatum et prebendam necnon officium custodie eccl. collegiate S. Stephani de Homburg Met. dioc. obtinet.

Litterarum scientia, morum decor . . . Dat. Avin. IIII kl. novembris a. XVIII.

In e. m. abbati monasterii S. Arnulphi extra muros Metenses et archidiacono de Vico Met. ac thesaurario Tull. eccl.
Reg. 107, nr. 342.

700. — *1333 October 31. [Avignon.]*

Johannes XXII Ademaro episcopo Metensi.

Gratis admodum relatibus percepimus hiis diebus, quod tu, frater, adversus sevitiam et agressiones temerarias, quas nequam ministri sequaces et fautores illius ministri sathane Ludovici de Bavaria ... contra ... Bertholdum episcopum Argentinensem et partes illas circumvicinas moliti sunt hactenus et moliuntur, sicut accepimus ... attemptare, prefato episcopo potenter et viriliter astitisti. Super quibus tuam prudentiam ... commendantes et prosequentes actionibus gratiarum, fraternitatem tuam exhortamur, quatinus premissa ... continuare, cum oportunum extitit (!), non postponas ... Dat. ut supra (= II kl. novembris a. XVIII).
Reg. 117, f. 123, nr. 1121. — Riezler nr. 1633.

701. — *1333 November 18. Avignon.*

Johannes XXII Colignoni Belami confert eccl. Met. canonicatum, prebendam vero eidem reservat, non obstante quod in eccl. S. Salvatoris Met. canonicatum et prebendam obtinet.

Nobilitas generis, morum decor . . . Dat. Avin. XIIII kl. decembris a. XVIII.

In e. m. S. Arnulphi et S. Symphoriani extra muros Metenses monasteriorum abbatibus ac thesaurario eccl. Tull.

Reg. 107, nr. 371.

702. — *1333 November 18. Avignon.*

Johannes XXII magistro Guillermo Betferre utriusque iuris perito, cui papa iam providit de canonicatu eccl. Metensis cum reservatione prebende, reservat in eadem eccl. dignitatem vel personatum seu officium cum cura vel sine cura, dummodo huiusmodi dignitas maior post episcopalem non existat, non obstante quod parrochialem ecclesiam de Amelencourt et canonicatum et prebendam eccl. S. Stephani de Homburgo Met. dioc. obtinet. Tamen vigore huius gratie dignitatem vel personatum aut officium curatum assecutus omnino dimittat predictam eccl. parrochialem.

Litterarum scientia, morum . . . Dat. Avin. XIIII kl. decembris a. decimo octavo.

In e. m. S. Arnulphi et S. Simphoriani extra muros Met. monasteriorum abbatibus ac thesaurario eccl. Tullensis.

Reg. 106, nr. 268.

703. — *1334 Januar 7. Avignon.*

Facta fuit quitacio domino Thome episcopo Tullensi de II^c LXXX flor. auri pro parte partis sui communis servicii camere per manus discreti viri magistri Gerardi de Lunarivilla et Mathei de Epinallo[1]) clericorum et familiarium ipsius solutis, de quibus etc. Datum Avinione die VII[2]) ianuarii anno (1334) indictione (II) et pontificatu, quibus supra.

Obl. et Sol. 13 (321), f. 98¹; similiter Obl. et Sol. 15, f. 18¹ et Intr. et Exit. 131, f. 15¹.

704. — *1334 Februar 8. Avignon.*

Johannes XXII Ademario episcopo Metensi concedit facultatem faciendi recipi in Metensi ac in quatuor collegiatis ecclesiis civitatis et diocesis Met., quas duxerit eligendas, in singulis videlicet ipsarum singulas personas ydoneas, etiamsi dicte singule persone unum cum cura vel duo sine cura beneficia ecclesiastica obtineant, in canonicos et

---

[1]) Spinaldo *Obl. et Sol. 15.*
[2]) VI *Obl. et Sol. 15.*

conferendi eisdem singulis personis singulas prebendas vacantes vel proxime vacaturas.

Sincere devotionis affectus . . . Dat. Avin. VI idus februarii a. XVIII.

Reg. 107, nr. 371.

705. — *1334 Februar 15. Avignon.*

Facta fuit quitacio domino Johanni abbati monasterii S. Petrimontis ord. S. August. Met. dioc. de quinquaginta florenis auri pro complemento sui communis servicii camere et de VIII flor. auri IX sol. et IIII den. cor. pro IIII serviciis familiarium etc. clericis camere etc. per manus discreti viri Guillelmi de Viculo procuratoris sui solutis . . . Dat. Avinione die XV mensis februarii anno (1334) . . .

Obl. et Sol. 13 (321), f. 9.

Die XV mensis februarii recepta sunt a domino Johanne abbate monasterii S. Petri-montis ord. S. August. Met. dioc. solvente per manus magistri Guillelmi de Viculo procuratoris sui pro complemento sui communis servitii   C flor. auri.

Intr. et Exit. 131, f. 16¹.

Collatis hisce duabus notitiis cameralibus apparet, in priori contineri solummodo servitii communis dimidium cameram apostolicam contingens, in altera autem utrumque servitii communis dimidium, scilicet et cameram apostolicam et collegium cardinalium contingens.

706. — *1334 Mai 30. Avignon.*

Johannes XXII Radulpho duci Lothoringie et Marie nate Guidonis comitis Blesensis.

Gratiosa sedis apostolice . . . Sane petitio pro parte vestra nobis exhibita continebat, quod de matrimonio inter vos contrahendo per utriusque vestrum amicos habitus est tractatus; sed quia matrimonium huiusmodi ex eo absque . . . dispensatione licite contrahere non valetis, quod quondam Alienor uxor tua, fili dux, erat tibi, filia Maria, dum viveret, in tertio et quarto gradibus consanguinitatis coniuncta, pro parte vestra fuit nobis humiliter supplicatum . . . Nos igitur . . . causis nobis expositis diligenter attentis . . . Philippi regis Francie illustris, cuius tu, predicta Maria, neptis existis, super hoc . . . supplicantis ac vestris supplicationibus inclinati, . . . dispensamus . . . Dat. III kl. iunii a. decimo octavo.

Reg. 117, f. 219¹, nr. 1105. — *Riezler nr. 1657.*

707. — *1334 April 2. [Avignon.]*

Die secundo mensis aprilis de anno a nat. domini MCCCXXXIIII dictus dominus Petrus Guigonis de pecunia per ipsum recepta de dictis fructibus *(cf. Reg. 1333 Oct. 14)* assignavit camere suo et dicti college sui nomine per manus domini Johannis de Boseriis thesaurarii Tullensis et R. Bargarelli clerici sui CXL flor. auri.

Intr. et Ex. 136, f. 11.

708. — *1334 Juni 9. Avignon.*

Johannes XXII Ademario episcopo Metensi.

Exigit tue devotionis . . . Cum itaque ecclesia tua Metensis, sicut exhibita nobis tua petitio continebat, sit tot et tantis debitorum oneribus a tuis predecessoribus contractorum circiter ad ducentorum milium librarum parvorum turonensium summam ascendentium pregravata, quod ipsa nequit inde absque subditorum suorum subsidio liberari, nos . . . ut ab omnibus personis ecclesiasticis secularibus et regularibus non exemptis beneficia ecclesiastica, pro quibus decima persolvitur, in predictis civitate et diocesi obtinentibus . . . petere et recipere . . . semel dumtaxat libere valeas caritativum subsidium moderatum pro huiusmodi oneribus facilius supportandis . . . Dat. Avin. V idus iunii a. decimo octavo.

Reg. 106, nr. 1099. — Riezler nr. 1658.

709. — *1334 Juni 10. Avignon.*

Johannes XXII Guigoni de Arnaysino.

Apostolice sedis circumspecta . . . Cum itaque pridem tu tunc canonicus ecclesie Metensis et . . . Johannes Topeti natus . . Francisci Topeti, nunc eiusdem ecclesie canonicus, tunc perpetuus capellanus perpetue capellanie seu altaris B. Johannis Baptiste siti in castro de Homborc Metensis diocesis, cupientes, tu videlicet canonicatum et prebendam eiusdem ecclesie ac Johannes prefatus dictam capellaniam . . . invicem permutare, tu per te ipsum canonicatum et prebendam ac idem Johannes per procuratorem . . . capellaniam . . . in manibus Talayrandi tit. S. Petri ac vincula presbiteri cardinalis libere duxeritis resignandas, nos . . . capellaniam . . . apostolica tibi auctoritate conferimus . . . Dat. Avin. IIII idus iunii a decimo octavo.

In e. m. abbati monasterii S. Simphoriani extra muros Metenses et archidiacono de Vico Met. ac magistro Jacobo de Mutina scolastico Tull. eccl. capellano nostro.

Reg. 106, nr. 879.

710. — *1334 Juni 10. Avignon.*

Johannes XXII Johanni Topeti nato Francisci Topeti, qui capellaniam B. Johannis Baptiste in castro de Homborc causa permutationis libere resignavit (*cf. nr. immediate praecedens*) confert canonicatum et prebendam eccl. Met. vacantes per liberam resignationem Guigonis de Arnaysino causa permutationis factam.

Apostolice sedis circumspecta . . . Dat. Avin. IIII idus iunii a. decimo octavo.

In e. m. primicerio Met. et Poncio Mite ac Guillelmo de Thureyo Lugdunensis eccl. canonicis.

Reg. 106, nr. 880.

711. — *1334 Juni 23. Avignon.*

Johannes XXII Waltero de Laiffinga familiari et clerico domestico Johannis regis Boemie consideracione eiusdem regis confert ecclesie S. Salvatoris Met. canonicatum, prebendam vero eidem reservat, non obstante quod parrochialem ecclesiam de Byedewilre et canonicatum sub expectatione prebende in ecclesia de Cardono Trever. dioc. obtinet.

Probitatis et virtutum merita . . . Dat. Avin. VIIII kl. iulii a. XVIII.

In e. m. abbati monasterii B. Marie in Lucemburch Trever. dioc. et scolastico Tull. ac cantori Met. eccl.

Reg. 107, nr. 418.

712. — *1334 Juni 23. Avignon.*

Johannes XXII Isembardo de Attringa familiari clerico et notario domestico Johannis regis Boemie confert consideratione eiusdem regis canonicatum eccl. Met., prebendam vero reservat, non obstante quod in S. Salvatoris Met. et in S. Theobaldi extra muros Metenses ecclesiis canonicatus et prebendas obtinet et beneficium ecclesiasticum ad dispositionem decani et capituli eccl. Met. pertinens expectat.

Suffragantia tibi merita . . . Dat. Avin. VIIII kl. iulii a. decimo octavo.

In e. m. S. Martini ante Metis subtuo montem S. Quintini et B. Marie in Lucembourgh Trever. dioc. monasteriorum abbatibus ac scolastico eccl. Tullensis.

Reg. 106, nr. 1062.

***713.** — *1334 August 2. [Metz.]*

Jean de la Court fait son testament, dans lequel il fonde l'hôpital de la Chapellotte.

Conue chose soit a tous ke li sires Jehans de lai Court li eschavins fils lou signour Nicolle de la Court que fut, fait sai devize en son boin sens et en sai bonne memore en teilz meniere, ke se deus

faixoit son comandement de luy si com de mort, il commandet a
payeir ces das et amandeir ces tors fais; et comandet a randre a
Mahoul sai femme cent livres de Metz k'il ait eut don sien, et li comandet ancor ai randre tout lou vaxellement et tous les juwels[1])
qu'elle[2]) ait aporteit deleis luy[3]) et qu'elle voret[4]) deranuer que sien
furent. Et weult ancor et comandet ke sais menbours faicent un hopital de sai maxon qu'il ait, que ciet aux airvols on Champ a Saille
ke fut les Lohiers, an l'onor de deu et de la benoite vierge Marie et
de tous saincts et de toutes sainctes et pour l'airme de luy et pour
l'airme de Ponsate sai feme et l'airme de Ponsate sa fille, por
habergier et por retenir toutes menieres de femmes gissant et autres
femmes, et que nuls n'i soit haibergies maikes femes soulement; et
prant cinq cens livres de Metz de son millour mouvle por faire
loudit ospitalz et por faire une chaipelle on devandit ospitalz en l'anour
de Nostre Deme, se dont ne lai faixoit a son visquant[5]). Et wolt
qu'il y ait deux presbters por chanteir messes et toutes les houres
chacun jors a tousjors maix por l'airme de luy et por toutes les airme
de susdictes et de celles de pair cui il ait la dicte maxon. Et donnet
ancor on dit ospital six vingt livres de Mes de cens qu'il ait on cens
que li abbes et li convens de Gorze doient a luy et a signour Nichole
Badoche et a daime Ysabel la Hongre par lor lettres saielees d'abbes et
de convent, ansi com les lettres qui gissent en airche d'amant de mes lou
deviseit que geissent sur pluxour estals de terre. Et por teil qu'il welt
et commandet que li deux presbtres que leans chanteront, prennent[6]) az
biens doudit ospital leur necessiteit de boire[7]) et de mengier et de vestier
et de chasier[8]) sans pluix. Et welt ancor et comandet ke se on
raicheptoit le tout ou partye dou cens devantdict, quant ke se fut,
que li denniers dou rachaipt vignet en la main de ces mainbours por
mettre en aquaist dedans l'an apres ceu que li rachaipt seroit faict,
por loudit ospital pour estre on point et on droict dou cens c'on
rachepteroit. Et quant deus averoit fait son comandement de ses menbour
si com de mort, que li denniers dou reachapt s'on an faixoit point vignent
en la main des deux presbtres que on dict ospital chanteroient, por re-
metre en acquast dedans l'an aipres louquel reachapt seroit faict pour
loudict ospital, on point et on droit com li cens devantdict estoit qu'on
raichepteroit. Et welt lidict sires Jehans ke ses menbours faicent lou
don des deux presbtres que on dict ospital chanteront toute lor vie, et

---

[1]) toute la vaisselle et tout les vaistemens *B*. — [2]) qu'il *A. B*. — [3]) deleit luy *A*.; de lez kuy *B*. — [4]) voudra *B*. — [5]) de son vivant *B*. — [6]) prigne *A*. — [7]) boure *A*. — [8]) schausser *B*.

proudommes et convenables por faire lou servize on dit ospital an la meniere devantdicte. Et apres lou decept de ces menbour il welt que li edomadaires de lai grant ecclixe de Mes en faicent lou don a tousjors maix a presbtres proudommes et convenables por loudict servixe ai faire an la meniere devantdicte. Et donet an l'ospital Sainct Nicholais on Nuefbourh cent livres de Mez pour aichiteir cens pour faire chaiscun an pitance als povres malledes dondict ospital, et que ses menbour faicent chaiscun an la pitance et reseusent lou cens tant qu'il visqueront, et apres lor decept que li freires convers dondict ospital receussent lou cens et faicent la pitance chascun an a tousjors maix. Et donet a chaiscune ecclixe de Mes et des bours de Mes san Saincte Creux sa parroche quarante sols de Mes por acheteir deux sols de Mets de cens pour faire son anniversaire chaiscun an a tousjorsmaix, et a Saincte Creux sa perroche ou il eslit sa sepulture devant l'ateil la meire Deus, dix livres de Metz por acheteir cens por faire son anniversaire chaiscun an a tousjors maix en ladicte ecclixe. Et si donet alz ordres mendians de Mes cinquante livres de Mes por deu et por l'airme de luy et por les airmes de ceux de cui il l'ait eu. Et welt que ses menbours leur depairtent ensi com il lor semblerait ke boin soit. Et donet a Mahoul sa femme tout lou hernex de son osteil, tous ceu qui a hernex afiert et toutes les tonnes de son sellier et tout lou hernex doudict selier, et li donnet ancor trois cens quartes de fourmant et une tonne de vin laqueille qu'elle vorait penre en son selier. Et comandet a randre a Ysaibel la femme Poinsignon Xullefet ke fut six livres de Mes. Et s'aiquitet a signour Jehan conte de Sallebruche cent livres de tornoix des debtes qu'il li doit et est a luy tenus. Et comandet a donier per ses menbours mil quartes de bleif as povre gens mandians dedans l'an apres son decept por deu et por l'ame de luy et de ceux de cui il l'ait eu. Et donet a freire Thiebal son freire des freires Proichours de Mes vingt livres de Metz et Abbeir[1]) son freire vingt livres de Mets. Et tout la remenance de tous ces biens moibles par tout ou qu'ilz soient, commandet il tout a donner pour deu et pour l'airme de luy et por l'airme de Poinsatte sa femme et de Poinsatte sai fille et de ceux de cui il l'ait eu, az pouvre gens mendians et als pouvre hontous, lai ou ces menbours vairont et croiront qu'il soit bien enploiey, et lai ou il lor ait dict et commandet de bouche. De cette devise et de tous ses biens faict il wairde et mainbour de Mahoul sai feme et de Annate sa suer

---

[1]) Abert *B*.

lai femme Jehan lou Hungre, et welt qu'ils soient maintenant apres son decept saixis et tenans de tous ces biens partout ou qu'ilz soient, por faire et por esseuuir tout ceu qu'il an ait si desus deviseit. De ceste devize sont espondours Perrins li clerc, lou signour Jehan de l'Aitre et Stevenins lo fils Genuins d'Espinal que fut. Ceste devise fut faict la vigile de feste Sainct Estenne en awast, kant il ot a milliaire trois cens et trante quatre ans. Thiebaulz Wick ait la devize.

<small>Vidimus a. 1691 (A) et apogr. saec. XVIII (B). Metz. Bez.-Arch. G. 490 et 23, 3.</small>

714. — *1334 August 25. Avignon.*

Johannes XXII magistro Guillelmo Becferre utriusque iuris perito, cui papa iam providit de canonicatu ecclesie Metensis cum reservatione prebende, reservat in eadem eccl. dignitatem vel personatum seu officium cum cura vel sine cura, dummodo huiusmodi dignitas maior post episcopalem non existat, non obstante quod parrochialem ecclesiam de Amelencourt et canonicatum et prebendam et officium custodie, quod simplex et sine cura existit, in eccl. S. Stephani de Homburgo Met. dioc. obtinet. Tamen vigore huius gratie dignitatem vel personatum seu officium curatum assecutus omnino dimittat predictam eccl. parrochialem.

Litterarum scientia, morum . . . Dat. Avin. VIII kl. septembris a. decimo octavo.

In e. m. S. Arnulphi et S. Simphoriani extra muros Met. monasteriorum abbatibus ac thesaurario eccl. Tull.

<small>Reg. 106, nr. 1153. — Cf. nr. 702.</small>

715. — *1329 October 7—1334 October 7.*

Petrus Guigonis collector subsidii gratuiti a prelatis et personis ecclesiasticis Treverensis Johanni XXII concessi necnon fructuum primi annni camere apostolice ab eodem papa reservatorum in Metensi Tullensi et Virdunensi diocesibus reddit rationem de pecuniarum summis receptis dicteque camere assignatis.

<small>Kirsch, Die päpstlichen Kollektorien in Deutschland während des XIV. Jahrhunderts, p. 107—139. (Arch. Vatic. Collectoriae 3, f. 70—103. Cf. supra nr. 515 et 521.</small>

716. — *1335 Januar 8. Avignon.*

Benedictus XII reservat camere apostolice usque ad suum beneplacitum fructus primi anni omnium vacantium et inantea vacaturorum beneficiorum ecclesiasticorum, ecclesiis cathedralibus et monasteriis conventualibus ac beneficiis ex causa permutationis resignatis vel resignandis dumtaxat exceptis, mandatque magistro Johanni de Coiordano canonico Biterrensi capellano et thesaurario sedis apostolice, ut eosdem fructus nomine dicte camere colligat et percipiat.

Attendentes gravia et importabilia . . . Dat. Avin. VI idus ianuarii a. primo.

Reg. 130, f. 31¹, nr. 159.

717. — *1335 Januar 23. Avignon.*

Benedictus XII Petro Moreti archidiacono de Vico in eccl. Met. collectori fructuum primi anni a Johanne XXII deputato mandat, quatinus ad sedem apostolicam cessante dilatione cum libris et scripturis rationum suarum, ut eas camere apostolice reddere valeat integraliter et perfecte, personaliter se conferat, pecunias collectas, sicut utilius et securius fieri poterit, delaturus vel etiam transmissurus ad cameram.

Olim felicis recordationis . . . Dat. Avin. X kl. februarii a. primo.

Reg. 130, f. 5, nr. 47.

718. — *1335 Februar 11. [Avignon.]*

Anno a nat. domini MCCCXXXV die XI m. februarii dominus Petrus Moreti alias Guigonis archidiaconus de Vico in eccl. Metensi collector fructuum beneficiorum ecclesiasticorum Bisuntine et Treverensis provinciarum una cum domino Raymundo de Valleaurea canonico Lingonensi per sedem apostolicam deputatus de pecunia per ipsos de dictis fructibus recepta assignavit camere pape suo et dicti [Raym]undi nomine

    II^c XXVII flor. de florencia
    II^c XLIIII flor. de pedemonte
    CXII regales auri
      II d. ad cathedram auri parisien[ses]

de pecuniis collectis per eosdem de fructibus beneficiorum vacantium dictarum provinciarum.

Intr. et Ex. 146, f. 36. — Kirsch p. 141.

719. — *1335 Februar 22. Avignon.*

Benedictus XII Petro de Caltia clerico Met. dioc. magistro in artibus reservat beneficium ecclesiasticum cum cura vel sine cura consuetum clericis secularibus assignari, cuius fructus, si cum cura, quinquaginta, si vero sine cura fuerit, quadraginta librarum turonensium parvorum secundum taxationem decime valorem annuum non excedunt, ad dispositionem abbatis et conventus monasterii de Gorzia ord. S. Bened. Met. dioc. communiter vel divisim pertinens.

Litterarum scientia, vite . . . Dat. Avin. VIII kl. martii a. primo.

In e. m. S. Victoris et S. Genovefe Parisiensium ac S. Germani de Pratis iuxta Parisius monasteriorum abbatibus.

Reg. 119, nr. 709.

720. — *1335 März 29. Avignon.*

Benedictus XII episcopo Metensi mandat, quatinus cum Henrico de Bockenhem clerico Met. dioc. de presbitero et soluta genito dispenset, ut non obstante defectu natalium ad omnes ordines promoveri et beneficium ecclesiasticum, etiam si curam habeat animarum, obtinere possit.

Constitutus in presentia nostra . . . Dat. Avin. IIII kl. aprilis a. primo.

Reg. 120, f. 179, nr. 742.

721. — *1335 April 7. Avignon.*

Benedictus XII preposito B. Marie Magdalene Virdunensis et archidiacono de Tornadoro Lingonensis ac cancellario Metensis eccl. mandat, quatinus certos predones Met. et Tull. dioc., qui Petrum Guigonis de Castronovo archidiacono de Vico eiusque familiam spoliaverunt, moneant, ut prefato archidiacono exhibeant restitutionem et procurent satisfactionem.

[Benedictus XII] preposito B. Marie Magdalene Wardunensis (!) ac archidiacono de Tornadorio Lingonensis ac cancellario Metensis ecclesiarum.

Sua nobis dilectus filius magister Petrus Guigoni de Castronovo archidiaconus de Vico in ecclesia Metensi gravi conquestione monstravit, quod dudum ipso de civitate Metensi recedente et per partes illas, in quibus ut apostolice sedis nuncius certa sibi commissa prosequebatur negocia ecclesiam Romanam contingentia, veniendo ad Romanam curiam pro eisdem negociis transeunte, Petrus de Chamblaco, Johannes de Nogues et Ferricus de Arare domicelli Metensis et Tullensis dioc. cum quibusdam suis in hac parte complicibus . . . eidem archidiacono et familie sue paratis insidiis vestes paramenta et ornamenta sacra et alia multa bona, que per suos familiares faciebat defferri (!), usque ad valorem quingentarum librarum turonensium parvorum necnon litteras et instrumenta publica, quorum aliqua pertinebant ad nostram cameram, violenter more predonico rapuerunt . . . Discretioni vestre . . . mandamus, quatinus . . . super premissis et ea tangentibus simpliciter et de plano sine strepitu iudicii et figura informatione recepta, prenominatos Petrum Johannem et Ferricum ac alios omnes clericos et laicos, cuiuscumque status . . . existant, quos de premissis . . . culpabiles repereritis, . . . ut prefato archidiacono . . . exhibere plenam restitutionem et satisfactionem procurent, moneatis et efficaciter inducatis . . . Dat. Avin. VII idus aprilis a. primo.

Reg. 130, f. 35, nr. 173.

722. — *1335 Mai 23. Avignon.*

Benedictus XII Petro Moreti archidiacono de Vico in eccl. Met., quem Johannes XXII collectorem fructuum primi anni beneficiorum ecclesiasticorum in certis civitatibus diocesibus et partibus deputavit[1]), mandat, quatinus in civitatibus diocesibus et partibus predictis per se ac subcollectores fructus annales restantes et quoscumque alios proventus ad cameram apostolicam spectantes exigere studeat.

Dudum felicis recordationis . . . Dat. Avin. X kl. iunii a. primo.

Reg. t. 130, f. 47¹, nr. 309.

723. — *1335 Juni 22. Avignon.*

Facta fuit quitacio domino Thome episcopo Tullensi de IIe flor. auri pro parte partis sui communis servicii per manus discreti viri magistri Mathei de Spinallo capellani sui die XXI mensis augusti proxime preteriti solutis, de quibus etc. Dat. Avin. die XXII mensis iunii anno domini M XXXV.

In margine sinistro: Non habuit litteram nec solvit IIII servicia.

Obl. et Sol. 13 (321), f. 107.

724. — *1335 Juli 1. Avignon.*

Benedictus XII Petro Moreti archidiacono de Vico in eccl. Met. mandat, quatinus de omnibus et singulis beneficiis ecclesiasticis, quorum provisio iam dudum a Johanne XXII et noviter a Benedicto reservata est sedi apostolice, consistentibus in diocesibus, in quibus Petro certa sedis et camere apostolice negotia commissa sunt, de eorundem beneficiorum annuis fructibus et de personis, qui forsan in eisdem se intruserint, se informet et exinde papam quantocius certiorem faciat.

Dudum felicis recordacionis . . . Dat. Avin. kl. iulii a. primo.

Reg. t. 130, f. 65¹, nr. 405.

---

[1]) *Cf. nr. 523.*

725. — *1336 Januar 13. Avignon.*

Benedictus XII decano et archidiacono ac cancellario ecclesie Metensis mandat, quatinus Ademarium episcopum Metensem peremptorie citent, ut infra duorum mensium spatium apostolico se conspectui representet, camere apostolice et collegio cardinalium satisfacturus integre de residuo summe sexdecim milium ac tredecim et septuaginta octo florenorum auri etc.

[Benedictus XII] Dilectis filiis . . decano et . . archidiacono ac . . cancellario ecclesie Metensis.

Dudum Ademarius episcopus Metensis tam camere nostre quam collegio venerabilium fratrum nostrorum S. Romane ecclesie cardinalium, de quorum numero tunc eramus, tam pro se quam pro nonnullis predecessoribus suis episcopis Metensibus certis ex causis rationabilibus sexdecim milium ac trecentorum et septuaginta octo florenorum auri ac viginti octo solidorum et unius denarii coronatorum summam solvere et assignare promisit in certis terminis iam diu elapsis assignatis eidem sponte ac libere, se et omnia bona dicte ecclesie Metensis efficaciter obligando, in ipsum excommunicationis maioris et suspensionis ab administratione spiritualium et temporalium dicte Metensis ecclesie ac in ipsam ecclesiam interdicti sententiis auctoritate apostolica promulgatis, si in solutione huiusmodi deficeret in terminis supradictis. Verum idem Ademarius, licet tam eisdem camere quam collegio de prefata summa solverit sex milia et centum et octo florenos auri et viginti octo solidos coronatorum, de residuo tamen dicte summe in statutis ei ad hoc terminis seu postea diutius expectatus satisfacere contumaciter non curavit in anime sue periculum, camere et collegii cardinalium predictorum contemptum et preiudicium non modicum et gravamen. Proptereaque dictus Ademarius prefatas sententias noscitur incurrisse, quas diu sustinuit et adhuc sustinet animo indurato, administrando, ut dicitur, in suis ordinibus sicut prius. Nos igitur nolentes[1]), sicut nec debemus, premissa sub dissimulatione transire, discretioni vestre per apostolica scripta committimus et mandamus, quatinus vos vel duo aut unus vestrum per vos seu alium seu alios eundem Ademarium auctoritate nostra perhentorie citare curetis, ut infra duorum mensium spacium a die citationis huiusmodi per se vel procuratorem suum ad hoc legitime constitutum apostolico se conspectui representet, camere et collegio prefatis satisfacturus integre de dicto residuo pecunie memorate necnon super contumaciis contemptibus et aliis premissis omnibus et singulis facturus et recepturus, quod iusticia suadebit,

---

[1]) volentes *in reg.*

et alias nostris mandatis et beneplacitis in hac parte humiliter pariturus. Diem vero citationis huiusmodi et formam et quicquid inde' feceritis, nobis per vestras litteras [h]arum feriem continentes quantocius intimare curetis. Dat. Avin. idus ianuarii a. secundo.

Reg. 122, f. 13, nr. 2. — Riezler nr. 1769.

726. — *1336 Januar 16. Avignon.*

Benedictus XII episcopo Virdunensi mandat, quatinus Thomam episcopum Tullensem, qui post promotionem suam camere apostolice et collegio cardinalium duorum milium ac septingentorum et septuaginta florenorum auri ac viginti duorum solidorum et sex denariorum monete coronatorum summam solvere promisit, sed de hac summa tantum mille ac septingentos florenos auri assignavit, citet, ut infra duorum mensium spacium apostolico se conspectui personaliter representet camere et collegio prefatis satisfacturus.

Dudum Thomas episcopus . . . Dat. Avin. XVII kl. februarii a. secundo.

Reg. 122, f. 13¹, nr. 3. — Riezler nr. 1771.

727. — *1336 März 1. Avignon.*

Benedictus XII Eduardo comiti de Barro indulget, ut confessor, quem duxerit eligendum, omnium peccatorum plenam remissionem semel tantum in mortis articulo ei concedere valeat.

Provenit ex tue devotionis . . . Dat. Avin. kl. martii a. secundo.

Reg. 121, nr. 654.

728. — *1336 April 24. Avignon.*

Benedictus XII cum Theobaldo de filiis Ursi canonico Metensi in vicesimo septimo anno etatis constituto dispensat, ut non obstante defectu etatis in archiepiscopum licite promoveri ac archiepiscopale officium, si eum contigerit ad archiepiscopalem dignitatem alias canonice conscendere, licite exercere valeat.

Sedis apostolice circumspecta . . . Dat. Avin. VIII kl. maii a. secundo.

Reg. 122, nr. 558. — Riezler nr. 1793.

729. — *1336 Juni 13. Avignon.*

Benedictus XII Johanni Ogerii decano ecclesie de Belna Eduensis dioc. apostolice sedis nuncio mandat, quatinus ab iis collectoribus et subcollectoribus super colligendis fructibus annalibus beneficiorum ecclesiasticorum in Lugdunensi Viennensi Bisuntina Tarantasiensi et Treverensi provinciis deputatis, qui super eisdem colligendis fructibus fraudes et malicias varias commiserunt, ea, que per ipsos plus recepisse repererit, quam assignaverint camere apostolice vel cum hac computaverint, exigat petat et recipiat. Si forsan predicti collectores et subcollectores super restitutione facienda non reperirentur, solvenda a beneficia obtinentibus, qui cum illis fraudulentas fecerunt compositiones exigat.

Cum tu, quem nuper . . . Dat. Avin. idus iunii a. secundo.

Reg. 131, f. 39¹, nr. 138.

730. — *1336 Juni 13. Avignon.*

Benedictus XII eidem Johanni Ogerii decano ecclesie de Belna mandat, quatinus collectores fructuum annalium beneficiorum ecclesiasticorum per Johannem XXII olim in Bisuntina et Treverensi provinciis deputatos, qui iam diu vocati ad reddendam in camera apostolica rationem et prestanda collecta residua non venerunt, peremptorie citet, ut infra terminum competentem personaliter se representent in dicta camera; omnia eorum beneficia ecclesiastica ad manum apostocam ponat, fructusque sub eadem manu colligat, donec ipsi comparuerint.

Cum collectores fructuum . . . Dat. ut supra (= Avin. idus iunii a. secundo).

Reg. 131, f. 40, nr. 139.

731. — *1336 Mai 4. [Avignon.]*

Die IIII mensis maii recepti sunt a domino Ademario episcopo Metensi solvente per manus Dalmasii de S. Laurentio canonico Tricastrini tam pro suo communi servitio quam predecessorum suorum

IX^c flor. auri.

Intr. et Exit. t. 150, f. 14.

732. — *1336 Mai 6. Avignon.*

Littera episcopi Tullensis.

Venerabilis in Christo pater dominus Thomas episcopus Tullensis pro parte sui communis servicii, in quo erat camere obligatus, ducentos octaginta duos flor. auri VII β I den. cor. et pro quatuor serviciis consuetis II^c XVII flor. auri V β I den. cor. per manus dominorum Galterii de Pria militis et Alberti de Metis archidiaconi Metensis die VI mensis aprilis et pro complemento sui communis servicii, in quo erat etc. centum triginta septem flor. auri V β I den. cor. per manus domini Mathei de Spinallo familiaris sui die data presencium solvi fecit. Dat. Avin. die VI mensis maii anno etc. [1336].

<small>Obl. et Sol. 13 (321), f. 118¹; similiter. Obl. et Sol. 15 f. 54¹ et 17 f. 24¹, ubi loco Alberti, legitur Alberici.</small>

733. — *1336 Mai 7. [Avignon.]*

Die predicta [VII m. maii] recepti sunt a domino Thoma episcopo Tullensi solvente per manus domini Mathei de Spinalo familiaris sui tam pro parte partis sui communis servicii quam complemento   IIII^c XIX flor. auri XII β VIII den. cor.

<small>Intr. et Exit. t. 150, f. 14.</small>

734. — *1337 Juli 20. Avignon.*

Benedictus XII episcopo Metensi mandat, quatinus cum Philippo de Florhenges et Beatrice de Longoprato dispenset, ut matrimonium contrahere valeant non obstante impedimento affinitatis orte ex eo, quod Ermengaldis, prior Philippi uxor, dicte Beatrici attinebat in quarto consanguinitatis gradu.

[Benedictus XII] episcopo Metensi.

Ex parte dilecti filii nobilis viri Philippi domini de Florhenges militis et dilecte in Christo filie nobilis domicelle Beatricis nate dilecti filii nobilis viri Symonis domini de Longoprato militis Metensis et Leodiensis diocesium fuit nobis expositum, quod dudum inter consanguineos et amicos dictorum Philippi et Beatricis graves guerre et discordie . . . suscitate fuerunt, ex quibus villarum incendia et alia multa mala secuta fuisse noscuntur et peiora subsequi verisimiliter timebantur, et quod tandem ad sedandum guerras et discordias supradictas mediantibus bonis personis utriusque partis amicis habitus est tractatus, quod predicti Philippus et Beatrix debeant invicem matrimonialiter copulari. Verum quia quondam Ermengaldis de Henalpierre prima uxor dicti Philippi eidem Beatrici in quarto consanguinitatis gradu, dum viveret, attinebat, dicti Philippus et Beatrix matrimonium huiusmodi contrahere nequeunt dispensatione . . . non obtenta. . . . Nos igitur . . . Philippi regis Francorum illustris nobis in hac parte humiliter supplicantis ac dictorum Philippi militis et Beatricis supplicationibus inclinati, fraternitati tue . . . mandamus, quatinus, si est ita, cum eodem Philippo milite et Beatrice, quod impedimento affinitatis, quod ex dicta consanguinitate provenit, aliquatenus non obstante matrimonium

huiusmodi contrahere libere valeant . . . apostolica auctoritate dispenses.
Dat. Avin. XIII kl. augusti a. tertio.

Reg. 123, nr. 269; Riezler nr. 1888.

735. — *1337 September 9. Avignon.*

Benedictus XII Henrico comiti Barrensi indulget, ut liceat sibi habere altare portatile.

Sincere devotionis affectus . . . Dat. Avin. V idus septembris a. tertio.

Reg. 124, nr. 382.

736. — *1337 September 11. [Avignon.]*

Die XI mensis septembris dominus Johannes Ogerii decanus Belnensis Eduensis dioc. collector residuorum beneficiorum vacantium subsidii et decime sexannalis et triennalis in provinciis Viennensi Lugdunensi Tarrantasiensi Bisuntina et Treverensi assignavit camere de receptis per eum in dictis provinciis per manus domini Guillelmi Esperonis familiaris sui   VII^c LXXXV regales
         CXL scudati
      MII^c LXXXII flor. de Florencia
       VIII^c X flor. de Pedemonte

Intr. et Exit. 161, f. 35; Kirsch p. 156.

737. — *1337 September 22. Avignon.*

Benedictus XII Henrico comiti Barrensi indulget, ut missam, antequam illucescat dies, circa tamen diurnam lucem, cum qualitas negotiorum pro tempore ingruentium id exegerit, liceat sibi in sua et uxoris sue et suorum familiarium domesticorum et commensalium presentia per proprium vel alium sacerdotem ydoneum facere celebrari.

Sincere devotionis affectus . . . Dat. Avin. X kl. octobris a. tertio.

Reg. 124, nr. 383.

738. — *1337 September 22. Avignon.*

Benedictus XII Henrico comiti Barrensi indulget, ut, si forsan ad loca ecclesiastico supposita interdicto eum contigerit declinare, liceat ei inibi sibi et uxori sue suisque familiaribus domesticis et commensalibus missam et alia divina officia facere celebrari, ianuis clausis *etc.*

Devotionis tue sinceritas . . . Dat. Avin. X kl. octobris a. tertio.

Reg. 124, nr. 381.

***739.** — *1337 November 8.*

Ademarius episcopus confirmat hospitale (de la Chapellotte) ad recipiendum mulieres in lecto puerperii decumbentes necnon alias pauperes et mendicas mulieres in urbe Metensi fundatum et dotatum a Johanne de Curia et erectum ab Anneta relicta quondam Johannis Le Hungre sorore et executrice testamenti fundatoris.

Ademarius dei et apostolicae sedis gracia Metensis episcopus dilectae nobis in Christo Annétae relictae quondam Johannis dicti Le Hungre civis Metensis executrici unicae superstiti testamenti seu ultimae voluntatis quondam Johannis dicti de Curia[1]) civis Metensis ipsius defuncti quondam sorori salutem et sinceram in domino caritatem.

Tunc profecto vota postulantium benigno favore suscipimus et eisdem paterna benevolentia congaudemus, cum in ipsis votis animarum saluti provide consulitur, divini cultus augetur numerus et sacrae fidei devotio salutare suscipit incrementum. Sane tuae insinuationis series studio diligenti nobis exposuit, qualiter prefatus quondam Johannes frater tuus[2]) de bonis temporalibus in sui testamenti[3]) seu ultimae voluntatis ordinatione disponens inter cetera mandavit disposuit precepit unum hospitale fieri et edificari in quadam tunc ipsius domo sita Metis in Campo-Saliae dicta aux Arvoulx ad omnipotentis dei gloriam et honorem ac in venerationem beatissimae semper virginis Marie totiusque curiae supernorum ad recipiendum in hospitali eodem mulieres in lecto puerperii decumbentes et alias pauperes et mendicas mulieres dumtaxat. Qui etiam testator animae suae saluti consulte prospiciens unam capellam in ipso hospitali erigi et construi ordinavit in eiusdem virginis gloriosae memoriam singularem. In qua quidem capella voluit ac precepit idem testator duos reponi presbiteros propter missae et horarum canonicalium officia in eadem capella diebus singulis perpetuis temporibus peragenda, duorum primorum presbiterorum ibidem reponendorum dispositionem et ceterorum totius vitae tuae decursu tibi sub certa forma verborum relinquens, post vero obitum tuum volens eorundem presbiterorum, cum locus patuerit, ad hebdomedarios nostrae Metensis ecclesiae dispositionem eandem successivis temporibus pertinere,. prout in ipsius testamenti seriela tius et plenius dinoscitur contineri. Cui etiam hospitali et capellae eiusdem iam per te solerti circumspectione erectis centum et quadraginta librae Metenses annui et perpetui census disponente domino assignate

---

[1]) De eodem cf. Hist. générale de Metz II, 511; III, 338.
[2]) eius Reg. et Metz. Bez.-Arch.
[3]) Cf. supra nr. 713.

existunt in opera pietatis et misericordiae iuxta ipsius testatoris disposicionem piam et laudabilem convertendae, super quibus etiam omnibus et singulis per te informacionem recepimus competentem. Nos itaque tam pio tamque salubri operi applaudentes et tam in predicti testatoris quam tui devota affectione laudantes clementiam salvatoris, utque in tam meritoriis tamque fructuosis actibus aliquam favente domino recipere valeamus salutiferam portionem, tuae humili et instanti supplicationi grato et benevolo concurrentes assensu praemissa omnia et singula suprascripta sic laudabiliter ordinata auctoritate nostra ordinaria per praesentes approbamus corroboramus auctorisamus et etiam confirmamus ipsamque nostram auctoritatem ordinariam interponimus in praemissis perpetuis temporibus in suo robore duraturis, hospitali et capellae praedictis in favorem cultus divini et devotionis popularis augmentum ex gracia speciali nichilominus perpetuo indulgentes, quatinus duo presbiteri seu capellani, qui in praedicta capella suis erunt temporibus commorantes, missarum et horarum canonicalium officia in eadem capella alta voce et cum nota valeant celebrare atque in ipsa capella campana existat, quae pulsetur et pulsari valeat, dum imminebunt ipsa officia celebranda; item quatinus oblationes, quae in eadem capella ex devotione fidelium offerentur, salvo in hac parte consensu et interesse curati loci eiusdem et aliorum, quorum interest, cedant et assignentur hospitali predicto; item quatinus corpora in eodem hospitali decedentia sepeliantur et sepeliri valeant in cimiterio hospitalis Sancti Nicolai in Novoburgo Metensi; item quatenus capellani capellae eiusdem, qui erunt pro tempore, aut alter eorum eadem corpora defunctorum libere conducere valeant et conducant ad predictum cimiterium sepelienda ibidem absque alterius specialioris conductus petita licentia vel obtenta; item quatinus predicti capellani aut alter eorundem ipsius aegrotantibus et infirmis sacramenta ecclesiastica tam in vita quam in mortis articulo valeant ministrare. In cuius rei testimonium atque robur praesentes litteras sigilli nostri munimine duximus roborandas. Actum et datum anno domini millesimo trecentesimo tricesimo septimo die octava mensis novembris.

Transsumptum in litteras confirmatorias a Clemente VI datas d. 7 m. augusti a. 1345. Reg. Vatic. 172, f. 244¹, nr. 678; Metz. Bez.-Arch. G. 490 (apogr. cartac. sc. XVII).

740. — *1338 April 17. Avignon.*

Benedictus XII priori ordinis fratrum Predicatorum domus Metensis mandat, quatinus suspensionem capituli generalis ordinis predicti in proximo festo pentecostes in civitate Metensi celebrando in locis provincie sibi commisse, ubi expedire viderit, publicet, ut fratres dicti ordinis, qui illuc convenire debebant, non cogantur propterea laborare.

Licet capitulum generale . . . Dat. Avin. XV kl. maii a. quarto.

Reg. 125, f. 2, nr. 11.

741. — *1338 April 17. Avignon.*

Benedictus XII episcopo Metensi mandat, quantinus cum Johanne Gerardi de Hombuorch acolito, si alias sit ydoneus, dispenset, ut non obstante defectu natalium, quem patitur de presbitero genitus et soluta, possit ad omnes sacros ordines promoveri et beneficium ecclesiasticum curam habens animarum obtinere. Tamen vigore huius dispensationis beneficium in cathedrali ecclesia nequeat obtinere.

Constitutus in presentia nostra . . . Dat. Avin. XV kl. maii a. quarto.

Reg. 125, nr. 253.

742. — *1338 April 17. Avignon.*

Benedictus XII episcopo Metensi mandat, quatinus cum Symone Symonis de Theonisvilla acolite Met. dioc., si alias sit ydoneus, dispenset, ut non obstante defectu natalium, quem patitur de presbitero genitus et soluta, possit ad omnes ordines promoveri et beneficium ecclesiasticum, etiam si curam habeat animarum, obtinere. Tamen vigore huius gratie beneficium in cathedrali ecclesia nequeat obtinere.

Constitutus in presentia nostra . . . Dat. Avin. XV kl. maii a. quarto.

Reg. 125, nr. 253.

743. — *1338 Juni 11. Avignon.*

Benedictus XII episcopo Virdunensi mandat, quatinus cum Henrico comite Barensi et Yolande nata quondam Roberti de Flandria militis dispenset, ut non obstante quarto consanguinitatis gradu matrimonium licite contrahere valeant.

[Benedictus XII] episcopo Virdunensi.

Petitio dilecti filii nobilis viri Henrici comitis Barrensis et dilecte in Christo filie nobilis mulieris Yolandis nate quondam Roberti de Flandria militis Morinensis dioc. nobis exhibita continebat, quod idem Henricus considerans, quod de genere suo ex recto stipite nullus masculus nisi solus ipse superstes existit et propterea statui et quieti subditorum comitatus sui Barrensis multum expedire dinoscitur ad obviandum dissipationi et destructioni subditorum ipsorum, que propter diversas et varias personas, que de successione in comitatu predicto, si ipsum Henricum sine herede, quod absit, decedere forsan contingeret, sequerentur, ut Henricus ipse matrimonium cum aliqua muliere nobili contrahat sibi pari, quodque ipse Henricus propter innumerositatem illorum, qui sibi tam consanguinitate quam affinitate coniuncti sunt, reperire non possit in illis partibus et vicinis eisdem aliquam nobilem mulierem sibi parem, que ad contrahendum matrimonium cum eodem sibi coniuncta gradu prohibito non existat, iidem Henricus et Yolandis iuxta communium consanguineorum et amicorum tractatum disposuerunt invicem matrimonialiter copulari. Sed quia quarto consanguinitatis gradu coniuncti fore noscuntur, id non potest absque dispensatione apostolica licite provenire. Quare nobis pro parte ipsorum . . . extitit humiliter supplicatum . . . . Nos itaque . . . fraternitati tue . . . mandamus, quatinus, si est ita, cum eisdem . . . ut . . . matrimonium invicem libere contrahere . . . valeant, auctoritate nostra dispenses, prolem suscipiendam ex huiusmodi matrimonio legitimam nunciando. Dat. Avin III idus iunii a. quarto.

Reg. 125, nr. 254.

744. — *1338 Juli 21. Avignon.*

Benedictus XII episcopo Metensi mandat, quatinus cum Herbordo de Dipach armigero et Gudula muliere Treverensis dioc , qui ignorantes, quod prior maritus Gudule prefato Herbordo in quarto consanguinitatis gradu attinebat, matrimonium contraxerunt, dispenset, ut possint in dicto matrimonio remanere, prolem susceptam et suscipiendam ex dicto matrimonio legitimam nunciando.

Exhibita nobis pro parte . . . Dat. Avin. XII kl. augusti a. quarto.

Reg. 125, nr. 283.

745. — *1338 Juli 21. Avignon.*

Benedictus XII episcopo Metensi mandat, quatinus cum Johanne dicto Coco de Geminiponte et Ida nata Egelonis, qui matrimonium contraxerunt ignorantes, quod Johannes ante huiusmodi matrimonium contractum actu fornicario carnaliter precognoverat quandam vilis conditionis mulierem dicte Ide in tertio consanguinitatis gradu coniunctam, cuius ex verbis et clamoribus haec res pervenit ad noticiam Johannis et Ide, dispenset, si est ita, ut in sic contracto matrimonio licite valeant remanere, prolem susceptam et suscipiendam ex huiusmodi matrimonio legitimam decernendo.

Ex tenore petitionis . . . Dat Avin. XII kl. augusti a. quarto.

Reg. 125, nr. 295.

746. — *1338 August 17. Avignon.*

Benedictus XII Ernesto nato quondam Johannis de Vilstorf confert eccl. S. Salvatoris Met. canonicatum, prebendam vero eidem reservat.

Suffragantia tibi probitatis... Dat. Avin. XVI kl. septembris a. quarto.

In e. m. episcopo Brixiensi et preposito et decano S. Symeonis Treverensis.

Reg. 125, nr. 92.

747. — *1338 October 25. [Avignon.]*

Die XXV mensis octobris [MCCCXXXVIII] recepti sunt a domino Johanne Ogerii decano Belnensi collectore in provinciis Lugdunensi Viennensi Bisuntina Tarantasiensi et Treverensi assignante per manus Gervini (?) de Curresia nepotis sui de pecuniis per ipsum receptis de fructibus beneficiorum vacantium residuis decimarum et aliise molumentis ad cameram spectantibus   II^{m}VI^c flor. auri
       CII d. ad scutum auri.
      V^c XXX regales auri
        I d. ad agnum auri
        IIII d. tur. gross.

Intr. et Exit. 170, f. 39; Kirsch p. 156.

748. — *1338 October 25. Avignon.*

Johannes Avinionensis episcopus domini pape thesaurarius testatur, quod Johannes Ogerii decanus ecclesie Belnensis collector fructuum beneficiorum ecclesiasticorum vacantium in provinciis Lugdunensi Viennensi Bizuntina Tarantasiensi et Treverensi necnon et residuorum decimarum et aliorum emolumentorum ad cameram apostolicam spectantium auctoritate apostolica deputatus de pecunia per ipsum de predictis recepta duo milia sexentos *(sic!)* flor. auri centum et duos denarios auri ad scutum, quingentos triginta regales auri, unum denarium auri ad agnum et quator turonenses grossos per manus Gerini de Curresia nepotis sui camere apostolice de data presentium assignavit.

Dat. Avin. XXV. mensis octobris anno quo supra (= quarto).
Obl. et solut 18, f. 10¹.

749. — *1338 November 13. Avignon.*

Benedictus XII episcopum Leodiensem exhortatur, quatinus Edwardo regi Anglie, qui cum Ludovico de Bavaria confederationes iniit ac nonnullos prelatos illarum partium ad parendum dicto Ludovico et eidem prestando pro terris bonis et iuribus, que tenent ab imperio, recognitionis et fidelitatis iuramentum compellere nititur, nequaquam pareat, immo vero cum Coloniensi et Bisuntino archiepiscopis ac Virdunensi Basiliensi Argentinensi Cameracensi Metensi Tullensi Lausanensi Bellicensi Traiectensi et Monasteriensi episcopis, quibus papa per similes litteras inde scribit, vel cum illis ex eis, de quibus episcopo Leodiensi videbitur, confederationes ineat, ut viribus unitis se invicem iuvare valeant.

Perduxit noviter rumor . . . Dat. Avin. idus novembris a. quarto.
In e. m. supradictis singulis archiepiscopis et episcopis.

Reg. 133, f. 124, nr. 383—395; cf. Raynaldi Annal. eccl. a. 1338 § 71. Riezler nr. 1995, n. 1.

750. — *1338 November 13. Avignon.*

Benedictus XII Petro tit. S. Praxedis presbitero et Bertrando S. Marie in Aquiro diacono cardinalibus apostolice sedis nunciis super negotio pacis inter Francie et Anglie reges mandat, quatinus Coloniensi et Bisuntino archiepiscopis ac Cameracensi Leodiensi Traiectensi Monasteriensi Mindensi Osnaburgensi Constanciensi Herbipolensi Argentinensi Curiensi Spirensi Virdunensi Augustensi Mettensi Tullensi Basiliensi Lausanensi Bellicensi et aliis episcopis et prelatis illarum partium et provinciarum sub virtute obedientie ac iuramenti et fidelitatis, quibus Romane ecclesie tenentur astricti, aliisque spiritualibus et temporalibus penis inhibeant, ne Edwardo regi Anglie, qui a Ludovico de Bavaria vicariatum imperii suscepisse dicitur, aut alicui alii de vel pro suis temporalibus et aliis, que tenent ab imperio, nisi ipsi pape et ecclesie Romane imperio vacante, sicut nunc vacat, vel vero et catholico imperatori faciant vel prestent recognitionem vel homagium.

Assertione rumoris implacidi . . . Dat. Avin. idus novembris a. quarto.
Reg. 133, f. 125, nr. 397; Riezler nr. 1994.

751. — *1339 Januar 13. Avignon.*

Benedictus XII Radulpho duci Lothoringie indulget, ut confessor, quem duxerit eligendum, omnium peccatorum plenam remissionem ei semel tantum in mortis articulo concedere valeat.

Provenit ex tue devotionis . . . Dat. Avin. idus ianuarii a. quinto.
Reg. 127 sine f. et nr.

752. — *1339 Januar 13. Avignon.*

Benedictus XII Marie de Blesis Radulphi ducis Lothoringie uxori indulget, ut confessor, quem duxerit eligendum, omnium peccatorum plenam remissionem ei semel tantum in mortis articulo concedere valeat.

Provenit ex tue devotionis . . . Dat. Avin. idus ianuarii a. quinto.
Reg. 127 sine f. et nr.

753. — *1339 Januar 13. Avignon.*

Benedictus XII Margarite de Lothoringia nate quondam Frederici ducis Lothoringie indulget, ut confessor, quem duxerit eligendum, omnium peccatorum plenam remissionem semel tantum in mortis articulo concedere valeat.

Provenit ex tue devotionis . . . Dat. Avin. idus ianuarii a. quinto.
Reg. 127 sine f. et nr.

754. — *1339 Januar 28. Avignon.*

[Benedictus XII] Hanrico Hanrici canonico Metensi.

Tue merita probitatis . . . Meritorum tuorum intuitu necnon consideratione . . . Johannis regis Boemi illustris pro te dilecto et fideli clerico suo nobis in hac parte humiliter supplicantis ac asserentis, quod tu, qui in ecclesia de Homborch Metensis dioc. canonicus et cantor existis, in loco ipso de Homborch absque periculo corporis morari non audes et quod in civitate Metensi elegisti perpetuam mansionem . . . canonicatum ecclesie Metensis . . . apostolica tibi auctoritate conferimus . . . prebendam vero . . . in dicta ecclesia . . . tibi . . . reservamus . . . . Volumus autem, quod, quamprimum vigore presentium in prefata Metensi ecclesia prebendam pacifice fueris assecutus, prefatos canonicatum et prebendam ac cantoriam, quos in dicta ecclesia de Homborch . . . obtines, . . . omnino, prout ad id te sponte obtulisti, dimittere tenearis . . . Dat. Avin. V kl. februarii a quinto.

In e. m. Oliverio de Cerzeto Sancti Ilarii Pictaviensis et Sancti Salvatoris Metensis ac Sancti Stephani de Homborch Met. dioc. eccl. decanis.
Reg. 127, nr. 185.

755. — *1339 Februar 3. Avignon.*

Benedictus XII nobili viro Radulpho duci Lothoringie indulget, ut, si forsitan ad loca ecclesiastico supposita interdicto eum contigerit declinare, liceat ei et decem personis eius familiaribus missam et alia divina officia facere celebrari, ianuis clausis etc.

Devotionis tue sinceritas . . . Dat. Avin. III nonas februarii a. quinto.
Reg. 127, nr. 105.

756. — *1339 Februar 3. Avignon.*

Benedictus XII nobili viro Radulpho duci Lothoringie indulget, ut liceat ei habere altare portatile.

Sincere devotionis affectus . . . Dat. Avin. III nonas februarii a. quinto.
Reg. 127, nr. 101.

757. — *1339 Februar 3. Avignon.*

Benedictus XII nobili mulieri Marie de Blesis Radulphi ducis Lothoringie uxori indulget, ut, si forsitan ad loca ecclesiastico supposita interdicto eam contigerit declinare, liceat ei et decem personis eius familiaribus missam et alia divina officia celebrari, ianuis clausis etc.

Devocionis tue sinceritas . . . Dat. Avin. III nonas februarii a. quinto.

Reg. 127, nr. 103.

758. — *1339 Februar 3. Avignon.*

Benedictus XII nobili mulieri Marie de Blesis Radulphi ducis Lothoringie uxori indulget, ut liceat ei habere altare portatile.

Sincere devotionis affectus . . . Dat. Avin. III nonas februarii a. quinto.

Reg. 127, nr. 100 c.

759. — *1339 Februar 3. Avignon.*

Benedictus XII nobili mulieri Margarite de Lothoringia nate quondam Ferrici ducis Lothoringie indulget, ut, si forsitan ac loca ecclesiastico supposita interdicto eam contigerit declinare, liceat ei et decem personis eius familiaribus missam et alia divina officia facere celebrari, ianuis clausis.

Devotionis tue sinceritas . . . Dat. Avin. III nonas februarii a. quinto.

Reg. 127, nr. 104.

760. — *1339 Februar 3. Avignon.*

Benedictus XII nobili mulieri Margarite de Lothoringia nate quondam Ferrici ducis Lothoringie indulget, ut liceat ei habere altare portatile.

Sincere devotionis affectus . . . Dat. Avin. III nonas februarii a. quinto.

Reg. 127, nr. 102.

761. — *1339 Februar 7. Avignon.*

Benedictus XII Egidio de Villa perpetuo capellano capellanie S. Catherine in eccl. S. Nicolai de Portu Tull. dioc. reservat beneficium ecclesiasticum cum cura vel sine cura consuetum clericis secularibus assignari ad dispositionem abbatis et conventus monasterii Gorziensis ord. S. Bened. Met. dioc. spectans, cuius fructus, si cum cura, quinquaginta quinque, si vero sine cura fuerit, quadraginta librarum turonensium parvorum secundam taxationem decime valorem annuum non excedunt. Tamen vigore harum litterarum beneficium assecutus dimittat capellaniam predictam.

Suffragantia tibi laudabilia . . . Dat. Avin. VII idus februarii a. quinto.

In e. m. decano S. Gangulphi Tull. et cancellario Met. ac scolastico maioris Tull. eccl.

Reg. 127, nr. 793.

762. — *1339 Februar 17. Avignon.*

[Benedictus XII] archiepiscopo Bisuntino.

Fraternitatis tue litteras responsales ad ea, que tibi, frater, pridem scripsimus, super faciendis videlicet per te cum quibusdam aliis prelatis partium illarum confederationibus et ligis adversus Ludovicum de Bavaria . . . eiusque ministros et sequaces, et ut fortius et melius eorum detestandis posset obviari conatibus, si ad partes ipsas accedere forsitan attemptarent, solite benignitatis affectu recepimus et, que continebantur in eis, pleno collegimus intellectu. Sane quia per eas te ad premissa et alia, que circa illa oportuna fuerint, obtulisti devotum et promptum, nos huiusmodi devotionem et promptitudinem . . . cum gratiarum actionibus in domino commendantes, fraternitatem [tuam] rogamus attentius et hortamur, quatinus tuum laudabile prepositum huiusmodi deducere, sicut oportunum extiterit, taliter studeas in effectum, quod divinam et nostram dicteque sedis uberiorem tibi vendices gratiam . . . Dat. Avin. XIII kl. martii a. quinto.

In e. m. Ademaro episcopo Metensi . . Thome episcopo Tullensi.

Reg. 134, f. 13, nr. 35. Loc. cit. f. 13¹, nr. 36, 37. — Riezler nr. 2020.

763. — *1339 April 5. Avignon.*

[Benedictus XII] Ademaro episcopo Metensi.

Ad ea, que tranquillitatem . . . Sane fide digna relatione percepimus, quod dudum inter te ac dilectum filium nobilem virum Henricum comitem Barrensem pro fortificatione ac communi profectu tuis et ecclesie tue ex parte una et etiam comitis memorati ex altera certe alligationes sub certis formis et obligationibus fuerunt inite et firmate, et quod aliqui inimici et malivoli eiusdem comitis ad hoc precipue intendentes, ut tu una cum eis moveas sibi guerram, laborant viis et modis subdolis, quibus possunt, ut tu ab alligationibus et amicitia eiusdem comitis separeris, pretendentes, quod idem comes venerit contra formam obligationum predictarum easque fregerit ex eó, quod te irrequisito cum civibus Tullensibus fecit pacem. Cum igitur formam obligationum huiusmodi et contenta in eis ignoremus, an facte fuerint videlicet in favorem tue ecclesie vel in dampnum, et ob hoc velimus de eis plenius informari, fraternitati tue . . . mandamus, quatinus aliquem discretum de predictis plenarie informatum ad presentiam nostram hinc ad festum pentecosten proximo venturum destinare procures, interim ab omni novitate indebita penitus abstinendo. Dat. Avin. nonas aprilis a. quinto.

Reg. 127, nr. 98.

764. — *1339 Juni 10. Avignon.*

Benedictus XII archidiacono de Vertus in ecclesia Cathalaunensi mandat, quatinus procedat contra eos, qui Ademarum episcopum ceperunt carceri mancipaverunt et coegerunt, ut eis pro liberatione sua sexdecim milia librarum turonensium parvorum persolveret.

[Benedictus XII] archidiacono de Vertus in ecclesia Cathalunensi.

Ad audientiam apostolatus nostri . . . pervenit, quod Symon de Perroies de Marchienville, Johannes Xoltes milites, Werricus de Perroies de Sawigney, Chaderonus de Hennamenil, Arnulphus de Bazemont armigeri, Hennekinus dicti Symonis servitor, Gerardus de Juxey, Symoninus de Moncourt, Symoninus de Bleville, Heiloelus, Guerardus, Wyquelinus et Henricus de Nanceyo balistarii laici Metensis Tullensis et Treverensis dioc. associatis eis multis in hac parte complicibus . . . adversus . . . Ademarum episcopum Metensem, quamvis nulla guerra vel racionabilis causa discordie inter eos et prefatum episcopum precessisset nec eundem episcopum diffidassent, hostiles insidias machinantes, eundem episcopum tunc inermem et se tute per terram episcopatus sui incedere credentem armata manu hostiliter invaserunt ipsumque ausu sacrilego letaliter vulnerantes personaliter ceperunt et carceri manciparunt eundem et tamdiu tenuerunt dicto carceri mancipatum, donec idem episcopus pro liberatione sua preter sarcinas expensarum, quas occasione captionis huiusmodi oportuit eum subire, eisdem sacrilegis sexdecim milia librarum turonensium parvorum persolvere et, quod de premissis querimoniam nunquam deponeret, fideiussores dare et super hoc etiam iuramentum prestare et per fidem suam promittere coactus fuit per vim et metum, qui cadere poterant in constantem, confectis nichilominus super hiis litteris, factis renunciationibus et penis adiectis. Ac subsequenter dicti sacrilegi ad castra et terras nobilium virorum Geraldi et Walteri fratrum de Puligneyo et Johannis de Valle, Guillelmi de Payrey, Jacobi de Monteclaro dominorum Treverensis et Tullensis dioc. accedentes, in dictis castris et locis fuisse dicuntur per dictos nobiles receptati. Cum igitur ea, que vi metusve causa fiunt, carere debeant robore firmitatis nostraque intersit adversus huiusmodi sacrilegos in . . . episcopos manus atroces inicere et in eos talia enormia perpetrare dampnabiliter non verentes de oportuno remedio providere, discretioni tue . . . mandamus, quatinus per te vel per alium seu alios, si simpliciter et de plano sine strepitu et figura iudicii inveneris ita esse, eosdem sacrilegos, ut huiusmodi iuramentum et fidem relaxent et fideiussores predictos ab huiusmodi fideiussione absolvant, monitione premissa per censuram ecclesiasticam appellatione remota compellas, eosdem sacrilegos in penas contra capientes episcopos et in eos huiusmodi enormia exercentes per concilium Viennense et alios sacros canones promulgatas incidisse iustitia exigente declares eosque nichilominus tamdiu appellatione remota excommunicatos publice nuncies et nunciari per alios facias et ab omnibus arcius evitari, donec super hiis predicto episcopo satisfecerint competenter et cum tuarum testimonio litterarum ad sedem venerint apostolicam absolvendi. Ac insuper predictos sacrilegos, quod prefato episcopo de huiusmodi pecunia sic extorta et aliis iniuriis per eos irrogatis eidem congruam, ut tenentur, satisfactionem impendant, promissionibus litteris instrumentis renunciationibus cautionibus et penis, si que super premissis fuerunt apposite vel adiecte, nequaquam obstantibus, per censuram ecclesiasticam appellatione cessante previa monicione[1]) compellas. Testes autem, qui fuerint nominati, si se gratia odio vel timore subtraxerint, censura simili appellatione cessante compellas veritati testimonium perhibere . . . Dat. Avin. IIII idus iunii a. quinto.

Reg. 127, nr. 208. — Riezler nr. 2037.

765. — *1339 Juni 10. Avignon.*

[Benedictus XII] archiepiscopo Bisuntino.

Significavit nobis venerabilis frater noster Ademarus episcopus Metensis, quod nonnulli nobiles ac cives et burgenses diversarum civitatum et diocesium illarum parcium castra villas terras et alia loca necnon census redditus et proventus ad mensam suam episcopalem Metensem spectantia pro certis pecuniarum summis iam diu detinuerunt et adhoc detinent ex facto quorundam predecessorum suorum episcoporum Metensium titulo pignoris obligata; et licet ex eis perceperunt

---

[1]) racione *in reg.*

ultra sortem, illa tamen prefato episcopo restituere indebite contradicunt . . . Propter quod prefatus episcopus ad nos super hiis duxit humiliter recurrendum. . . . Fraternitati tue . . . mandamus, quatinus vocatis, qui fuerint evocandi, si simpliciter et de plano sine strepitu et figura iudicii tibi constiterit de premissis, eidem episcopo super hiis facias iusticie complementum, contradictores per censuram ecclesiasticam appellatione postposita compescendo. Testes autem *etc.* Dat. Avin. IIII idus iunii a. quinto.

Reg. 127, nr. 209. — Riezler nr. 2038.

766. — *1339 Juni 10. Avignon.*

Benedictus XII archiepiscopo Bisuntino et Tornodorensis Lingonensis et de Vertus Cathalaunensis ecclesiarum archidiaconis mandat, quatinus Ademaro episcopo Metensi constituti conservatores et iudices efficacis defensionis presidio assistentes non permittant eundem super bonis et iuribus ad eundem et mensam episcopalem spectantibus a quibuscumque indebite molestari.

Ad hoc nos deus . . . Dat. Avin. IIII idus iunii a. quinto.

Reg. 127, nr. 366.

767. — *1339 December 11. Avignon.*

Benedictus XII episcopo Metensi mandat, quatinus cum Johanne filio Friderici comitis de Salewerne et Clara sorore Johannis et Burchardi dominorum de Fenestrangiis dispenset, ut non obstante quarto consanguinitatis gradu valeant matrimonium contrahere.

[Benedictus XII] episcopo Metensi.

Exhibita nobis pro parte dilectorum filiorum nobilium virorum Friderici comitis de Salewerne ac Johannis et Burchardi fratrum germanorum dominorum de Fenestrangiis Metensis dioc. petitio continebat, quod olim . . . inter quondam Henricum patrem eorundem fratrum dominum dicti loci de Fenestrangiis eiusque complices et sequaces ex parte una et dictum Fredericum comitem suosque complices et fautores ex altera adeo fuit gravis guerrarum et dissensionis materia suscitata, quod utrinque fuerunt tria milia equitum armatorum et quatuor milia peditum et multo amplius congregata pro bello invicem iniendo (!) ac partes ipse per unius solius miliaris intermediam distantiam se posuerunt in campo, quodque, licet tunc fuisset aliqualiter inter dictas partes concordia reformata, postmodum tamen inter eos discordia extitit suscitata et animi partium earundem fuerunt ad deteriora etiam preparati, ex quo magna strages hominum spolia incendia et alia corporum et animarum ac rerum pericula sequi procul dubio timebantur; et quod tandem mediantibus amicis communibus pro huiusmodi periculosa discordia sopienda hinc inde sub spe gratie apostolice . . . solennis promissio facta fuit, videlicet quod . . . Johannes domicellus dicti comitis filius et . . . Clara . . . dictorum fratrum soror, qui siquidem Johannes et Clara quarto consanguinitatis gradu ex parte patrum dumtaxat, ut asseritur, invicem se contingunt, deberent matrimonialiter copulari. Quare pro parte ipsorum fuit nobis humiliter supplicatum . . . Nos itaque . . . fraternitati tue . . . mandamus, quatinus, si est ita, dummodo ipsi propter hoc non adhereant hostibus ecclesie Romane vel alias excommunicati non sint, cum Johanne dicti comitis filio ac Clara domicella predictis, quod . . . invicem matrimonium libere contrahere . . . valeant, apostolica auctoritate dispenses . . . Dat. Avin. III idus decembris a. quinto.

Reg. 127, nr. 768. — Riezler nr. 2057.

768. — *1339 Dezember 11. Avignon.*

Benedictus XII episcopo Metensi mandat, quatinus cum Petro Alberonni et Abelonna de Vieterlingen Met. dioc., qui ignorantes, quod impedimentum existeret inter eos ex eo, quod quedam mulier conjugata, quam dictus Petrus antea carnaliter cognoverat, dicte Abelonne erat tertia linea consanguinitatis coniuncta, matrimonium contraxerunt, dispenset, ut in dicto matrimonio licite remanere possint, prolem susceptam et suscipiendam ex eodem matrimonio legitimam nunciando.

Oblate nobis pro parte . . . Dat. Avin. III idus decembris a. quinto.
Reg. 127, nr. 811.

769. — *1338 Januar—1339 December.*

Johannes Ogerii decanus Belnensis collector fructuum camere apostolice in Lugdunensi Viennensi Bisuntina Tarantasiensi et Treverensi provinciis deputatus reddit predicte camere rationem de pecuniis receptis et expensis infra suprascriptos duos annos in Treverensi provincia.

Collectoriarum t. 135, f. 82¹—89. — Kirsch pg. 147—156.

770. — *1340 April 11. [Avignon.]*

Eadem die, cum discretus vir P. Moreti archidiaconus de Vico in ecclesia Metensi esset sicuti adhuc est in quibusdam pecuniarum quantitatibus·camere apostolice obligatus, et propterea fructus redditus et proventus prebende sue Metensis ac archidiaconatus predicti de mandato dicte camere sequestrati per discretum virum et officialem Metensem, de fructibus dictorum prebende et archidiaconatus per ipsum sequestri nomine perceptis per manus Gaytoni de Castronovo Diensis dioc. familiaris sui camere assignavit

CXII d. auri ad scutum
CVI regales auri
XII pavalh. auri
II flor. auri

Intr. et Exit. 185 f. 18. — Kirsch p. 142.

771. — *1340 Mai 2. Avignon.*

Gasbertus (pape camerarius) testatur, quod Ademarus episcopus Metensis pro parte partis tam sui quam dominorum Ludovici et Henrici predecessorum suorum communium serviciorum VII^c flor. auri prefate camere necnon et pro parte partis quatuor serviciorum familiarium et officialium eiusdem domini nostri pape pro se et predecessoribus supradictis III^c flor. auri clericis camere supradicte pro eisdem etc. per manus Dalmacii de Sancto Laurentio canonici Tricastrini procuratoris sui solvi fecit, de quibus sic solutis ipsum dominum episcopum ecclesiam et successores suos ac bona absolvimus prefate camere nomine tenore presentium et quitamus. Insuper ipsum dominum episcopum a suspencionis excommunicacionis et interdicti sentenciis ac reatu periurii, quos et quas incurrit, pro eo quod soluciones per eum promissorum serviciorum statutis sibi terminis non persolvit, noscitur incurrisse, auctoritate qua fungimur duximus absolvendum. In cuius rei etc. Dat. Avin. die II mensis maii anno ind. et pont. predictis.

Obl. et Solut. 18 f. 86; similiter, sed brevius. Intr. et Exit. 185 f. 13.

772 — *1340 Mai 31. Avignon.*

Anno quo supra [scil. 1340] et die ultima mensis maii venerabilis dominus Johannes decanus Belnensis Eduensis dioc. collector residuorum decimarum sexennalium et triennalium ac subsidii et procurationum concessarum felicis recordationis domino Johanni pape XXII in provinciis Viennensi Lugdunensi Tarantasiensi Bisuntina et Treverensi auctoritate apostolica deputatus de receptis per eum in provinciis predictis per manus Gerini de Curresia nepotis sui camere domini pape assignavit

M IX^c XXVII flor. de Florentia
IX^c XXVI flor. Pedemonte.
CLX regales auri
CXLV pavalh. boni ponderis
V pavalh. parvi ponderis
VII^c LXII scudatos boni ponderis
XLIII scudatos parvi ponderis
CV leones auri
I parisiensem auri
X agnos auri.

Intr. et Exit. 185 f. 38; similiter Obl. et Solut. 18 (324) f. 28¹. — Kirsch p. 156.

773. — *1340 Juni 1. Avignon.*

Die prima m. iunii venerabiles viri d. Petrus Moreti et R[aymundus] de Valleaurea canonici Lingonenses olim collectores fructuum beneficiorum apud sedem apostolicam vacantium in provinciis Bisuntina et Treverensi auctoritate apostolica deputati in extenuationem debiti, in quo sunt camere domini pape per finem computorum suorum camere predicte reddituorum obligati, per manus discretorum virorum d. Johannis Laurencii curati de Torona et Johannis Gebennensis curati de Altavilla Lingonensis dioc. camere domini pape solvi fecerunt — II ^c XXIII flor. auri de Florentia, quadraginta tres florenos auri Pedimontis[1]) in LXIX flor. de Florencia, XXI d. auri ad scutum, III d. auri ad coronam, I d. auri parisiensem, I d. auri vocatum doble, I agnum auri, XX β turon. gross. argenti, XIII lbr. V β obolorum argenti de Francia — singulis scudatis pro uno floreno cum quarto, singulis den. auri ad coronam pro I flor. cum dimidio, paris. auri pro II flor. minus XVIII den. parve monete, doble auri pro II flor. auri et duobus solidis parve monete, agno auri pro I flor. III β et IX d. monete parve, turon. grossis argenti XII pro uno floreno, et obolis argenti pro X den. monete parve, videlicet XXVII β dicte monete parve pro uno floreno computatis, florenis predictis in sua specie remanentibus.

Intr. et Exit. 185 f. 19¹; similiter Obl. et Solut. 18 f. 28¹. — Kirsch pg. 141.

---

¹) *Obl. et Solut. 18 addit:* novem den. parve monete.

774. — *1340 Juli 16. [Toul.]*

Decanus et capitulum ecclesie Tullensis ex una parte et magister scabinus ceterique rectores consules et iusticiarii totaque universitas civitatis Tullensis ex altera pacem et concordiam inter se reformant.

In nomine domini amen. Nos decanus et capitulum ecclesie Tullensis ex parte una et nos magister scabinus ceterique rectores consules et iusticiarii totaque universitas civitatis Tullensis ex altera notum facimus universis, quod, cum inter nos partes predictas in curia Romana coram venerabili et discreto viro domino Oliverio de Cerzeto, decano ecclesie S. Ilarii Pictaviensis domini pape capellano eiusque sacri palatii auditore a domino papa super hoc specialiter deputato, lis et controversia verteretur super quibusdam dampnis violentiis et iniuriis nobis predictis decano et capitulo in domibus nostris et alibi ac in domibus vicariorum et capellanorum nostrorum tam in bladis vinis equis quam ceteris bonis, prout dicebamus, factis et illatis; item et super hoc, quod dicti cives in venerabiles viros dominos Petrum de S. Michaele canonicum et Egidium dicte Tullensis ecclesie vicarium presbiteros manus iniecerant temere violentas ac eos diro carceri manciparant; item super eo, quod dicti cives iniuriose nos decanum et capitulum civitatem Tullensem exire preceperant et per minas suas atroces compulerant multasque preconisaciones contra libertatem ecclesie fieri fecerant et plures alias iniurias et gravamina plurima contra nos et homines nostros et ecclesiam nostram et personas predictas fecerant et commiserant, ut asserebamus, et ob hoc peteremus ipsos cives et habitatores nobis . . decano et capitulo in diversis pecuniarum summis et aliis sentencialiter condempnari, prout plenius in peticione coram predicto auditore edita continetur, tandem lite super dicta peticione contestata, posicionibus et articulis hinc inde diversisque processibus factis et habitis, ad exhortationem et consilium providorum virorum pacem et concordiam inter nos partes predictas fieri desiderancium ad concordiam devenimus et concordavimus in hunc modum:

Inprimis actum est inter nos partes predictas nosque rectores iusticiarii et habitatores supradicti in hoc expresse consentimus et concordamus, quod decanus et canonici Tullensis ecclesie ad civitatem Tullensem et habitaciones suas et ecclesiam suam libere redibunt et libere et pacifice per nos recipientur et cum securitate redire et morari permittentur, nec faciemus per nos vel alios nec fieri iuxta posse nostrum permittemus, quominus ipse decanus et canonici libere redire valeant et libere in suis domibus de cetero conversentur et commorentur ac bonis suis pacifice gaudeant et utantur, nec eorum domus per nos vel per alios confringemus nec eciam faciemus nec fieri iuxta posse nostrum permittemus aliquid, propter quod dictos decanum et canonicos exire civitatem Tullensem oporteat, nec etiam capiemus nec captos tenebimus per nos vel alios canonicos vicarios capellanos vel alios dicte Tullensis ecclesie beneficiatos nec alias in eos manus violentas imponemus, exceptis tamen casibus a iure permissis. Alioquin si contra premissa vel aliqua de premissis veniremus, tamquam communitas penam duorum milium librarum turonensium parvorum ipso facto incurreremus dictis . . decano et capitulo applicanda.

Item super proclamatione, de qua fit mentio in peticione predicta, videlicet ne quis vina blada vel alia victualia ab aliqua persona ecclesiastica emere presumeret quoquo modo, licet ipsam proclamationem nos cives predicti nunquam fieri fecerimus, tamen pro bono pacis confitemur et recognoscimus nos non habere ius faciendi huiusmodi proclamationem seu super talibus inhibitionem et, si que facte fuerint per quoscumque, eas penitus revocamus nec volumus, quod per eas ius aliquod alicui acquiratur nec alicui preiudicium generetur, sed cuilibet parti remaneat ius suum salvum tam in emendo quam vendendo libere sicut ante.

Item concordatum est et hoc nos cives et habitatores predicti recognovimus et recognoscimus, quod ad dictas personas et ad eorum blada vina et alia bona sua manus apponere non possumus neque debemus neque in eorum domibus hospites vel alios homines collocare vel hospitare nec impedire, quominus dicti canonici et alie persone dicte ecclesie liberum habeant ingressum et egressum per portas civitatis temporibus congruis et oportunis pro se et pro bonis suis deferendis aut portandis et extrahendis.

Item recognovimus et recognoscimus, quod quecumque in predictis facta fuerint contra predictas personas per quoscumque, facta fuerunt malo consilio et perperam facta extiterunt et indeliberate; et promittimus bona fide, quod a talibus et similibus gravaminibus perpetuis temporibus abstinebimus nec talia per nos vel per alios [fieri] committemus.

Item concordatum est, quod iusticiarii civitatis Tullensis anno quolibet, antequam officium suum exequantur, tempore, quo statuta ville iurari consuetum est, iurabunt vocato et presente procuratore decani et capituli, si interesse velit, una cum illis, quos secum adducere voluerit, quod ipsi iusticiarii erunt diligentes in puniendo personas singulares, que lederent vel gravarent personas ecclesiasticas supradictas vel earum familiam vel que iniuriarentur eis sive in earum personis sive in earum bonis vel alias contra predicta venirent, et quod tales delinquentes debite punient et celeriter, ac si contra unum de iusticiariis deliquissent, ita quod, si factum sit notorium, statim, quam cito fieri poterit, facient emendari; si vero non sit notorium, postquam per decanum et capitulum aut eorum procuratorem fuerint requisiti, teneantur celeriter facere iusticie complementum. Alioquin si maliciose vel negligenter punire pretermitterent vel contra predicta vel aliqua de predictis venirent iusticiarii antedicti, extunc contra eos et contra civitatem procedi possit per ordinarios per viam cessationis vel interdicti et aliis penis in iure et provincialibus consiliis et statutis sinodalibus promulgatis.

Item magister scabinus anno quolibet eo tempore, quo iurabit in ecclesia Tullensi, sicut consuevit in sua creacione, dictum iuramentum ibidem prestabit. Ceteri vero iusticiarii coram episcopo Tullensi vel eius vicegerente, postquam statuta ville iuraverint, dictum iuramentum similiter facere tenebuntur.

Et mediantibus premissis, in quibus omnibus et singulis nos partes predicte concordavimus, nos decanus et capitulum cives predictos quitamus et liberamus de omnibus, que nos ab eis comuniter vel divisim pro nobis et hominibus nostris petebamus et petere poteramus occasione quorumcumque dampnorum violenciarum combustionum iniuriarum et gravaminum, de quibus in dicta peticione fit mentio.

Promittimus etiam nos decanus et capitulum supradicti pro hominibus et subditis nostris, in quantum nobis subditi sunt et nos tangit, nos curaturos et facturos, quod ipsi homines dictos cives super hoc non vexabunt. Et similiter nos cives et habitatores predicti occasione predictorum factorum in dicta peticione contentorum nichil perpetuo petere poterimus a decano et capitulo et personis supradictis.

Que omnia et singula, prout superius sunt expressa, bona fide nos partes predicte perpetuis temporibus promittimus firmiter et inviolabiliter observare et non contravenire per nos vel alios in futurum. Per predicta tamen litteris recognitoriis et obligatoriis quibuscumque factis occasione premissorum nolumus nec intendimus nos partes predicte preiudicium generare, sed in sua remanebunt roboris firmitate, donec de debitis in ipsis expressis fuerit plenarie satisfactum.

In quorum omnium testimonium nos decanus et capitulum sigillum nostrum magnum nosque iusticiarii cives et habitatores predicti sigillum universitatis Tullensis ad perpetuam firmitatem predictorum presentibus litteris duximus apponenda supplicavimusque reverendo in Christo patri ac domino domino Thome dei et apostolice sedis gratia

Tullensi episcopo, ut ad robur et testimonium premissorum sigillum suum presentibus apponere dignaretur. Et nos Thomas episcopus predictus ad supplicationem dictarum parcium nobis factam sigillum nostrum una cum sigillis predictis in testimonium premissorum et ad perpetuam predictorum roboris firmitatem presentibus litteris duximus apponendum. Datum et actum anno domini M° CCC° XL die crastina festi divisionis apostolorum.

Insertum litteris confirmatoriis a Benedicto XIV datis d. 11 m. maii a. 1341. Reg. 129, f. 208¹, nr. 252.

775. — *1340 August 27. Avignon.*

Benedictus XII archiepiscopo Bisuntino mandat, quatinus Conradum de Rupeleonis militem Trever. dioc. falsarium litterarum apostolicarum capi et scripturas quascunque penes eum existentes sibi exhiberi faciat atque eundem necnon Johannem de Thionville iam captum, qui huiusmodi litteris usus fecerat ad malos questus, sub fida custodia ad curiam mittat.

[Benedictus XII] archiepiscopo Bisuntino.

Noverit fraternitas tua nos pridem recepisse quasdam litteras falsas nequiter sub nomine nostro fabricatas continentes in earum serie licet falso, nos benefactoribus Conradi de Rupeleonis militis Treverensis diocesis vel familiarum sive nunciorum ipsius pro redimendis certis christianis per Sarracenos perfidos captivatis et detentis in regno Granate multiplices et insolitas et informes remissiones et indulgentias concessisse, quibus quidam maledictionis alumpnus, qui se Johannem de Thionvile dictum de Metis domicellum Metensis diocesis nominabat seque asserebat esse nuncium et familiarem dicti Conradi militis et per eundem militem litteras easdem sibi fuisse traditas confessus extitit, in villa de Conflans et pluribus aliis villis et parochiis tue diocesis sub colore dictarum litterarum malos questus et predicationes frequenter et sepius faciendo ausu temerario uti publice non expavit cum diversis aliis falsis scripturis et cartellis predictas remissiones et indulgentias contingentibus penes eum repertis, quibus etiam dictus Johannes nequiter utebatur. Est etiam quoddam publicum instrumentum confectum super confessione spontanea dicti Johannis facta in iudicio coram officiali tuo, qui ipsum Johannem propter abusum huiusmodi capi fecit et in tuo carcere captivatum detinet, pro parte tua apud sedem apostolicam nobis missa . . . Et quia ex earundem litterarum et scripturarum inspectione, quas in cancellaria nostra diligenter examinari fecimus et videri, manifeste apparet, ipsas litteras et scripturas in earum forma serie et scriptura falsitatem patentem et notoriam per omnia continere, nos . . . fraternitati tue . . . mandamus, quatinus prefatum Conradum militem et alios quoscumque, si quos inveneris falsitatis huiusmodi patratores vel in ea fuisse participes . . . caute facias comprehendi, litteras et scripturas quascumque penes eos existentes tibi faciens protinus exhiberi, ac demum tam prefatum Johannem detentum quam Conradum et quoscumque predictos culpabiles . . . una cum informatione, quam exinde feceris, ac litteris et scripturis . . . sub tuta et fide custodia nobis quantocius destinare procures . . . Dat. Avin. VI kl. septembris a. sexto.

Reg. 128 f. 7¹, nr. 21.

776. — *1340 September 23. Avignon.*

Benedictus XII episcopo Metensi mandat, quatinus cum Roberto de Valleleus et Margareta nata Radulphi de Valleleus Met. dioc., qui ignorantes, quod ipsi quarto consanguinitatis gradu sibi ad invicem attinerent matrimonium contraxerunt, dispenset, ut in sic contracto matrimonio licite remanere possint, prolem susceptam et suscipiendam ex huiusmodi matrimonio legitimam nunciando.

Ex tenore petitionis dilecti . . . Dat. Avin. VIIII kl. octobris a. sexto.

Reg. 128, nr. 411.

777. — *1341 März 28. Avignon.*

Jacobus de Broa pape thesaurarius testatur, quod Guilleromus de Sancto Rastellino officialis Metensis commissarius per cameram apostolicam deputatus ad levandum et recipiendum fructus redditus et proventus beneficiorum domini Petri Moreti sequestratos per ipsum dominum officialem de mandato camere supradicte occasione cuiusdam debiti, in quo dictus dominus Petrus Moreti est camere apostolice obligatus, in extenuationem dicti debiti nonaginta scudatos auri . . . . .[1] regis Francie et viginti unum scudatos auri cum signis aquile et leonis et quatuordecim regales auri per manus Gaytonis de Metis familiaris ipsius domini officialis camere domini pape die date presentium solvi fecit . . . . Dat. Avin. die XXVIII mensis marcii ao. d. M.CCC.XLI. ind. et pont. predictis.

Oblig. et Solut. 18 f. 41¹.

---

[1] *verbum illegibile.*

778. — *1341 Mai 14. Avignon.*

Benedictus XII confirmat pacem et concordiam inter capitulum ecclesie Tullensis et civitatem Tullensem d. 16. m. iulii a. 1340 reformatam.

[Benedictus XII] decano et capitulo ecclesie Tullensis.

Ea que iudicio . . . Exhibita siquidem nobis vestra peticio continebat, quod, orta dudum inter vos et dilectos filios . . magistrum scabinum ceterosque rectores consules et iusticiarios ac universitatem civitatis Tullensis super eo, quod vos certa dampna violencias et iniurias tam in vestris quam perpetuorum capellanorum ac vicariorum ecclesie vestre Tullensis necnon in bladis vinis equis et ceteris vestris et eorundem bonis per magistrum scabinum rectores consules iusticiarios et universitatem predictos vobis facta et illata et cives dicte civitatis in dilectos filios Petrum de S. Michaele canonicum et Egidium de S. Michaele perpetuum vicarium ecclesie antedicte presbiteros manus iniecisse temere violentas et eos diro carceri mancipasse ac vos eandem civitatem exire iniuriose precipisse et ad hoc vos per minas atroces compulisse ac nonnullas proclamationes illicitas contra vos et bona vestra fecisse et plura alia gravamina et iniurias vobis et eidem ecclesie ac singularibus personis ipsius hominibus et subditis vestris irrogasse asserebatis, et super nonnullis aliis articulis materia questionis, nos causam huiusmodi dilecto magistro Oliverio de Cerzeto decano ecclesie S. Ilarii Pictaviensis capellano nostro et auditori causarum palacii apostolici ad instantiam vestram cum potestate citandi dictos magistrum scabinum rectores consules iusticiarios et universitatem extra curiam et ad partes, quociens opus esset, ad audiendam et decidendam simpliciter et de plano sine strepitu et figura iudicii duximus committendam, non obstante quod causa ipsa de sui natura non esset in Romana curia agitanda. Coram quo ad nonnullos actus in causa ipsa dinoscitur fuisse processum. Et quod postmodum vos et ipsi magister scabinus rectores consules iusticiarii et universitas predicti considerantes, quod ex litigio huiusmodi preter expensarum onera poterant graviora scandala provenire, amicis communibus mediantibus ad pacem et concordiam eciam interveniente assensu venerabilis fratris nostri . . episcopi Tullensis eo modo amicabiliter devenistis, quod vos ad ecclesiam et civitatem predictos et habitationes vestras libere et cum securitate redire possetis et per magistrum scabinum rectores consules iusticiarios et universitatem predictos reciperemini pacifice et quiete et morari permitteremini in eisdem et quod ipse magister scabinus rectores consules iusticiarii et universitas non facerent nec fieri per alios iuxta ipsorum posse permitterent, quominus vos et singuli vestrum ad ecclesiam civitatem et habitaciones ipsas redire et morari ac bonis vestris pacifice gaudere et uti eciam valeretis, et quod de cetero aliquid non facient nec aliquid eciam fieri permittent, propter quod vos oporteat dictam civitatem exire, quodque ipsi non capient nec captos tenebunt per se vel alios canonicos vicarios capellanos vel alios dicte ecclesie vestre beneficiatos nec alias in eos manus violentas imponent, exceptis tamen casibus a iure permissis. Alioquin si contra premissa vel aliqua de premissis venirent tamquam comunitas penam duorum milium librarum turonensium parvorum incurrerent ipso facto vobis integraliter applicandam. Insuper dicti magister scabinus rectores consules iusticiarii ac universitas recognoverunt et confessi fuerunt ius aliquod non habere faciendi proclamationem seu inhibitionem, que facte dicebantur, ne quis vina blada vel alia victualia ab aliqua persona ecclesiastica emere presumeret quoquomodo, et si facte forent per quoscumque, eos penitus revocarent, quodque ad vestras et alias personas predictas ac blada vina et alia bona earum manus non debent apponere neque possunt nec in vestris et earum domibus hospites collocare nec impedire, quominus ipsi canonici et alie persone dicte ecclesie vestre liberum habeant ingressum et egressum per portas civitatis temporibus congruis et oportunis pro se et bonis eorum portandis ad illam seu de ea extrahendis, et quod, quecumque in premissis contra predictas personas facta fuerunt, recognoverunt illa malo consilio perperam et indeliberate facta fuisse ac promiserunt bona fide, quod ipsi a talibus et similibus gravaminibus perpetuis temporibus abstinebunt nec talia per se vel alios committent. Insuper actum fuit inter partes predictas, quod iusticiarii civitatis eiusdem anno quolibet, antequam suum officium exequantur, tempore, quo per eos statuta dicte ville sunt consueta iurare (!), iurabunt vocato et presente procuratore vestro, si interesse velit, una cum illis, quos secum ducere voluerit, quod ipsi iusticiarii diligentes erunt in puniendo personas singulares, que lederent vel gravarent personas ecclesiasticas supradictas vel earum familiam vel que iniuriarentur eis sive in earum personis vel bonis aut alias contra predicta venirent, et quod tales delinquentes debite punirent et celeriter, ac si contra unum de iusticiariis deliquissent, ita quod, si factum sit notorium, postquam per vos aut procuratorem vestrum existerent requisiti, teneantur celeriter facere iusticie complementum. Alioquin si maliciose vel negligenter punire pretermitterent vel contra predicta vel eorum aliqua venirent iusticiarii antedicti, extunc contra eos et contra civitatem ipsam procedi possit per ordinarios per viam cessationis vel interdicti et alias penas in iure ac provincialibus et sinodalibus consiliis(!) promulgatas. Et quod dictus magister scabinus etiam tempore, quo iurabit in dicta ecclesia vestra sicut in assumptione officii sui, prestabit simile iuramentum. Ceteri vero iusticiarii coram dicto episcopo vel .. vicegerente ipsius, postquam statuta predicta iuraverunt, dictum iuramentum prestare similiter tenebuntur. Que omnia vos ac magister scabinus rectores consules iusticiarii et universitas unanimiter ec concorditer acceptastis et nichilominus vos ipsos magistrum scabinum rectores consules iusticiarios et universitatem de omnibus, que racione dampnorum iniuriarum et aliorum in peticione coram dicto Oliverio pro parte vestra oblata contentorum possetis petere ab eisdem, quitastis et totaliter absolvistis ac promisistis pro hominibus et subditis vestris, quantum vestri sunt subditi et vos tangit, vos facturos et curaturos, quod ipsi homines et subditi dictos cives occasione premissorum non vexabunt. Ipsique magister scabinus rectores consules iusticiarii et universitas predicti promiserunt nomine civium et habitatorum dicte civitatis, quod ipsi occasione factorum contentorum in petitione predicta a vobis et personis ecclesiasticis nichil poterunt petere supradictis. Que omnia et singula, prout superius sunt expressa, vos et dicti magister scabinus rectores consules iusticiarii et universitas promisistis hinc inde firmiter et inviolabiliter observare et non contravenire per vos vel alios in futurum, prout in patentibus litteris inde confectis dicti episcopi ac vestro et eiusdem civitatis sigillis munitis, quarum tenor de verbo ad verbum presentibus annotari fecimus, plenius continetur. Quare nobis humiliter supplicastis, ut premissis robur apóstolice firmitatis adicere dignaremur. Nos itaque vestris supplicationibus inclinati premissa ... confirmamus ... Per confirmationem autem huiusmodi iurisdictioni dicti episcopi atque vestre preiudicare in aliquo nequaquam intendimus, quominus episcopus prefatus et vos iurisdictionem ipsam vobis et sibi de iure vel consuetudine competentem exercere libere possitis in omnibus sicut prius, volentes nichilominus, quod clausula in litteris ipsis circa finem contenta, que incipit: Per predicta tamen litteris obligatoriis et cetera et eius effectus in confirmatione ipsa nullatenus includatur. Tenor vero dictarum litterarum talis est: In nomine domini amen. Nos decanus ... Datum et actum anno domini M°CCC°XL die crastina festi divisionis apostolorum. Nulli ergo etc. nostre confirmationis infringere etc. Dat. Avin. II idus maii a. septimo.

Reg. 129, f. 208, nr. 252. Cf. nr. 774.

779. — *1341 Mai 31. Avignon.*

Anno quo supra [*scil.* 1341] die ultima mensis maii venerabilis vir dominus Johannes Ogerii decanus Belnensis collector residuarum decimarum sexennalium et triennalium impositarum per felicis recordationis dominum Johannem papam XXII necnon et fructuum beneficiorum apud apostolicam vacantium in Lugdunensi Viennensi Bisuntina Treverensi et Tarantasiensi provinciis auctoritate apostolica deputatus de ipsis fructibus beneficiorum et residuis dictarum decimarum per ipsum receptis in extenuationem summe, in qua est camere predicte obligatus, per finem computorum suorum ipsi camere redditorum ipsi camere assignavit et solvit II^{c}LXI flor. auri Pedimontis
     LXXVII scudatos auri
     VIII duplices de Francia
     IIII pavalhones auri
     V regales auri
     XVIII libras Gebennenses.

Intr. et Exit. 202, f. 19^t. — Kirsch pg. 157.

780. — *1341 Juli 7. Avignon.*

Benedictus XII abbatibus Salivevallis et S. Naboris ac primicerio ecclesie Metensis mandat, quatinus, si repererint excusationes a Symone de Perroydes de captione Ademarii episcopi Metensis prolatas esse falsas, denuncient eum eiusque complices excommunicatos.

[Benedictus XII] Salivevallis et S. Nabori Metensis dioc. monasteriorum abbatibus ac primicerio ecclesie Metensis.

Significavit nobis venerabilis frater noster . . Ademarius episcopus Metensis, quod licet dudum nobilis vir Symon de Perroydes dominus de Marchavilla miles Tullensis dioc. . . . una cum quibusdam suis in hac parte complicibus ipsum episcopum cepisset personaliter et carceri mancipasset et alias sibi multa dampna et iniurias irrogasset et nonnullas pecuniarum summas et obligationes diversas, priusquam eum restituisset libertati pristine, extorsisset nec unquam emendam aliquam prestitisset eidem nec adhuc prestiterit de premissis iniuriis atque dampnis, tamen postmodum pro parte ipsius militis exposito venerabili fratri nostro Gaucelino episcopo Albanensi penitenciarie nostre curam gerenti, quod olim malorum omnium seminator adeo inter ipsum militem ex parte una et prefatum Ademarium episcopum ex altera dissensionis materia suscitarat, quod hinc inde personarum et rerum diffidationes facte fuerant, post quas quidem diffidationes idem miles una cum quibusdam suis in hac parte complicibus eundem episcopum ac certos suos familiares quadam die violenter ceperat ac ipsos aliquibus diebus detinuerat carceri mancipatos, sed postmodum illos restituerat alias illesos pristine libertati, ac eidem episcopo Albanensi suggesto mendaciter, quod inter eosdem Ademarium episcopum et militem pax et concordia facta erat quodque idem miles de iniuria huiusmodi satisfecerat Ademario episcopo prelibato et quod idem miles propter capitales inimicitias, quas habebat, sedem apostolicam adire non poterat, ac eidem Albanensi episcopo supplicato, sibi et dictis suis complicibus per eandem sedem de oportuno remedio super hoc provideri, idem episcopus Albanensis suggestione falsa huiusmodi circumventus abbati monasterii S. Apri extra muros Tullenses ordinis S. Bened. eius proprio nomine non expresso de mandato nostro vive vocis oraculo sibi facto per suas commisit litteras speciales, ut, si esset ita, ipsum militem et eius in hac parte complices supradictos a generali excommunicationis sententia, quam propter hoc incurrerant, absolveret ... quodque ipsi cessantibus inimicitiis supradictis sedem predictam propter hoc personaliter visitarent; alioquin in eandem sententiam relapsos se noscerent eo ipso. Cum autem, sicut eadem significatio subiungebat, postmodum Guillelmus, qui tunc erat et adhuc est abbas dicti monasterii eodem Ademario episcopo non vocato nullaque super suggestis predictis inquisitione premissa dictos militem et complices a prefata excommunicationis sententia de facto duxerit absolvendos, prefatus Ademarius episcopus nobis humiliter supplicavit ... Quocirca discretioni vestre ... mandamus, quatinus ... de predictis omnibus et singulis simpliciter et de plano ac sine strepitu et figura iudicii vos diligentius informetis et, si per informationem huiusmodi premissa inveneritis veritate fulciri, militem et complices supradictos tamdiu ... excommunicatos publice nuncietis et faciatis ab omnibus arcius evitari, donec eidem Ademario episcopo et ecclesie Metensi super premissis satisfecerint competenter et cum vestrarum vel vestrum alterius testimonio litterarum ad sedem apostolicam venerint absolvendi ... Dat. Avin. nonas iulii a septimo.

Reg. 129 f. 164¹, nr. 135. — Riezler nr. 2108.

781. — *1341 Juli 31. Avignon.*

Benedictus XII abbati Gorziensi et decano Tullensis ac archidiacono Metensis eccl. mandat, quatinus se informent summarie, num querele a capitulo Virdunensis ecclesie contra cives Virdunenses veritate fulciantur, et si repererint ea esse vera, eosdem cives citent, ut infra competentem terminum apud sedem apostolicam compareant.

[Benedictus XII] abbati monasterii Gorziensis Metensis dioc. ac decano Tullensis et archidiacono Metensis ecclesiarum.

Quia nimis excresceret... Exhibita siquidem nobis pro parte dilectorum filiorum.. primicerii.. decani canonicorum et capituli ecclesie Virdunensis petitio cum gravi querela continebat, quod, licet temporalis iurisdictio in civitate Virdunensi ad episcopum, qui est pro tempore, et ecclesiam Virdunensem eciam de antiqua et approbata et hactenus pacifice observata consuetudine pertinere noscatur et ipsi episcopus et ecclesia fuerint et sint in pacifica possessione vel quasi iuris exercendi iurisdictionem huiusmodi a tempore, cuius contrarii memoria non existit, nuper tamen iniquitatis filii, videlicet Franciscus dictus Colmere et Giletus de Eix clerici, quorum consilio universitas Virdunensis regitur, necnon Johannes Martini decanus, Memguinus (?) Jaqueti magister scabinus et Johannes Mapiles, Nicolaus Savetels, Wiardinus Boxini Chacillons, Giletus Proesse scabini palacii ac Gerardinus Apothecarius, Wauterinus Chapons, Jeunessonus Lipetishostes, Gocillonnus Noiretestes, Johannes Wallerne, Johannes de Sauls et Jaquetus Laon rectores et iusticiarii de numero laicalis iusticie civitatis Virdunensis necnon Hussonnus Plakeure, Colinus Reumare, Colinus Morelli, Petrignonus Raicart, Colinus Daunoy et Stephanus de Barra nuncupati sex et quidam nominati magistri ministeriorum et alii cives Virdunenses, qui se gesserunt et gerunt pro rectoribus administratoribus civitatis predicte, ac etiam ipsa universitas Virdunensis maligno spiritu concitati contra episcopum eorum dominum et ecclesiam Virdunensem predictos infideliter insurgentes et temere prorumpentes iurisdictionem supradictam civitatis eiusdem usurparunt et occuparunt et se in inobedientia et in rebellione predictis episcopo et ecclesie erexerunt et contra libertatem ecclesiasticam tallias et collectas eciam canonicis ecclesie Virdunensis predicte et ministris ipsius et aliis ecclesiis et personis ecclesiasticis civitatis predicte imposuerunt et imponunt ac ipsas violenter extorserunt et extorquere nituntur ab ipsis. Insuper Monninus Briques, Colinus et Johannes eiusdem Monini fratres, Martinus dictus Chonelz et Gotillonus de Stons cives Virdunenses associatis sibi quibusdam eorum in hac parte complicibus ad hospicium ipsius ecclesie in castro Virdunensi, quod inhabitat Reginaldus de Barro eiusdem Virdunensis ecclesie canonicus, armata manu hostiliter accedentes fractis hostiis dicti hospicii in eundem Reginaldum canonicum manibus iniectis temere violentis ipsum ausu sacrilego capere presumpserunt eumque captum ad hospicium, in quo habitabat magister Franciscus Garcini clericus Virdunensis, duxerunt et ibidem ipsum carceribus manciparunt.

Et deinde Galianus et Johannes de Puteo fratres Johannes Wautreti Jacobus dictus Lifosse, Forkignonus de Condeto cives Virdunenses cum quibusdam eorum complicibus ad domum, in quo morabatur Johannes de Deicustodia prepositus B. Marie Magdalene ac archidiaconus de Vepria Virdunensium ecclesiarum, que quidem prepositura et archidiaconatus ad invicem sunt annexi, [accedentes,] fractis ostiis ipsius domus eundem Johannem prepositum non absque manuum iniectione in eum ausu sacrilego similiter capientes eum sic captum noctis tempore cum luminaribus et torticiis in opprobrium ordinis clericalis duxerunt eumque per octo dies detinuerunt in civitate predicta captivum. Et postmodum Theobaldus dictus Colete, Henricus eius frater et Hussonnus filius Vionni Sauterel, cives Virdunenses, associatis etiam sibi quibusdam eorum complicibus armata manu Gerardum de Marchevilla canonicum Virdunensem capere intendentes ipsum fugientem usque ad sacrarium predicte Virdunensis ecclesie, in quo se reduxit, insecuti fuerunt ipsumque ibidem obsessum per triduum tenuerunt non permittentes, quod alimenta sibi aliquis ministraret. Insuper clerici decanus magister scabinus scabini rectores iusticiarii et sex ac magistri ministeriorum administratores rectores gubernatores consiliarii officiales et pro talibus se gerentes ac cives et universitas predicti in homines ligios predicte ecclesie Virdunensis et personas existentes etiam in villis et possessionibus eiusdem Virdunensis ecclesie, quarum alique etiam servilis condicionis vocantur et quorum hominum et personarum iurisdictio et omnium bonorum ipsorum perceptio, si ab intestato et sine herede proprii corporis sui decedant, ad predictos capitulum dumtaxat pertinent de consuetudine supradicta, in preiudicium ipsorum capituli iurisdictionem exercere ac ipsos capitulum in exercitio iurisdictionis huiusmodi multipliciter impedire ac bona predictorum sine herede, ut predicitur, decedentium per violentiam rapere usurpare et distrahere ac pro eorum voluntatis libito disponere ac iurisdictiones et iura et bona predictorum primicerii decani canonicorum capituli et ecclesie Virdunensis usurpare occupare eorumque libertates et immunitates et privilegia violare ac eis et ministris eorum et aliis personis ecclesiasticis ecclesie Virdunensis et civitatis predictarum dampna gravia iniurias et iacturas inferre ausu nephario presumpserunt et presumunt, ipsosque capitulum et canonicos et personas ipsius ecclesie bonis suis spoliarunt et eos de ecclesia et civitate predictis violenter expulerunt et etiam turpiter eiecerunt in grave ipsorum dampnum et detrimentum ecclesiastice libertatis. Quare nobis iidem primicerius decanus canonici et capitulum humiliter supplicarunt . . . . Nos igitur . . . discretioni vestre . . . committimus et mandamus, quatinus vos vel duo aut unus vestrum per vos vel alium seu alios super premissis sine strepitu et figura iudicii summaria informatione recepta, si inveneritis ita esse, clericos decanum magistrum scabinum scabinos rectores iusticiarios et sex ac magistros ministeriorum administratores rectores gubernatores consiliarios officiales ac cives et universitatem predictos ex parte nostra peremptorie citare curetis, ut per se vel procuratores ydoneos, et nichilominus illos ex eis, qui magis culpabiles vel principaliores fuerint in premissis, personaliter infra certum terminum competentem, quem ad hoc perhemptorie duxeritis, prefigendum, apud sedem apostolicam compareant coram nobis, super premissis responsuri et facturi, quod postulat ordo iuris, contradictores per censuram ecslesiasticam sublato appellationis obstaculo compescendo. . . . Dat. Avin. II kl. augusti a. septimo.

Reg. 129, f. 259, nr. 379.

782. — *1341 November 20. Avignon.*

Benedictus XII episcopo Virdunensi et duobus canonicis Virdunensibus mandat, quatinus summarie se informent de querelis a Galthero cancellario eccl. cathedralis Met. et Alardo de Thyacurt canonico S. Salvatoris Met. contra iuratos Metenses prolatas, et si eas veras repererint, eosdem iuratos denuncient excommunicatos.

[Benedictus XII] episcopo et Johanni de Firmitate ac Philippo de Syrocuria canonicis Virdunensibus.

Ad reprimendam illorum temeritatem . . . Sane dilectorum filiorum Galtheri cancellarii maioris et Alardi de Thyacurt canonici S. Salvatoris Metensium ecclesiarum querela gravis nostro apostolatui patefecit, quod, licet iurisdictio spiritualis et temporalis civitatis Metensis ad episcopum Metensem, qui est pro tempore, ac dictam Metensem ecclesiam pertineat et pertinuerit ab antiquo fuerintque hactenus episcopi Metenses, qui fuerunt pro tempore, et venerabilis frater noster Ademarus episcopus Metensis sit in pacifica possessione vel quasi iuris nominandi tresdecim personas singulis annis in festo purificationis B. Marie virginis, que ad exercicium iurisdictionis temporalis civitatis assumuntur eiusdem, et hoc iure prefati episcopi usi sint hactenus pacifice et quiete ipseque tredecim persone taliter nominate, que iusticiarii seu iurati dicte civitatis nuncupantur, in earum nominatione huiusmodi iurent bene et legaliter facere cuilibet justiciam et iura ipsius Metensis ecclesie conservare ac manutenere necnon iurisdictionem spiritualem et temporalem nullatenus impedire, sed personas ecclesiasticas conservare in libertatibus eorundem, nichilominus tamen predictorum tresdecim iusticiariorum et aliorum laicorum de ipsa civitate in tantum excrevit avaritia et temeritas habundavit, quod ipsi iurisdictionem spiritualem impediunt et usurpant, statuta contra libertatem ecclesiasticam et ad utilitatem et commodum eorum condunt et faciunt observari, iura ecclesiarum usurpant, personas ecclesiasticas regulares et seculares exemptas et non exemptas in causis spiritualibus vel annexis spiritualibus et super personalibus actionibus coram ipsis trahunt invitas ac litigare compellunt ac litigantes coram iudicibus ecclesiasticis, etiam si per litteras apostolicas delegatis, a litibus inchoatis desistere necnon et actores ad faciendum et procurandum reos pro manifesta ofensa excommunicatos absolvi violenter nulla satisfactione premissa temeritate propria compellunt et ad respondendum in causis huiusmodi coram eis canonicis etiam dicte Metensis ecclesie necnon et aliis eiusdem personis in maioribus dignitatibus constitutis et maxime viris litteratis, qui se defensioni iuris eiusdem ecclesie[1] non formidant, tallias imponunt et exigunt ab eisdem ipsosque a dicta civitate banniunt et expellunt, extra gardiam eiusdem civitatis ponunt, consilium eis in causis suis impendi prohibent necnon ipsis subtrahi auxilium et favorem, et alias canonicis et personis ac ecclesie predictis infinita gravamina intulerunt et inferre continue non desistunt; quodque ipsi tresdecim iusticiarii et alii rectores seculares dicte civitatis, qui anno domini millesimo trecentesimo tricesimo octavo fuerunt, die veneris post octabas festi epiphanie domini[2] a cancellario trecentas libras parvorum turonensium antiquorum — grosso turonensi argenti pro quatuordecim denariis computato — necnon iusticiarii anni millesimi trecentesimi quadragesimi ab Alardo predictis centum libras eiusdem monete sine aliqua iusta causa pro eorum libito per eorum facti potentiam extorserunt. Et nichilominus ipsi tresdecim iusticiarii, qui nunc sunt, prefatos cancellarium et Alardum ex eo presertim, ut fertur, quod ipsi eidem Metensi ecclesie in quadam causa per dilectos filios capitulum ipsius ecclesie Metensis contra nonnullos laicos dicte civitatis, qui decimas ipsi Metensi ecclesie debitas solvere recusabant, coram dilecto filio . . officiali Metensi mota patrocinium et consilium impendebant, in trecentis libris dicte monete — computato grosso turonensi argenti pro sexdecim denariis — talliare temeritate propria presumpserunt. Et quia dicti cancellarius et Alardus dictorum iusticiariorum avaricie non parentes dictas trecentas libras eis solvere noluerunt, sicut etiam non debebant, prefati iusticiarii, qui

---

[1] *omissum est hoc loco aliquid, verbum, forian exponere.*
[2] anni *additum in reg.*

nunc sunt, ipsos cancellarium et Alardum per eorum iniquum statutum extra dicte civitatis gardiam posuerunt preconizari publice ac in loco publico faciendo, quod quicumque ipsis malum faceret in personis vel in bonis eorum dampnum daret, nulli emendam iusticie facere teneretur. Nec hiis contenti omnibus civibus dicte civitatis et aliis eorum subditis inhibuerunt, ne quis[1]) quodcumque debitum eis vel eorum alicui solveret aut aliquid venderet vel emeret ab eisdem, vineas aut terras eorum coleret vel aliquid aliud quodcumque pro ipsis facere attemptaret, excommunicationis sententiam in exercentes temporale dominium inhibitiones huiusmodi facientes promulgatam a canone dampnabiliter incurrendo. Ob quam inhibicionem prefati cancellarius et Alardus fructus redditus et proventus beneficiorum et possessionum suorum in dicta civitate ac eius districtu consistentium amiserunt ac vina blada et alia bona et res eorum, qui penes eos in domibus eorum erant, in dicta civitate reposita vendere, pensiones eis debitas habere ac credita recuperare et repetere minime potuerunt. Sicque cancellarius in mille ac Alardus predicti in quingentis libris dicte monet dampnificati fore noscuntur. Quare prefati cancellarius Alardus nobis humiliter supplicarunt, ut, cum premissa adeo sint in partibus ipsis notoria, quod nulla possunt tergiversatione celari et comunitas dicte civitatis premissorum omnium non ignari duas partes dictarum summarum pecunie ab ipsis cancellario et Alardo extortarum secundum morem et consuetudinem dicte civitatis receperint et eorum utilitatibus applicarint, providere super hiis de oportuno remedio dignaremur. Nos igitur . . . discretioni vestre per apostolica scripta committimus et mandamus, quatinus . . . simpliciter et de plano sine strepitu et figura iudicii de predictis vos auctoritate nostra diligentius informetis et, si de inhibitione huiusmodi vobis constiterit, prefatos iusticiarios seu iuratos dicte civitatis, qui nunc sunt, nominatim tamdiu appellatione remota excommunicatos publice nuncietis et ab aliis per omnia loca, de quibus expedire videritis, nunciari faciatis et ab omnibus arcius evitari, donec inhibitionem predictam revocaverint et predictis passis dampna et iniurias satisfecerint competenter et debite absolutionis beneficium meruerint obtinere, et alias super premissis et eorum occasione tam contra ipsos, qui nunc sunt, quam contra alios iusticiarios, qui dictas pecuniarum summas ab eisdem cancellario et Alardo, ut premittitur, extorserunt, necnon communitatem predictos, qui, ut prefertur, de dictis pecuniarum summis extortis duas partes habuisse dicuntur, auctoritate apostolica, sicut justum fuerit, procedatis, contradictores per censuram

---
[1]) ipsi *in reg*.

ecclesiasticam appellatione postposita compescendo. Testes autem, qui fuerint nominati, si se gratia odio vel timore subtraxerint, censura simili appellatione cessante cogatis veritati testimonium perhibere, non obstante si iusticiariis et comunitati predictis vel quibusvis aliis comuniter vel divisim a sede apostolica sit indultum, quod interdici suspendi vel excommunicari non possint, per litteras apostolicas non facientes plenam et expressam ac de verbo ad verbum de indulto huiusmodi mentionem. Dat. Avin. XII kl. decembris a. septimo.

Reg. 129, f. 252¹, nr. 365.

783. — *1341 November 30. Avignon.*

Benedictus XII Virdunensi et Cathalaunensi et Lingonensi episcopis enarrat contenta in suis litteris confirmatoriis *(nr. 778.)* decano et capitulo Tullensi destinatis mandatque, quatinus omnia et singula in dicta confirmatione contenta executioni debita demandantes faciant ea iuxta tenorem confirmationis eiusdem ab utraque parte inviolabiliter observari, contradictores per censuram ecclesiasticam appellatione postposita compescendo.

Dudum pro parte dilectorum . . . Dat. Avin. II kl. decembris a. septimo.

Reg. 129, f. 289¹, nr. 444.

784. — *1341 December 24. Avignon.*

Jacobus de Broa archidiaconus de Lunato in ecclesia Biterrensi vicecamerarius et thesaurarius domini pape testatur, ›quod cum P. Moreti archidiaconus de Vico in eccl. Metensi et Raymundus de Valle aurea canonicus Lingonensis teneantur et sint efficaciter camere d. n. pape obligati in quibusdam pecuniarum quantitatibus et propterea de mandato eiusdem camere fructus redditus et proventus beneficiorum suorum fuerint sequestrati, pro solvendo debito supradicto discretus vir dominus Stephanus Genesii officialis Lingonensis de fructibus prebendarum dictorum dominorum Petri et Raymundi per ipsum perceptis ducentos flor. auri de Florentia per manus domini Johannis Gervasii presbiteri in extenuationem debiti camere d. pape die date presentium solvi fecit . . . Dat. Avin. die XXIIII mensis decembris ind. IX anno d. M.CCC.XLI. pont. . . . ao. septimo.

Oblig. et Solut. 18, f. 48¹; similiter Intr. ex Exit. 191, f. 26¹. — *Cf. Kirsch p. 142.*

785. — *1341 December 31. Avignon.*

Benedictus XII episcopo Virdunensi mandat, quatinus, si per summariam informationem repererit esse veras querelas a Fulcone primicerio *et Galthero cancellario eccl. cathedralis Met. ac Alardo de Thyacourt canonico eccl. S. Salvatoris Met. in iusticiarios et burgenses Metenses prolatas, gravamina illata revocari et statuta per iusticiarios et burgenses contra libertatem ecclesiasticam edita aboleri ac iniuste exacta personis ecclesiasticis restitui faciat.*

[Benedictus XII] episcopo Virdunensi.

Temerarios eorum excessus . . . Sane dilectorum filiorum Fulconis Bertrandi primicerii et Galtheri cancellarii maioris ac Alardi de Thyacourt canonici S. Salvatoris Metensium ecclesiarum querela gravis nuper nostro apostolatui patefecit, quod licet iurisdictio temporalis in civitate Metensi ad . . episcopum et ecclesiam Metensem ab antiquo pertinuerit et pertineat ac dictus episcopus in festo purificationis B. Marie virginis singulis annis tresdecim homines ad exercendum in ipsa civitate prefatam iurisdictionem temporalem, qui iusticiarii nuncupantur, habeat nominare ipsique sic nominati iurant et iurare consueverant in nominatione sua huiusmodi iusticiam cuilibet legaliter facere, iura Metensis ecclesie conservare ac iurisdictionem spiritualem nullatenus exercere, tamen ipsi iusticiarii et burgenses civitatis eiusdem dictam iurisdictionem spiritualem conculcare totaliter eorum pravis ausibus molientes personas ecclesiasticas exemptas et non exemptas in causis spiritualibus seu spiritualibus annexis et etiam super personalibus actionibus et aliis ad forum ecclesiasticum spectantibus coram ipsis ad iudicium trahunt invitas, litigantes etiam in causis predictis coram iudicibus ecclesiasticis a litibus inchoatis contra clericos et laicos dicte civitatis et diocesis desistere per facti potentiam eorundem ac actores reis etiam pro manifesta offensa excommunicatis absolutionem sine aliqua satisfactione procurare impendi et coram ipsis iusticiariis in causis predictis respondere compellunt per violentiam et potentiam eorundem, personis quoque ecclesiasticis civitatis eiusdem in causis eorum et suarum ecclesiarum consilium auxilium et favorem ab hominibus dicte civitatis impendi prohibent, prout iusticiarii, qui nunc sunt, contra dicte ecclesie Metensis capitulum specialiter hoc fecerunt, ac canonicis Metensibus etiam in dignitatibus constitutis ceterisque personis ecclesiasticis tallias imponunt et ab eis exigunt sine causa; quodque, si aliqui nolint eas solvere et se velint ecclesiastica libertate tueri, tales a civitate et diocesi Metensi de facto banniunt et in sua fuga extra guardiam civitatis eiusdem ponunt, statuendo et preconizari publice faciendo, quod nullus eis victualia vel quodcumque aliud vendat seu emat ab eis et quod, quicumque tales offenderet in personis vel rebus, nullam emendam iusticie facere teneatur, sicut dicti iusticiarii, qui nunc sunt, de dictis cancellario et Alardo fecerunt, propter que ipsi iusticiarii talia facientes diversas excommunicationum sententias in tales a sacris canonibus promulgatas incurrerunt. In domibus etiam capituli canonicorum et personarum ecclesiasticarum civitatis predicte ad requisitionem laicorum, presertim scabini et villici civitatis eiusdem custodes ponunt et intrant invitis personis ecclesiasticis supradictis earumque bona arrestant et astallant et scripturas et alia secreta negotia capituli canonicorum ac personarum ecclesiasticarum predictorum scrutantur et publicant pro libitu voluntatis. Quodque cum olim primicerius et capitulum Metensis ecclesie una cum . . elemosinario monasterii Gorziensis Metensis diocesis Wirnetum dictum Noiron, Nicolaum Albrici quondam dicti Piedechaut, Johannem eius fratrem et Fulconem dictum Leriche cives Metenses super decimis per ipsos cives Metensi ecclesie ac monasterio predictis subtractis coram . . officiali Metensi convenissent ac ipsi quinque cives propter eorum manifestam contumaciam fuissent per eundem officialem excommunicati denunciati et aggravati, ipsi cives primicerium decanum et capitulum Metense ac elemosinarium predictos fecerunt coram dictis iusticiariis, qui nunc sunt, super hoc ad iudicium evocari et procuraverunt nulla satisfactione premissa per vim et metum ac eorum facti potentiam a dicta sententia se absolvi ac dictum primicerium, qui ius suum et dicte ecclesie prosequebatur viriliter, in octuaginta libris parvorum turonensium per dictos iusticiarios, qui nunc sunt, sub aliis penis gravibus talliari; quam talliam consanguinei et amici dicti primicerii graviora eidem inferri per dictos cives et iusticiarios formidantes prefatis iusticiariis persolverunt. Rursus iusticiarii, qui tunc fuerunt, et burgenses Metenses in grave dampnum et preiudicium ecclesiarum et personarum ecclesiasticarum statuere temeritate propria presumpserunt, quod census perpetui, qui ab ecclesiis et personis ecclesiasticis a clericis seu laicis dictarum civitatis et diocesis emptionis titulo vel alias acquiruntur, possint per dictos laicos redimi quandocumque, licet de emptis et acquisitis per seculares nichil super hoc duxerint ordinandum. Et nichilominus plurima statuta alia ediderunt in evidentem subversionem et destructionem notoriam ecclesiastice libertatis ipsaque statuta a personis ecclesiasticis per impositiones et extorsiones gravium penarum pecuniariarum et aliarum observari faciunt contra canonicas sanctiones et alias iura iurisdictiones bona ecclesiarum et ecclesiasticarum personarum usurpant destruunt et occupant pro eorum libitu voluntatis. Prefati quoque iusticiarii in curia eorundem litteris autenticis prelatorum et officialium suorum super quibusvis negociis et rebus confectis, que coram eis pro probationibus vel alias producuntur, nullam fidem adhibent nec tabelliones apostolicos et imperiales seu notarios ecclesiasticos ad aliquem actum officiorum exercendum coram eis admittunt, immo sub pena summersionis prohiberunt eisdem, ne coram eis ad exercendum eorum officium audeant comparere; aliasque ipsi iusticiarii pro libito iudicant nullum in eorum curia seu iudicio juris ordinem observando. Quare prefati primicerius cancellarius et Alardus nobis humiliter supplicarunt, ut super premissis oportunum adhibere remedium dignaremur. Nos igitur . . . fraternitati tue per apostolica scripta committimus et mandamus, quatinus de premissis omnibus et singulis simpliciter et de plano sine strepitu et figura iudicii te studeas auctoritate apostolica diligencius informare ac huiusmodi gravamina, que dictis ecclesiis et personis ecclesiasticis proponuntur illata, vel illa ex eis, que per informationem huiusmodi vel alias irrogata repereris, necnon statuta quelibet per iusticiarios et burgenses predictos contra libertatem ecclesiasticam edita facias auctoritate apostolica revocari dictaque statuta de ipsorum iusticiariorum et civitatis capitularibus aboleri ac exacta a personis ecclesiasticis ipsis restitui cum effectu et nichilominus contra iusticiarios, qui nunc sunt, et burgenses prenominatos, quos per informationem eandem inveneris commisisse fecisse aut attemptasse predicta vel aliqua ex eisdem, et alias pro premissis, prout de iure fuerit, previa racione (!) procedas, contradictores per censuram ecclesiasticam appellatione postposita compescendo. Testes autem *etc.* Dat. Avin. II kl. ianuarii a. septimo.

Reg. 129, f. 318, nr. 510.

786. — *1342 Februar 4. Avignon.*

Benedictus XII decano ecclesie Remensis mandat, quatinus Virdunensibus et officialibus Johannis regis Boemie inhibeat sub excommunicationis et interdicti penis, ne quid pendente lite inter Virdunenses et capitulum ecclesie Virdunensis exorta contra episcopum et capitulum Virdunense attemptent et iam attemptata ab iis revocari faciat.

[Benedictus XII] decano ecclesie Remensis.

Equitati convenire conspicimus... Nuper siquidem... *(Cf. nr. 781.)* ... decano Tullensis et archidiacono Metensis ecclesiarum et cuidam alteri eorum in hac parte college . . . dedimus litteris in mandatis, ut . . . clericos consiliarios magistrum scabinum scabinos *etc.* peremptorie citare curarent, ut ipsi . . . apud sedem apostolicam coram nobis comparare deberent . . . Demum per ipsum decanum Tullensem et officialem Metensem, cui prefatus archidiaconus [*videlicet* Metensis] in hac parte commiserat totaliter vices suas, informatione recepta super premissis et dictis clericis consiliariis magistro scabino scabinis rectoribus decano iusticiariis et ceteris officialibus secularibus ipsius civitatis [*scilicet* Virdunensis] ac universitate predicta [*scil.* Virdunensi] per eos citatis . . . ipsaque informatione ad sedem remissa, nos causam et negotium huiusmodi . . . Petro tit. S. Clementis presbitero cardinali ad instantiam primicerii decani et capituli ecclesie Virdunensis predictorum audienda commisimus et sine debito terminanda. Verum quia, sicut habet pro parte ipsorum primicerii decani et capituli eiusdem ecclesie Virdunensis expositio noviter facta, per magistrum scabinum consiliarios scabinos . . . et universitatem predictos et nonnullas singulares personas civitatis eiusdem necnon officiales et gentes . . . Johannis regis Boemie illustris in favorem et auxilium ipsorum officialium universitatis et singularium predictorum et eiusdem civitatis . . . multe violentie rapine spolia turbationes molestie iniurie atque dampna contra dictos premicerium decanum et capitulum et singulares canonicos personas et ministros eiusdem ecclesie Virdunensis necnon bona et iura ipsorum post inchoatam informationem remissionem et citationes predictas per decanum Tullensem et officialem Metensem factas fuerunt temerarie attemptata et peiora et graviora etiam attemptari presumuntur continue verisimiliter in futurum, nisi super hiis celeriter dictorum . . . temerariis ausibus occurratur . . . . nos igitur . . . discretioni tue . . . mandamus, quatinus prefatis consiliariis magistro scabino scabinis . . . et universitati et singularibus personis dicte civitatis necnon officialibus et gentibus predictis auctoritate nostra districtius inhibere procures sub excommunicationis in personas et interdicti in civitatem eandem necnon terras et loca, quorum regimini vel alias ipsi officiales dicti regis quomodolibet presunt, penis et sentenciis . . . ne ipsi consiliarii magister scabinus scabini . . . gentes et officiales dicti regis, causa et negotio huiusmodi sic in curia Romana pendentibus, contra episcopum, qui se prosecutioni cause et negotii huiusmodi prefatis primicerio decano et capitulo pro suo iure adiunxit, necnon episcopatum suum ac primicerium decanum et capitulum singulares canonicos personas alias et ministros et homines eiusdem ecclesie Virdunensis necnon bona et iura ipsorum . . . attemptent . . . et nichilominus predicta . . . facias revocari emendari et ad debitum statum reduci, contradictores per censuram ecclesiasticam appellatione postposita compescendo. . . . Dat. Avin. II nonas februarii a. octavo.

Reg. 129, f. 368¹, nr. 36. — Riezler nr. 2118.

787. — *1342 Februar 9. Avignon.*

Benedictus XII abolet abusum quendam in ecclesia cathedrali et in ecclesiis collegiatis ac monasteriis civitatis et diocesis Metensis vigentem, quod, si quid capitula ecclesiarum et conventus monasteriorum communiter statuerint, minor pars capituli vel conventus contradicendo valeat id irritum facere.

[Benedictus XII] ad perpetuam rei memoria.

Suscepte servitutis officium... Nuper siquidem ad apostolatus nostri pervenit auditum, quod in cathedrali Metensi et collegiatis ecclesiis ac monasteriis civitatis et diocesis Metensis ab antiquo quedam perniciosa consuetudo seu abusus pocius inolevit, quod, cum dilecti filii capitula ecclesiarum et conventus monasteriorum eorundem cum ipsorum monasteriorum prelatis de negotiis et utilitate ecclesiarum et monasteriorum predictorum tractant capitulariter in communi et aliqua deliberant super illis, si unus vel plures singulares de ipsis capitulis et conventibus, minorem tamen partem capituli seu conventus, quorum sunt, facientes, voluntarie absque aliqua iusta causa hiis, que deliberata sunt, contradicant seu se opponant eisdem, taliter deliberata, quantumcunque commodum evidens ecclesiarum et monasteriorum ipsorum respiciant et honorem, non possunt nomine capitulorum seu conventuum ipsorum nec communibus sumptibus ecclesiarum et monasteriorum predictorum executioni mandari; ex quo sequitur, quod iusticiarii et alii officiales seculares et cives dicte civitatis in ipsis ecclesiis et monasteriis filios nepotes et consanguineos habentes, qui ordinationibus et tractatibus salubribus, qui pro comodo et conservatione ac defensione iurium et libertatum ecclesiarum et monasteriorum ipsorum fiunt, se frequenter opponunt et de contradictione ac oppositione huiusmodi confidentes bona et iura ecclesiarum et monasteriorum predictorum diripiunt occupant et invadunt et, quod deterius est, sicut fama publica, ymo infamia refert, potius libertatem ecclesiasticam opprimunt et conculcant. Volentes igitur super hiis... salubriter providere huiusmodi consuetudinem seu abusum de ecclesiis et monasteriis huiusmodi auctoritate apostolica tollimus et penitus abolemus, auctoritate statuentes eadem, ut quibuscumque statutis et aliis consuetudinibus ecclesiarum et monasteriorum contrariis etiam iuramento vel quavis alia firmitate vallatis nequaquam obstantibus, que in negotiis et tractatibus capitularibus ecclesiarum et monasteriorum ipsorum imposterum peragendis per maiorem et saniorem partem capitulorum et conventuum predictorum fuerint ordinata, debeant per capitula et conventus predictos inviolabiliter observari, nisi per minorem partem aliquid rationabile in contrarium propositum fuerit et ostensum. Nulli ergo etc. Dat. Av. V idus februarii a. octavo.

Reg. 129, f. 351, l. cur. nr. 4.

SUPPLEMENTA.

788 (3a). — *1295 Juli 28. Anagni.*

Bonifacius VIII magistro et fratribus hospitalis S. Spiritus in Saxia de Urbe nunciat, quod ab omni iurisdictione ac dominio ordinariorum et aliarum ecclesiasticarum personarum eximit ac in ius et proprietatem B. Petri suscipit omnia et singula hospitalia membra ecclesias oratoria capellas domos ad prefatum hospitale S. Spiritus immediate vel mediate spectantia. — Singulatim enumerantur ibidem: In Lothoringia de Novocastro de Tullo et de Vallicolore hospitalia cum eorum capellis; in regno Alamanie de Stefett, de Wimpina, de Vienna, de Comundia, de Menuch, de Cratonia (Cracovia?) et S. Spiritus de Stetina hospitalia cum ecclesiis et capellis eorundem.

In hospitali vestro . . . Dat. Anagnie V kl. augusti a. primo.

Reg. 47, f. 129 (CXXXI) nr. 580.

789 (4a). — *1295 September 20. Anagni.*

Bonifacius VIII archiepiscopo Treverensi et episcopo ac magistro Humberto de Bellavalle canonico Metensi mandat, quatinus omnes pecunie quantitates decime Alamanie pro Terre Sancte subsidio deputate iam collectas exhiberi sibi ipsis faciant et persolvant certis mercatoribus camere apostolice, exceptis dumtaxat quatuor milibus marcharum argenti, quas assignavit nobili viro Oddoni de Grandisono in recompensationem dampnorum, que is pertulit tempore infelicis exterminii civitatis Acconensis pro defensione ipsius civitatis et circumiacentium partium.

Cum dilectus filius . . . Dat. Anagnie XII kl. octobris a. primo.

Reg. 47, f. 198^t, nr. 818 (litt. curie nr. 131). — *Faucon, Les Registres de Boniface VIII, nr. 826.*

790 (15a). — *1296 Februar 4. Rom S. P.*

Bonifatius VIII Aurelianensi ecclesie vacanti per translationem P. ad ecclesiam Antisiodorensem providet de persona Ferrici prepositi eccl. S. Deodati Tull. dioc.

Romani pontificis . . . Dat. Rome ap. S. P. II nonas februarii a. secundo.

In margine additum:

In e. m. scribitur sibi tanquam episcopo consecrato: Romani pontificis — usque: in episcopum et pastorem. Et subsequenter per . . .

M. Portuensem episcopum tibi fecimus munus consecrationis impendi
. . . Dat. Rome ap. S. P. IIII kl. martii a. secundo.

Reg. 48, f. 5¹, nr. 23. — Digard, Les Registres de Boniface VIII nr. 904.

791 (15b). — *1296 Februar 27. Rom. S. P.*
Conf. supra nr. 790 (15a).

*792 (24a). — *1297 Januar 11. Rom. S. P.*

Bonifatius VIII archidiacono Metensi mandat, quatinus magistro et fratribus hospitalis S. Antonii Viennensis dioc. presidio efficacis defensionis assistens non permittat eos contra indulta privilegiorum apostolice sedis ab aliquibus indebite molestari, molestatores huiusmodi per censuram ecclesiasticam appellatione postposita compescendo.

Pium esse dinoscitur . . . Dat. Rome ap. S. P. III idus ianuarii p. n. a. secundo.

Wiesbaden. Arch. reg. Rossdorf-Höchst nr. 32. Or. membr. am. plumbo.

793 (28a). — *1297 Mai 13. Rom. S. P.*

Bonifatius VIII reservat sue dispositioni omnia beneficia vacatura per consecrationem Gerardi electi Metensis.

Bonifatius episcopus servus servorum dei. Ad perpetuam rei memoriam

Cum nuper dilectum filium Gerardum archidiaconum Brabantie in ecclesie Cameracensi electum Metensem . . . ecclesie Metensi in episcopum prefecerimus et pastorem, nos cupientes, ut canonicatus prebende aliaque beneficia ecclesiastica, que idem electus promocionis sue tempore in eadem Cameracensi et in quibuscumque aliis ecclesiis obtinebat, illis personis per providentie nostre studium conferantur, per quas eisdem ecclesiis honor ac comodum valeat provenire, canonicatus prebendas et beneficia supradicta, quam primum per consecrationem ipsius electi vel per lapsum temporis de consecrandis episcopis aut alio modo vacare contigerit, donationi apostolice reservamus . . . Datum Rome ap. S. P. III idus maii p. n. a. tertio.

Or. cum filo serico et plumbo; in plica ad dexteram: de Setia de Curia; *in dorso:* R. *Arch. Vat. Instrum. Miscellanea.*

794 (57a). — *1300 September 10. Anagni.*

Bonifacius VIII cum Lodovico de Pictavia nato Ademarii comitis Valentinensis capellano Francisci S. Marie in Cosmedin diaconi cardinalis decano Aniciensi dispensat, ut preter decanatum eccl. Aniciensis unicum aliud ecclesiasticum beneficium cum cura seu personatum vel dignitatem licite recipere ac una cum predicto decanatu necnon et cum aliis beneficiis suis sine cura retinere valeat.

Personam tuam generis nobilitate . . . Dat. Anagnie IIII idus septembris anno, sexto.

Reg. 49, f. 321¹, nr. 234.

795 (79 a). — *1303 Mai 31. Anagni.*

Bonifacius VIII archiepiscopis episcopis etc. ducibus quoque marchionibus comitibus etc. populis communibus communitatibus universitatibus terrarum et locorum per Tarantasiensem Bisuntinensem Ebredunensem Aquensem Arelatensem Viennensem et Lugdunensem civitates et provincias, per totam Burgundiam Lothoringiam comitatum Barrensem etc. constitutis imperio et regno Romanorum de iure subiectis, qui iuramentum fidelitatis seu vassallagia vel alia prestiterunt in preiudicium predictorum imperii et regni et Alberti regis Romanorum, nunciat, quod eos ab omni iuramentorum vinculo absolvit et totaliter relaxat.

Dat. Anagnie II kl. iunii a. nono.

Potthast 25253.

796 (99 a). — *1304 Juli 11. [Toul.]*

Petrus Hautebruce et Gerardus Boifners cives et campsores Tullenses declarant valorem monetarum quarundem in Lotharingia usitatarum.

In nomine domini. Amen.

Anno ab incarnatione eiusdem millesimo tricentesimo quarto undecima die mensis iulii indictione secunda pontificatus sanctissimi patris et domini nostri domini Benedicti pape undecimi anno primo in presentia mei notarii et testium infrascriptorum ad hoc specialiter vocatorum et rogatorum Petrus dictus Hautebruce et Gerardus dictus Boifners cives et scampsores Tullenses super infrascriptis requisiti matura deliberatione prehabita dixerunt et in veritate asseruerunt, quod nunc temporis, videlicet die confectionis presentis publici instrumenti, parvus florenus auri quatuordecim solidorum forcium duplicum dictorum Gallice nantois [iorum] monete regis Francie, et singuli duodecim Tullenses ad ensem de moneta illustris principis ducis Lothoringie et marchionis decem et novem nantoisiorum, et singuli duodecim Tullenses de moneta reverendi in Christo patris Johannis dei gracia Tullensis episcopi decem et septem nantoisiorum cum obolo valoris sunt in civitate et scambio Tullensi; et quod communiter cursum huiusmodi in civitate et scambio Tullensi predictis obtinent monete antedicte. Ex quorum civium et scambsorum assertione hoc presens publicum instrumentum confectum est.

Actum anno die mense indictione et pontificatu predictis, horam circa tertiam, presentibus venerabilibus viris domino Johanne archidyacono de Vezago et Renaldo eius fratre canonico, Martino vicario in ecclesia Tullensi, Johanne de Saltris clerico notario curie Tullensis et quampluribus aliis testibus ad hoc vocatis et rogatis.

(Signum notar.)   Et ego Colinus Gobini quondam de Tullo clericus sacra imperiali auctoritate notarius ...

Arch. Vatic. Instrumenta Miscellanea. — Or. membr.

797 (99 b). — *1304 Juli 22. Metz.*

Gobertus decanus et Albricus archidiaconus de Marsallo subcollectores coram Johanne de Calona preposito Ariensi Morinensis dioc. collectore unico seu executore super decima nuper imposita in Metensi Virdunensi Tullensi Leodiensi et Cameracensi diocesibus, ea tamen parte Cameracensis diocesis, que est in regno Francie constituta, dumtaxat excepta, deputato in aula domus magistri Albrici archidiaconi reddunt rationem de pecuniis in civitate et dioc. Met. pro duobus annis primis et pro primo termino anni tertii receptis, presentibus testibus Guidone dicto de Mirabello canonico Metensi, Symone presbitero curato eccl. parrochialis S. Simplicii Met., Andrea perpetuo capellano de Hamskeska Morinensis dioc. capellano dicti prepositi, Jacobo presbitero capellano dicti magistri Albrici archidiaconi, Johanne dicto de Agro clerico curie Metensis, Martino dicto de Trecis, Johanne dicto de Raigecourt domicello dicti magistri Albrici archidiaconi:

»In civitate et dyocesi Metensi receperant ... ad summam trium milium et nonagentarum seu novem centum et quadraginta librarum duodecim solidorum turonensium parvorum nigrorum ......[1]) et quatuor librarum cum dimidia Tullensi. Ac fuit computatum et repertum, quod de dictis pecuniarum summis prefati domini decanus et archidiaconus subcollectores assignaverant ... Claro Savangaci (?) civi et mercatori Florentino de societate Spinorum de Florentia camere domini pape mercatorum procuratorum domini prepositi predicti mille et ducentas et quinquaginta libras turonensium parvorum nigrorum, prout apparebat per litteras sigillatas sigillo curie Metensis. Item computatum fuit et extitit repertum, quod dicti subcollectores de eisdem pecuniarum

---

[1]) *illegibile.*

summis, quas, ut predicitur, receperant assignaverant et deliberaverant mercatoribus de societate Circulorum septingentas seu septem centum libras turonensium parvorum nigrorum et dicto domino preposito Ariensi ducentas et quadraginta libras turonensium parvorum nigrorum et quatuor libras cum dimidia Tullensi. Item computatum fuit et repertum, quod predicti subcollectores expenderant pro negotio et expeditione negotii eiusdem decime C. et LX. libras et C. sol. et II. den. turonensium parvorum nigrorum. Et sic . . . postremo repertum extitit . . . quod penes eosdem subcollectores predictos remanebant in universo . . . tam in pecunia quam sub pignoribus .M. quingente seu quinque .C. et octuaginta seu quatuor viginti et quinque libras et quatuor sol. turonensium parvorum nigrorum tribus denariis minus. . . «

Insertum in instrum. notarile datum »Perusii in domo Nucii domini Egidii militis de Perusio, quam habitat dominus Johannes de Calona prepositus Ariensis« *d. 20. m. febr. a. 1305. — Arch. vat. Instr. miscell.*

798 (116a). — *1306 Juni 24. Bordeaux.*

Clemens V decano et thesaurario ac cantori eccl. S. Stephani de Sarbourch mandat, quatinus Johanni Albuchonis de Marsallo pauperi clerico provideant de aliquo beneficio ecclesiastico consueto ab olim clericis secularibus assignari spectanti communiter vel divisim ad dispositionem abbatis et conventus monasterii Gorziensis, cuius redditus sexaginta librarum turonensium parvorum secundum taxationem decime valorem annuum non excedunt.

Dum conditiones et merita . . . Dat. Burdegalis VIII kl. iulii a. primo.

Arch. vat. Instr. miscell. — Or. membr. del. plumbo.

799 (122a). — *1306 November 28. Bordeaux.*

Clemens V indulget Ludovico [de Pictavia] electo Vivariensi, ut ab archiepiscopo Viennensi metropolitano vel quovis alio antistite ad tam minores quam omnes sacros ordines ac demum adscitis duobus vel tribus episcopis munus consecrationis eidem impendi possit.

Cum nuper de fratrum . . . Dat. Burdegalis IIII kl. decembris a. secundo.

Reg. 54, f. 98, nr. 1; Reg. Clem. V, nr. 1513.

800 (136a). — *1308 Juli 22. Poitiers.*

Clemens V Guillelmo de Claromonte canonico Lugdunensi indulget, ut insistens scolasticis disciplinis, possit usque ad triennium, quin resideat, percipere integre, quotidianis distributionibus dumtaxat execeptis, fructus prebendarum, quas obtinet in Lugdunensi Viennensi et Metensi eccl., quarum existit canonicus.

Volentes personam tuam . . . Dat. ut supra (= Pictavis XI kl. augusti a. tercio.)

Reg. 55, f. 109, nr. 558; Reg. Cl. V, 2911.

801 (140 a). — *1308 October 31. Apud Laureum montem prope Burdegalas.*

Clemens V cum Odoardo comite Barensi et Maria nata quondam Roberti ducis Burgundie ac Agnetis relicte ipsius ducis filie quondam Beati Ludovici regis Francie consideratione eiusdem Agnetis dispensat, ut valeant matrimonium inter quondam Robertum ac Theobaldum episcopum Leodiensem et Johannem de Barro militem Odoardi patruos iam concordatum contrahere, non obstante quod ambo ex uno latere in quarto, ex altero Odoardus in quarto, Maria in tertio consanguinitatis gradibus invicem attingunt.

Cum summus pontifex . . . Dat. apud Laureum-montem prope Burdegalas II kl. novembris a. tercio.

Reg. 55, f. 176, nr. 865; Reg. Cl. V, 3246.

*****802 (145 a).** — *1309 Juni 12. Avignon.*

Clemens V abbati monasterii de S. Theobaldo Metensis dioc. mandat, quatinus ea, que de bonis domus S. Antonii de Rostorph ord. S. Augustini Magunt. dioc. per concessiones illicitas alienata invenerit, ad ius et proprietatem eiusdem domus legitime revocare procuret.

Ad audientiam nostram pervenit . . . Dat. Avinioue II idus iunii p. n. a. quarto.

Wiesbaden. Arch. reg. Rossdorf-Höchst nr. 42. Or. m. amisso plumbo. In plica ad dexteram: C. de Setia.

803 (147 a). — *1309 Juni 26. Avignon.*

Clemens V decano S. Gengulphi et scolastico S. Stephani Tullensis ac thesaurario S. Stephani Metensis eccl. mandat, quatinus Johanni nato Hectoris de Lamoulley militis clerico Treverensi conferant, si eam vacare repererint, parrochialem ecclesiam de Amella Virdun. dioc. spectantem ad collationem abbatis et conventus Gorziensis.

Meritis dilecti filii . . . Dat. Avin. VI kl. iulii a. quarto.

Reg. 56, f. 186¹; Reg. Cl. V, 4707.

804 (170a). — *1310 August 18. In prioratu de Grausello.*

Clemens V Ade abbati monasterii Gorziensis concedit facultatem ad sua et sui monasterii negotia apud sedem apostolicam expedienda contrahendi mutuum usque ad summam quinque milium florenorum suo et monasterii sui nomine.

Ex parte tua ... Dat. in prioratu de Grausello ut supra (= XV kl. septembris a. quinto).

Reg. 57, f. 217, nr. 878; Reg. Cl. V, 6044.

805 (186a). — *1312 Februar 27. Vienne.*

[Clemens V] Petro episcopo Cameracensi.

Intellecto dudum, quod mercatores de Riccardorum Bettorum et Cardelinorum de Luca, Pulicum Fliscobaldorum et Mazorum de Florentia et Maioris Tabule Senensis, Amannatorum de Pistorio et Grozellorum de Montepesulano societatibus et nonnulli alii mercatores, dum adhuc societates ipsorum in sui status integritate manerent, quamplures et magnas pecuniarum summas de pecunia Romane ecclesie temporibus diversis receperant et adhuc detinentes easdem illas camere ipsius Romane ecclesie non curabant, prout etiam nec adhuc curant, restituere, ut tenentur; quodque nonnulli episcopi et alie persone ecclesiastice, exempte et non exempte, necnon magnates duces comites comitisse barones milites nobiles cives burgenses mercatores et alii quamplures laici regni Francie ac diversorum ducatuum comitatuum et terrarum necnon. . Brabantie et . . Lothoringie duces . . Hannonie . . Hollandie et . . Barensis comites *etc.* eisdem mercatoribus et societatibus in pluribus pecuniarum quantitatibus tenebantur, sicut adhuc teneri noscuntur, nec posset de bonis dictorum mercatorum, unde alias ipsi ecclesie satisfieri valeret de huiusmodi pecuniis, repperiri, dilectis filiis magistris Bernardo de Montelenardo rectori de Carvis et de Montecentone et Aycardo Barbe canonico S. Verani de Jargolio Caturcensis et Aurelianensis dioc. ecclesiarum dedimus . . . in mandatis, ut . . . predictos omnes et quosvis alios, quos in dictis partibus in aliquibus pecuniarum summis mercatoribus antedictis . . . obligatos esse constaret eisdem, . . . ad solvendum et restituendum quantitates easdem ecclesie supradicte . . . compellere procurarent. . . Dat. Vienne IIII kl. martii a. septimo.

Reg. 59, f. 20¹, nr. 77; Reg. Cl. V, 7700.

806 (212a). — *1313 März 30. Avignon.*

Clemens V cum nobili viro Joffrido nato Frederici comitis de Lungnen *(Leiningen)* et Agnete nata nobilis viri Ottonis domini de

Osselsteyn (Ochsenstein), qui, etsi quarto consanguinitatis gradu invicem erant coniuncti, sponsalia et deinde matrimonium contraxerunt, consideratione Henrici Romanorum imperatoris, cuius curie magister existit Joffridus, dispensat, ut in matrimonio sic contracto valeant remanere, prolem ex eodem matrimonio susceptam et suscipiendam legitimam nunciando.

Cum summus pontifex. . . Dat. Avin. III kl. aprilis a. octavo.

Reg. 60, f. 142, nr. 442; Reg. Cl. V, 9436.

807 (219a). — *1313 October 2. In prioratu de Grausello.*

Clemens V magistro Galhardo de Granholio confert eccl. Leodiensis canonicatum, prebendam vero eidem reservat, non obstante quod clericus chori ecclesie Agennensis existit et in eccl. S. Bartholomei Paduana clericatum et perpetuum beneficium ac parrochialem eccl. S. Martini de Vico Met. dioc. obtinet.

Litterarum scientia, morum decor. . . Dat. in prioratu de Grausello etc. VI nonas octobris a. octavo.

Reg. 60, f. 213, nr. 664; Reg. Cl. V, 9717.

808 (225a). — *1316 September 6. Lyon.*

Johannes XXII abbati S. Felicis Valentinensis et sacristae secularis ecclesie de Romanis Viennensis dioc. ac Francisco de Balma canonico Viennensis eccl. mandat, quatinus ab Henrico Dalphini recipiant liberam resignationem canonicatus et prepositure eccl. S. Justi Lugdunensis eosque conferant Guillermo de Malac canonico Viennensi, pro quo nobilis vir Johannes Dalphini supplicat.

Cum sicut accepimus . . . Dat. Lugduni VIII idus septembris p. n. a. primo

Reg. 64, f. 183, nr. 1522.

809 (226a). — *1316 September 7. Lyon.*

Johannes XXII magistro Feliciano de Asisio consideratione Jacobi de Columpna diaconi cardinalis pro capellano et phisico suo supplicantis confert eccl. Met. canonicatum, prebendam vero reservat, non obstante, quod is prioratum secularis ecclesie S. Cristofori de Arnata Tudertine dioc. et canonicatum et prebendam in eccl. Nucerina obtinet.

Apostolice sedis circumspecta . . . Dat. Lugduni VII idus septembris a. primo.

In e. m. abbati monasterii S. Arnulfi extra muros Met. et Gerardo de Aceyo Tull. ac Guidoni de Velletro Belvacensis eccl. canonicis.

Reg. 63, f. 183, nr. 568.

810 (229a). — *1316 October 8. Avignon.*

Johannes XXII magistro Albrico de Metis utriusque iuris professori confert eccl. Met. canonicatum, prebendam vero et dignitatem seu personatum vel officium cum cura vel sine cura in eadem eccl. ei reservat.

Litterarum scientia, vite... Dat. Avin. VIII idus octobris a primo.

In e. m. abbati monasterii S. Simphoriani et priori S. Vincentii extra muros Metenses ac Bosolo de Parma canonico Tornacensi capellano apostolice sedis et litterarum apostolicarum scriptori.

Reg. 63, f. 218, nr. 677.

811 (281a). — *1318 October 16. [Avignon.]*

Prima solutio de parte servicii domini Friderici episcopi Traiectensis.

Item anno quo supra [1318] die XVI mensis octobris dominus Fredericus episcopus Traiectensis solvit pro parte sui communis servicii collegio XXVI dominorum cardinalium contingentis M flor. auri per manus magistrorum Girardi de Xantis canonici S. Johannis Leodiensis et Addulfi de Valflar canonici ecclesie Davantriensis... cuius obligatio facta fuit a. dni. M III^c XVII die XXIX mensis novembris...

Obl. et Sol. 3, f. 42^t.

812 (281b). — *1318 October 17. [Avignon.]*

Quitacio communis servicii episcopi Traiectensis.

Facta fuit quitacio domino Frederico episcopo Traiectensi de M florenis auri pro parte sui communis servicii solutis camere per manus dominorum Gerardi de Xanctis Leodiensis et Adulphi de Wulflare Davantriensis eccl. canonicorum. Dat. Av. die XVII mensis octobris anno (1318) indict. (I) et pont. predictis.

Obl. et Sol. 5 (311), f. 83.

813 (335a). — *1321 Juli 9. Avignon.*

Guigo Dalphinus Viennensis primogenitus et heres universalis quondam Johannis Dalphini Viennensis comitis Albani dominique de

Turre et baronie Montisalbani et Humbertus Dalphini frater Guigonis heres pro parte dicti Johannis existentes in presencia Johannis XXII una cum Henrico Dalphini electo Metensi tutore heredum ipsorum ac Dalphinatum et baroniam Montisalbani regente recognoscunt et confitentur se tenere in feudum a domino papa et Romana ecclesia duas partes castri Ruppis — acute, item dominium Castri Podii Hugonis etc.

In nomine domini amen. Anno a nativitate eiusdem M. CCCXXI. videlicet die nona mensis iulii indictione quarta . . .

<small>Arch. vat. Instr. miscell. — Instr. notarile membr.</small>

814 (345 a). — *1321 November 3. Avignon.*

Johannes XXII Henrico electo Metensi, qui pape scripserat sibi cordi esse pacis reformationem inter B. (!) Secilie regem et Ph. de Sabaudia, respondet se putare ad predicta tractandum esse expediens, ut Philippus tales procuratores constitueret, qui forent pacis huiusmodi zelatores.

Ex hiis que nobis . . . Dat. Avin. III nonas novembris a. sexto.

<small>Reg. 111, f. 77¹, nr. 295.</small>

815 (349 a). — *1322 März 8. Avignon.*

Gasbertus Massiliensis episcopus domini pape camerarius super quibusdam negotiis cameram pape tangentibus cum Johanne dicto de Deicustodia clerico Tull. dioc. Aureliani studiis insistente informari volens mandat officiali Aurelianensi vel eius locum tenenti, quatinus Johannem citare curent, ut infra viginti dierum spacium compareat coram Gasberto.

Super quibusdam negotiis . . . Dat. Avin. sub sigillo nostro die octava mensis martii anno . . . MCCCXXII . . .

<small>Arch. vat. Instr. miscell. — Or. membr. sigillo del.</small>

816 (365 a). — *1323 Januar 18. Avignon.*

[Johannes XXII] Molismensis et S. Stephani de Divione Lingonensis dioc. monasterium abbatibus.

Sua nobis venerabilis frater noster Ludovicus episcopus Lingonensis gravi conquestione monstravit, quod . . . decanus et capitulum ecclesie Lingonensis de bonis fructibus redditibus et proventibus episcopatus Lingonensis, que dudum tempore vacationis ipsius ecclesie ... obvenerunt seu percepta vel per episcopum ipsum dimissa fuerant, quorum predicti decanus et capitulum administrationem gesserunt, rationem prefato nunc episcopo, quamvis legitime pluries requisiti, reddere contradicunt.... Quocirca discretioni vestre... mandamus, quatinus ... prefatos decanum et capitulum peremptorie citare curetis, ut infra triginta dierum spatium post citationem huiusmodi immediate sequentium per responsalem ydoneum ... apostolico conspectui se presentent, eidem episcopo de predictis omnibus et singulis rationem legitimam redditui... Dat. Avin. XV kl. februarii a. septimo.

Reg. 111, f. 403¹, nr. 1695.

817 (365 b). — *1323 Januar 18. Avignon.*

[Johannes XXII] eisdem iudicibus [ac in nr. 817 immediate precedente].

Ex gravi conquestione ... Ludovici episcopi Lingonensis ad nostram noveritis audientiam pervenisse, quod licet dudum nos periculosis scandalis, que pretextu cuiusdam questionis suborte inter ipsum episcopum ex parte una et ... decanum et capitulum ecclesie Lingonensis ex altera contingere¹) verisimiliter timebantur, obviare ... cupientes, ne partes predicte sibi invicem offensiones violentias aut iniurias inferre presumerent dicta questione durante, duxerimus in consistorio prefatis partibus prohibendum expresse, tamen ... Henricus de Salmis canonicus Lingonensis ... adhuc ipsa questione pendente officiali in criminalibus curie dicti episcopi adeo minas feroces inferre presumpsit, quod idem officialis sui officii administratione deserta dictis minis perterritus illud resumere postmodum recusavit. ... Discretioni vestre ... mandamus, quatinus, si vobis ... constiterit de predictis, eundem Henricum ... inducatis, ut minas predictas et quecumque alia per ipsum contra huiusmodi prohibitionem nostram presumpta revocet cum effectu, et nichilominus ipsum perhemptorie citare curetis, ut infra triginta dierum spatium post citacionem predictam ... apostolico conspectui personaliter se presentet pro demeritis recepturus et alias mandatis et beneplacitis apostolicis pariturus... Dat. ut supra (= Avin. XV kl. februarii a. septimo).

Reg. 111, f. 404, nr. 1696.

---

¹) contigeret *ins.*

818 (390a). — *1323 Ende Juli¹). [Avignon.]*

Johannes XXII electo Metensi destinat litteras, quibus eidem significat se miranter et displicenter audire, Henricum treugas infringere satagentem ad offensionem partis alterius et presertim Petri archiepiscopi Lugdunensis nepotis Amedei comitis Sabaudie se preparare, eumque hortatur, quatinus attendens inter alia, quid eum et eius statum deceat quidve expediat, treugas predictas observare studeat.

Novit tua discretio . . .

Reg. 111, f. 203¹, nr. 883.

819 (401a). — *1323 December 31. Avignon.*

Johannes XXII Agneti filie quondam Ludovici regis Francie ducisse Burgundie, que papam rogaverat, ut Eduardum comitem Sabaudie et Guidonem Delfinum Viennensem ad faciendam pacem et concordiam adhortaretur, respondet se eosdem adhortaturum esse; ipsa iuxta posse insistat apud dictos nobiles, quod huiusmodi adhortatio reperiat eosdem nobiles affabiles.

Per litteras nobilitatis tue. . . Dat. Avinione II kl. ianuarii a. octavo.

Reg. 112, ps. II, f. 8¹, nr. 533.

820 (510a). — *1326 December 24. Homburg.*

Bertrandus de Vaesco abbas S. Arnulfi coram Ludevico episcopo Met. prestat iuramentum fidelitatis a papa prescriptum.

In nomine domini amen. Per hoc presens publicum instrumentum cunctis appareat evidenter, quod anno incarnationis eiusdem millesimo trecentesimo vicesimo sexto, videlicet die mercurii in vigilia nativitatis domini in presentia mei notarii et testium infrascriptorum, cum reverendus in Christo pater dominus Ludovicus de Pictavia provisione divina Metensis episcopus, vacante monasterio S. Arnulphi extra muros civitatis Metensis ordinis S Benedicti per liberam resignationem religiosi viri fratris Alberti olim abbatis eiusdem monasterii, auctoritate apostolica providisset eidem monasterio de abbate, videlicet de religioso viro fratre Bertrando de Vaesco monacho professo et in sacris ordinibus constituto monasterii S. Martini Glandariensis ordinis S. Benedicti Metensis dyocesis, et iam idem frater Bertrandus provisioni de se facte consensisset, idem dominus episcopus confestim post consensum

---

¹) *Immediate precedit II kl. augusti a. VII, sequitur III kl. augusti a. VII.*

predictum ab ipso fratre Bertrando electo abbate confirmato prestitum iuramentum recepit super sancta dei evangelia per eum manu tacta sub forma, que sequitur infrascripta et quam idem dominus episcopus receperat sub bulla a domino nostro papa[1]). Forma vero iuramenti talis est:

Ego Bertrandus de Vaesco abbas monasterii S. Arnulphi extra muros Metenses ordinis S. Benedicti ab hac hora inantea fidelis et obediens ero B. Petro sancteque apostolice Romane ecclesie et domino meo domino Johanni pape XXII suisque successoribus canonice intrantibus. Non ero in consilio auxilio aut consensu vel facto, ut vitam perdant aut membrum vel capiantur mala captione; consilium vero, quod michi credituri sunt per se aut per nuncios suos sive per litteras, ad eorum dampnum nemini pandam. Papatum Romanum et regalia S. Petri adiutor eis ero ad retinendum et deffendendum salvo meo ordine contra omnem hominem. Legatum apostolice sedis in eundo et redeundo honorifice pertractabo et in suis necessitatibus adiuvabo. Vocatus ad synodum veniam, nisi impeditus fuero canonica prepeditione. Apostolorum limina singulis bienniis aut per me aut per meum nuncium visitabo, nisi apostolica absolvar licentia. Possessiones vero ad meum monasterium pertinentes non vendam neque donabo neque impignorabo neque de novo infeudabo vel alio modo alienabo inconsulto Romano pontifice. Sic me deus adiuvet et hec sancta dei evangelia.

Quo iuramento prestito per eundem abbatem electum per dictum dominum episcopum recepto iuxta mandatum apostolicum, ut asserit, sibi factum petiit, de prestitione[2]) iuramenti huiusmodi et dictus abbas electus concessit sibi fieri publicum instrumentum mittendum dicto domino nostro pape per me publicum notarium infrascriptum. Acta sunt hec in fortalicio castri de Hombourch Metensis dyocesis et in capella eiusdem castri testibus presentibus ad hoc vocatis et rogatis venerabili patre in Christo domino Petro dei gratia abbate Saonensi, viris venerabilibus et discretis domino Albrico archidiacono Metensi iuris utriusque professore, Hugone Ademarii archidiacono Tullensi, Guillelmo de Satagneyo decano ecclesie collegiate S. Machuti de Barro super Albam, Armando de Combis Lingonensis et Vivariensis ecclesiarum canonico, Guillelmo Aynardi decano christianitatis Dyvionensis, Hugone Seutre rectore ecclesie S. Audeoli de Berco Vivariensis dyocesis et me Petro Boveti de Barcellona Valentinensis dyocesis auctoritate

---

[1]) *Conf. nr. 496.*
[2]) dictus episcopus *supplendum est.*

imperiali publico notario, qui predictis omnibus interfui et ad requisitionem dicti domini episcopi predicta omnia scripsi manu propria et in formam publicam reddegi signoque meo, quo utor in instrumentis publicis, consignari rogatus.

Arch. vat. Instr. miscell. — Instr. notarile or. membr.

821 (642a). — *1331 Februar 9. Avignon.*

Joh. XXII Johanni Heremite presbitero Metensi reservat beneficium ecclesiasticum cum cura vel sine cura ad dispositionem episcopi et decani et capituli Metensis communiter vel divisim pertinens, cuius fructus, si cum cura, quinquaginta, si vero sine cura fuerit, triginta librarum turonensium parvorum secundum taxationem decime valorem annuum non excedunt, non obstante quod quoddam perpetuum beneficium ecclesiasticum prebenda seu stipendium elemosinarie ecclesie Metensis volgariter nuncupatum obtinet.

Probitatis tue merita . . . Dat. Avin. V idus februarii a. quintodecimo.

Reg. 97, nr. 882.

INDEX
LOCORUM ET PERSONARUM.
Auctore Dr. Fr. Grimme.

Abbrev. A. = Arrondissement. archidiac. = archidiaconus. archiepisc. = archiepiscopus. can. = canonicus. capell. = capellanus. cardin. = cardinalis. civ. = civis. dep. = Departement. diac. = diaconus. dict. = dictus. dioc. = diocesis. dom. = dominus. eccles. = ecclesia. episc. = episcopus. Gorz. = Gorziensis. Met. = Metensis. mon. = monachus. monast. = monasterium. parroch. = parrochialis. prepos. = prepositus. presb. = presbiter. Tull. = Tullensis. Trevir. = Trevirensis. Virdun. = Virdunensis. v. = vide.

A.

Abbatisvilla *(Abbéville, dep. Somme)* Morinensis dioc.
    eccles. St. Eufraudi
        can. Tirrius de St. Quintino 144.

Abrincensis *(Avranches, dep. Manche)* archidiaconus 689.
    can. Guillelmus Pinchon 495.

Acconensis *(St-Jean d'Acre, Syrien)* civitas 789.

Aceyo v. Asceyo.

Acquarellis, Marcus de —, de Florentia, can. St. Leodegarii de Marsallo, can. et scolasticus Met. 603. 604.

Actringa v. Antringa.

Ademarii, Hugo, archidiac. Tull. 820.

St. Agathe, Bernardus diac. cardin. abbas de Castrosorum Burgensis, prepos. Leodiensis, archidiac. Talavarie Toletane et de Vico Met. dioc. 502. v. Garvo.

Agenensis *(Agen, dep. Lot-et-Garonne)* dioces. 207. 248.
    clericus chori: Galhardus de Granholio 807
    Monast. St. Capsarii
    prior 499.

Agennensis v. Agenensis.

St. Agerici *(St. Airy, dep. Meuse, A. Verdun)* monast. St. Benedicti abbas 278.

Agro, Johannes dict. de —, clericus curie Met. 797.

Aisiert, Joffridus dict. — can. et cancellarius Met. 64. 83. 87. 155. 237. 417.

Aix *(Esch a. Sauer, Luxemburg)*
    Johannes dict. de — can. Met. 51. 219.
    Petrus dict. de — can. Met., capellanus St. Michaelis in Luccemburgh, rector eccl. in Keyle 130. 132. v. Luccenburgensis.

Aixe v. Aix.

Alamanni, Odo, archidiac. de Sarburch, can. Viennensis 207. 207 a.

Alamania 108. 152. 165. 209. 261. 288. 324. 328. 360. 397. 398. 667. 788. 789.

Alba fluvius *(Aube)* 820.

Albanensis *(Montauban, dep. Tarn-et-Garonne)*
    dominus 300.
    episc. Gaucelinus 780.
        Vitalis 361.
    hospitium 300.

Alberonni, Johannes, civis Met. 81.
  Sarieta, soror eius 81.
  Petrus, 768.
    uxor: Abelonna de Vieterlingen
      768.
Alberti, Galterus, magister, can. Met.
  546.
Albi, Petrus, can. Constantiensis et
  Carnotensis 236. 256.
Albiensis (*Alby, dep. Tarn*) ecclesiae
  prepos. 178.
    can. Bernardus Betto 582.
    » Bernardus de Camiaco 518.
Albuchonis, Johannes — de Marsallo,
  clericus 798.
Alemannia v. Alamania.
li Alemans, Johannes, monach. Gor-
  ziens. 143.
Alencourt (*Alaincourt, Kr. Château-
  Salins*)
    Johannes de — 650
    fil: Balduinus, can. St. Salvatoris
      Met. 650.
Alespach (*Alsbach b. Kaisersberg,
  O.-Elsass*), monasterium ord. St. Clare,
  Basilens. dioc. 19.
Allemante (*Allemant, dep. Marne,
  A. Epernay*)
    Johannes de —, can. Silvanectens.
      magister 434.
Alta in dioc. Belvacensi
    prior de St. Chrysoforo 20; v. Halata.
Alta Silva (*Haute-Seille, dep. Meurthe-
  et-Moselle*), monast. Cisterc. ord.
  Tull. dioc. 341
    abbas et conventus 341.
Alta villa (*Hauteville, dep. Haute-
  Saone, A. Lure*), Lingonens. dioc.
    curatus: Johannes Gebennensis 773.
St. Amantio (*Amanty, dep. Vosges,
  A. Neufchâteau*)
    Hugo de —, rector ecclesie 20.
Amberch (*Homburg b. Kedingen, Kreis
  Diedenhofen*)
    Symon de — can. St. Theobaldi
      Met., vicarius perpetuus in eccl.
      de Hamberch, Met. dioc. 581.
    v. Homberg.

Ambianensis (*Amiens, dep. Somme*)
  dioc. 274
    can. Nicolinus de Camilla, capell.
      pape 12.
Ambranensis v. Ambianensis.
Amelencourt(*Amelécourt, Kr. Château-
  Salins*), eccles. parroch. Met. dioc.
    prior: Magister Guillelmus Betferre
      699. 702. 714.
Amella (*Amelle, dep. Meuse, A. Mont-
  medy*)
    Martinus de —, can. St. Petri de
      Monte 106
    Richardus de — mon. Gorz. 143
    parrochus: Johannes de Lamoulley
      147. 803
    prioratus ad mon. Gorz. spectans:
      prior: Ade de Thaseyo 552
        Nicolaus dict. Maresse 552
        Theobaldus, postea abbas
          Gorz. 361. 552.
Anagnia (*Anagni b. Rom*) urbs 2—5.
  24. 25. 59—62. 65. 66. 79. 80. 788.
  789. 794—95.
    Octavianus de — can. Met. 5.
Andegavensis(*Anjou*): Carolus comes,
  natus Philippi regis Francie, capitanus
  generalis Romane ecclesie 60.
St. Andrea (*St-André, dep. Meuse,
  A. Verdun*)
    Nicolaus de — rector ecclesie 20.
Anglie regina Ysabella 251.
Anglorum rex Eduardus (Edwardus)
  18. 29. 38. 749. 750.
Anibaldensibus, Ricardus de —,
  archidiac. Conventensis 247.
Aniciensis (*Puy, dep. Haute-Loire*)
  ecclesia 582. 794
    decanus Ludovicus de Pictavia 55.
      794.
Antella (*Antilly b. Vigy, Kr. Metz?*)
    Willermus de —, can. Virdun. 282.
Antisidiorensis v. Autisidiorensis.
St. Antonii monasterium Augustini
  ord. in dioc. Viennensi (*St-Antoine,
  dep. Isère, A. St-Marcellin*) 98.
    abbas 98. 186. conventus 98
    hospitale: magister et fratres 792.

Antringa *(Entringen, Kr. Diedenhofen)*
Isembardus (Ysembardus, Iserhordus) Mathei de — can. St. Theobaldi Met., can. St. Salvatoris Met.; can. Met., can. St. Symeonis Trevir., notarius domesticus Johannis regis Boemie 377. 488. 566. 712.

Apothecarius, Gerardinus, iusticiarius Virdun. 781.

Appamiarum *(Pamiers, dep. Ariège)* dioc.
 episc. Jacobus 456. 461. 462.

Appamiensis v. Appamiarum.

Aquensis *(Aix, dep. Bouches-du-Rhone)* provincia 795
 archiepisc. 60.

Aquensis *(Aachen, Rheinprovinz)*
 eccles. B. Marie
  praepos. Henricus de Spanheum 264.

Aquilegiensis *(Aquileia, Görz, Bezirk Gradisca)* ecclesia 184
 can. Symon Philippi de Florentia 184.

Aquitanie ducatus
 Guido Ferrerius miles, senescallus 144.

Arare *(Arry, Kr. Metz)*
 Ferricus de — 721. v. Ayre.

Arelatensis *(Arles, dep. Bouches-du-Rhone)* provincia 795
 archiepisc. 60
  ˮ Gasbertus, antea episc. Massiliensis, camerarius pape 489. 515. 596. 638. 672. 771.

Argeno *(Argein, dep. Ariège, A. St-Gisors)*
 Petrus de —, can. Remensis 256.

Argentinensis *(Strassburg, Elsass)*
 urbs et civitas 191
 monasterium St. Petri
  praepos. 529. 530.
 diocesis 191. 432. 529. 530. 579. 639. 675
 episcopi:
  Bertholdus 616. 635. 636. 686. 691. 692. 700. 749. 750
  Johannes 191. 410. 597

archidiac. Johannes de Floreanges 417
decanus et praepos. 675
canonici:
 Brocardus de Fenestrenges 579
 Johannes de Fourpach 530
 Johannes de Linengis 545
 Johannes de Lyningen (alius ut supra) 620. 660.

Argentorium *(Argenteuil, dep. Yonne)*
 Guillermus de — can. Virdun. 115.

Argilleriis *(Arsillières)*
 Johannes de — can. Cathalaunensis, electus Tull. 162. v. Tullensis.

Argonna *(Argonne, Landschaft, dep. Meuse)* eccles. Virdun.
 Johannes, archidiac. de — praepos. Montisfalconis 21.

Ariensis *(Aire, dep. Pas-de-Calais)* in Morinensi dioc.
 praepos. Johannes de Chalona 89. 100. 101. 102. 114. 117. 126 797.

Armoises, Johannes de — miles 541. 542. 543. v. Harmaises.

Arnata, ecclesia secularis St. Cristofori, Tudertine dioc.
 prior: magister Felicianus de Asisio 809.

Arnaysino *(Ornaisons, dep. Aude, A. Narbonne)*
 Guigo de — can. Met., capellanus in Homborc 709. 710.

St. Arnualis *(St. Arnual b. Saarbrücken, Rheinprovinz)*, Met. dioc.
 villa 427
 ecclesia parrochialis: rector 427
 ecclesia collegiata 403
  decanus 227. 232. 350. 430. 432. 639. 645.
  scolasticus: Johannes comes de Sarebruch 228
  canonici:
   Andruinus de Barbais 433
   Arnoldus de Dullinga 304
   Bertholdus de Toffingen 529
   Bertoldus Kirchem 666
   Johannes de Buckenheym 601
   Nicolaus de Swarzenberg 614.

Arpaione (*Arpajon, dep. Seine-et-Oise, A. Corbeil*)
  Berengarius miles de — 234
  germanus eius: Hugo, can. Met.,
    decanus Met., can. Caturcensis et
    Ruthenensis 234. 451. 492 a. 584.
Arragonenses 60.
Arrions, Petrus, civ. Virdun. 23.
Arzilleriis (*Arsillières*)
  Johannes de —, can. Cathalaunensis,
    electus Tullensis 162. v. Tullens.
Asceyo (*Essey, dep. Meurthe-et-Moselle, A. Toul*)
  Gerardus de —, can. Tull. 809
  Hugo de — can. Virdun. 436. 441.
Ascibilis, Petrus, — de Setia, scriptor
  papae 162.
Asisio (*Asisi, Umbrien, Prov. Perugia*)
  Felicianus de — magister, can.
    Met., prior secular. eccles. St.
    Cristofori de Arnata, can. Nucerinus 809.
Aspereva (*Aprey, dep. Haute-Marne, A. Langres*)
  Hugo de —, dom. cardinalis, archidiac. de Vico 560.
Asperomonte, Virdun. dioc. (*Apremont, dep. Meuse, A. Commercy*)
  Androinus de — can. Met. 562
  Ferricus — can. Virdun. rector eccl.
    parroch. in Domereis, capellanus
    in castro de Boncouville 523,
    can. St. Theobaldi Met. 570.
  Guillermus, — praepos. eccl. B.
    Marie Magdalene Virdun. 63
  Henricus, — can. Virdun. 194. episc.
    Virdun. v. Virdun.
  Johannnes — vir nobilis 565
  Johannes, praepos. Montisfalconis
    25. 63. postea episc. Virdun. v. ib.
  Johannes — can. Camerncens. et
    Virdun. 335. 336.
  Johanna — uxor 1) Johannis de ⎫
    Villa Saliron ⎬ 268
    2) Walteri de ⎪
    Germinei ⎭
  Joffridus dominus — nobilis vir
    561. 563. 565

Thomas — 562
Therricus v. Ferricus
Ulricus — ⎫ 335
  uxor Margaretha de Vacz ⎭
Asperomonte, prioratus monasterii
  Gorziensis
  prior Theobaldus 361, postea abbas
    Gorz. v. ib.
Asseloy (*Azelot, dep Meurthe-et-Moselle, A Nancy*).
  Johannes de — can. Nivernens. et
    Met. 451.
Asseyo v. Asceyo.
Atrebatensis v. Atrebato.
Atrebato (*Arras, dep. Pas-de-Calais*)
  episc. 86
  archidiac. Willermus 75
Atrio (*Laitre-sous-Amance, dep. Meurthe-et-Moselle*)
  Henricus de — supprior Gorziens. 361
  Henricus Wierrici de — can. in Sarborch 639
  Johannes de — (Jehan de l'Aitre)
    frater predicat. Met. 81. 713.
Attringa v. Antringa.
Audeberti, Guillermus, can. Petragoricensis, capellan. papae 681.
St. Audomaro, Morinensis dioc. (*St-Omer, dep. Pas-de-Calais*)
  ecclesia de — can. Leo Francisci
    de filiis Ursi 82.
Augia maior (*Reichenau, Bodensee, Baden*) abbatia
  abbas 191.
Augustensis (*Augsburg, Bayern*) episc. 750.
St. Augustini ordo 242. 532. 802.
  » in Alamannia
    praepos. generalis Goffridus 152
  » Geroldus, antea prior monast.
    Marie Magdalene in Hildeshem
    152.
Aurayca (*Orange, dep. Vaucluse?*) princeps Raymundus de Baucio 255.
Aureliacensis (*Orillac, dep. Cantal*)
  archidiac. Gerardus de Lalo 623. 645.
Aurelianensis (*Orleans, dep. Loiret*)
  ecclesia 46. 107. 790. 815. 885

episcopi:
Ferricus, postulatus in ep. Met. 25. 28. 790
P(etrus) postea ep. Autisiodorens. 790.
decanus 107
officialis 815
canonici:
Guillelmus de Belliaco 107
Petrus de Causacho 260
Raymundus de Salgiis 648. 649. 650.

Aurelianus v. Aurelianensis.
Aurea vallis, monast. in dioc. Trevir. (*Orval, dep. Meuse, A. Montmedy*)
abbas 147. v. vallis aurea.
Austria, dux Fridericus (Fredericus) 257. 416
Lippoldus (Lupoldus) 416. 463
Elizabet de — ducissa Lothoringiae 551
Catherina ducissa 591.
Autisiodorensis (*Auxerre, dep. Yonne*)
comes Robertus 378
dioces.
episc. P(etrus) 790
can. Hugo de Barro 568
» Petrus de Piperno 228. 252. 272.
Autopiere, Jacobus, civ. Virdun. 23.
Avallonensis (*Avallon, dep. Yonne*)
Eduensis dioc.
archidiac. 147. 163.
Avalonensis v. Avallonensis.
Avancourt v. Avoncourt.
Avenayo (*Avenay b. Epernay, dep. Marne, A. Reims*) de —
monast. monialium. ord. S. Benedicti, Remens. dioc.
monacha: Katharina de Pennis 434.
Aventica (*Avenches, Schweiz, Cant. Waadt*)
Otto de —, can. Met., Lausaunens., monast. Grandisvallis, St. Ursicini, praepos. Basiliens, cancellarius eccl. Met., capellanus sedis apostolicae 448. 559.

Avinio (*Avignon, dep. Vaucluse*) urbs: 142—152. 155—59. 161—63. 166—68. 178—83. 210—16. 229—264. 266—286. 288—99. 301—12. 312a. 314—18. 321—24. 326. 327. 329—45. 347—91. 393—404. 406. 407. 410—559. 561— 670. 672—75. 677—712. 714. 716—38. 740—68. 770—73. 775—87. 802. 803. 806. 810—19. 821.
ecclesia St. Johannis Jherosolomitani
sacrista: frater Guilhelmus 320.
Avinionensis ecclesia
electus: Jacobus 232
episc. Johannes, thesaurarius papae 748.
St. Aviti eccles. in dioc. Petragoricens. (*St-Astier, dep. Dordogne, A. Perigueux*)
vicarius: Petrus de Fontanilhas de Biguaruppe 208.
Avocuria (*Abocourt, dep. Meuse, A. Varennes*, oder *Aboncourt, Kr. Château-Salins*)
Giletus de — 469. 471. 472.
Avoncourt (*Abaucourt, dep. Meurthe-et-Moselle* oder *Aboucourt, Kr.Chât.-Salins*)
Conradus de, — can. et cancellarius Virdun. 436
Johannes de —, diacon. Gorz. 143.
Aynardi, Guillelmus, decanus christianitatis Dyvionensis 820.
Ayre supra Mosellam, dioc. Met. (*Arry, Kr. Metz*)
rector parroch. Gerardus de Marsallo
» Robertus de Frebecuria } 482
Ayse v. Aix.

B.

Bache, Egidius de — can. Trajectens. 296. 297.
Badoche, Arnoldus, nobilis vir, scabinus Met. 651
uxor: Ponceta dicta lou Gornaix 651
Ferricus dict. — civ. Met 560
Neymerius » — » » 560 frater eius
Nicolaus — can. Met. 609.

Badrellis, P. de — 160. v. Vaureilliis.
Bake v. Bache.
Balma *(St-Baume-les-Nonnes, dep. Jura)*
　　Franciscus de — can. Viennensis 808
　　Henricus de — rector eccles. de
　　　Meusier, Gebennens. dioc. 351. 352.
Balmense monasterium Cluniacens.
　Bisuntine dioc. *(Baume-les-Moines, dep. Jura)*
　　abbas 329.
Balmis v. Balma.
Barbais *(Barbas, dep. Meurthe-et-Moselle, A. Lunéville,* oder *Barbay, dep. Vosges, A. Epinal)*
　　Andruinus de — miles 433
　　filius: Andruinus, can. St. Arnualis 433.
Barbe, Aycardus, can. St. Verani de Jargolio, Aurelianens. dioc. 805.
Barcellona, Valentiniens. dioc. *(Barcillonette, dep. Hautes-Alpes, A. Gap)*
　　Petrus Boveti de — 820.
Bardorum societas v. Florentia.
Baremon, Willermus dict. — 665
　　fil. Petrus, can. St. Leodegarii de Marsallo 665.
Barensis v. Barro.
Bargarelli R. clericus 707.
Barra, Stephanus de — magister ministeriorum Virdun. 781.
Barrensis v. Barro.
Barris v. Barro.
Barro *(Bar, Grafschaft in Frankreich)*
　　comitatus 743, 795
　　comites:
　　　Eduardus (Erardus) 367. 368. 369. 370. 384. 385. 406 (Johannes!) 425. 439. 441. 473. 474. 475. 478. 501. 505. 506. 541. 542. 572. 605. 615. 633. 636. 637. 669. 678. 691. 692. 693. 727.
　　　Ferricus, filius Eduardi, can. Leodiens. et Cameracens. 369. 385.
　　　Henricus comes, 40. 41. 42. 58. 59. 167. 805
　　　Henricus comes 735. 737. 738. 743. 763
　　　　uxor Yolandis de Flandria 743
　　　comites:
　　　　Hugo, filius Petri, can. Virdun. et Autisiodorens. 568
　　　　Johannes 801
　　　　Odoardus, can. Remensis 270
　　　　Odoardus comes 801
　　　　　uxor Maria, nata Roberti ducis Burgundiae 801
　　　　Petrus, magister, archidiaconus Salernitanus (ob Bari, Italien?) 303.
　　　　Petrus, vir nobilis, dominus de Rupeforti (Petraforti) 543. 568. 569
　　　　　uxor: Allienora de Pictavia 569
　　　　Reginaldus (Renaldus), frater Henrici, primicerius Met. 59. 65. praepos. S. Marie Magdalene Virdun. 63, electus Met. 66. 67. v. ibi.
　　　　Reginaldus (Reginaudus) filius Henrici, can. Bisuntinus, archidiac. in Bursella, can. Met., Remens., Belvacens., Virdun., can. St. Marie Magdalene Virdun. 59. 781.
　　　　Renaldus, filius Eduardi, can. Remens., Met. 370. 384. can. Virdun., St. Maximi de Barro-ducis 437. 572. 781
　　　　Theobaldus, can. Met. 28. 58. 75. 76. 77. 78. rector eccl. parroch. in Pagavahan, can. Parisiensis, Remens., Lingon., Leodiens., Belvacens., Trecens., Virdunens., Tull., Cenomanensis 29. 31. 58. 59. episcop. Leodiens. 28 a. 75. v. ibi.
Barro, Garinus de — ord. fratr. predicator., inquisitor heretice pravitatis 493.
Barro, decanatus St. Martini
　　decanus Theobaldus de Gohencuria 40.
Barro-ducis *(Bar-le-Duc, dep. Meuse)*
　　ecclesia collegiata St. Maximi (Maximini) de Barro-ducis Tull. dioc.

can. Johannes dict. Teste 516
  Reginaldus de Barro 384. 437.
  572.
Barro super Albam *(Bar-sur-Aube, dep. Aube)*
  eccles. collegiata St. Machuti
  decanus Guillelmus de Satagneyo
  820.
Barroys *(Bar)* praepositura Virdun.
  dioc. 196.
Bascha, magister Johannes de — can.
  Met. 307. 488.
Basiliensis *(Basel, Schweiz)*
  civitas 589. 631. 680.
  diocesis 19. 448. 589. 631. 680. 695.
  episcopus 17. 19. 410. 749. 750.
    Otto de Granson, antea episc.
      Tullensis 121. 122. 123. 131.
    Petrus, translatus in sedem Maguntinam 121.
    Johannes, episc. Lingonensis, administrator Basiliens. 559.
      589. 590. 608. 616. 691. 694.
    Lutoldus intrusus antiepiscopus
      168.
  scolasticus 19.
  officialis: Johannes de Vinstingen
    168. 293.
  praepositus: Otto de Aventica 448.
  canonicus: Johannes de Wolsstorf
    500.
Baucio *(Les Baux [Baulx] dep. Bouches-du-Rhone, A. Arles)*
  Raymundus de — princeps Aurayce 255
  uxor Anna, nata Guidonis Dalphini,
    domini Montis albani 255.
Bavariae dux
  Ludovicus 258. 440. 442. 616. 686.
    692. 700. 749. 750. 762, electus
    in regem Romanorum 410.
Bavarus v. Bavariae.
Bayro *(Bey, dep. Meurthe-et-Moselle)*
  eccles. parroch. de — Tull. dioc.
  parrochus Guillelmus de Ceys 449.
Bazemont *(Bauzemont, dep. Meurthe-et-Moselle, A. Lunéville)*
  Arnulphus de — armiger 764.

Becferre v. Becforre.
Becforre *(Beaufort b. Stenay, dep. Meuse, A. Montmédy)*
  Guillermus — presbiter, magister,
    utriusque juris peritus, can. Met.
    rector de Emelencourt, can. et
    custos eccl. coll. St. Stephani de
    Homburg Met. dioc. 671. 699.
    702. 714.
Bedebur *(Bettborn b. Finstingen, Kr. Saarburg i. L.)*
  Nicolaus de — presbiter, vicar.
    perpet parroch. eccl. de Gailbach
    superiori Met. dioc. 232.
Belami, Theobaldus dict. — 571
  Colignon dict. — can. St. Salvatoris
    Met. can. Met. 701
  Nicolaus dict. — can. St. Salvatoris
    Met. 571.
Belier, Colardus, civ. Virdun. 23
Beligneville *(Belleville b. Pont-à-Mousson, dep. Meurthe-et-Moselle, A. Nancy)*
  Jacobus de —, can. eccles. de Mota,
    Tull. dioc. 53.
Bellavalle *(Belval, dep. Vosges, A. St-Dié, oder Belval b. Stenay, dep. Meuse, A. Montmédy)*
  Humbertus (Hubertus, Ubertus) de —
    magister, can. Met. 3. 139. 140.
    143. 789.
Belliaco, Guillelmus de — can. Aurelianens. 107.
Bellicensis *(Beley, dep. Aisne)*
  civitas 631. 680
  dioc. 589. 590. 631. 680. 695
  episc. 589. 608. 694. 749. 750.
Belliioco v. Belloioco.
Belliloco v. Belloioco.
Belloioco *(Beaujeu, dep. Basses-Alpes, A. Digne)*
  Imbertus dominus de — 333. 344.
    378. 456.
Belloloco, de — monast. ord. Cluniacens. in dioc. Virdun. *(Beaulieu-en-Argonne, dep. Meuse, A. Triaucourt)*
  abbas Guido, electus Tullens. 122.
    v. ibi.

Bellomonte (*Belmont b. Remiremont, dep. Vosges*, oder *Beaumont-sur-Orne, dep. Meurthe-et-Moselle, A. Briey*)
Fulco de — diacon. Gorz. 183
Thomas de — can. Tull. 482.
Bello-Reditu, Johannes de —, can. Virdun. 282
monasterium v. Leodiens.
Bellovacensis (*Beauvais, dep. Oise*) diocesis 20. 23. 29. 42. 58. 59
can. Guido de Velletro 809
Reginaldus de Barro 42. 59
Theobaldus de Barro 29. 58. 59.
Bellvoco v. Belloioco.
Belna, Eduensis dioc. (*Beaune, dep. Côte-d'Or*)
decanus: Johannes Ogerii 729. 730. 736. 747. 748. 769. 772. 779.
Belnensis v. Belna.
Belvacensis v. Bellovacensis.
Bencius, Oddonus, — de Cheris, can. Met. 389.
St. Benedicti monasterium in Vepria (*St. Benoit-en-Voivre, dep. Meuse, A. Commercy*) v. Vepria.
Beneventanus (*Benevento, Italien*)
can.: magister Nicolaus 248.
Berco (*Berrias, dep. Ardèche, A. Largentière?*), eccl. parr. S. Audeoli, Vivariens. dioc. de —
rector Hugo Seutre 820.
Bertaucourt (*Burthecourt-aux-Chênes, dep. Meurthe-et-Moselle*)
Petrus dict. Papars de — rector eccl. Virdun. 20.
Bertran, Johannes dict. — 252.
fil. Fulco — can. Met. 252.
Bertrandi, Johannes, can. Virdun., Trevir., Spirens., St. Martini Leodiens. 421
Nicolaus, can. Met. 417.
Bertraudi v. Bertrandi.
Betferre v. Becforre.
Betto, Bernardus, can. Albiensis 582.
Biguaruppe v. Fontanilhas.
Bindi, Basdutius, civis Florentinus 12.
Bioncort (*Bioncourt, Kr. Château-Salins*)
Andreas de, — vir nobilis 272.

Henricus de — can. St. Theobaldi Met. 623.
Othinnus Stephani dict. de — cleric. Met., publicus notarius 81. 129.
Symon de — can. St. Theobaldi Met. 272.
Bisuntina (*Besançon, dep. Doubs*)
civitas 493. 596. 631. 680
monasterium
St. Pauli: abbas 341
St. Vincentii: abbas 449
diocesis: 52. 90. 329. 449. 467. 483. 492. 493. 523. 589. 590. 596. 631. 635. 658. 680. 694. 695. 696. 718. 729. 730. 736. 747. 748. 749. 769. 772. 773. 779. 795.
archiepiscop. 60. 290. 483. 484. 490. 559. 589. 608
» . Vitalis 636. 682. 694. 750. 762. 765. 766. 775
archidiac. 59. 63.
canonici: Guillelmus de Ceys 449
Hugo de Monte Justino 507. 535
Johannes de Firmitate 675
Petrus de Treva 90
Reginaldus de Barro 42.
Bisuntinensis v. Bisuntina.
Bisverton, Hugo de — can. Parisiens. 104
Biterrensis (*Béziers, dép. Hérault*) eccles. 784
can. Johannes de Coiordano 716.
Bituricensis (*Bourges, dep. Cher*) eccles. 77. 107. 288. 289.
Bizuntina v. Bisuntina.
[Blamont] (*dep. Meurthe-et-Moselle, A. Lunéville*)
Herricus frater ⎫ Thome primicerii
Henricus nepos ⎭ Virdun. 38.
Blampie, Jenninus, civis Virdun. 23.
Blancheron, Johannes de —, frater predicator. Met. 81.
Blankenheim (*Blankenheim, Kreis Schleiden, Rheinprovinz*)
Fredericus dominus de — 628.
vidua: Elizabeth de Liningen 628.

Blesensis (*Blois, dep. Loire-et-Cher*)
  comes Guido 706
    filia: Maria, uxor Radulphi ducis Lothoringiae 706. 752. 757. 758.
Blesis v. Blesensis.
Bleville (*Bleville, dep. Seine-Inférieure?*)
  Symonius de — balistarius 764.
Bocaireto (*Beaucaire, dep. Gard, A. Nîmes*)
  Gerardus de — cleric. Tull. 697.
Bochenhem (*Saarunion, Kr. Zabern, U.-Elsass*)
  Henricus de — cleric. Met. dioc. 720.
  Johannes de — can. St. Arnualis 601.
  Petrus de — 601.
    archipresbiter de — 232.
Bockenhem v. Bochenhem.
Bocouville v. Bosonis villa.
Boemiae regnum 443.
  rex: Johannes 257. 421. 437. 443. 465. 472. 478. 488. 495. 501. 505. 542. 545. 558. 688. 689. 711. 712. 754. 786.
Bohemia v. Boemia.
Boifners, Gerardus dict. — civis et campsor Tull. 796.
Bokeil, Petrus dict. — abbas St. Arnulphi Met. 155. 156. 157. 160. 174. 175. 185.
Bollemonte v. Bellomonte.
Bona Anima, Terricus dict. — mon. St. Vitoni Virdun. 24.
Bonania v. Bononia.
Boncouville v. Bosonis villa.
Bonidie, Petrus, can. Gebennensis 343.
Bononia (*Bologna, Italien*)
  Johannes de Unzola de — legum doctor, can. Met. 244. 247.
Borbonio (*Bourbon, dep. Allier, A. Moulins*)
  Albericus de — can. Remensis 661.
Bosco v. Bous.
Boseriis (*Rosières-aux-Salines, dep. Meurthe-et-Moselle, A. Nancy*)
  Johannes de — thesaurar. Tull. 707.
Bosonis villa (*Busendorf, Kr. Bolchen*) Met. dioc.
  castrum 513. 570.

monasterium ord. St. Benedicti
  abbas 228
  capellanus: Terricus de Asperomonte 513. 570.
Bossone, Johannes de —, magister 269.
Botelh, Helias, capellan. eccl. St. Martini Dalcos 208.
Bouchouche v. Badoche.
Bourgondus, Haymo, diac. Gorz. 143.
li Bourgons, Johannes, monach. Gorz. 143
Bourlemonte (*Bourlémont, dep. Vosges*)
  Thomas de — episc. Tull. v. ibi.
Bourmonte (*Bourmont, dep. Haute-Marne, A. Chaumont*)
  Egidius de — can. Virdun. 474. 572. 573. 643.
Bouron, Philippus Coletus dict. —, rector parroch. de Dunocastro 125.
Bous (*Freibuss b. Grosstänchen, Kr. Forbach*)
  Johannes de — dict. de Vinstinga, utriusque juris professor, officialis eccl. Basiliens. can. Met. 293. 302.
Boveti, Petrus, de Barcellona, publicus notarius 820.
Brabantie
  dux 805
  archidiac. Gerardus, 28. 793. postea episc. Met. v. ibi.
Bremensis (*Bremen*) archiepisc. 546.
Brenvilla (*Brainville-en-Voivre, dep. Meurthe-et-Moselle, Cant. Conflans*)
  ecclesia de — Virdun. dioc.
    rector Dominicus de Stanno 677.
Bresden, Odilieta de — civis Met. 81.
Brevenolbensis, Pragensis dioc. (*Brewitz, Böhmen*), abbas 443.
Brieyo (*Briey, dep. Meurthe-et-Moselle*)
  Johannes de — can. postea abbas monast. St. Petri Montis 677. 683. 685. 690. 705.
Briques,
  Colinus ⎫
  Johannes ⎬ cives Virdun. 781.
  Monninus ⎭

Brixia (*Brescia, Lombardei, Italien*)
B. de — 159.
Brixiensis episc. 746.
Broa, Jacobus de — archidiac. de Lunato, vicecamerarius et thesaurarius papae 777. 784.
Brues (*Brieux b. Maizières, Kr. Metz,* oder *Bru, dep. Vosges, A. Lunéville*)
Abraham Habrandus de — miles 439.
Brugis (*Brügge, Westflandern, Belgien*) Tornacens. dioc. de —.
archidiac. Bernardus de Garvo 193.
Brunequello (*Bruniquel, dep. Tarn-et-Garonne, A. Montauban*)
Reginaldus vicecomes de — 248.
Guillermus Roderii, phisicus comitis 248.
Bruxella } v. Bursella.
Bruxellensis }
Buckenheym v. Bochenhem.
Burbonum (*Bourbon, dep. Allier*) 114 v. Borbonio.
Burdegala (*Bordeaux, dep. Gironde*) 116—122. 798. 799. 801.
Burdegalensis
eccles. St. Severini
can. Raymundus Fabri 207.
monast. St. Crucis — abbas 235.
dioc. 245.
Burgensis (*Bourges, dep. Cher*) dioc. 502.
Burgundia 466. 682. 795.
dux 378.
Otto 636.
Robertus 819.
uxor Agnetis, filia Ludovici regis Franciae 819.
filia Maria, uxor Odoardi comitis Barensis 801.
Burmonte v. Bourmonte.
Bursella in dioc. Cambracensi (*Brüssel, Belgien*)
archidiac.: Jacobus de Sabello 86
. Reginaldus de Barro 42.
Busche v. Bascha.

Byedewilre (*Bettweiler b. Rohrbach, Kr. Saargemünd ?*) eccles. parroch. Trevir. dioc.
rector: Walterus de Laiffinga 711.
Byoncourt v. Bioncort.

C. K.

Cabilone (*Châlons-sur-Saone, dep. Saone-et-Loire*)
Agnesia de — comitissa Gebennensis 378.
Hugo de — dominus Darbay 379.
relicta: Beatrix de Vienna 379.
episcop 682.
Cabilonensis v. Cabilone.
Caffarelli, Franciscus, civis et mercator Romanus 57
Calabocconis, Octavianus, civ. et mercat. Romanus 56. 86.
Calatravensium ordo (*Spanischer Ritterorden*) 213. 242. 483. 589. 694.
Calcibus, Petrus de — can. Cenonensis 267.
Cale, Johannes dict. — de Sarburch 422.
fil. Johannes, can. eccl. in Sarburch 422.
Calenconia (*Challonges, dep. Haute-Savoie, A. St-Julien*)
Martinus de — magister, legum doctor, procurator dom. Henrici electi Pataviensis, can. Vivariensis 261. 534. 627.
Calenconium v. Calenconia.
Callibocconis v. Calabocconis.
Calona (*Callonne, Belgien, Prov. Hennegau*)
Johannes de — archidiac. Gandensis.
praepositus Ariensis 60. 61. 62. 89. 100. 101. 102. 114. 117. 126. 797.
Caltia (*La Chausée, dep. Meuse, A. Vigneulles*)
Petrus de — clericus Met. dioc., magister in artibus 719.
Calvomonte (*Chaumont-en-Bassigny, dep. Haute-Marne*)
Colardus de — archidiac. de Ripparia 284. 285.

Johannes de — prior de Porresio 361.
Sanso de — can. Virdun., capellan. sedis apostol. 495.
Camaldulensium ordo 589. 694.
Cameracensis (*Cambray, dep. Nord*) civitas 60. 62. 88. 89. 100. 101. 102. 114. 117. 120. 126.
   eccles. St. Gaugerici
   decanus 385. -
   dioces. 28. 42. 48. 60. 62. 86. 88. 89. 100. 102. 114. 117. 120. 126. 216. 793.
   episc. 33. 60. 749. 750. 797.
   » Petrus 805.
   canonici:
   Ferricus de Barro 385.
   Henricus Dalphinus 110. 180. 216.
   Herricus de Haynonia 48. 49.
   Johannes de Asperomonte 336.
   Reginaldus de Barro 42.
   Ricardus 226.
Camiaco (*Camjac, dep. Aveyron, A. Rodez*)
   Bernardus de — can. Albiensis, phisicus 518.
Camilla, Nicolinus de — can. Ambranensis, capellanus papae 12.
Cancellariis, Jacobus de — de Urbe, can. Laudunensis 77.
Canisanis, Andreas de — civ. Florentinus 12.
Canisanorum societas v. Florentia.
Canoy (*Chénois b. Delme, Kr. Château-Salins*)
   Nicolaus de — vulgo de Querceto, can. Met. 58.
Cantarelli, Jacobus, can. St. Petri de Monte 106.
Cantuarensis (*Canterbury, England*)
   dioc. 29
   archiepisc. 29.
Cantuariensis v. Cantuarensis.
Capocie, Nicolaus — de Urbe, can. Virdun. 226.
Carbonelli, Bertrandus, can. Tull. 555.
Cardinales v. Roma.

Cardono, (*Karden, R.-B. Coblenz, Rheinprovinz*) eccl. de — Trevir. dioc.
   can. Walterus de Laiffinga 711.
Carnotensis (*Chartres, dep. Eure-et-Loir*) eccles.
   can. Petrus Albi 256.
Carpentoratum (*Carpentras, dep. Vaucluse*) 169.
Cartusiensium ordo 213. 242. 483. 589. 694.
Carvis, Caturcensis dioc. (*Carves, dep. Dordogne, A. Sarlat*) de —
   rector Bernardus de Montelenardo 805.
la Casa, Galhardus de —, camerae apostol. clericus, can. Met., archidiac. de Sarburch 235. 245
   Guillermus de —, rector parroch. de Lustrato, can. Met., archidiac. de Sarburch 245.
Castellione, de — monaster. Cisterz. ord. Virdun. dioc. (*Chatillon-sous-les-Côtes, dep. Meuse, A. Verdun*)
   abbas 151. 278.
Castellione de —, monaster. Trevir. dioc. (*Châtillon l'abbaye, dep. Meuse, C. Spincourt*) — abbas 531.
Castellione (*Chatillon-sur-Seine, dep. Côte-d'or*)
   Galtherius de — nobilis vir, conestabullarius Francie 273.
   uxor Isabella ducissa Lotharingiae 273.
Castris (*Châtel-St. Germain, Kr. Metz*)
   Richardus de — 500.
   fil. Johannes de Wolsstorf, can. Met. 500.
Castro novo (*Neufchâteau, dep. Vosges*)
   hospitale in — 788.
   Petrus Guigonis (alias Moreti) de —, can. Lingon. 508. 517. 520. 521. 523. 539. 541. 542. 543. 544. 564. can. Met., archidiac. de Vico 588. 590. 594. 595. 596. 606. 607. 608. 631. 632. 667. 671. 680. 682. 684. 695. 696. 707. 715. 717. 718. 721. 722. 724. 770. 773. 777.

Castronovo (*Châteauneuf de Galaure, dep. Drôme, A. Valence*) Diensis dioc.
    Gaytonus de — 770.
Castrosorum abbatia, Burgens. dioc. (*Chatrost, dep. Cher, A. Bourges*)
    abbas Bernardus St. Agathe dioc. card. 502.
Castrum novum (*Château-neuf de Gadagne, dep. Vaucluse, A. Avignon*) 220.
Castrum Podii Hugonis 813.
Castrum Rudolphi in eccl. Bituricensi (*Château-roux, dep. Indre*)
    archidiac. 77.
Cathalaunensis (*Châlons-sur-Marne, dep. Marne*)
    monasterium St. Petri ad montes:
        abbas 196.
    dioces. 143. 764. 766.
        episcop. 141. 192. 196. 783.
        can. Johannes de Arzilleriis, electus Virdun. 162. v. ibi.
Cathalunensis v. Cathalaunensis.
Caturcensis (*Cahors, dep. Lot*) dioc. 193. 805.
    can. Hugo de Arpaione 491 a.
Causacho (*Chery l'abbaye b. Meaux, dep. Seine-et-Marne*)
    Petrus de — can. Aurelianensis 260.
Cenomanensis (*Le Mans, dep. Sarthe*) eccles. 29.
    can. Theobaldus de Barro 29.
Cenonensis (*Sens, dep. Yonne*) eccles.
    can. Petrus de Calcibus 267.
Cerceto (*Quesnoy, dep. Nord, A. Avesnes*)
    Oliverius de — magister, can. Pictaviens., decanus St. Ilarii, capellanus papae 627. 634. 639. 661. 663. 664. 665. 754. 774. 778.
Cerverio (*Cervières, dep. Loire, A. Montbrison*)
    Bertrandus de — clericus, rector parroch. eccles. St. Martini de Martrachanicis, Uticensis dioc. 212.
    Raymundus de — rector eiusdem 212.
Cerzeto v. Cerceto.
Kesseler, Nicolaus dict. — de Sarberg, can. St. Stephani de Sarberg 642.

Keyle (*Kail, Kr. Kochem, Rheinprovinz*)
    ecclesia de — 130
    presb. Petrus de Aixe 130.
Ceys, Guillelmus de — can. Bisuntinus, Romaricens., parrochus eccles. de Bayro, Tull. dioc. 449.
Chacillons, Wiardinus Boxini —, scabinus Virdun. 781.
Chalencoio, Martinus de — can. Variens. 627. v. Calenconia.
Chaleucoio v. Calenconia.
Chalona v. Calona.
Chalongelle, Ydeta dicta la — civ. Met. 81.
Chamblaco (*Chambley b. Mars-la-Tour, dep. Meurthe-et-Moselle*)
    Petrus de — 721.
Chanone, Johannes dict. la — cantor St. Theobaldi Met. 664.
Chapon, Jacobus, civ. Virdun. 23.
Chapons, Wauterinus, iusticiarius Virdun. 781.
Charmes (*Charmes-sur-Moselle, dep. Vosges, A. Mirecourt, oder Charmes-la-Côte, dep. Meurthe-et-Moselle, A. Toul*)
    Ferricus de — can. Met. 5.
Cherio, Taurinensis dioc., eccles. B. Mariae de —
    praepos. 389.
Cheris (*Jury b. Verny, Kr. Metz? wahrscheinlich dasselbe wie Cherio*)
    Oddonus Bencius de — can. Met. 389.
Chini (*Chini, Belgien, Prov. Luxemburg*)
    Ludovicus de Los, comes de — } 223
    uxor: Margarita de Lothoringia }
Chonelz, Martinus dict. — civ. Virdun. 781.
Killart, Collinus dict. — civ. Virdun. 23.
Kirchberg (*Kirchberg a. Wald, Kr. Saarburg, Lothr.*)
    Symon de — 659.
        fil. Walter de — presb. Met. dioc. 659.
    ecclesia parrochial. Met. dioc.
        rector: Anselmus de Wasselneim 176.
        » Henricus de Gerolzeke 176.

Kirchem, Bertoldus, can. St. Arnualis 666.
ad St. Ciricum prope Lugdunum (*Ouillins, dep. Rhone, A. Lyon*) 109—113.
Circulorum societas v. Florentia.
Cirkis (*Sierck, Kr. Diedenhofen*)
- Philippus de — can. Met., electus Met. 291. 397. v. Sirkes.
Kirkeim eccles. in dioc. Met. (*Güderkirch b. Wolmünster, Kr. Saargemünd*) rector: Petrus subdiac. 146.
Kirperc v. Kirchberg.
Cisterciensium ordo 91. 145. 148. 213. 242. 483. 589. 694.
Civitas Papalis (*Palaestrina b. Rom*) episcop. 73. 75.
St. Clarae s. St. Damiani ordo s. Minorisse 254.
Claramontanis v. Claromontensis.
Claravallis, monast. Cisterc. ord. Lingonens. dioc. (*Clairvaux, dep. Aube, A. Bar-sur-Aube*) 141. 145. 148.
abbas 91. et conventus 141.
Clarentini mercatores de Pistorio 43.
Claromonte (*Clermont, dep. Meuse, A. Verdun*)
Guillelmus de — can. Met., Viennens., Lugdun. 113. 210. 800
Jacobus de — can. Met. 173.
Claromontensis (*Clermont, dep. Puy-de-Drôme*)
dioc. 109. 219. 623. 645.
can. Henricus Delphinus 109. 110.
Clavasio (*Chivasso b. Mailand*)
Aynardus de — can. Viennens. 109.
Clayriaci (*Clery-Frontenex, dep. Savoie, A. Albertville*)
Grato, vir nobilis, dominus —, consanguineus Joh. Dalphini 253.
Cluniacense monasterium Matisconens. dioc. (*Cluny, dep. Saone-et-Loire, A. Mâcon*)
abbas 329.
Cluniacensium ordo 242. 483. 589. 694.
Coiordono, magister Johannes de — can. Biterrensis, capellanus et thesaurarius papae 716.

Colete, Theobaldus dict. — civ. Virdun. } 781.
Henricus frater eius.
Coletus, Philippus, dict. Bouron, rector parroch. de Dunocastro Remensis dioc. 125.
Colini, Godefridus — cler. Met. 641.
Henricus — dict. Roucel, can. Met., can. St. Theobaldi Met., rector parroch. de Contil 648.
Colle, Volturane dioc. (*Colle di V. d'Elsa b. Volterra, Italien*)
archipresb. de — 56. 57.
Collealto, Gentilis de —, can. Lingonens. 59.
Colmere, Franciscus dict. — cleric. Virdun. 781.
Colon, Johannes dict. — can. Met. 5.
Coloniensis (*Köln a. Rhein*)
ecclesia 289. 292.
archiepisc. 15. 75. 188. 254. 749. 750
can.: Amadeus comes Gebennensis 169. 281
» Henricus de Salmis 230. 231. 271
St. Gereonis ecclesia:
can. Robertus de Sareponte 504.
Columbario (*Colombey, Kr. Metz*)
eccles. parroch. de — Met. dioc.
rector Gerardus de Spinallo 447.
Columpna (*Colonna, römisches Adelsgeschlecht*)
Jacobus de — diac. card. 809.
Oddo (Otho) de — episc. Tull. v. ibi.
Petrus de — St. Eustachii dioc. card. 31. 162. 226.
Comaldulensium v. Camaldulensium.
Comarceyo (*Commercy, dep. Meuse*)
Johannes de —, comes de Saraponte } 150.
uxor Mathildis, nobilis mulier
Johannes de — can. Virdun. 380.
Petrus de — can. Virdun. 643.
Combis (*Combes, dep. Doubs, A. Pontalier*)
Armandus de — can. Lingon. et Vivariens. 820.
Comerceyo v. Comarceyo.

Commarceyo v. Comarceyo.
Comundia in Alamania (*Saargemünd?*)
 hospitale de — 788.
Condatensis ecclesia, Cameracens.
 dioc. (*Condé-sur-l'Escault, dep. Nord,
 A. Valenciennes*) 48.
  praepos. Herricus de Haynonia 48.
Condeto, Forkignonus de —, civ.
 Virdun. 781.
Conflans (*Conflans, dep. Meurthe-et-
 Moselle*), villa de — 775.
Confluentia (*Coblenz, Rheinprovinz*)
 eccles. St. Castoris
  can. Boemundus de Saraponte 502.
Constanciensis (*Coutances, dep.
 Manche*) eccles. 191. 398.
  archidiac. et can. Bernardus de
   Garvo 193.
  can. Petrus Albi 236.
Constanciensis (*Constanz a. Bodensee*)
 episc. 410. 608
  » Rudolphus (Rudolfus) 617.
   686. 750.
Constantiensis v. Constanciensis.
Contil, eccles. parroch. Met. dioc.
 (*Conthil, Kr. Château-Salins*)
  rector Henricus Colini dict. Roucel
   648.
Convenarum (*St-Bertrand-de-Comminges,
 dep. Haute-Garonne, A. St-Gaudens*)
  episc. 584. 585. 586.
Conventhensis eccles. (*Couvains, dep.
 Orne, A. Argentan*)
  archidiac. Riccardus de Anibaldensibus
   247.
Corbeneyum v. Corbineio.
Corbineio, Remens. dioc. (*St-Léonard
 b. Reims*)
  Philippus de — abbas St. Vitoni
   Virdun. 24.
Corbineio, Laudunensis dioc. 30.
Corboli, Richus, mercator curie
 426.
Corbolio (*Corbeil, dep. Seine-et-Oise*)
 eccles. St. Exupii de — Parisiens.
  dioc. 271
   cantor 271.

Cosungiacum (*Cossoncy [Cossonex],
 Schweiz, Cant. Waadt*)
 ecclesia Gebennens. dioc.
  pensionarius Amadeus de Gebennis
   281.
Cratonia (*Krakau?*) in Alamania
 hospitale 788.
Crecal (*Graufthal b. Lützelstein, Kr.
 Zabern, U.-Elsass*), monast. monial.
 ord. St. Benedicti
  abbatissa et conventus 85.
Crevi (*Crevi, dep. Meurthe-et-Moselle,
 A. Lunéville*)
 Gerardus de — alias de Romesale,
  can. St. Salvator. Met. 285 a. 547.
Crevy v. Crevi.
Criencourt (*Craincourt b. Delme, Kr.
 Château-Salins*) eccl. parroch. Met.
 dioc.
  vicarius perpetuus: Galcherus Alberti
   de Metis 499.
St. Crucis monasterium, Burdegalens.
 dioc. (*Ste-Croix-de-Mont, dep. Gironde,
 A. Bordeaux*)
  abbas 235.
Crudatense monasterium, Vivariens.
 dioc. — abbas 467.
Cruleium, eccles. parroch. Ebroicens.
 dioc. (*Crulay, dep. Orne, A. Mortagne*)
  parrochus Guerricus de Doucellis
   190.
Cryspeyo, Silvanectens. dioc. (*Crepy,
 dep. Oise, A. Senlis*)
  decanus (prior) de St. Arnulfo de
   — 20. 23.
Kuchey (*Contchen, Kr. Bolchen*)
 Johannes de — 592.
  fil. Bertoldus cleric. Met. dioc. 592.
Cuelier, Blesus dict. — civ. Virdun. 23.
Cugnate, Symon dict. — de Liberduno
 682.
Cumana dioc. (*Como, Lombardei*)
 can. Bernardus de Garvo 193.
Curia, Arnoldus de —, frater praedicator.
 Met. 81.
  Colinus de — (Nicolle de la
   Court) civ. Met. 330
  vidua eius Pontia 330.

Curiensis *(Chur, Schweiz, Cant. Graubünden)*
dioc. 335.
episc. 335. 750.
Curresia *(Corrèze, dep. Corrèze)* Gerinus (Gervinus) de — 747. 748. 772.
Cuseyo *(Cuisy b. Montfaucon, dep. Meuse)* Nicholaus de — rector ecclesie 20.

D.

Dalcos, eccl. St. Martini, Petragoricens. dioc.
  capellan. Heli Botelh 208.
   » Petrus de Fontanilhas de Biguaruppe 208.
Dalfinatus terra *(Dauphinée)* 319. 345. 349. 358. 374. 379. 391. 399. 401. 455. 456. 813.
Dalfinus Viennensis
  domini:
    Beatrix 149. relicta Johannis Dalphini Viennens. monialis Vallis Brisciasci Cist. ord. Vienn. dioc. 309.
    Guido — miles, vir nobilis, dominus Montisalbani 255. 267. 280. 313. 320. 327. 819
      filia Anna, uxor Reimundi de Baucio, principis Aurayce 255.
    Guigo — 319. 333. 334. 349. 354. 358. 365. 376. 379. 386. 387. 388. 392. 399. 419. 420. 455. 456. 458a. 461. 462. 464. 497. 501. 501a. 813
      uxor Isabella, filia reginae Johannae Franciae 365. 376. 386.
    Henricus —, filius Himberti, can. Cameracens. 110. 180. Lugdun. 111. Rothomagens., St. Justi Lugdunens., Viennens., Claramontens., Romanens. 109. prior St. Ruphi Valentiniens. 112. archidiac. Wygorniens. 186. 216. 220. archidiac. Wormatiens., Cameracens., Rothomagens. 216.
    225. capellanus papae 253, electus Pataviens. 258. 261. 283. electus Met. 291. v. ibi., regens Dalphinatum 319. 333. 344. 349. 358. 461. 462. 464. dominus Montisalbani 497. 501. et Medullionis baroniarum 501a, praepos. St. Justi Lugdunens. 808. 813.
    Himbertus (Imbertus, Umbertus) — 109. 110. 149. 180. 186.
    Humbertus — rector terrae Fucigniaci 501a. 813.
    Hugo — filius Humberti, dominus Fontanitii 149.
    Hugo — dominus Fucignanus (Focingiacus) 333. 344. 379. 456.
    Johannes —, comes Vapincensis, fil. Himberti 180.
    Johannes —, primogenitus Guidonis 327.
    Johannes —, frater Henrici, comes Albani, dominus de Turre et baronie Montisalbani 225. 240. 253. 283. 305. 306. 309. 327. 808. 813.
Dalphinatus v. Dalfinatus.
Dalphinus v. Dalfinus.
Danamont, Rolinus, mon. Gorz. 143.
Daniel frater, v. episc. Met.
Darbay, Hugo de Cabilone, dominus — 379.
Daunoy, Colinus, magister ministerial. Virdun. 781.
Davantriensis *(Deventer, Niederlande, Prov. Oberijssel)* eccles.
  can. Addulfus de Valflar (Wulflare) 811. 812.
Deicustodia *(Dieulouard, dep. Meurthe-et-Moselle, A. Nancy)*
  Huynus de — can. St. Salvatoris Met. 643.
  Johannes de —, in iure civili licentiatus, cleric. Tull., can. Virdun., can. Met., can. B. Marie Magdalene Virdun., archidiac. de Vepria 473. 573. 598. 605. 642. 671. 781. 815.

— 395 —

Nicolaus de — scolasticus eccl. St. Leodegarii de Marsallo, can. Met. 602. 603. 604

Reginaldus de — 643.

Delfinus v. Dalfinus.

St. Deodati ecclesia Tull. dioc. (*St-Dié, dep. Vosges*)
praepos. Ferricus, postea episc. Aurelianensis 790.
can. Burnekinus, de Parrojes 436.
Gerardus de Mercheville 342.
Johannes de Metis 514. 556. 585. 586. 623.
Johannes de Nanceyo 390. 591.
Johannes de Toullo 266.

Deumeire eccl. parroch. Met. dioc. (*Domèvre-sur-Vezouse, dep. Meurthe-et-Moselle, A. Lunéville*)
rector Petrus de Vaureilliis 380.

Diarrvilla (*Diarville b. Vezelise, dep. Meurthe-et-Moselle*), eccles. parroch. Tull. dioc.
rector Johannes dict. de Toullo 266.

Diensis (*Die, dep. Drôme*)
comes: Ademarius de Pictavia 379. 415. 456. 480.
dioces. 532. 770.
can. Petrus de Virsaneyo (Virsenahico, Virsnahico, Virsanayco, Verzenayco) 343. 356. 357. 362. 363.

Diestorf (*Diesdorf, Kr. Diedenhofen*)
Thomas de — monach. Epternacens., can. Met. 431.

Diewe (*Dieue, dep. Meuse, A. Verdun*)
praepositura de —, eccl. Virdun. 196.

Dignensis ecclesia (*Digne, dep. Basses Alpes*)
can. Stephanus de Insula in Urbe 279.

Dimefassel (*Domfessel, Kr. Zabern, U.-Elsass*)
eccles. parroch. 602.
Henricus de — can. St. Salvatoris Met., parrochus de — 602.

Dipach, Herbordus de — armiger 744.
uxor Gudula ib.

Divione, Monast. St. Stephani de — Lingon. dioc. abbas 816.

Domeio (*Domei b. Longuyon, dep. Meurthe-et-Moselle*)
Raymundus de — 224.

Domereis, eccles. paroch. Virdun. dioc. (*Domprix, dep. Meurthe-et-Moselle A. Briey*)
rector: Ferricus de Asperomonte 513. 570.

Domerey v. Domereis.

Dompaire (*Dompaire, dep. Vosges, A. Epinal*)
Petrus de — can. monast. St. Petri de Monte 106.

Donichan, Stephanus de —, rector eccl. 20.

Dordinis, Guillermus de — can. St. Glodesindis Met. 671.

Dorsbille (*Dorweiler, Kr. Forbach, Cant. Falkenberg*)
Godemannus de —
fil. Godemannus can. Trevir. } 246.

Doucellis (*Docelles, dep. Vosges, Cant. Bruyères*)
Guerricus de — can. Leodiens., rector eccl. parroch. de Cruleio Ebroicens. dioc. 190.

Dueserey, Martinus dict. — civ. Virdun. 23.

Dullinga (*Dillingen a. d. Saar, R.-B. Trier*)
Gozzelo de — 304.
fil. Arnoldus, can. St. Arnualis 304.

Duna (*Dun b. Stenay, dep. Meuse, A: Montmédy*)
Johannes de — decanus eccl. Trevir., parrochus iniustus Theonisvillae 553.

Dunensis (*idem*) archidiac. 256.

Dunocastrum (*Chateaudun b. Reims*)
eccles. parroch. Remens. dioc.
rector Johannes
» Philippus Coletus de } 125.
Bouron

Durandi, Guillermus — clericus, can. Met. 397.
Petrus — magister, capellan. sedis apostolicae, can. Ebredunens.,

Tull., archidiac. de Ruello (Rivello) 213. 214. 233. 241. 288. 289. 292. 294. 328. 360. 398. 555.
Duranti v. Durandi.
Dusai *(Dieuze, Kr. Château-Salins)*
  Rymbaldus presbit. de — 221.
  Symon de — can. Tull. 397.
Dusey v. Dusai
Dusona *(Dieuze)*
  Johannes de — can. Met. et Lingon. 627.
Dyvionensis *(Divion, dep. Pas-de-Calais, A. Béthune)*
  christianitatis decanus: Guillelmus Aynardi 820.

E.

Eboracensis ecclesia *(York, England)*
  can. et thesaur. Theobaldus de Barro 31. 58.
Ebredunensis *(Embrun, dep. Hautes-Alpes)*
  ecclesia 253. 795.
    archiepisc. 60
      » Raymundus 388. 488. 500.
    capitulum 388.
    can. Jacobus de Thosetis de Urbe 397.
      Petrus Durandi 213. 241. 288. 289. 292.
Ebroicensis *(Evreux, dep. Eure)* dioc. 190.
Ecclesiae collegiatae
  St. Adelphi v. Novillari
    Andomari v. Andomari
    Andree v. Gratianopolis
    Andree v. Wormatiensis
    Arnualis v. Arnualis
    Arnulphi v. Crispeyo
    Aviti v. Aviti
    Bartholomei v. Leodiensis
    Bartholomei v. Padua
    Capsarii v. Agennensis
    Castoris v. Confluentes
    Chrysofori v. Alta (Halata)

Ecclesiae collegiatae
  St. Crucis v. Leodiensis
    Deodati v. Deodati
    Dyonisii v. Leodiensis
    Eufraudi v. Abbatisvilla
    Exupii v. Corbolio
    Gangulphi v. Tullensis
    Gaugerici v. Cameracensis
    Gengulphi v. Antisiodorensis
    Gereonis v. Coloniensis
    Gowari v. Gowari
    Ilarii v. Pictaviensis
    Johannis v. Leodiensis
    Johannis Laterani v. Roma
    Justi v. Lugdunensis
    Laurentii v. Laurentii
    Leodegarii v. Marsallum
    Machuti v. Barro super Albam
    Marie v. Aquensis
    Marie v. Cherio
    Marie Rotunde v. Metensis
    Marie v. Montecalvo
    Marie v. Palatiolum
    Marie v. Vallecuriensis
    Marie v. Verdanum
    Marie Magdalene v. Virdunensis
    Martini v. Leodiensis
    Martini v. Marsanum
    Maximi(ni) v. Barro ducis
    Mellonis v. Pontisera
    Michaelis v. Tullensis
    Nicolai v. Monasterium
    Nicolai v. S. Nicolaus de Portu
    Paulini v. Trevirensis
    Petri v. Maguntina
    Petri v. Palatium
    Principis Apostolorum v. Roma
    Radegundis v. Pictavii
    Salvatoris v. Metensis
    Salvatoris v. Trajectensis
    Servatii v. Trajectensis
    Severini v. Burdigala
    Stephani v. Divione
    Stephani v. Homburgum
    Stephani v. Sarburgensis
    Symeonis v. Treveris
    Symphoriani v. Remensis
    Theobaldi v. Metensis

Ecclesiaè collegiatae
  St. Theodardi v. Thudunensis
  Trinitatis v. Trinitatis
  Urbani v. Trecensis
  Verani v. Jargolio.
Ecclesiae parrochiales
  St. Amancii v. Metensis
  Amantii v. Virdunensis
  Audeoli v. Berco
  Benigni ⎫
  Crucis ⎪
  Eukarii ⎪
  Eusebii ⎪
  Ferrucii ⎪
  Gengulphi ⎬ v. Metensis
  Georgii ⎪
  Hilarii majoris ⎪
  Hilarii minoris, ad ⎪
    lapsus ⎭
  Jacobi
  Johannis v. Usfol
  Johannis Baptistae v. de Sancto Johanne
  Livarii ⎫
  Marie ad martires ⎬ v. Metensis
  Marselli ⎪
  Martini in curtis ⎭
  Martini v. Barro ducis
  Martini v. Dalcos
  Martini v. Martrachanicis
  Martini v. Vico
  Maximini ⎱ v. Metensis
  Medardi ⎰
  Michaelis v. Luccemburgensis
  Nicolai v. Saraponte
  ad novum monasterium v. Metensis
  St. Salvatoris v. Virdunensis
  Saturnini v. Lardeyrelis
  Segolene ⎫
  Stephani Laniati ⎬ v. Metensis
  Symplicii ⎪
  Victoris ⎭
  Victoris v. Virdunensis
  Viti v. Metensis.
Ecclesiae seculares
  St. Cristofori v. Arnata
  B. Marie v. Namurcensis
  de Romanis v. Romanis.

Eduensis (*Autun, dep. Sâone-et-Loire*)
  dioc. 147. 163. 729. 730. 736. 772.
  episc. 682.
St. Egidii monast. Nemausens. dioc.
  (*St-Gilles-les-Boucheries, dep. Gard, A. Nimes*)
  abbas Raymundus 456. 461. 462.
Eginart (*Echaurib. Pampeluna, Spanien*)
  archidiaconatus in eccl. Pampilonensi
  archidiac. Michael Lupi ⎱ 103.
    Otho Martini ⎰
Eix (*Aix b. Conflans, dep. Meurthe-et-Moselle*)
  Giletus de — cleric. Virdun. 781.
Elbeswilre (*Alberschweiler, Kr. Saarburg, Lothringen*) eccl. parroch. Met. dioc.
  rector: Johannes de Metis 514. 556.
Elnensis (*Lens, dep. Pyrénées-Orientales, A. Perpignan*)
  dioc. 138. 163.
Emelencourt (*Amelécourt, Kr. Château-Salins*) eccl. parroch. Met. dioc.
  prior: Magister Guillelmus Betferre 699. 702. 714. v. Amelencourt.
Engolismensis (*Angoulême, dep. Charente*) eccles.
  decanus 503.
  can. Magister Bertrandus de St. Genesio 304.
Epternacensis v. Epternacum.
Epternacum (*Echternach, Grossherzogt. Luxemburg*) monast. St. Willibrodi, ord. St. Benedicti
  abbas 134. 136. 140.
  monachus Thomas de Diestorf 431.
Epinallo (*Epinal, dep. Vosges*)
  Matheus de — clericus 703.
  Stevenins lo fils Genuins d'Espinal 713. v. Spinallo.
Erfordensis (*Erfurt, Prov. Sachsen*) 398.
Ernavilla (*Arnaville, dep. Meurthe-et-Moselle, A. Nancy*)
  Garzilius de — mon. Gorz. 143.
Escantia (*Escurey, dep. Meuse, A. Montmédy*)
  Johannes de — can. Virdun. 80.

— 398 —

Esperonis, Guillelmus 736.
Espinal v. Epinallo.
Esseyo (*Essey-en-Voëvre, dep. Meurthe-et-Moselle, A. Nancy*)
Johannes de — mon. Gorz. 477.
Estein (*Etain, dep. Meuse, A. Montmédy*)
Thiricus de — civ. Virdun. 23.
Estrees (*Estraye, dep. Meuse, A. Montmédy*) eccles. Virdun. dioc.
rector Franco 195. 196.

F.

Fabri, Guillermus — de Rimaco miles Valentinens dioc. 587
Raymundus — can. Met., capellan. papae, archidiac. de Sarburch, can. St. Radegundis Pictaviens., et St. Severini Burdegalens., rector parroch. eccl. St. Johannis de Usfol Agenn. dioc. 207. 208. 212.
Fago (*Foug, dep. Meurthe-et-Moselle, A. Toul*) Tull. dioc.
Walterinus de — 682.
Fakeneil v. Fakenel.
Fakenel, Johannes dict. — can. St. Salvatoris Met. 647
Ponceta dict. — civ. Met. 81
Symon dict. — frater predicator. Met. 81
Theobaldus dict. — civ. Met. 647.
Famonna, Leodiens. dioc. (*Famenne b. Lüttich, Belgien*)
archidiac. de — 231.
Fanensis eccles. (*Fano b. Urbino, Italien*)
can. Homo de Pererulo 277.
Farinelz, Liebaudus, mon. Gorz. 143.
Faucons, Johannes dict. — thesaurarius monast. St. Vitoni Virdun. 24.
Fenestrangiis v. Fenestrenges.
Fenestrenges (*Finstingen, Kr. Saarburg, Lothringen*)
locus de — 767.
Henricus dominus de — nobilis vir 579. 580. 767.

fil. Brocardus, can. Argentinens. 579. 767.
» Johannes, can. Virdun. 580. 767.
» Clara, uxor Johannis comitis de Sarwerden 767. v. Vinstinga.
Ferentinatis civitas (*Ferentino b. Rom*) 25.
Ferrans, Liebaudus dict. — mon. Gorz. 143.
Ferrariensis ecclesia (*Ferrières vel Bethlehem, dep. Loiret, A. Montargis*) can. Leo Francisci de filiis Ursi 82.
Ferrarii, Guido — miles, senescalcus ducatus Aquitaniae 144.
Ferrieti, Theobaldus, can., thesaurar., scolast. Met. 534. 535. 671.
Firmitate, (*La Ferté-sur-Amance, dep. Haute-Marne, A. Langres*)
Johannes de — can. Bisunt. et Virdun. 675. 782.
Flandrensis v. Flandria.
Flandria (*Flandern*)
comes Guido 183.
fil. Guido — uxor: Margaretha nata Theobaldi ducis Lotharingiae 183.
comes Robertus 222. 743.
fil. Mahaut, uxor Mathei ducis Lotharingiae 222.
» Yolandis, uxor Henrici, comitis Barrensis 743.
Flavigneium (*Flavigny, dep. Meurthe-et-Moselle, A. Nancy*)
prioratus Tull. dioc. ad mon. St. Vitoni Virdun. spectans
prior Raudulfus (Radulfus) 87.
St. Flore (*St-Flour, dep. Cantal, A. Bourges*)
Johannes de — 108.
Floreanges (*Flörchingen, Kr. Diedenhofen*)
Johannes de — archidiac. Argentinens 417.
Philippus de — dominus, nobilis vir.
uxor [1]) Ermengaldis de Henalpierre. } 734.
[2]) Beatrix de Longoprato

Florentia (*Florenz, Italien*) 215. 596. 718. 736. 772. 773. 784. 797.
   Marcus de Acquarellis de — can. Met., can et scolastic. in Marsallo 603.
   Symon Philippi de — can Met. et Aquilegiens. 11. 184.
   Guerra Tingi civis 12.
   Mercatorum societates
      Bardorum
         Andreas domini Gualterote 102.
      Canigianorum
         Boccacinus Paganelli, Manettus Ricchi 79. 157.
         Reynerius Cappi, Franciscus Barducii 157.
      Canisianorum
         Andreas de Canisanis, Bardutius Bindi, Baldus et Nerius Radulfi, Datutius Andree, Audomarus et Jacobus Johannis, Guerra Tingi, Boccatinus Paganelli 12. v. Canigianorum
      Circulorum
         Lapus et Oliverius de Circulis et Bonacursus Bonincontri 88.
         Oliverius Lippus et Nardus de Circulis et Bonacursus Bonincentri 89.
         Nicolaus Philippi de Bonsignori Lambertuccii socii 101. 102. 126.
      Pulicum, Fliscobaldorum et Mazorum 805.
      Spinorum 797.
         Symon Guidi et Johannes Maffei et Bonsenior Jacobi 120.
         Clarus Savangaci 797.
      Franciscus Raynucii mercator 574. 593.
Florentinis v. Florentia.
Florhenges v. Floreanges.
Focingiacus (*Fossigny, dep. Haute-Savoie, Arvethal*)
   dominus: Hugo Dalphinus 344. 379.
         Humbertus Dalphinus 501a.
Foiensis (*Forez, dep. Loire*)
   comes Johannes 379.
      fil. Guiottus 379.

Fontanilhas (*Fontenailles, dep. Seine-et-Marne, A. Melun*)
   Petrus de — de Biguaruppe, capellanus eccl. St. Martini Dalços, diac. praebend. eccl. St. Aviti Petragoricens. dioc. 208.
Fontanitii (*Fontenay pres Vezelay, dep. Yonne, A. Avallon*)
   dominus: Hugo Dalphinus 149.
Forensis v. Foiensis.
Forum Julii (*Fréjus, dep. Var, A. Draguignan*)
   episc. 423.
Fossensis eccles. Leodiens. dioc. (*Fosse b. Charleroi, Belgien, Prov. Namur*)
   can. Guillelmus Pinchon 495.
Fourpach (*Forbach, Lothringen*)
   Joffridus de — miles 530.
      fil. Johannes, can. Argentinens. 530.
Fourton, Werricus dict. — cleric. Met. 417.
Fractis (*Fratta b. Neapel, Italien*)
   Nicolaus de — can. Patracens., litterarum papae corrector 504. 557.
Francia 60. 62. 88. 283. 290. 349. 773. 779. 797. 805.
   reges
      Carolus 365. 499. 546.
         regina Clementia 546.
      Ludovicus 801. 819.
      Philippus (IV) 18. 38. 60. 262. 271. 365. 376. 796.
         uxor Johanna 386.
         fil. Carolus, comes Andegavensis, captanus generalis Romanae eccles. 60.
         Isabella, uxor Guigonis Dalphini 365. 376. 383.
      Philippus (VI) 653. 706. 734. 750. 777.
      comestalularius: Galtherius de Castellione 273.
Frankefordensis (*Frankfurt a. Main*), praepos. Petrus de Garlens (Garlenx) 210. 214.

Frankewordensis v. Frankefordensis.

Fraxino, Ginotus Lefolet de — 493.

Frebecuria (*Frebécourt, dep. Vosges, A, Neufchâteau*)
Julietus de — 482.
 fil. Robertus, rector eccl. de Ayre supra Mosellam, Met. dioc. 482.

Fremerecuria v. Fremerevilla.

Fremerevilla (*Fremeréville, dep. Meuse, A. Commercy*)
Walterus de — can. Virdun. 80. 282. 284.

Fremorevilla v. Fremerevilla.

Fretis (*Fratis, dep. Meuse, A. Montmédy*)
Petrus de — clericus 365.

Friavilla (*Friauville, dep. Meurthe-et-Moselle, A. Nancy*)
Johannes de — can. Trevir. 229.

Frontanis, Goddefridus de — magister, can. Leodiens. 75.

Fucignanus
Fucigniacum } v. Focingiacus.
Fuciniacus

Fulginati (*Foligno, Umbrien, Italien*) episc. 670.

Funtibus, Johannes de — can. Maguntinus, praepos. eccl. Pingwensis 476.

G.

Gaboz (*Gaubitsch, U.-Oesterreich, Bez. Mistelbach*) Paraviens. dioc.
plebanus Hermannus 332.

Gaietana (*Gaëta b. Neapel, Italien*)
dioc. 626.

Galioti, Johannes de — prior predicator. Met. 81.

Gandensis, in eccl. Tornacensi (*Gent, Belgien, Prov. Ostflandern*)
archidiac. Johannes de Calona 60. 61. 62. 88. 100. 120.

Garcini, Franciscus, magister, cleric. Virdun. 781.

Gardia (*Lagarde b. Vic, Kr. Château-Salins*)
Benedictus de — can. Tull. 3.

Garlens, Petrus de — magister, capellanus papae, praepos. eccl. Frankefordens. 170. 210. 213. 214.

Garlenx } v. Garlens.
Garlex

Garvo, Bernardus de — nepos papae Clementis V, St. Agathe diac. cardin., can. Met., administrator St. Marie in Dompnico de Urbe, archidiac. Constantiens. et de Brugis., can. Leodiens., Constantiens., Tornacens., Toletanus, Cumanus, prior St. Ramberti, decan. Soliacens., praepos. Toletanus, archidiac. de Vico 179. 193. 502. 588.

Gasbertus v. ep. Massiliens., archiep. Arelatens.

Gayle (*Chailly-lès-Ennery b. Vigy, Kr. Metz*)
Nicolaus de — can. Met. 331.

Gebenna (*Genf, Schweiz*) v. Gebennensis.

Gebennensis
civitas 378. 493. 779
Johannes —, curatus de Altavilla 773.
comites
Amadeus 112. 169. 182. 243.
Amadeus 313. 327. 333. 344. 349.
Amadeus can. Vivariens., Lingonens., Viennens., Maguntinus, Coloniensis, Lugdunens., Valentiniens., Gebennens., capellan. papae, electus Tull. 112. 169. 182. 243. 281. 310. 337. 344. v. etiam Tullensis.
Guillelmus (Guillermus) 169. 182. 281.
Hugolinus (Hugoninus) 333. 343. 344. 378.
Agnesia de Cabilone comitissa 344. 378.
ecclesia 112. 169. 281. 351. 381. 493
episc. 169. 608.
cantor 169.
can. Amadeus comes Gebennensis v. supra.
Petrus Bonidie 343.

Geilbach superior Met. dioc. (Obergailbach b. Wollmünster, Kr. Saargemünd)
  eccles. parroch. vicarius perpetuus: Nicolaus de Bedebur 232.
Geminipontis v. Geminoponte.
Geminoponte (Zweibrücken, bayr. Pfalz)
  Johannes dict. Cocus de — 745.
  uxor Ida nata Egelonis ib.
  Mehtildis de — priorissa Met. 152.
  Walramus comes de — 189.
Genazano (Genzano bei Rom)
  Petrus de — 108.
Genecourt (Génicourt-sur-Meuse, dep. Meuse, A. Verdun)
  Jacobus de —, vicar. St. Salvatoris Virdun. 20.
Genesii, Stephanus, officialis Lingon. 784.
St. Genesio (St-Genis, dep. Charente-Inférieure, A. Jonzac)
  Bertrandus de — can. Engolismens. 304.
St. Germani de Pratis, monaster. juxta Parisius (St-Germain-des-Prés b. Paris)
  abbas 719.
Germinei (Germiny, dep. Meurthe-et-Moselle, A. Nancy)
  Waltherus de — vir nobilis 268.
  uxor Johanna de Asperomonte 268.
Gerolzeke (Gerolzeck, Kr. Saarburg, Lothringen)
  Heinricus de — can. Virdun. rector parroch. in Kirperc 176.
Gervasii, Johannes, presbiter 784.
Giletti, Johannes, magister. can. Met. et Trevir. 26.
Giravilla, (Gireville b. Blamont, dep. Meurthe-et-Moselle, A. Lunéville)
  Ancelinus de — dominus, nobilis vir 425. 439. 441.
Givilla v. Giravilla.
Glandariense monast. St. Martini, ord. St. Bened. (Lubeln, Kr. Bolchen)
  ecclesia 676.
  abbas 2. 619. 620. 681.
  conventus 2. 681.
  monach. Bertrandus de Vaesco 820.
  postea abbas St. Arnulphi Met. v. ibi.
Glandrense v. Glandariense.
Gobelin, Johannes dict. — can. Met., St. Deodati, parroch. St. Georgii Met., cantor Met., can. St. Theobaldi Met. 585. 586. 623. v. Sobelin et de Metis.
Gobini, Colinus, clericus de Tullo, sacra imperiali auctoritate notarius 395. 796.
Gondelainvilla (Gondreville, dep. Meurthe-et-Moselle, A. Nancy)
  Ludovycus de — mon. Gorz. 143.
Gonencuria (Gonaincourt-sur-la-Meuse, dep. Haute-Marne, A. Chaumont)
  Theobaldus de — familiaris comitis Henrici de Barro, can. Virdun. decan. St. Martini de Barro, can. in Motacastro 40.
Gorciense \
Gorgiensis / v. Gorziense.
li Gornaix, Joffridus civ. Met. 651.
  filia: Ponceta, uxor Arnoldi dict. Baudouche 651.
  Theobaldus dict. — miles Met. 137.
Gorzia (Gorze, Kr. Metz)
  Jacobus de — mon. Gorz. 143.
  archipresb. de — Johannes de Prigneyo 115.
Gorziense monasterium, ord. St. Bened. Met. dioc. (Gorze) 4. 32. 33. 52. 53. 140. 163. 166. 477
  abbas 147. 477. 527. 610. 663. 670. 697. 713. 761. 781. 798. 803.
  Adam (Ada), quondam prior de Warengevilla 163. 164. 165. 166. 171. 202. 215. 804.
  Petrus (de Boiffremont), quondam abbas Lucensis, Bisunt. dioc. 52. 53.
  Theobaldus, quondam prior de Asperomonte 143. 361. 364. 366. 394. 395. 396. 407. 408. 409. 450. 451. 509. 531. 552. 573. 599. 610. 645.
  Walterus (Diveux) 143. 166. 167.

26

prior: 32. 52. 166. 361.
Adam, prior claustralis ⎫
Adam de Warengevilla ⎪
Johannes de Amella ⎬ 143
Ludovicus de Petrecen ⎪
Nicolaus de Wasnau ⎪
Therricus de Portu ⎭
Ade de Thaseyo, prior de ⎫
Amella ⎬ 552.
Nicolaus dict. Maresse de ⎪
Amella ⎭
supprior: Henricus de Atrio 361.
praepositus: Thomas 143.
camerarius: Broardus 143.
    Hermannus 361.
cantor: Garcilius 143.
    Haymo 361.
cellerarius: Matheus 143.
custos: Joffridus 143.
elemosinarius 785.
conventus: 32. 52. 53. 147. 166.
 361. 477. 527. 610. 663. 670. 697.
 713. 761. 798. 803.
monachi
 a) presbiteri:
  Ada de Thaseyo 552.
  Baudetus de Stanno 143.
  Bertrandus de Vignoliis 143.
  Ferricus de Venderiis 143.
  Garcilius de Ernavilla 143.
  Harmannus de Pargney 143.
  Henricus de Haris 361.
  Henricus dict. Pikerne 361.
  Huardus de Saxure 361.
  Jacobus de Gorzia 143.
  Jacobus de Ponte Montionis 163
  Johannes dict. li Alemans 143.
  Johannes li Bourgons 143.
  Johannes de Esseyo 477.
  Johannes dict. Hennekins 143.
  Johannes de Pennis 143.
  Liebaudus Farinelz ⎫
  Liebaudus dict. Ferrans ⎪
  Ludovicus Xaudes ⎬ 143.
  Ludovycus de Gon- ⎪
   delainvilla ⎪
  Lyetardus de Warnes- ⎪
   perch ⎭

Nicolaus dict. Maresse 552.
Nicolaus dict. de Petrecen 143.
Richardus de Amella ⎫
Rolinus Danamont ⎪
Symon de Jaulans ⎪
Symon dict. Myrlins ⎬ 143.
Theobaldus de Nom- ⎪
 meney ⎪
Warnerus de Waville ⎭
b) dyaconi:
 Fulco de Bellomonte ⎫
 Haymo Bourgondus ⎬ 143.
 Johannes de Avoncourt ⎪
 Nicolaus de Moncleir ⎭
c) subdyaconi:
 Gerardus de Rambuecourt ⎫
 Henricus Pikerne ⎭ 143
presbiter beneficiatus: Gobelinus Symonis 527.
vasalli 52. 166. 361.
Goule, Albericus dict. can. — Met. 153.
St. Gowari ecclesia Trevir. dioc. (*St. Goar a. Rhein, R.-B. Coblenz*)
 can. Theodoricus de Theonisvilla 303.
Goziensis v. Gorziensis.
Granate (*Granada, Spanien*) regnum 775.
Grandimontense monasterium (*Grammont, dep. Tarn-et-Garonne, A. Castelsarrasin*) 115.
Grandimontensium ordo 213. 242. 483. 589. 694..
Grandisono, Oddo de — vir nobilis 789.
Grandisvallis monasterium, Basiliens. dioc. (*Moutier-Grandval, Schweiz, Cant. Bern*)
 can. Otto de Aventica 448.
Grangia (*Grange b. Kattenhofen, Kr. Diedenhofen*)
 Ludovicus de — can. Met. cantor Met., decanus Met. 139. 140. 143. 538. 584. 586. 595. 602. 614. 623. 666. 670. 673. 685. 689.
Granholio, Galhardus de — can. Leodiens, clericus chori eccl. Agennensis, cleric. beneficiat. eccl. St. Bartholomei Paduane, parroch. eccl. St. Martini de Vico 807.

Gras, (*Gras b. St. Barbe, Kr. Metz?*).
  Werricus de — 312
    fil. Colardus — can. Met. can. St.
    Servatii Trajectens., praepos. St.
    Marie Wallecuriensis, custos St.
    Theodardi Thudunensis Leod.
    dioc., can. St. Theodardi et St.
    Crucis Leod. 312.
Gratianopolis (*Grenoble, dep. Isère*)
  episc. 186. 225. 382.
  decanus 186.
  praepos. St. Andree 109.
  prior St. Laurentii 109.
Grausello, prioratus de — prope
  Malausanam Vasionens. dioc. 153. 154.
  171—76. 193—208. 218. 219. 807.
Griffonel, Johannes Met. ⎫
  fil. Jacobus, clericus ⎬ 645.
  Theobaldus ⎪
  fil. Philippus, clericus ⎭
Grinol (*Grimonviller, dep. Meurthe-et-Moselle, A. Lunéville*)
  Gawardus de — rector eccles. in
  Vico 277.
Gronaix v. Gornaix.
Guarcino (*Guarcino b. Frosinone, Prov. Rom, Italien*)
  Leonardus de — magister, thesaurar.
  eccl. Lingon., notarius papae 482.
  536. 579. 580. 581. 609. 652.
Guidonis ⎫
Guigonis ⎭ v. Castronovo.

H.

Habrions, Oliverus dict. li — civ.
  Met. 81.
Halata, prior de St. Christoforo de —
  Silvanectens. dioc. 22. 23. v. Alta.
Halvels, Ludolphus de —, can. Trevir.
  613.
Hamberch v. Homberg.
Hamella, Herbertus de — 125. v.
  Amella.
Hamskeska Morinens. dioc.
  perpetuus capellan. Andreas 797.
Hannonia v. Haynonia.

Harancort (*Haraucourt a. Seille, Kr. Château-Salins, oder Haraucourt, dep. Meurthe-et-Moselle, A. Nancy*)
  Henricus de — can. St. Johannis
  Leodiens. 674.
Harevilla Tull. dioc. (*Haréville-sous-Montfort, dep. Vosges, A. Mirecourt*)
  prioratus de — ad. monast. St.
  Michaëlis spectans prior 512.
Haris (*Arry, Kr. Metz*)
  Henricus de — mon. Gorz. 361.
Harmaises v. Armoises.
Hathonis castrum (*Hattonchatel, dep. Meuse, A. Vigneulles*) 22.
Hautebruce, Petrus dict. — civis et
  campsor Tull. 796.
Haynonia (*Hennegau, Prov. Belgien*)
  comes 805.
    Guido de — archidiac. et can.
    Leodiens., Met. et Trajectens.
    47. 48. 49. custos Leodiens. 49.
    Herricus, natus comitis de — can.
    Met., custos Leodiens., praepos.
    Condatiens. et Met. can. Came-
    racens. 48. 49.
Henalpierre, Ermengaldis de. —,
  uxor Philippi de Florhenges 734.
Hennamenil (*Hénaménil, dep. Meurthe-et-Moselle, A. Lunéville*)
  Chaderonus de — armiger 764.
Hennekins, Johannes dict. — mon.
  Gorz. 143.
Herbipolensis (*Würzburg, Bayern*)
  episcop. 290. 750.
Herbotsheim (*Herbitzheim, Kr. Zabern, U.-Elsass*)
  monast. monial. ord. St. Benedicti.
  227.
Heremita, Johannes, presbit. Met. 821.
Heremitarum ordo St. Augustini
  prior generalis 558.
Hessen (*Hessen, Kr. Saarburg, Lothringen*) monast. ord. St. Benedict.
  Met. dioc.
  abbatissa et conventus 659.
Hildesem (*Hildesheim, Prov. Hannover*)
  monast. B. Marie Magdalene ord. St.
  Augustini

26*

prior Geroldus, postea prepos. Geheral. in Alamannia 152.
Hollandie comes 805.
Holtem, Hermannus dict. de —, notarius 324.
Homberg (*Homburg b. Kedingen, Kr. Diedenhofen*)
   Therricus de — 611
     fil. Philippus, can. St. Theobaldi Met., capellan. altaris B. Marie in eccles. St. Crucis Met. 611.
   ecclesia: vicar. perpet. Simon de Amberch 581.
Homborc (*Oberhomburg, Kr. Forbach*)
   castrum 709. 710. 754. 820.
   Johannes Gerardi de — acolitus 741.
   Ludovicus de — can. Met. et Trevir. 58. 189. cf. infra.
   Symon de — rector eccl. parroch. de Huezanges 282. 284. 285.
   ecclesia collegiata St. Stephani
   altare St. Johanni Baptiste
     capellanus Guigo de Arnaysino 709. 710.
     Johannes Topeti
   decanus 754
   praepositus Ludovicus de — 176. 237. cf. supra.
   custos Guillelmus Betferre 699. 702. 714.
   cantor Hanricus Hanrici 754.
Homborch
Hombourc
Hombourch   v. Homborc.
Hombuorch
Homburch
Homburgum
Home v. Horne.
Homo de Pereculo (Pererulo), magister Turnens., can. Fanens. 266 277.
Horinbach v. Hornbach.
Hornbach (*Hornbach, Bayr. Pfalz. Bez.-Amt Zweibrücken*), monast. St. Benedict. Met. dioc. 432.
   abbas 232. 600. 601.
   conventus 232.
   archipresbiter 232.

Hornbachum v. Hornbach.
Horne (*Horn b. Roermond, Prov. Limburg, Niederlande*)
   Theodoricus de — archidiac. Leodiens. 75.
Hoya (*Huy, Belgien, Prov. Lüttich*)
   ecclesia de — Leodiens. dioc. 143.
   decanus 143.
   guardianus fratrum minorum 143.
Hoyo v. Hoya.
Huesanges (*Hüsingen b. Kattenhofen, Kr. Diedenhofen*)
   eccles. parroch. Met. dioc. 284.
   rector Symon de Homburch 282. 284. 285.
Huesenges v. Huesanges.
Humiliatorum ordo 589. 694.

J.

Januensis (*Genua? Genf?*) praepositus 397.
Jaqueti, Memguinus, magister scabinus Virdun. 781.
Jargolio (*Jargeau, dep. Loiret, A. Orléans*) Aurelianens. dioc.
   St. Verani de — can. Aycardus Barbe 805.
Jaulans (*Jaillon, dep. Meurthe-et-Moselle*)
   Symon de —, mon. Gorz. 143.
Jeniche, Henricus de —, civ. Virdun. 23.
Ilardensis (*St-Hilaire-la-Palud, dep. Deux-Sèvres, A. Niort*), Pictaviens. dioc.
   decanus: Oliverius de Cerzeto 754. 774. 778
   can. Arnoldus de Morlans 134.
St. Ilarii v. Ilardensis.
Insula Barensis (*Lisle-en-Barrois, dep. Meuse, A. Bar-le-Duc*), monast. ord. Cisterc. Tull. dioc.
   abbas et conventus 341.
Insula in Urbe (*Isola*): Stephanus de — prepos. St. Marie Rotunde Met., can. Met., Dignensis, St. Symphoriani Remens. 279.
St. Johannis Jerosolimitani hospitale 188. 213. 242. 483. 589. 646. 694.

Jolet, Henricus dict. — can. Met., rector parroch. St. Martini in curtis Met. 634.
Irsutus comes (*Rauh- und Wildgraf v. Dhaun-Kyrburg, Kr. Kreuznach*)
Conradus 628
uxor Elisabeth de Liningen 628.
Italia 523. 539.
Juliaco (*Jülich, R.-B. Aachen, Rheinprovinz*)
Henricus de — can. Trajectens. 613. 614
Willermus de — archidiac. Leodiens. 75.
Justimontis (*Justberg, Kr. Diedenhofen*) monasterium B. Marie, ord. Premonstr. 373
abbas 509. v. Monte-Justino.
Juxey (*Jussy, Kr. Metz oder Jeuxey, dep. Vosges, A. Epinal*)
Gerardus de — balistarius 764.

L.

Labro (*Labro, Provinz Perugia, Umbrien, Italien*)
Jacobus de — can. eccl. Reatine 12.
Lafolle, Petrus, ciy. Virdun. 23.
Laiffinga (*Leffinghe b. Gent, Belgien, Westflandern*)
Walterus de — cleric. domesticus Johannis regis Boemie, can. St. Salvatoris Met., rector eccl. parroch. de Bryedewilre, can. eccl. de Cardono 711.
Laines, Sentinus de — rector eccl. Virdun. 20.
Lalo (*Laleu, dep. Chárente-Inférieure, A. La Rochelle*)
Gerardus de — archidiac. Aureliacens. Claromontane dioc. 623. 645.
Lamoulley (*Lamouilly, dep Meuse, A. Montmédy*)
Hector de — miles 147. 803
fil. Johannes cleric. Trevir. dioc., parrochus de Amella 147. 803.
Lando, Renaldus de — de Placentia, can. Met. 509. 531.
Laon, Jaquetus, iusticiar. Virdun. 781.

Lapide (*v. d. Leyen?*)
Henricus de — miles Trevir. dioc. 613 filia Johanneta, monacha in monasterio Novo Met. dioc. 613.
Laideinoix, Johannes dict. — abbas St. Vitoni Virdun. 24.
Lardeyrelis, Ruthenens. dioc. eccles. B. Saturnini - rector Guilfermus Roderii 249.
Lascaxom (?) (*Lascemborn, Kr. Saarburg, Lothringen*)
Johannes de — clericus 165.
Lascurrensis (*Lescar, dep. Busses-Pyrenées, A. Pau*)
dioc. 178 a.
Lateranense concilium 194.
Laude (*Lodi b. Mailand*)
Petrus de —, in romana curia procurator causarum 65.
Laudunensis (*Laon, dep. Aisne*)
dioc. 30. 42
episc. 192
can. Jacobus de Cancellariis de Urbe 77
Reginaldus de Barro 42.
St. Laurentii (*St-Laurent-Rochefort, dep. Loire Cant. Boën*) Aurelianens. dioc.: prior 107.
St. Laurentio, Dalmasius de — can. Tricastrinus 731. 771.
Laureus Mons, Burdegalens. dioc. (*Lormont, dep. Gironde, A Bordeaux*) 141. 801.
Lausac, Johannes dict. — scolaris Met. 334.
Lausanensis (*Lausanne, Schweiz, Cant. Waadt*)
civitas 493. 631. 680.
dioc. 493. 589. 590. 631. 680. 695. 696.
episc. 559. 589. 694. 749. 750.
thesaurarius 527.
can. Otto de Aventica 448.
Layo (*Lay-St-Christophe, dep. Meurthe-et-Moselle, A. Nancy*)
prioratus ad Monast. St. Arnulphi Met. pertinens.
prior: Jacobus de Ponte } 138.
frater Andreas

Layraco (*Layrac, dep. Lot-et-Garonne, A. Agen*) Agennens. dioc.
  prior de — 248.
Lecot, Colleso dict. — civ. Virdun. 23.
Lederospey, Petrinus dict. — 682.
Ledovre, Ottinus, civ. Virdun 23.
Lefolet, Ginotus —, de Fraxino 493.
Leodiensis (*Lüttich, Belgien*)
  civitas 60. 62. 75. 88. 89. 100. 101. 102. 114. 117. 120. 126. 190.
  ecclesiae:
    St. Bartholomei: decanus 130.
    St. Crucis
      can. Colardus de Gras 312.
    St. Dyonisii
      cantor 369. 502.
    St. Johannis
      can. Girardus de Xantis 811.
      Henricus de Harancort 674.
    St. Martini
      can. Johannes Bertaudi 421.
  monasteria:
    de Bello reditu
      abbas 502.
    St. Jacobi
      abbas 502.
  diocesis 15. 29. 58. 60. 62. 75. 76. 88. 89. 100. 101. 102. 114. 117. 120. 126. 130. 143. 151. 230. 231. 244. 251. 264. 312. 495. 734. 751. 787.
  episcopus 188. 190. 301. 749. 750.
  episcopi:
    Adulfus 60. 75.
    Theobaldus de Barro 28a. 75. 76. 77. 78. 79. 188. 301. 801.
  capitulum 75.
  archidiacon: Guido de Haynonia 47.
    Theodoricus de Home 75.
    Willermus de Juliaco 75.
  custos:
    Guido de Haynonia 49.
    Henricus de Haynonia 49.
  decanus 75.
  praepositus:
    Arnoldus 75.
    Bernardus St. Agathe diac. card. 502.
  canonici:
    Beltramus de Mediolano 330.
    Bernardus de Garvo 193 v. praepos.
    Ferricus de Barro 369.
    Galhardus de Granholio 807.
    Gerardus de Xanctis 811.
    Goddefridus de Frontanis 75.
    Guerricus de Doucellis 190.
    Henricus de Salmis 230. 271.
    Hugucio de Marchiano 302.
    Nicolaus de Yporegia 26.
    Symon de Marvilla 105. 200.
    Theobaldus de Barro 29. 58.
      v. episc. Leod.
    vasalli 75.
Leonismonte (*Léomont, dep. Meurthe-et-Moselle, A. Toul*) Tull. dioc.
  prior de — 575. 591.
Lepetit, Ottinus, civ. Virdun 23.
Leriche, Fulco dict. — civ. Met. 785.
Liberduno (*Liverdun. dep. Meurthe-et-Moselle, A. Toul*) Tull. dioc.
  castrum de — 678.
  Symon dict. Cugnate de — 682.
  decanus de — 266.
Licapre, Jacobus, civ. Virdun. 23.
Lifossa, Jacobus dict. — civ. Virdun. 781.
Limengen v. Liningen.
Limingen v. Liningen.
Linco (*Ligny-en-Barrois, dep. Meuse, A. Bar-le-Duc*), archidiaconatus de —
  archidiac. Philippus de Sirkes 299
  , Therricus de Suacembergh 299.
Lincolniensis (*Lincoln, England*) ecclesia 58.
  can. Theobaldus de Barro 58.
Linengis v. Liningen.
Lingonensis (*Langres, dep. Haute-Marne*)
  urbs 682
  civitas 329. 682.
  diocesis 29. 141. 145. 148. 169. 286. 287. 288. 424. 458. 459. 465. 470. 721. 766. 773. 816.

episcopus 608. 782
Guillermus electus, translatus
ad eccl. Rothomagens. 286
Johannes, administrator eccl.
Basiliens. 559. 608. 616. 627.
636. 686.
Ludovicus de Pictavia 286. 287.
308. 314. 318. 323. 329. 333.
415. 424. 816: 817. translatus
ad eccl. Met. 458. 459.
v. ibi.
Petrus 466. 483. 484. 490.
capitulum 329. 627. 816. 817
decanus 329. 816. 817.
thesaurarius
Leonardus de Guarcino 482.
536. 579. 580. 581. 609.
652.
officialis
Stephanus Genesii 784.
canonici
Amadeus Gebennensis 112. 243.
281.
Armandus de Combis 820.
Gentilis de Collealto 59.
Guillermus de Moloc 393.
Henricus de Salmis 817.
Petrus Guigonis de Castronovo,
alias Moreti 508. 517. 520.
521. 523. 539. 541. 542. 564.
773.
Raymundus de Valleaurea 680.
684. 695. 696. 718. 773. 784.
Theobaldus de Barro 29.
Liningen (*Leiningen, bayr. Pfalz*)
Fredericus comes 583. 619. 620.
621. 628. 806.
uxor Jacta (?) 621.
fil. Fridericus, can. Argentinens.
620.
Johannes, can. Spirensis 619.
Elizabeth, vidua Friderici dom.
de Blankenheim, uxor Conradi comitis Irsuti 628.
Fredericus comes 622
relicta Sophia 622
Joffridus comes, vir nobilis 545.
624. 625. 626. 660. 806.

uxor 1) Methildis comitissa 624.
625.
2) Agneta, nobilis de Osselsteyn 806.
fil. Johannes, can. Trevir., Spirens.,
Argentin. 545. 660.
Joffridus, can. Trevir. 626.
Linnigen v. Liningen.
Lipetishostes, Jeunessonus, iusticiarius Virdun 781.
Liverdunum v. Liberdunum.
Lombardia 447. 596.
Longoprato (*Longpré-les-Corps-Saints,
dep. Somme, A. Abbéville*)
Symon. dominus de — vir nobilis 734
filia Beatrix, uxor Philippi de
Florhenges 734.
Los (*Looz, dep. Meuse*)
Ludovicus de — comes de Chini
v. ibi.
Lotharingia } 108. 300. 343. 468.
Lothoringia } 511. 512. 573. 682.
Lotoringia   } 788. 795. 796.
duces:
Ferri III (Ferricus, Fridericus) dux
et marchio: 46. 167. 222. 805.
filia Elisabetha, uxor Henrici
de Soliaco 46.
Ferri IV. 411. 412. 413. 425. 439.
441. 478. 505. 506. 519.
uxor Elisabetha 519.
filius Hugo 413.
Rodulphus (Radulphus) 636. 691.
692. 693. 706. 751. 752. 755.
757. 758.
uxor 1) Alienor 702.
2) Maria nata Guidonis
comitis Blesensis 706.
752. 757. 758.
Theobaldus 183. 222. 796.
fil. Matheus 222.
uxor Mahaut de Flandria
222.
filia Margaretha, uxor Guidonis
Flandrensis 183.
Isabella ducissa, vidua Theobaldi,
consors Galtherii de Castellione
273. 274. 383. 636.

filia Philippa, monialis monast. de St. Paraclito 274.
Elizabetha de Austria, ducissa, (uxor Ferri IV cf. supra) 551.
Margarita, nata quondam Frederici de Lotharingia, uxor Ludovici de Los, comitis de Chini 232. 753. 759. 760.

Lovaniensis eccles., Leodiens. dioc. (*Loewen, Belgien, Brabant*)
praepos. Wilhelmus, postea episc. Trajectensis 15. v. ibi.

Lowias, Johannes dict. — civ. Met. 330.

Lowy (*Eloyes, dep. Vosges*)
Willermus —, frater predicator. Met. 81.

Lozelin, Petrus Jacobi dict. — de Sarborch, presb. eccl. Met. 610.

Lubek (*Lübeck*), Andreas de — cellerarius eccl. Lubicensis 324. v. Lubicens.

Lubicensis ecclesia (*Lübeck*)
cellerarius: Andreas de Lubek (Saxonia, Stephani) 324. 332. 346.

Luberdunum v. Liberdunum.

Luca (*Lucca, Italien*)
mercatores de societatibus Riccardorum, Bettorum et Cardelinorum 805.

Lucceburg (*Luxemburg*)
comitatus 443.
comes Balduinus, can. Met. 130. postea archiepisc. Trevir. v. ibi.
Henricus 130. 132. v. etiam Romanorum rex.
Godefridus dict. Trisman de — 5. fil. Philippus, can. Met. 5. 276.
Hanricus (Henricus) Bouchardi de — familiaris Balduini, can. St. Symeonis Trevir. 139. 140. 143.
Petrus de — (alias de Aixe) cler. can. Met., rector eccl. in Keyle, capellan. St. Michaelis Luccemburg. 130. 132.
eccles. collegiata St. Michaelis capellanus Petrus de Aixe 132.
monasterium St. Marie
abbas 134. 136. 140. 377. 443. 500. 566. 711. 712.

Luccemburgensis,
Luccemburgh
Lucelburgensis
Lucelymborg
Lucembourch
Lucembourgh
Lucemburch
Lucemburgensis } v. Lucceburg.

Lucensis Bisuntinae dioc. (*Lux, dep. Côte-d'Or, A. Dijon*)
abbas Petrus, postea Gorziens. 52. v. Gorz.

Luchemberg v. Lucceburg.

Lugdunense (*Lyon, dep. Rhône*) concilium generale 10. 141. 176. 398. 653.

Lugdunensis (*Lyon*) diocesis 55. 96. 108. 112. 169. 193. 729. 736. 747. 748. 769. 772. 779. 795.
archiepiscopus 60. 267. 333. 378.
Petrus de Sabaudia 456. 818.
canonici:
Ademarius de Montilio 199,
Amadeus comes Gebennensis 112. 169. 243. 281. 310.
Guillelmus de Claromonte 800.
Guillelmus de Thureyo 710.
Henricus Dalphinus 109
Henricus de Villariis, camerarius 501 a.
Ludovicus de Pictavia 55.
Pontius Mite 710.

Lugdunum (*Lyon*) 104—113. 225—28. 808. 809.
Petrus de — 638. 672.
ecclesia St. Justi
can. et praepos. Henricus Delphinus 109. 110. 808. cf. supra.
can. Guillermus de Malac 808.

Lugusiacum prope Poitiers (*Lusignan, dep. Vienne, A. Poitiers*) 125.

Lunarivilla (*Lunéville, dep. Meurthe-et-Moselle*)
Gerardus de — magister 703.

Lunato in eccles. Biterrensi (*Lunas, dep. Hérault, A. Lodève*).
archidiac. de — Jacobus de Broa 784.

Lungnen v. Liningen.

Lustratum (*Lauzun, dep. Lot-et-Garonne, A. Marmande*) eccl. parroch. Burdegal. dioc.
  rector: Galhardus de la Casa ⎫
  Guillermus de la Casa ⎭ 245.
Lutra (*Lure, dep. Haute-Saône*) monaster. Bisunt. dioc.
  abbas 467.
Luxoviense monasterium Bisuntin. dioc. (*Luxeuil, dep. Haute-Saône, A. Lure*)
  abbas 467. 483. 484.
Luxovium v. Luxoviense.
Lymengon ⎫
Lymingen ⎬ v. Liningen.
Lymingin ⎭
Lympurgense monasterium (*Limburg b. Dürkheim, bayr. Pfalz*)
  abbas 660.

M.

Magdeburgensis (*Magdeburg, Prov. Sachsen*) civitas, dioc. et provincia 289.
Magiennes (*Mangiennes, dep. Meuse, A. Montmédy*)
  silvae de — 196.
Maguntina (*Mainz, Hessen*)
  ecclesia 289. 292. 350. 628. 802.
    archiepisc. Petrus (Henricus!) antea episc. Basiliens. 121. 398. 440.
    decanus 476.
    canonici:
      Albertus, electus Pataviens. 321.
      Amadeus de Gebennis 169. 243. 281.
      Johannes de Funtibus 476.
    ecclesia collegiata St. Petri
      decanus 494.
Maguntinensis v. Maguntina.
Malac v. Moloc.
Malausana Vasionensis dioc. (*Malaucène, dep. Vaucluse, A. Orange*) 153. 174. 203.
Malins Viennens. dioc. (*Molines-en-Queyras, dep. Hautes-Alpes. A. Briançon*)
  villa de — 531.
Mancondit, Michael, legum professor in eccl. Rothomagens. 107.

Mancourt Virdun. dioc. (*Moncourt b. Vic, Kr. Château-Salins*) eccles. de —
  rector Nicolaus 38.
Manetti, Franciscus Juvenalis, miles. civ. Romanus 3.
Mapiles, Johannes, scabinus Virdun. 781.
Marchaville (*Maxéville, dep. Meurthe-et-Moselle, A. Nancy*)
  Symon de — dominus de Perroye, nobilis vir 342. 635. 636. 764. 780.
  fil. Gerardus, can. Met., Virdun., St. Deodati Tull. dioc. 342. 780.
Marcheuils, Nicolaus de — rector eccles. Virdun. 20.
Marchevilla ⎫ v. Marchaville.
Marcheville ⎭
Marchiano (*Marchiennes, Belgien, Prov. Hennegau*)
  Hugucio de — can. Leodiens. 302.
Marchienville v. Marchaville.
Maresse, Nicolaus dict. — monach. Gorz., prior de Amella 552.
Marley (*Marly, Kr. Metz*)
  Ermangeta Valdose de — civ. Met. 81.
Marnei (*Many b. Falkenberg, Kr. Forbach*) eccles. de — Met. dioc.
  rector Nicolaus 27.
Marsallo (*Marsal, Kr. Château-Salins*)
  Gerardus de — parrochus eccles. de Ayre supra Mosellam 482.
  Johannes Albuchonis de — clericus 798.
  archidiaconus 553.
    Albricus 797.
      Jacobus presbiter, capellanus Albrici 797.
    Petrus de Treva 291. 479.
  ecclesia St. Leodegarii
    decanus 553.
      Gobertus 797.
    scolasticus Nicolaus de Deicustodia 603. 604.
      can. Godefridus Therricus de Metis 479.
      Marcus de Acquarellis de Florentia 603. 604.
      Petrus fil. Willermi dict. Baremon 665.

Marsalo v. Marsallo.

Marsanum (*Marsanne, dep. Drôme, A. Montélimar*), Valentininens. dioc.
ecclesia St. Martini
prior: Ademarus de Montilio 199.

Marsicana (*Marsico b. Neapel*) eccles.
can. Johannes de Trebis, magister 430. 432. 433.

Martini, Johannes, decanus scabinorum palatii Virdun. 781.

Martrachanicis, Uticens. dioc. (*Martragny, dep. Calvados, A. Caën*).
eccles. parrochial. S. Martini de —
rector Bertrandus de Cervorio }
» Reymundus de Cerverio } 212

Marvilla (*Marville, dep. Meuse, A. Montmédy*)
Symon de — magister, juris civilis professor, scolasticus, capellanus sedis apostolicae, can. Met., Leodiens., Virdun., thesaurarius Met. 103. 105. 118. 147. 151. 200. 231. 246. 278. 481. 492. 507. 535. 568.

Massiliensis (*Marseille, dep. Bouches-du-Rhone*)
episc. Gasbertus, camerarius papae 347. 363. 447. 815. postea archiepisc. Arelatensis 489 v. ibi.

Mathioni, Guido, can. St. Salvatoris Met. 528

Matisco (*Mâcon, dep. Saone-et-Loire*) 337.

Matisconensis dioces. 329

Maurimonasterium ord. St. Benedicti, Argentinens. dioc. (*Maursmünster, Kr. Zabern, U.-Elsass*)
abbas 579. 597. 639.
conventus 597.

Medianense monasterium ord. St. Bened. Tull. dioc. (*Moyen-Moutier, dep. Vosges, A. St-Dié*)
abbas Baucelinus 355
monachus Albertus 355

Mediolano (*Mailand, Lombardei, cielleicht auch Mehun s. Yèvre*)
Andreas de Orto de — 65.
Beltramus de — can. Leodicus 331
Guidottus de — archidiac. Pergamensis, capellanus papae 79.

Medulcensis eccles. Burdigalens. dioc. (*Médoc, dep. Gironde, A. Bordeaux*)
archidiac. 235.

Medulionis (*Meuillon, dep. Savoie*)
baronie dominus: Henricus Dalfinus 501a.

Medullionis v. Medulionis.

Meldensis ecclesia (*Meaux, dep. Seine-et-Marne*)
decanus Onufrius de Trebis 79. 115.

Menuch (*München, Bayern*)
hospitale de — 788.

Mercadillo (*Mercatello, Italien, Prov. Pesaro-Urbino*)
Manfredinus de — can. Met. 582.

Mercheville v. Marchaville.

Mernei v. Marnei.

Meschini, Guillermus, vicecamerarius papae 217.

Metensis (*Metz*) diocesis.
episcopi:
Ademarius de Montilio 532. 533. 535. 537. 540. 543. 544. 548. 549. 556. 564. 574. 587. 589. 593. 599. 600. 608. 616. 635. 636. 646. 648. 649. 650. 651. 671. 674. 679. 686. 689. 691. 693. 694. 698. 700. 704. 708. 720. 725. 731. 734. 739. 741. 744. 745. 749. 750. 762. 763. 764. 742. 765. 766. 767. 768. 771. 776. 780. 782. 785.

Bouchardus (Bochardus, Bucardus [d'Avesnes]) 3. 4. 6. 7. 8. 10. 11. 12. 17. 19. 28. 32. 33. 52. 85. 141. 145. 789.

Gerhardus (Geraldus [de Rélanges]) 28. 60. 66. 85. 793.

Henricus (Herricus) Delphinus 262. 290. 291. 300. 301. 311. 315. 316. 317. 318. 319. 321. 322. 324. 330. 333. 342. 344. 345. 349. 354. 358. 359. 361. 365. 371. 372. 374. 375. 379. 387. 388. 391. 392. 393. 399. 401. 410. 412. 413. 419. 420. 427. 444. 446. 453. 455. 456. 458. 459. 771. 813. 814. 818.

Johannes de Flandria 85.

episcopi:
Ludovicus de Pictavia 458. 459. 467.
468. 470. 471. 472. 478. 480. 481.
483. 484. 485. 486. 487. 490. 492.
495. 496. 498. 505. 506. 507. 508.
510. 511. 512. 517. 518. 520. 524.
527. 531. 532. 533. 535. 537. 771.
820.
Reginaldus (Renaldus, Raynaldus,
Raynaudus) de Barro. 66. 67. 69.
70. 71. 72. 73. 74. 81. 82. 91. 99.
135. 141. 145. 154. 155. 163. 188.
190. 191. 200. 201. 202. 203. 204.
213. 214. 215. 248. 254. 291. 398.
Ferricus, episc. Aurelianensis, in
discordiam electus Metensis 25.
28.
episcopus suffraganeus:
frater Daniel 676.
capitulum majoris ecclesiae 58.
142. 189. 560. 785. 821.
advocatus in curia Metens.
Johannes de Pennis 155.
archidiaconus 215. 792.
Albericus de Metis 340. 369. 370.
384. 385. 394. 396. 402. 404. 407.
408. 409. 418. 449. 450. 472. 476.
526. 538. 602. 643. 647. 661. 725.
732. 780. 786. 820.
Guillermus de Torvilleirs 340.
Leo Francisci de filiis Ursi 82. 87.
Reginaldus de Barro 59. 63. 66. 82.
archipresbiter 64.
bursarius
Nicolaus 560.
Cancellarius
Galtherus 782. 785.
Joffridus dict. Aisiert 64. 83. 87.
155. 237.
Otto de Aventica 559. 721. 725. 761.
Cantor 115. 142.
Bertrandus Piedeschiaut 538.
Johannes de Metis dict. Gobelin
586. 595. 610. 611. 623. 681.
711.
Ludovicus de Grangia 538.
Circator (Cercator)
Johannes de Aix 83. 130.

custos
Pontius 66.
decanus 142. 189. 215. 271. 275. 291.
821.
Hugo de Arpaione 491. 584.
Ludovicus de Grangia 584. 586.
595. 602. 614. 623. 666. 670.
673. 685. 725.
officialis 588. 782. 786.
Egidius 398.
primicerius 142. 189. 291.
frater Raudolfi prioris de Flavig-
neio 87.
Fulco Bertraudi 785.
Jacobus de Sabello 56. 57. 59.
Nicolaus de Secano 560. 710. 780.
Reginaldus de Barro 59. 63. 66. 82.
scolasticus
Marcus de Acquarellis de Florentia
560. 603.
Nicolaus de Deicustodia 604.
Theobaldus Ferrieti 671.
thesaurarius
Hugo de Monte Justino 507. 560.
Symon de Marvilla 103. 105. 147.
151. 231. 237. 246. 271. 481. 492.
507. 535. 803.
Theobaldus Ferrieti 535.
Vicarius in spiritualibus gene-
ralis
Petrus Guigonis de Castronovo 671.
Canonici 785.
Albericus dict. Goule 153.
Albricus de Metis 810. v. archidiac.
Androinus de Asperomonte 562.
Arnaldus Scarboti 260.
Balduinus de Lucemburg 130.
Balduinus de Relanges 331.
Bernardus de Garvo 179. 193. 588.
Bertaldus de Metis 450.
Bertramus Piedeschaut 450. v. Cantor
Boemundus de Saraponte 503.
Burnequinus de Parroya 404. 436. 560.
Colardus de Gras 312.
Colignon Belami 701.
Egidius 398. v. officialis.
Felicianus de Asisio 560. 809.
Ferricus de Charmes 5.

canonici
Fulco natus Johannis dict. Bertran.
252. v. primicerius.
Galcherus Alberti de Metis 499. 546.
652.
Galhardus de la Casa 245.
Gerardus de Mercheville 342.
Guido de Haynonia 47.
Guido de. Mirabello 797.
Guigo de Arnaysino 709. 710.
Guillelmus Betferre 699. 702. 714.
Guillermus de la Casa 245.
Guillelmus de Claromonte 113. 210.
800.
Guillermus Duranti 397.
Guillermus Roderii 248. 249.
Hanricus Hanrici 754.
Henricus Colini dict. Roucel 648.
Henricus dict. Jolet 634.
Henricus de Salmis 230.
Henricus de Stirpenich 688.
Herricus de Haynonia 48.
Hugo de Arpaione 234. v. decanus.
Hugo de Monte Justino 492. v. thesaurarius.
Humbertus de Bellavalle 3. 139. 140. 143. 789.
Jacobus de Claromonte 173.
Joffridus de Nanceyo 536. 575. 591.
Johannes de Aix (Ayse, Eix) 5. 51. 219. v. Circator.
Johannes de Asseloy 451.
Johannes de Bascha (Buscho) 307. 488.
Johannes de Bous (Bosco) dict. de Vinstinga 293. 320.
Johannes dict. Colon 5.
Johannes de Deicustodia 573. 598.
Johannes de Dusona 627.
Johannes Giletti 26.
Johannes de Metis dict. Gobelin 585. v. Cantor.
Johannes de Molanx 178. 197.
Johannes de Monteferrando 256.
Johannes dict. Roucel 649.
Johannes comes de Sarebruch 228. 380.
Johannes de Sarwarde 600. 673.

canonici
Johannes Topeti 709. 710.
Johannes dict. de Toullo 266.
Johannes de Unzola de Bononia 244. 247.
Johannes de Wolsstorf 500.
Isembardus de Attringa 712.
Ludovicus de Grangia 139. 140. 263. v. decanus et cantor.
Ludovicus de Houmboûrc 58.
Manfredonius de Mercadillo 582.
Marcus de Aquarellis de Florentia 604. v. scolasticus.
Nicolaus dict. Badoche. 609.
Nicolaus de Canoys. de Querceto 58.
Nicolaus de Deicustodia 603. v. scolasticus.
Nicolaus de Gayle 331.
Nicolaus Johannis Bertraudi 417.
Nicolaus de Papazuris de Urbe 66. 86. 226. 260. 279.
Octavianus de Anagnia 5.
Oddonus Baucius de Cheris 389.
Odo Alamanni 207.
Otto de Aventica 448. v. Cancellarius
Petrus de Aixe (de Lucceburg) 130. 132.
Petrus Guigonis de Castronovo 588. v. Vicarius generalis.
Petrus (praepos. St. Salvatoris Met.) 5.
Petrus de Treva 90. 291.
Petrus de Vaureilliis 380.
Petrus de Vinea 83.
Philippus de Cirkis (Sirque) 291. 397.
Philippus Trisman de Lucelymborg 5. 276.
Pontius 66. v. Custos.
Reginaldus de Barro 384. v. primicerius et archidiac.
Renaldus de Laudo de Placentia 509. 531.
Reymundus Fabri 207.
Stephanus de Insula in Urbe 279.
Stephanus Morini 256. 451.
Symon Philippi de Florentia 184.
Theobaldus de Barro 28. 29. 58.
Theobaldus Ferrieti 534. v. thesaurarius et scolasticus.

canonici
  Theobaldus de filiis Ursi 728.
  Theobaldus de Numeneyo 531.
  Thomas de Diestorf 431.
  Thomas de Syneceyo (Sivereyo) 509. 531.
  Tirricus de St. Quintino 144.
Metensis urbs
  ecclesia cathedralis 70. 787.
  ecclesiae collegiatae
   St. Marie Rotunde
    praepos. Nicolaus de Papazurris 61. 66. 279.
        Stephanus de Insula in Urbe 279. 560.
    canon. Henricus 405.
   St. Salvatoris 403.
    capitulum 237. 282. 284. 285. 647.
    cantor 187. 236. 244. 263. 302. 557. 611. 648. 649.
    decanus 80. 282. 284. 285. 302. 373. 418. 433. 557. 592. 603. 604. 634. 642. 666. 754.
    praepositus 418. 588.
        Johannes dict. Roucel 649. 650. 652.
        Petrus 5.
    scolasticus
        Arnoldus de Porta Salie 153.
    canonici:
        Alardus de Thyacurt 782. 785.
        Balduinus de Alencourt 650.
        Colignon dict. Belami 701.
        Ernestus de Vilstorf 746.
        Gerardus de Crevi alias de Romesale 547.
        Godefridus Therricus de Metis 479.
        Guido Mathioni 528.
        Guignardinus de Metis 237.
        Henricus Colini dict. Roucel 648.
        Hainus de Deicustodia 643.
        Henricus de Dimefassel 602.
        Johannes dictus Fakenel 647.
        Johannes Guiardi de St. Desiderio 547.

  ecclesiae collegiatae
   Isembardus de Antringa 488. 712.
   Nicolaus dict. Belami 571.
   Symon Nicasii 494. 553.
   Theodorus de Theonisvilla 303.
   Walterus de Laiffinga 711.
  St. Theobaldi prope muros
    cantor
        Johannes dict. La Chanone 664.
        Thomas de Petanges 664.
    decanus 87. 98. 142. 277. 384. 479. 592. 603. 604. 663. 665.
    elemosinarius
        Thomas de Petanges 664.
    canonici:
        Henricus de Bioncourt 623.
        Henricus Colini dict. Roucel 648.
        Johannes dict. Sobelin 623.
        Johannes dict. Teste 516.
        Isembardus Mathei de Antringa 377. 488. 566. 712.
        Petrus Renaldi de Vallibus 609.
        Philippus de Homberg 611.
        Symon de Amberch 581.
        Symon de Byoncourt 272.
        Therricus de Asperomonte 570.
  ecclesiae parrochiales
   St. Amancii in suburbio St. Clementis
    rector Arnoldus 129.
   St. Benigni in suburbio St. Arnulphi extra muros
    rector Jacobus 129.
   St. Crucis (Sainte Creux) parrochia 81. 713.
    presbiter Thomas 81
        clericus Hanricus 129.
    altare B. Marie
        capellanus perpetuus: Philippus de Homberg 611.
   St. Eukarii
    rector Johannes 129 — presbiter Johannes 129.
   St. Eusebii in suburbio St. Arnulphi
    rector Theobaldus 129.

ecclesiae parrochiales
St. Ferrucii parochia 81.
 rector Symon 81. 129.
 presbiter Nicolaus 129.
St. Gengulphi parrochia 81.
 rector Nicolaus 81. 129.
St. Georgii
 rector Milo 129. 556.
  » Johannes de Metis dict.
   Gobelin 556. 585. 586.
   623.
St. Hilarii majoris
 rector Gerardus 129.
St. Hilarii minoris (ad lapsus)
 65. 129.
 rector Nicolaus 65. 129.
St. Jacobi parrochia 81.
 rector Conradus 81. 129.
  » Albricus 81.
St. Livarii
 rector Martinus 129.
St. Martini in curtis
 rector Albertus 129.
  » Henricus dict. Jolet 634.
St. Marie ad martires
 rector Laurencius 129.
St. Marselli
 rector Goebertus 129.
St. Medardi
 rector Jacobus 129.
St. Maximini parrochia 81.
 rector Widricus 81. 129.
ad novum Monasterium
 rector Bertrannus 129.
St. Segolene
 rector Jacobus 129.
St. Stephani laniati parrochia
 142.
 rector Hennekinus 129.
  » Johannes 142.
St. Symplicii (Simplicii)
 rector (presbiter curatus) Symon
  129. 797.
 presbiter Franciscus 129.
St. Victoris parrochia 81.
 archipresbiter Bertrannus 129.
  142.
 presbiter Theodoricus 129.

ecclesiae parrochiales
St. Viti
 rector Theobaldus 81. 129.
monasteria
St. Arnulphi (Arnulfi) ord. St.
 Bened. extra muros 138. 155. 185.
 339. 498. 820.
 abbas Albertus 404. 417. 496.
  498. 820.
  Bertrandus de Vaesco
   511. 538. 553. 588. 603.
   604. 634. 647. 648. 649.
   650. 652. 663. 664. 665.
   699. 701. 702. 714. 820.
  Guillermus 39. 58. 155.
  Petrus dict. Bokeil 155.
   156. 157. 160. 174. 175.
   185. 809.
 prior et conventus 155.
 monachi:
  Andreas de Vireyo 155.
  Aynardus de Porta Tritonia
   339.
 prioratus de Layo pertinens
  ad monast. 88.
St. Clementis ord. St. Bened.
 extra muros 325.
 abbas 252. 266. 279.
  » Guillelmus 325. 326. 341.
   347. 348. 380. 527. 536.
   546. 581. 638. 672.
St. Martini ord. St. Benedicti extra muros
 conventus 592.
 abbas 137. 228. 236. 247. 260.
  263. 279. 331. 377. 404. 552.
  580. 592. 623. 712.
St. Symphoriani (Simphoriani)
 ord. St. Bened. extra muros
 abbas 64. 142. 155. 248. 260.
  277. 380. 417. 423. 499. 546.
  570. 571. 584. 585. 586. 598.
  610. 642. 647. 664. 688. 701.
  702. 709. 714. 810.
St. Vincentii ord. St. Bened.
 conventus 45. 137. 187.
 abbas 137. 178. 187. 219. 244.
  295. 389. 390. 417. 423. 482.

monasteria
    499. 536. 538. 562. 570. 571.
    581. 584. 585. 586. 609. 670. 697.
    Balduynus de Pacientia (Epinal)
      45. 64. 81.
    prior 810.
    monachus: Johannes dict. Testis 81.
  St. Glodesindis ord. St. Bened.
    conventus 557.
    abbatissa 557.
       » Guertrude de Oxey 671.
    monacha Marguaretha Godefridi 423.
        Penthecosta filia Ludovici Therrici de Porta Serpentina 557.
    canonicus: Guillermus de Dordinis 671.
  B. Marie ad moniales ord. St. Bened.
    abbatissa et conventus 51.
  apud Pontem Thiefredi, mon. ord. Cisterc.
    funditum a Johanne Lowias et Pontia vidua Colini de Curia 330.
  domus monialium ord. Cisterc. 91. 141. 145.
  fratres de penitentia Jhesu Christi 145. 148.
  St. Clarae monialium 34. 353. 457.
  inclusarum ord. S. Augustini
    priorissa et conventus 445. 452. 453. 454. 576. 577. 578.
  Fratres Predicatorum (fraires Proichours, 10. 83. 96. 713.
    prior 740.
       » Ferricus de Spinallo 10. 64.
       » Johannes Galioti 81.
    fratres 68. 81. 83. 85. 548. 549. 576. 577.
        Arnoldus de Curia
        Johannes de Atrio
        Johannes dict. Blancheron
        Johannes Lamberti
        Johannes Roberti   } 81.
        Marcus
        Symon dict. Fakeneil
        Theodoricus de Ponte
        Willermus Lowy

    fraire Thiebal 713.
    cimiterium 10.
  Fratres Minores 81. 83. 96. 445. 548. 549. 576. 577.
    Guardianus Albertus de St. Petri Monte 10. 64. 65.
    Mechtildis de Geminoponte Metensis priorisse 152.
  clerus urbis 135.
    clerici:
        Arnoldus de Porta Salie, scolast. eccl. St. Salvatoris 163.
        Henricus de Salinis 331
        Joffridus Renaldi 250.
        Johannes Andree 142.
        Johannes Heremita 821.
        Johannes dict. Lausac, scolaris 334.
        Marguareta Godefridi, puella litterata, monacha St. Glodesindis 423.
        Pieratus dict. Predeschaut 331.
        Werricus dict. Fourton 417.
        Willelmus Pietdeschaut 418.
Metensis civitas
  justitiarius 155. 445. 452.
  magister scabinus 524.
  scabini 155.
    Arnuldus dict. Boudouche, scabinus 651.
    Jehans de lai Court eschavins 713.
  cives: 141. 145. 785. 787.
    Abbeir (Abert) li Hungre 713.
    Annata, uxor Jehans lu Hungre 713
    Arnuldus dict. Boudouche, vir nobilis 651.
        uxor Ponceta lou Gornaix 651.
    Coleta dicta Noiron 81.
    Coleta de Novoiant 81.
    Colinus de Curia 330.
        vidua eius Pontia 330.
    Ermengata·Valdose de Marley 81.
    Fulco dict. Leriche 785.
    Hermelo de Stuliynga 236.
    Jehan de l'Aitre } 713.
    Jehan li Hungre }
    Johannes li Hungri 739.
        relicta eius Anneta 713. 739.

Johannes Alberonni 81.
Johannes de Curia 739.
Johannes Lowias 330.
Johannes dict. Xobairt 137.
Loreta de la Paillole 81.
Ludovicus Therrici de Porta Serpentina 557.
  fil. Penthecosta monacha St. Glodesindis 557.
Michol Badoche 713
la Migomarde 81.
Neymericus dict. Badoche 560.
Nicolaus Albrici dict. Piedeschant 785.
  fil. Johannes 785.
Nicolle de la Court Signour 713.
  fil. Jehans de lai Court eschavins 713.
    femme Mahoul ⎫
    » Ponsate ⎬ 713.
    fil. Poinsatte ⎭
Odilieta dict. Bresden 81.
Oliverius dict. li Habrions 81.
Perrins le clerc 713.
Perrinus dict. villicus 275.
  uxor Beatrix ib.
Petrus de Ponte Remonis 236.
Poinsignon Xullefet 713.
Ponceta Fakeneil 81.
Remigius ⎱ 81.
  uxor Agnetis ⎰
Stevenins lo fils Gennins d'Espinal 713.
Terricus dict. Badoche 560.
Theobaldus dict. Fakenel ⎫
  fil. Johannes, can. St. ⎬ 647.
  Salvatoris. ⎭
Theobaldus dict. li Gronaix miles 137.
Theobaldus li Maires 10. 81.
  uxor Pontia 81.
Thiebal li Hungre, fraire des fraires Proichours 713.
Thiebautz Wick 713.
Wirnetus dict. Noiron 785.
Ydeta dict. la Chalongelle 81.

vici. domus. plateae
Arvouex, aux 739.
aula inferior domus episcopalis 671.
Campus Salie dict. aux Arvouex 739.
Champ a Saille 713.
Chapellerrue (Chapelerue) 91.
hopital de la Chapellotte 713. 739.
hospitale St. Nicolai in ⎫
  Novoburgo ⎬ 141. 145.
l'ospital Sainct Nicholais ⎬ 713. 739.
  ou Nuefbourch ⎭
les Lohiers 713.
Neufbourch (Novoburgum) 141. 145. 713. 739.
Pons Remonis 236.
Pons Thiefrcdi 330.
Porta Serpentina 557.
Porta Tritonia 339.

Metis

Albericus de — magister, utriusque juris professor., capellanus papae.
  can. Met., archidiac. Met. 384. 385. 394. 396. 449. 450. 538.
  can. Remens. 661. 810.
Albertus de — 652.
  fil. Galcherus (Galterus) in utroque iure licentiatus, can. Met., vicar. eccles. parroch. de Criencourt 499. 652. can. Tull. 652. archidiac. Met. 732.
Bertoldus (Bertaldus) de — magister 221. 224. can. Met. 450.
Gayto de — 777.
Godefridus Therricus de — can. St. Salvat. Met., can. St. Leodegarii in Marsallo 479.
Guignardinus de — licentiatus in legibus, can. St. Salvator. Met. 237.
Johannes de — dict. Gobelin, rector parroch. de Elbeswilre 514, parroch. St. Georgii Met. 556. can. Met. 585. cantor Met. 586.
Johannes de Thionville dictus de — 775.
Josselinus de — can. Virdun. 282. 284. 285.
Philippus de — frater, can. et vestiarius mon. St. Petri de Monte 50.

Remigius de — abbas St. Petri montis 269. 677.

Meusier (*Moirans, dep. Jura, A. St-Claude*) Gebennens. dioc. eccl.
rector Henricus de Balma 351.

Meysambourch (*Meisenburg b. Fils, Luxemburg*) Trevir. dioc.
Joffridus de — miles 282. 284. 285.
Walterus de — armiger 282. 284. 285.

Meysambourk v. Meysambourch.

St. Michaele, monasterium ord. St. Benedict. de — Virdun. dioc. (*St-Mihiel, dep. Meuse, A. Commercy*) 512.
abbas 40. 59. 63. 369. 370. 384. 385. 473.
Johannes 512.

Mieschief, eccl. parroch. Met. dioc. (*Neunhäuser [Neufchef], Kr. Diedenhofen*)
rector Thomas de Sivereyo 531.

Mimatensis eccles.(*Mende, dep. Lozère*)
can. magister Guillermus Probihominis 234.

Mindensis (*Minden, Westfalen*) episc. 750.

Minorisse, sive Ordo St. Clare, vel St. Damiani 254.
abbatissa et conventus 254.

Minorum fratrum ordo. 54. 290.
inquisitor G. 399.

Mirabello, castrum de — Vasionens. dioc. (*Mirabeau, dep. Vaucluse, A. Apt.*) 319. — urbs 372. 374.
Guido dict. de — can. Met. 797.

Miramonte (*Miramont, dep. Haute Garonne, A. St. Gaudens*) monast. Cisterc. ord. de —
abbas 288.

Misamburch v. Meysambourch.

Mite, Poncius, can. Lugdun. 710.

Molans, Arnoldus de —, can. Ilardensis 143.
Johannes de —, capellanus papae, can. Met. can., et scolast. Tull., prebendar. in monast. Romaricens., decan. Tull. 178. 178a. 197. 294.

Molanx \
Molceris/ v. Molans.

Molismense monast. Lingon. dioc. (*Molesme, dep. Côte d'Or, A. Châtillon*)
abbas 816.

Moloc (*Moloy sur Ignon, dep. Côte d'Or, A. Dijon*)
Guillermus de — can. Lingon., can. Viennens., praepos. St. Justi Lugdun. 393. 808.

Momis, castrum de — Vasionens. dioc. 319.

Monasteria
St. Agerici v. Virdunensis
Andree v. Sureda
Antonii v. Rostorph
Antonii v. Viennensis
Apri v. Tullensis
Arnulphi v. Metensis
de Bello-reditu v. Leodiensis
St. Benedicti v. Vepria
Clarae v. Metensis
Clementis v. Metensis
Crucis v. Burdigalensis
Egidii v. Egidii
Eremitarum St. Augustini v. Theonisvilla
St. Felicis v. Vallentiniensis
Genovefe v. Parisiis
Georgii v. Roma
Germani v. Germani
Glodesindis v. Metensis
Jacobi v. Leodiensis
Laurentii v. Tridentum
Mansueti v. Tullensis
Marie v. Justimontis
Marie v. Luccenburg
Marie ad moniales v. Metensis.
Marie v. Namurcensis
Marie ad martires v. Trevirensis
Marie Magdalene v. Hildesem
Martini v. Glandariensis
Martini v. Metensis
Martini v. Trevirensis
Mathie v. Trevirensis
Mauri v. Maurimonasterium
Mauri v. Virdunensis
Maximini v. Trevirensis

27

— 418 —

St. Michaelis v. Michaelis
Michaelis v. Virdunensis
Naboris v. St. Naboris
Nicasii v. Remensis
Nicolai in Prato v. Virdunensis
Nicolai v. Monasterium.
de St. Paraclito v. Paraclito
St. Pauli v. Bisuntia
Pauli v. Roma
Pauli v. Virdunensis
Petri v. Argentinensis
Petri de Monte v. Petri de Monte
Petri ad montes v. Cathalaunensis
ad Pontem Thiefredi v. Metensis
St. Remigii v. Remensis
Ruphi v. Valentinensis
Symphoriani v. Metensis
Theobaldi v. Theobaldi
Theofredi v. Theofredi
Tiberii v. Tiberii
Ursicini v. Ursicini
Victoris v. Parisiensis
Vincentii v. Bisuntina
Vincentii v. Metensis
Vitoni v. Virdunensis
Willebrodi v. Epternacensis.

Monasteriensis *(Münster, Westfalen)* episc. 749. 750.

Monasterio *(Münster b. Albesdorf, Kr. Château-Salins)* Met. dioc.
Henricus de — cantor 296. 297.

Monasterio St. Nicolai *(Münster b. Albesdorf)* de —
praepos. Johannes de Prigneyo 115.
cantor Henricus 296. 297. cf. antea.

Monasterium novum v. Novum Monasterium.

Moncleir *(Moncleir, dep. Haute-Marne, A. Chaumont)*
Nicolaus de —, diac. Gorz. 143.

Moncourt *(Moncourt b. Vic, Kr. Château-Salins)*
Symonius de — 764. v. Mancourt.

Montebotone *(Monbeton, dep Tarn-et-Garonne, A. Castelsarrasin)*
Henricus de — vir nobilis 667.

Montecalvo, eccles. B. Marie de — *(Chaumont-en-Bassigny, dep. Haute-Marne)*
prior: Ademarus de Montilio 199.

Montecentone, Caturcens. dioc.
rector de —, Bernardus de Montelenardo 805.

Monteclaro *(Clermont)* Jacobus de — dominus 764. v. Claromontensis.

Monteferrando *(Montferrand, dep. Puy-de-Dróme, A. Clermont-Ferrand)*
Johannes de — can. Met. 256.

Monte Justino *(Justberg, Kr. Diedenhofen)*
Hugo de — can. Met. et Bisuntin. 492. 507. 535. v. Justimontis.

Montensis *(Mons, Belgien, Prov. Hennegau)* Cameracens. dioc.
praepos. Herricus de Haynonia 48.

Montelauro *(Monlour-Bernet, dep. Gers, A. Mirande)*
Guillermus de — can. Vivariens. 119.

Montelenardo, Bernardus de —, rector de Carvis et Montecentone, Caturcens. dioc. 805.

Montepesulano *(Montpellier, dep. Hérault)* de —
Grozellorum societas mercatorum 805.

Monte Silicis *(Montelise b. Venedig)* Paduane dioc.
archipresb: de — Gregorius de Placentia 142. 157.

Montevalrano, (Mont Valerien) Bernardus de —, rector eccl. B. Marie de Verdano, archidiac. Sicalonie 241. 288. 289. 292. 328.

Monte St. Victorii,
Oliverius de   } civ. Virdun. 23.
fil. Johannes de }

Montichello *(Moncel-sur-Seille, dep. Meurthe-et-Moselle, A. Nancy)*
Petrus de —, magister 108.

Montilii *(Montils, Monteils, dep. Aveyron, A. Villefranche)* 221—224.

Montilio Valentin. dioc. (*Montélimar, dep. Drôme*) de —
  Ademarus de —, can. et archidiac. Remens. 460. postea episc. Met. v. ibi
  Hugo Ademarii de — vir nobilis 198.
    fil. Ademarus de — can. Lugdunens., prior in Vivariens. eccl. et B. Marie de Montecalvo, B. Martini de Marsano, St. Petri de Palatio 199.
    › Gaucherius de — can. Vivariens. 198.
Montis albanensis v. Montis albani.
Montis albani (*Montauban, dep. Tarn-et-Garonne*)
  baronia 280. 813.
  Guido Dalphinus dominus — 255. 267. 280. 313.
  Henricus Dalphinus dominus — 458. 497. 501. 501a.
  Monasterium —
    abbas 234.
Montis Belliguardi eccles. Bisuntin. dioc. (*Montbéliard, dep. Doubs*)
  decanus 449.
Montisfalconis (*Monfaucon, dep. Meuse, A. Verdun*) eccles.
  praepos. Johannes, 21. 25. postea electus Virdun. v. ibi.
  can. Burnekinus de Parrojes 436.
Montis St. Petri monast. Ord. St. Augustini (*Pierremont, dep. Meurthe-et-Moselle, A. Briey*)
  abbas 154. 685.
    Jacobus 50.
    Johannes de Brieyo 677. 683. 690. 705.
    Philippus 106.
    Remigius 106. 269. 677.
  conventus 154. 677. 685.
    cantor frater Bartholomeus 106.
    prior Johannes 106.
    supprior Walterus 106.
    vestiarius: Philippus de Metis 50.
    v. abbas.

canonici:
  Jacobus Cantarelli }
  Martinus de Amella } 106.
  Petrus de Dompaire }
  Albertus de — Guardianus fratrum minorum Met. 10. 64.
Morelli, Colinus, magister ministerior. Virdun. 781.
Moreti, Petrus, archidiac. de Vico 717. 784. v. Castronovo.
Morinensis dioc. (*Terouane-Boulogne, dep. Pas-de-Calais*) 89. 100. 144. 743. 797.
Morini, Stephanus, can. Met. et Nivernens. 256. 451. 479.
Morlanis }
Morlans } v. Molans.
Morneio (*Mornay-sur-Allier, dep. Cher, A. St-Amand*)
  Stephanus de — legum professor in eccl. Bituricens. 107.
Mosella 482.
Mota (*La Mote-en-Bassigny, dep. Haute-Marne*) eccles. de — Tull. dioc.
  can. Jacobus de Belignevilla 53.
Motacastrum (*La Mote-en-Bassigny*) Tull. dioc.
  canonicatus 40.
  can. Theobaldus de Gonencuria 40.
Motensis v. Metensis.
Mourini v. Morini.
Muesolimon v. Omesolimon.
Mutina (*Modena, Italien, Prov. Emilia*)
  Jacobus de —, magister, capellanus papae, scolast. Tull. 582. 592. 600. 601. 602. 659. 660. 709.
Myrlins, Symon dict. — mon. Gorz. 143.

N.

St Nabore (*St. Avold, Kr. Forbach*)
  Arnulphus de — magister, in Romana curia procurator 65.
  Monasterium ord. St. Bened.
    abbas 450. 451. 579. 619. 620. 780.

Namurcensis (*Namur, Belgien*) Leodiens. eccl.
   eccles. secularis B. Marie abbas 231.
Nanceyo (*Nancy, dep. Meurthe-et-Moselle*)
   Gerardus de — miles 536
      fil. Joffridus (Joffredus), can. Met. et. Virdun. 536. 575.
   Johannes de —, legum professor, can. Trevir., St. Gengulphi Tull., St. Deodati et Romaricensis 390. 591.
   Heilaelus, Guerardus, Wyquelinus, Henricus de — balistarii 764.
Nannetensis v. Nennatensis.
Narbonensis (*Narbonne, dep. Aude*) dioc.
   archidiac. 56. 57.
   can. Berengarius Maynardi, magister 202.
Nassowia (*Nassau*)
   Johannes de —, can. Trevir., capellan. sedis apostol. 673.
Navarre rex Carolus 365. 499.
          Philippus 262. 365.
          regina Johanna 365. 386.
Naynes, Miletus de — 682.
Neapolion de Romannia, archidiac. minor. eccl. Remens. 279.
Neapolitanus (*Neapel, Italien*)
   archiepisc. Bertholdus 421
   can. Johannes de Rocca 450. 451.
Nemausensis (*Nimes, dep. Gard*) dioc. 397. 456. 461.
Nennatensis eccles. Burdigal. dioc. archidiac. 235. 494.
Nicasii, Simon, can. St. Salvator. Met., plebanus eccl. parroch. de Theonisvilla 494. 553.
St. Nicolaus de Portu (*St-Nicolas-de-Port, dep. Meurthe-et-Moselle, A. Nancy*)
   capellania St. Catherine
      capellanus perpetuus: Egidius de Villa 761.
Nimociensis eccles. (*Nemours, dep. Seine-et-Marne, A. Fontainebleau*)
   can. Guillermus Roderii 249.

Nitingen (*Nitting, Kr. Saarburg, Cant. Lörchingen*)
   Ludovicus dict. — de Sarburg 681.
   fil. Johannes, cler. Met. dioc. 681.
Nivernensis dioc. (*Nevers, dep. Nièvre*)
   can. Johannes de Asseloy 451
   › Stephanus Mourini 451. 479.
Nivellensis eccl. Leodiens. dioc. (*Nivelles, Belgien, Prov. Brabant*)
   praepos. 244.
Nogues, Johannes de — 721.
Noiretestes, Gocillonnus, justiciar Virdun. 781.
Noiron, Coleta dict. — civ. Met. 81
      Wirnetus › — › › 785.
Nommeney (*Nomeny-sur-Seille, dep. Meurthe-et-Moselle*)
   Theobaldus de — mon. Gorz. 143.
   v. Numeneyo.
Novillare
Novillarense } v. Novovillare.
Novovillare (*Neuweiler, Kr. Zabern, U.-Elsass*)
   Monast. ord. St. Benedict. Argentin. dioc. 432.
      abbas 530. 675.
      conventus 675.
   ecclesia St. Adelphi
      can. Bertholdus de Toffingen 529.
Novoiant, (*Novéant, Kr. Metz*)
   Coleta de — civ. Met. 81.
Novum castrum v. Castronovo.
Novum Monasterium (*Neumünster b. Ottweiler, R.-B. Trier*)
   monast. monial. ord. St. Benedicti Met. dioc. 227. 613.
      abbas 143.
      abbatissa et conventus 116.
      monacha Johanneta de Lapide 613.
Noweroy (*Norroy-le-Veneur Kr. Metz, oder Norroy-le-Sec, dep. Meurthe-et-Moselle, A. Briey*)
   Anselmus de — rector parroch. de Vico 277.
Nucerina eccles. (*Luzzara, Italien, Emilia*)
   can. Felicianus de Asisio 809.

Numeneyo *(Nomeny a. Seille, dep. Meurthe-et-Moselle)*
    Theobaldus de — can. Met. 531 v. Nommeney.

O.

Octanges *(Oettingen, Kr. Diedenhofen)*
    Johannes de — cantor St. Vitoni Virdun. 24.
Ogerii, Johannes, decan. eccl. de Belna, Eduens. dioc. 729. 730. 736. 747. 748. 768. 772. 779.
Olomucensis *(Olmütz, Mähren)* episc. 443.
Omesolimon (?) *(Omersheim ?)* eccles. Met. dioc. incorporata in monast. St. Petri de Monte 154.
Orto *(Orto b. Rom)*
    Andreas de — de Mediolano, in Romana curia advocatus 65.
Osnabrugensis *(Osnabrück, Prov. Hannover)* episc. 750.
Osselsteyn *(Ochsenstein, Ruine b. Zabern, U. Elsass)*
    Otto, dominus de —, nobilis vir 806.
    filia Agneta, uxor Joffridi de Liningen 806.
Ostiensis *(Ostia b. Rom)*
    episcopus 13. 14.
    Nicolaus 119. 166.
    Raynaldus 364.
Otteburg *(Otterberg, Pfalz, B.-A. Kaiserslautern)* monast. Cisterc. ord. Magunt. dioc.
    abbas et conventus 350.
Oxey *(Ochey, dep. Meurthe-et-Moselle, A. Toul)*
    Guertrude de, abbatissa St. Glodesindis Met. 671.

P.

Pacientia, Balduynus de —, abbas St. Vincentii Met. 81. v. Epinallo.
Paduana *(Padua, Italien, Prov. Venetien)* eccles. St. Bartholomei
    cler. beneficiat. Galhardus de Granholio 807.
    dioc. 142. 157.

Pagavahan *(Parham b. Brigton, England)* eccles. parr. Cantuariens. dioc.
    subdiac. Theobaldus de Barro 29. 58.
Pagueham v. Pagavahan.
Paillole, Loreta de la — civ. Met. 81.
Palatio, eccl. St. Petri de — Tricastine dioc. *(Lapalud, dep. Vaucluse, A. Orange)*
    prior Ademarus de Montilio 199.
Palatiolensis eccles. St. Marie, Trevir. dioc. *(Pfalzel b. Trier)*
    decanus 566.
Palentinus *(Palestrina b. Rom)* electus Petrus 125 v. Penestrinus.
Pampilonensis *(Pampeluna, Spanien)* dioc. 103.
Papars, Petrus dict. — de Bertoncourt, rector eccl. Virdun. 20.
Papazuris, Nicolaus de — de Urbe can. Met., praepos. B. Marie Rotunde Met. 66. 86. 226. 260.
Papazurris } v. Papazuris
Pappazurris }
St. Papuli *(St-Papoul, St-Pol-de-Leon, dep. Finisterre)*
    episc. 344.
Paquet, Wauteretus dict. — civ. Virdun. 23.
    fil. Roland — ib.
Paraclito, de —, monast. ord. Cist. Ambianens. dioc.
    monialis: Philippa, filia Theobaldi ducis Lotharingiae et Isabellae 274.
Pargney *(Pargny-sous-Mureau, dep. Vosges, A. Neufchâteau)*
    Hermannus de — mon. Gorz. 143.
Parisiensis *(Paris)* dioc. 29. 58. 271.
    episc. 254.
    can. Amadeus de Gebennis, post. elect. Tull. 337. v. Tull.
    Hugo de Bisverton 104.
    Theobaldus de Barro 29. 58.
    monaster. S. Genovefe
        abbas 719.
    monaster. St. Victoris
        abbas 719.

Parma (*Parma, Italien, Prov. Emilia*)
Bosolus de — can. Tornacens.
capellan. papae, scriptor litterarum
apostolicar. 810.

Parroies [Parrojes] (*Parroy, dep. Meurthe-et-Moselle, A. Lunéville*)
Symon de — dominus de Mercheville, nobilis vir 342. 635. 636. 764. 780.
Albertus de — vir nobilis 404. 435. 436.
fil. Andreas de — can. Virdun. 435.
  › Burnekinus (Burnequinus) de
— can. Met., Tull., St. Deodati, Montisfalconis 404. 436. 560.
Werricus de — de Sawigney 764.

Parrores }
Parroya } v. Parroies.

Pastringo (*Pastrengo, Italien, Venetien*)
Celestinus de — can. Reginensis 377.

Pataviensis (*Passau, Bayern*) dioc. 257. 258. 321. 332.
episc. 213. 324.
Albertus, antea can. Maguntin. 321. 324. 331. 332. 346.
Henricus Dalphinus, electus, 257. 258. 261. 283. translatus Met. 291. 321. 324. 332. 346. v. Metensis.
Vernhardus 257.
capitulum 257.
praepos. 257.
can. Albertus, fil. Alberti regis Romanorum 257.
Gebehardus Walse 257.

Patracensis (*Patras, Griechenland*)
archiepisc. 12.
can. Nicolaus de Fractis 504.

Paturel, Warnerius, civ. Virdun. 23.

Payrey (*Parey-St-Césaire, dep. Meurthe-et-Moselle, A. Nancy*, oder *Parois, dep. Meuse, Cant. Clermont*)
Guillelmus, dominus de — 764.

Pedemonte (*Piemont*) de — 596. 718. 736. 772. 773. 779.

Pedimontis v. Pedemonte.

Penestrinensis v. Penestrinus.

Penestrinus (*Palestrina b. Rom*)
episc. Petrus 138. 584. 677 v. Palentinus.

Pennis (*Pannes, dep. Meurthe-et-Moselle*)
Garinus de — 434.
fil. Catharina, monacha in Aveneyo 434.
Johannes de — mon. Gorz., advocatus in curia Met., can. Remens., magister. 143. 155. 552.

Pereculo, Homo de — magister Turnens., can. Fanensis 266. 277.

Pererulo v. Pereculo.

Peretulo, Ominus de — can. Trident. 389.

Pergamensis (*Bergamo, Lombardei*)
eccles.
archidiac. Guidottus de Mediolano, capellan. papae 79.

Perroies }
Perroydes } v. Parroies.
Perroye }

Perusia [Perusium] (*Perugia, Italien, Prov. Umbrien*) 100. 101. 102. 797.
Egidius de — miles 797.

Pessacum (*Pessac, dep. Gironde, A. Bordeaux*) 121.

Petanges (*Bettingen, Kr. Diedenhofen*)
Thomas de — presbit., elemosinar. et cantor St. Theobaldi Met. 664.

Petragoricensis (*Perigueux, dep. Dordogne*) dioc. 208.
can. Guillermus Audeberti, capellan. papae 681.
ecclesia St. Aviti
diac. Petrus de Fontanilhas de Biguaruppe 208.

Petraforti Tull. dioc. (*Pierrefort, dep. Meurthe-et-Moselle, Cant. Domèvre*)
Petrus de Barro, dominus de — 568. 569. v. Rupeforti.

Petrecen (*Pfeddersheim, Rheinhessen, Kr. Worms*)
Nicolaus dict. de — mon. Gorz. 143.
prioratus ad mon. Gorz. spectans Wormat. dioc.
prior Ludovicus 143.

St. Petri in montis monasterium v. Montis St. Petri.
Philippi, Symon — miles 438. 440.
Pictavi (*Poitiers, dep. Vienne*) 124—28. 130—34. 137. 138. 800.
   eccl. St. Radegundis
     can. Raymundus Fabri 207.
Pictavia (*Poitou*)
   Ademarus (Ademarius) de — comes Valentinensis et Diensis, nobilis vir 55. 280. 333. 344. 379. 414. 415.
     fil. Ademarus 333. 344. 379. 415. 426. 456, 480.
     Ludovicus, can. Lugdun., decan.eccl.Aniciens.,can. Vivariens., Lingon., electus Vivar., episc. Met. 55. 119. 358. 794. 799. v. Metensis.
Pictaviensis (*Poitiers*) dioc. 754. 774. 778.
   can. Oliverius de Cerceto (Cerzeto) 627. 634. 639. 661. 664. 665.
Piedeschaut
   Berttamus, can. Met. 450. cantor Met. 538.
   Nicolaus Alberici dicti — civ. Met. 785.
     filius Johannes ib.
   Therrion 418.
     fil. Willelmus cleric. mon. St. Vincentii Met. 418.
Piedeschiaut ⎫ v. Piedeschaut.
Pietdeschaut ⎭
Pikerne, Henricus, subdiac. Gorz. 143. mon. Gorz. 361.
Pinchon, Guillelmus, cleric., nuntius regis Boemie, can. Virdun., Abrincens. St. Paulini Trevir., Fossens. 472. 495.
Pingwensis (*Bingen, Rheinhessen*) eccles.
   prepos. Johannes de Funtibus 476.
Piperno (*Piperno b. Rom*)
   Petrus de —, magister, can. Autisidiorens. 228. 252. 272.
Pisis (*Pisa, Italien, Toscana*)
   Clericus de — magister, capellan. papae, can. Remens. 5. 12.

Pistoriensis (*Pistoja, Italien, Prov. Florenz*) eccl. 157.
   can. Agolaus de Pistorio 157.
Pistorio (*Pistoja*)
   Agolaus de — can. Pistoriens. 157.
   Amannatorum societas mercatorum 805.
   Clarentinorum societas mercatorum 101.
     Mellus Andree 101.
Placentia (*Piacenza, Italien, Emilia*)
   Geraldus de — can. Remens., capellan. sedis apostol. 270.
   Gregorius de — archipresb. plebis de Monte Silice 142.
   Renaldus de Lando de — can. Met. 509. 531.
Plakeure, Hussonnus, magister ministerior. Virdun. 781.
Ponte (*Pont-à-Mousson, dep. Meurthe-et-Moselle, A. Nancy*)
   Jacobus de — prior de Layo, mon. St. Andree de Sureda 138.
   Matheus de — can. Tull. 475.
   Theodoricus de — frater predicator. Met. 81.
Pontecurvo (*Ponte Corvo, Italien, Prov. Caserta*)
   Matheus de — notarius publicus 65.
Ponte Monconis ⎫
Ponte Montionis ⎭ (*Pont-à-Mousson*)
   Jacobus de — frater, mon St. Andree de Sureda, prior de Varengevilla 163.
   Renerius de — can. Tull. 229. v. de Ponte.
Ponte Remonis (*Porte St-Barbe in Metz*)
   Hermelo de — civ. Met. 236
     fil. Petrus de — dict. de Stuliynga, cleric. Met. 236.
Pontia, vidua Colini de Curia, civ. Met. 330.
Pontisera in dioc. Rothomagens. (*Pontoise, dep. Seine-et-Oise*)
   eccl. St. Mellonis
     decanus 20. 23.

Porresio, prioratus de — Gorz. monast. Wormat. dioc.
prior Johannes de Calvomonte 361.
Porrores v. Parroies.
Porta Salie (*Port-sur-Seille, dep. Meurthe-et-Moselle, A. Nancy*)
Arnoldus de — scolasticus St. Salvatoris Met. 153.
Porta Serpentina (*Porte Serpenoise — Römerthor, Metz*)
Ludovicus Therrici de — civ. Met. 557.
Porta Tritonia, Aynardus de — mon.°St. Arnulphi Met. 339.
Portu (*St-Nicolas-du-Port, dep. Meurthe-et-Moselle, A. Nancy*)
Jacobus Alberti de — cler. Tull. dioc. 670 v. St. Nicolai.
Portuensis (*Porto b. Rom*)
episc. 13. 14.
Berengarius 264.
Matheus 15. 790.
Petrus 617.
Poujoyse, Jacobus dict. — civ. Virdun. 23.
Pragensis (*Prag, Böhmen*) dioc. 443. episc. 495. 545.
Predeschaut, Pierratus dict. — clericus Met. 331.
Predicatorum ordo 54 ff.
frater: Garinus de Barro, inquisitor heretice pravitatis 493.
   › Nicolaus 131.
Premonstratensium ordo 189. 213. 242. 483. 589. 694.
Pria (*Briey, dep. Meurthe-et-Moselle*)
Galterus (Gauterius) de — nobilis vir 644. 687. 732.
Prigneyo (*Prény, dep. Meurthe-et-Moselle, A. Nancy*)
Hermannus de — 115.
fil. Johannes, can. Virdun., praepos. S. Nicholai de Monasterio, archipresb. de Gorzia 115.
Probihominis, Guillermus, magister, can. Mimatensis 234.
Proesse, Giletus, scabinus Virdun. 781.

Prulianum (*Pruillas, dep. Pyrenées-Orientales*) 103.
Puligneyo (*Pulligny, dep. Meurthe-et-Moselle, A. Nancy*)
Geraldus et Walterus fratres de — nobiles viri 764.
Puteo, Gulianus et Johannes fratres de — civ. Virdun. 781.

Q.

Querceto (*Le Quesnoy, dep. Nord*)
Nicolaus de Canoy sive de — can. Met. 58.
Quernarue, Ottinus, civ. Virdun. 23.
St. Quintini mons prope Metim (*St. Quentin*) 712.
St. Quintino (*St. Quentin, dep. Aisne*)
Petrus de — 144.
fil. Tirricus, can. Met., can. St. Eufraudi de Abbatisville 144.

R.

Rabeomonte v. Rubeomonte.
Radulphi castrum in eccl. Bituricensi (*Châteauroux, dep. Indre*)
archidiacon. 77.
Raicart, Petrignonus, magister minister. Virdun. 781.
Raigecourt (*Rixingen, Kr. Saarburg, Lothringen*)
Johannes dict. de — domicellus magistri Albrici archidiac. de Marsallo 797.
St. Ramberti prioratus ord. St. Benedict. Lugdun. dioc. (*St-Rambert-d'Albon, dep. Drôme, A. Valence*)
prior Bernardus de Garvo 193.
Rambevillario (*Rambervilliers, dep. Vosges, A. Epinal*)
castrum de — Tull. dioc. 635.
Ramblemsin (*Rambbuzin, dep. Meuse, A. Verdun*) 196.
Rambuecourt (*Rembercourt b. Thiaucourt, dep. Meurthe-et-Moselle*)
Gerardus de — subdiac. Gorz. 143.
Ranonvilla, Gualterus de —, decan. St. Gengulphi Tull. 157.

St. Rastellino, Guilleromus de — officialis Met. 777.
Ratisponensis (*Regensburg, Bayern*) episc. 213. 398.
    fratres predicatorum 398.
Raynucii, Franciscus, mercator Florentin. 574. 593.
Reate (*Rieti, Italien, Prov. Perugia*) 45. 46.
Reatina eccles.
    can. Jacobus de Labro 12.
Regiavallis (*Riéval b. Ménil-la-Horgne, dep. Meuse, Cant. Void*)
    monasterium ord. Praemonstratens.
        abbas 430. 432.
Reginensis (*Reggio, Italien, Emilia*) dioc.
    can. Celestinus de Pastringo 377.
Relanges, (*Relanges, dep. Vosges, A. Mirecourt*)
    Balduinus de — can. Met. 331.
Remensis (*Reims, dep. Marne*) urbs
    ecclesia St. Symphoriani
        decanus 534. 598. 610.
        can. Stephanus de Insula in Urbe 279.
    monasterium:
        St. Nicasii (Nichasii).
            abbas 572. 661.
        St. Remigii
            abbas 196. 370. 661.
    Neapolio de Romania, archidiac. minor. eccl. 279.
Remensis diocesis 24. 29. 42. 58. 59. 125. 279. 384. 434. 436. 548.
    archiepisc. 192. 254.
    archidiac.
        Aymo de Sabaudia 460.
        Ademarus de Montilio 460. 532. 540. v. episc. Met.
    cantor 611.
    decanus 786.
    canonici:
        Albericus de Metis 661.
        Clericus de Pisis 5. 12.
        Gerardus de Placentia 270.
        Johannes de Borbonio 661.
        Johannes de Pennis 552.
        Odoardus de Barris 270.
    canonici
        Petrus de Argeno 256.
        Reginaldus de Barro 42. 58. 59. 370. 384. 437. 572.
        Theobaldus de Barro 29.
Renaldi, Joffridus, cleric. Met. 250.
Resecourt (*Ressincourt b. Nomeny, dep. Meurthe-et-Moselle*)
    Warnerus de — rector eccles. 20.
Reumare, Colinus, magister ministerior. Virdun. 781.
Ricchi, Manettus, mercator Florentin. 79.
Rimaco (*Privas, dep. Ardèche?*)
    Guillermus Fabri de — miles 587.
Ripparia [(*Rivière-de-la-Blaise*) archidiaconatus de — Virdun. dioc. 562.
    archidiac. Colardus de Calvomonte 284. 285.
Rivello, (*Rinel (Reynel), dep. Haute-Marne, A. Chaumont*) archidiaconatus Tull. dioc.
    archidiac. 58. 562.
    Petrus Durandi, magister 360. 398. v. Vicello.
Robetet, Jenninus, civ. Virdun. 23.
Rocca (*Rocca d'Acre b. Neapel*)
    Henricus de — can. Neapolitanus, capellan. papae 450. 451.
Rodemacre (*Rodemachern, Kr. Diedenhofen*)
    Egidius, dominus de — nobilis vir 438. 440.
Roderii, Guillermus, magister, can. Met., rector eccl. parroch. B. Saturnini de Lardeyrelis, can. Nimociensis 248. 249.
Roma urbs 6—23. 25—28. 34. 36—42. 790—93.
    in Laterano 1. 47—55. 58. 63. 64. 67 68. 70—77. 82—90. 92—96.
    ecclesiae collegiatae
        St. Johannis Lateranensis
            prior 3.
        Principis Apostolorum
            prior 247.

monasteria
St. Gregorii
abbas 3.
St. Pauli extra muros
abbas 3. 75. 77.
hospitale St. Spiritus in Saxia
magister et fratres 786.
cives et mercatores
Angelus Cathelinus 33.
Franciscus Caffarelli 57.
Franciscus Juvenalis 33.
Jacobus Nicolai Muti 77.
Johannes Pauli Astalli 56.
57. 86.
Matheus Ciceronis 57. 77.
Octavianus Calabocconis 56.
86.
Paulus de Rizia 77.
Symbaldus Judicis 33.
Romana curia 786.
Papae
Benedictus XI. 82—90. 92. 93. 96.
98. 100. 114. 117. 796.
Benedictus XII. 716. 717. 719—722.
724—730. 734. 735. 737. 738.
740—746. 749—768. 775. 776—778.
780—783. 785—787.
Bonifatius VIII. 1—34. 36—42.
45—64 66—68. 70—77. 79. 80—84.
88. 89. 96. 100—102. 114. 117.
120. 126. 558. 599. 788 - 795.
Clemens V. 103—107. 109—113. 115.
116. 118—122. 125—130. 132—134.
136—159. 161—163. 166—169.
171—176. 178—208. 210—216.
218—220. 222—224. 246. 256.
282. 284. 285. 293. 339. 398. 481.
558. 798—807.
Gregorius X. 10.
Innocentius VI. 62.
Johannes XXII. 225—260. 262—264.
266—268. 270—286. 288—295.
299. 301—306. 309—313. 315—318.
321. 322. 326. 329—331. 333—342.
344. 345. 349. 350. 353—355.
358—361. 364. 365. 367—393. 397.
399—404. 406. 410—425. 427—465.
467. 469—497. 499—519. 521—536.

Papae
538—559. 561—573. 575—586.
588—592. 594. 595. 597—617.
619—637. 639—670. 673—675.
677—682. 684—686. 688. 689.
691—695. 697—702. 704. 706.
708—712. 714. 715. 717. 722.
724. 730. 772. 779. 808—810. 813.
814. 816—821.
Nicolaus IV. 5. 142 a.
Cardinales
a) presbiteri:
Arnaldus tit. St. Marcelli, sed.
apostol. camerarius 108. 114.
117.
Arnaldus tit. St. Prisce, vice-
cancellarius 185.
Berengarius tit. St. Nerei et
Achillei 119.
Bernardus tit. St. Clementis 588.
Gaucelinus, tit. St. Marcelli et
Petri 251.
Johannes tit. St. Marcelli et Petri
47. 59. 64. 106. 108.
Matheus, tit. St. Johannis et Pauli
603. 604. 645.
Petrus tit. St. Clementis 786.
Petrus tit. St. Praxedis 750.
Petrus tit. St. Susanne 64. 75.
256. 450. 451. 538.
Robertus tit. St. Pudentiane 75.
Simon tit. St. Prisce 331. 361.
Stephanus tit. St. Ciriaci in ther-
mis 162. 181.
Talayrandus tit. St. Petri ad vin-
cula 668. 709.
b) diaconi:
Arnaldus tit. St. Eustachii 509.
531.
Arnaldus tit. St. Marie in Porticu
195. 196.
Bernardus de Garvo, tit. de St.
Liberata, St. Agathe et St. Ma-
rie in Dompnico 193. 502.
Bertrandus tit. St. Marie in Aquiro
617. 750.
Franciscus tit. St. Lucie in Silice
75. 186.

Franciscus tit. St. Marie in Cosmedin 27. 55. 246. 252. 794.
Guillermus tit. St. Nicolai in carcere Tulliano 106.
Hugo de Aspereva 560.
Jacobus de Columpna 809.
Lucas tit. St. Marie in via lata 251. 401. 547.
Napoleo tit. St. Adriani 244. 361.
Petrus de Columpna tit. St. Eustachii 31. 33. 162. 166. 226.
Petrus tit. St. Marie nove 29.
Raymundus tit. St. Marie nove 119. 155. 163. 166.
Ricardus tit. St. Eustachii 155.
cardinalis camerarius: Johannes monachus 165.
advocatus curiae
Andreas de Orto de Mediolano 65.
archipresbiter
Petrus de Columpna v. diac. card.
Camerarius
Arnoldus tit St. Marcelli card. presb. v. supra
Gasbertus archiepis. Arelatens. 347. 815. v. ibi
Johannes, electus Spoletanus 100 ff.
vicecamerarius
Guillermus Meschini 217.
capellani papae
Albericus de Metis 384 ff.
Amadeus de Gebenna 310.
Bosolus de Parma 810.
Clericus de Pisis 5. 12.
Geraldus de Placentia 270.
Gerardus de Lalo 623. 645.
Guidottus de Mediolano 79.
Guillermus Audeberti 681.
Henricus Dalphinus 253.
Jacobus de Mutina 582 ff.
Johannes de Coiordano 716.
Johannes de Molans 178.
Johannes de Nassowin 673.
Johannes de Rocca 450. 451.
Johannes de Sarwarde 600. 673.
Nicolinus de Camilla 12.
Oliverius de Cerceto 634 ff.
Otto de Aventica 559.

capellani papae
Petrus Duranti 213. 214.
Petrus Garlex 210.
Raymundus Fabri 207.
Sanso de Calvomonte 495.
Symon de Marvilla 105 ff..
capitanus generalis Romanae eccles.
Carolus comes Andegavensis 60..
corrector litterarum
Nicolaus de Fractis 504. 557.
notarius
Leonardus de Guarcino 482 ff.
procurator causarum
Arnulphus de St. Nabore 65.
Petrus de Laude 65.
scriptor
Bosolius de Parma 810.
Petrus Ascibilis de Setia 162.
Petrus de Vigono (Vigario) 528
thesaurarius
Jacobus de Broa 777.
Johannes episc. Avinionensis 748.
Johannes de Coiordono 716.
vicecancellarius
Aranldus tit. St. Prisce card. v. Cardinales.
Romanensis eccl. in dioc. Viennens. (Romans, dep. Drôme, A. Valence)
can. Henricus Dalphinus 109. 110.
Romanis, eccles. secularis de — (Romans, dep. Drôme)
sacrista 808. v. Romanensis.
Romannia, Neapolio de — archidiac. minoris eccles. Remensis 279.
Romanorum regnum 795.
reges:
Adolfus 14. 18. 25. 26. 28.
Albertus 80. 95. 122. 257.
fil. Albertus, can. Pataviens. 257.
Fredericus electus 335.
Heinricus (imperator) 151. 162. 558. 806.
Ludovicus de Bavaria discorditer in regem electus 410.
Romaricense monasterium Tull. dioc. (Remiremont, dep. Vosges)
can. Guillelmus de Ceys 449.
Johannes de Nanceyo 390.

praebendarius: Johannes de Molanx 178.
Romesale, Gerardus de Crevi, alias de — can. St. Salvator. Met. 547.
Rossilione (*Roussillon, alte Grafschaft an d. Pyrenäen*)
Ademarus dominus de — 333.
Rostorph (*Rossdorf, Hessen-Nassau, Kr. Hanau*)
domus St. Antonii, ord. St. Augustini Maguntin. dioc. 802.
Rothelanges (*Rosslingen, Kr. Diedenhofen*) eccl. parroch. Met. dioc.
rector Thomas de Sivereyo 531.
Rothomagensis (*Rouen, dep. Seine-Inférieure*) dioc. 20. 23. 107. 109. 110. 286.
Guillelmus electus Lingonens. translatus Rothomagens. 286.
can. et thesaurar. Henricus Dalphinus 109. 110. 180. 216.
Roucel, Henricus Colini dict. — can. Met., can. St. Theobaldi, rector parroch. de Contil 648.
Johannes dict. — can. Met., praepos. St. Salvatoris Met. 649.
Rubeomonte (*Rougemont, dep. Doubs, A. Baume-les-Dames*) Bisunt. dioc.
Johannes de — nobilis vir 635. 636.
Ruello v. Rivello.
Rupeforti, dom. de — Petrus de Barro, vir nobilis 543. v. Petraforti.
Rupeleonis, Conradus de — miles 775.
Rupisacute castrum 813.
Ruthenensis dioc. (*Rodez, dep. Aveyron*) 249.
can. Hugo de Arpaione. 491 a.

S.

Sabaudia (*Savoien*)
Amadeus, comes de —, nobilis vid. 113. 149. 267. 327. 333. 344. 349. 354. 358. 372. 374. 378. 379. (Matheus!) 387. 391. 400. 401. 818.
uxor Maria de Brabantia 149.
fil. Maria et Caterina 149.
Eduardus comes 327. 333. 378. 379. 410. 420. 455. 456.
458 a. 461. 462. 464. 497. 501. 819.
Aymo, nobilis vir, can. et archidiac. Remens. 333. 378. 379. 419. 460.
Ludovicus de — 333. 378. 419. 456.
Petrus de — can. Saresbiriens. 104., posteaarchiepisc.Lugdun.818.v.ibi.
Philippus de — 814.
Gerardus Francisci, scutifer comitis 372. 374.
Sabello (*Savelli b. Neapel*)
Jacobus de — primicerius Met. archidiac. Bruxellens. 59. 86.
Sabinensis (*Sabine b. Rom*)
episc. Arnaldus 245.
G. 24.
Petrus 105. 106. 118.
Salcensis (*Saales, Kr. Molsheim, U.-Elsass*) abbatia, Argentin. dioc. abbas 191.
Salebruge (*Saarbrücken, Rheinprovinz*) villa 427.
capella B. Nicolai 427.
comites de —
Boemundus, can. Virdun., Met. archidiac. et can. Trevir., Can. St. Castoris 402. 476. 503.
Johannes de Comarceyo, nobilis vir 150. 227. 228. 427. 428. 429. 430. 438. 440. 442.
uxor Mathildis, nobilis mulier 150. 228. 428. 429.
fil. Johannes, can. Met., scolastic. St. Arnualis, can. Tull., Virdun. 228. 380.
Johannes comes (Jehan conte de Sallebruche 713) 612. 654. 655. 656. 657. 662.
fil. Johannes, nobis vir 612. 654. 655. 656. 657.
uxor Aelydis (Aelidis) 612. 654. 655. 656. 657.
Johannes de — hospitalaris et mon. Wissemburgens. 259.
Joffridus miles 504.
fil. Robertus, can. St. Gereonis . Coloniens. 504.

Salernitanus (*Salerno, Italien*)
archidiac. Petrus de Baro, magister 303.
Salewerne v. Sarwarde.
Salgiis (*La Salle, dep. Vosges, cant. St-Dié*)
Raymundus (Raymondus, Remundus) de — can. Aurelianensis 648. 649. 650.
Salgis v. Salgiis.
Salinensis (*Salins, dep. Jura, A. Poligny*) archidiaconatus in eccl. Bisuntina archidiac. Petrus de Treva 90.
Salinis (*Château-Salins, Lothringen*)
Henricus de — cleric. Met. 331.
Sallebruche v. Salebruge.
Salivevallis (*Salival, Kr. Château-Salins*) monaster. ord. Premonstrat. Met. dioc. abbas 780.
Salmis (*Grafschaft Salm i. Lothringen*)
Johannes comes de — nobilis vir 230. 231. 271.
fil. Henricus, can. Coloniens., Leodiens., Virdun., Met., Spirens., Lingon., abbas secular. Thudunens. 230. 231. 271. 817.
Salogneyo (*Salonnes, Kr. Château-Salins*)
Guillelmus de — decan. eccles. coll. St. Machuti de Barro super Albam 820.
Salona Tull. dioc. (*Salonnes, Kr. Château-Salins*) prioratus ad monast. St. Michiael. spectans
prior 512.
Salseburgensis (*Salzburg, Oesterreich*) dioc. et provincia 289.
Saltris, Johannes de, — cleric., notarius curie Tull. 796.
Sancto Desiderio (*St. Dizier, Dep. Haute-Marne, A. Vassy*)
Johannes Guiardi de —, can. St. Salvator. Met. 547.
Sancto Johanne (*St. Johann b. Saarbrücken*) villa de —
capella B. Johannis Baptiste 427.
Sanibonus, can. Tergestinus 65.
Sans, Colinus de — civ. Virdun. 23.

Santonensis (*Seintogne, dep. Charente-Inférieure*)
archidiac. 118.
Saonense (*Saon, dep. Drôme*) monaster. ord. St. Augustini Diens. dioc. 532.
abbas Petrus 820.
Saraponte v. Salebruge.
Sarbarg ⎫
Sarberg ⎪
Sarborch ⎬ v. Sarburch.
Sarbouc ⎪
Sarbourch ⎭
Sarburch (*Saarburg, Lothringen*)
Johannes dict. Cale de — 422.
fil., Johannes, can. St. Stephani 422.
Johannes Ludovici dict. Nitingen de — cleric. 675.
Nicolaus dict. Kesseler de — 642.
Nicolaus fil. Nicolai dict. Sluntzig de — presb. 675.
Petrus Jacobi dict. Lozelin de — presb. 610.
Sarburch, archidiaconatus de — 522.
archidiac. Bernardus de Turre 522.
Galhardus de la Casa 235. 245.
Guillermus de la Casa 245.
Hugo de Monte Justino 560.
Odo Alamanni 207.
Raymundus Fabri 207. 208. 212.
ecclesia St. Stephani
cantor 659. 798.
decanus 202. 600. 601. 659. 798.
scolasticus 681.
thesaurarius 798.
canonici
Henricus Wierici in Atrio 639.
Johannes dict. Cale de Sarburch 422.
Nicolaus dict. Kesseler 642.
Sarburg ⎫ v. Sarburch.
Sarburgensis ⎭
Sarepontensis ⎫
Sarepons ⎬ v. Salebruge.
Sarrebruch ⎭
Saresbiriensis ecclesia
can. Petrus de Sabaudia 104.
Sarraceni 775.

Sarwarde (*Saarwerden, Kr. Zabern, U.-Elsass*)
Fridericus comes de — 767.
fil. Johannes 767.
uxor Clara de Fenestrangiis 767.
Johannes de — can. Met., can. Spirens., can. Trevir., capellan. papae 600. 673.
Sarwerde v. Sarwarde.
Sathanacum (*Steney, dep. Meuse, A. Montmédy*) prioratus ord. St. Bened. Trevir. dioc.
prior Jacobus, a minore parte electus abbas Gorz. 166.
Sauls, Johannes de — justiciar. Virdun. 781.
Sauterel, Vionnus } civ. Virdun
fil. Hussonnus } 781.
Savetels, Nicolaus, scabinus Virdun. 781.
Savigney (*Savigny, dep. Meuse, Cant. Vancouleurs, A. Commercy*)
Werricus de Perroies de — armiger 764.
Saxonia, Andreas de —, cellerar. Lubecens. 332. v. Lubek.
Saxure (*Saulxures - lès - Nancy, dep. Meurthe-et-Moselle*)
Huardus de — mon. Gorz. 361.
Scarboti, Arnoldus, legum doctor, can. Met., capellan. papae 260.
Scotorum ordo 694.
Scurcula (*Scurcola, Italien, Prov. Neapel*) 56. 57.
Secano (*Scy, Kr. Metz, oder Sixey-aux-Forges, dep. Meurthe-et-Moselle*)
Nicolaus de — primicerius Met. 560. 710.
Secilia v. Sicilia.
Sedunensis (*Sitten, Schweiz. Cant. Wallis*) dioc. 493.
episc. 608.
Senensis (*Siena, Italien*)
majoris tabulae societas mercatorum 805.
Septemfontibus (*Siebenborn, b. Mersch, Luxemburg*) Trevir. dioc.
Theodoricus de — 689.

fil. Theodoricus, cleric. Trevir. dioc. 689.
Sermineto (*Sermineto b. Rom*)
Odo de — magister 108. 165.
Sermonetum v. Sermineto.
Setia (*Sezza b. Velletri, Italien*)
Petrus Ascibilis de — scriptor papae 162.
Seutre, Hugo, rector eccles. St. Audeoli de Berco Vivariens. dioc. 820.
Sicalonia in eccl. Bituricensi (*La Soulogne a. Loire*)
archidiac. Bernardus de Montevalrano 288. 289. 292.
Sicilia insula 60.
Robertus rex 390. 814.
Sigart, Jacobus dict. — civ. Virdun. 23.
Silvanectensis (*Senlis, dep. Oise*) dioc. 20. 23.
can. Johannes de Allemante 434.
Silviniacum (*Sauvigny b. Clermont, dep. Puy-de-Drôme*) Claromentens. dioc. archidiac. 219.
Sirkes (*Sierck, Kr. Diedenhofen*)
Fredericus de — praepos. St. Petri Trajectens., episc. Trajectens. 264. 265. 295. 296. 298. 307.
Philippus de — can. Met., can. Tull., archidiac. de Linco 291. 299. 397. v. Circis.
Sirque v. Sirkes.
Sivereyo (*Sivry, dep. Meuse, A. Montmédy*)
Thomas de — cler. Trevir. dioc., can. Met., parroch. de Rothelanges et de Mieschief 531. v. Syneceyo.
Sleiden (*Schleiden, R.-B. Aachen, Rheinprovinz*)
Willelmus de — can. et decan. Trevir. 140.
Sletzstati (*Schlettstadt, U.-Elsass*) oppidi incolae 686.
Sluntzing, Nicolaus dict. — de Sarborg 675.
fil. Nicolaus, cleric. Met. 675.
Sobelin v. Gobelin et de Metis.
Soliacensis v. Soliaco.

Soliaco (*Souillac, dep. Lot. A. Gourdon*)
Henricus de — nobilis vir 46.
   uxor Helisabetha, filia Ferri ducis Lotharingiae 46.
decanatus Caturcens. dioc.
   decan. Bernardus de Garvo 193.
Solinet, Nicolaus, civ. Virdun. 23.
Spanheum (*Sponheim, Kr. Kreuznach, Rheinprovinz*)
   Henricus de — praepos. B. Mariae Aquensis 264.
St. Spezia (*Spezia b. Genua, Italien*)
   B. de — 276.
Spinaldo v. Spinallo.
Spinallo (*Epinal, dep. Vosges*)
   Ferricus de — prior predicator. Met. 10. 64.
   Gerardus de — presbit. Tull. dioc., rector eccl. parr. de Columbario, Met. dioc. 447.
   Johannes de — succentor eccl. Virdun. 284. 285.
   Matheus de — cleric. 703 a. 723. 732. 733. v. Espinallo.
Spinorum societas 100.
Spirensis (*Speyer, Pfalz*) dioc. 259. 341. 624. 625.
   episc. 410. 750.
     Emicho 442.
   canonici
     Henricus de Salmis 271.
     Johannes Bertandi 421.
     Johannes de Lyningen 619. 660.
     Johannes de Sarwarde 600. 673.
Spoletanus (*Spoleto, Italien, Umbrien*)
   episc. Johannes, sedis apostol. camerarius 100. 102. 165.
   P. 160.
Stanno (*Etanche b. Hattonchâtel, dep. Meuse, A. St. Mihiel*)
   Baudetus de — mon. Gorz. 143.
   Dominicus de — rector eccl. de Brenvilla, 677.
Stefett in Alamania, hospitale de — 788.
Stetina (*Stettin i. Pommern*)
   hospitale St. Spiritus 788.

Stirpenich (*Sterpenich b. Arlon, Belgien, Prov. Luxemburg*)
   Henricus de — can. Met., Trevir., St. Paulini Trevir. 688.
Stons, Gotillonus de —, civ. Virdun. 781.
Stuliynga, Hermelo de — civ. Met. 236.
Styrie (*Steiermark*)
   dux Lippoldus (Lupoldus) 416. 463.
Suacembergh v. Swarzenberg.
Suburgense (*Surburg, Kr. Hagenau, U.-Elsass*) monast. Argentin. dioc.
   praepos. 529.
Suessionensis (*Soissons, dep. Aisne*) dioc.
   can. Leo Francisci de filiis Ursi 82.
Supino (*Soupy b. Stenay, dep. Meuse, A. Montmédy*)
   Adenulphus de — can. et primicer. Virdun. 668.
Sureda, monaster. St. Andree ord. St. Bened. Elnens. dioc. 138.
   monach. Jacobus de Ponte Montionis 163.
Swarzenberg (*Schwarzenberg b. Dagstuhl, Pfalz*)
   Hugelinus de — 614.
     fil. Nicolaus, can. St. Arnualis 614.
   Therricus de — can Tull., can. St. Salvator. Traject., archidiac. de Linco 299.
Symonis, Gobelinus, cler. Met. dioc. 527.
Syneceyo (*Sivry a. Maas*)
   Thomas de — can. Met. 509. 531.
   v. Sivereyo.
Syrocuria, Philippus de — can. Virdun. 782.

T.

Talavarie (*Talavera de la Reina, Spanien, Neu Kastilien*) Toletane dioc.
   archidiac. Bernardus St. Agathe diac. cardin. 502.
Talveriis Gebennens. dioc. (*Talloires, dep. Haute-Savoie, A. Annecy*) de — prior 381.

— 432 —

Tarantasiensis (*Moutiers-en-Tarantaise, dep. Haute-Savoie, A. Chambéry*)
ecclesia 729. 736. 747. 748. 769. 772. 779. 792.
archiepisc. 60. 381. 382.
Tarrantasiensis v. Tarantasiensis.
Taurinensis (*Turin, Italien*) dioc. 389.
can. magister Petrus de Vigono (Vigario, Vigorio), scriptor papae 528. 538. 568. 570. 571.
Templi militia 188.
Tergestinus (*Triest, Oesterreich, Küstenland*)
can. Sanibonus 65.
Terra Sancta 438. 789.
Teste, Johannes dict. — can. St. Theobaldi Met., can. St. Maximini de Barro 516.
Thalamis (*Talingen, Kr. Metz*)
Jacobus de — cleric. Met. 663.
Thaluyre (*Taluyers, dep. Rhone, A. Lyon*)
Gebennens. dioc. (?)
prior 169.
Thaseyo Ada de — mon. Gorz., prior de Amella 552.
St. Theobaldo, monast. de — Met. dioc, — abbas 802.
St. Theofredi monaster. Aniciens. dioc. (*Le Monastier, dep. Haute-Loire, A. Puy*)
abbas 582.
Theonisvilla (*Diedenhofen, Lothringen*) 558.
Johannes de — dict. de Metis 775.
Nicolaus de — vir nobilis 303.
fil. Theodoricus, can. St. Salvator. Met., can. St. Gowari 303.
Symon Symonis de — acolita 742.
ecclesia parrochialis 553.
rector et plebanus Symon Nicasii, can. St. Salvator. Met. 494. 553.
rector injustus: Johannes de Duna, decan. eccl. Trevir. 553.
monasterium ord. Eremitarum St. Augustini apud — 568.
Theuron, G. notarius 160.
Theutonicorum ordo St. Marie (hospitalis St. Marie Theotonicor.

Jerosolimitani) 213. 242. 301. 589. 694.
magister Carolus 303. 304.
Tholonensis (*Toulon, dep. Var*) eccles. prepos. 627.
Tholosana (*Toulouse, dep. Haute-Garonne*) dioc. 241.
Thosetis de Urbe, Jacobus de — can. Ebredunens. 397.
Thudunensis (*Thuin, Belgien, Hennegau*)
abbacia secular. Leodiens. dioc.
abbas: Henricus de Salmis 230. 271.
Thudunensis ecclesia St. Theodardi custos et can. Colardus de Gras 312.
Thureyo (*Zürich, Schweiz*)
Guillelmus de — can. Lugdunens. 710.
Thyacurt (*Thiaucourt, dep. Meurthe-et-Moselle, A. Toul*)
Alardus de — can. St. Salvator. Met. 782. 785.
St. Tiberii monasterium (*St. Thibéry, dep. Hérault, A. Béziers*)
abbas 234.
Tilly (*Tilly b. St-Mihiel, dep. Meuse. A. Verdun*) 196.
Tionville v. Theonisvilla.
Tirasonensis dioc. 103.
Toffingen, Bertoldus de — can. St. Arnualis, vicar. eccl. in Werde, can. eccl. St. Adelphi in Novillari 529.
Toletana (*Toledo, Spanien, Neukastilien*) dioc. 193. 502.
can. Bernardus de Garvo 193.
Topeti, Franciscus 709. 710.
fil. Johannes, capellan. in Homborc, can. Met. 709. 710.
Torcellanus (*Torcello b. Venedig, Italien*)
episc. Alero 5.
Tornacensis (*Tournay, Belgien, Hennegau*) dioc. 60. 62. 88. 100. 120. 193.
can. Bernardus de Garvo 193.
Bosolus de Parma 810.
Tornadorium Lingon. dioc. (*Tonnerre, dep. Yonne*)
archidiac. 721. 766.
Tornodorensis v. Tornadorium.

Torona (Lingon. dioc. ?)
  curatus Johannes Laurencii 773.
Toullo (*Toul, dep. Meurthe-et-Moselle*)
  Johannes de — can. Met., can. St.
    Deodati, rector eccl. parroch. in
    Diarrvilla 266.
Trajectensis v. Trajectensis.
Trajectensis (*Utrecht, Niederlande*)
  urbs
    ecclesiae
      St. Petri
        praepos. Fridericus de Sirk
        264. v. episcop.
      St. Salvatoris
        can. Therricus de Suacembergh
        299.
Trajectensis dioc. 13. 14. 15.
  episcopi:
    Fridericus de Sirok 262. 264. 265.
      296. 297. 298. 307. 749. 750.
      811. 812.
    Guido 86. 188. 254.
    Johannes (de Sirk) 13. 15. 17. v.
      ep. Tull.
    Guillermus (Willermus) 15. 56.
      57. 86.
  canonici
    Egidius de Bache (Bake) 296. 297.
    Guido de Haynonia 47.
    Henricus de Juliaco 613. 614.
Trajectensis Leodiens. dioces. (*Maastricht, Niederlande, Prov. Limburg*)
  eccles. St. Servatii
    decanus 130.
    praebendar. Colardus de Gras 312.
Trajecto (*Traëtto b. Gaëta, Neapel*)
  Gaietane dioc.
    archipresbiter de — 626.
Trebis (*Treves, dep. Rhone, Δ. Lyon*)
  Onuffrius de — dictus Papa, can.
    Trecens. 33. decanus Meldensis
    79. 115.
  Johannes de — magister, can. eccl.
    Marsicanae, scriptor papae 430.
    432. 433. v. Treva.
Trecensis (*Troyes, dep. Aube*) dioc.
  29. 58.
    episc. 344.

cantor 434.
can. Onuffrius de Trebis 33.
  Theobaldus de Barro 29. 58.
ecclesia St. Urbani
  decanus 63.
Trecis, Martinus dict. de — 797.
Treva (*Treves, dep. Rhone, Δ. Lyon*)
  Petrus de — can. Met., Virdun., Bisuntin., archidiac. Salinens. et de
    Marsallo 90. 291.
Trevirensis (*Trier, Rheinprovinz*)
  urbs 139.
  palatium 139.
  civitas 133. 134. 143. 241. 242. 292.
    539.
  ecclesiae collegiatae
    St. Paulini extra muros
      decanus p. 246. 304. 402. 503. 504.
      can. Guillelmus Pinchon 495.
      Henricus de Stirpenich 688.
    St. Symeonis
      praepositus 626. 746.
      decanus 26. 494. 660. 746.
      can. Henricus de Lucembourch
        143.
        Isembordus Mathei de Antringa 488. 566.
  Monasteria
    St. Marie ad martires extra muros
      abbas 189.
    St. Martini extra muros
      abbas 503. 504. 673. 688.
    St. Mathie extra muros
      abbas 431.
    St. Maximini
      abbas 189. 246. 390. 402. 431.
      626.
  diocesis et provincia 5. 73. 130.
    133. 134. 143. 147. 151. 166. 201.
    241. 242. 282. 284. 289. 292. 303.
    377. 430. 431. 440. 443. 500. 503.
    523. 539. 553. 596. 613. 645. 658.
    664. 696. 711. 715. 717. 729. 730.
    736. 744. 747. 748. 764. 769. 772.
    773. 777.
  archiepiscopi:
    Bohemundus 13. 24. 26. 28. 789.
    Dietherius 66. 80. 172.

archiepiscopi:
    Balduinus (Baldewinus, Baldovinus. Balduynus, Baldowinus) 130. 132. 133. 134. 136. 139. 140. 143. 204. 214. 241. 242. 254. 276. 291. 301. 303. 337. 403. 440. 458. 478. 495. 505. 506. 532. 540. 543. 544. 630. 685.
capitulum 28.
archidiacon.
    Boemundus de Saraponte 476. 488. 503. 545. 566. 689.
decanus 28. 188. 613. 614.
    Willelmus de Sleiden 246.
    Johannes de Duna, gerens se pro decano 553.
prepositus 303. 431.
scolasticus 304.
canonici
    Godemannus de Dorsbille 246.
    Henricus de Stirpenich 688.
    Johannes Bertraudi 421.
    Johannes de Friavilla 229.
    Johannes Giletti 26.
    Johannes de Lyningin 660.
    Johannes de Nanceyo 390.
    Johannes de Nassowia 673.
    Johannes de Sarwarde 673.
    Joffridus de Liningen 626.
    Ludolfus de Halvels 613.
    Ludovicus de Homburch 189.
Tricastrina (*St. Paul de Trois Châteaux (Tricastin) dep. Drôme, A. Montélimar*) dioc. 199. 771.
    can. Dalmasius de St. Laurentio 731. 771.
Tridentina (*Trient, Tirol*) ecclesia 161. 500.
    episc. Bartholomeus 161.
    Henricus, antea abbas monast. Villariens. Met. dioc. 161.
    can. Johannes de Wolsstorf 500.
    Ominus de Peretulo 389.
Tridentum (*Trient, Tirol*) 500.
    St. Laurencii monaster. prope — abbas 500.

Trisman, Godefridus dict. — de Luchemberg 5.
    fil. Philippus, can. Met. 5.
Tudertina (*Todi, Italien, Umbrien*) dioc. 809.
Tuillart, Colinus, civ. Virdun. 23
    Jenninus » » »
Tullensis (*Toul, dep. Meurthe-et-Moselle*).
    urbs et civitas 60. 61. 62. 88. 89. 100. 101. 102. 114. 117. 120. 126. 128. 192. 214. 337. 517. 589. 590. 596. 774.
    civitas et scambium 796.
    Gerardus dict.⎫
    Boifners   ⎬ campsores 796
    Petrus dict.⎪
    Hautebruce ⎭
    cives 763.
    magister, scabinus, consules et justiciarii 774.
    ecclesiae:
    cathedralis 403.
    St. Gangulphi (Gengulfi, Gengulphi) eccles. collegiata. 403. 658.
        capitulum 658.
        decanus 68. 83. 153. 575. 658. 761. 802.
            Gualterius de Ranonvilla 157.
        can. Johannes de Nanceyo 390.
    St. Michaelis eccles colleg.
        can. Petrus 774. 778.
        vicarius Egidius 774. 778.
    monasteria
        St. Apri extra muros
            abbas 178. 272. 341. 528.
            Guillelmus 780.
        St. Mansueti extra muros
            abbas 59. 63. 68. 83. 173. 272. 331. 433. 528.
    hospitale 788.
Tullensis diocesis 13. 14. 17. 29. 58. 60. 61. 62. 87. 88. 89. 100. 101. 102. 114. 117. 120. 122. 124. 126. 128. 131. 143. 162. 166. 181. 192. 214. 229. 251. 266. 268. 328. 337. 338. 360. 390.

493. 516. 517. 589. 590. 596. 618. 630.
631. 632. 635. 670. 678. 680. 695. 696.
697. 712. 715. 761. 764. 789. 790. 797.
  episcopi
    Amadeus (Amedeus) de Gebenna
      337. 338. 343. 344. 351. 352
      355. 356. 357. 362. 363. 378.
      517. 543. 544. 589. 617.
    Conradus Probus 13. 14. 15. 17. 19.
    Guido, autea abbas de Belloloco
      122.
    Johannes de Arzillerns (Argilleriis)
      autea can. Cathalaunens. 162.
      177. 181. 188. 192. 205. 214. 337.
    Johannes de Sirck, antea episc.
      Trajectens. 13. 14. 15. 17. 50.
      60. 79. 84. 796.
    Otho (Oddo, Odo) de Columpna
      124. 127. 128. 162.
    Otho (Otto [de Granson]) 104. 108.
      in Basiliens. sedem translatus
      121. 122. 123. 131.
    Thomas de Bourlemonte 617. 618.
      629. 630. 635. 636. 644. 678.
      687. 694. 703. 723. 726. 732.
      733. 749. 750. 762. 774. 778.
  capitulum majoris eccles. 13. 19.
    122. 162. 276. 337. 774. 778. 783.
  archidiacon. 19. 68. 83. 685.
    Hugo Ademarii 820.
  cancellarius 477.
  cantor 390.
  decanus 13. 19. 153. 162. 337.
    774. 778. 780. 783. 786.
      Johannes de Molans (Molaris)
        197. 276. 294.
  scolasticus 803.
    Jacobus de Mutina 477. 509.
      529. 530. 582. 592. 600. 601.
      602. 619. 620. 659. 660. 666.
      673. 688. 689. 709. 711. 712.
      761.
  thesaurarius 118.
    Johannes de Boseriis 595. 697.
      699. 701. 702. 707. 714.
  notarius curie: Johannes de Saltris, cleric. 796.
  vicarius Martinus 796.

  canonici
    Benedictus de Guardia 3.
    Bertrandus Carbonelli 555.
    Burnekinus de Parrojes 436.
    Ferricus de Vodio 10. 163.
    Galterus de Metis 652.
    Gerardus de Aceyo 809.
    Joffridus de Venderiis 575. 591.
    Johannes de Molanx 178, v. decanus
    Johannes comes de Sarebruch 228.
    Matheus de Ponte 475.
    Petrus Duranti 233. 294. 555.
    Philippus de Sirkes 299.
    Renaldus 796.
    Renerius de Ponte Monconis 229.
    Symon Dusey 397.
    Theobaldus de Barro 29. 58.
    Therricus de Suacembergh 299.
    Thomas de Bollemonte 482.
    Widericus de Tuylleyo 473.
  vasalli 13. 122. 162. 337.
Tullo, Colinus Gobini de — clericus 796.
Turnensis (*Tours, dép. Indre-et-Loire*)
  eccl. 266.
    magister Homo de Pereculo 266.
Turre (*Thury b. La Maxe, Kr. Metz*)
  Bernardus de — archidiac. de Sarbourch 522.
  Johannes dict. de — mon. St. Vincentii Met. 81.
Turre, dominus de —, Johannes Dalphinus 813.
Tusculanus (*Frascati b. Rom*)
  episc.
    Berengarius 257.
    J. 59.
Tutelanensis (*Tulle, dep. Corrèze?*)
  Tirosonens. dioc.
  decanus 103.
Tutellensis v. Tullensis.
Tuylleyo (*Thuilley-aux-Grosseilles, dep. Meurthe-et-Moselle, A. Toul*)
  Widericus de — can. Tull. 473.
Tysens v. Tyseris.
Tyseris, eccles. parroch. Trident. dioc.
  fraternitatem habens: Johannes de Wolsstorf 500.

28*

U.

Unzola (Unzula), Johannes de — de Bononia, legum doctor, can. Met. 244. 247.

Urbino (*Urbino, Italien, Marken*)
Guillermus de — magister, cancellar. Virdun. 282. 284. 285.

Urbs vetus (*Orvieto, Italien, Umbrien*) 29—33.

Ursi ((*Orsini, römisches Adelsgeschlecht*)
Leo Francisci de filiis —, archidiac. Met..can.Suession., can. Ferrariens., de St. Audomaro Morinens. dioc. 82.
Theobaldus de filiis — can. Met. 728.

St. Ursicini (*St. Ursanne b. Pruntrut, Schweiz. Cant. Bern*) monast. Basiliens. dioc.
    can. Otto de Aventica 448.

Usfol (*Urval, dep. Dordogne, A. Bergerac*) eccles. St. Johannis, Agennens. dioc.
    rector Raymundus Fabri 207.

Uticensis (*Pays d'Ouche, Normandie*) dioc. 212.

V. W.

Vacz, Margaretha de —, uxor Ulrici de Asperomonte 335.

Wadegoziensis (*Wadgassen, Kr. Saarlouis, R.-B. Trier*) abbatia Praemonstr. ord.
    abbas Johannes 189.

Vaesco, Bertrandus de —, mon. St. St. Martini Glandariens. postea abbas St. Arnulphi Met. 820. v. St. Arnulphi.

Valdose, Ermangeta — de Marley, civ. Met. 81.

Valentinensis (*Valence, dep. Drôme*) comes Ademarius de Pictavia 55. 379. 480. 794.
    dioc. 198. 199. 587. 820.
    praepos. 104.
    can. Amadeus comes Gebennensis 243. 281.
    monasterium St. Ruphi, ord. St. Augustini.
    prior Henricus Dalphinus 111.

St. Valerius Viennens dioc. (*St. Valery — Vimeux*) 184.

Valflar, Addulfus (Adulphus) can. Davantriens. 811. 812.

Valle (*Vaux, Kr. Metz*)
Johannes dominus de — 764.
Petrus Renaldi de. — can. St. Theobaldi Met. 609.

Valleaurea (*Orval, dep. Meuse, A. Montmédy* oder *Airvault, dep. Deux-Sèvres, A. Parthenay*)
Raymundus de — can. Vivariens. et Lingon. 590. 606. 607. 608. 631. 632. 680. 684. 695. 696. 718. 773. 784. v. aurea vallis.

Wallecuriensis (*Valcourt, dep. Meurthe-et-Moselle, A. Lunéville*)
eccles. St. Marie.
    praepos. Colardus de Gras. 312.

Valleleus (*Valhey, dep. Meurthe-et-Moselle?*)
Robertus de — 776.
uxor Margaretha nata Radulphi de — Met. dioc. 776.

Wallerue, Johannes, iusticiar. Virdun. 781.

Vallevillari (*Witarville b. Damvillers, dep. Meuse, A. Montmédy*)
Reynerus de — can. Virdun. 80.

Vallibus v. Valle.

Vallicolore (*Vaucouleurs, dep. Meuse, A. Commercy*) in Lothoringia hospitale de — 788.

Vallis Brisciasci monast. Cisterc. ord. Viennens. dioc.
monialis Beatrix, relicta Johannis Dalphini Viennens. 309.

Vallisumbrose ordo 589. 594.

Walse (*Wallsee, O.-Oesterreich, Bez. Linz*)
Gebehardus (Gevehardus) de — can. Pataviens. 257.

Vapincensis (*Gap, dep. Hautes-Alpes*) comes Johannes Dalphinus 109. 110. 111.

Vardemente (*Vaudemont, dep. Meurthe-et-Moselle, A. Nancy*)
 Henricus comes de — nobilis vir 238. 289.
  uxor Elisabetha ib.
Wardunensis v. Virdunensis.
Varengevilla (*Vergaville b. Dieuze, Kr. Château-Salins*) prioratus mon. Gorz.
 prior Ada (Adam) postea abbas Gorz. 163. 166.
 Jacobus de Ponte Montionis 163. 166.
 monasterium monial. ord. St. Benedicti 227.
Warengeyvilla v. Varengevilla.
Vareyo v. Vireyo.
Vareyum, pugna apud — 458a.
Wargavilla v. Varengevilla.
Warnesperch (*Warsberg, Kr. Bolchen*)
 Lyetardus de — mon. Gorz. 143.
Warnevillari (*bei Zweibrücken, Pfalz*)
 monast. de — Cisterc. ord. Met. dioc. abbas et conventus 341.
Vasionensis (*Vaison, dep. Vaucluse, A. Orange*)
 dioc. 153. 174. 200. 203. 319.
Wasselneim (*Wasselnheim, Kr. Molsheim, U.-Elsass*)
 Anselmus de — rector eccl. in Kirperc, ean. Verdun. 176.
Vaureilliis (*Vaureilles, dep. Aveyron, A. Villefranche*)
 Petrus de — rector ecel. de Deumeire, ean. Met. 380. v. Badrellis.
Wautreti, Johannes, civ. Virdun. 781.
Waville (*Waville b. Thiaucourt, dep. Meurthe-et-Moselle, A. Toul*)
 Warnerus de — mon. Gorz. 143.
Velletri (*Velletri b. Rom*) 3.
Velletro (*Velletri b. Rom*) Guido de — can. Belvacens. 809.
Venderiis (*Vandières, dep. Meurthe-et-Moselle, A. Nancy*)
 Ferricus de — mon. Gorz. 143.
 Joffridus de — can. Tull. 575. 591.

Vepria, monast. St. Benedicti in — Cist. ord. Met. dioc. (*St-Benoit-en-Voivre, dep. Meurthe-et-Moselle, A. Nancy*)
 abbas et conventus 341.
Vepria, archidiaconatus de —
 archidiac. Johannes de Deicustodia 781.
Verdanum (*Verdun-sur-Garonne, dep. Tarn-et-Garonne, A. Castelsarrasin*)
 Tholosan. dioc.
 ecclesia B. Marie
 rector Bernardus de Montevalrano 241.
Werde, eccles. parroch.
 vicarius Bertholdus de Toffingen 529.
Versanayco (*Vesaigues-sous-Lafauche, dep. Haute-Marne*)
 Gerardus (Girardus) de — magister 347. 348.
 Petrus de — can. Diensis 343. 356. 357. 362. 363.
Versenahico } v. Versanayco.
Versnahico }
Vertus (*Vertus, dep. Marne, A. Châlons-sur-Marne*)
 archidiacon. de — in eccl. Cathalaunens. 764. 766.
Verzenayco v. Versanayco.
Westhoven (*Westhoven, Kr. Molsheim, U.-Elsass*)
 eccl. parroch. Argentin. dioc. 597.
Vestinga v. Vinstinga.
Vezago, dom. Johannes, archidiac. de — 796.
Vicello, archidiacon. de — Tull. dioc. 562. 572. 573. v. Rivello.
Vico (*Vic, Kr. Château-Salins*) de —
 castrum 635
 archidiacanatus:
  archidiac: Bernardus de Garvo, St. Agathe diac. card. 502. 588.
  Hugo de Aspereva 560.
  Johannes de St. Paulo 115
  Petrus Guigonis (Moreti) 588. 590. 594. 596. 607. 631. 632. 667. 671. 680. 682. 684. 695. 696. 697. 699. 709. 717. 718. 721. 722. 724. 770. 784.

eccles. parroch. St. Martini
rector Anselmus de Noweroy
277
Galhardus de Granholio 807
Gawardus de Grinol 277.
Viculo, Guillermus de — magister 690. 705.
Vienna (*Wien, Oesterreich*)
hospitale de — 788.
Vienna (*Vienne, dep. Isère*) 185—192. 805.
Beatrix de — relicta Hugonis de Cabilone domini Darbay 379.
Viennense concilium generale 201. 339. 398. 764.
Viennensis Johannes Delphinus — nobilis vir 225. 240. 283. 305. 306. 327.
Viennensis diocesis 109. 110. 531. 736. 747. 748 769. 772. 779. 792. 795.
archiepisc. 35. 799.
Guillelmus 344. 349. 354. 358
capitulum 379. 808.
canonici
Amadeus de Gebennis 281
Aynardus de Clavasione 109
Franciscus de Balma 808
Guillelmus de Claromonte 113. 800
Guillermus de Malac 808
Henricus Delphinus 110. 257. 283. postea electus Pataviens. et Met. cf. ib.
Vieterlingen, Abelona de — uxor Petri Alberonni 768.
Vignoliis (*Vigneulles, dep. Meuse, A. Commercy*)
Bertrandus de — mon. Gorz. 143.
Vigono (*Vigone b. Turin, Italien*)
Petrus de — can. Taurinens. scriptor papae 528. 538. 568. 570. 571.
Vigorio v. Vigono.
Wigornensis (*Worcester, England*)
archidiac. Franciscus S. Lucie in Silice diac. card. 186.
Henricus Delphinus 186. 216. 220.
Wigorniensis v. Wigornensis.

Villa (*Ville-sur-Yron, dep. Meurthe-et-Moselle, A. Briey*)
Egidius de — perpetuus capellan. St. Catharine in eccl. St. Nicolai de Portu 761.
Villariis (*Villars, dep. Ain*)
Henricus de — camerar. Lugdun. 501 a.
Villariensis (*Villers-Bettnach, Kr. Metz*) monast. ord. Cisterc. Met. dioc. 330.
abbas 39, 130, 330, 351.
Henricus, postea episc. Tridentin. 161.
conventus 39. 341.
Villa Saliron (*Ville-sur-Saux, dep. Meuse, A. Bar-le-Duc*)
Johannes de — 268.
uxor Johanna de Asperomonte 268.
Villicus, Perrinus dict. — civ. Met. 275
uxor Beatrice ib.
Wilre (*Weiler b. Grosstänchen, Kr. Forbach, oder Niederweiler, Kr. Saarburg i. L.*)
eccles. parroch. incorporata in monast. Graufthal 85
Vilstorf (*Filsdorf b. Busendorf, Kr. Bolchen*) Johannes de — 746
fil. Ernestus can St. Salvat. Met. 746.
Wimpina (*Wimpfen a. Neckar, Hessen*)
hospitale de — 788.
Vincebrio (*St. Vincent-en-Noyers, dep. Basses-Alpes*)
castrum de — Vasionens. dioc. 319.
St. Vincentii monasterium (*St. Vincent, dep. Meuse, A. Verdun*)
abbas 278.
Winetoniensis (*Winchester, England*)
archidiac. 184.
Vinea, Petrus de — magister, can. Met. 83.
Vinstinga (*Fiustingen, Kr. Saarburg i. L.*) Met. dioc.
Johannes de Bous (de Bosco) dictus de —. magister, utriusque juris legum professor, official Basiliens., can. Met. 107. 168. 293. 302. 320.
v. Fenestrenges.

Virdunensis (*Verdun, dép. Meuse*) urbs
  castrum 781.
  ecclesia collegiata
    B. Marie Magdalene 403.
    cantor 282.
    decanus 598. 662.
    praepositus 721.
      Guillermus de Asperomonte 63.
      Reginaldus de Barro 63.
    canonici
      Johannes de Deioustodia 573. 598. 781.
      Reginaldus de Barro 42. 59.
    v. praepos.
  ecclesiae parrochiales
    St. Amantii
      rector Hugo 20.
    St. Salvatoris
      gerens se pro rectore: Jacobus de Genecourt 20.
    St. Victoris
      rector Ancelinus 20.
    clerici Franciscus dict. Colmere
      magister Franciscus Garcini
      Giletus de Eix } 781.
  monasteria
    St. Agerici
      abbas 278. 534. 580.
    St. Michaelis
      abbas 58.
    St. Nicolai in prato
      abbas 662.
    St. Pauli extra muros
      abbas 226. 473. 568.
    St. Vitoni 24. 30. 87.
      abbas 534. 568. 662.
        Johannes dict. Lardeinoix 24. 30.
        Philippus 24. 30.
      cantor
        Johannes de Octanges 24.
      cellerarius
        Guillelmus 24. 30.
      elemosinarius
        Gobertus 24. 30.
      thesaurarius
        Johannes dict. Faucons 24.
      prior et conventus 24
      monachus Terricus dict. Bona Anima 24.
    monialium St. Mauri ord. St. Bened. 430.
    fratrum Predicatorum
      prior 158. 282. 284. 285.
    fratrum minorum
      guardianus 158.
  civitas 20. 21. 23. 60. 61. 62. 80. 88. 89. 93. 100. 101. 102. 114. 117. 120. 126. 606. 631. 653. 680. 695. 696. 781.
  magistri ministeriorum
    Colinus Daunoy
    Colinus Morelli
    Colinus Reumare
    Hussonnus Plakeure } 781.
    Petrignonus Raicart
    Stephanus de Barra
  rectores et iusticiarii laicalis iusticie
    Gerardinus Apothecarius
    Gocillonnus Noiretestes
    Jaquetus Laon
    Jeunessonus Lipetishostes } 781.
    Johannes de Sauls
    Johannes Wallerue
    Wauterinus Chapons
  scabini palatii
    decanus: Johannes Martini
    magister: Memguinus Jaqueti
    scabini: Giletus Proesse } 781.
      Johannes Mapiles
      Nicolaus Savetels
      Wiardinus Boxini
      Chacillons
  cives 781.
    Blesus dict. Cuelier
    Colardus Belier
    Colleso dict Lecot
    Collinus dict. Killart
    Colinus de Sans
    Colinus Touillart } 23.
    Henricus de Jeniche
    Jacobus Autopiere
    Jacobus chapon
    Jacobus Licapre

Jacobus dict. Pouyoyse
Jacobus dict. Sigart
Jenninus Blampie
Jenninus Robetet
Jenninus Tuillart
Johannes Oliverii
Martinus Dueseray
Nicolaus Solinet
Oliverius de Monte St. Victorii
Ottinus Ledovre
Ottinus Le petit
Ottinus Quernarure
Petrus Arrions
Petrus Lafolle
Roland Wautereti
Thiricus de Estein
Warnerus Paturel
Wauteretus dict. Paquet } 23.

Colinus \} fratres
Johannes / Morini
Forkignonus de Condeto
Galianus \} de Puteo
Johannes /
Gotillonus de Stons
Hussonnus \} Sauterel
Vionnus / } 781.

cives
  Jacobus dict. Lifosse
  Johannes Wautreti
  Martinus dict. Chouelz
  Theobaldus \} dict. Colete
  Henricus / } 781.

Virdunensis diocesis 20. 21. 23 25. 29. 56. 60. 61. 62. 80. 84. 88. 89. 90. 92. 93. 100. 101. 102. 114. 117. 120. 126. 143. 147. 151. 195. 251. 328. 361. 421. 493. 589. 590. 606. 631. 632. 653. 677. 680. 695. 696. 715. 781. 797. 803.

  episcopi
    Henricus de Asperomonte 195. 206. 209. 211. 214. 217. 218. 219. 221. 224. 398. 490. 517. 543. 544. 589. 608. 635. 636. 653. 694. 726. 743. 749. 750. 781. 782. 783. 785. 786.
    Jacobus 20. 21. 22. 23. 25. 38.

Johannes de Asperomonte 25. 35. 36. 37. 43. 44. 60. 80.
Nicolaus 141. 158. 172. 195. 196. 206. 214.
Thomas 80. 84. 87. 92. 93. 95. 97. 172.
archidiaconus
  Thomas 22. 38. 40.
cancellarius 40. 282. 284. 285.
  Conradus de Avoncourt 436.
cantor 282. 284. 285.
decanus 25. 80. 172. 229. 599. 781. 786.
primicerius 172. 229. 781. 786.
  Adenulphus de Supino 545. 599. 668.
  Talayrandus tit. St. Petri ad vincula presb. card. 668.
  Thomas de Blamont 22. 38. 40. v. archidiac.
scolasticus 477. 552.
succinctor
  Johannes de Spinallo 284. 285.
capitulum 25. 80. 172. 599. 781. 786.
canonici: 781.
  Andreas de Parrojes 435.
  Anselmus de Wasselneim 176.
  Bertholdus 421.
  Boemundus de Saraponte 402. 503.
  Conradus de Avancourt 436.
  Egidius de Burmonte 474. 572. 573. 643.
  Ferricus de Asperomonte 513. 570.
  Gerardus de Mercheville 342. 781.
  Guillermus de Argentorio 115.
  Guillelmus Pinchon 495.
  Guillelmus de Urbino 282. 284. 285.
  Henricus de Asperomonte 194. 195. v. episc. Virdun.
  Henricus de Gerolzeke 176.
  Henricus de Salmis 230. 271.
  Joffridus de Nanceyo 536. 575.
  Johannes de Asperomonte 336.
  Johannes de Bello reditu 282.
  Johannes Bertraudi 421.
  Johannes de Comerceyo 380.

canonici:
Johannes de Deicustodia 473. 573. 598. 605. 642. 671.
Johannes de Escantia 80.
Johannes de Fenestrenges 580.
Johannes de Firmitate 782.
Johannes de Prigneyo 115.
Johannes comes de Sarebruch 228.
Josselinus de Metis 282. 284. 285.
Nicolaus Capocie de Urbe 226.
Petrus de Comerceyo 643.
Petrus de Treva 90.
Philippus de Syrocuria 782.
Reginaldus de Barro 42. 59. 437. 572. 781.
Reynerus de Vallevillari 80.
Sanso de Calvomonte 495.
Symon de Marvilla 118. 278. 568.
Talayrandus tit. S. Petri ad vincula presb. card. 668.
Theobaldus de Barro 29. 58.
Theobaldus de Gonencuria 40.
Villermus de Antella 282.
Walterus de Fremorevilla 80. 282. 284.

Vireyo (*Vitroy, dep. Meurthe-et-Moselle* oder *Verrières, dep. Marne, A. St. Menehould*)
  Andreas de — mon. St. Arnulphi Met. 155. 379.

Virsaneyo }
Virsigneyo } v. Vérsanayco
Visigneyo }

Wissemburgense monasterium ord. St. Bened. Spirens. dioc. (*Weissenburg U.-Elsass*)
  abbas Wilhelmus 259.
  hospitalarius et mon. Johannes de Saraponte 259.

Viterbiensis (*Viterbo b. Rom*) dioc.
  electus Johannes 263.
Viterbium (*Viterbo*) 98.
Vitrinavallis (*Eusserthal, Pfalz*) monast. Cisterc. ord. Spirens. dioc.
  abbas et conventus 341.

Vivariensis (*Viviers, dep. Ardèche, A. Privas*)
  dioc. 55. 119. 467. 820.
  episc. 55.
    Aldebertus 119.
    Ludovicus de Pictaria 119.
    postea episc. Lingonens. 286.
  canonici
    Ademarus de Montilio 198. 199.
  Amadeus de Gebennis 281.
  Armandus de Combis 820.
  Guillermus de Montelauro 119.
  Ludovicus de Pictaria 55. 119. 799.
    v. episc.
  Martinus de Calenconio 554. 627.
  Petrus de Viveriis 517. 521. 523. 539. 541. 542. 543. 544.
  Raymundus de Valleaurea 590. 607. 631. 632.

Vivariis, Petrus de — can. Vivariens. 517. 521. 523. 539. 541. 542. 543. 544.
Viveriis v. Vivariis.
Vodio (*Void, dep. Meuse, A. Commercy*)
  Ferricus de — can. Tull. 163.
Wolsstorf (*Wolsdorf. Kr. Diedenhofen*).
  Johannes de — can. Met., Basiliens., Tridentin., beneficiat. in eccl. de Tyseris 500.
Wormatiensis (*Worms, Rheinhessen*) dioc. 92. 143. 361. 621. 628. 660.
  espisc. Walramus 628.
  eccles. St. Andree
    decanus 350.
Wulflare v. Valflar.
Vulterrana (*Volterra b. Pisa, Italien*) dioc.
  archipresb. de Colle 56. 57.
Wygorniensis v. Wigornensis.

X.

Xanctis (*Xanten, R.-B. Düsseldorf*)
  Girardus (Gerardus) de — magister can. St. Johannis Leodiens. 811. 812.
Xantis v. Xanctis.
Xanctonensis (*Les Saintes, dep. Charente-Inférieure*)
  archidiacon. 151.
Xaudes, Ludovicus, mon. Gorz. 143.
Xobairt, Johannes dict. — civ. Met., 137.
Xoltes, Johannes, miles 764.

Y.

Yporegia (*Ypern, Belgien, Ostflandern*)
  Nicolaus de — can. Leodiens. 26.
Yranzu (*Irunzun b. Pampeluna, Spanien*) monaster. in — Pampilonens. dioc.
  abbas 103.
Ysabella regina Angliae 251.
Yvodiensis eccles. Trevir dioc. (*Yvoy-Carignan a. Chiers, dep. Ardennes*)
  decanus 5.
  thesaurarius 151.

Corrigenda.

S. 14 Zeile 3 v. oben lies Reg. 48, no. 207 statt Reg. 48 c., 207.
» 14 » 4 v. unten lies Reg. 48, c 206 statt Reg. 48 c. 206.
» 18 » 1 » lies Corbeneyo statt Corbeneye.
» 27 » 12 » lies 1298 statt 1398.
» 30 » 4 » lies et apostolicam statt etapostolicam.
» 42 » 13 » lies Innocentii statt Innocintii.
» 91 » 2 » lies 1290 statt 1920.
» 134 » 13 » lies vicecomitis statt vivecomitis.
» 144 » 14 v. oben lies XXII statt XX.
» 165 » 2 » lies XXII statt XII.
» 176 » 9 » lies XXII statt XX.
» 181 » 12 v. unten lies 1322 statt 1822.
» 191 » 12 » lies 1323 statt 1393.
» 205 » 7 » lies villis statt villis¹).
» 209 » 1 v. oben lies cancellario Conrado statt cancellario de Conrado.
» 235 » 1 v. unten lies Textus corruptus statt Textas coruptus.
» 242 » 7 » lies Johannis pape statt Johannispape.
» 252 » 6 » lies militis statt milites.
» 255 » 1 v. oben lies 255 statt 455.
» 255 » 15 v. unten lies XXII statt XX.
» 261 » 8 v. oben lies Johannis statt Johannes.
» 268 » 7 » lies Symphoriani statt Symphoriam.
» 270 » 4 » lies sororum statt sozorum.
» 272 » 1 v. unten lies sibi statt sib.
» 273 » 9 v. oben lies 1329 statt 1529.
» 273 » 17 v. unten lies Met. statt Met
» 305 » 10 » lies Bisuntin. statt Bisuntin
» 311 » 8 v. oben lies scolastico statt scolactico.
» 358 » 2 v. unten lies forsitan statt forian.

www.ingramcontent.com/pod-product-compliance
Lightning Source LLC
Chambersburg PA
CBHW070539230426
43665CB00014B/1752